# ज्ञान प्रकाश

ज्ञान प्रकाश प्रिंसटन विश्वविद्यालय में इतिहास विषय के 'डेटन-स्टॉकटन' प्रोफ़ेसर हैं। वे प्रभावशाली समूह 'सबाल्टर्न स्टडीज़ कलेक्टिव' के 2006 में विघटित होने से पहले तक उसके सदस्य रहे हैं और 'गुग्गेनहेम' एवं 'नेशनल एंडॉवमेंट ऑफ़ ह्यूमैनिटीज़ फ़ेलोशिप' जैसी अध्येतावृत्तियाँ हासिल कर चुके हैं। उन्होंने कई किताबें लिखी हैं, जिनमें 'बॉन्डेड हिस्ट्रीज़' (1990), 'अनदर रीज़न' (1999) और बहुप्रशंसित 'मुम्बई फ़ेबल्स' (2010) शामिल हैं। चर्चित फ़िल्म-निर्देशक अनुराग कश्यप 'मुम्बई फ़ेबल्स' पर 'बॉम्बे वेलवेट' (2015) नाम से फ़ीचर फ़िल्म बना चुके हैं। ज्ञान प्रिंसटन, न्यू जर्सी में रहते हैं।

ई-मेल : prakash@princeton.edu

## मिहिर पंड्या

मिहिर पंड्या लोकप्रिय सिनेमा के अध्येता हैं। दिल्ली विश्वविद्यालय से हिन्दी सिनेमा में समकालीन शहर की उपस्थिति पर पी-एच.डी.। पहली किताब 'शहर और सिनेमा : वाया दिल्ली'। पत्र-पत्रिकाओं में सिनेमा पर नियमित लेखन। 'दि लल्लनटॉप' में असिस्टेंट एडिटर के रूप में कार्य। 'हंस' के लिए 'आराम नगर' नाम से सिनेमा कॉलम शुरू किया। 'हिन्दू कॉलेज', 'ज़ाकिर हुसैन दिल्ली कॉलेज', 'मिरांडा हाउस' और 'इन्द्रप्रस्थ कॉलेज फ़ॉर विमेन' में अध्यापन का अनुभव। इन दिनों *Ravish Kumar Official* टीम के साथ जुड़े हैं।

ई-मेल : miyaamihir@gmail.com

# आपातकाल आख्यान

## इन्दिरा गांधी और लोकतंत्र की अग्निपरीक्षा

ज्ञान प्रकाश

अनुवाद

मिहिर पंड्या

राजकमल पेपरबैक्स

मूल पुस्तक *Emergency Chronicles : Indira Gandhi and Democracy's Turning Point* का अनुवाद

राजकमल पेपरबैक्स में
**पहला संस्करण :** अगस्त, 2024



**राजकमल पेपरबैक्स :** उत्कृष्ट साहित्य के जनसुलभ संस्करण

राजकमल प्रकाशन प्रा. लि.
1-बी, नेताजी सुभाष मार्ग, दरियागंज
नई दिल्ली-110 002
द्वारा प्रकाशित

**शाखाएँ :** अशोक राजपथ, साइंस कॉलेज के सामने, पटना-800 006
पहली मंजिल, दरबारी बिल्डिंग, महात्मा गांधी मार्ग, प्रयागराज-211 001
1, अनमोल सोराबजी सन्तुक लेन, धोबी तलाव, मरीन लाइंस, मुम्बई-400 002
वेबसाइट : www.rajkamalprakashan.com
ई-मेल : info@rajkamalprakashan.com

विकास कंप्यूटर एंड प्रिंटर्स
ट्रॉनिका सिटी-201 102
द्वारा मुद्रित

**मूल्य :** ₹499

AAPATKAL AAKHYAN
Indira Gandhi Aur Loktantra Ki Agni Pariksha
*by* Gyan Prakash
*Translated by* Mihir Pandya

ISBN : 978-93-6086-402-6

# आपातकाल आख्यान

# क्रम

# हिन्दी संस्करण की भूमिका

*इमरजेंसी क्रॉनिकल्स* का यह अनुवाद एक ऐतिहासिक मौक़े पर सामने आ रहा है। 4 जून, 2024 को घोषित लोकसभा परिणामों से साफ़ ज़ाहिर हो गया कि भारतीयों ने पूर्ण बहुमत के लिए किये गए मोदी शासन के चुनावी प्रस्ताव को ठुकरा दिया।

पिछले दस वर्षों में भारत ने सर्वसत्तावाद की प्रवृत्ति में इज़ाफ़ा अनुभव किया है। आलोचकों ने इसे अक्सर 'अघोषित आपातकाल' कहा है। यह सच है कि 1975 में इन्दिरा गांधी के विपरीत, मोदी शासन ने अपने अधिनायकवाद को क़ानून का जामा पहनाना ज़रूरी नहीं समझा। लेकिन यह अन्तर इसके शासन की निरंकुशता की सीमा और प्रकृति को कम करके आँकता है। आपातकाल के तहत इन्दिरा गांधी के संवैधानिक अधिकारों का निलम्बन इक्कीस महीने तक चला। मोदी द्वारा लोकतंत्र को विकृत करने की प्रक्रिया 2014 के तुरन्त बाद शुरू हुई और लगभग दस वर्षों तक चली, और देश अब भी इससे बाहर नहीं आया है। भाजपा का अधिनायकवाद हिन्दू राष्ट्र की स्थापना के लक्ष्य और साम्प्रदायिक ज़हर से लबालब भरा हुआ है। इन्होंने स्थिति ऐसी बनाई है कि अल्पसंख्यक, राजनीतिक और वैचारिक प्रतिद्वंद्वी, और जो लोग इनके राष्ट्र और देशभक्ति की संकीर्ण परिभाषा से अपने को बाहर मानते हैं, ख़ुद को संवैधानिक अधिकारों से वंचित पाते हैं। मोदी सरकार ने राज्यतंत्र का व्यवस्थित उपयोग करके अपने वैचारिक और राजनीतिक कार्यक्रम को आगे बढ़ाया है, जिसमें एक आज्ञाकारी प्रशासन और न्यायपालिका और वह संवैधानिक व्यवस्थाएँ शामिल हैं जो केन्द्रीय कार्यकारी सत्ता को अत्यधिक शक्ति से लैस करती हैं। राष्ट्रीय स्वयंसेवक संघ के विचारक और समर्थक अब शैक्षणिक और राजकीय सांस्कृतिक संस्थानों में क़ाबिज़ हैं। राज्य शक्ति के उपरौली उपयोग को नीचे से संघ परिवार के ज़मीनी सैनिक समर्थन देते हैं। साम्प्रदायिक भीड़ अपनी इच्छा थोपने के लिए मुसलमानों, दलितों, असहमत पत्रकारों, लेखकों और बुद्धिजीवियों को धमकाती है, डराती है, उन पर हमला करती है और यहाँ तक कि उनकी पीट-पीटकर हत्या

भी कर देती है। इन्दिरा गांधी के विपरीत, जिन्होंने प्रेस को चुप कराने के लिए सेंसरशिप का उपयोग किया था, भाजपा-अनुकूल कॉरपोरेट मीडिया ने, कश्मीर को अपवाद कर दें तो औपचारिक सेंसरशिप को काफ़ी हद तक अनावश्यक बना दिया है; 'गोदी मीडिया' स्वेच्छा से और लगातार हिन्दुत्व विचारधारा और राजनीति का प्रचार करता रहा है।

हिन्दुस्तानी राजनीति के क्षितिज पर काले बादलों के घटाटोप के बीच 4 जून को रोशनी की एक किरण दिखी। यह महत्त्वपूर्ण है कि हिन्दी भाषी उत्तर प्रदेश ने निरंकुश शासन को पीछे धकेलने में प्रमुख भूमिका निभाई और मुझे ख़ुशी है कि मेरी पुस्तक का हिन्दी अनुवाद इस नीम-रौशन पृष्ठभूमि में आ रहा है। हालाँकि वर्तमान क्षण तानाशाही के ख़िलाफ़ संघर्ष का एक महत्त्वपूर्ण मौक़ा साबित हुआ है, यह पुस्तक आग्रह करती है कि हम भारतीय लोकतंत्र के सामने चुनौतियों को एक लम्बे, ऐतिहासिक सन्दर्भ में समझें। मेरी दलील यह है कि इन्दिरा गांधी का आपातकाल आदर्श से औचक विचलन नहीं था, बल्कि भारत के औपनिवेशिक और उत्तर-औपनिवेशिक इतिहास में निहित था, और मेरी आशा है कि यह किताब पाठकों को मोदी शासन को ऐतिहासिक सन्दर्भ में समझने के लिए प्रोत्साहित करेगी।

मैं अनुवाद करने के लिए मिहिर पंड्या का और अनुवाद परियोजना का उत्साहपूर्वक समर्थन करने के लिए रविकान्त का आभारी हूँ।

जून, 2024 **ज्ञान प्रकाश**

# आगाज़

प्रधानमंत्री इन्दिरा गांधी की सिफ़ारिश पर भारत के राष्ट्रपति ने 25 जून, 1975 की आधी रात के ठीक पहले आपातकाल की घोषणा की, इस दावे के आधार पर कि राष्ट्र की आन्तरिक सुरक्षा को ख़तरा है। इस घोषणा ने भाषण की स्वतंत्रता और सभा करने के संवैधानिक अधिकारों को निलम्बित कर दिया, प्रेस पर सेंसरशिप लगा दी गई, कार्यपालिका के कार्यों की समीक्षा करने की न्यायपालिका की शक्ति को सीमित कर दिया गया और विपक्षी नेताओं की गिरफ़्तारी के आदेश दिये गए। सुबह की पहली किरण निकलने से पहले ही पुलिस ने सरकार के विरोधियों पर धावा बोल दिया। गिरफ़्तार किये गए लोगों में एक नाम बहत्तर वर्षीय गांधीवादी समाजवादी जयप्रकाश नारायण का भी था। 'जेपी' के नाम से लोकप्रिय नारायण ब्रिटिश शासन के ख़िलाफ़ लड़ने वाली भारत के सम्मानित स्वतंत्रता सेनानियों की पीढ़ी से आते थे और एक समय इन्दिरा के पिता जवाहरलाल नेहरू के क़रीबी सहयोगी रहे थे। 1973 में यही जेपी, इन्दिरा की सत्ता के ख़िलाफ़ खड़े हुए छात्र युवा विद्रोह का नेतृत्व करने के लिए राजनीतिक संन्यास से बाहर आ गए थे। हालाँकि अधिकांश विपक्षी राजनीतिक दलों ने इन्दिरा को हटाने के उनके प्रयास का समर्थन किया और वे उस प्रयास में बढ़-चढ़कर शामिल भी हुए, लेकिन जेपी ने इस बात से इनकार किया कि उनका सिर्फ़ एक संकीर्ण राजनीतिक लक्ष्य था। उन्होंने दावा किया कि उनकी लड़ाई लोकतंत्र को और मज़बूत करने हेतु एक मौलिक सामाजिक और राजनीतिक परिवर्तन के लिए थी, जिसे उन्होंने 'सम्पूर्ण क्रान्ति' नाम दिया। आपातकाल लागू होने से पहले के महीनों में जेपी लगातार ऐसी सार्वजनिक सभाओं को सम्बोधित कर रहे थे जिनमें हज़ारों-लाखों लोगों की भीड़ शामिल होती थी। इन रैलियों में वे खुलकर इन्दिरा की कांग्रेस पार्टी सरकार पर भ्रष्टाचार और लोकतांत्रिक शासन को नष्ट करने का आरोप लगा रहे थे।

मुझे जेपी की अगुआई वाले लोकप्रिय जन-उभार की याद उस वक़्त आई जब

मैंने अगस्त, 2011 में दिल्ली के विशालकाय रामलीला मैदान, जिसका इस्तेमाल आमतौर पर धार्मिक आयोजनों और राजनीतिक रैलियों के लिए होता है, में उमस-भरी तपती गर्मी को झेलते हुए लाखों लोगों की भीड़ को इकट्ठा होते देखा। उनमें नौजवान भी थे और वृद्ध भी, लेकिन अधिकतर युवा थे। वे आए थे शहर के अलग-अलग कोनों से और उससे बाहर से भी, एक दूसरे गांधीवादी आन्दोलनकारी चौहत्तर वर्षीय अन्ना हजारे की अगुआई में शुरू हुए भ्रष्टाचार विरोधी आन्दोलन के आह्वान पर। मैदान का माहौल किसी मेले जैसा था, हवा में अनगढ़ नई ऊर्जा की ख़ुशबू थी और फ़िज़ा में बदलाव की उम्मीदें तारी थीं। भ्रष्टाचार विरोधी आन्दोलन की ये चिंगारी फूटी थी 2010 में सामने आए एक घोटाले से, जिसमें आरोप लगाया गया था कि सत्तारूढ़ कांग्रेस सरकार के मंत्रियों और अधिकारियों ने दूरसंचार व्यापार से जुड़े कुछ पक्षों को लाभ पहुँचाया था और इससे सरकारी ख़ज़ाने को करोड़ों डॉलर का नुक़सान पहुँचा था। अख़बारों, टेलीविज़न और सोशल मीडिया पर जमकर रिपोर्ट किये गए इस कथित घोटाले ने पूरे देश को हिलाकर रख दिया था। लगा जैसे इस आन्दोलन ने ड्राइविंग लाइसेंस प्राप्त करने से लेकर कल्याणकारी योजनाओं में सब्सिडी प्राप्त करने, यहाँ तक कि जन्म और मृत्यु के प्रमाणपत्र हासिल करने जैसी आम चीज़ों के लिए भी सरकारी अफ़सर और बाबुओं को घूस देने पर मजबूर एक आम भारतीय के मन को छू लिया था। शीर्ष पर मौजूद भ्रष्टाचार पूरी व्यवस्था में फैली उस सड़ाँध की ओर इशारा है जिसने आम आदमी को भी अपने रोज़मर्रा के आचरण में बेईमानी और छल करने के लिए मजबूर किया। राजनीतिक व्यवस्था के प्रति घृणा से भरे इस माहौल में क़दम रखा अन्ना हजारे ने। अब तक स्थानीय संघर्षों में अपनी सक्रियता के लिए जाने जाने वाले अन्ना हज़ारे राष्ट्रीय सुर्ख़ियों में तब आए, जब अप्रैल, 2011 में किसी भ्रष्टाचार विरोधी देवदूत की तरह वे भूख हड़ताल पर बैठे। ये भूख हड़ताल संवैधानिक रूप से संरक्षित एक ऐसे लोकपाल की नियुक्ति की माँग को लेकर थी जो भ्रष्ट राजनेताओं को उनके किये की सज़ा दिलवाने का अधिकार रखता हो। उनकी भूख हड़ताल ने देशव्यापी विरोध की लहर को हवा दी और भ्रष्टाचार विरोधी आन्दोलन का जन्म हुआ। घबराई हुई कांग्रेस सरकार ने जैसे समर्पण कर दिया। लेकिन उनके द्वारा प्रस्तावित शक्तिहीन क़ानून से हज़ारे सन्तुष्ट नहीं हुए और उन्होंने विरोध में एक और उपवास की घोषणा कर दी। अगस्त, 2011 में रामलीला मैदान में इकट्ठा हुए लाखों लोग अन्ना हज़ारे के लोकतंत्र को शुद्ध करने के आह्वान के प्रति अपना समर्थन दिखाने पहुँचे थे। जब छोटे क़द के हज़ारे उस मंच पर दिखे तो फ़िज़ा में स्वीकृति की गर्जना उठी।

इस बीच जैसा कि अख़बारों और टेलीविज़न चैनलों की ख़बरों से पता चल रहा था, सत्तारूढ़ कांग्रेस के नेता अपने सरकारी बँगलों और कार्यालयों में परेशानहाल

घूम रहे थे। वे समझ नहीं पा रहे थे कि बिना किसी स्पष्ट राजनीतिक पटकथा के वे कैसे इस मसले का जवाब दें। जैसे 1975 का पुनरागमन हुआ हो, फिर एक गांधीवादी अपने दमदार भ्रष्टाचार विरोधी आन्दोलन के ज़रिए सरकार की नींव हिला रहा था। तर्क खड़ा कर रहा था कि इस उदारवादी लोकतंत्र के मान्य लोकाचारों को लोगों की इच्छा के आगे झुकना होगा। अपने गांधीवादी पूर्ववर्ती जयप्रकाश नारायण की तरह हज़ारे भी एक सामाजिक कार्यकर्ता के रूप में नैतिक प्रतिष्ठा के ऊँचे सिंहासन पर बैठे थे, क्योंकि उनकी अपनी राजनीतिक महत्त्वाकांक्षाएँ नहीं थीं। 2010 के 'अरब स्प्रिंग' और 'ऑक्युपाई आन्दोलनों' की तर्ज पर भारत में 2011 के इस देशव्यापी लोकप्रिय उभार में कुछ बिलकुल नैसर्गिक था। इस आन्दोलन में सुने जाने की माँग लेकर कूदे उत्साही लोगों में अधिकतर ऐसे नौजवान थे जो किसी संगठित राजनीतिक दल से नहीं जुड़े थे। 'तहरीर स्क्वायर' विद्रोह ने मुबारक शासन का अन्त कर दिया; 'ऑक्युपाई आन्दोलन' राजनीतिक विमर्शों में '99 बनाम 1 प्रतिशत' वाली भाषा लेकर आया; और भारत में कांग्रेस सरकार अन्ना हज़ारे के आन्दोलन द्वारा उस पर थोपे गए भ्रष्टाचार के कलंक से कभी उबर नहीं पाई। 2014 के संसदीय चुनावों में कांग्रेस की बुरी हार हुई।

सतत आक्रोश से भरी इस 'पॉपुलिस्ट' राजनीति ने तभी से दुनिया को झकझोर कर रख दिया है। भारत में नरेन्द्र मोदी के नेतृत्व वाली भारतीय जनता पार्टी (भाजपा) ने 2014 के चुनाव में सत्ता हासिल करने के लिए बहुत ही बारीकी एवं चतुराई से एक ऐसा चुनावी अभियान रचा, जिसमें 'विकास' के नारे का इस्तेमाल करते हुए पीछे से अल्पसंख्यक आबादी के विरुद्ध हिन्दू बहुसंख्यक आक्रोश को हवा दी गई।[1] प्रवासी नागरिक विरोधी मतों और इस्लामोफ़ोबिक मनोभावों को कैसे भड़काया गया, ये हमने ब्रिटेन में सफल ब्रेक्सिट अभियान और 2016 के अमेरिकी राष्ट्रपति चुनावों में डोनाल्ड ट्रम्प की जीत के समय देखा ही है। पूरे यूरोप में शरणार्थियों के ख़िलाफ़ उभरी उग्र प्रतिक्रियाओं ने समूचे राजनीतिक परिदृश्य को बिलकुल बदलकर रख दिया है। बहुसंख्यकवादी भावनाओं के दबाव के चलते जर्मनी, फ्रांस, इटली और कई अन्य देशों में उदारवादी लोकतंत्र के रक्षक की भूमिका में खड़े पारम्परिक राजनीतिक दलों की भूमिका संकट में आ गई है। हंगरी में विक्टर ओर्बन, तुर्किये में रेचप ताइप अर्दोआन और फिलीपींस में रोड्रिगो दुतेर्ते जैसे दबंग शासक लोक के इस सतत आक्रोश को संगठित कर अपनी सत्ता की रणनीति के रूप में इस्तेमाल कर रहे हैं। वे दक्षिणपंथी राष्ट्रवादी विप्लव को भड़काने के लिए अपमान की भावना को और उन समूहों के विरुद्ध दबे हुए ग़ुस्से को हवा देते हैं जिन्हें 'जनता' के दुश्मन के रूप में चित्रित किया जाता है, ताकि इन शासकों की सर्वसत्तावादी शक्ति मज़बूत होती रहे और असहमति के स्वरों को कुचला जा सके।

मौजूदा राजनीतिक परिदृश्य में मची उथल-पुथल नवउदारवादी पूँजीवाद में आ रहे बदलावों से जुड़ी है। 1970 के दशक से ही इसके तेज़ी से वैश्विक होते अनियंत्रित प्रबन्धन ने अमीर और ग़रीब के बीच की फाँक को चौड़ा किया, स्थानीय समुदायों को तबाह किया और 2008-09 के विश्व आर्थिक संकट को जन्म दिया जिसने ज़िन्दगियों को तबाह कर दिया। नवउदारवाद ने न सिर्फ़ अर्थव्यवस्थाओं और समाजों को अपदस्थ किया, बल्कि इसने जीवन के सभी पक्षों में घुसपैठ कर ली है। बाज़ार के सिद्धान्त का प्रबल होना और प्रतिस्पर्धा का शासकीय तर्क के रूप में इस्तेमाल हर चीज़ को फ़ायदे-नुक़सान की नज़र से देखने का मंत्र बन जाता है। यह नागरिकता के मूल्यों और जनहित को राजनीति की केन्द्रीय चिन्ता से विस्थापित कर देता है और आदर्श लोकतांत्रिक स्वशासन के मूलतत्त्व के रूप में समानता को अपदस्थ कर देता है।[2] नवउदारवाद द्वारा जीवन के सभी क्षेत्रों में प्रतिस्पर्धा को प्रभावी मूल्य के रूप में केन्द्रीय स्थान दिये जाने के चलते पुरानी नस्लीय भावनाओं और जातीय गुटबन्दियों पर आधारित एकजुटताएँ उभर आई हैं और आप्रवासियों, अल्पसंख्यकों के प्रति नफ़रत ने दुनियाभर में राजनीति को अपनी गिरफ़्त में ले लिया है।

इनमें से कोई भी मनोभाव नया नहीं है, लेकिन हाल के वर्षों में दक्षिणपंथी 'पॉपुलिस्ट' भावनाओं के उभार ने इनमें वापस जान डाल दी है। यह ऐसी राजनीति है जो ऐतिहासिक गैर-बराबरी झेल चुके नागरिकों को मिले समता के लोकतांत्रिक आदर्श को नकारती है और उन्हें ज़िन्दा रहने के लिए एक सरहदविहीन दुनिया में डार्विनवादी सामाजिक संघर्ष के नवउदारवादी उपायों के हवाले छोड़ देती है। 'पॉपुलिज़्म' जहाँ ऐसी हारनेवालों और जीतनेवालों के खानों में बँटी राजनीति देखता है, कूद पड़ता है, ताकि ये 'जनता' के दर्द के लिए ज़िम्मेदार माने गए 'बाहरी लोगों' के ख़िलाफ़ बन रहे मानसिक आक्रोश और ग़ुस्से को अपने पक्ष में इस्तेमाल कर सके। अवसरवादी नेता एक ऐसी दुनिया में, जो तेज़ी से वैश्वीकृत हो रही है और जिस पर नौकरशाह राज्य संस्था और बहुराष्ट्रीय पूँजी का प्रभुत्व है, इनसान द्वारा महसूस की जा रही शक्तिहीनता का फ़ायदा उठाते हैं। वे फ़ौरन ही सामुदायिक जीवन के बिखरने से उत्पन्न हताशा को उन लोगों के प्रति क्रोध में बदलने की कोशिश करते हैं जो उनकी परेशानियों के ज़िम्मेदार मान लिये गए हैं। ज़ाहिर है कि ऐसे में बलि का बकरा अल्पसंख्यक और प्रवासी बनते हैं। राष्ट्र और समुदाय के अस्तित्व के लिए ख़तरा मान लिए गए ये लोग उस बहुसंख्यकवादी चाह के निशाने पर आ जाते हैं जो अपने दुख का बदला दूसरों को दर्द देने में तलाश रही है। क्रोध से भरे विजेता अपने पराजित 'बाहरी' उत्पीड़कों की दुर्दशा का नाटकीय ढंग से मज़ाक़ उड़ाते हैं और इसमें परपीड़क आनन्द हासिल कर रहे हैं, ऐसे स्वाँगों की पूरी दुनिया में प्रदर्शनी लगी है। अपनी आत्मा को नवउदारवाद के

बाज़ार में नीलाम कर देने के बाद पारम्परिक राजनीतिक दल और कुलीनवर्ग के लोग आक्रोश के इस 'पॉपुलिस्ट' उभार के सामने असहाय खड़े हैं और सहिष्णुता एवं बहुसंस्कृतिवाद के उदारवादी उपदेश बड़बड़ा रहे हैं।

भारत में इस लोकप्रिय उभार ने 2014 में सत्तारूढ़ कांग्रेस पार्टी को सत्ताच्युत किया और नरेन्द्र मोदी के नेतृत्व में भारतीय जनता पार्टी (भाजपा) की सरकार केन्द्र में स्थापित हुई। इस शानदार चुनावी जीत ने बहुसंख्यकवादी हिन्दू वर्चस्व या 'हिन्दुत्व' की विचारधारा को और मजबूत कर दिया, जो अब भारत के धर्मनिरपेक्ष ताने-बाने को नष्ट करने का भय पैदा कर रही है। अल्पसंख्यकों पर शारीरिक हमले, असहमति को राष्ट्रविरोधी बताकर उसे निशाना बनाना और गोमांस का व्यापार करने और खाने के सन्देह में मुसलमानों की भीड़ द्वारा पीटकर हत्या सामान्य घटनाएँ हो गई हैं। 'लिंचिंग' या भीड़ द्वारा पीटकर हत्या की इन घटनाओं के ख़िलाफ़ आवाज़ उठानेवालों को हिन्दुत्ववादी विचारक ऐसे आभिजात्य का सदस्य कहकर ख़ारिज करते हैं, जिनकी 'जड़विहीन महानगरीयता' उनके अनुसार इस कथित लोकप्रिय हिन्दू संस्कृति को समझ पाने में अक्षम है।[3] वे आलोचकों को उस राष्ट्रीय एकता और विकास का दुश्मन बताते हैं, जिसकी कामना बहुसंख्यक कर रहे हैं।

डोनाल्ड ट्रम्प के अमेरिका और नरेन्द्र मोदी के भारत के बीच समानताएँ चौंका देने वाली हैं। दोनों ही अल्पसंख्यकों के ख़िलाफ़ खड़ी हुई पॉपुलिस्ट लामबन्दियों से पहचाने जाते हैं, जिनका उद्देश्य सत्ता पर सत्तावादी दावों को मज़बूत करना है। लेकिन इन दोनों में एक महत्त्वपूर्ण अन्तर है। ट्रम्प के नस्लवादी एजेंडे के ख़िलाफ़ संयुक्त राज्य अमेरिका में जिस तरह का सुगठित प्रतिरोध खड़ा हुआ है, वैसा भारत में देखने को नहीं मिलता। और इसकी वजहों की तलाश में ज़्यादा दूर नहीं जाना पड़ता। उत्तर-औपनिवेशिक भारत में अल्पसंख्यकों को समान अधिकार दिये जाने के पीछे नागरिक अधिकारों की लड़ाई का कोई इतिहास नहीं है। बजाय इसके, यह ब्रिटिश शासन के ख़िलाफ़ राष्ट्रवादी संघर्ष था जिसने एक धर्मनिरपेक्ष और लोकतांत्रिक संविधान को जन्म दिया। पर आज जब राष्ट्रवाद को हिन्दू बहुसंख्यकवाद द्वारा अपहृत कर लिया गया है तो अल्पसंख्यक अधिकारों की रक्षा के लिए इस्तेमाल किया जा सके, ऐसे किसी भी लोकप्रिय संघर्ष की स्मृति नहीं बची है। क़ानून और संस्थाएँ भी प्रतिरोध खड़ा करने में विफल रही हैं। जबकि संयुक्त राज्य अमेरिका में ज़मीनी स्तर पर प्रतिरोध मज़बूत है। आज (2018) जब मैं ये पंक्तियाँ लिख रहा हूँ, अमेरिका में रिपब्लिकन पार्टी का कांग्रेस, सीनेट और राष्ट्रपति पद तीनों पर नियंत्रण है, फिर भी वे राष्ट्रपति ओबामा द्वारा लागू किये गए किफ़ायती स्वास्थ्य सेवा अधिनियम को पूरी तरह से निरस्त करने में विफल रहे हैं। न्यायालयों ने भी ट्रम्प की नस्लीय आप्रवासी नीतियों के सबसे अतिवादी संस्करणों पर लगाम लगाई है और उन्हें बाधित किया है। प्रेस और मीडिया में भी आलोचना तीखी है। राष्ट्रपति

की स्वीकार्यता रेटिंग बहुमत से काफ़ी कम है। हालाँकि भारत में मोदी लोकप्रिय बने हुए हैं। हिन्दू राष्ट्रवाद की छतरी तले लोकप्रिय लामबन्दी, ख़ासकर चाहतों से भरे शहरी वर्गों की ओर से उन्हें ज़बरदस्त समर्थन मिलना जारी है। इन्दिरा गांधी के बाद से किसी भी प्रधानमंत्री ने ऐसी शक्ति और अधिकार हासिल नहीं किये हैं जो मौजूदा समय में नरेन्द्र मोदी को प्राप्त हैं।

लेकिन 2018 और 1975 में फ़र्क़ है। आज के दबंग शासकों द्वारा गढ़ा गया 'पॉपुलिज़्म' पिछले सत्ताधीशों से अलग है, तो पुराने शासकों ने ज़मीन से उठे जिस प्रतिरोध का सामना किया, वो भी आज वैसा नहीं । फिर भी, वर्तमान में लोकतंत्र पर मँडरा रही लोकलुभावनवाद और अधिनायकवाद की दोहरी परछाइयाँ हमें अतीत इसके समक्ष आई चुनौतियों को पलटकर देखने का न्योता देती हैं। आज ही की तरह साठ के दशक के अन्त और सत्तर के दशक की शुरुआत में उठ खड़े हुए लोकप्रिय विद्रोहों ने दुनिया के कई हिस्सों में राजनीतिक परिदृश्य को हिलाकर रख दिया था। मौजूदा दौर की तरह ही पेरिस का मई, 1968 का उभार, चेकोस्लोवाकिया में प्राग स्प्रिंग, चीन में हुई सांस्कृतिक क्रान्ति, संयुक्त राज्य अमेरिका के भीतर और बाहर प्रतिरोधी संस्कृति का उभार और वियतनाम युद्ध के विरोध में प्रदर्शन, और लातिन अमेरिका में वामपंथी विद्रोह सभी ज़मीनी स्तर पर उठ खड़े हुए ऐसे उभार थे जिन्होंने राजनीति को झकझोरकर रख दिया। दुनिया भर में हुई इन सामूहिक कार्रवाइयों ने लोकप्रिय सम्प्रभुता की अभिव्यक्ति के बारे में ऐसे नए क़िस्म के सवाल खड़े किये जो रूसो के बाद से ही लोकतांत्रिक परिकल्पना को सता रहे हैं। राज्य संस्था में लोगों को प्रतिनिधित्व कैसे मिलना चाहिए? चूँकि आधुनिक समाजों की जटिलता और विशाल आकार ने प्रत्यक्ष लोकतंत्र को असम्भव बना दिया, इसलिए संस्थाओं का एक समूह—निर्वाचित प्रतिनिधि, राजनीतिक दल और क़ानून का शासन—लोकप्रिय इच्छा और राजनीतिक शक्ति के बीच मध्यस्थता करने के लिए उभरा। इस अर्थ में साठ के दशक के अन्त और सत्तर के दशक की शुरुआत में शासन पर क़ाबिज़ सत्ताधारियों के लिए जो ज़मीनी चुनौती उभरी, उसका जन्म लोकतंत्र में प्रतिनिधित्व की इसी पहेली से हुआ था। हर जगह लोकप्रिय उभारों ने संस्थाओं के प्रति असन्तोष व्यक्त किया और माँग उठाई कि वे जन इच्छा को बेहतर तरीक़े से अभिव्यक्त करें, जिस कारण नेताओं को असन्तोष से भरी आबादी के साथ अपने सम्बन्धों को सँभालने और फिर से व्यवस्थित करने पर मजबूर होना पड़ा। यही सच दक्षिण एशिया का भी था। श्रीलंका में सिरिमावो भंडारनायके, पाकिस्तान में ज़ुल्फ़िकार अली भुट्टो और नवनिर्मित बांग्लादेश में मुजीबुर रहमान ने लोकप्रिय असन्तोष से उत्पन्न संकटों का सामना होने पर सत्तावादी सरकार की विभिन्न क़िस्मों की ओर रुख़ किया। इस लिहाज़ से न तो इन्दिरा के सामने जो संकट आया वो, और न ही उनका सर्वसत्तावाद की ओर मुड़ना अपने आप में अनूठा था।

दुनिया भर में उनकी समकालीन कई अन्य सत्ताओं की तरह इन्दिरा को भी जयप्रकाश नारायण के नेतृत्व में खड़े हुए आन्दोलन की शक्ल में एक मज़बूत लोकप्रिय उभार की कठिन चुनौती का सामना करना पड़ा। हालाँकि विपक्षी दल भी विरोध प्रदर्शनों को संगठित करने में शामिल थे, लेकिन एक वरिष्ठ स्वतंत्रता सेनानी और पद से जुड़ी सुख-सुविधाओं में रुचि न रखने वाले गांधीवादी के रूप में जेपी की छवि ने इस टकराव को सही मायनों में एक ऐसी प्रतिस्पर्धा में तब्दील कर दिया जो लोकतंत्र असली मायने को लेकर थी। इन्दिरा ने इसका जवाब संविधान में दी गई आपातकालीन शक्तियों का इस्तेमाल कर दिया। इक्कीस महीनों तक चले इस सर्वसत्तावादी शासन में उनकी सरकार ने जेपी सहित 1,10,000 से अधिक विपक्षी नेताओं और कार्यकर्ताओं को गिरफ़्तार किया। नागरिक अधिकारों का दमन किया गया और पीड़ितों के लिए न्यायालय, जिनकी शक्तियों में पहले ही भारी कटौती कर दी गई थी, तक उनकी पहुँच बाधित कर दी गई। स्याह संविधानेतर शक्तियों से लैस एक गिरोह, जिसकी लगाम उनके बेटे संजय गांधी के हाथ में थी, बेलगाम हो गया; इस गिरोह ने उनकी बात न माननेवाले अधिकारियों को धमकाया और दंडित किया, झुग्गी-झोंपड़ियों को ध्वस्त करने के फ़रमान निकाले, जनसंख्या वृद्धि को नियंत्रित करने के लिए नसबन्दी अभियान में गति लाने का आदेश दिया। प्रेस पर लगाम लगाकर यह सुनिश्चित किया गया कि शासन की कार्रवाइयों को केवल अनुकूल प्रतिक्रिया ही मिले।

कोई आश्चर्य नहीं होना चाहिए कि भारत में आपातकाल को इतने भावावेग के साथ याद किया जाता है। लेकिन इसे सर्वसत्तावाद के किसी अचानक हुए विस्फोट से उपजे अन्धकार और विषाद के रूप में देखे जाने का भी चलन है। इन्दिरा द्वारा संवैधानिक अधिकारों का निलम्बन उस उदार-लोकतांत्रिक भावना का अचानक किया गया परित्याग प्रतीत होता है, जिसने 1950 में भारत की एक संवैधानिक गणराज्य के रूप में नींव रखनेवाले जवाहरलाल नेहरू और अन्य राष्ट्रवादी नेताओं को प्रेरित किया। यह नज़रिया आपातकाल की सत्ता के इक्कीस महीनों को इसके पहले और बाद में घटित समय से अलगा देता है। यह नज़रिया संवैधानिक संकट को किसी निर्वात में घटित हुए प्रसंग के बतौर याद करता है। इतिहास का एक ऐसा सबक़, जब भारत इन्दिरा की कुटिल राजनीतिक करामात के चलते अपने ध्येय से भटक गया था। यह नज़रिया जेपी के आन्दोलन की वजह से इन्दिरा गांधी की सरकार के समक्ष उत्पन्न हुए राजनीतिक संकट को मुख्यतः एक घरेलू परिघटना के बतौर देखता है तथा ऐसा करते हुए इस बात को नज़रअन्दाज़ करता है कि ये संकट उस ज़मीन से उठी सर्वग्रासी विश्वव्यापी चुनौती का हिस्सा था जो युद्धोत्तर उत्तर-औपनिवेशिक सत्ता संरचनाओं के समक्ष खड़ी हुई थी। उनके जीवनीकारों और आलोचकों का कहना है कि उनमें अपने पिता नेहरू की तरह लोकतंत्र में गहरी

आस्था और उदार स्वभाव का अभाव था। ये दोनों ही गुण उनके एक उपनिवेशवाद विरोधी स्वतंत्रता सेनानी के रूप में बिताए जीवन के लम्बे भाग और फिर 1947 से 1964 तक प्रधानमंत्री के रूप में कार्यकाल, दोनों में परिलक्षित होते हैं।[4] नेहरू एक उत्कृष्ट लेखक और स्पष्ट बोलनेवाले वक्ता थे; उनकी लिखी किताबें और उनके दिये भाषण विचारशील विद्वत्ता और स्वतंत्रता तथा लोकतंत्र में ऐतिहासिक विश्वास से भरे हुए हैं, जिसका इन्दिरा में ज़रा भी लक्षण नहीं दिखाई देता। स्वभाव से सर्वसत्तावादी और असुरक्षित, इन्दिरा ने राजनीतिक असहमति का जवाब मनमानी के साथ दिया। संवैधानिक और राजनीतिक परम्पराओं के साथ खिलवाड़ करते सत्ता को अपनी मुट्ठी में रखने के लिए उन्होंने अपने समर्थकों और सलाहकारों के एक निरन्तर बदलते समूह पर भरोसा किया। उपलब्ध दस्तावेज़, अख़बारी सबूत और आपातकाल पीड़ितों की आपबीती उनके आततायी शासन को अच्छे से सिद्ध करने के लिए पर्याप्त हैं।[5] यह तफ़सील से बताते हैं कि इन्दिरा के छोटे बेटे संजय गांधी और उनके गुर्गों द्वारा किस प्रकार दमनकारी शक्तियों का इस्तेमाल किया गया, और यह सब उनके संरक्षण में हुआ।

निस्सन्देह इन्दिरा गांधी की भूमिका बहुत बड़ी है, क्योंकि भारत के उत्तर-औपनिवेशिक राजनय पर 1964 में अपने पिता की मृत्यु के बाद उनकी बहुत सबसे गहरी छाप रही। उन्होंने 1966 से 1977 तक और एक बार फिर 1980 से 1984 तक लगातार प्रधानमंत्री के रूप में काम किया और अपने शासनकाल के दौरान कई चुनाव भारी मतों से जीते। एक राजनीतिक रणनीतिकार के रूप में उनकी सूझ-बूझ बेजोड़ थी और परेशानहाल विपक्षी दलों को समय-समय पर यह अच्छे से समझ में आता रहता था। संकट के क्षणों में वह निर्णायक फ़ैसले लेती थीं तथा अपनी सत्ता के समक्ष आने वाली चुनौतियों से निपटने के लिए स्वयं आगे बढ़कर जोखिम लेने में नहीं हिचकती थीं। आपातकाल पूरी तरह उनकी ही देन था। जब राष्ट्रपति ने भारतीय संविधान के अनुच्छेद 352(1) के तहत उद्घोषणा जारी की कि "एक गम्भीर आपातकाल मौजूद है और भारत की सुरक्षा आन्तरिक अशान्ति के चलते ख़तरे में है,"[6] तो यह केवल और केवल उनकी सिफ़ारिश पर घटित हुआ था। उनकी सिफ़ारिश में मंत्रिपरिषद की सलाह शामिल नहीं थी। उन्हें तो ख़ुद अगली सुबह तक अँधेरे में रखा गया था। प्रधानमंत्री ने दावा किया कि परिस्थिति इतनी गम्भीर थी कि ऐसे में उन्हें अपने मंत्रिमंडल से सलाह लेने की ज़रूरत से छूट मिल सकती है। प्रधानमंत्री का अपना निर्णय ही पर्याप्त था। असल में उनके समर्थकों द्वारा लगाया गया ये नारा, 'इंडिया इज़ इन्दिरा, एंड इन्दिरा इज़ इंडिया', उनकी आपातकालीन हुकूमत के पीछे खड़ी वास्तविक सत्ता के बारे में खुलकर बताता है।

कार्ल श्मिट लिखते हैं : "सम्प्रभु वह है जो अपवाद पर निर्णय लेता है।"[7] सम्प्रभु यह निर्णय लेता है कि अपवाद की स्थिति क्या है और अराजकता से वापस

सामान्य न्यायिक-राजनीतिक व्यवस्था को प्राप्त करने के लिए कौन सी कार्रवाइयों की ज़रूरत होगी। अपवाद की स्थिति सम्प्रभुता की वास्तविक प्रकृति को उजागर करती है; सम्प्रभु न केवल इसे परिभाषित करता है बल्कि इसमें उजागर भी होता है। यह बात इन्दिरा पर भी लागू होती है, जिस तरह उन्होंने आपातकाल की घोषणा और उसे लागू करने में अपनी निर्मम निर्णयकारिता का प्रदर्शन किया। उन्होंने न केवल यह परिभाषित किया कि सामान्य शासन क्या है, बल्कि यह भी दावा किया कि उन्हें ही उन असाधारण परिस्थितियों को निर्धारित करने का अधिकार भी है जो इस सामान्य शासन की स्थिति को निलम्बित करने का औचित्य साबित करती हैं। जब आलोचकों ने उनके बेटे संजय की 'संविधानेतर सत्ता' को ठुकराया तो उन्होंने आपातकाल की वैधता को चुनौती दी और इसके पीछे सक्रिय राजनीतिक इच्छाशक्ति की ओर इशारा किया। हालाँकि इस राजनीतिक इच्छाशक्ति की सक्रियता का मतलब अराजकता नहीं था क्योंकि संविधान में आपातकाल की घोषणा का प्रावधान मौजूद था। हुकूमत ने अपनी सत्ता को क़ानूनी जामा पहनाने के लिए पहले से मौजूद निवारक नज़रबन्दी क़ानूनों, अध्यादेशों और संसद द्वारा पारित संवैधानिक संशोधनों का इस्तेमाल किया। हालाँकि ऐसी व्यवस्था पूरी तरह से न्यायिक नहीं थी, क्योंकि उन असामान्य आदेशों और क़ानूनों को पूरी तरह विधि के दायरे में रखकर नहीं समझा जा सकता।

लेकिन आपातकाल पूरी तरह से राजनीतिक भी नहीं था, क्योंकि यह संवैधानिक जामा पहने हुए था। न तो पूरी तरह से न्यायिक और न ही पूरी तरह से राजनीतिक, आपातकाल के दौरान क़ानून द्वारा वैध अधिकारों का निलम्बन कमाल की विरोधाभास से भरी 'अपवाद की स्थिति' थी। यह एक ऐसी हुकूमत थी जो क़ानून और राजनीति के बीच कहीं धूसर में अपने काम में मशगूल थी, एक से दूसरे को छिपाते हुए।[8] इस तरह की अपवाद की स्थिति का अमल में आना स्पष्टीकरण की माँग तो करता है। आख़िर इन्दिरा गांधी और उनके द्वारा विकृत की गई राजनीतिक व्यवस्था आसमान से नहीं टपकी थी, चाहे आपातकाल की आघात देनेवाली स्मृतियाँ हमें कितना भी ये विश्वास दिलाने की कोशिश करें।

इन्दिरा जब 1966 में प्रधानमंत्री के रूप में सत्ता में आईं, उन्हें वो राजनीतिक व्यवस्था विरासत में मिली जो 1947 में ब्रिटिश शासन से स्वतंत्रता के बाद अस्तित्व में आई थी। इस व्यवस्था को संचालित करने वाला संविधान 1950 में भारत के नेताओं द्वारा एक ऐसा लोकतांत्रिक गणराज्य बनाने के लिए पेश किया गया था जो ब्रितानिया साम्राज्य के भग्नावशेषों पर एक आधुनिक राष्ट्र का निर्माण करेगा। अंग्रेज़ों के ख़िलाफ़ संघर्ष के राष्ट्रवादी माहौल में पली-बढ़ी और अपने पिता जवाहरलाल नेहरू को 1964 में उनकी मृत्यु तक प्रधानमंत्री के रूप में शासन करता हुआ देखनेवाली इन्दिरा ने राज्य संस्था को सौंपी गई केन्द्रीय भूमिका को पूरी तरह से

अपनाया। चुनौतियाँ बहुत बड़ी थीं और जब उन्होंने पदभार सँभाला, देश को आज़ाद हुए दो दशक से भी कम समय हुआ था। समाज में श्रेणीबद्धता बहुत अधिक थी, अर्थव्यवस्था बढ़ती आबादी की ज़रूरतों को पूरा करने के लिए अपर्याप्त थी और लोग बेचैनी से भरे थे। एक ऐसे शिक्षा देने पर उतारू राज्य का नेतृत्व करते हुए, जो देश के समक्ष मौजूद चुनौतियों का सामना करने के लिए आबादी को उत्पादक नागरिकों के रूप में भागीदारी करने के सबक़ शीर्ष से सिखाने की कोशिश कर रहा था, सही ही था कि उन्हें नीचे ज़मीनी स्तर पर व्यापक असन्तोष का सामना करना पड़ा। 1974 तक छात्र और युवा सड़कों पर उतर आए थे और जेपी के सम्पूर्ण क्रान्ति के नारे को दोहरा रहे थे। विपक्षी राजनीतिक दलों ने इन्दिरा को सत्ता से हटाने का मौक़ा हाथ से जाने न दिया और फ़ौरन जेपी के पीछे क़तारबद्ध हो गए।

जब राजनीतिक संकट फूटा, इन्दिरा ने संविधान द्वारा दी गई असाधारण शक्तियों का लाभ उठाया और उन्हें सामान्य बनाकर ज़रूरी प्रतिबन्धों को दरकिनार कर दिया। इस प्रक्रिया में वह राष्ट्र के हितों को अपनी व्यक्तिगत सत्ता के साथ जोड़ने लगीं। लेकिन उनकी यह कपटपूर्ण चालाकी अकेले विधि और राजनीतिक व्यवस्था में मौजूद विकृति की समूची व्याख्या करने के लिए पर्याप्त नहीं। न ही यह आपातकाल की प्रकृति को शासन के एक प्रकार में पकड़ सकती है, सिवाय इसके कि यह इसके नकारात्मक पहलुओं—प्रेस सेंसरशिप, गिरफ़्तारियों और अधिकारों के दमन को रेखांकित कर दे। हमें अपनी जाँच के दायरे को बढ़ाने की ज़रूरत है। भारत में राज्य और समाज के आपसी सम्बन्धों के इतिहास में आपातकाल का क्या अर्थ था? इसने किन असाधारण क़ानूनों, प्राधिकरणों और रीतियों को सामान्य बनाने की कोशिश की? इसका उत्तरजीवन क्या है? लोकतंत्र के वैश्विक इतिहास में हम इसे कहाँ रखकर समझें?

मैं ये सवाल लोगों के सड़क पर आन्दोलनों की व्यापक पृष्ठभूमि में पूछ रहा हूँ, या जिसे दलित (पूर्व में 'अछूत' जाति) नेता और भारतीय संविधान के मुख्य मसौदाकार डॉ. बी.आर. आंबेडकर ने 'अराजकता का व्याकरण' कहा था। उनका मानना था कि गांधीवादी सत्याग्रह या असहयोग—संस्थाओं की व्यवस्था के विपरीत सड़कों पर विरोध प्रदर्शन की 'अराजकता'—तब तक उचित थी, जब तक भारत औपनिवेशिक निरंकुशता के अधीन था, लेकिन संवैधानिक लोकतंत्र को अपनाने के बाद नहीं। उनका विचार कि भारतीयों को अपनी सरकार चुनने की स्वतंत्रता मिलने के बाद प्रतिरोध और असहयोग ग़ैरज़रूरी थे, लोकतंत्र के बारे में विचार के दो सिरों की ओर इशारा करता है। इसके एक छोर पर लोकप्रिय सम्प्रभुता को निर्वाचित सरकार और उसके संवैधानिक रूपों में निहित मानने का विचार है, जिसमें इन संस्थाओं के बाहर समाज के प्रलापों और विरोधों को आवाज़ देने की कोई गुंजाइश नहीं बनती।

लोकतंत्र के इस प्रक्रियात्मक मॉडल या राजनीति के प्रशासनीकरण के ख़िलाफ़ बढ़ रहे असन्तोष के उदाहरण यूरोपीय संघ की नौकरशाही की शक्ति के ख़िलाफ़ यूरोप में उठ रहे आक्रोश में दिखाई देते हैं। इसके दूसरे छोर पर राज्य सत्ता में लोकप्रिय इच्छा की पूर्ण अभिव्यक्ति की माँग आबादी के विभिन्न समूहों की आकांक्षाओं का प्रतिनिधित्व करने में राजनीतिक दलों, ट्रेड यूनियनों, संस्थानों और प्रेस की मध्यस्थ भूमिका को ख़ारिज करती है। केवल उन विचारों को ही प्रामाणिक माना जाता है जिन्हें किसी ने फ़िल्टर नहीं किया है और जो सीधे लोगों की राय को व्यक्त करते हैं (उदाहरण के लिए, मुसलमान आतंकवादी होते हैं)। आलोचनात्मक विश्लेषण (जैसे ट्रम्प के शपथ ग्रहण समारोह में भीड़ ओबामा की तुलना में कम थी) को फ़ेक न्यूज़ बताकर ख़ारिज कर दिया जाता है और असहमति में उठी किसी भी आवाज़ को राष्ट्रविरोधी कहकर कलंकित किया जाता है। 'जन' का एक समरूप समूह अपने ऊपर शासन कर रही शक्तियों से सत्ता में उसकी पूर्ण और बिना मध्यस्थता वाली उपस्थिति से कम किसी माँग पर राज़ी होने को तैयार नहीं। एक सर्वोच्च नेता (ट्रम्प, मोदी, ओर्बान या एर्दोआन) प्रकट होता है, जो इस 'जन' का प्रतिनिधि होने का दावा करता है और असहमत संस्थाओं तथा असहमति पर सर्वसत्तावादी हमलों को लोकप्रिय इच्छा के नाम पर उचित ठहराता है। इस सिरे के अन्तिम किनारे पर लोकप्रिय सम्प्रभुता की प्रत्यक्ष अभिव्यक्ति का दावा पॉपुलिज़्म को सर्वसत्तावाद के साथ नाभिनालबद्ध कर देता है।

राजनीति के इन दो छोरों के बीच जो तनाव मौजूद है, यहीं लोकप्रिय आक्रोश जन्म लेता है। ये खड़ा होकर माँग करता है कि लोकतंत्र की औपचारिक संस्थाएँ—निर्वाचित सरकार, क़ानून और न्यायपालिका, प्रेस और सार्वजनिक वृत्त—लोगों की आवाज़ वाणी दें।[9] इस तरह की राजनीति का बढ़ता उभार आधुनिकता के उस वैश्विक इतिहास का हिस्सा है, जो युद्धोत्तर दौर में दुनिया भर में जन समाजों और राजनीति के उदय के साथ लिखा गया। मौजूदा दौर में भी यह जारी है और पॉपुलिज़्म के रूप में तेज़ी से विकसित हो रहा है। यह किताब भारत के उत्तर-औपनिवेशिक इतिहास में उभरती लोकप्रिय राजनीति की चुनौती को चिह्नित करती है और इन्दिरा के आपातकाल को लोकतंत्र के साथ हमारे व्यापक अनुभव में एक विशेष घटना के बतौर पढ़ती है। आगे जो आप पढ़ने जा रहे हैं, वो लोकतंत्र के लोकप्रिय राजनीति के साथ सम्बन्धों के वैश्विक इतिहास के बीच आई एक विशेष भारतीय आख्यानिका है। मैं नई दिल्ली में एक छात्र की गिरफ़्तारी से इस कथा का आरम्भ करता हूँ।

# 1

# पहचान में ग़फ़लत

25 सितम्बर, 1975 की उस सुबह प्रबीर पुरकायस्थ जब जागे, उन्हें ज़रा भी अन्दाज़ा नहीं था कि उनकी ज़िन्दगी कैसा मोड़ लेनेवाली है। नई दिल्ली स्थित जवाहरलाल नेहरू विश्वविद्यालय (जेएनयू), न्यू कैम्पस के गंगा हॉस्टल की डॉरमेट्री में रहनेवाले प्रबीर के लिए इस दिन की शुरुआत भी किसी आम दिन की तरह ही हुई थी। वे सवेरे उठकर तैयार हुए और डाइनिंग हॉल में जाकर नाश्ता किया। विश्वविद्यालय का प्रशासन और कक्षाएँ अभी तक ओल्ड कैम्पस से ही चल रही थीं। ठीक सुबह 9 बजे आनेवाली शटल बस का इन्तज़ार करने के बजाय डॉरमेट्री के पीछे से, पथरीले रिज के झाड़ीदार और ऊबड़-खाबड़, पर शॉर्टकट रास्ते से पैदल चलते हुए प्रबीर पिछले दरवाज़े से ओल्ड कैम्पस में दाख़िल हुए। कुछ ही वक़्त के बाद प्रबीर स्कूल ऑफ़ लैंग्वेजेज़ के बाहर खड़े थे। वहाँ उनकी मुलाक़ात तीन अन्य छात्रों से हुई, जो पहले से वहाँ इकट्ठा थे। ये तीनों भी प्रबीर की तरह 'स्टूडेंट्स फ़ेडरेशन ऑफ़ इंडिया' (एसएफ़आई) के सदस्य थे। राजनीतिक दल 'भारतीय कम्युनिस्ट पार्टी (मार्क्सवादी)' (सीपीएम), से सम्बद्ध इस छात्र संगठन का कैम्पस में काफ़ी दबदबा था।[1] इसी संगठन के एक सदस्य देवी प्रसाद त्रिपाठी उन दिनों जेएनयू छात्रसंघ के अध्यक्ष हुआ करते थे।

कैम्पस में उस सुबह तनाव का आलम था। छात्रसंघ की चुनी हुई काउंसिलर अशोका लता जैन के निष्कासन के ख़िलाफ़ एसएफ़आई की तीन दिन की हड़ताल का यह दूसरा दिन था। अशोका प्रबीर की मंगेतर थीं। हालाँकि वे सत्ता और प्रशासन से सिर फुटौवल को बेचैन रहनेवाले अन्य उद्धत छात्र नेताओं जैसी नहीं थीं, मगर विश्वविद्यालय द्वारा उन्नीस छात्रों को कथित रूप से राजनीतिक कारणों के चलते प्रवेश देने से मना किये जाने के विरोध में उन्होंने ही छात्रसंघ की बैठक की अध्यक्षता की थी और इस मुद्दे पर एक पर्चा भी निकाला था, जिसके चलते सत्ता और प्रशासन उनसे ख़फ़ा था। इन उन्नीस छात्रों में एक नाम छात्रसंघ अध्यक्ष

देवी प्रसाद त्रिपाठी का भी था। त्रिपाठी जेएनयू से अपना स्नातकोत्तर पूरा कर चुके थे और अब विश्वविद्यालय के 'सेंटर ऑफ़ पॉलिटिकल स्टडीज़' के एम-फ़िल प्रोग्राम में प्रवेश के लिए आवेदक थे। पर दाख़िले की मनाही के बाद वे तकनीकी रूप से विश्वविद्यालय के छात्र नहीं रह गए थे और इसी वजह से छात्रसंघ सभा की अध्यक्षता नहीं कर सकते थे। उनकी ग़ैर-मौजूदगी में अशोका ने अध्यक्ष की कुर्सी सँभाली और अधिकारियों ने भड़ककर उन्हें भी निकाल दिया।

विश्वविद्यालय की इसी कार्यवाही के ख़िलाफ़ एसएफ़आई की हड़ताल के आह्वान को सफल बनाने के लिए प्रबीर 25 सितम्बर की उस सुबह स्कूल ऑफ़ लैंग्वेजेज़ के बाहर खड़े थे। भाषा और साहित्य की पढ़ाई का यह संकाय पीडब्ल्यूडी मार्का इकसार आधुनिकता से ग्रस्त एक नीरस-सी बहुमंज़िला इमारत में स्थित था। विश्वविद्यालय के मुख्य पूर्वी दरवाज़े से डामर की एक सड़क, कुछ मुरझाए हुए पेड़ों से घिरे दो सूखे पड़े बग़ीचों के बीच से होती दक्षिण की ओर चली आई थी। प्रबीर और उनके कॉमरेड इसी सड़क पर स्कूल के प्रवेशद्वार से ठीक पहले खड़े थे और बाहर से आनेवाले इक्का-दुक्का छात्रों को रोककर उन्हें कक्षाओं का बहिष्कार करने के लिए मनाने की कोशिश कर रहे थे। इसी बीच देवी प्रसाद त्रिपाठी उन्हें आकर मिले, पूरे दिन की हड़ताल की कार्ययोजना पर चर्चा की और फिर पुस्तकालय की ओर निकल गए।

तक़रीबन 10 बजे सुबह स्याह रंग की एक कार ने मुख्य दरवाज़े से प्रवेश किया, बाएँ घूमी और तेज़ी से स्कूल ऑफ़ लैंग्वेजेज़ की ओर बढ़ने लगी। ये एम्बेसेडर थी—उस दौर के हिन्दुस्तान में निर्मित होनेवाले ऑटोमोबाइल के चुनिन्दा तीन मॉडलों में से एक, भारतीय अफ़सरशाही की पहली पसन्द। इसकी ड्राइविंग

चित्र 1.1 : स्कूल ऑफ़ लैंग्वेजेज़, जेएनयू, 1970 का दशक
साभार : अनवर हुदा पर्सनल फ़ोटो

सीट पर थे शरीर से तगड़े, रोबदार सिख अफ़सर पी.एस. भिंडर, डीआईजी (डिप्टी इंस्पेक्टर जनरल), दिल्ली पुलिस। साथ में थे डीएसपी (डिप्टी सुपरिंटेंडेंट ऑफ़ पुलिस) टी.आर. आनन्द और दो सिपाही। सभी सादी वर्दी में थे।

काले रंग की कार छात्रों के पास आकर रुकी। भिंडर कार से उतरे और प्रबीर की ओर बढ़े। उन्होंने प्रबीर से पूछा, "क्या तुम देवी प्रसाद त्रिपाठी हो?" प्रबीर ने इसका जवाब 'नहीं' में दिया। लेकिन अगले ही क्षण उन्होंने पाया कि उन्हें कार की ओर धकेला जा रहा था। ऐसा होता देखकर आसपास खड़े उनके साथी फ़ौरन उन्हें बचाने के लिए कूदे, और पल-भर के लिए उन्होंने प्रबीर को उन सादे कपड़े पहने अनजान लोगों की पकड़ से छुड़ा भी लिया। प्रबीर ने भी प्रतिरोध किया, लेकिन पुलिसवालों ने छात्रों को पीटना शुरू कर दिया और प्रबीर को टाँगों से उठाते हुए कार की पिछली सीट पर ठेल दिया। प्रबीर के साथी मदद के लिए चिल्ला रहे थे। उनमें से एक दूसरी ओर ड्राइवर की सीट की तरफ़ भागी कार की चाबियाँ निकालने के उद्देश्य से, लेकिन भिंडर ने पीछे से आकर उसे बालों से जकड़ते हुए ज़मीन पर पटक दिया। इस बीच प्रबीर की नज़र कुछ दूरी पर खड़े छात्रों के एक समूह से जा मिली, जो दूर से ही उनकी इस दुर्दशा को देख रहा था। उनके मन में उम्मीद की किरण जागी। लेकिन जब उन्होंने इन छात्रों को भयभीत होकर इधर-उधर भागते देखा, उनकी रही-सही उम्मीद भी बिखर गई। छरहरे शरीर के छटपटाते प्रबीर को पीछे की सीट पर दो 'ठुल्लों' ने जकड़ रखा था और उनके दोनों पाँव कार के अधखुले दरवाज़े से बाहर लटक रहे थे। एम्बेसेडर तेज़ रफ़्तार से वापस मुख्य दरवाज़े की दिशा में घूमी, और फ़र्राटे के साथ कैम्पस से बाहर निकल गई।

यह अपहरण इतना अचानक और फ़ुर्ती से हुआ कि प्रबीर के दोस्त ग़ायब हुई उस एम्बेसेडर के पीछे चिल्लाते रह गए। घटनास्थल पर भीड़ लग गई। आक्रोश से भरे प्रबीर के साथी कॉमरेड सबको चीख़-चीख़कर आपबीती सुना रहे थे। पर वहाँ अभी जो घटा, उसका ठीक-ठीक मतलब वारदात के तीनों चश्मदीद छात्रों सहित किसी की भी समझ में नहीं आ रहा था। लेकिन इतना साफ़ था कि प्रबीर को दिन-दहाड़े उठा लिया गया था। सदमे और संशय का माहौल जल्द ही आक्रोश में बदल गया। तभी किसी ने डीसीपी आनन्द को दरवाज़े की ओर चलकर जाते हुए देखा। इस सारी अफ़रातफ़री में अपहर्ता पार्टी उन्हें अकेले छोड़कर चली गई थी। सितम्बर के आग बरसाते सूरज तले सड़क पर आवेश से धधकती भीड़, पतली गली से छिपकर निकलने की कोशिश करते पुलिस अफ़सर पर झपट पड़ी। उनके साथ धक्कामुक्की शुरू हो गई, दो-चार हाथ पड़े भी। फिर इकट्ठा हुई भीड़ में से ही कुछ शान्त दिमाग़ लोगों और कुछ अन्य संकाय सदस्यों ने आगे बढ़कर बीच-बचाव किया, और उन्हें भड़की हुई भीड़ द्वारा अधिक मार-पिटाई से बचाया।

विश्वविद्यालय के दरवाज़े के बाहर सादे कपड़ों में तैनात पुलिसवाले भी अपने घायल डीएसपी की रक्षा के लिए भीतर आ गए।

जैसे ही ख़बर फैली, कैम्पस में क़यासों और अफ़वाहों का बाज़ार गर्म हो उठा। आख़िर प्रबीर का अपहरण कौन कर सकता है? उनमें से कोई भी ये अन्दाज़ा नहीं लगा पाया कि यह पुलिस की टोली थी, क्योंकि अपहर्ता दस्ता सादे कपड़ों में आया था। सवाल पूछा जाने लगा कि क्या यह वही काली एम्बेसेडर तो नहीं थी जो मेनका गांधी, प्रधानमंत्री इन्दिरा गांधी की छोटी पुत्रवधू को कैम्पस लेकर आया करती थी? ग़फ़लत में अपहरणकर्ता क्या किसी और को भी पीछे छोड़ गए थे? क्या वे लोग कहीं छिपकर बैठे थे? कुछ छात्रों ने सूचना दी कि उन्होंने एक सादी वर्दी पुलिसवाले को पीछे छूट गए डीसीपी को बचाने के प्रयास में अपनी रिवॉल्वर लहराते हुए भी देखा था। ग़ुस्साए छात्रों का रेला मार्च करता एडमिनिस्ट्रेशन ब्लॉक पहुँचा और विश्वविद्यालय प्रशासन से कार्यवाही की माँग करने लगा। एक छात्र को इस अपहरण की रिपोर्ट लिखवाने के लिए हौज़ ख़ास पुलिस थाने भेजा गया, जिसके क्षेत्राधिकार में जेएनयू कैम्पस आता है।

इस बीच अपहर्ता पुलिसकर्मी अपने शिकार के साथ तेज़ी से नज़दीकी आर.के. पुरम थाने की दिशा में बढ़ रहे थे। प्रबीर उन्हें भरसक समझाने का प्रयास कर रहे थे कि वे देवी प्रसाद त्रिपाठी नहीं हैं। लेकिन भिंडर को उनके कहे पर ज़रा सा भी विश्वास नहीं था। प्रबीर दुबले-पतले थे और चश्मा पहनते थे, ठीक देवी प्रसाद त्रिपाठी की तरह। हालाँकि उन दोनों के बीच इससे ज़्यादा समानता ढूँढ़ना मुश्किल था, लेकिन इतने से ही भिंडर को पक्का भरोसा हो गया था कि आज उन्होंने त्रिपाठी को दबोच लिया है।[2] थाने पहुँचकर उन्होंने क़ैदी की कमान ड्यूटी पर तैनात अफ़सर को सौंपी और उसे हिरासत में रखने का निर्देश देते हुए बताया कि क़ैदी को 'मीसा' (आन्तरिक सुरक्षा व्यवस्था अधिनियम) के तहत गिरफ़्तार किया जाना है। फिर वे निकल गए।

प्रबीर अपनी ज़िन्दगी में आए इस अप्रत्याशित अप्रिय मोड़ के लिए क़तई भी तैयार नहीं थे। पिछले ही साल वे दिल्ली आए थे और अभी कुछ ही समय हुआ कि उन्होंने जेएनयू के कम्प्यूटर साइंस विभाग में शोध के लिए दाख़िला लिया था।[3] उनका दाख़िला लेना स्वाभाविक भी था, क्योंकि वैसे भी उनका ज़्यादा समय इसी कैम्पस में बीतता था, साझा राजनीतिक सोच रखनेवाले अपने एसएफ़आई के बन्धु-बान्धवों के साथ। छात्र के रूप में ख़ुद प्रबीर की राजनीतिक दीक्षा उन्नीस साल की उम्र में साल 1969 में हुई थी। हाईस्कूल की परीक्षा पास करने के बाद कलकत्ता शहर में उन्होंने 'बंगाल कॉलेज ऑफ़ इंजीनियरिंग' में दाख़िला हासिल किया, जो सामान्य मध्यवर्गीय परिवार की सन्तान के लिए उसका स्वाभाविक करियर विकल्प होता। यहीं कॉलेज में उनका परिचय जॉर्ज बर्नार्ड शॉ के नाटकों

से हुआ, जिनका आर्म्स एंड दि मैन पाठ्यक्रम में शामिल था। शॉ को पढ़ने से उनमें समाजवादी विचारों के प्रति लगाव जागा। इसके साथ ऑस्ट्रेलियन रैडिकल पत्रकार विलफ्रेड बर्चेट के विचारों का भी प्रबीर पर गहरा प्रभाव पड़ा। जब भी वह अपने माता-पिता से मिलने घर जाया करते, जो नेशनल लाइब्रेरी, कलकत्ता के नज़दीक ही रहते थे, तो वहाँ प्रबीर बर्चेट के लेखन को बड़े चाव से पढ़ते। वियतनाम के मोर्चे से बर्चेट के रिपोर्ताज ने अमेरिका द्वारा लड़े जा रहे इस युद्ध के ख़िलाफ़ पहले से बन रहे विरोधी माहौल को और पुख़्ता कर दिया था। और जब कॉलेज के सालाना री-यूनियन समारोह में सजी किताबों की एक दुकान से उन्होंने मार्क्स और एंगेल्स के लेखन को ख़रीदकर पढ़ा, तो जैसे बिजली का झटका लगा। अब वो पक्के साम्यवादी बन चुके थे। लेकिन अब भी एक सवाल सामने था कि संगठन कौन-सा हो? फिर उन्होंने बर्धमान में सीपीएम के नेता हरि कृष्ण कोन्नार का भाषण सुना और उनके मन से यह उलझन भी जाती रही। बंगाल में उस समय तक सीपीएम सबसे ताक़तवर वाम शक्ति बन चुकी थी। इसकी विप्लवी मार्क्सवादी विचारधारा विद्रोही छात्र नौजवानों को आकर्षित करती थी। तो प्रबीर ने एसएफ़आई के साथ जुड़ने का फ़ैसला किया, जो राजनीतिक दल सीपीएम की छात्र इकाई थी।

स्नातक पूरा करने के बाद प्रबीर ने कलकत्ता की एक छोटी इंजीनियरिंग फ़र्म में काम शुरू किया, लेकिन कुछ ही महीनों में यह नौकरी छोड़ दी। वे 1972 में कलकत्ता से इलाहाबाद आ गए और 'मोतीलाल कॉलेज ऑफ़ इंजीनियरिंग' की स्नातकोत्तर कक्षा में दाख़िला ले लिया। यहाँ इलाहाबाद में उसका सामना छात्र राजनीति में सक्रिय समाजवादी रुझान के ऐसे छात्रों से हुआ, जो राममनोहर लोहिया के जातिभेद के ख़िलाफ़ अभिव्यक्त विचारों और कार्यों से प्रभावित थे। प्रबीर ने उन्हें मार्क्सवाद का पहला पाठ पढ़ाया और एसएफ़आई से उनका परिचय करवाया। मार्च, 1974 में प्रबीर ने एक बैंक में अफ़सर के पद पर नियुक्ति हासिल की, लेकिन कुछ ही महीनों में यह नौकरी भी छोड़ दी। उन्हें राजनीति का कीड़ा काट चुका था, बैंक की नीरस नौकरी अब उनके लिए नहीं थी। वे अकादमिक दुनिया में वापस लौट आए, लेकिन उनके इलाहाबाद वाले कॉलेज में कम्प्यूटर की व्यवस्था नहीं थी। लिहाज़ा वे 1974 में 'इंडियन इंस्टिट्यूट ऑफ़ टेक्नोलॉजी' (आईआईटी), दिल्ली में मौजूद कम्प्यूटरों का उपयोग करने की हसरत लिये दिल्ली आ गए। और चूँकि अब यह आईआईटी परिसर भौगोलिक रूप से जेएनयू के बहुत नज़दीक था, प्रबीर की शामें अक्सर जेएनयू कैम्पस में साथी एसएफ़आई सदस्यों के साथ बीता करती थीं। इन्हीं साथी सदस्यों में एक नाम था देवी प्रसाद त्रिपाठी का। प्रबीर के इलाहाबाद से पूर्वपरिचित उन समाजवादी रुझान के छात्रों में से एक, जिन्हें ख़ुद प्रबीर ने एसएफ़आई में भर्ती किया था।

उत्तर प्रदेश के एक गाँव में ब्राह्मण परिवार में जन्मे त्रिपाठी को उनकी माँ ने

पाल-पोसकर बड़ा किया था, जबकि पिता दूर कलकत्ता में चाय की थड़ी चलाते थे।[4] पैदाइश से ही गम्भीर दृष्टिदोष से ग्रस्त त्रिपाठी ने इस जिस्मानी चुनौती का बख़ूबी सामना करते हुए पढ़ाई में ज़बरदस्त कामयाबी हासिल की। किताब और अख़बार तो वे नज़र से अमूमन चिपकाकर ही पढ़ पाते, लेकिन पढ़ने की लत जुनूनी थी। 1970 में इलाहाबाद विश्वविद्यालय में दाख़िले के समय ही त्रिपाठी हिन्दी और बांग्ला में दक्षता हासिल कर चुके थे और अंग्रेज़ी भी लिख और समझ लेते थे। राजनीतिक सिद्धान्त और क्लासिकी साहित्य के शौक़ीन अध्येता त्रिपाठी जल्द ही इलाहाबाद के हिन्दी लेखकों और बौद्धिकों के दिलचस्प दायरे का अभिन्न हिस्सा बन गए। अगले साल ही इलाहाबाद का यह परिपक्व होता छात्र राजनीति विज्ञान के स्नातकोत्तर पाठ्यक्रम में दाख़िला लेकर जेएनयू जा पहुँचा। यहाँ का माहौल अंग्रेज़ीदाँ था, लेकिन हिन्दीभाषी त्रिपाठी यहाँ भी अपनी सूझ-बूझ के चलते पैठ बनाने में सफल रहे, और इस बीच अंग्रेज़ी पर भी अपनी पकड़ बेहतर करते चले गए। जल्द ही जेएनयू के सार्वजनिक दायरे में उन्हें डीपीटी के नाम से जाना जाने लगा।

चमत्कारिक व्यक्तित्व के धनी त्रिपाठी को अन्दाज़-ए-गुफ़्तगू में कमाल हासिल था, जिसकी निजी आत्मीय ऊष्मा से हैरतअंगेज़ दोस्तियाँ पैदा होती थीं और जेएनयू की राजनीतिक बाड़ाबन्दियाँ पिघल जाया करती थीं। जल्द ही वह विश्वविद्यालय की एसएफ़आई यूनिट के लोकप्रिय नेता के तौर पर उभरे और 1975 की जनवरी में हुए छात्रसंघ चुनावों में अध्यक्ष पद पर विजयी हुए।[5] अबकी बारी त्रिपाठी को मौक़ा मिला कि वे अपने इलाहाबाद के मित्र प्रबीर को जेएनयू के एसएफ़आई कार्यकर्ताओं और समर्थकों से परिचित करवाएँ। त्रिपाठी ने कॉमरेडों के इस नवीन दायरे में प्रबीर का खुलकर स्वागत किया।

नवपरिचितों के इसी दायरे में प्रबीर से टकराई अशोका। अशोका ने आगरा से भूगोल में स्नातक करने के बाद 1972 में जेएनयू से क्षेत्रीय विकास अध्ययन के एम-फ़िल प्रोग्राम में दाख़िला लिया था। राजधानी दिल्ली का जीवन उनके लिए बिलकुल अलहदा अनुभव था। उत्तर प्रदेश के छोटे से क़स्बे बिजनौर में पली-बढ़ी लड़की अशोका के लिए दिल्ली विशालकाय भी थी और अपरिचित भी, और जेएनयू तो जैसे उनके लिए एक मुकम्मल नई कायनात की तरह था। यहाँ का अकादमिक स्तर काफ़ी ऊँचा था और पढ़ाई का नवीन ढाँचा चुनौतीपूर्ण। छोटे लेकिन विशिष्ट छात्र समुदाय में भारत के हर हिस्से से चुने गए चुनिन्दा योग्य छात्र शामिल थे। इसके साथ ही बिलकुल नया था विद्रोही विचारधाराओं की आरामगाह जेएनयू का रेडिकल राजनीतिक माहौल। मार्क्स, लेनिन, ट्रॉट्स्की और माओ के सन्दर्भों से लदे यहाँ के राजनीतिक बहस-मुबाहिसों की भाषा अंग्रेज़ी थी, क्योंकि जेएनयू के बहुविद भाषाभाषी छात्र समुदाय की सम्पर्क-भाषा वही थी। अंग्रेज़ीदाँ माहौल में पले-बढ़े, अभिजात वर्ग से आए छात्र इस आंग्लभाषायी लोक में ख़ूब

फलते-फूलते थे और विश्वविद्यालय में ऐसे भद्रलोकीय जीवों की संख्या काफ़ी थी। लेकिन अशोका इससे बहुत भिन्न जगत से आई थीं। रूढ़िवादी जैन मध्यवर्गीय परिवार में पली-बढ़ी अशोका की विद्यालयी शिक्षा का माध्यम हिन्दी रहा। लेकिन उन्होंने मौक़ा आने पर जेएनयू के प्रतिकूल, चुनौतियों से भरे माहौल का बख़ूबी सामना किया और डटी रहीं। बतौर छात्र उन्होंने ख़ुद को सँवारा और नये दोस्त बनाए, जिनमें से अधिकतर एसएफ़आई से ताल्लुक़ रखते थे। 1973 के छात्रसंघ चुनावों में एसएफ़आई ने उन्हें उम्मीदवार के तौर पर मैदान में उतार दिया। मृदुभाषी, सदा चेहरे पर स्मित मुस्कान धरे अशोका को हर दायरे में पसन्द किया जाता था। उन्होंने आसानी से चुनाव जीत लिया।

जेएनयू के मतवाले राजनीतिक वातावरण में दोस्ती और राजनीतिक संगति के मध्य खिंची रेखाएँ अक्सर धुँधला जाती थीं। गंगा ढाबा पर बैठे चाय की चुस्कियों पर चलती गपशप में, गीता बुक सेंटर और पीपल्स बुक हाउस में किताबों के पन्ने पलटते हुए, यहाँ तक कि साथ-साथ लाइब्रेरी, सिनेमा और ख़रीदारी के लिए की गई यात्राओं तक में राजनीतिक गतिविधि का अक्स होता था। त्रिपाठी ने प्रबीर को एसएफ़आई के इन राजनीतिक संगियों से मिलवाया और यूँ प्रबीर की अशोका से मुलाक़ात हुई। जल्द ही उनका बहुत सारा समय साथ गुज़रने लगा। उस साथ गुज़ारे समय में रोज़मर्रा की सांगठनिक वार्ता कम होती थी और 'पूँजीवाद के भारतीय खेती-बाड़ी पर पड़ते प्रभाव' जैसे बौद्धिक विषयों पर चर्चा अधिक, जो उस दौर में भारतीय अकादमिक जगत में बहस का मुद्दा बना हुआ था। अशोका जहाँ प्रबीर की प्रखर बौद्धिकता से आकर्षित हुईं, वहीं प्रबीर उनके ज़िन्दादिल व्यक्तित्व पर मर मिटे। एक दिन प्रबीर ने अशोका को चाय पर निमंत्रित किया। प्रबीर को मालूम था कि इस बुलावे के पीछे का असली मतलब वो समझ रही हैं। इसीलिए जब अशोका ने बुलावा स्वीकार कर लिया तो प्रबीर की ख़ुशी का ठिकाना नहीं रहा। बौद्धिक परिचर्चाएँ एवं वैचारिक मुद्दे शीघ्र ही रोमांस से भरे संग-साथ में खिल उठे।[6] अब तो प्रबीर के पास दिल्ली में टिके रहने की एक अतिरिक्त वजह भी थी। उन्होंने जेएनयू में दाख़िले के लिए आवेदन करने में देर न लगाई। पहले उन्हें सेंटर फ़ॉर साइंस पॉलिसी में दाख़िला मिला, लेकिन कम्प्यूटर साइंस विभाग में पी-एच.डी. प्रोग्राम के शुरू होने पर प्रबीर वहाँ के शोध छात्र बने। जेएनयू में प्रवेश मिलने के चलते उन्हें न्यू कैम्पस में छात्र डॉरमेट्री में रहने को कमरा भी मिल गया। जैसे सब कुछ प्रबीर और अशोका की योजनानुसार घट रहा था, और इस जोड़े ने पहली फ़ुरसत में 'एडीशनल डिस्ट्रिक्ट मजिस्ट्रेट' (एडीएम) प्रदीप्तो घोष के दफ़्तर में सिविल मैरिज के लिए आवेदन भर दिया। आगे जाकर इसी अधिकारी की प्रबीर की ज़िन्दगी में दोबारा एंट्री होनी थी, लेकिन नितान्त भिन्न परिस्थितियों में। लेकिन 25 सितम्बर की सुबह के उस नाटकीय घटनाक्रम से ठीक पहले तक,

जब वे अपनी कॉमरेड और भावी जीवनसाथी के निष्कासन के विरोध में हड़ताल की कार्यवाही को आगे बढ़ाने में लगे हुए थे, ज़िन्दगी प्रबीर के लिए एकदम सीधी-चिकनी पटरी पर दौड़ रही थी।

फिर अचानक ऐसा क्या हुआ जिसने उस मनहूस सुबह उनकी क़िस्मत पलट दी? इसका तार सीधा जुड़ता था 25 जून, 1975 की आधी रात घटी उस घटना से जब राष्ट्रपति फ़ख़रुद्दीन अली अहमद ने प्रधानमंत्री इन्दिरा गांधी की सिफ़ारिश पर आपातकाल की घोषणा की थी। इस उद्घोषणा में आपातकाल लागू करने की वजह 'देश की आन्तरिक सुरक्षा को ख़तरा' बताया गया था। लेकिन असल चिंगारी लगानेवाला था 12 जून का इलाहाबाद उच्च न्यायालय का वो फ़ैसला, जिसने इन्दिरा गांधी को 1971 के चुनावों में भ्रष्ट आचरण का दोषी ठहरा दिया था। फ़ैसले ने उनकी संसद सदस्यता ख़ारिज कर दी और अगले छह साल तक उनके चुनाव लड़ने पर रोक लगा दी गई। 24 जून को उच्चतम न्यायालय ने इस फ़ैसले पर स्टे देते हुए उनकी अपील को सुनना मंजूर किया। कोर्ट से स्टे हासिल करने के फ़ौरन बाद इन्दिरा गांधी ने आपातकाल की घोषणा करवा दी। संविधान द्वारा प्रदत्त अधिकार निलम्बित कर दिये गए और पूरे देश में पुलिसिया बल की आधी रात की छापेमारियाँ शुरू हो गईं जिनमें इन्दिरा गांधी के तमाम राजनीतिक विरोधियों को घेरा जा रहा था। इसमें एक नेता राज नारायण भी थे, जिन्होंने उनके ख़िलाफ़ भ्रष्ट चुनावी आचरण से जुड़ा मामला दायर किया था। इन्दिरा हुकूमत ने बलपूर्वक और डरा-धमका के अपनी सत्ता के सामने खड़ी चुनौतियों को कुचलना शुरू किया, और इस दबंगई के पीछे नियंत्रणकारी भूमिका में थी उनके छोटे बेटे संजय गांधी के नेतृत्व वाली अन्तरंग-मंडली। प्रेस पर प्रतिबन्ध के ज़रिये असहमति का गला घोंट दिया गया। विपक्षी नेताओं एवं राजनीतिक कार्यकर्ताओं को निवारक नज़रबन्दी क़ानूनों के तहत गिरफ़्तार किया गया और जेलों में ठूँस दिया गया। जेएनयू भी उनके निशाने पर था। 8 जुलाई की रात 3 बजे पुलिस ने कैम्पस पर धावा बोल दिया और तक़रीबन पच्चीस छात्रों को गिरफ़्तार कर अपने साथ ले गई। लेकिन पुलिस विभाग में मित्र सूत्रों के ज़रिये इस छापेमारी की सूचना पहले ही कैम्पस तक पहुँच चुकी थी और एक सदस्य को छोड़कर एसएफ़आई का बाक़ी सारा नेतृत्व इस गिरफ़्तारी से बचने में कामयाब रहा। उधर पहचान के अभाव में पुलिस यूँ ही किसी भी छात्र की धरपकड़ करती रही, और कंट्री वेस्टर्न गानेवाले कैम्पस के लोकप्रिय गायक को उठा ले गई![7] यह सब 25 सितम्बर के घटनाक्रम की पृष्ठभूमि थी।

पर जेएनयू राज्य संस्था के इस कहर का केन्द्र कैसे बन गया? क्योंकि ख़ुद में निराले जेएनयू को इन्दिरा गांधी के पिता और भारत के पहले प्रधानमंत्री जवाहरलाल नेहरू के नाम पर स्थापित संस्था होने का गौरव हासिल था। हालाँकि

क़ानूनविद् शिक्षामंत्री एम.सी. छागला ने 1964 के अन्त में जाकर जेएनयू बिल संसद के पटल पर रखा, इस विश्वविद्यालय के निर्माण सम्बन्धी चर्चाएँ 27 मई, 1964 को नेहरू की मृत्यु के फ़ौरन बाद ही शुरू हो गई थीं। अगस्त, 1964 में 'जवाहरलाल नेहरू स्मृति न्यास' ने एक समिति का गठन किया, जिसका काम था नेहरू के नाम पर उच्च शिक्षा के एक ऐसे संस्थान के निर्माण की रूपरेखा बनाना, जो मौजूदा विश्वविद्यालयों से अनूठा हो।[8] समिति ने इस बाबत अनेक गण्यमान्य व्यक्तियों की राय जाननी चाही, जिनमें परमाणु वैज्ञानिक होमी जहाँगीर भाभा और उद्योगपति जमशेद जी टाटा शामिल थे, जिन्होंने फ्रांसीसी 'ग्रांड इकोल' की तर्ज़ पर कुछ खड़ा करने का सुझाव दिया।[9]

सुझावों की तफ़सीलात का सबसे बड़ा पुलिन्दा आया फ़ोर्ड फ़ाउंडेशन, दिल्ली के डॉ. डगलस एन्समिंज़र की ओर से। उनके भेजे नौ पृष्ठों के मसौदे का शीर्षक था 'भारत में उच्च शिक्षा के नवीन राष्ट्रीय संस्थान के लिए विवरणिका' और यह एक छोटे आवासीय संस्थान की प्रस्तावना थी, जिसका नाम नेहरू अकादमी या नेहरू राष्ट्रीय उच्च अध्ययन संस्थान या नेहरू राष्ट्रीय विश्वविद्यालय हो सकता था। इसमें सुझाव था कि संस्थान के गठन के लिए विशेष क़ानून पारित किया जाए, जिससे यह सुनिश्चित किया जा सके कि भविष्य में वह सरकारी दख़ल से पूरी तरह स्वायत्त और स्वतंत्र रहे। इस मसौदे में भावी संस्थान के ढाँचे, एक ग़ैर-पारम्परिक एवं अन्तरानुशासनिक पाठ्यक्रम, योग्य प्राध्यापकों और छात्रों की भर्ती, जिन्हें आवासीय परिसर में रखा जाए, इस तरह के कई विशिष्ट सुझाव थे। यह भी अनुशंसा की गई थी कि यह परिसर किसी औद्योगिक शहरी केन्द्र के निकट खड़ा किया जाए और दिल्ली को छोड़कर बंगलौर, नासिक, हैदराबाद एवं त्रिवेंद्रम जैसे नगरों के नाम प्रस्तावित किये गए थे।[10]

विशेषज्ञ समिति, जिसकी अध्यक्षता वामपंथी पत्रकार एवं सार्वजनिक मामलों के नामी जर्नल सेमिनार के संस्थापक सम्पादक रोमेश थापर कर रहे थे, ने एन्समिंज़र के मसौदे को अन्तिम योजना के तौर पर विकसित किया।[11] थापर समिति ने एक भिन्न क़िस्म के लघु, शोध आधारित संस्थान की संकल्पना सामने रखी, जिसका नाम नेहरू अकादमी या नेहरू उच्च अध्ययन संस्थान हो सकता था। यह नेहरू के वैश्विक दृष्टिकोण एवं राष्ट्रीय एकता के उनके आदर्शों को आगे बढ़ानेवाला साबित होता। नेहरू के खुले दिमाग़ के वैज्ञानिक नज़रिये को आधार बनाते हुए यह नवीन संस्थान अन्तरानुशासनात्मक अध्ययन एवं शोध पर ज़ोर देगा और अन्य भारतीय विश्वविद्यालयों में लागू वार्षिक परीक्षा प्रणाली का परित्याग कर देगा। यह देश-विदेश से सर्वश्रेष्ठ भारतीय संकाय सदस्यों की भर्ती करेगा, जो चुनिन्दा छात्रों के समूह को पढ़ाएँगे। लेकिन डॉ. एन्समिंज़र के सुझाव से असहमति जताते हुए समिति ने इस परिसर को दिल्ली के समीप ही रखे जाने पर विशेष ज़ोर दिया, जिसकी एक

वजह अन्तरराष्ट्रीय आदान-प्रदान में सहूलियत और दूसरी यह थी कि नेहरू का प्रधानमंत्री के रूप में सारा जीवनकाल इसी शहर में बीता था।

अगर 70 के दशक के जेएनयू के छात्र समुदाय को विश्वविद्यालय की स्थापना में एन्समिंज़र की इस भूमिका का पता चलता, तो वे ज़रूर आगबबूला हो उठते। न सिर्फ़ यहाँ के छात्र कार्यकर्ता घोर अमेरिका-विरोधी थे, नेहरू और उनके बाद इन्दिरा के शासनकाल में भारत की छवि भी सोवियत संघ समर्थक मुल्क की थी। पर नेहरू अपने समाजवादी रुझानों के बावजूद अमेरिकी सहयोग के प्रति पूरी तरह उदासीन नहीं रहे। हालाँकि उन्होंने सोवियत मदद से सार्वजनिक क्षेत्र में बहुविज्ञापित इस्पात संयंत्रों और बृहत् अभियांत्रिकी परियोजनाओं की स्थापना की, आधुनिकीकरण की प्रक्रिया में सहयोग एवं विशेषज्ञता को लेकर उनकी नीति सबके लिए उदार थी, फ़ोर्ड फ़ाउंडेशन के लिए भी। फ़ाउंडेशन ने भारत में अपने क्षेत्रीय कार्यालय की स्थापना एवं नेतृत्व तथा 'मानव कल्याण' के अपने एजेंडा को आगे बढ़ाने के लिए कॉर्नेल विश्वविद्यालय से डॉक्टरेट की उपाधि प्राप्त तथा पूर्व में संयुक्त राज्य अमेरिका के कृषि विभाग में अपनी सेवाएँ दे चुके ग्रामीण समाज वैज्ञानिक एन्समिंज़र को नियुक्त किया। वे बेहतरीन चयन साबित हुए, क्योंकि उन्होंने समय रहते यह पहचान लिया कि भारत में फ़ाउंडेशन की एक लोक-कल्याणकारी संस्था के रूप में सफलता अमेरिकी सरकार से उसके दूरी बरतने में ही छिपी है। भारत में मौजूद राजनीतिक संवेदनाओं के रुख़ को पहचानते हुए उन्होंने फ़ाउंडेशन को भारत में विकास एवं सामाजिक बदलाव के क्षेत्र में कार्यरत एक शुद्ध रूप से प्रौद्योगिकीय संस्था के रूप में पेश किया। उन्होंने भारत के 'समाजवादी ढाँचे का समाज' बनाने के लक्ष्य को स्वीकार किया, फ़ोर्ड फ़ाउंडेशन के न्यूयॉर्क स्थित मुख्यालय से संघर्ष कर परियोजनाओं पर स्थानीय 'वीटो पावर' हासिल की और यह भी सुनिश्चित किया कि उन परियोजनाओं में भारतीय समाज वैज्ञानिकों की साझेदारी रहे।[12] नई दिल्ली में अपने उन्नीस सालों के कार्यकाल के दौरान एन्समिंज़र भारतीय़ वैकासिक पहलक़दमियों के ख़ास पहलुओं के निर्धारण में फ़ाउंडेशन की दख़ल के बीज रोपने में सफल हुए। परिवार नियोजन एवं ग्रामीण समुदाय के विकास जैसे कार्यक्रमों की अगुआई करने के साथ फ़ोर्ड फ़ाउंडेशन ने भारत में कई ख़ास सार्वजनिक महत्त्व के संस्थानों की स्थापना में भी मददगार भूमिका निभाई, जिनमें इंडियन इंस्टिट्यूट ऑफ़ पब्लिक एडमिनिस्ट्रेशन, नेशनल इंस्टिट्यूट ऑफ़ डिज़ाइन और अहमदाबाद तथा कलकत्ता के इंडियन इंस्टिट्यूट ऑफ़ मैनेजमेंट जैसे संस्थानों के नाम शामिल हैं।

एन्समिंज़र की सफलता के पीछे की असली वजह वो तालमेल था, जो उन्होंने जवाहरलाल नेहरू के साथ स्थापित किया। 1951 में भारत आगमन के साथ ही वे इस नतीजे पर पहुँच गए थे कि 'नेहरू ही हिन्दुस्तान हैं।' नेहरू प्रधानमंत्री भी थे, विदेशी मामलों के मंत्री भी और योजना आयोग के प्रमुख भी। वे "हिन्दुस्तानियों

को बताते थे कि उन्हें उनसे क्या उम्मीदें हैं, और जनता उनकी ओर इस उम्मीद से देखती थी कि नेहरू उन्हें बताएँगे कि आगे वे उनसे क्या किये जाने की उम्मीद रखते हैं।"[13] इसी को ध्यान में रखते हुए एन्समिंज़र ने नेहरू से एक उत्पादक कार्यकारी सम्बन्ध क़ायम किया। वे नियमित रूप से फ़ाउंडेशन की गतिविधियों की चर्चा किया करते थे एवं उन्हें इस बाबत अवगत करवाते रहते थे। इन गतिविधियों को वे ख़ुद भारत सरकार द्वारा तय किये गए लक्ष्यों को हासिल करने में फ़ाउंडेशन की ओर से की गई तकनीकी मदद एवं वित्तीय सहयोग के रूप में पेश किया करते थे। उन्हें नेहरू से मुलाक़ात के लिए कभी तीन दिन से अधिक का इन्तज़ार नहीं करना पड़ा और वे चालू परियोजनाओं पर नियमित ही सन्देशों का आदान-प्रदान किया करते थे। वक़्त बीतने के साथ एन्समिंज़र को लगने लगा था कि उन्होंने नेहरू के साथ एक 'सच्चा भारतीय क़िस्म का' सम्बन्ध क़ायम कर लिया है। नेहरू तक इस सीधी पहुँच ने उन्हें इतना प्रभावशाली व्यक्ति बना दिया था कि 'दिल्ली मास्टरप्लान' का मसौदा तैयार करनेवाले अमेरिकी स्थापत्यकार एलबर्ट मेयर ने तो 1959 में उन्हें 'भारत के दूसरे सबसे ताक़तवर इनसान' की पदवी से नवाज़ दिया।[14]

सन् 1964 में नेहरू के देहावसान ने एन्समिंज़र को गहरे अवसाद में धकेल दिया, लेकिन भारत सरकार के साथ उनका फलप्रद सम्बन्ध उसके बाद भी बना रहा। ऐसे में कोई आश्चर्य नहीं कि नेहरू के नाम पर विश्वविद्यालय की स्थापना के लिए उनसे सुझाव माँगे गए। नेहरू, जिन्हें एन्समिंज़र ने सदा प्रशंसा भरी नज़रों से देखा और इसी प्रशंसाभाव के चलते आज़ाद भारत की शुरुआती नींव के निर्माण वाले वर्षों में उनके साथ मिलकर काम किया।

एन्समिंज़र के प्रस्ताव को ही संशोधित कर जेएनयू की संकल्पना को आकार दिया गया। जैसा फ़ोर्ड फ़ाउंडेशन के चीफ़ का सुझाव था, संसद में इस बाबत विशेष क़ानून लाया गया और 1966 में 'जवाहरलाल नेहरू विश्वविद्यालय एक्ट' संसद से पारित हो गया।[15] 1969 में विश्वविद्यालय ने औपचारिक रूप से काम करना प्रारम्भ कर दिया। जीपी के नाम से मशहूर गोपालस्वामी पार्थसारथी नवनिर्मित विश्वविद्यालय के नये कुलपति नियुक्त हुए। फ़ौरी तौर पर विश्वविद्यालय का कामकाज शहर की दक्षिणी सीमा पर स्थित राष्ट्रीय प्रबन्धन अकादमी के लिए बनी लेकिन ख़ाली पड़ी इमारतों से शुरू हुआ, और इस बीच वहीं नज़दीकी अरावली पहाड़ी शृंखला की चट्टानी ज़मीन पर स्थायी परिसर के निर्माण का कार्य भी आरम्भ हो गया।

सरकार ने नये विश्वविद्यालय परिसर की परिकल्पना के लिए खुली डिज़ाइन प्रतिस्पर्धा का आयोजन किया, जिसमें कुल अड़सठ प्रविष्टियाँ आईं। इस प्रतिस्पर्धा में स्थापत्यकारों से एक ऐसे परिसर की संकल्पना प्रस्तुत करने को कहा गया था, जो नेहरू के शिक्षा सम्बन्धी दर्शन 'ज्ञान की एकता' को अभिव्यक्ति दे एवं भारत की 'अनेकता में एकता' और 'लोकतंत्र और सामाजिक न्याय के दर्शन' जैसी

अवधारणाओं को अपने भीतर धारण करे। लेकिन राज्यों और उनकी संस्कृति को संकल्पना में शामिल करने का यह क़तई मतलब नहीं था कि एक ऐसा संस्थान बनाया जाए जहाँ 'केरल के छात्र केरल भवन में रहें' और 'बिहार के छात्र बिहार भवन में', बल्कि इसके पीछे कोशिश यह थी कि समूचे भारत से आए छात्र, अध्यापक इस परिसर में साथ रहते हुए 'अनेकता में एकता' के दर्शन के ज़िन्दा उदाहरण बनें। चाहत कुछ यूँ थी कि जैसे ख़ुद नेहरू ने "घोर आधुनिक होते हुए भी अपनी जड़ों से रिश्ता बनाए रखा और अतीत से उसका मृत अंग त्यागते हुए उसका पोषक हिस्सा चुना", ठीक वैसे ही उनके नाम पर बना यह विश्वविद्यालय स्वरूप ग्रहण करे।[16] जेएनयू राज्य संस्था की इस प्रशिक्षक भूमिका का साक्षात उदाहरण था जहाँ राज्य अपने नागरिकों को ऐसे 'आदर्श भारतीय' के साँचे में ढाल रहा था जिसका सपना नेहरू ने देखा था। लेकिन विडम्बना यह भी थी कि इसका निर्माण ठीक उस वक़्त हो रहा था, जब सड़कों पर इस आदर्श की खुलेआम हत्या की जा रही थी।

आख़िर स्थापत्य प्रतिस्पर्धा सम्पन्न हुई। विजेता प्रविष्टि सी.पी. कुकरेजा एसोसिएट्स की तरफ़ से आई थी। इस प्रविष्टि में चट्टानों एवं झाड़ियों के मध्य ही सुर्ख़ ईंटों से बने एक ऐसे परिसर की कल्पना थी जो अपनी ज़मीन से तारतम्य रखता हो। छात्रावासों के नाम भारत की विभिन्न नदियों के नाम पर रखे जाने थे, जो भारत की अखंडता के प्रतीक बनते। साल 1973 के आते-आते छात्रों की रिहाइश नये परिसर न्यू कैम्पस में स्थानान्तरित हो चुकी थी, जबकि अध्यापन और प्रशासकीय कार्य अभी तक ओल्ड कैम्पस से ही चल रहे थे। इससे एक ही साल पहले विश्वविद्यालय का परिचालन अपनी सम्पूर्णता में आरम्भ हो चुका था। ऑक्सफ़ोर्ड से पढ़े, भूतपूर्व वकील एवं राजनयिक कुलपति पार्थसारथी ने सम्पूर्ण भारत और विदेशों से सर्वश्रेष्ठ संकाय सदस्यों को नियुक्त किया। शुरुआत में दाख़िला लेनेवालों में सम्पन्न आंग्लभाषी परिवारों से आए ऐसे छात्रों की गिनती अधिक थी जो संभ्रान्त संस्थानों से स्नातक कर आए थे। इस छात्र समुदाय में विविधता लाने के उद्देश्य से 1974 में दाख़िले की प्रक्रिया में ऐसे बदलाव किये गए जो आर्थिक रूप से पिछड़े परिवारों से एवं मुल्क के आधिकारिक तौर पर पिछड़े माने गए क्षेत्रों से आनेवाले अभ्यर्थियों को प्रवेश में वरीयता देते थे।

कुलपति पार्थसारथी और उनके सिपहसालार रजिस्ट्रार एन.वी.के. मूर्ति दोनों ही नेहरू के उदारवादी आदर्शों में ढले ज़हीन, महानगरीय व्यक्ति थे। वे सदा मुख़्तलिफ़ नज़रियों को सुनने और समझने के लिए तैयार रहते थे एवं असहमति का सम्मान करते थे। विविधताओं से रचे हिन्दुस्तान में यक़ीन करनेवाले, वे वैश्विक नज़रिये के धनी थे और सामाजिक तथा राजनीतिक दायरों में प्रगतिशील मूल्यों में विश्वास रखते थे। उन्होंने जेएनयू को अकादमिक गुणवत्ता के मुक़ाम के तौर पर विकसित किया और प्रशासन, संकाय एवं छात्रों के बीच खुले वैचारिक आदान-प्रदान को

बढ़ावा दिया। ऐसे माहौल में अतिवादी विचारों को पनपने का मौक़ा मिला। बतौर संकाय सदस्य चुने गए अनेक इतिहासकार और वैज्ञानिक वामपंथी थे। छात्र समुदाय में बड़ी संख्या स्नातकोत्तर विद्यार्थियों की थी। स्नातक स्तर की पढ़ाई स्कूल ऑफ़ लैंग्वेजेज़ तक सीमित थी, जहाँ प्रधानमंत्री की छोटी बहू और संजय गांधी की पत्नी मेनका गांधी जर्मन विभाग की छात्रा थीं। विश्वविद्यालय अभी छोटा था—1975 तक यहाँ छात्रों की संख्या 800 से कम थी और संकाय सदस्यों की गिनती 200 के आसपास।[17] आकार की यह लघुता अनौपचारिक सम्बन्धों एवं रूबरू संवाद से बुने एक आत्मीय समुदाय के होने का अहसास करवाती थी। आवासीय परिसर का होना, उस पर पुरुष और महिला छात्रावासों का एक-दूसरे के आसपास बना होना लैंगिक दीवार के पार जाकर संवाद एवं दोस्ती के लिए एक उदार माहौल उपलब्ध करवाता था, जो हिन्दुस्तान के हिसाब से ग़ैर-मामूली बात थी।

शुरुआत से ही एसएफ़आई विश्वविद्यालय के छात्रों के बीच प्रभावी ताक़त रही। इसके साथ 'भारतीय कम्युनिस्ट पार्टी' (सीपीआई) से सम्बद्ध छात्र संगठन 'ऑल इंडिया स्टूडेंट्स फ़ेडरेशन' (एआईएसएफ़) का भी असर रहा, लेकिन सीमित मात्रा में। इन दोनों संगठनों ने मिलकर जेएनयू की छात्र राजनीति को एक गहरा वाम चेहरा दिया।[18] 1973 तक इस वाम मुख्यधारा के बरअक्स एक विपक्षी ताक़त आकार ग्रहण करने लगी, जिसने ख़ुद को फ्रीथिंकर्स कहलवाना पसन्द किया। समाजवादी छात्र आनन्द कुमार के नेतृत्व में फ्रीथिंकर्स ने एसएफ़आई के कथित दबंग रवैये के ख़िलाफ़ छात्रों को इकट्ठा करना शुरू किया। परिसर में एसएफ़आई और एआईएसएफ़ के ख़िलाफ़ मार्क्सिस्ट फ़ोरम नाम का एक दूसरा छोटा संगठन भी सक्रिय था। ऑक्सफ़ोर्ड से स्नातक, कई यूरोपीय भाषाएँ धाराप्रवाह बोलनेवाले इतिहास के शोध छात्र जैरस बानाजी इसके संस्थापक थे। बानाजी ट्रॉट्स्कीवादी थे, यूरोपीय वाम आन्दोलनों के इतिहास एवं सैद्धान्तिक पक्ष की गहरी समझ रखते थे और अंग्रेज़ी में शास्त्रार्थ में माहिर थे। उनके द्वारा की गई मुख्यधारा वाम पार्टियों की ध्वंसकारी आलोचना सीपीआई-सीपीएम के प्रचलित प्रोपेगैंडा से बहस को ऊपर उठाकर गम्भीर मार्क्सवादी सैद्धान्तिक वाद-विवाद की श्रेणी में ले जाती थी। छात्रसंघ चुनावों के दौरान खचाखच भरी बैठकों में बोल्शेविक क्रान्ति और कॉमिंटर्न के इतिहास पर गरमागरम बहसें होती थीं। लेवी-स्ट्रॉस के संरचनावादी मानवशास्त्र के बुर्ज़ुआ चरित्र पर पंडिताऊ विमर्श होते थे। जब इज़ाबेल अलेंदे और ब्रिटेन के मार्क्सवादी विचारक तारिक़ अली ने अपने भाषणों में चिली में सल्वाडोर अलेंदे की समाजवादी सरकार को षड्यंत्रपूर्वक गिराने का अभियोग सीआईए तथा अमेरिकी साम्राज्यवाद पर लगाया, छात्र-अध्यापक समुदाय ने करतल ध्वनि से उनका अभिनन्दन किया। जब ब्रिटिश इतिहासकार ई.पी. थॉमसन ने फ्रांसीसी सिद्धान्तकार लुई अल्थूसर के संरचनावादी मार्क्सवाद की आलोचना प्रस्तुत की, तन्मयता से सुन रहे खचाखच

भरे सभागार में तिल धरने की जगह नहीं थी। रैडिकल कलाकार विवान सुन्दरम ने परिसर में अपनी कलाकृतियों की सफल प्रदर्शनी आयोजित की। 1974 में रेलवे कर्मचारियों की हड़ताल के समर्थन में छात्र समुदाय सड़कों पर उतरा, जिसमें पुलिसिया दस्ते से उसकी सीधी घमासान लड़ाइयाँ हुईं।

मार्क्स, एंगेल्स, लेनिन, ट्रॉट्स्की, स्तालिन और माओ की अनुगूँजों से भरे इस घोर राजनीतिक और सैद्धान्तिक माहौल में इन्दिरा और उनके प्रतिद्वंद्वी हाशिये पर पड़े नाम-भर थे। परिसर में वाम का बोलबाला था, सत्ताधारी कांग्रेस और उसके मुख्य विपक्षी दलों की कैम्पस में उपस्थिति तक नहीं थी। इसके मुक़ाबले तुलनात्मक रूप से कहीं बड़े दिल्ली विश्वविद्यालय में कांग्रेस और भारतीय जनसंघ (भाजपा का पूर्ववर्ती अवतार) से सम्बन्धित छात्र संगठन मुक़ाबला किया करते थे। जेएनयू की जोशीली वाम राजनीति अक्सर ख़बरों में रहती। जयप्रकाश नारायण के नेतृत्व में बिहार में छात्रों के सत्ताविरोधी उभार को परिसर में समाजवादी आनन्द कुमार का ज़ोरदार समर्थन मिला। एसएफ़आई खुलकर जेपी के समर्थन में तो नहीं आई, लेकिन कांग्रेस के विरोध में रही। सीपीआई से सम्बद्ध एआईएसएफ़ ने ज़रूर आपातकाल का समर्थन किया, लेकिन उसका छात्रों पर प्रभाव वैसे भी कम था। ऐन राजधानी में मौजूद और ख़ुद उनके पिता के नाम पर स्थापित इस प्रतिष्ठित विश्वविद्यालय में पनप रही आपातकाल विरोधी भावनाओं को इन्दिरा नज़रअन्दाज़ नहीं कर सकती थीं। क्रान्तिकारियों से बजबजाते इस माँद की सफ़ाई ज़रूरी थी। इसी इरादे से पुलिस ने 8 जुलाई को तड़के सुबह कैम्पस पर छापा मार दिया। इस बीच परिसर में किरदार बदल चुके थे। न तो अब उदारवादी पार्थसारथी कुलपति थे और मूर्ति भी पुणे में एफ़टीआईआई के निदेशक बनकर कैम्पस से जा चुके थे। पुलिस की इस जबरिया कार्रवाई के विरुद्ध बोलनेवाला कोई प्रशासक परिसर में नहीं बचा था। नये कुलपति ने कहा कि छात्रसंघ की सदस्यता ऐच्छिक है। माहौल पहले से भड़का हुआ था।

लेकिन प्रबीर के 25 सितम्बर की सुबह हुए अपहरण की फ़ौरी वजह कुछ और थी। इसकी शुरुआत संजय गांधी की उन्नीस साला पत्नी मेनका गांधी के साथ घटी एक घटना से हुई। सिख परिवार में जन्मी मेनका का शादी से पहले नाम मेनका आनन्द था और जब उन्होंने एक सौन्दर्य प्रतियोगिता जीती, वह दिल्ली के लेडी श्रीराम कॉलेज में राजनीति विज्ञान पढ़ रही थीं। उन्होंने मॉडल के तौर पर काम करना शुरू किया। उन दिनों वह पत्रिकाओं और सड़क-किनारे लगनेवाले इश्तेहारों के लिए तौलिए का विज्ञापन कर रही थीं, जब दिसम्बर, 1973 में एक पार्टी में संयोग से हुई मुलाक़ात में वह संजय से जा टकराईं। दोनों के बीच प्यार पनपा और मेनका का मॉडलिंग करियर वहीं रुक गया। 29 जुलाई, 1974 की तारीख़ को अट्ठारह साल की मेनका आनन्द की सगाई अट्ठाईस साला संजय गांधी से

चित्र 1.2 : प्रबीर पुरकायस्थ और अशोका लता जैन, 1977

हो गई। दो महीने बाद एक निजी, सौम्य समारोह में नज़दीकी पारिवारिक मित्रों की मौजूदगी में दोनों शादी के बन्धन में बँध गए। इस समय तक मेनका जेएनयू के जर्मन विभाग में दाख़िला ले चुकी थीं।

जिस दिन प्रबीर को उठाया गया, मेनका सुबह 9 बजे से ज़रा पहले स्कूल ऑफ़ लैंग्वेजेज़ में अपनी क्लास करने के लिए परिसर पहुँची थीं। वे अपनी काली एम्बेसेडर से उतरीं, और ऊपर क्लास में जाने के लिए लिफ़्ट के बाहर पहुँचकर इन्तज़ार करने लगीं। इतने में त्रिपाठी और उनके साथी कॉमरेड छात्र, जिनमें प्रबीर भी शामिल थे, मेनका के नज़दीक जा पहुँचे और उन्हें हड़ताल के आह्वान के मद्देनज़र कक्षाओं का बहिष्कार करने को कहा। "आप तो हममें से एक हैं, मिसेज़ गांधी जूनियर!" मेनका यह सुनते ही ग़ुस्से से फट पड़ीं। "यहीं रुको, देखना तुम्हारी इस अकड़ को मैं कैसे धूल में मिलाती हूँ।"[19] इतना कहकर वे ग़ुस्से में पैर पटकती उलटे पैरों वापस लौट गईं। इसके घंटे-भर बाद ही एक दूसरी एम्बेसेडर जेएनयू में घुसी और प्रबीर देखते-देखते ग़ायब हो गए।

उधर प्रबीर आर.के. पुरम पुलिस थाने में बन्द लगातार चीख़-चीख़कर बता रहे थे कि वे देवी प्रसाद त्रिपाठी नहीं हैं। लेकिन उनकी सुननेवाला वहाँ कोई नहीं था। इस बीच एडीएम घोष (वही एडीएम, जिनकी अदालत में अशोका और प्रबीर

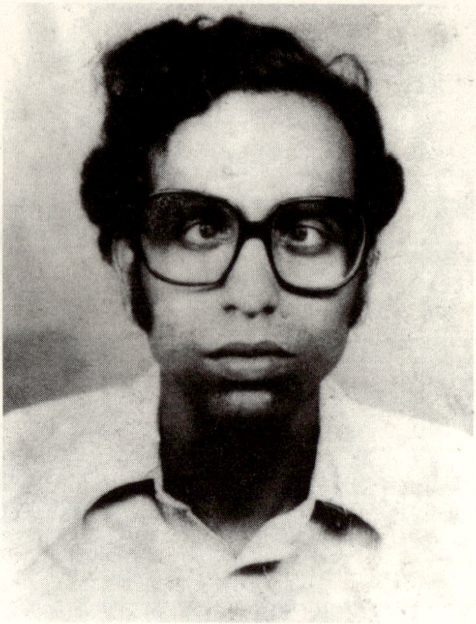

चित्र 1.3 : देवी प्रसाद त्रिपाठी, 1975

ने शादी की अर्ज़ी दी हुई थी) को दक्षिण दिल्ली के पुलिस अधीक्षक (एसपी) राजिन्दर मोहन का वायरलेस पर सन्देश मिला कि फ़ौरन हौज़ ख़ास थाने पहुँचो। उसी दिन सुबह की बात है, राजिन्दर मोहन को डीएसपी आनन्द (वही अफ़सर, जिनको प्रबीर के अपहरण वाली झटपट में छात्रों ने दबोच लिया था) का सन्देश मिला कि कुछ छात्रों ने मेनका गांधी को उनकी कक्षा में जाने से रोकने की कोशिश की है। जो पुलिसवाला मेनका गांधी की सुरक्षा में तैनात था और जेएनयू में मेनका की कार में उनके साथ था, उसने यह अपने अफ़सर आनन्द को रिपोर्ट किया, और आनन्द ने बदले में अपने वरिष्ठ एसपी मोहन को। मोहन फ़ौरन अपनी काली एम्बेसेडर चलाते हुए जेएनयू जा पहुँचे, जहाँ आनन्द पहले से उनका इन्तज़ार कर रहे थे। वे दोनों वहाँ खड़े ही थे कि दिल्ली पुलिस के ओहदे में दूसरे वरिष्ठतम अफ़सर डीआईजी भिंडर उत्तेजित अवस्था में वहाँ अवतरित हुए।[20]

मेनका के साथ जेएनयू में हुई वारदात को अभी घंटा-भर भी नहीं बीता था और दिल्ली पुलिस के तीन अफ़सर वारदात के घटनास्थल पर पहुँच चुके थे। दिल्ली पुलिस जनता की फ़रियादों पर ऐसी तुरत-फ़ुरत कार्रवाई के लिए तो कभी मशहूर नहीं रही। पर मजबूरी थी कि शिकायती ख़ुद संजय गांधी थे। संजय गांधी

चित्र 1.4 : मेनका और संजय गांधी, 1976
स्रोत : द टाइम्स ऑफ़ इंडिया समूह © बीसीसीएल

ने सीधे दिल्ली पुलिस के डीआईजी प्रीतम सिंह भिंडर को अपनी शिकायत दर्ज करवाई। इकतालीस साल के भिंडर संजय गांधी के सबसे पसन्दीदा अफ़सर थे। महत्त्वाकांक्षाओं से भरे, अनेक उपलब्धियाँ हासिल कर चुके भिंडर पंजाब में अपने पिंड से निकले पहले कॉलेज ग्रेजुएट थे।[21] उन्होंने मास्टर्स डिग्री हासिल करने के बाद 1956 में राष्ट्रीय प्रशासनिक सेवा की परीक्षा दी और उसमें सफलता हासिल की। लेकिन उनकी रैंक कुछ नीचे होने के चलते उन्हें अपनी मनचाही भारतीय पुलिस सेवा में पद नहीं मिल पाया। भले ही पसन्द की सर्विस में न हो, निचली रैंक के बावजूद अफ़सर की पक्की सरकारी नौकरी तो मिल रही थी। लेकिन भिंडर को यह मंजूर नहीं था। उन्होंने एक बार फिर अपनी क़िस्मत आज़माने का फ़ैसला किया। उस साल नियुक्ति को ठोकर मार उन्होंने अगले साल दोबारा प्रशासनिक सेवा की परीक्षा दी। इस बार उन्हें चौथी रैंक हासिल हुई। प्रशिक्षण में तो वह पूरी कक्षा में अव्वल रहे। पुलिस सेवा में भिंडर की नियुक्ति 1958 में पंजाब कैडर में हुई, और जब 1966 में पंजाब से अलग होकर हरियाणा अलग राज्य बना तो उन्हें हरियाणा भेज दिया गया। वे गुड़गाँव में वरिष्ठ पुलिस अधीक्षक के पद पर नियुक्त

चित्र 1.5 : डीआईजी पी.एस. भिंडर, 1970 का दशक

थे, जब क़िस्मत उन पर मेहरबान हुई। संजय गांधी की मारुति कार फैक्टरी उन्हीं के क़ानूनी क्षेत्राधिकार में आती थी और इसके चलते उन्हें संजय से मिलने, उन्हें जानने का और पहचान बढ़ाने का मौक़ा मिला। संजय का वरदहस्त अब उन पर था। जल्द ही उनका तबादला दिल्ली कर दिया गया, जहाँ उन्हें पुलिस विभाग में वरिष्ठता क्रम में ऊपर से दूसरे, ख़ासमख़ास पुलिस उप महानिरीक्षक (डीआईजी, रेंज) के पद पर तैनाती मिली। उधर संजय अपनी माँ के राजनीतिक विरोधियों को ठिकाने लगाने की कमान अब सीधे अपने हाथों में ले रहे थे, इधर भिंडर किसी ख़ालिस वफ़ादार की तरह उनके साथ खड़े थे और एक पुलिस अफ़सर की भूमिका में उनके आदेशों की फ़ौरन तामील करवाने को प्रतिबद्ध थे।

25 सितम्बर की सुबह प्रधानमंत्री निवास पर संजय गांधी ने मेनका के हवाले से भिंडर को शिकायती लहजे में कहा कि जेएनयू तो सरकार विरोधी गतिविधियों का अड्डा बन गया है। यह सुनते ही भिंडर वहाँ से सीधा विश्वविद्यालय की ओर कूच कर गए। संजय ने उन्हें कठोरतम कार्रवाई करने को कहा था।[22] अपनी एम्बेसेडर ख़ुद ही चलाते हुए भिंडर जेएनयू कैम्पस के गेट पर पहुँचे, जहाँ पुलिस अफ़सर आनन्द और मोहन पहले से मौजूद थे। भिड़ते ही पहले भिंडर ने उनसे यही सवाल

चित्र 1.6 : एडीएम प्रदीप्तो घोष, 1970 का दशक

पूछा कि वे देवी प्रसाद त्रिपाठी के बारे में क्या जानते हैं? पता चला कि देवी प्रसाद त्रिपाठी के ख़िलाफ़ निवारक निरोध क़ानून 'मीसा' के तहत गिरफ़्तारी का वारंट अभी तामील नहीं हुआ था, और सोने पे सुहागा ये कि दोनों अफ़सरों में से एक भी यह नहीं जानता था कि डीपीटी दिखते कैसे हैं, या कि वो कहाँ मिलेंगे। तभी उड़ती-उड़ती ख़बर हाथ लगी कि डीपीटी को स्कूल ऑफ़ लैंग्वेजेज़ के निकट देखा गया है। इतना-भर सुनना भिंडर के लिए काफ़ी था। अपने स्वभाव के अनुरूप उन्होंने वहीं घोषणा कर दी कि यह गिरफ़्तारी वे स्वयं करेंगे और अभी फ़ौरन करेंगे। अपनी एम्बेसेडर एसपी मोहन के जिम्मे छोड़ भिंडर ने उनकी स्याह एम्बेसेडर का स्टियरिंग सँभाला और कार में डीएसपी आनन्द तथा दो सिपाहियों को साथ लेकर सीधा कैम्पस के अन्दर घुस गए।[23]

इस पूरी कहानी से अनजान एडीएम घोष ने जब हौज़ ख़ास थाने में प्रवेश किया, तो ड्यूटी पर तैनात अफ़सर ने उन्हें बताया कि जेएनयू में पुलिस और छात्रों की आपसी भिड़न्त के बाद एक छात्र को वहाँ से गिरफ़्तार किया गया है। घोष को इस कहानी में कुछ झोल नज़र आया। उन्होंने फ़ौरन विश्वविद्यालय के अधिकारियों को बुला भेजा। जब डीन ऑफ़ स्टूडेंट्स और रजिस्ट्रार पुलिस थाने पहुँचे, आख़िर

तब जाकर उन्हें घोष से यह पता लगा कि प्रबीर को तो ख़ुद पुलिस ने अगवा किया है। अधिकारियों ने परिसर में पुलिस के अनधिकृत प्रवेश पर भारी रोष जताया और गिरफ़्तारी का कारण साफ़-साफ़ बताने की माँग की। ज़िलाधीश ने विश्वविद्यालय अधिकारियों की पूरी बात सुनी और बदले में एसपी मोहन से जवाब तलब किया। लेकिन एसपी मोहन की सुनाई कहानी तो एडीएम घोष को पहले जो बताया गया था, उससे बिलकुल अलग थी। उनकी कहानी में न तो छात्रों और पुलिस के बीच कोई झड़प हुई थी और न ही किसी छात्र की गिरफ़्तारी। हुआ तो ये था कि डीआईजी भिंडर दिनदहाड़े जेएनयू कैम्पस में दाख़िल हुए थे और देवी प्रसाद त्रिपाठी नाम के छात्र को उठा लाए थे। पर घोष को विश्वविद्यालय के अधिकारियों से मशविरा करने के बाद अब यह अच्छे से मालूम हो चुका था कि जो छात्र गिरफ़्तार किया गया है, वो देवी प्रसाद त्रिपाठी तो क़तई नहीं है।

घोष 1968 बैच के युवा भारतीय प्रशासनिक सेवा (आईएएस) अफ़सर थे। प्रबीर की तरह वह भी एक मध्यवर्गीय बंगाली परिवार में पले-बढ़े थे। दिल्ली पब्लिक स्कूल से बारहवीं करने के बाद उन्हें प्रतिष्ठित विज्ञान प्रतिभा खोज छात्रवृत्ति मिली। इसके आगे उन्होंने आईआईटी दिल्ली में दाख़िला लिया, जहाँ से उन्हें केमिकल इंजीनियरिंग में स्नातक उपाधि हासिल हुई। लेकिन प्रबीर जहाँ इंजीनियरिंग की शिक्षा पूरी करने के बाद राजनीति के गलियारों की ओर मुड़ गए थे, घोष ने प्रशासनिक सेवा परीक्षा उत्तीर्ण की और उन्हें जो आईएएस कैडर मिला उसके दायरे में दिल्ली का केन्द्र शासित इलाक़ा भी आता था। यह इंजीनियर से प्रशासक बना अफ़सर दक्षिण दिल्ली में अतिरिक्त जिलाधीश (एडीएम) के पद पर नियुक्त था, जब उनकी मुलाक़ात इंजीनियर से राजनीतिक कार्यकर्ता बने प्रबीर से पहली बार हुई थी। तब प्रबीर और अशोका उनके दफ़्तर शादी की अर्ज़ी देने पहुँचे थे। आज यहाँ उसी प्रबीर से बिलकुल बदली हुई परिस्थितियों में मुलाक़ात करके घोष सोच में पड़ गए। उन्होंने इस मामले की जो भी जानकारियाँ अब तक उनके पास थीं, उन्हें एक तरतीब से जमाना शुरू किया और उन्हें फ़ौरन पुलिस की कहानी में पेच नज़र आने लगे। उन्हें इस निष्कर्ष पर पहुँचते देर न लगी कि प्रबीर को पहचानने में हुई ग़फ़लत के चलते गिरफ़्तार कर लिया गया है। ऐसे में घोष ने प्रबीर के नाम का वारंट जारी करने से साफ़ इनकार कर दिया। उन्होंने अपने वरिष्ठ डीएम पद पर तैनात सुशील कुमार के सामने गिरफ़्तारी से जुड़े सारे तथ्य रख दिये और उनसे सलाह माँगी। कुमार जानते थे कि मामले के तार सीधे 'पीएम निवास' (इशारा संजय गांधी की ओर था) से जुड़े हैं, इसलिए उन्होंने इस बारे में दिल्ली के उप-राज्यपाल (एलजी) कृष्ण चन्द से सलाह लेना उचित समझा। पर भिंडर तो पहले ही एलजी से मिलकर इस बात की बड़ी-बड़ी डींगें हाँक चुके थे कि उन्होंने जेएनयू में नाफ़रमानों से भरी पूरी की पूरी 'सोने की खदान' को खोज निकाला है।[24] भिंडर से जब प्रतिप्रश्न

हुआ तो उन्होंने यह मानने से साफ़ इनकार कर दिया कि उन्होंने प्रबीर को 'ग़लती से' पकड़ लिया है। अब वे बात बदलकर कहने लगे कि त्रिपाठी के साथ-साथ प्रबीर भी उनके रडार पर पहले से था और वह भी इस गिरोह के सरगनाओं में से एक है। यहाँ तक कि जब एसपी मोहन ने उन्हें याद दिलाया कि प्रबीर का नाम तो पुलिस द्वारा गिरफ़्तारी के लिए जारी की गई छात्र नेताओं की लिस्ट में भी नहीं है, भिंडर ने इस सूचना को हवा में उड़ा दिया। फ़ैसला हुआ कि भिंडर को उनकी ज़रूरत के अनुसार गिरफ़्तारी वारंट मिल जाना चाहिए। भिंडर से बात करने के बाद एलजी ने एडीएम घोष को ज़रूरी वारंट जारी करने का निर्देश दिया। वे भी क्या करते, आदेश उनके भी ऊपर से आया था। एडीएम घोष, जिनके हस्ताक्षर प्रबीर और अशोका की शादी के दस्तावेज़ पर होनेवाले थे, वही अब उनकी गिरफ़्तारी के काग़ज़ पर हस्ताक्षर कर रहे थे। वैसे मीसा क़ानून में गिरफ़्तारी के लिए पुलिस को मजिस्ट्रेट के सामने पहले समर्थन में सबूत पेश करना ज़रूरी था। लेकिन इस मामले में पुलिस ने ऐसा कोई सबूत पेश नहीं किया। जब सबूत आया, दिनों बाद बिना हस्ताक्षर वाले एक काग़ज़ की शक्ल में। समर्थन में सबूत नहीं था, फिर भी ऐसा क्यों था कि घोष के पास गिरफ़्तारी वारंट जारी करने के सिवा कोई दूसरा चारा नहीं था? इसका उत्तर घोष ने बाद में इन शब्दों में दिया, "उन दिनों ऐसा नहीं होता था कि मजिस्ट्रेट मामले की बारीकियाँ देखकर नज़रबन्दी के आदेश जारी करेगा, बल्कि प्रथा तो यह थी कि जैसा हमारे वरिष्ठ अधिकारी हमें इशारा करेंगे, वैसा ही हम करेंगे।"[25] उसी रात प्रबीर को पुलिस थाने से दिल्ली की तिहाड़ जेल ले जाया गया। कुछ ही समय बाद उन्हें वहाँ से आगरा जेल भेज दिया गया, जहाँ प्रबीर ने पच्चीस दिन अकेले कालकोठरी में काटे।

आपातकाल का असर किसी प्रचंड तूफ़ान जैसा विध्वंसकारी था, और प्रबीर उसका ग़लती से चपेट में आया शिकार। लेकिन इस ज़लज़ले का विधाता कौन था? और यह ज़लज़ला जेएनयू नामक नेहरू के विचारों से रचे इस नख़लिस्तान पर क्यों फट पड़ा? नेहरू के प्रगतिशील, बहुलतावादी और अन्तरराष्ट्रीय नज़रिये को ख़ुद में धारण करनेवाले इस विश्वविद्यालय ने राष्ट्रीय राजनीति की तरह पहले कभी जाति, धर्म या इलाक़ाई भेदों से उपजी झड़प नहीं देखी थी। लेकिन आपातकाल के इस ध्वंसकारी आगमन ने जता दिया था कि भारतीय राजनीति की दुरभिसंधियों से जेएनयू रूपी यह वैचारिक टापू भी बच नहीं सकता है। इसका मतलब यह भी है कि प्रबीर की गिरफ़्तारी को समझने के लिए उसे न सिर्फ़ उसके आसपास घटी अन्य घटनाओं की रोशनी में रखकर देखना होगा, बल्कि उसे भारत में लोकतंत्र के उत्थान और पतन की वृहत्तर पृष्ठभूमि में रखकर भी देखना ज़रूरी है। और एक मुल्क के तौर पर भारत के लोकतंत्र से इस सीधे नाते की शुरुआत होती है संविधान से।

## 2

# नाज़ुक सन्तुलन

चाहे इन्दिरा गांधी के जीवनीकारों को पढ़ें चाहे आपातकाल पर लिखे गए विविध विवरणों को खँगालें, वे सभी इन्दिरा से पहले भारत के प्रधानमंत्री रहे उनके पिता जवाहरलाल नेहरू से उनमें एक तीखा विरोधाभास दिखाते हैं। कहा जाता है कि वे भारतीय संविधान के बुनियादी उदारवादी मूल्यों के प्रति अपने पिता की तरह समर्पित नहीं थीं। ऐसा कहनेवालों का तर्क होता है कि वे अपने फ़ायदे के लिए गणतंत्र के बुनियादी संवैधानिक सिद्धान्तों से खिलवाड़ को हमेशा तैयार रहती थीं। 1975 का निरंकुश दौर ही नहीं, उनका समूचा राजनीतिक जीवन इसकी गवाही देता है। इसी वजह से जब भी उनकी सत्ता को कोई चुनौती पेश आती, उसे कुचलने की कोशिश में वे संवैधानिक अधिकारों की भी परवाह नहीं करतीं। नागरिकों को प्रदान की गई स्वतंत्रता की क़ानूनी गारंटी को कुचलकर उन्होंने उस संवैधानिक गणराज्य की जड़ें खोद दीं, जिसका बीज ख़ुद उनके पिता और उनके साथियों ने 1950 में रोपा था और खाद-पानी देकर बड़ा किया था। जेपी तो अंग्रेज़ों के ख़िलाफ़ संघर्ष में ख़ुद नेहरू के सहयोगी रहे थे। उन्होंने इन्दिरा को परिवार के साथ अतीत में रहे लम्बे घनिष्ठ सम्बन्धों का हवाला दिया और बारम्बार पिता की लोकतांत्रिक विरासत बचाने की नसीहत देते रहे।

लेकिन नेहरू की बिटिया के लोकतंत्र की राहों से यूँ भटकाव को उत्तर-औपनिवेशिक भारत के वृहत्तर इतिहास के सन्दर्भ में रखकर समझना चाहिए। आपातकाल के दौर की इन्दिरा हुकूमत आसमान से नहीं टपकी थी, न ही प्रबीर पुरकायस्थ का जेएनयू से दिनदहाड़े अपहरण कोई संयोग था। जो प्रलयंकारी घटनाएँ 1975 से 1977 के बीच घटीं, उनके लिए मेघखंड अतीत में काफ़ी पीछे से एकत्रित हो रहे थे और उनके नतीजे मुल्क को आगे कई दशकों तक देखने थे। यह इशारा था कि आज़ादी के बाद जिस राष्ट्र-राज्य को इन्दिरा ने अपने पिता और उनके हमक़दम राष्ट्रवादी नेताओं से विरासत में पाया था, उसके काम करने

के तौर-तरीक़े को बदला जा रहा था। आपातकाल कोई क्षणिक उबाल नहीं था, बल्कि भारतीय लोकतंत्र के सफ़र में आया एक निर्णायक दोराहा था। इसलिए ज़रूरी है कि हम आगे बढ़ने से पहले भारत की आज़ादी के उस ख़ास क्षण पर वापस लौटें जब राष्ट्र के नेताओं ने संविधान की रचना द्वारा भारत में एक लोकतांत्रिक गणराज्य की स्थापना की।

सन् सैंतालीस में अंग्रेज़ी राज से मिली आज़ादी भारतीयों के लिए यक़ीनी तौर पर जज़्बाती लम्हा था। सरकारी एवं जन स्मृति, दोनों में ही यह पल महात्मा गांधी के नेतृत्व में चले राष्ट्रीय स्वतंत्रता आन्दोलन का विजयी शिखर था। और इस विजय शिखर पर खड़े नायक थे नेहरू। 23 मार्च, 1947 को नई दिल्ली के ऐतिहासिक पुराने क़िले में एशियाई सम्बन्ध सम्मेलन का उद्घाटन करते हुए महाद्वीप के विशालकाय जगमगाते नक़्शे के सामने खड़े होकर उन्होंने घोषणा की, "आज हम एक युग के अन्त पर खड़े हैं, और यहीं से एक नवीन युग का इतिहास लिखे जाने की शुरुआत होती है।"[1] इसी युगान्तकारी भाव को नेहरू ने अपने 'नियति से क़रार' वाले ऐतिहासिक उद्बोधन में भी दोहराया, जहाँ उनके शब्द थे कि आधी रात की इस घड़ी "भारत जीवन और स्वतंत्रता से भरी नई सुबह के लिए जाग रहा है।" इसमें कोई शक नहीं कि उपनिवेशवाद का अन्त और एक स्वाधीन राष्ट्र-राज्य का शुभारम्भ ख़ुद में निर्णायक लम्हा था। दो सदी लम्बी बर्तानवी ग़ुलामी से उबरकर हिन्दुस्तानी अब अपने उत्तर-औपनिवेशिक भविष्य को उम्मीद भरी नज़रों से देख रहे थे। नये राष्ट्र-राज्य की स्थापना का यह मौक़ा द्वितीय विश्वयुद्ध के फ़ौरन बाद की निहायत ही डाँवाँडोल परिस्थितियों और युद्ध से उपजे झंझावातों के बरअक्स घट रहा था। जैसा ताज़ा विवरणों से बेहतर पता चलता है, द्वितीय विश्वयुद्ध आज़ादी की मंज़िल पर पहुँचने से पहले रास्ते में आया कोई मील का पत्थर भर नहीं था, बल्कि इसने भारत समेत हर मुल्क में राज्य, समाज और राजनीति की शक्ल-ओ-सूरत को सिरे से बदल दिया था।[2] इसके अलावा, द्वितीय विश्वयुद्ध के बाद स्वतंत्रता हासिल करने को छिड़ी जनप्रिय क्रान्तियों ने और उसके आगे औपनिवेशिक भारत के दो आज़ाद मुल्कों में हुए बँटवारे से उपजी भयावह तबाही ने भी उपमहाद्वीप को हिलाकर रख दिया था। इस उथल-पुथल के मध्य सत्ता का हस्तान्तरण सुनिश्चित करना, राष्ट्रीय एकता का निर्माण करना और इसके साथ ही साथ एक नई राजनीतिक, सामाजिक और संवैधानिक व्यवस्था खड़ी करना सरल चुनौती नहीं थी। राष्ट्रवादी भाषणों में दावा तो यह किया गया कि उसने 'इतिहास के एक नये दौर का शुभारम्भ' कर दिया है। लेकिन सचाई यही थी कि पहले से चले आ रहे सामाजिक, आर्थिक, विधिक, पुलिसिया और प्रशासनिक ढाँचे में किसी क़िस्म का इंक़लाबी उलटफेर नहीं हुआ था।

हिन्दुस्तान ने वयस्क मताधिकार पर आधारित संवैधानिक गणतंत्र होने का फ़ैसला

किया था। इस लोकतांत्रिक गणराज्य के संवैधानिक ढाँचे से उम्मीद थी कि आगे जाकर वो मुल्क के नेताओं और नागरिकों को राष्ट्रीयता एवं सामाजिक विकास से जुड़े वादे पूरे करने की दिशा में आगे बढ़ने के लिए प्रेरित करेगा। हालाँकि पुराने औपनिवेशिक राज्य के इस नवीन राष्ट्र-राज्य अवतार में राज्य संस्था की ताक़त और लोकतांत्रिक मूल्यों के बीच का नाज़ुक सन्तुलन दाँव पर लगा था। एक मज़बूत, केन्द्रीकृत राज्य का जनक्रान्तियों एवं बँटवारे के बाद की हिंसा और विस्थापन से जूझते दौर में व्यवस्था और स्थायित्व कायम रखने का वादा था। इसकी रचना कुछ ऐसे की गई थी कि राष्ट्रीय एकता को ज़रा भी नुक़सान पहुँचाए बिना भारतीय समाज में एक मौलिक बदलाव लाना सम्भव हो। लेकिन राज्य संस्था को इतना ताक़तवर बनाने से उन संवैधानिक अधिकारों और लोकतांत्रिक मूल्यों को ख़तरा उत्पन्न हो सकता था, जिनके प्रति संविधान निर्माता स्वयं समर्पित थे। हमें यह सवाल पूछना होगा कि हमारे गणराज्य के निर्माण के समय जो फ़ैसले लिये गए, क्या उन्हीं में कहीं तीन दशक बाद जो कुछ घटा—जिसने राज्य की सीमाओं और ताक़त को नये सिरे से परिभाषित कर दिया, उसके सूत्र छिपे थे?

## अस्त-व्यस्त राष्ट्र

भारतीय राष्ट्रवादी नेताओं में वे नेहरू ही थे जिन्होंने एक राष्ट्र के रूप में हिन्दुस्तान के सामने खड़ी चुनौतियों के बारे में सबसे गहराई से चिन्तन किया, और सबसे विस्तार से लिखा। इस सन्दर्भ में उनकी लिखी सबसे उल्लेखनीय किताब है 'भारत एक खोज' (दि डिस्कवरी ऑफ़ इंडिया)। आज़ादी मिलने के तीन ही साल पहले, 1944 में अहमदनगर क़िले की जेल में रहकर लिखा गया भारत के इतिहास का यह राष्ट्रवादी पाठ अपनी बौद्धिक उर्वरता एवं साहित्यिक गुणवत्ता के चलते ख़ासा दमदार बन पड़ा है। एक ओर यह पाठ भारत के एक राष्ट्र के तौर पर अस्तित्व की उसके इतिहास की गहराइयों में जाकर खोज करता है। दूसरी ओर यह आधुनिक विश्व में राष्ट्र के समक्ष उपस्थित चुनौतियों का ख़ाका खींचता है। नेहरू किताब की शुरुआत में ही लिखते हैं कि भारत उनके लिए सदा से एक पौराणिक कहानी और आधुनिक तथ्य का विलक्षण मिश्रण रहा है।

> भारत मेरी धमनियों में बह रहा था और इसमें बहुत कुछ ऐसा था जो मुझे रोमांच से भर देता था। लेकिन मैंने इससे किसी अजनबी की तरह मुलाक़ात की। ऐसा अजनबी, जिसके मन में इसके वर्तमान के प्रति गहरी अरुचि थी और अतीत की भी कई निशानियाँ जिसे नहीं सुहाती थीं। कह सकते हैं कि मैं पश्चिम के रास्ते होता हुआ हिन्दुस्तान तक पहुँचा और

> इससे कुछ इस तरह मिला जैसे कोई दोस्ताना विदेशी मिलता। मैं इसके रूप-रंग और नज़रिये को बदल इसे आधुनिकता का लबादा ओढ़ाने के लिए उतावला और बेचैन था। पर मेरे मन में दुविधा ने जन्म लिया। क्या मैं भारत को पहचानता हूँ?[3]

नेहरू ने अतीत में गोता लगाकर पाँच हज़ार साल गहरी इतिहास की खाई में से एक राष्ट्र को खोज निकाला था। भारत एक खोज को सच में राष्ट्र की जीवनी कहा जा सकता है। इस पाँच सौ पन्नों की पुस्तक के आख़िर में नेहरू के शब्द थे :

> भारत एक खोज—पर मैंने आख़िर खोजा क्या? मैं उसे अनावृत्त कर जान जाऊँगा कि उसका वर्तमान स्वरूप क्या है और अपने लम्बे अतीत में वो कैसी रही होगी, ऐसा सोचना तो मेरा दंभ ही होता। आज के भारत की तसवीर चालीस करोड़ ऐसे विरले स्त्री-पुरुषों से मिलकर बनती है जो एक-दूसरे से आज़ाद सोच रखते हैं, विचार और जज़्बातों के अपने-अपने निजी दायरों में ज़िन्दगियाँ जी रहे हैं। जब वर्तमान की तसवीर ऐसी है, तो उस बहुरंगी अतीत को समझना कितना मुश्किल होगा जिसमें अनगिनत मानवीय पीढ़ियों की दास्तान शामिल है। फिर भी कुछ ऐसा है जिसने उन्हें बाँधे रखा और आज भी जोड़े हुए है। भारत एक भौगोलिक और आर्थिक सत्ता है। उसकी विविधताओं में सांस्कृतिक एकता है। विरोधाभासों से रचे इस पुलिन्दे को अदृश्य धागों ने आपस में कसकर बाँधा हुआ है... समझ से परे किसी बहुत पुरानी किंवदन्ती की तरह लगता है जैसे किसी सम्मोहन ने उसके मन-मस्तिष्क को जकड़ रखा है। वो एक मिथक है तो एक विचार भी, एक सपना है तो एक दृष्टि भी। फिर भी वो एकदम सच्ची है, हर ओर फैली साक्षात हमारे सामने।

लेकिन भारत के लिए लिखे इस सुरीले उत्सवगान के बाद नेहरू के शब्द अचानक अनिष्ट के आभास से घिर जाते हैं :

> अँधेरे गलियारों की भयावह झलकियाँ एक आदिम रात की ओर वापस लौटती लगती हैं, लेकिन उसके पास भरे-पूरे, गरमाहट से भरे दिनों की ऊष्मा भी है। कभी शर्म और पछतावे से भरी, कभी दुराग्रही और हठी, बाज़ दफ़े उन्माद से भरी लगती है यह अतीत की स्वामिनी नारी।[4]

अचानक उभर आई यह बेचैनी ध्यान खींचती है। ऐसा लगता है जैसे इतिहास में भारत की मौजूदगी के सफ़र में आए तमाम उतार-चढ़ावों का पाँच सौ पृष्ठों में दस्तावेज़ीकरण करने के बाद नेहरू अचानक आधुनिक विश्व में उसकी जगह को लेकर संशय में पड़ गए हैं। जिस 'बाज़ दफ़े उन्माद से भरी' चंचला स्त्री का चित्र

वे खींचते हैं, उसमें भारत के आधुनिक राष्ट्रवाद के विचार को अपनाने में चूक जाने से उपजा डर साफ़ पढ़ा जा सकता है। राष्ट्र का स्त्री रूप में चित्रण सम्मोहन जगाता है—जैसे किसी 'आदिम जादू-टोने' से उसने लोगों को वश में कर रखा हो। लेकिन यह इशारा भी है कि कहीं कसर बाक़ी रह गई है और ज़रूरी बदलाव करने होंगे, कि उसे 'बदलना तो होगा ही।'[5] आधुनिकता की इस अधूरी परियोजना को लेकर संशय व बेचैनी से घिरे नेहरू कार्रवाई भी सुझाते हैं, "साफ़ है कि उसे अपने गर्भगृह से बाहर आना होगा और आधुनिक समय के जीवन और गतिविधियों में बढ़-चढ़कर भागीदारी करनी होगी।"[6] यहाँ राष्ट्र की स्त्री छवि रेखांकित करने लायक है, क्योंकि यह एक मज़बूत राज्य संस्था की स्थापना को बल देती है जो उसे 'आधुनिक लिबास' पहनाएगा।

जब नेहरू भारत को लेकर अपनी आशंकाएँ जताते हुए बदलाव की बात कर रहे थे, दुनिया को द्वितीय विश्वयुद्ध की उठापटक और तबाही ने घेरा हुआ था। हमारी आदत है कि हम द्वितीय विश्वयुद्ध को सुदूर यूरोप में हुए टकराव की तरह देखते हैं। लेकिन सचाई यह है कि हमारे यहाँ युद्ध ज़्यादा लम्बा चला और इस दौरान यूरोप के मुक़ाबले कहीं ज़्यादा ख़ून एशियाई धरती पर बहा।[7] बंगाल से लेकर बर्मा, और मलय प्रायद्वीप से होते हुए सुमात्रा तक अर्धचन्द्राकार गोलाई में फैली इस जापान द्वारा शासित भूमि पर विश्वयुद्ध का दावानल दो करोड़ चालीस लाख लोगों को लील गया, जिनमें तीस लाख जापानी भी शामिल थे। इसके ऊपर युद्ध जनित अकालों के चलते पैंतीस लाख लोगों की जान भारत में गई। जापान ने एशिया की धरती पर शासकीय नियंत्रण और व्यवस्था को ध्वस्त करते हुए यूरोपियन साम्राज्यों को कुचलकर रख दिया था, और इससे पूरे इलाक़े में सामाजिक और राजनीतिक उठापटक शुरू हो गई थी। ब्रिटिश राज अभी तक सत्ता में तो था, लेकिन तंगहाल। फरवरी, 1942 में सिंगापुर हारने और उसके छह ही हफ़्ते बाद आज़ाद हिन्द फ़ौज के सेनानियों के साथ मिलकर आगे बढ़ती जापानी सेना द्वारा रंगून से विनाशकारी हड़बड़ी में खदेड़े जाने के चलते ब्रिटिश साम्राज्य शर्मसार था। जब फ़ील्ड मार्शल आर्चीबाल्ड वैवेल ने सितम्बर, 1943 में गवर्नर-जनरल और वायसराय का पद सँभाला, जापानी बर्मा की दिशा से भारत के दरवाज़े पर दस्तक दे रहे थे। दक्षिणी प्रशान्त में मित्र देशों की सेना के सर्वोच्च कमांडर की हैसियत से सिंगापुर में ब्रिटिश ताक़त पर लगा कलंक पहले ही उनके सर-माथे था। बर्मा में ब्रिटेन के गवर्नर याद करते हैं कि वैवेल नियमित रूप से बर्मा आया करते थे, "हार्ली स्ट्रीट से आए किसी डॉक्टरी विशेषज्ञ की तरह, हाथ में काला बस्ता लिये, जैसे किसी बहुत बीमार मरीज़ को देखने आ रहे हों।"[8] इसीलिए बंगाल में जापानी सेना की घुसपैठ के ख़तरे की गम्भीरता को वे ख़ूब समझते थे। बर्मा के पतन ने छह लाख शरणार्थियों को भी अपनी जान बचाकर ज़मीन और समन्दर के रास्ते भारत में शरण लेने पर मजबूर

कर दिया था। इनमें से तक़रीबन अस्सी हज़ार लोग तो पहाड़ों और घने जंगलों से होकर गुज़रते इस जोखिम भरे सफ़र को पूरा करने की कोशिश में काल के ग्रास में समा गए। दसियों हज़ार लोग असम, बंगाल, मद्रास और अन्य जगहों पर बने शरणार्थी शिविरों में ठूँस दिये गए। ब्रिटिश राज के संसाधन और उसकी प्रतिष्ठा दोनों ही धूल-धूसरित हो चुकी थी।

इसके ऊपर सन् 1943-44 के बंगाल के अकाल ने राज्य को तबाह कर दिया। इतने सालों की साम्राज्यवादी नीतियों और वर्गीय शोषण ने जिस भूख और वंचना को जन्म दिया था, उसे भारत में खाद्यान्नों की आपूर्ति पर रोक लगाने के चर्चिल के फ़ैसले ने संगीन बना दिया।[9] आधिकारिक आँकड़ों में मरनेवालों की संख्या पन्द्रह लाख लिखी है, लेकिन तीस लाख से ज़्यादा लोग इस आपदा में मारे गए। बंगाल में हर तरफ़ हताशा और असन्तोष का आलम था। महात्मा गांधी, नेहरू तथा अन्य कांग्रेसी नेताओं को जेल में डालकर अंग्रेज़ सरकार सन् बयालीस के भारत छोड़ो आन्दोलन को किसी तरह कुचलने में कामयाब तो हो गई, लेकिन इतने व्यापक स्तर पर फैले विद्रोह को कुचलने की उन्हें भारी क़ीमत चुकानी पड़ी। उन्हें अपनी सेना और पुलिस को इस कार्रवाई में झोंक देना पड़ा। रेल और डाक-तार के संजाल को भारी नुक़सान पहुँचाया गया और प्रशासनिक दफ़्तरों में तोड़-फोड़ हुई।[10] अंग्रेज़ी राज अब एक क़ब्ज़ा करके बैठी दुश्मन ताक़त थी, जिसे आक्रोशित देशवासियों ने चारों ओर से घेरा हुआ था। विदेशी शासन के प्रति जनता के इस ग़ुस्से को भड़काने में चन्द नये उग्र राष्ट्रवादी नेताओं की उल्लेखनीय भूमिका थी। इन्हीं में एक नाम था चालीस साला युवा जयप्रकाश नारायण (जेपी) का, जिन्हें अंग्रेज़ी जेल से दुस्साहस भरी फरारी की घटना ने रातोंरात आज़ादी की लड़ाई का नायक बना दिया था। तीन दशक बाद यही जेपी इन्दिरा गांधी के सबसे प्रबल राजनीतिक शत्रु बनकर उभरे।

वैवेल घबराए हुए थे कि "सतह पर शान्त दिखते भारत की राजनीतिक परिस्थिति तेज़ी से बदतर होती जा रही है,"[11] उन्होंने अड़े बैठे चर्चिल को इस बात के लिए मना लिया कि वे उन्हें इस 'भारत रूपी समस्या' का दमन से आगे बढ़कर कुछ भिन्न समाधान खोजने का मौक़ा दें। अन्तत: जब वैवेल को ब्रिटिश सरकार से आगे बढ़ने का इशारा मिला, उन्होंने शासन व्यवस्था में सुधार पर बातचीत के एजेंडे के साथ 25 जून, 1945 के दिन भारतीय नेताओं को शिमला सम्मेलन के लिए आमंत्रित किया। इधर 15 जून को ही जेलख़ाने से आज़ाद हुए नेहरू संशय से घिरे थे। उन्हें वायसराय के प्रस्तावित सुधारों से कम ही उम्मीदें थीं और इसे वे पूर्ण स्वाधीनता हासिल करने के पहले की तैयारियों के रूप में अधिक देख रहे थे। उनका मानना था कि "बीते तीन सालों ने भारतीय लोगों के मिज़ाज को काफ़ी सख़्त बना दिया है।" यूरोप में युद्ध भले ख़त्म हो गया हो, उससे उपजा उत्पात अब भी जारी है। तत्कालीन भारतीय परिस्थितियों की तुलना उन्होंने "नाज़ी शासन

के क़ब्ज़े से आज़ाद हुए उन अस्थिर, निरन्तर परिवर्तनशील यूरोपीय देशों से की जिनके भीतर पहले से मौजूद रहे प्रतिरोधी आन्दोलन अब सतह पर आ रहे थे।"[12]

शिमला में बैठकों के दौरान वैवेल ने नेहरू को आपसी बातचीत में दोस्ताना और ख़ुशमिज़ाज पाया, लेकिन जहाँ "वे इतिहास और अर्थशास्त्र को लेकर विस्तृत विमर्श करते थे, उन्हें व्यावहारिक राजनीति की चर्चा पर लाना मुश्किल काम था।"[13] इसमें कोई अचरज भी नहीं। नेहरू ने ख़ुद लिखा है कि बाहरी जगत से एकदम कटा हुआ जेल का जीवन उनके लिए किसी स्वप्न सरीखा था। कालकोठरी के एकान्त में बैठकर भारत के अतीत के बारे में पुस्तक लिखने ने उनके इस 'कहीं और होने' के भाव को और मज़बूत किया। "भविष्य में कभी हम इस स्वप्न से उठेंगे और बाहरी विश्व के जीवन और गतिविधियों को देखकर जानेंगे कि दुनिया बिलकुल बदल चुकी है।"[14] इसलिए आश्चर्य नहीं है कि शिमला में नेहरू किंचित उलझे से दिखाई देते हैं। उन्होंने दिसम्बर, 1945 में लिखे भारत एक खोज के पुनश्च में इसे स्वीकार भी किया है। वे बन्दी जीवन से मिली आज़ादी और अपने साथियों से मिलकर प्रसन्न थे, पर उनका मन हिमालय की हिमाच्छादित चोटियों के इर्द-गिर्द ही भटकता रहा।

मुस्लिम लीग और कांग्रेस में मतभेद के चलते शिमला सम्मेलन के विफल होने के फ़ौरन बाद नेहरू महीने भर के लिए कश्मीर चले गए, वहाँ के पहाड़ी दर्रों की पैदल सैर के लिए। दुर्गम पहाड़ी सफ़र से 'भीड़भाड़, जोश-खरोश से भरी नीरस दिनचर्या' में वापसी के बाद उनका मस्तिष्क दोबारा युद्ध के सालों में मची उथल-पुथल पर आ टिका, "सतह पर दिखती मिथ्या शान्ति के पीछे बदलते भारत में संशय और प्रश्नाकुलता, नैराश्य और ग़ुस्से के जुनूनी भाव दबे हुए थे।" बीते तीन सालों के दमन के चलते नेहरू ने 'जुनूनी उत्तेजना' के उभार को रेखांकित किया। "युवा स्त्री-पुरुष, तरुण लड़के-लड़कियाँ जैसे कुछ कर गुज़रने को आतुर थे, हालाँकि उन्हें करना क्या चाहिए इसे लेकर किसी क़िस्म की स्पष्टता दिखाई नहीं देती थी।"[15]

सचाई यह थी कि पूरे एशियाई महाद्वीप में एक क़िस्म की बेकली का दौर तारी था। महायुद्ध ने सामाजिक एवं राजनीतिक प्रभुत्व के पुराने समीकरणों को ध्वस्त कर दिया था। यूरोपीय ताक़तें जापानियों द्वारा अन्तरिम क़ब्ज़े से बिखरी अपनी सत्ता को वापस स्थापित करने की कोशिशों में जुटी थीं, लेकिन युद्ध के दौर में हासिल जोशीले अतिवाद से लैस मज़दूर, किसान, महिलाएँ और युवा उनके रास्ते में मज़बूत चुनौती प्रस्तुत कर रहे थे। पूर्ववर्ती सत्ताविहीन गुट भी साम्राज्यवादी शक्तियों की इस हार से जोश में आ गए और बेहतर सुविधाओं की माँग करने लगे।[16] चीन में माओ ने, इंडोनेशिया में सुकर्णो ने, मलाया में सुल्तान, अतिवादियों और साम्यवादी घुसपैठियों ने, वियतनाम में हो-ची-मिन्ह एवं बर्मा में आंग सांग ने पुनः जागरूक हुए जनसमुदायों को आकर्षित किया। ऐतिहासिक परिवर्तन की इस

बयार में राष्ट्रवाद, साम्यवाद एवं सामाजिक-धार्मिक स्वतंत्रता के आदर्श जनसाधारण को अपनी ओर आकर्षित कर रहे थे। दुनिया जैसे अपनी धुरी पर पलट जाने के लिए तैयार खड़ी थी।

ब्रिटिश भारत का नज़ारा भी इससे कुछ अलग नहीं था। महायुद्ध के लिए हुई लामबन्दी ने राज्य की संस्था और समाज के आपसी सम्बन्धों को बदलकर रख दिया था। राज्य संस्था के अधिकार क्षेत्र में अभूतपूर्व वृद्धि हुई, उसके विभिन्न कार्यालयों में अनगिनत नई भर्तियाँ हुईं और वह समुदाय के ज़्यादा भीतर तक फैल गया। राष्ट्रवादी आन्दोलनों को कुचलने एवं युद्धकालीन निगरानी व्यवस्था के लिए पुलिस बल का विस्तार हुआ।[17] भारतीय सेना बल की गिनती में भी नाटकीय विस्तार हुआ—1945 में बीस लाख से ज़्यादा सैनिक इसका हिस्सा थे जो 1939 से दस गुना बड़ी संख्या थी। पंजाब इलाक़े की 'योद्धा नस्लों' तक सीमित रहकर मध्यपूर्व, एशियाई, अफ्रीकी और यूरोपीय मैदानों में चल रहे युद्धों में ब्रिटिश साम्राज्य की ओर से लड़ने को इतनी बड़ी संख्या में सैनिक हासिल करना भर्तीकर्मियों के लिए सम्भव न था। ऐसे में जाति-व्यवस्था के निचले पायदान पर खड़ी जाति-जनजाति के लोगों के लिए सेना के दरवाज़े खुले। सेना के लिए भर्तीकर्मियों की समाज में उपस्थिति आम हो चली थी, और इसके साथ यूरोप और अमेरिका से आए विदेशी सैनिकों की उपस्थिति भी। पियक्कड़ तथा अन्य सामान्य सैनिकों द्वारा आम नागरिकों के साथ जब-तब हिंसा, जिसमें महिलाओं पर हमले की घटनाएँ भी शामिल थीं, आमजन में सेना के ख़िलाफ़ माहौल बनाने का काम कर रही थीं। इसके ऊपर सन् बयालीस के राष्ट्रवादी आन्दोलन को कुचलने में अंग्रेज़ों द्वारा सेना के दस्तों के इस्तेमाल ने आग में घी का काम किया।[18]

आमजन और शासन के मध्य सम्बन्धों में आ रहे इस परिवर्तन को आर्थिक मोर्चे पर भी देखा जा सकता था। युद्ध की ज़रूरतों को देखते हुए सरकार की ओर से इस्पात से लेकर कपड़े के उत्पादन तक का अधिग्रहण करना जारी था। साम्राज्यवादी सत्ता ने अपने तमाम सरकारी विभागों को चाक-चौबन्द कर, कच्चा माल मुहैया करवाकर और बड़ी मात्रा में उत्पादन की माँग पैदा कर औद्योगिक उत्पादन को ख़ूब प्रोत्साहित किया। आयात प्रतिस्थापन की जो नीति आज़ादी के बाद भारत की अधिकृत आर्थिक नीति बनी, वह दरअसल महायुद्ध के समय मुल्क की मजबूरी के चलते लागू हुई थी। इसके चलते उत्पादन क्षमता में बड़ी वृद्धि दर्ज हुई, और कारख़ानों में नया रोज़गार पैदा हुआ।[19]

लेकिन इन आर्थिक परिवर्तनों के सामाजिक परिणाम भी हुए। शहरी आबादी बढ़ी, और इसके साथ कारख़ानों में भर्ती हो रहे नये मज़दूरों की बढ़ती संख्या को संगठन के दायरे में लानेवाली ट्रेड यूनियनों की सदस्य संख्या में अभूतपूर्व वृद्धि हुई। युद्ध सम्बन्धी अधिग्रहण ने आम जनजीवन में आवश्यक वस्तुओं की कमी

पैदा कर दी। क़ीमतों में बढ़ोतरी, ज़रूरी वस्तुओं की जमाख़ोरी और कालाबाज़ारी एवं युद्धजनित मुनाफ़ाख़ोरी ने उद्योगपतियों और व्यापारियों को तो मालामाल कर दिया, लेकिन ग़रीब नौकरीपेशा जनता का जीवनस्तर और नीचे गिर गया।[20] महायुद्ध ने इस देश के ग़रीब-गुरबा लोगों के जीवन पर दूसरे तरीक़ों से भी असर डाला। सेना में जवान के तौर पर भर्ती होने के साथ उन्होंने सड़क निर्माण जैसे कार्यों में बड़े पैमाने पर मज़दूर की भूमिका निभाकर ब्रितानिया सरकार के इस महायुद्ध में भागीदारी की।[21]

महायुद्ध के लिए लामबन्दी और बड़े पैमाने पर सैन्यीकरण ने राज्य संस्था को आम लोगों के जीवन में सीधे हस्तक्षेप का मौक़ा दिया और इसने राजनीतिक परिदृश्य पर गहरा असर डाला। इस बदलाव के प्रत्यक्षदर्शी बने अमेरिकी पत्रकार फिलिप्स टैलबॉट, जो सन् 1938 से 1950 के मध्य भारत से रिपोर्ट कर रहे थे। उन्होंने 1946 में लिखा, "महायुद्ध अपने साथ नवीन अपरिचित आयाम लेकर आया। इसने नई राजनीतिक वफ़ादारियाँ तथा अदावतें गढ़ी और सत्ता के लिए संघर्ष को और तीखा बना दिया। ...भारतीय सत्ता का रंगमंच 1939 की तुलना में अब पहचान में न आने की हद तक बदला हुआ था।"[22] अपनी ताक़त को योजनाबद्ध और नियंत्रित तरीक़े से सीमित करते चले जाने की युद्धकालीन ब्रिटिश योजनाएँ अपने सर के बल खड़ी थीं। संस्थाओं द्वारा नियंत्रित राजनीति का मॉडल अभी ख़त्म नहीं हुआ था, लेकिन जनआन्दोलनों से उपजी राजनीति तेज़ी के साथ सतह पर उभर आई थी।[23] युद्धकालीन दमन से उग्रपंथ की ओर झुके राष्ट्रवादी विपक्ष में अब युवतर समाजवादी कार्यकर्ता केन्द्रीय स्थान पर थे। साम्यवादी भी, जो सोवियत रूस के विश्वयुद्ध में कूद पड़ने के चलते 1942 के आन्दोलन के ऐन बीचोबीच अचानक युद्ध समर्थक हो गए थे और मुल्क के राष्ट्रवादियों की नज़रों में गिर गए थे, अब आन्दोलनरत मज़दूरों, किसानों, कलाकारों एवं बुद्धिजीवियों की पाँत में शामिल हो गए और दबे क़दमों से ख़ुद को वापस प्रासंगिक बनाने की कोशिश करने लगे। जब 1946 में सेवा शर्तों से आजिज़ आकर भारतीय नौसेना दस्तों ने विद्रोह का बिगुल फूँका, साम्यवादी उनके समर्थन में सड़कों पर उतर आए।[24] फ़िज़ा में नाफ़रमानी की गंध तारी थी। घबराए वायसराय ने लन्दन सन्देसा भेजा कि 'व्यापक स्तर पर असुरक्षा और अराजकता का माहौल' बना हुआ है। पर उनकी उम्मीद अभी टूटी नहीं थी। इन चुनौतीपूर्ण परिस्थितियों में वे 'नवीन व्यवस्था की प्रसवपीड़ा' देख रहे थे।[25]

## संघ से राष्ट्र-राज्य की ओर

सन् 1946 में कैबिनेट मिशन योजना के तहत इन्हीं तमाम परिस्थितियों में ब्रितानिया सरकार से भारतीयों को सत्ता हस्तान्तरण की पीड़ादायी सौदेबाज़ी घटित हुई। मिशन

योजना शुरुआत से ही संकट में घिरी थी। मिशन ने भारत के विभाजन को रोकने के इरादे से, और इसके साथ ही साथ मुसलमानों को राजनीतिक अधिकार दिलाने पर अड़े मोहम्मद अली जिन्ना को सन्तुष्ट करने की नीयत से तीन हिस्सों में बँटे प्रान्तों के संघीय ढाँचे का प्रस्ताव दिया। लेकिन कांग्रेस की सदा से चाहत शक्तिशाली राज्य संस्था की थी। यह विकेन्द्रित संघीय ढाँचा उसे रास नहीं आया। मिशन योजना को तब सफलता मिलती दिखाई दी, जब इस विभिन्न धार्मिक समूहों से मिलकर बने संघीय ढाँचे के विचार को कांग्रेस और मुस्लिम लीग दोनों ने तात्कालिक रूप से स्वीकार कर लिया। लेकिन जब जुलाई, 1946 में नेहरू ने घोषणा की कि कांग्रेस संविधान सभा की कार्यवाही में सिर्फ़ भागीदारी के लिए सहमत हुई है और इस संविधान सभा को आगे जाकर कैबिनेट मिशन योजना पर पुनर्विचार की पूर्ण स्वतंत्रता होगी, सारी मिशन योजना धरी की धरी रह गई। अपनी 'पाकिस्तान' की माँग को छोड़कर मिशन योजना स्वीकार करनेवाले जिन्ना भी पलट गए और मुस्लिम लीग समझौते से बाहर हो गई।[26] जिन्ना ने 'डाइरेक्ट एक्शन' का नारा बुलन्द किया, जिसका रक्तरंजित नतीजा इतिहास में ख़ूनी अक्षरों से लिखा गया।

नेहरू की इस घोषणा और इसके युगान्तकारी नतीजों पर उनके समकालीन तथा बाद के इतिहासकारों ने काफ़ी स्याही ख़र्च की है, लेकिन यहाँ समझने की बात यह है कि कांग्रेस हमेशा से एक मज़बूत, केन्द्रीकृत राज्य संस्था चाहती थी। कांग्रेस में नेहरू के बाद क़द में दूसरे बड़े नेता सरदार वल्लभभाई पटेल तो मुस्लिम लीग की 'पाकिस्तान' की माँग के जवाब में 1946 की शुरुआत में ही बोल चुके थे कि 'रोगी अंग' को अब काटकर फेंक देने का वक़्त आ गया है।[27] ऐसे में कैबिनेट मिशन योजना का विफल हो जाना अप्रत्याशित नहीं था। इन बातों को याद रखना इसलिए ज़रूरी है क्योंकि एक ताक़तवर, केन्द्रीकृत राज्य को लेकर इस आग्रह ने संविधान के निर्माण में भी ख़ास भूमिका अदा की, और फिर आगे चलकर आपातकाल के इतिहास में भी।

कैबिनेट मिशन योजना असफल हुई, क्योंकि अल्पसंख्यक हितों की रक्षा एवं उनके प्रतिनिधित्व के लिए उसने जो तरीक़ा चुना था वो उस दौर में पूरे विश्व में मात खा रहा था। दो विश्वयुद्ध के बीच के सालों में 'राष्ट्रसंघ' (लीग ऑफ़ नेशंस) ने जिस क़िस्म की संस्थागत एवं क़ानूनी सुरक्षाओं को लागू करवाने की कोशिश की, एक कमज़ोर केन्द्र वाले संघीय ढाँचे की स्थापना के प्रस्ताव पर उसकी छाप साफ़ देखी जा सकती थी। इस मायने में देखें तो कैबिनेट मिशन योजना में राष्ट्रसंघ के तौर-तरीक़े की अन्तिम झलक देखी जा सकती है, लेकिन जैसा मार्क मेज़ोवर लिखते हैं कि इस समय तक यह पद्धति अपनी उम्र पूरी कर चुकी थी।[28] यहाँ तक कि राष्ट्रसंघ की अल्पसंख्यक संधियों को लेकर ऐसा ही कुछ हैन्ना ऐरेंट भी महसूस कर रही थीं, "जो राष्ट्र-राज्य इससे पहले बिना बोले भी कर रहे थे, अब वह नीति

साफ़ सबके सामने आ गई थी कि राष्ट्र का नागरिक होने के लिए साझी जातीयता का होना ज़रूरी था। केवल समान जातीय पहचान वाले इनसान संवैधानिक अधिकारों के पूर्ण हक़दार थे, और भिन्न जातीय पहचान वाले व्यक्ति तभी राष्ट्र के नागरिक हो सकते थे जब उन्हें किसी विशेष क़ानून द्वारा ऐसा दर्जा दिया जाए या फिर वे अपनी पुरानी पहचान को मिटाकर एकल राष्ट्रीय पहचान में पूरी तरह घुल-मिल जाएँ।"[29] इसमें भ्रम की जो भी गुंजाइश बची थी, उसे विश्वयुद्ध ने स्पष्ट कर दिया। यहूदियों के साथ हिटलर के क्रूर व्यवहार और विश्वयुद्ध के बाद शरणार्थियों, मुल्कबदर लोगों की निहायत दयनीय दशा ने राष्ट्रसंघ की क़ानूनी संरक्षण द्वारा अल्पसंख्यकों को बचाने की रणनीति को ध्वस्त कर दिया। जिन्होंने अपना देश खोया, उन्हें अहसास हुआ कि "राष्ट्रीय अधिकारों का छिन जाना दरअसल मानवाधिकारों का छिन जाना है। पहली स्थिति सीधे दूसरी स्थिति से जुड़ी हुई है।"[30] "राज्य संस्था के एक विधि द्वारा निर्धारित संरचना से राष्ट्रवादी संरचना में बदल जाने की प्रक्रिया पूर्ण हुई और राष्ट्र ने राज्य को जीत लिया।"[31] यह अवधारणा मज़बूत हो गई कि राज्य नस्ली स्तर पर समरूप क्षेत्रों की नुमाइन्दगी करते हैं।

ऐसा नहीं है कि राष्ट्र-राज्य की इस वैश्विक अवधारणा के विरुद्ध अन्य वैचारिक धाराएँ मौजूद नहीं थीं। उदाहरण के तौर पर ख़ुद हैन्ना ऐरेंट द्वारा यहूदी राष्ट्र-राज्य का विरोध जगज़ाहिर है। वे इसकी जगह ऐसे बहुजातीय संघ के निर्माण की पक्षधर थीं जिसमें यहूदी, अरब एवं अन्य सभी पहचानें शामिल हों।[32] द्वितीय विश्वयुद्ध के बाद फ्रांसीसी नियंत्रण वाले पश्चिमी अफ्रीका में लियोपोल्ड सेंगोर तथा कैरेबियन में एमि सिसेर राजकीय सम्प्रभुता हासिल किये बग़ैर अपने उपनिवेश के लिए आत्मनिर्णय का अधिकार चाहते थे, और इसके लिए संघर्ष करते रहे। उनके लिए स्वतंत्र राष्ट्र-राज्य बनने की तुलना में फ्रांस एवं उसके पूर्व उपनिवेशों का आपस में मिलकर संघ-राज्य बन जाना कहीं ज़्यादा आकर्षक एवं स्वतंत्रता, समानता के नये द्वार खोलनेवाला प्रस्ताव था।[33] यहाँ तक कि ख़ुद नेहरू मानते थे कि भविष्य अब बहुराष्ट्रीय संघों का है। उनकी नज़र में रियासतों का भारत राज्य में समागम इसी 'एकल विश्व' की ओर बढ़ाया गया एक क़दम था, और यही संयुक्त राष्ट्रसंघ (यूनाइटेड नेशंस) का लक्ष्य था।[34] लेकिन आख़िर में हुआ ये कि उपनिवेशों के स्वतंत्र होने से जुड़ी राजनीति ने ऐसे संघों को बनने से पहले ही ख़त्म कर दिया। भयभीत फ्रांस ने ऐसा सोचकर कि कहीं भूत में हमारे ग़ुलाम रहे देश भविष्य में हमें ही अपना उपनिवेश न बना लें, अफ्रीकी नागरिकों को अपने संघ में असली बराबरी के अधिकार देने से इनकार कर दिया। कुल मिलाकर संघ-राज्य कभी राष्ट्र-राज्यों का वास्तविक विकल्प नहीं बन पाए।[35] अल्ज़ीरिया में फ्रांसीसी उपनिवेशवाद के ख़िलाफ़ विद्रोह, मुल्क की आज़ादी का आन्दोलन बन गया। भारत में बर्तानिया सल्तनत को हटाकर उसकी जगह एक एकीकृत

राष्ट्र-राज्य की स्थापना की परियोजना ने नेहरू के उत्तर-राष्ट्रीय भारत के विचार को निष्क्रिय बना दिया।

इसके बरअक्स हिन्दू-मुसलमानों के बीच दिल दहलानेवाली हिंसा और बँटवारे में लाखों-लाख लोगों का अपने घर से बेघर हो जाना समरूपी धार्मिक पहचानों पर आधारित भारत और पाकिस्तान राष्ट्र-राज्यों की स्थापना के विचार को बल दे रहा था।[36] भारत का राष्ट्रत्व—जो नेहरू को 1944 में अनिश्चित 'किंचित जुनूनी' दिख रहा था, 1947 में उनका मशहूर 'नियति से क़रार' वाला लम्हा आने तक वो जुनून अपने चरम पर पहुँच चुका था। सदा चौकन्ने अमेरिकी पत्रकार टैलबॉट लिखते हैं कि आज़ादी की पूर्वसंध्या पर दिल्ली शहर चन्द थके हुए लोगों का जमावड़ा था, जो सत्ता हस्तान्तरण, इलाक़ों के बँटवारे और राज्य की स्थापना के संघर्ष में उलझे थे। इनमें सबसे निढाल व्यक्ति थे ख़ुद नेहरू। किसी भी सामान्य दिन उन्हें दिल्ली में दर्जन भर भिन्न जगहों पर पाया जा सकता था।

> वे विदेशी एवं राष्ट्रमंडल मामलों के मंत्रालय में अपनी मंत्री की भूमिका निभा रहे होते थे, या वायसराय के साथ किसी राजनीतिक परिचर्चा में व्यस्त होते थे, या संसद में—जहाँ वो सदन के नेता थे—अपनी उपस्थिति दर्ज करवाते थे, या संविधान सभा में चल रही किसी पेचीदा बहस को दिशा देते हुए देखे जा सकते थे। वे संविधान समितियों में हिस्सेदारी करते थे, तो उन समितियों में भी भागीदारी करते थे जो या तो भारत के झंडे पर निर्णय के लिए बनी थीं या फिर केन्द्र-राज्य सम्बन्धों पर निर्णय के लिए। वे कांग्रेस पार्टी की विशिष्ट बैठकों में हिस्सा लेते थे और उसके शीर्ष पर होने के चलते पार्टी के नीतिगत मसौदे लिखते थे। वे गांधी से विचार-विमर्श करते थे, कूटनीतिक शिष्टाचार निभाते थे और जब टालना असम्भव हो जाता था तो किसी विदेशी राजनीतिज्ञ के लिए भोज का आयोजन भी करते थे। इन सबके बीच वो उन विषयों पर वक्तव्य भी देते थे जो उनके दिल के क़रीब थे, जैसे भारत के ऊर्जा स्रोतों के विकास की आवश्यकता और उसकी वैज्ञानिक संस्थाओं की तरक़्क़ी।[37]

पर नेहरू के यूँ किसी दीवाने इनसान की तरह काम पर काम करते चले जाने की अपनी वजहें थीं। उनके नज़रिये से उस दौर के भारत को देखें तो चुनौतियाँ बदहवास करनेवाली थीं। इतिहास की गहरी समझ रखनेवाले नेहरू से दो सदी की औपनिवेशिक ग़ुलामी के बाद भारत को हासिल हुई स्वतंत्रता के हर्षोल्लास के साथ ही साथ मौजूद अनिष्ट की आशंका छिपी नहीं थी। जहाँ भी वे जाते, श्रद्धा से भरा जनता का हुजूम उन्हें घेर लेता। नेहरू साफ़ देख पा रहे थे कि ज़िल्लत और अपमान से भरी विदेशी शासन की लम्बी ग़ुलामी के बाद मिली इस आज़ादी ने लोगों की

आँखों में उम्मीद के लाखों दीये रौशन कर दिये थे। लेकिन इस उम्मीदों के बोझ ने नेहरू को भविष्य की महती ज़िम्मेदारियों के प्रति भली-भाँति सचेत भी कर दिया। उनके ज़्यादातर देशवासी अत्यन्त ग़रीबी और अभाव में जी रहे थे। बेशक नेहरू भारत के अतीत से भली-भाँति परिचित थे और उस पर गर्व करते थे, वे उसकी कुंद कर देनेवाली जकड़ से अनभिज्ञ नहीं थे। वे जातिप्रथा और सामन्तवाद द्वारा पोषित उसकी आदिम क्रूरताओं को ख़ूब जानते थे। किसी तरह इस विविध भाषा, इलाक़े, धर्म और संस्कृतियों में बँटी आबादी को एक राष्ट्र की चौहद्दी में बाँधना है, इस अनेकता में एकता का रस घोलना है। इस आदिम मुल्क को 'आधुनिकता का बाना' पहनना है।

घोर अस्थिरता के इसी माहौल में 'बदहवासी की मूरत' बने नेहरू तथा अन्य राष्ट्रीय नेता एक नवीन राज्य का संविधान बनाने के लिए बैठे। ऐसा संविधान, जो मुल्क में सुचारु लोकतंत्र स्थापित करने के साथ-साथ राष्ट्रनिर्माण की ऐतिहासिक ज़िम्मेदारी भी पूरी करे।

## संविधान लेखन और राज्य निर्माण

विश्वयुद्ध के बाद उभरे संकट की पृष्ठभूमि में ब्रिटिश राज जब भारत से वापस लौटेगा तो उसके पीछे भारतीय राज्य की रूपरेखा क्या होगी, इसे तय करने के लिए 300 से ज़्यादा अप्रत्यक्ष रूप से चुने सदस्यों से मिलकर बनी संविधान सभा 9 दिसम्बर, 1946 और 26 नवम्बर, 1949 के मध्य बैठकें करती रही। इन तीन सालों के मध्य सभा की ग्यारह सत्रों में बैठकें हुईं, जिनकी कुल समयावधि 165 दिन ठहरती है। विभिन्न विषयों पर राय बनाने और संविधान सभा में विमर्श करने हेतु मसौदा तैयार करने के लिए कई समितियाँ, उप-समितियाँ बनाई गईं। सदस्यों ने इन मसौदों की एक-एक धारा, उपधारा पर बहस की एवं बहुतेरे संशोधन सुझाए। अन्ततः सभा ने विश्व के सबसे बृहत् संविधान का निर्माण किया, जिसमें सरकार के लिए क़ानून-व्यवस्था का एवं नागरिकों के लिए अधिकारों एवं कर्तव्यों का विस्तृत ख़ाका पेश किया गया था। भारतीय संविधान के गठन पर ग्रेनविल ऑस्टिन का क्लासिक कार्य एक मुल्क के अपने बूते संवैधानिक गणराज्य में बदलने की रोमांचक कहानी कहता है। ऑस्टिन लिखते हैं कि दिल्ली में संविधान सभा की बहसों को चन्द 'कुलीनों का समूह' संचालित कर रहा था। ऑस्टिन इसमें नेहरू, पटेल, राजेन्द्र प्रसाद और मौलाना आज़ाद को शामिल करते हैं, लेकिन यह देखना भी दिलचस्प है कि वे संविधान सभा की प्रारूप समिति के अध्यक्ष, दलित नेता बी.आर. आंबेडकर को इस सूची से बाहर रखते हैं। कुछ मतभेद थे और संशय भी, लेकिन अन्त में जो संविधान अपनाया गया वो "चालीस करोड़ भारतीयों को

चित्र 2.1 : जवाहरलाल नेहरू संविधान सभा को सम्बोधित करते हुए, 1947

ख़ुशहाल बनाने के लक्ष्य के साथ तैयार हुआ था। यही लक्ष्य था नेहरू का मुल्क से किया वादा।"[38]

संविधान निर्माण के इस पल को सर्वोच्च उपलब्धि के बतौर स्थापित करनेवाली ऑस्टिन की यह व्याख्या अब भारतीय राष्ट्रवाद की गाथा का हिस्सा बन चुकी है।[39] इधर जब भी इतिहासकार, राजनीतिक सिद्धान्तकार संविधान सभा की बहसों की ओर रुख़ करते हैं, वे भारतीय नेतृत्व की नैतिक दृष्टि, उनके उच्च राजनीतिक, न्यायिक सिद्धान्तों एवं सामाजिक प्रतिबद्धताओं पर नाज़ करते हैं। लेकिन इसे भुलाना नहीं चाहिए कि नेतृत्व की इन्हीं कोशिशों के हृदय में एक मज़बूत, केन्द्रीकृत राज्य की स्थापना की परियोजना मज़बूती से डेरा जमाये बैठी थी। सरदार पटेल, जिन्हें

बाद में 'भारत के लौह पुरुष' की उपाधि से नवाज़ा गया, ने मई, 1947 में कहा था, "कांग्रेस एक सशक्त केन्द्र चाहती है...यह निहायत ही ज़रूरी है कि भारत के पास अपनी मज़बूत सेना हो, और विशेषकर सुरक्षा की दृष्टि से एक मज़बूत केन्द्रीय सरकार का होना आवश्यक है।"[40] मज़बूत केन्द्र वाली राज्य-व्यवस्था के समर्थन में दूसरी बहुत ही ख़ास आवाज़ थी डॉ. बी.आर. आंबेडकर की। लन्दन स्कूल ऑफ़ इकोनॉमिक्स और कोलम्बिया विश्वविद्यालय से डॉक्टरेट की डिग्रियाँ हासिल करनेवाले डॉ. आंबेडकर की एक बौद्धिक एवं दलितों के नेता के तौर पर ऊँची प्रतिष्ठा थी। इसी प्रतिष्ठा के चलते उन्हें संविधान सभा की प्रारूप समिति का अध्यक्ष बनाया गया था। संविधान सभा में अपने भाषण में उनके शब्द थे, "मैं एक मज़बूत संगठित केन्द्र चाहूँगा (ग़ौर करें) 'भारत शासन अधिनियम 1935' के तहत स्थापित किये गए केन्द्र से भी कहीं ज़्यादा मज़बूत केन्द्र।"[41]

इसे निर्वात में न देखकर अगर उस समय की ऐतिहासिक परिस्थितियों की रोशनी में देखें तो संविधान सभा की बहसें ख़ुद नेताओं के राजनीतिक, न्यायिक सिद्धान्तों पर कम और एक मज़बूत, केन्द्रीकृत राज्य संस्था की स्थापना की कोशिशों पर ज़्यादा आधारित दिखाई देती हैं।[42] पर यह परियोजना अंग्रेज़ों के ख़िलाफ़ लड़ी गई आज़ादी की लड़ाई का स्वाभाविक प्रतिफल नहीं थी। यह परियोजना दरअसल विश्वयुद्ध के बाद भारत में मौजूद बेचैनी और असन्तोष से उपजी चिन्ता का नतीजा थी, नेहरू ने भी जिसको 1945 में जेल से छूटने के बाद अभिव्यक्त किया था। "मैं कहना चाहूँगा कि हम एक ऐसी परिस्थिति का सामना कर रहे हैं, जिसमें अगर हमने फ़ौरन क़दम नहीं उठाए तो छह महीने के भीतर सम्पूर्ण भारत तपती हुई भट्टी में झोंक दिया जाएगा।"[43] पूरे बंगाल में पूर्वी पाकिस्तान से आए, भोजन और पनाह माँगते हिन्दू शरणार्थियों की बड़ी संख्या के चलते अफ़रातफ़री का माहौल था। 1948 की शुरुआत में ही इनकी संख्या दस लाख से ऊपर पहुँच चुकी थी। 1950 में यह संख्या चालीस लाख तक पहुँच गई।[44]

संविधान सभा के शान्त गलियारे सड़क पर बहती ख़ून की नदियों, विस्थापितों की चीख़ों को आख़िर कब तक अनदेखा-अनसुना कर सकते थे। पंजाब, बंगाल, बिहार और अन्य इलाक़ों में घट रही साम्प्रदायिक रक्तपात की कहानियों तथा अपने घरों से बेघर हुए लाखों-लाख लोगों की बदहाल ज़िन्दगी के ख़ौफ़नाक ब्योरों से अख़बारों की सुर्ख़ियाँ पटी हुई थीं। ख़ुद दिल्ली दंगों की आग में जल रही थी और शरणार्थियों का शहर में निरन्तर आना जारी था। भारत के अन्तिम वायसराय लॉर्ड माउंटबेटन के राजनीतिक सलाहकार तथा सरदार पटेल के सचिव रहे वी.पी. मेनन ने उस दौर की अशान्त दिल्ली की छवि अपनी लेखनी में बख़ूबी क़ैद की है। नवनिर्मित पाकिस्तान से बेघरबार होकर हिन्दू और सिख शरणार्थियों के जत्थे के जत्थे दिल्ली में आ रहे थे और पहले से जलती साम्प्रदायिक हिंसा की आग में घी

का काम कर रहे थे। शहर की फ़िज़ा में "आज़ाद भारत की सरकार के तख़्तापलट और राजधानी को अपने क़ब्ज़े में लेने की बहुत गहरी, सोची-समझी मुस्लिम साज़िश की अफ़वाहें गर्म थीं।"[45] इधर संविधान सभा की बैठकें हो रही थीं, उधर नेहरू, पटेल और दिल्ली का अनुभवहीन प्रशासन अस्त-व्यस्त माहौल को किसी तरह सँभालने की चुनौती से जूझ रहा था। शहर में कर्फ़्यू लग चुका था और ख़ुद संविधान सभा के सदस्यों को बैठकों में शामिल होने के लिए विशेष प्रवेशपत्र साथ लेकर चलना ज़रूरी हो गया था।[46]

सिर्फ़ यही नहीं। अक्टूबर, 1947 में कश्मीर में ज़लज़ला फूट पड़ा। बँटवारे के समय महाराजा हरिसिंह ने स्वतंत्र रहना चुना था। वे एक मुस्लिम बहुल रियासत के हिन्दू राजा थे और उनकी हुकूमत जनता में बहुत अलोकप्रिय थी। सूबे के सबसे लोकप्रिय नेता थे शेख़ अब्दुल्ला, लेकिन महाराजा ने उन्हें मई, 1946 में ही सलाखों के पीछे डलवा दिया था। हालात तब बिगड़ने लगे, जब बँटवारे की साम्प्रदायिक अग्नि ने कश्मीर को अपनी चपेट में लिया। पाकिस्तान के हिस्से में गए पंजाब से हिन्दू और सिख शरणार्थी जम्मू पहुँच रहे थे, और उनके साथ पहुँच रही थीं नृशंसता की घृणित कथाएँ। इसका जवाब फ़ौरन जम्मू के मुसलमानों के साथ 'बदले की हिंसा' से दिया जाने लगा। इस प्रतिहिंसा से भागे मुसलमान शरणार्थियों ने पुंछ में शरण ली, जहाँ पहले से ही महाराजा हरिसिंह के ख़िलाफ़ विद्रोह की अग्नि धधक रही थी। महाराजा ने दिल्ली से मदद माँगी, जहाँ से उन्हें जवाब मिला कि पहले वे शेख़ अब्दुल्ला को छोड़ें और भारतीय राज्य में विलय स्वीकार करें, तब मदद भेजी जाएगी। 29 सितम्बर, 1947 को शेख़ अब्दुल्ला को रिहा किया गया। जेल से बाहर आते ही शेख़ अब्दुल्ला ने फ़ौरन चुनी हुई सरकार की माँग दोहराई। लेकिन 22 अक्टूबर को हालात तब बिलकुल विपरीत दिशा में घूमते दिखाई दिये, जब पाकिस्तान समर्थित हथियारबन्द कबायली दस्तों ने भारत की सीमा में प्रवेश किया और तेज़ी से श्रीनगर की तरफ़ बढ़ने लगे। 26 अक्टूबर को महाराजा ने भारत में विलय के दस्तावेज़ पर हस्ताक्षर कर दिये। अगले ही दिन हवाई रास्ते द्वारा भारतीय सेना श्रीनगर की ज़मीन पर मौजूद थी। आज़ादी हासिल करने के ठीक दो महीने बाद नवआज़ाद हुए दोनों मुल्कों के मध्य पहला भारत-पाकिस्तान युद्ध लड़ा गया।[47]

युद्ध तो था ही, इसके साथ पाँच सौ से ज़्यादा देसी रियासतों के भारत में विलय का सवाल मुँह बाये सामने खड़ा था। पहले वायसराय माउंटबेटन और उसके बाद सरदार पटेल ने सचिव वी.पी. मेनन की सहायता से इस चुनौती का बख़ूबी हल निकाला और तक़रीबन सभी रियासतों को भारत में विलय के लिए राजी कर लिया।[48] लेकिन हैदराबाद का मामला समस्या पैदा कर रहा था। एक ओर साम्यवादियों के नेतृत्व में इलाक़े का खेतिहर किसान सामन्ती आकाओं के ख़िलाफ़ विद्रोह का बिगुल फूँक चुका था, वहीं दूसरी ओर रियासत के मुस्लिम

शासक निज़ाम किसी भी सूरत में सत्ता हाथ से निकलने देने के लिए तैयार नहीं थे। स्थानीय कांग्रेस पार्टी चुनी हुई सरकार की नियुक्ति पर अड़ी थी, इसी बीच रज़ाकर नामक मुस्लिम हमलावर दस्ते ने रियासत की हिन्दू आबादी पर हमला बोल दिया। 1948 के शुरुआती महीनों में तनाव बढ़ता ही रहा। अन्तत: भारतीय सेना के दस्ते 13 सितम्बर, 1948 को हैदराबाद की धरती पर उतरे। चार दिन बाद भारतीय 'पुलिस कार्रवाई' ने हैदराबाद का भारत में विलय सुनिश्चित कर दिया। अब हैदराबाद रियासत आज़ाद हिन्दुस्तान का हिस्सा थी।

इधर एक के बाद एक ऐसे तमाम तरह के संकट उभर रहे थे और सुलझाए जा रहे थे, उधर संविधान सभा पूरी मुस्तैदी से अपना काम किये चले जा रही थी। लेकिन हैदराबाद में हुई 'पुलिस कार्रवाई' और कश्मीर की जंग का संविधान सभा में चल रहे विचार-विमर्श पर असर पड़ना लाज़िमी था। सभा के भीतर संविधान के मूल सिद्धान्तों पर विचाररत सदस्यों का ध्यान बाहर सड़क पर बहते लहू और शरणार्थियों के रेलों की वजह से डिगा तो नहीं, पर यूँ भी नहीं कहा जा सकता कि पहली परिघटना का दूसरी पर कोई प्रभाव ही नहीं पड़ रहा था। संविधान निर्माताओं के ज़ेहन में हिंसा और बाहरी उथल-पुथल बाक़ायदा मौजूद थे। बाहर मची खलबली का संविधान जैसे परिष्कार कर रहा था। लगा जैसे संविधान की साफ़, परिष्कृत क़ानूनी भाषा सड़कों पर मची मार-काट और लहू के दाग़ों को धोने की कोशिश कर रही है। आज़ादी के बाद के इन शुरुआती सालों में हम राज्य संस्था का निर्माण देखते हैं—संविधान सभा के भीतर भी और बाहर भी। जहाँ एक ओर नेहरू, पटेल तथा अन्य नेतागण राज्य की शक्तियों का उपयोग सड़कों पर जनसैलाब को नियंत्रित करने और उद्दंड तत्त्वों को कुचलने में कर रहे थे, वहीं दूसरी ओर वे संविधान सभा को एक ताक़तवर राज्य संस्था के निर्माण की दिशा में भी ले जा रहे थे। 30 जनवरी, 1948 को 'राष्ट्रपिता' महात्मा गांधी की एक दक्षिणपंथी हिन्दू उन्मादी द्वारा स्तब्ध कर देनेवाली हत्या ने मज़बूत राज्य के निर्माण का कांग्रेस पार्टी का इरादा और दृढ़ कर दिया।[49] निरन्तर हो रहे विद्रोह, दंगे और हिंसा की घटनाएँ एक सशक्त केन्द्र वाले राज्य के ढाँचे के निर्माण का इरादा और मज़बूत कर रही थीं। इन सबने मिलकर हॉब्स की कल्पना के राज्य की स्थापना के लिए तर्क मुहैया करवाया, जहाँ राज्य की स्थापना मूलत: अराजकता के मध्य एकता लाने के उद्देश्य से की जाती है।[50] भारतीय संविधान के निर्माण को भी इसी नज़रिये से देखा जाना चाहिए। नेहरू के देखे 'अँधेरे गलियारों के पार की भयावह झलकियों' वाले दु:स्वप्न ने और पटेल के सड़कों पर मची हिंसा, उत्पात को सँभालने के वास्तविक अनुभव ने मिलकर उन्हें एक ताक़तवर राज्य के निर्माण की ओर प्रेरित किया।

जैसे ही लॉर्ड माउंटबेटन ने 3 जून, 1947 को बँटवारे की घोषणा की, सभा अपने इरादे को पूरा करने की ओर बढ़ चुकी थी। चन्द दिनों के भीतर केन्द्रीय

चित्र 2.2 : डॉ. बी.आर. आंबेडकर संविधान प्रस्तुत करते हुए, 1949

एवं क्षेत्रीय संविधान समितियों ने घोषणा कर दी कि कैबिनेट मिशन द्वारा प्रस्तावित ढीला-ढाला संघीय राज्य अब अतीत की वस्तु है। भारतीय राज्य संघ तो होगा, लेकिन एक मज़बूत केन्द्र वाला संघ।[51] संयुक्त राज्य अमेरिका में राज्यों ने मिलकर 'संघराज्य' (फ़ेडरेशन) का निर्माण किया था, लेकिन भारत 'राज्यों का संघ' (यूनियन ऑफ़ स्टेट्स) होगा। यानी किसी भी राज्य इकाई को इससे अलग होने का अधिकार नहीं होगा। बाबासाहब आंबेडकर ने घोषणा की, "यह संघराज्य राज्यों का संघ है क्योंकि यह अटूट है। मुल्क और मुल्क के लोग भले ही प्रशासनिक सुविधा को देखते हुए राज्य इकाइयों में बँटे हों, यह मुल्क अविभाज्य है। इसके नागरिक एक ही स्रोत से हासिल एकल परमसत्ता के अधीन निवास करते हैं।"[52] यह परिभाषा क्लासिकी संघराज्य से भिन्न थी, जिसमें 'अशक्त नहीं तो भी ढीला-ढाला सरकार का ढाँचा' मिलता है। संघराज्य की दोहरी राजकीय सत्ता और विभाजित शक्तियों के मुक़ाबले आंबेडकर ने ऐसी सरकार का ढाँचा प्रस्तावित किया जिसमें एकीकृत न्यायिक व्यवस्था, देश-भर में सभी के लिए समान क़ानून एवं एकीकृत अखिल भारतीय प्रशासनिक सेवा होगी। केन्द्रीकृत ताक़त वाले मज़बूत केन्द्र की रचना, जो आबादी को सँभालने एवं उन्हें समरूपीकृत इकाई के बतौर विकसित करने का कार्य करेगा।

ताक़तवर राज्य संस्था बनाने के इसी वादे के साथ आधुनिक संभ्रान्त वर्ग सत्ता में आया था। इसने राष्ट्र का हवाला देकर आम जनता को संगठित तो कर लिया, पर सुविधाभोगी ज़मींदार तथा ऊँची जातियों के क़ब्ज़े को चुनौती नहीं दी। सन् 1947 में हुआ सत्ता परिवर्तन एक क़िस्म की 'निष्क्रिय क्रान्ति' थी, जिसके साथ किसी

तरह की आमूलचूल सामाजिक क्रान्ति घटित नहीं हुई।[53] इतिहासकार रणजीत गुहा ने राष्ट्रवादी कुलीन की इस सत्ता को 'आधिपत्य रहित प्रभुत्व' की सटीक संज्ञा दी। जनसाधारण को ब्रितानिया शासन सत्ता के ख़िलाफ़ लामबन्द तो बख़ूबी कर लिया गया, पर जब उनकी माँगों और आकांक्षाओं को राष्ट्र की परिकल्पना में शामिल करने की बारी आई तो कुलीन वर्ग ने डंडे के ज़ोर पर शासन करना चुना।[54]

राष्ट्रवादी कुलीन वर्ग की ख़ुशक़िस्मती देखिए, उसके सत्ता सँभालने के पहले ही औपनिवेशिक शासन ने एक मज़बूत, केन्द्रीकृत राज्य की रचना की ज़मीन तैयार कर रखी थी। ऐसा राज्य जो ज़रूरत पड़ने पर मौलिक अधिकारों को भी सीमित करने की क्षमता रखता था। इसका आधार बना 'भारत शासन अधिनियम 1935', जिसके बड़े हिस्सों को बिना किसी बदलाव के संविधान में शामिल कर लिया गया। यह औपनिवेशिक सत्ता द्वारा तैयार ऐसा क़ानून था जिसके द्वारा कांग्रेस की चुनी हुई सरकारों को बेमन से सीमित अधिकार देते हुए व्यापक कार्यकारी शक्तियाँ ब्रितानिया सरकार ने अपने पास रख ली थीं। पर अब जब राष्ट्रवादी सरकार सत्ता में आई, तो उसे औपनिवेशिक शासन द्वारा प्रदान किये गए इन कार्यकारी शक्तियों के समूचे शस्त्रागार को अपनाने में ज़रा भी हिचक नहीं महसूस हुई। आंबेडकर ज़रा भी पश्चात्ताप की मुद्रा में नहीं थे, "संविधान के मसौदे पर लगाए गए इस आरोप के जवाब में कि हमने 'भारत शासन अधिनियम 1935' का अच्छा-ख़ासा हिस्सा इसमें शामिल कर लिया है, मैं ज़रा भी सफ़ाई नहीं देना चाहूँगा। इस क़िस्म के आदान-प्रदान में कुछ भी लज्जाजनक नहीं है।"[55] नवनिर्मित राज्य की औपनिवेशिक राज्य से व्यवस्थागत निरन्तरता सिर्फ़ 1935 के अधिनियम तक ही सीमित नहीं थी।[56] राज्य की न्यायिक और प्रशासनिक व्यवस्थाएँ भी वैसी की वैसी बनी रहीं। यहाँ तक कि उपनिवेश काल की 'भारतीय दंड संहिता, 1860' भी नहीं बदली गई। इसी दंड संहिता में वह कुख्यात धारा 124ए भी शामिल है, जिसके तहत 1897 में राष्ट्रवादी नेता बाल गंगाधर तिलक पर देशद्रोह का मुक़दमा चलाया गया था। सरकार के ख़िलाफ़ असन्तोष और द्वेष भड़कानेवाले शब्दों या कर्म को देशद्रोह की श्रेणी में रखनेवाले इस क़ानून को बरकरार रखकर राज्य ने ख़ुद को असाधारण क़ानूनी हथियार से लैस कर लिया। संविधान निर्माताओं द्वारा तैयार यही ताक़तवर राज्य आगे जाकर आपातकाल के समय इन्दिरा गांधी के बहुत काम आया।

## मौलिक अधिकार पर 'ठुल्ले के नज़रिये से'?

क़ानून बनानेवालों ने राज्य संस्था को 1935 के अधिनियम में शामिल विकट ताक़तों से लैस तो किया, लेकिन साथ ही संविधान में एक ऐसी चीज़ को भी जोड़ा जो औपनिवेशिक अधिनियम में कहीं मौजूद नहीं थी—मौलिक अधिकार। इसमें शामिल

था अभिव्यक्ति की स्वतंत्रता और संगठित होने का अधिकार, क़ानून के समक्ष समानता का अधिकार तथा अपने राजनीतिक प्रतिनिधि को चुनने का अधिकार। ब्रितानिया सरकार के ख़िलाफ़ लड़ते हुए कांग्रेस औपनिवेशिक शासन से लम्बे समय से इन अधिकारों की माँग करती रही थी। उदाहरण के लिए 1928 की नेहरू रिपोर्ट को देखा जा सकता है, जिसमें अंग्रेज़ सरकार द्वारा नकारे गए मौलिक अधिकारों को हासिल करना लक्ष्य घोषित किया गया है। आगे भी कांग्रेस द्वारा पारित प्रस्तावों, प्रतिवेदनों में इस वादे को दोहराया जाता रहा।[57] इसी के चलते वयस्क मताधिकार पर आधारित संसदीय लोकतांत्रिक सरकार की स्थापना, यह आज़ादी की लड़ाई का प्रमुख प्रेरणा बिन्दु बन गया।[58] इस इतिहास की रोशनी में संविधान के खंड 3 में शामिल मौलिक अधिकारों को पढ़ा जाना चाहिए। यह नागरिक को व्यापक स्तर पर अधिकारों से लैस करते हैं और इनके हनन पर न्यायालय की शरण ली जा सकती है। इनमें समता का अधिकार, सम्पत्ति का अधिकार, अभिव्यक्ति, निवास एवं संगठन बनाने की स्वतंत्रता तथा जीवन और दैहिक स्वतंत्रता का अधिकार शामिल है।

हालाँकि शुरुआत से ही एक बहुत सशक्त मत इन अधिकारों को किसी सीमा में बाँध देने का भी रहा। इसीलिए जब पटेल ने अप्रैल, 1947 में सुझाव समिति की रिपोर्ट को सदन के पटल पर रखा, तो उन्होंने स्वतंत्रता के इन अधिकारों को "सार्वजनिक व्यवस्था एवं नैतिकता या संघीय सरकार या उसकी किसी इकाई द्वारा घोषित आपातकालीन स्थिति आने पर या उसकी सुरक्षा में ख़तरा महसूस होने पर" के अधीन रखने का प्रस्ताव किया। ऐसी परिस्थिति उत्पन्न होने पर क़ानून नागरिक की अभिव्यक्ति की स्वतंत्रता को "राजद्रोही, अश्लील, निन्दनीय, मिथ्या या मानहानि युक्त विचारों के प्रकाशन पर कार्रवाई कर सकता है या दंडनीय अपराध घोषित कर सकता है।"[59]

इतना ही नहीं, सुझाव समिति की अन्तरिम रिपोर्ट में से वो हिस्सा पहले ही निकाल दिया गया था जो नागरिकों के आपसी संवाद की गोपनीयता बनाए रखने तथा उन्हें और उनकी रिहाइश को बिना वारंट की औचक छापेमारी से सुरक्षा प्रदान करता था।[60] इस सुरक्षाओं का उल्लेख मौलिक अधिकारों पर बनी उप-समिति के पूर्ववर्ती मसौदे में था, लेकिन सुझाव एवं प्रारूप समिति के सदस्य कन्हैयालाल माणिकलाल मुंशी ने इनका भरपूर विरोध किया। उनका तर्क था कि अमेरिकी संविधान में भी नागरिकों के निजी संवाद की गोपनीयता बचाने को लेकर कोई प्रावधान मौजूद नहीं है। अगर ऐसे अधिकार को जोड़ा गया तो 'सार्वजनिक व्यवस्था और नैतिकता' से सम्बन्धित धारा के तहत राज्य को अंजाम दिये जाने से पहले ही साज़िशों का पता लगाने के जो अधिकार मिले हैं, वो बेमतलब हो जाएँगे।[61] उन्होंने स्वीकार किया कि अमेरिकी संविधान नागरिकों को अनुचित तलाशी से सुरक्षा देता है, पर उनका कहना था कि भारत की परिस्थितियाँ कुछ भिन्न हैं। भारत में तो पुलिस को बहुत

पहले से ही किसी भी परिसर में बिना वारंट तलाशी के अधिकार मिले हुए हैं। सुझाव समिति की कार्यवाही में पटेल तथा अन्य नेताओं ने भी इन दोनों अनुच्छेदों को हटाए जाने का समर्थन यह कहते हुए किया कि शामिल किये जाने पर यह अपराधियों और जासूसों की शरणगाह बनेंगे।[62]

जब पटेल ने अप्रैल, 1947 में इन प्रतिबन्धों के साथ मौलिक अधिकारों का मसौदा सदन के पटल पर रखा, उसकी ख़ूब आलोचना हुई। सदन के अकेले साम्यवादी सदस्य सोमनाथ लाहिड़ी ने भड़कते हुए कहा, "इनमें से बहुत से मौलिक अधिकारों को देखकर लगता है कि वो किसी ठुल्ले के नज़रिये से लिखे गए हैं।"[63] उन्होंने ध्यान दिलाया कि जिस तरह उन्होंने महज़ शाब्दिक अभिव्यक्ति को राजद्रोह मानकर अपराध की श्रेणी में रखा है, वैसा क़ानून तो ख़ुद इंग्लैंड में भी नहीं है। वहाँ भी केवल अभिव्यक्ति को तब तक राजद्रोह नहीं माना जाता, जब तक उसके साथ वैसा ही प्रकट कार्य न जुड़ा हो। लाहिड़ी इस मुद्दे पर सबसे ज़्यादा भड़के हुए दिखाई दिये, लेकिन अन्य कई सदस्य भी अभिव्यक्ति की आज़ादी पर इन प्रतिबन्धों से ख़ुश नहीं थे। कई अन्य सदस्यों ने इन प्रतिबन्धों पर सवाल उठाया और कहा कि इससे तो इन अधिकारों की क़ानूनी शक्ति ही समाप्त हो जाएगी।[64]

पर तमाम विरोध के बावजूद जब फ़रवरी, 1948 को सभा के पटल पर संविधान का प्रारूप रखा गया, तो उसमें यह प्रतिबन्ध मौजूद रहे। प्रारूप संविधान का अनुच्छेद 13 (जो संविधान का अनुच्छेद 19 बना) नागरिकों को विचार और अभिव्यक्ति की स्वतंत्रता तो दे रहा था, लेकिन यह राज्य को "अवमानना, राजद्रोह या ऐसे किसी भी मामले में जहाँ सार्वजनिक व्यवस्था या नैतिकता, राज्य की सम्प्रभुता या अखंडता ख़तरे में पड़ती हो, किसी भी क़िस्म का क़ानून बनाने का अधिकार" भी दे रहा था।[65] इसे चुनौती दी गई। एक सदस्य ने चेतावनी दी, "साफ़ दिखाई दे रहा है कि जिन मौलिक अधिकारों की अनुच्छेद 13 में गारंटी दी गई है, उसी अनुच्छेद का दूसरा हिस्सा उन्हें बेअसर करते हुए विधानमंडल की मनमानी या रहमत के हवाले छोड़ देता है।" इसका एक नतीजा यह भी होगा कि प्रेस की आज़ादी भी घटकर उतनी ही रह जाएगी, जितनी उस "अभिशप्त विदेशी सत्ता के राज में हमें मिली थी।"[66] यह तीखी आलोचना थी। कन्हैयालाल माणिकलाल मुंशी ने आगे बढ़कर यह मानते हुए कि इस शब्द की परिभाषा बहुत व्यापक हो सकती है, राजद्रोह को अनुच्छेद में से हटाने का सुझाव दिया। उन्होंने यह स्वीकार किया कि यह शब्द औपनिवेशिक सत्ता का हथियार रहा है, लेकिन अपनी बात में यह भी जोड़ा कि एक लोकतांत्रिक व्यवस्था को भी आख़िर वैध आलोचना और सरकार को उखाड़ फेंकनेवाले भाषणों के बीच किसी बिन्दु पर जाकर तो भेद करना होगा।

भारी विरोध के चलते प्रारूप संविधान के संशोधित मसौदे में से 'राजद्रोह'

शब्द हटा लिया गया। लेकिन विपक्ष इतने भर से माननेवाला कहाँ था। एक सदस्य ने दबाव बनाया कि अनुच्छेद 13 में जहाँ 'किसी भी क़िस्म का क़ानून' बनाने का ज़िक्र है वहाँ इसके ठीक पहले 'तर्कसंगत' शब्द जोड़ा जाए। इससे कम-से-कम न्यायालयों के पास यह ताक़त तो होगी कि वह मौलिक अधिकारों को प्रतिबन्धित करनेवाले विधानमंडल के बनाए किसी भी क़ानून को तर्कसंगतता की कसौटी पर परख सकें।[67] आंबेडकर ने यह संशोधन स्वीकार कर लिया। इस तरह न सिर्फ़ कुख्यात 'राजद्रोह' शब्द मसौदे से विदा हो चुका था, संविधान के संशोधित प्रारूप में 'तर्कसंगत' शब्द भी शामिल कर लिया गया। यूँ देखने पर यह एक नामालूम सी जीत लगती है, लेकिन आगे भाग्य में जो दुर्दिन लिखे थे उसकी रोशनी में देखें तो इतिहास में यह जीत भी बहुत ख़ास साबित हुई।

प्रारूप समिति द्वारा तैयार मूल मसौदे में अनुच्छेद 15 (संविधान का अनुच्छेद 21) जीवन व स्वतंत्रता का अधिकार देनेवाला था। लेकिन इसमें बदलाव कर स्वतंत्रता के पहले 'व्यक्तिगत' जोड़ा गया, और स्वतंत्रता को निजी स्वतंत्रता में सीमित कर दिया गया। एक और बदलाव हुआ—'उचित प्रक्रिया' को बदलकर 'विधि द्वारा निर्धारित प्रक्रिया' कर दिया गया। अब संशोधित अनुच्छेद 15 कुछ ऐसा दिखता था, "किसी भी व्यक्ति को उसके जीवन और निजी स्वतंत्रता से विधि द्वारा स्थापित प्रक्रिया के बिना वंचित नहीं किया जाएगा।"[68] जब यह मुद्दा बहस के लिए सदन के पटल पर आया तो आलोचक 'उचित प्रक्रिया' से 'विधि द्वारा निर्धारित प्रक्रिया' के इस बदलाव के पीछे छिपी चाल को फ़ौरन समझ गए। इसका साफ़ अर्थ था कि न्यायालय को यह जाँचने का अधिकार तो होगा कि किसी व्यक्ति की गिरफ़्तारी क़ानून के अनुसार है या नहीं, लेकिन ख़ुद वो क़ानून तर्कपूर्ण न्याय की कसौटी पर खरा उतरता है या नहीं इसकी पड़ताल अदालतें नहीं कर पाएँगी। ऐसे में अगर पूर्ण बहुमत हासिल कर किसी सरकार ने अन्यायपूर्ण क़ानून बनाया, और उस क़ानून में किसी व्यक्ति की गिरफ़्तारी हुई तो उसे न्यायालय में भी चुनौती नहीं दी जा सकेगी। एक सदस्य ने सभा को याद दिलाया कि ब्रितानिया सरकार भी जब-तब 'काले क़ानूनों' में कांग्रेस के आन्दोलनकारियों को गिरफ़्तार कर लेती थी, और अदालतें भी ऐसे में कुछ नहीं कर पाती थीं। मुंशी ने बहुत जोशीले ढंग से 'उचित प्रक्रिया' शब्द को बनाए रखने का आग्रह किया। उन्होंने चेतावनी दी कि न्यायालयों की चौकसी के बिना "हम एक ऐसी परम्परा की नींव डालने जा रहे हैं, जिसके चलते जो थोड़ी-बहुत व्यक्तिगत स्वतंत्रता हमारे मुल्क में बची भी है वो भी अन्ततः नष्ट हो जाएगी।"[69]

'उचित प्रक्रिया' पर छिड़ी इस उत्तेजना भरी बहस में आंबेडकर किनारे पर खड़े थे।[70] पर उन्होंने 'विधि द्वारा स्थापित प्रक्रिया' और 'उचित प्रक्रिया' के बीच मौजूद निहितार्थों की गहरी खाई को स्वीकार किया। इनमें पहला मानी विधि निर्माताओं

पर भरोसा कर रहा था कि वे उचित और न्यायपूर्ण क़ानून बनाएँगे, जबकि दूसरा उन्हें सन्देह का लाभ नहीं देना चाहता था। दोनों के पक्ष में ही मज़बूत तर्क थे, जो किसी एक के पक्ष में फ़ैसला लेना मुश्किल कर रहे थे। "यह तो एक तरफ़ कुआँ और दूसरी तरफ़ खाई में से चुननेवाली बात है।" उन्होंने ख़ुद इस मुद्दे पर फ़ैसला करने के बजाय पूरा मामला सदन की मर्ज़ी पर छोड़ दिया। विरोध के बावजूद अन्ततः 'विधि द्वारा स्थापित प्रक्रिया' को संविधान में शामिल कर लिया गया और 'उचित प्रक्रिया' को बाहर का रास्ता देखना पड़ा।

## क़ानून में अपवाद

भारतीय ज़मीन पर क़ानूनों के साथ अपवाद नत्थी करने की शुरुआत तो ईस्ट इंडिया कम्पनी के जारी किये 'बंगाल अधिनियम 3' के साथ ही हो गई थी। कम्पनी के पास ताक़त थी कि आपराधिक गतिविधि के शक में वह किसी को भी अनिश्चितकाल के लिए गिरफ़्तार कर ले, और अदालत में उस गिरफ़्तारी को चुनौती भी न दी जा सके। कम्पनी इस क़ानून के ज़रिये अपनी विजित सत्ता स्थापित करती थी। क्योंकि विदेशी ताक़त होने के चलते वो चाहकर भी अपने बनाए क़ानूनों को जनता की सहमति से बनाया क़ानून साबित नहीं कर सकती थी। हालाँकि कम्पनी ने अदालतों की स्थापना और क़ानूनों पर अमल यही सोचकर शुरू किया था इसके ज़रिये वो अपने आधिपत्य को क़ानूनी वैधता दिलवा लेंगे। लेकिन उनके ख़िलाफ़ असन्तोष और राजद्रोह बढ़ता जा रहा था। इसलिए क़ानून के शासन को कुछ 'अपवादों' की ज़रूरत थी। यही काम कम्पनी के लिए अधिनियम 3 ने किया—इसने ख़ास मौक़ा आने पर क़ानून के दायरे में रहकर ख़ुद क़ानून को ही मुअत्तल कर देने की ताक़त कम्पनी के हाथ में दे दी। जब तक यह क़ानून रहा, अंग्रेज़ों ने बन्दी प्रत्यक्षीकरण याचिकाओं को क़ानून के दायरे में रहते हुए ख़ारिज करवाने में इस पैंतरे का ख़ूब इस्तेमाल किया। युद्धकालीन परिस्थितियों का हवाला देते हुए अंग्रेज़ों ने कैसे भी सम्भावित षड्यंत्रों से मुक़ाबला करने के लिए 'भारत रक्षा अधिनियम, 1915' (डिफ़ेंस ऑफ़ इंडिया एक्ट 1915) लागू करवा दिया। इसी युद्धकालीन क़ानून को आगे बढ़ाकर नियमित करने के लिए 1919 में वो कुख्यात 'रौलट एक्ट' लाया गया था, जिसे जनरल डायर ने डंडे के ज़ोर पर लागू करवाने की कोशिश की और जिसके चलते अमृतसर में जलियाँवाला बाग़ हत्याकांड हुआ।[71] द्वितीय विश्वयुद्ध के समय अंग्रेज़ वापस इसी आपातकालीन क़ानून पर लौट आए, और भारत रक्षा अधिनियम की धाराओं को फिर लागू कर दिया।

हालाँकि आपातकालीन क़ानूनों का सारा श्रेय उनकी औपनिवेशिक विरासत को देना भी ग़लत होगा। आज़ादी के बाद नये बने राष्ट्र-राज्य के हाथ में ऐसी

शक्ति देना ख़ुद राष्ट्रवादी कुलीन वर्ग की भी चाहत थी। इसी चाहत के चलते प्रारूप संविधान के भीतर ही ऐसे प्रावधान मौजूद थे जो मौक़ा आने पर राष्ट्रपति को आपातकाल की घोषणा करने और इस दौरान नियत मौलिक अधिकारों को निलम्बित करने का अधिकार देते थे। पर इन प्रावधानों के सदन में औपचारिक रूप से चर्चा के लिए आने से पहले ही सदस्यों में इन्हें लेकर सुगबुगाहट शुरू हो गई थी। मौलिक अधिकारों की सुरक्षा करनेवाले उपचारों के निलम्बन का प्रस्ताव चिन्तित करनेवाला था। बिहार से आनेवाले सभा के मुस्लिम सदस्य ताजमुल हुसैन ने उत्तेजित मुद्रा में सभा के अधिकारों पर सवाल उठाए, कि वह मौलिक अधिकारों को निलम्बित करने जैसा प्रस्ताव कैसे कर सकती है? "यह आज़ाद मुल्क है। अगर जनता इन्क़लाब लाना चाहती है, तो उन्हें इन्क़लाब लाने का पूरा हक़ है। हम उन्हें रोकनेवाले कौन होते हैं? इसलिए मेरा मानना है कि किसी भी इनसान को, चाहे वो कितना ही बड़ा हो—किसी स्वाधीन देश का राष्ट्रपति ही क्यों न हो—उन मौलिक अधिकारों को निलम्बित करने की शक्ति नहीं दी जा सकती, जिनकी गारंटी ख़ुद संविधान में की गई है।"[72] अन्य सदस्यों ने भी अपनी नाराज़गी ज़ाहिर की। पर आंबेडकर टस-से-मस नहीं हुए। हुसैन की खींची 'भयावह तसवीर' पर प्रतिक्रिया देते हुए उन्होंने याद दिलाया, ऐसा नहीं है कि आपातकाल में तमाम अधिकार निलम्बित हो जाएँगे। सचाई यह है कि सिर्फ़ व्यक्तिगत स्वतंत्रता के अधिकार को निलम्बित किये जाने का प्रावधान है। अगर ख़ुद राज्य का अस्तित्व ही ख़तरे में आ जाए, तो ऐसा निलम्बन उचित ही होगा। क्योंकि अगर राज्य का ही अस्तित्व न रहा तो व्यक्तिगत स्वतंत्रता भी ख़ुद-ब-ख़ुद समाप्त हो जाएगी। और ऐसा तो कोई राज्य नहीं है, जो आपातकालीन परिस्थितियाँ आने पर ख़ुद का वजूद बचाने के लिए नागरिक स्वतंत्रताओं पर ज़रा भी प्रतिबन्ध न लगाए।

जब अगस्त, 1949 में संविधान सभा प्रारूप संविधान के इन आपातकालीन प्रावधानों पर औपचारिक रूप से विमर्श के लिए बैठी, तब भी खींचतान जारी रही। युद्ध की आशंका, बाहरी आक्रमण या आन्तरिक अशान्ति जैसी परिस्थितियाँ उत्पन्न होने पर राष्ट्रपति को आपातकाल की घोषणा के असीमित अधिकार देनेवाले इस अनुच्छेद पर बहुधा नेतृत्व की आलोचना करनेवाले संविधान सभा के सदस्य हरि विष्णु कामथ ने अपने प्रखर वक्तव्य में घोर प्रतिरोध दर्ज करवाया। उन्होंने इसकी तुलना वाइमर संविधान में वर्णित उन प्रावधानों से की, जिनका फ़ायदा उठाकर हिटलर ने जर्मनी में नाज़ी तानाशाही कायम कर ली थी।[73] सभा के एक अन्य सम्मानित सदस्य, समाजवादी अर्थशास्त्री के.टी. शाह ने भी प्रारूप संविधान में राज्य को असीमित कार्यकारी शक्तियों से लैस किये जाने को भारी भूल बताया। उनकी नज़र में युद्ध की आशंका-भर होना और आन्तरिक अशान्ति नाकाफ़ी वजहें थीं आपातकाल जैसी बड़ी घोषणा के लिए। यह ब्रितानिया सरकार द्वारा 1942

में जारी उन अध्यादेशों से ज़रा भी भिन्न नहीं था, जिन्होंने अशान्ति की आशंका को भी आपराधिक कृत्य घोषित कर दिया था। उन्होंने तेज़ाबी शब्दों में कहा कि अगर यह नवीन गठित हुआ राज्य "अपने उदारवादी नज़रिये, सहिष्णुता, नागरिक को मिली विचार और अभिव्यक्ति की आज़ादी जैसे मसलों पर पिछली सरकार से अलग नहीं पहचाना जाएगा" तो इसमें और उनमें फ़र्क़ 'शासकों की चमड़ी के रंग' भर का रह जाएगा। लेकिन कोई तर्क कारगर नहीं साबित हुआ। सभा में इन आपातकालीन शक्तियों को लेकर भारी समर्थन था और अन्ततः प्रावधान को स्वीकार कर लिया गया।

दो अन्य अनुच्छेदों (अनुच्छेद 279 और अनुच्छेद 280) ने भी आशंकाओं को हवा दी।[74] इनमें पहला स्वतंत्रता के उन सभी अधिकारों को निरस्त करता था जो आपातकाल के दौरान और उसके छह महीने बाद तक राज्य द्वारा की जानेवाली किसी भी कार्रवाई को बाधित करे और राष्ट्रपति को संवैधानिक उपचारों के अधिकार—जिसमें बन्दी प्रत्यक्षीकरण अधिकार भी शामिल था, को स्थगित करने का अधिकार देता था। इन अनुच्छेदों को संविधान सभा में भारी विरोध का सामना करना पड़ा। एक सदस्य ने याद दिलाया कि बन्दी प्रत्यक्षीकरण ऐसा अधिकार है जिसे विश्वयुद्ध के दौरान राष्ट्रवादी कार्यकर्ताओं पर अभियोग चलाते हुए ब्रिटिश सरकार तक ने कभी निलम्बित नहीं किया। कामथ ने अमेरिकी संविधान का हवाला दिया, जिसके अनुसार अधिकारों को रद्द करने जैसी परिस्थितियाँ हैं या नहीं, इस पर फ़ैसले का अधिकार सर्वोच्च न्यायालय के पास सुरक्षित है। यहाँ आलोचकों का जवाबी तर्कों में अमेरिकी और ब्रिटिश संविधान का हवाला देना इस बात को साबित करता है कि उन्हें अपनी इस रचना के ऐतिहासिक महत्त्व का बख़ूबी अन्दाज़ा था। वे जानते थे कि इस दस्तावेज़ को आनेवाले भविष्य में तमाम हिन्दुस्तानियों की ज़िन्दगी का दीपक बनना है। इसलिए ज़रूरी है कि इसमें तमाम दूसरे मुल्कों से सीखे सबक़ शामिल हों। विरोध इतना तगड़ा था कि अनुच्छेदों का मसौदा दोबारा तैयार करना पड़ा। संवैधानिक उपचारों के अधिकार का निलम्बन तो मसौदे से निकल गया, लेकिन अधिकारों को लागू करवाने के लिए अदालत की शरण लेने के अधिकार का निलम्बन उसमें फिर भी शामिल रहा।[75] जब बहस दोबारा शुरू हुई, एक सदस्य यह कहकर संशोधित प्रावधानों का समर्थन करने को उठ खड़े हुए कि अमेरिकी गृहयुद्ध के दौरान राष्ट्रपति अब्राहम लिंकन ने भी तो बन्दी प्रत्यक्षीकरण अधिकार को निलम्बित कर दिया था। यहाँ आंबेडकर भी अमेरिकी मिसाल देते हुए बोले कि अगर अमेरिकी कांग्रेस को बन्दी प्रत्यक्षीकरण निलम्बित करने का अधिकार हासिल है तो फिर युद्धकालीन परिस्थितियों में भारत के राष्ट्रपति—जो सशस्त्र सेनाओं का सेनाध्यक्ष भी होता है—को भी यह अधिकार होना ही चाहिए। "मेरे दोस्त असहमति में अपना सर हिला रहे हैं। पर अगर वे मानक के बतौर

कॉर्विन की पुस्तक 'दि प्रेसिडेंट' देखें, तो साफ़ हो जाएगा कि वहाँ यही होता है।" उनके इस तर्क ने सबको निरुत्तर कर दिया।

क़ानूनों में अपवाद शामिल कर राज्य को और बलिष्ठ बनाने की यह परियोजना यहीं नहीं रुकी। 26 जनवरी, 1950 की तारीख़ को गणतंत्र की स्थापना के एक ही महीने बाद अस्थायी संसद ने 'निवारक नज़रबन्दी क़ानून' पारित कर दिया।[76] आपातकालीन प्रावधानों की तरह यह क़ानून भी इन्दिरा की सत्ता के दौर में 'आन्तरिक सुरक्षा व्यवस्था अधिनियम' (मीसा) का भेस धरकर वापस आया। कांग्रेस निवारक नज़रबन्दी जैसे क़ानून के औपनिवेशिक इतिहास से बख़ूबी परिचित थी। उसने इसका दंश भुगता भी था और ब्रितानिया सरकार के दौर में कसकर इसका विरोध भी किया था। पर यह क़ानून भारत के संविधान में पुन: अवतरित हुआ। इस अवतरण की तात्कालिक वजह कथित साम्यवादी विप्लव की आशंकाओं में पढ़ी जा सकती थी। 1948 में भारतीय कम्युनिस्ट पार्टी (सीपीआई) ने 'ये आज़ादी झूठी है' का नारा दिया था। दरअसल यह अमेरिका के साथ शीतयुद्ध की भिड़न्तों में उलझे सोवियत संघ द्वारा लगवाया गया नारा था। पर कांग्रेस के साथ कम्युनिस्ट पार्टी की टकराहट की यही अकेली वजह नहीं थी। दोनों पार्टियों की आज़ादी की परिकल्पना में भी बहुत फ़र्क़ था।[77] इस टकराहट की शुरुआत 1942 में ही हो गई थी, जब नाज़ी जर्मनी के सोवियत संघ पर हमला करने के चलते कम्युनिस्ट पार्टी ने विश्वयुद्ध में मित्र देशों का साथ देना चुना, और उनका यह चुनाव उन्हें 'भारत छोड़ो आन्दोलन' में अंग्रेज़ी हुकूमत से सीधे भिड़ रही कांग्रेस से टकराव में ले आया। राष्ट्रवादी नेताओं ने कांग्रेस से कम्युनिस्टों को निकाल बाहर किया। समाजवादियों ने भी साम्यवादियों से अलग रास्ता चुन लिया। जेपी ने साम्यवादियों को 'रूसी देशभक्त' होने का ताना दिया, और उन पर "संकट की घड़ी में मुल्क को धोखा देने, उसकी पीठ में छुरा घोंपने" का इल्ज़ाम लगाया।[78] आगे जब कांग्रेस समाजवादी नीतियों को अपनाने में असफल रही, तब समाजवादी कांग्रेस से भी अलग हो गए। लेकिन इतिहास की उस निर्णायक घड़ी में समाजवादी जत्था विश्वयुद्ध के बाद की अफ़रातफ़री में साम्यवादियों के नेतृत्व में होती मज़दूर हड़तालों, किसान आन्दोलनों को कुचल देने के राष्ट्रवादी नेतृत्व के संकल्प के साथ खड़ा था। साम्राज्यवादी दौर के क़ानूनों का सहारा लेते हुए पश्चिम बंगाल सरकार ने 1948 में सीपीआई को ग़ैर-क़ानूनी घोषित कर दिया और उसके सैकड़ों कार्यकर्ताओं को जेल की कालकोठरियों में पटक दिया। लेकिन कम्युनिस्टों का उभार जारी रहा। वे शहरों और गाँवों में धधक रहे असन्तोष को संगठित कर राज्य सत्ता के विरुद्ध विद्रोह की ज्वाला को हवा देते रहे।[79] तभी पटेल ने, हालाँकि इसमें नेहरू की सहमति भी शामिल थी, कम्युनिस्टों के ख़िलाफ़ राज्य मशीनरी की पूरी ताक़त झोंक देने का मन बनाया।

पटेल के अनुसार यूँ तो सामान्य क़ानून भी साम्यवादी उभार को नियंत्रित करने

में कामयाब होते। लेकिन उन्होंने मोतीलाल नेहरू के इस कथन को उद्धृत किया और कहा, "'जब इनसान सिर्फ़ इनसान न हो और क़ानून सिर्फ़ क़ानून नहीं' हम आपातकालीन एवं असाधारण क़ानून लागू करने को बाध्य होते हैं।"[80] देश का गृहमंत्री और उप-प्रधानमंत्री होने के नाते यह पटेल की ज़िम्मेदारी बनती थी कि वो इस क़ानून को सदन के पटल पर रखें। और यह उचित भी था कि निवारक नज़रबन्दी जैसे क़ानून को पारित करवाने में उस इनसान ने अपना बल लगाया, जिसे 'भारत के लौहपुरुष' के तौर पर जाना जाता था। उनकी प्रभुत्वशाली उपस्थिति पर अमेरिकी पत्रकार टॉलबोट ने लिखा—

> रूखे से दिखते सरदार पटेल के व्यक्तित्व में एक ग़ज़ब की मज़बूती थी। उनका चौरस चेहरा देखो, उसपे भारी-भरकम आँखें और चमकीले होंठ। उनका गठीला बदन देखो। उनके रोम-रोम से जैसे दृढ़ता टपक रही हो... उनका धीमे से बोला गया एक वाक्य भी पूरी कांग्रेस पार्टी के लिए किसी आदेश सरीख़ा होता है...वो कोई दिलेर कांग्रेसी ही होगा जो पटेल का ग़ुस्सा मोल लेना चाहेगा।[81]

फिर भी एक सदस्य हिम्मत दिखाते हुए उठा और बोला कि वो दिल पर पत्थर रखकर इन 'काले क़ानूनों' का समर्थन कर रहा है, सिर्फ़ इसलिए क्योंकि इन्हें ख़ुद नेहरू और पटेल ने अपना समर्थन दिया है।[82] पटेल ये सुनकर भी नहीं पसीजे और जवाब में बोले कि "मैं इसे हल्की-फुल्की टिप्पणी से ज़्यादा महत्त्व नहीं देता।" हालाँकि उन्होंने कहा कि मैं भी इन क़ानूनों को अपने दिल पर पत्थर रखकर आगे बढ़ा रहा हूँ, "पर जब किसी इनसान पर लाखों लोगों के स्वतंत्रता के अधिकार की रक्षा और क़ानून व्यवस्था चाक-चौबन्द रखने की महती ज़िम्मेदारी हो...तो उस इनसान को विष भी पीना ही पड़ता है।"[83] इसके आगे अस्थायी संसद में उनकी बात काटनेवाला कोई न था। कुछ सदस्यों ने क़ानून के चन्द प्रावधानों पर सवाल उठाने की और इक्का-दुक्का जगह संशोधन सुझाने की कोशिश की, लेकिन पटेल के दमदार प्रतिकारों के आगे उनकी एक न चली। सिर्फ़ एक दिन की बहस के साथ विधेयक सदन में पारित हो गया। हालाँकि इस विधेयक की वैधता 1 अप्रैल, 1951 तक ही थी, पर यह समयसीमा अप्रैल फूल का चुटकुला साबित हुई। निवारक नज़रबन्दी क़ानून का निरन्तर संशोधन और नवीनीकरण होता रहा और यह सिलसिला 1969 तक चला। इसके बाद 1971 में इसी क़ानून का ख़ौफ़नाक 'मीसा' के रूप में पुनरावतार होता है। इस क़ानून का सबसे विवादास्पद पहलू था कि यह अदालत से नज़रबन्दी के पीछे के तथ्यात्मक आधार एवं आदेश की वैधता की जाँच का अधिकार भी छीन लेता था।[84]

## लोकतंत्र, राज्य शक्ति और सामाजिक बदलाव में सन्तुलन की तलाश

आज़ादी के साथ आए बँटवारे ने जिस तरह इलाक़ों को, ज़िन्दगियों को छलनी कर रख दिया था उससे बड़ी आबादी संत्रास में थी। इन्हीं में एक नाम उर्दू के बेजोड़ अफ़सानानिगार सआदत हसन मंटो का भी था। उनके जानेमन शहर बम्बई में 'पाकिस्तान ज़िन्दाबाद' और 'हिन्दुस्तान ज़िन्दाबाद' के नारे लग रहे थे। पर क्या मतलब ऐसे नारों का, जब उनका इस्तेमाल साम्प्रदायिकता की आग भड़काने के लिए किया जा रहा हो? जैसा इस्मत चुग़ताई लिखती हैं, "आज़ादी की घड़ी में धर्म के नाम पर हिंसा ऐसे घुल-मिल गई थी कि दोनों को एक-दूसरे से अलगाकर देख पाना मुश्किल हुआ जा रहा था।"[85] मंटो के लिए यह फ़ैसला करना मुश्किल था कि नारों में उछाले जाते मुल्क के इन दो नामों में से उनका मुल्क कौन-सा है—हिन्दुस्तान या पाकिस्तान। अन्ततः जनवरी, 1948 में उन्हें भी अपना माल-असबाब समेट पाकिस्तान का रुख़ करना पड़ा। तल्ख़ लहजे में उन्होंने पूछा, "जब ग़ुलाम थे तो आज़ादी का तसव्वुर कर सकते थे, अब आज़ाद हुए हैं तो ग़ुलामी का तसव्वुर क्या होगा। लेकिन सवाल यह है कि हम आज़ाद हुए भी हैं या नहीं।"[86] वो ऐसी आज़ादी पर सवाल उठा रहे थे जो लाखों लोगों को अपनी ज़मीन से उजाड़कर, लाखों ज़िन्दगियों की क़ुर्बानी देकर ख़रीदी गई हो। जिसके माथे बर्बर साम्प्रदायिक पागलपन सवार हो, ऐसी आज़ादी क्या सच में ग़ुलामी की ज़ंजीरों को तोड़नेवाली साबित होगी?

मंटो के ये तल्ख़ लफ़्ज़ आज़ादी और बँटवारे के चार ही साल बाद के हैं। इधर 1950 के समय भारतीय नेता स्वतंत्रता के अपने मानी गढ़ रहे थे। उन्होंने एक ऐसे राज्य की नींव रखी जो स्वतंत्रता का पहरुआ था और सामाजिक बदलाव लानेवाला था, और इन बदलावों को सुनिश्चित करने के लिए उसे अभूतपूर्व शक्ति प्रदान की गई थी। नहीं, शक्तिशाली राज्य की स्थापना के पीछे वजह ये नहीं थी कि हमारे राष्ट्रीय नेता स्वभाव से एकाधिकारवादी थे। बल्कि इसका उलटा ज़्यादा सच था कि लम्बे साम्राज्यवाद विरोधी आन्दोलन ने उन्हें मानवाधिकारों का मज़बूत समर्थक बना दिया था। इस प्रतिबद्धता के चलते ही उन्होंने भारतीय नागरिक को मौलिक अधिकारों से लैस किया। पर जिस साम्प्रदायिक हिंसा और बर्बरता ने मंटो को आज़ादी के मायनों पर सवाल उठाने के लिए मजबूर किया, उसी ने राष्ट्रवादी एलीट को एक पुष्ट राज्य के गठन का तर्क उपलब्ध करवाया। नेतागण फ़िक्रमन्द थे कि ये नया आज़ाद हुआ मुल्क लोकतंत्र को कैसे सँभालेगा। 25 नवम्बर, 1949 को संविधान सभा में दिये अपने विस्तृत भाषण में बाबासाहब आंबेडकर ने आज़ाद भारत में लोकतंत्र के प्रभावों को लेकर अपने ख़यालात विस्तार से साझा किये।

लोकतंत्र विविध पंथ-सम्प्रदायों और सिद्धान्तों को अभिव्यक्ति का अधिकार देता है। लेकिन इसके चलते अगर लोग जनहित को अनदेखा कर अपनी संकीर्ण सोच को आगे बढ़ाने लगे तो? आख़िर ऐसा पहले भी तो हो चुका है। आंबेडकर ने यहाँ हिन्दू राष्ट्रवादी आख्यान में प्रचलित उदाहरण से काम चलाया। उन्होंने याद दिलाया कि बाहरी आक्रमणकारी मोहम्मद बिन कासिम के सिंध पर हमले के समय कैसे स्थानीय सैन्य सरदारों ने उसकी सहायता कर मुल्क से गद्दारी की थी। "क्या इतिहास ख़ुद को दोहराएगा? बस यही एक ख़याल मुझे फ़िक्र से भर देता है।"[87]

आंबेडकर की नज़र में भारत अभी पूरी तरह एक राष्ट्र नहीं बना था, और यही उनकी फ़िक्र के पीछे की असली वजह थी। मंटो ने धार्मिक आधार पर निर्मित राष्ट्र पर सवाल उठाया था तो आंबेडकर की नज़र में जाति भारत राष्ट्र की एकता में सबसे बड़ी बाधा थी : "हज़ारों जातियों में बँटे लोगों से बना मुल्क आख़िर कैसे एक राष्ट्र हो सकता है?" भारत को ज़रूरत है आमूलचूल सामाजिक बदलाव की, ऐसा बदलाव जो ग़ैर-बराबरी को ख़त्म करनेवाला हो। आंबेडकर के इसी भाषण की नीचे उद्धृत बहुचर्चित पंक्तियों में उनका यह यक़ीन उभरकर सामने आता है।

> इस 26 जनवरी, 1950 को हम विरोधाभासों से भरे दौर में प्रवेश करने जा रहे हैं। हम राजनीति में समता स्थापित करेंगे लेकिन जीवन के सामाजिक और आर्थिक पक्ष में असमानता बनी रहेगी। राजनीति में हम 'एक व्यक्ति, एक वोट' और 'एक वोट, एक भार' के सिद्धान्त को अपनाएँगे। लेकिन जीवन के सामाजिक एवं आर्थिक पक्ष में हमारी सामाजिक, आर्थिक संरचनाओं की वजह से हम 'एक व्यक्ति, एक महत्त्व' के सिद्धान्त को नकारते रहेंगे। आख़िर कब तक हम ऐसे विरोधाभासों में ज़िन्दा रहेंगे?

समानता और बन्धुत्व के बिना आज़ादी बेमतलब है, यह आंबेडकर के लिए कोई अचानक आया नया विचार नहीं था। हिन्दू धर्म के भीतर सदियों से घर करके बैठी जाति व्यवस्था के चलते भारतीय समाज में गहरी सामाजिक, आर्थिक असमानता उत्पन्न हो गई थी और आंबेडकर इसके ख़िलाफ़ सालों से संघर्षरत थे।[88] जातिभेद की इसी मज़बूत जकड़बन्दी के चलते भारतीय समाज में भीतर से स्वतःस्फूर्त सुधार का होना असम्भव-सा सपना दिखता था। ऐसे में इन नितान्त ग़ैर-बराबर सामाजिक सम्बन्धों में राजनीति और राजनीतिक संस्थाओं को हथियार की तरह इस्तेमाल करते हुए बदलाव लाना ही एकमात्र उपाय नज़र आता था। तीस के दशक में दलितों के लिए पृथक निर्वाचन क्षेत्रों की माँग को लेकर आंबेडकर और गांधी के मध्य हुई चर्चित तकरार के पीछे भी यही वजह काम कर रही थी। इसी प्रेरणा के चलते उन्होंने संविधान में छुआछूत को अपराध घोषित किया, हर

जाति के इनसान को बराबरी का दर्जा दिया और शिक्षा एवं रोज़गार के क्षेत्र में अनुसूचित जाति एवं जनजाति के सदस्यों को विशेष मौक़े उपलब्ध करवाने की व्यवस्था की। इन तमाम प्रावधानों के ज़रिये कोशिश थी सामाजिक एवं आर्थिक क्षेत्र में समता और बन्धुत्व के लक्ष्य को हासिल करना। लेकिन इसका ये मतलब भी था कि "हमें सामाजिक बदलाव के ख़ूँरेजी रास्तों को छोड़ना ही होगा। इसका ये मतलब भी है कि हमें सिविल नाफ़रमानी, असहयोग और सत्याग्रह जैसे विरोध के तरीक़ों को भी त्याग देना होगा।" समता, समानता और बन्धुत्व आएँगे, लेकिन संवैधानिक रास्तों से।

यहीं छिपी थी मज़बूत राज्य की स्थापना की एक और वजह। ऐसी वजह, जो राष्ट्र की स्वतंत्रता को बचाए रखने के लिए इसे एक आवश्यक बुराई के बतौर स्वीकार करने से भिन्न तर्क सामने रख रही थी। इस 'राष्ट्रद्रोही' जाति व्यवस्था द्वारा पैदा किये ख़तरों से मुल्क को बचा क़ानूनी एवं शान्तिपूर्ण तरीक़ों से सामाजिक बदलाव की राह प्रशस्त करना भी तो राज्य की ही ज़िम्मेदारी थी। संविधान निर्माताओं ने स्वीकार किया कि जातिगत भेदभाव मिटाने और दलितों पर अत्याचार ख़त्म हो यह सुनिश्चित करनेवाले प्रावधान संविधान में होना ज़रूरी है। इसी को ध्यान में रखते हुए संविधान में वर्णित नीति निर्देशक तत्त्वों में समाज कल्याण, सामाजिक न्याय और आर्थिक समता की राह दिखानेवाले प्रावधानों को विस्तार से जगह दी गई। आइरिश संविधान से प्रभावित हमारे संविधान का यह हिस्सा समाज कल्याण और नागरिक अधिकारों सम्बन्धी नीतियों का एक व्यापक ख़ाका सामने रखता है, जो भविष्य में राज्य द्वारा विधि निर्माण में दिशानिर्देश की तरह काम करेगा। इन नीति निर्देशक तत्त्वों में समता का अधिकार, जीवन, रोज़गार एवं शिक्षा का अधिकार, न्यूनतम वेतन, समान नागरिक संहिता, अनुसूचित जाति और अनुसूचित जनजाति के सदस्यों की शोषण से मुक्ति एवं उनके कल्याण के लिए राज्य द्वारा नीतियाँ बनाने का अधिकार जैसे प्रावधान शामिल थे। पर एक फ़र्क़ था। मौलिक अधिकारों की तरह यह नीति निर्देशक तत्त्व क़ानूनी रूप से बाध्यकारी नहीं थे। इस मुद्दे पर और नीति निर्देशक तत्त्वों के अलहदा हिस्सों पर वाद-विवाद भी ख़ूब हुआ जहाँ 'हम भारत के लोग', जिनके नाम पर संविधान की रचना की जा रही थी, की पहचान को लेकर मुख़्तलिफ़ ख़याल ज़ेर-ए-बहस थे।[89]

क़ानूनी रूप से बाध्यकारी नहीं होने के बावजूद भी नीति निर्देशक तत्त्वों का संविधान में समावेश एक मज़बूत राज्य की स्थापना की दिशा में उठाया गया क़दम था, जो भारत को अपने पिछड़े अतीत से निकालकर एक आधुनिक भविष्य की ओर अग्रसर करता था। इसके पीछे यह विश्वास भी छिपा था कि यह क्रान्तिकारी राजनीतिक परिवर्तन आगे जाकर ज़रूर सामाजिक बदलाव का पहरुआ बनेगा, और इस विश्वास की जड़ें बीसवीं सदी में हुए भारतीय राजनीतिक विचारकों के चिन्तन

में छिपी थीं।[90] इसी विश्वास के चलते भारतीय संविधान निर्माताओं ने एक मज़बूत राज्य की स्थापना का विकल्प चुना। राजनीतिक सिद्धान्तकार उदय मेहता की मानें तो यह अमेरिकी मिसाल से उलट और फ्रांसीसी राज्य क्रान्ति द्वारा नियत तरीक़े के ज़्यादा अनुकूल था।[91] राजनीतिक ताक़त का दायरा निर्धारित करने को लेकर इन दोनों क्रान्तियों के मध्य यह प्रासंगिक अन्तर मूलत: हैन्ना ऐरेंट द्वारा रेखांकित किया गया है। अमेरिकी क्रान्ति के बाद राजनीतिक शक्ति का दायरा यह मानते हुए सीमित किया गया कि राजनीतिक सत्ता निरंकुश और भ्रष्ट होती है। इसीलिए दासप्रथा और अमेरिका के मूल निवासियों की स्थिति से जुड़े सामाजिक दायरे के सवाल उनके संवैधानिक विमर्श का हिस्सा नहीं बने। इसके विपरीत फ्रांसीसी राज्य क्रान्ति ने राजनीतिक सत्ता को सामाजिक दायरे में हस्तक्षेप कर ग़ैर-बराबरी और ग़रीबी दूर करने की ताक़त प्रदान की। मेहता लिखते हैं कि भारत ने फ्रांसीसी मॉडल का अनुसरण किया जिसमें राजनीतिक स्वतंत्रता अपने साथ राष्ट्रीय एकता, आर्थिक विकास और सामाजिक बदलाव का वादा लेकर आती है। साम्राज्यवादी पराधीनता से मुक्ति के बाद भारतीय नेताओं के लिए आज़ादी स्वयं में एकता, सामाजिक उत्थान और अन्तरराष्ट्रीय पहचान हासिल करने का एक ज़रिया बनकर रह गई थी। इसी के चलते उन्होंने एक ऐसे संविधान की रचना की जो सामाजिक बदलाव और आर्थिक प्रगति के महत्त्वाकांक्षी लक्ष्यों को पूरा करने में सक्षम एक आधुनिक राष्ट्र-राज्य की स्थापना करता था।

यह सर्व शक्तिशाली राजनीति और राज्य संस्था का विचार न्यायिक दख़लअन्दाज़ी तक से परे था। और इसी उद्देश्य की पूर्ति के लिए हमारे विधि निर्माताओं ने विश्व का सबसे विशालकाय संविधान रचा। इस संविधान में मौलिक अधिकारों का पाठ तो शामिल था, लेकिन साथ ही विस्तार से यह भी बताया गया था कि कैसे मौक़ा आने पर राज्य इन अधिकारों पर पाबन्दी लगा सकता है। इस बाबत निर्णय का अधिकार व्यवस्थापिका या न्यायालय के अधीन नहीं छोड़ा गया था। आंबेडकर ने इसे 'संवैधानिक सदाचार' के खाते में डालकर न्यायसंगत ठहराया।[92] इसके मूल में ऐसा उदारवादी विचार था, जो विविध विचारों और बहुलतावादी रुझानों को बराबरी के साथ अभिव्यक्ति की जगह प्रदान करनेवाली लोकतांत्रिक शासन प्रणाली का ढाँचा खड़ा करना चाहता था। लोकतंत्र में तमाम बहुरंगी आवाज़ों को सुना जाए, सभी मुख़्तलिफ़ अभिव्यक्तियों को जगह मिले इसे लेकर आग्रह इतना गहरा था कि इसने किसी भी क़िस्म की वास्तविक समता हासिल करने की कोशिशों को भी पार्श्व में ढकेल दिया। इस संवैधानिक सदाचार का अर्थ था, "व्यक्तिगत हित के साथ पारस्परिक सौहार्द, बौद्धिकता के साथ लोकतांत्रिक समझ, दृढ़ विश्वास के साथ ग़लती करने की गुंजाइश, सोच-समझकर काम करने के साथ निर्णयप्रियता, महत्त्वाकांक्षा के साथ संस्थाओं के प्रति वफ़ादारी और भविष्य को उम्मीद भरी

नज़रों से देखते हुए भी अतीत के महत्त्व को न भुलाने की परस्पर विरोधी प्रवृत्तियों में आपसी तालमेल बिठाने की क्षमता का होना।"[93]

पर इन उदारवादी लोकतांत्रिक सिद्धान्तों की भारत में स्थापना अपने आप में बड़ी चुनौती थी। आंबेडकर का मत था कि भारत में संवैधानिक आदर्शों के पालन की परम्परा मौजूद नहीं रही है। "भारत में लोकतंत्र का पौधा ऊपर से आरोपित है, इसकी जड़ें समाज के भीतर से नहीं फूटी हैं। भारतीय समाज मूलत: अलोकतांत्रिक समाज है।"[94] इसका ऊँच-नीच की अनगिनत पायदानों में बँटा ढाँचा संवैधानिक सदाचार का उद्गम स्रोत नहीं बन सकता। यह ज़िम्मेदारी व्यवस्थापिका पर भी नहीं छोड़ी जा सकती कि वह शासन में इन संवैधानिक आदर्शों की स्थापना करे, क्योंकि वह लोकप्रिय बहुमत का सहारा लेते हुए प्रकृति से ग़ैर-लोकतांत्रिक क़ानूनों को लागू कर सकती है। इसलिए इन संवैधानिक आदर्शों को ख़ुद संविधान में ही लिख दिया जाना ज़रूरी है। अगर इसके चलते 1935 के साम्राज्यवादी 'भारत शासन अधिनियम' से बहुत उधारी लेने की ज़रूरत पड़ती है, तो पड़े। साफ़ है कि आंबेडकर की कल्पना में एक ऐसी सशक्त राज्य संस्था आकार ले रही थी, जो किसी मँजे हुए उस्ताद की तरह अपने देशवासियों को संवैधानिक नैतिकता की शिक्षा दे। उन्हें विरासत में मिली ग़ैर-बराबरियों से आज़ाद करे और सामाजिक बदलाव की अलख़ जगाए।

पर इसका नतीजा ये निकला कि संविधान दो भिन्न आवाज़ों में बोलने लगा। इसमें पहला स्वर था सम्प्रभु जनता का, और दूसरी आवाज़ थी किसी प्रशासक की।[95] पहला सम्प्रभु जनता का स्वर संविधान को सामाजिक बदलाव का हरावल दस्ता बनाने की तमन्ना रखता था। यहीं से मौलिक अधिकार और नीति निर्देशक तत्त्व निकले। पर दूसरी प्रशासक की आवाज़ में औपनिवेशिक अनुगूँजें सुनाई देती थीं। यह "भाषा व्यग्रता से भरी थी। व्यग्रता, जो उपजी थी उन आसन्न ख़तरों और अनदेखी आशंकाओं से जिनका सामना साम्राज्य को इस विशालकाय अजूबा आबादी पर शासन चलाने के दौरान करना था।"[96] निस्सन्देह आज़ाद भारत का प्रशासक कोई साम्राज्यवादी नहीं था। औपनिवेशिक शासन का ख़ात्मा होने और वयस्क मताधिकार के लागू होने के साथ ही पुरानी शासकीय निरंकुशता से छुटकारा मिल चुका था। लेकिन संवैधानिक उपचारों के रास्ते सामाजिक बदलाव की दिशा में आगे बढ़ने के लिए ताक़तवर प्रशासक का होना भी ज़रूरी था। ऐसा प्रशासक जो विरोध प्रदर्शन और आन्दोलनों को 'क़ानून और व्यवस्था' के मसले मानकर उसी खाते में डाले और इस तरह उन्हें संवैधानिक दायरों के भीतर रखना सुनिश्चित करे। इन्हीं उद्देश्यों को हासिल करने के लिए मौलिक अधिकारों को सीमित करने का प्रावधान किया गया, तय प्रक्रियाओं को धता बताने के लिए चोर दरवाज़े छोड़े गए और आपातकालीन प्रावधानों की व्यवस्था की गई। जब यह दोनों स्वर

मिलते थे तो संवैधानिक अधिकारों पर आधारित लोकतंत्र और सामाजिक बदलाव, विधि व्यवस्था की सुचारु व्यवस्था करनेवाली प्रशासक राज्य संस्था की बेहतरीन जुगलबन्दी रची जाती थी।

जुगलबन्दी का यह नाज़ुक सन्तुलन सुरीला बना रहा, पर 1975 में आकर सब बिखर गया। राज्य की कथित 'आन्तरिक अशान्ति' से रक्षा करने एवं प्रगतिशील सामाजिक बदलाव सुनिश्चित करने की घोषणा के साथ इन्दिरा गांधी ने संवैधानिक अधिकारों को निलम्बित कर दिया। आपातकालीन प्रावधान अमल में लाए गए और निवारक नज़रबन्दी क़ानून 'मीसा' के तहत उनके विरोधियों को ठिकाने लगाया जाने लगा। प्रबीर पुरकायस्थ को जेएनयू कैम्पस से उठा लिया गया और सीधा जेल में ठूँस दिया गया। पर यह सब अचानक नहीं हुआ था। संविधान के इस नाज़ुक सन्तुलन का धागा टूटने के पीछे लम्बा इतिहास मौजूद था।

3

# सड़कों पर उन्माद

भारत के संविधान का निर्माण करते हुए उसके निर्माताओं ने मान लिया था कि वयस्क मताधिकार, मौलिक अधिकार एवं नीति निर्देशक तत्त्वों में वर्णित सामाजिक बदलाव के दिशानिर्देश राजनीति को अब सड़क के आन्दोलनों से खींचकर वापस सांस्थानिक दायरों में ले आएँगे। पर उनकी उम्मीदें पूरी नहीं हुईं। जयप्रकाश नारायण के नेतृत्व में 1974-75 का आन्दोलन संवैधानिक दायरों से परे, काफ़ी हद तक उनके विरुद्ध परवान चढ़ा। इस आन्दोलन ने जो संकट पैदा किया, इन्दिरा ने उसका समाधान आपातकाल लगाकर खोजा। लेकिन सड़कों पर यह उन्माद अचानक नहीं फूटा था। असन्तोष की चिंगारी साठ के दशक के मध्य से ही धधकने लगी थी। बेचैनी की यह ज्वाला भारत तक सीमित नहीं थी। फ्रांस से लेकर चीन तक, अमेरिका से लेकर चिली तक सड़कों पर रह-रहकर विद्रोह की अग्नि धधक रही थी। मुख़्तलिफ़ विचारधाराएँ, भिन्न परिस्थितियाँ होते हुए भी हर जगह छात्र युवा ही इस वैश्विक क्रान्ति का हरावल दस्ता बने हुए थे। भारत भी इस ग्लोबल सिक्सटीस में घटित होती वैश्विक परिघटना से अछूता न रह सका।

बंगाल में साठ के दशक की इसी युवा छात्र राजनीति में प्रबीर पुरकायस्थ का राजनीतिक बपतिस्मा हुआ था। इंजीनियरिंग कॉलेज में पढ़ते हुए जब 1969 में प्रबीर एसएफ़आई से जुड़े थे तो फ़िज़ाओं में वियतनाम युद्ध विरोधी आन्दोलन और साम्यवादी विचारों की महक तारी थी। बाद में इंजीनियरिंग में मास्टर्स करने के दौरान इलाहाबाद में बिताए दिनों ने भी उसका मार्क्सवादी छात्र राजनीति में विश्वास और गहरा किया। लेकिन 1974 आते-आते छात्र राजनीति की चौखट पर सर्वहारा क्रान्ति नहीं, जेपी द्वारा शुरू की गई 'सम्पूर्ण क्रान्ति' की पदचाप दस्तक दे रही थी। इस गांधियन सोशलिस्ट के समर्थन में एसएफ़आई भी कूद पड़ी थी। जेपी इन्दिरा गांधी हुकूमत की कारगुज़ारियों की तीखी आलोचना प्रस्तुत कर रहे थे। दक्षिणपंथी पार्टियों की आन्दोलन में दख़ल ने कुछ शंकाएँ तो पैदा कीं, लेकिन सत्तारूढ़ दल के

ख़िलाफ़ बन रहा माहौल इतना तगड़ा था कि समर्थन जुटता चला गया। एसएफ़आई को यह तथ्य भी रोक नहीं पाया कि जेएनयू में उसका सबसे प्रखर प्रतिद्वंद्वी ख़ुद एक समाजवादी था जो जेपी के आन्दोलन में तन-मन-धन से शामिल था। जेपी के नेतृत्व में खड़े हो रहे इस लोकप्रिय जनान्दोलन के समर्थन में सबसे बड़ा तर्क यही था कि यह इन्दिरा सरकार की काट प्रस्तुत कर रहा था। और ग़ैर-कांग्रेसवाद तो हमेशा से एसएफ़आई की, और उससे पहले उसकी मातृ-पार्टी सीपीएम की रगों में बहता रहा था। पश्चिम बंगाल में सिलसिलेवार आई पिछली कई कांग्रेस सरकारों ने जो ज़ुल्म सीपीएम के कार्यकर्ताओं पर ढहाए थे, उन्होंने भी इस ग़ैर-कांग्रेसवाद की सोच में इज़ाफ़ा ही किया था। ऐसे में बिहार में उभरा छात्र आन्दोलन, जो आगे जाकर जेपी के चमत्कारी नेतृत्व में इन्दिरा सरकार के लिए सीधी चुनौती बन गया, सीपीएम के छात्र कार्यकर्ताओं के लिए किसी नेमत की तरह आया।

यह कोई पहली बार नहीं था कि छात्र राजनीति भारत में राजनीतिक आन्दोलन की दिशा तय कर रही थी। ख़ुद कांग्रेस ने साम्राज्यवादी ताक़तों से लड़ाई के दौरान इस भड़कती आग में घी डालने का काम कई बार किया। गांधी की अगुआई में चला 1920-22 का असहयोग आन्दोलन इसका उदाहरण है, जब स्कूलों और कॉलेजों में पढ़नेवाले हिन्दुस्तानी छात्रों का आह्वान किया गया था कि वे शिक्षा संस्थानों की पढ़ाई को ठोकर मार ब्रितानिया सल्तनत के ख़िलाफ़ चल रहे आन्दोलन में निज आहुति दें। क़ानून तोड़ना और मौक़ा आने पर गिरफ़्तारी देना आन्दोलन का जायज़ हिस्सा थे, क्योंकि औपनिवेशिक शासन जबरिया हम पर थोपा गया था इसलिए अवैध था। लेकिन ये तब था। जब आज़ादी के बाद राष्ट्र की अपनी सरकार का गठन हुआ, इन सब मुद्दों को लेकर कांग्रेस का नज़रिया भी पूरी तरह बदल गया।

12 अगस्त, 1955 को बिहार की राजधानी पटना में स्थित बी.एन. कॉलेज के सामने छात्रों का हुजूम इकट्ठा हो गया। वे उन छात्रों के समर्थन में नारे लगा रहे थे जिनकी कुछ वक़्त पहले राज्य की परिवहन सेवा के कर्मचारियों से सीधी भिड़न्त हुई थी। देखते ही देखते पुलिस के साथ टकराव ने उग्र रूप ले लिया और पुलिस ने छात्रों पर गोलियाँ चला दीं, जिसमें दो छात्रों की मौत हो गई और कई अन्य घायल हो गए। अगले दिन राजधानी में छह और छात्र मारे गए और बहुत सारे छात्रों का नाम घायलों की सूची में दर्ज था। प्रतिरोध की यह चिंगारी बिहार के दूसरे हिस्सों में भी फैल गई। आगामी 15 अगस्त को स्वतंत्रता दिवस के अवसर पर ग़ुस्साए प्रदर्शनकारियों ने राष्ट्रीय ध्वज को नुक़सान पहुँचाते हुए काले झंडे लहराए।[1] तनाव तभी कम हुआ जब सरकार ने पुलिस एक्शन की जाँच के लिए न्यायिक आयोग बैठाया। अंग्रेज़ी अख़बार 'टाइम्स ऑफ़ इंडिया' में छपे सम्पादकीय में इस न्यायिक आयोग के गठन को उन छात्रों को मनाने की कार्रवाई बताया गया,

जिन्होंने 'जंगली गुर्राती भीड़' वाला कृत्य किया था। 'कोई भी ख़ुदमुख़्तार सरकार किसी भी सूरत में नागरिकों को क़ानून अपने हाथ में लेने की इजाज़त नहीं दे सकती है।' सम्पादकीय के शब्द थे।[2]

अख़बार के सम्पादकीय पन्नों पर व्यक्त ये मत उनका अकेले का नहीं था। दो हफ़्ते बाद 30 अगस्त को पटना में छात्रों के समक्ष बोलते हुए नेहरू ने भी छात्र अनुशासनहीनता के इस मुद्दे को उठाया। पुलिस के कृत्यों पर उन्होंने खेद प्रकट किया, पर छात्र अनुशासनहीनता और राष्ट्रीय ध्वज के अपमान की उन्होंने खुलकर निन्दा की, "बौद्धिक राजनीति एक चीज़ है, लेकिन प्रदर्शनों में भाग लेना और राजनीति के नाम पर उपद्रव करना, भले वो सही सवाल के लिए हो या ग़लत, छात्रों को शोभा नहीं देता है भले वे किसी भी मुल्क के हों।"[3] इस घटना के प्रति नेहरू का रुख़ राज्य की सत्ता पर स्थापित होने के बाद सड़क पर घटित होनेवाली राजनीतिक कार्यवाहियों को लेकर राष्ट्रीय राजनीति के रवैये में साफ़ तब्दीली दिखाता है।[4] जब तक राष्ट्र साम्राज्यवादी ताक़तों के ख़िलाफ़ युद्ध लड़ रहा था, क़ानूनों की अवहेलना करना, सत्याग्रह करना और हिंसा तक करना सभी कुछ न्यायसंगत था। लेकिन आज़ादी मिलने के बाद ये सारे तरीक़े बेजा करार दिये जाने लगे। नेहरू छात्रों के राजनीतिक रूप से सक्रिय होने के विरुद्ध नहीं थे, पर उनके लिए राजनीति की परिभाषा दूसरी थी। राजनीति का मतलब उनके लिए विकास के रास्ते में आ रहे अवरोधों से टकराना और मुल्क की आर्थिक तरक़्क़ी में योगदान देना था। और इन लक्ष्यों को हासिल करने के लिए एकता, संगठन और अनुशासन की ज़रूरत थी। "आप ही बताइए कि हम भारत की समस्याओं को बिना अनुशासन के आख़िर कैसे सुलझा पाएँगे?" उदार लोकतंत्र वयस्क मताधिकार के माध्यम से अपने नागरिकों को हर पाँच साल बाद होनेवाले चुनावी अनुष्ठान में अपने प्रतिनिधि चुनने की आज़ादी देता था। सड़क पर राजनीति की इस संरचना में कोई जगह नहीं थी, "गए वो दिन जब हम अपना ग़ुस्सा नारे लगाकर और जुलूस निकालकर प्रदर्शित किया करते थे।" विज्ञान और नाभिकीय ऊर्जा के दौर में नारे लगाना बचकाना और अर्थहीन हो गया था।[5]

आधुनिकता की ओर बढ़ते राष्ट्र के भविष्य में नारे लगानेवाली और प्रदर्शनों से बनती सड़क की राजनीति को नेहरू द्वारा तिरस्कृत कर लुप्तप्राय चीज़ बताए जाने के ठीक दो दशक बाद मुल्क की सड़कों पर खलबली मची थी।

## सड़कों पर खलबली

लोकप्रिय राजनीति ने उत्तर-औपनिवेशिक भारत में संवैधानिक उपचारों के सहारे उदार लोकतंत्र की स्थापना का पथ ख़ुद ही निर्मित कर लिया था। इसकी जड़ें ऐसे

क़िस्म के राजनीतिक वर्चस्व में निहित थीं जो गहराई तक पैठी सहमति से हासिल नहीं हुआ था।[6] कांग्रेस की अगुआई में राष्ट्रवादी नेताओं ने व्यापक जन असन्तोष का ब्रिटिश सरकार के तख़्तापलट में बख़ूबी इस्तेमाल किया लेकिन उसके बाद ज़मीनी स्तर की राजनीति में नियंत्रण हासिल करने में उन्हें बड़ा परिश्रम करना पड़ा। हाँ, यह सही है कि आज़ादी की लड़ाई में कांग्रेस के बड़े नेताओं की नेतृत्वकारी भूमिका ने पार्टी को ख़ासी इज़्ज़त और प्रतिष्ठा दिलाई थी। इसने आगामी कई आम चुनावों में भी पार्टी को बड़ा बहुमत हासिल करने में मदद की। प्रभुत्वशाली चुनावी जीतों का यह सिलसिला 1967 में टूटा, जब इकट्ठे आठ राज्यों में कांग्रेस को चुनावी हार झेलनी पड़ी और राष्ट्रीय स्तर पर भी उसका मत प्रतिशत गिर गया। लेकिन प्रचलित सोच से उलट, नेहरू की अगुआई वाले जिस 1947-64 के दौर में कांग्रेस लगातार चुनावों में जीत रही थी, वो दौर भी कोई घटनाविहीन शान्ति भरा समय नहीं था।

आज़ादी के साथ आए बँटवारे की कोख से उपजे साम्प्रदायिक दंगे अभी थमे ही थे कि तेलंगाना में साम्यवादी विद्रोहियों ने क्रान्ति का झंडा बुलन्द किया। उन्हें दबाया गया तो पंजाबी, तेलुगु और मराठी भाषियों ने भाषायी अधिकारों को लेकर जंग छेड़ दी। उधर पूर्वोत्तर राज्य नगालैंड में बग़ावत फूट पड़ी। कश्मीर को भी किसी तरह नई दिल्ली द्वारा संचालित सत्ता के प्यादों और पुलिसिया ताक़त द्वारा नियंत्रण में रखा गया था। 1959 में तो हद हो गई जब केरल में दुनिया की पहली चुनी हुई कम्युनिस्ट सरकार के ख़िलाफ़ उनके सत्ता सँभालने के दो ही साल बाद ख़ुद कांग्रेस पार्टी सड़कों पर आकर विरोध प्रदर्शन करने लगी। कांग्रेस के इन विरोध प्रदर्शनों ने राज्य सरकार के ख़िलाफ़ कैथोलिक चर्च की पहले से जारी मुहिम में आग में घी का काम किया। कैथोलिक चर्च केरल सरकार द्वारा राज्य के स्कूल और कॉलेजों का नियमन किये जाने के ख़िलाफ़ था। इन्दिरा, जो उस समय कांग्रेस की अध्यक्ष थीं, ने नई दिल्ली में केन्द्र की नेहरू सरकार पर इस बात के लिए दबाव बनाया कि वे संविधान में वर्णित असाधारण शक्तियों का उपयोग करते हुए केरल की कम्युनिस्ट सरकार को बरख़ास्त कर दें। बम्बई की कपड़ा मिलों में छिड़े वर्चस्व के युद्ध में विरोधी ट्रेड यूनियनों के बीच गुत्थमगुत्था हो रही थी। इधर 1961 में जबलपुर में हिन्दू राष्ट्रवादी गुटों और भड़काऊ ख़बरों, अफ़वाहों से भड़काई गई भीड़ ने कई दिनों तक दंगा-फ़साद किया और मुसलमानों के साथ हिंसा की।[7] साफ़ है कि इन तमाम घटनाओं के पीछे अनेक विचारधाराएँ और विविध माँगें काम कर रही थीं। लेकिन इन सबके पीछे एक बात समान थी कि ये सभी राजनीति में ऐसे तरीक़ों या शैली का इस्तेमाल कर रही थीं जिससे संवैधानिक व्यवस्था पर दबाव बनाया जा सकता था। इसके बावजूद नेहरू के जीवनकाल में यह ढाँचा दरका नहीं, टिका रहा। पर 1964 में नेहरू की मृत्यु के बाद सड़क की

राजनीति ने राजनीतिक ढाँचे को घुटनों पर ला दिया। ऐसे में जेपी आन्दोलन ताबूत में आख़िरी कील साबित हुआ।

इन्दिरा गांधी ने 1966 में ताशकन्द में प्रधानमंत्री लालबहादुर शास्त्री की असामयिक मृत्यु के बाद सत्ता सँभाली। उनके प्रधानमंत्री बनते ही पहली चुनौती सामने आ खड़ी हुई। दस हज़ार से ज़्यादा साधुओं की भीड़ ने संसद भवन को घेर लिया और गौहत्या पर पाबन्दी लगाने की माँग करते हुए भीतर घुसने की कोशिश करने लगे।[8] रूढ़िवादी हिन्दू विचार बहुत पहले से इस मुद्दे को लेकर भावुक रहा था। पहले भी उन्नीसवीं सदी में गौवध पर पाबन्दी लगाने को लेकर कई आन्दोलन खड़े हो चुके थे। ख़ुद महात्मा गांधी भी इस पाबन्दी की माँग दोहरा चुके थे, हालाँकि वे इसे मुस्लिम विरोधी हथियार के बतौर इस्तेमाल करने के सख़्त ख़िलाफ़ थे। संविधान सभा ने भी इस मुद्दे पर बहस की, लेकिन हिन्दू-मुस्लिम सम्बन्धों की संवेदनशीलता को देखते हुए उन्होंने गौवध पर पाबन्दी को राज्यों के लिए दिशानिर्देश के बतौर नीति निर्देशक तत्त्वों में डालना उचित समझा। आज़ादी के बाद मामला अदालत के दरवाज़े पहुँचा। सुप्रीम कोर्ट ने 1958 में मुस्लिम याचिकाकर्ताओं के दावे को ख़ारिज करते हुए फ़ैसला सुनाया कि गौहत्या पर पाबन्दी धर्म की स्वतंत्रता या व्यापार की आज़ादी में बाधा नहीं डालती है। पर अदालत ने साथ ही यह भी जोड़ा कि ये पाबन्दी सम्पूर्ण नहीं हो सकती, बुढ़ा गए साँड़ों और अनुत्पादक गायों का संहार किया जा सकता है। अगर ये उदाहरण था कि कैसे राज्य के नागरिक अपने रोज़मर्रा के जीवन में संवैधानिक मूल्यों की पालना कर सकते हैं,[9] तो 1966 में संसद में घुसे गौहत्या पर पाबन्दी की माँग के समर्थक संविधान के परे जाकर अपनी बात मनवाने पर तुले थे।

संसद पर इस धावे से पहले ही 25 सितम्बर, 1966 को गौवध पर पाबन्दी की माँग को ज़ोर-शोर से उठाने के लिए एक समिति का गठन किया गया था।[10] इस समिति में पुरी के शंकराचार्य, राष्ट्रीय स्वयंसेवक संघ (आरएसएस) जैसे हिन्दू राष्ट्रवादी संगठनों के नेताओं के साथ कुछ कांग्रेसी भी शामिल थे। समिति ने सरकार द्वारा उनकी माँगें नहीं माने जाने की सूरत में पहले सत्याग्रह और उसके बाद सामूहिक भूख हड़ताल जैसे कार्यक्रमों की घोषणा की। इसके बाद 7 नवम्बर को भारी तादाद में प्रदर्शनकारी, जिनकी संख्या 1,25,000 से 7,00,000 तक बताई जाती है, नई दिल्ली में जमा हो गए। नेताओं ने भीड़ को पुलिस का घेरा तोड़कर संसद पर धावा बोल देने के लिए उकसाया। यहीं से मामला भड़का। उसके बाद भड़की हिंसा की आग में आठ लोग मारे गए, जिनमें एक पुलिसवाला भी शामिल था। कई अन्य घायल हो गए। आगे कई दिनों तक जनसंघ कार्यकर्ता शहर में घूम-घूमकर साधु-संतों पर हुए इस अत्याचार के विरुद्ध माहौल बनाते रहे। पुरी के शंकराचार्य भूख हड़ताल पर बैठ गए। जनसंघ के स्वयंसेवक भी समर्थन जताने के

लिए साथ में क्रमिक उपवास पर बैठते रहे। लेकिन इन्दिरा गांधी सड़क पर चल रहे इन प्रदर्शनों से ज़रा भी नहीं हिलीं। धर्मनिरपेक्षता का झंडा बुलन्द करते हुए उन्होंने इस मौक़े का दूसरी तरह से फ़ायदा उठाया और गुलज़ारी लाल नन्दा को मंत्रीपद से बर्ख़ास्त कर दिया। नन्दा की सहानुभूति साधु-संन्यासियों के साथ थी, लेकिन इससे भी ख़ास बात ये थी कि वे इन्दिरा के राजनीतिक प्रतिद्वंद्वी थे। यह कोई पहला या आख़िरी मौक़ा नहीं था जब इन्दिरा ने विचारधारा की आड़ लेकर निजी महत्त्वाकांक्षा को पूरा किया। इस बार उनकी अपने फ़ैसले पर टिके रहने की रणनीति काम कर गई। अन्ततः शंकराचार्य को भी मजबूरन मुद्दे पर विचार करने और सुझाव देने के लिए एक समिति बनाने के प्रस्ताव पर अपनी भूख हड़ताल को तोड़ना पड़ा। गतिरोध टूट गया, लेकिन उदारवादी लोकतंत्र को चुनौतियाँ मिलनी यहाँ ख़त्म नहीं हुईं।

दिल्ली से सैकड़ों किलोमीटर दूर, भारत की औद्योगिक और आर्थिक राजधानी मुम्बई (जिसे तब बम्बई कहा जाता था) में उदारवादी लोकतंत्र के तौर-तरीक़ों के ख़िलाफ़ एक और चुनौती आकार ले रही थी। भाषायी आधार पर राज्य के गठन की माँग को लेकर चले आन्दोलन को ख़त्म हुए अभी छह ही साल हुए थे कि आन्दोलनकारियों के एक और जत्थे से बम्बई की सड़कें पट गईं।[11] इनके नेता का नाम था बाल ठाकरे, जो पेशे से एक कुशल कार्टूनिस्ट थे। उनका मराठी भाषा में छपनेवाला कार्टून साप्ताहिक 'मार्मिक' 1960 से ही राजनीतिक प्रशासन पर व्यंग्य करता रहा था और दक्षिण भारतीयों एवं कम्युनिस्टों को शहर में 'बाहरी' बताकर कोसता था। उनकी इस 'भीतरी बनाम बाहरी' वाली राजनीति ने लोगों का ध्यान खींचा और 1966 में 'मार्मिक' की बिक्री के आँकड़े 40,000 तक पहुँच चुके थे। जून के महीने में इसी मार्मिक में उन्होंने 'शिवसेना' (शिवाजी की सेना) के गठन की घोषणा की। शिवसेना का नाम मुग़लों से लोहा लेनेवाले राष्ट्रवादी नायक, सत्रहवीं सदी के मराठा योद्धा शिवाजी के नाम पर रखा गया था। उन्होंने अपने पाठकों से 30 अक्टूबर को एकत्रित होने का आह्वान भी किया। शहर के मशहूर शिवाजी पार्क में पाँच लाख से ज़्यादा की विशालकाय भीड़ बाल ठाकरे के इस आह्वान पर इकट्ठा हो गई। अपने चुभनेवाले व्यंग्य और मारक कटाक्षों के साथ भाषण देते ठाकरे को इस भीड़ ने तन्मय होकर सुना। ठाकरे उस दिन अपने प्रिय विषयों पर खुलकर बोले जिनमें राजनीति और राजनेताओं का सस्तापन तथा उस मराठी मानुस की दुर्दशा केन्द्र में रही जिसे उनके हिसाब से अपने ही शहर में अपने हिस्से, अपने हक़ से वंचित कर दिया गया था। कभी उनके निकम्मेपन पर प्यार से उन्हें ताना देकर तो कभी कुछ कर गुज़रने के लिए प्रेरित करते हुए ठाकरे ने सुननेवालों को बाँध लिया। ठाकरे का दावा था कि शिवसेना कोरी राजनीतिक पार्टी भर नहीं है, बल्कि साज़िशों से भरे इस राजनीतिक दलदल में उतरकर मराठी मानुस के

हितों की रक्षा करने के लिए बनाई गई एक सेना है। उनका लोक-लुभावन सन्देश लोगों को बहुत भाया।

चन्द दिनों में ठाकरे शक्तिशाली ताक़त बन चुके थे। अपनी पार्टी के प्रतीक चिह्न दहाड़ते हुए शेर की तसवीरों वाले सेना के झंडे को अगल-बग़ल में लगाए हुए बाल ठाकरे विशाल जनसमूहों को सम्बोधित करते। उनकी जनसभाएँ नाटकीयता से भरी होतीं। स्टेज पर शिवाजी की मूर्ति होती, जिस पर सदा माला चढ़ी होती। एक समूह जंगजू तराने गा रहा होता, जिसके बीच-बीच में युद्ध की रणभेरी बज उठती। भीड़ उनके दिये सन्देश को हाथोंहाथ लपक रही थी। सन्देश साफ़ था। मराठी मानुस एक सताई गई कौम थी क्योंकि न तो उनकी भाषा को और न ही उनकी संस्कृति को उसकी जायज़ पहचान मिली थी। बाहरी लोग शहर में आकर उनकी नौकरियाँ हड़प रहे थे, जिस कारण मराठी युवा बेरोज़गार और कंगाल था। इस तमाम सारी दुर्दशा के पीछे धोखेबाज़ और भ्रष्ट राजनीतिक व्यवस्था ज़िम्मेदार थी। इसका समाधान—सीधी कार्रवाई। मराठी लोगों को अब अपनी उदासीनता त्यागकर, अपना हक़ छीनकर लेना सीखना होगा। उनकी जनसभाएँ तालियों की गड़गड़ाहट के बीच और ग़ुस्साई भीड़ के साथ ख़त्म होती थीं।

शिक्षित युवाओं के लिए नौकरियाँ न होना वास्तविक समस्या थी। ठाकरे की राजनीतिक बाज़ीगरी इसमें थी कि उन्होंने इस वास्तविक समस्या को एक कल्पित लोक-लुभावन मुद्दे में बदल दिया। उन्होंने भाषायी भेदभाव और बेरोज़गारी जैसे मुद्दे समाधान की तलाश करने के लिए नहीं उठाए, बल्कि उनके माध्यम से नागरिकों के एक ख़ास हिस्से को सम्पूर्ण 'जनता' के बतौर स्थापित करने का काम किया। उनके अनुसार मराठी मानुस ही एकमात्र अधिकृत 'जनता' थे, बाक़ी सभी बाहरी एलियन। इस दावे ने हम बनाम वे के द्वैध को जन्म दिया। दक्षिण भारतीय, कम्युनिस्ट और मुसलमान इस द्वैध के अनुसार 'वे' के खाँचे में आते थे और उनके लिए समाज में कोई वैध जगह नहीं थी।

'हम बनाम वे' के इस द्वंद्व ने समाज को युद्ध के लिए तैयार खाँचों में विभक्त कर दिया और हक़दारी की लड़ाइयाँ छलककर सड़कों पर आ गईं। यह तर्क पहचानों में आपसी फ़र्क़ को लेकर किसी तरह की बातचीत या लेन-देन की गुंजाइश नहीं छोड़ता था, बल्कि सामनेवाली पहचान के ख़ात्मे के लिए जंग लड़ने की बात करता था। शिवसेना के लड़ाकों ने दक्षिण भारतीय रेस्त्राँओं पर धावा बोल दिया। शिव सैनिकों का अगला निशाना थे कपड़ा मिलों में सक्रिय कम्युनिस्ट। जून, 1970 में उनके द्वारा सीपीआई के लोकप्रिय ट्रेड यूनियन नेता कृष्णा देसाई की हत्या कर दी गई।[12] उसी साल शिवसेना के भड़काऊ बयानों और मुसलमानों को लेकर घृणा से भरी राजनीति ने मुस्लिम बुनकरों की घनी आबादी वाले बम्बई के उपनगरीय इलाक़े भिवंडी में दंगों की अग्नि भड़का दी।[13] फ़रवरी, 1969 में कर्नाटक (तब मैसूर)

के मराठी भाषी इलाक़ों को महाराष्ट्र में मिलाने की माँग को लेकर बाल ठाकरे ने पूरे शहर का चक्काजाम कर दिया। बम्बई शहर जैसे शिव सैनिकों और पुलिस के मध्य सीधी जंग का अखाड़ा बन गया। जब सरकार ने ठाकरे को गिरफ़्तार किया तो शिव सैनिकों ने पूरे शहर में घनघोर उपद्रव मचाया। बसें जलाईं, दुकानें जलाईं और पुलिस स्टेशनों पर हमला किया। शान्ति स्थापित करने के लिए मजबूरन सरकार को जेल में बन्द ठाकरे से ही निवेदन कर अपने अनुयायियों को शान्ति बनाए रखने की अपील करवानी पड़ी, तब जाकर हिंसा और आगजनी का दौर थमा। अन्त में बाज़ी ठाकरे के हाथ रही और शिवसेना इस प्रकरण के बाद शहर के राजनीतिक और सांस्कृतिक परिदृश्य पर चिरस्थायी ताक़त बनकर उभरी।

हिंसा शिवसेना के कार्यकलापों से उपजा कोई अनचाहा नतीजा नहीं था। यह तो उसके अस्तित्व का अभिन्न अंग थी। मौक़े पर 'सीधी कार्रवाई' करने का यही वादा उसे अन्य राजनीतिक दलों से अलग भी करता था।[14] उसकी बोली भड़काऊ थी और वह अधिकारियों, राजनीतिक विरोधियों पर हमला कर जब-तब 'सीधी कार्रवाई' पर उतर आती थी। अपनी माँगों को लिखित रूप में जमा करवाना और प्रतिनिधात्मक लोकतंत्र द्वारा उस पर सुनवाई होने तक धैर्य से इन्तज़ार करना उसने सीखा ही नहीं था। ठाकरे तो 'सर्वानुमति' और 'जनमत' जैसे शब्दबन्धों का मज़ाक़ उड़ाया करते थे। उनकी 'जनता' में इतना धैर्य नहीं था कि वह अपनी माँगों पर लोकतंत्र द्वारा आपसी संवाद के माध्यम से सोच-समझकर विचार किये जाने का इन्तज़ार करे। शिवसेना सुप्रीमो अपने युवा अनुयायियों के पौरुष को ललकारते हुए उनसे अपील करते थे कि वे इच्छाशक्ति दिखाएँ और नाकारा अफ़सरों और भ्रष्ट राजनीति से रचे इस छली सिस्टम को उखाड़ फेंकें। उनका उद्देश्य संसदीय लोकतंत्र के पाट-पुर्जे दुरुस्त कर उसे जनमत के प्रति उत्तरदायी बनाना नहीं, बल्कि सीधे उसकी जड़ में मट्ठा डाल देना था। ठाकरे ख़ुद को 'लोकशाही' नहीं, 'ठोकशाही' का हिमायती बताते थे और इस नाते उनका इन्दिरा द्वारा आपातकाल के दौरान थोपी गईं दमनकारी नीतियों का समर्थन करना बनता था। महाराष्ट्र की कांग्रेस सरकार ने भी कुछ अपनी कायरता और कुछ राजनीतिक मौक़ापरस्ती के चलते शिवसेना की ग़ैर-लोकतांत्रिक हरकतों पर अपना मुँह बन्द रखा। जब सेना का शेर पहले से सरकार की आँख का काँटा बने कम्युनिस्टों और उनकी ट्रेड यूनियनों को अपना शिकार बना रहा था, तो ऐसे में वृहत्तर पटल पर लोकतंत्र के बिगड़ते स्वास्थ्य के बारे में कौन सोचता।

महाराष्ट्र में भले डूब रहा हो, बंगाल में कम्युनिस्टों का सितारा बुलन्दी पर था। सड़कों पर असन्तोष और हिंसा का माहौल तारी था। सन् सैंतालीस के बाद सीपीआई ने बंगाल में अपना काफ़ी प्रभाव जमाया था। जब बंगाल का बँटवारा हुआ, तो पार्टी ने पूर्वी पाकिस्तान में रह गए अपने सदस्यों को सीमापार भारत न आने

और वहीं रहकर पार्टी को स्थापित करने का निर्देश दिया। ऐसे में पूर्वी पाकिस्तान के भारत आने को इच्छुक पार्टी कार्यकर्ताओं के सामने दुविधा थी कि कैसे वे पूर्वी पाकिस्तान से भारत आएँ, कि ये पार्टी आलाकमान के आदेश की अवहेलना न लगे। उन्होंने ऐसे में शरणार्थी विस्थापन के भीतर अपनी राजनीतिक पहचान को समाहित कर दिया। जब आगे चलकर पार्टी ने 1951 में अपने सदस्यों को सीमापार आने से रोकनेवाला आदेश वापस लिया, यही बात पार्टी के लिए बहुत फ़ायदेमन्द साबित हुई। शरणार्थियों के साथ रहकर उनके सुख-दुख के साथी बन चुके कॉमरेड्स अब उनकी तकलीफ़ें बख़ूबी जानते थे। जब केन्द्र और पश्चिम बंगाल की राज्य सरकार, दोनों शरणार्थियों की भोजन और आवास से जुड़ी आधारभूत माँगों को पूरा कर पाने में असमर्थ या अनिच्छुक दिखाई दीं तो कम्युनिस्ट ही शरणार्थियों की आवाज़ बनकर उभरे। वाम के सम्पत्ति के पुनर्वितरण के क्रान्तिकारी विचार और शरणार्थियों के जीवन के लिए ज़रूरी मूलभूत साधनों की माँग में एक सहजीविता का रिश्ता बन गया। ज़हालत के जीवन से कुछ ऊपर उठकर इस बड़ी शरणार्थी आबादी ने दफ़्तरों, फैक्टरियों और निचले स्तर की सरकारी नौकरियों में हिस्सेदारी बँटाना शुरू कर दिया था और अब तनख़्वाहों और दूसरी ज़रूरी सहूलियतों को लेकर आक्रामक हो रही थी। इन्हीं अवैध घोषित की गईं शरणार्थी बस्तियों से वाम कार्यकर्ता निकले और उन्होंने दफ़्तरों से लेकर अध्यापकों तक तमाम कामकाजी यूनियनों का नेतृत्व सँभाल लिया। अब ये यूनियन सदस्य उनके एक इशारे पर शहर की तमाम सड़कें जाम कर देने के लिए तैयार बैठे थे।[15] क्रान्तिकारी विचारधारा, शरणार्थी उग्रता, बांग्ला गौरव के साथ नई दिल्ली में बैठी सरकार के ख़िलाफ़ ग़ुस्सा मिला, बंगाल में वाम और ताक़तवर होता चला गया।

साठ के दशक का मध्य आने तक पश्चिम बंगाल में कांग्रेस शासन गहरे संकट में आ गया था। अर्थव्यवस्था ठप्प पड़ी थी और बेरोज़गारी बढ़ती जा रही थी। राज्य खाद्यान्न का संकट भी झेल रहा था। एक ओर ज़मींदारों और उद्योगपतियों की हितरक्षक कांग्रेस गुटबन्दी में उलझी थी और किसी तरह सत्ता से चिपकी हुई थी, वहीं दूसरी ओर वाममोर्चा उत्तरोत्तर बढ़ते ही जा रहे नागरिक असन्तोष की सवारी कर रहा था। इस मोर्चे में सबसे ताक़तवर थी भारतीय कम्युनिस्ट पार्टी (मार्क्सवादी) या सीपीएम। 1964 में भारतीय कम्युनिस्ट पार्टी (सीपीआई) से अलग होकर बनी सीपीएम की ताक़त मज़दूरों, श्रमिकों, दफ़्तरकर्मियों और छात्रों के मध्य इसके धैर्यपूर्ण संगठन निर्माण से बनी थी। इसने आन्दोलन से हासिल किये प्रभाव को 1967 के आम चुनाव में बख़ूबी इस्तेमाल किया और चुनावी दंगल में जीत हासिल की। उस चुनाव में भितरघात से जूझती कांग्रेस ने न सिर्फ़ बंगाल बल्कि कई अन्य उत्तर भारतीय राज्यों की सत्ता को खो दिया। कांग्रेस से ही टूटकर बने एक दूसरे दल के नेता अजय मुखर्जी इस संयुक्त वाम मोर्चा सरकार के नेता बने।

लेकिन इस गठबन्धन की असली चाबी सीपीएम के क़ब्ज़े में थी। कथा में यहीं से 'घेराव' का जन्म होता है।

'घेराव' एक क़िस्म की घेरेबन्दी है जिसका मतलब प्रदर्शन, सत्याग्रह, सिविल नाफ़रमानी, हड़ताल या धरने से कुछ भिन्न होता है। इसमें सम्बन्धित अधिकारी या प्रबन्धक को उसके दफ़्तर या घर पर ही घेर लिया जाता है और तब तक कहीं जाने नहीं दिया जाता, जब तक कि वे प्रदर्शनकारियों की माँगें मान न लें। हड़ताल या धरने-प्रदर्शन की तरह इसे अंजाम देने में बहुत बड़ी संख्या में लोगों की ज़रूरत नहीं पड़ती। डरा-धमकाकर अपनी बात मनवाना भी इस तरीक़े में शामिल है। 5 मार्च, 1967 को इस तरीक़े की पहली आज़माइश के बाद इसकी लोकप्रियता अचानक बढ़ी। साल ख़त्म होते-होते रिकॉर्ड में दर्ज ऐसे 'घेरावों' की संख्या 1291 तक पहुँच चुकी थी।[16] वजहें बहुतेरी थीं, जैसे कामकाजी स्थितियों से असन्तोष, नौकरी से निकाले जाने के प्रति ग़ुस्सा, तनख़्वाह में बढ़ोतरी और बोनस की माँग, प्रबन्धन द्वारा श्रम क़ानूनों को ठीक से लागू न करना आदि। ऐसा नहीं कि ये तमाम माँगें इससे पहले नहीं उठाई गई थीं, पर सन् सड़सठ में ही सत्ता में आई वाममोर्चा सरकार की इस अचानक बढ़ोतरी के पीछे भूमिका नकारी नहीं जा सकती। नई सरकार ने कामगारों की उम्मीदों को बहुत बढ़ा दिया था। इन्हीं उम्मीदों को ध्यान में रखते हुए नई सरकार के मंत्रालय ने घेरावों की इस बढ़ती संख्या का दोष उद्योगधंधों में हो रही छँटनी के ऊपर डालना उचित समझा। कामगारों के 'लोकतांत्रिक एवं वैध संघर्ष' को कुचलने से इनकार करते हुए सरकार ने कम्पनियों को निर्देश जारी किया कि घेराव से अपने अधिकारियों को छुड़ाने की कोशिश में पुलिस बुलाने से पहले वे श्रममंत्री से इस पर मशविरा ज़रूर करें।[17] यह सुनते ही कम्पनियों और उनके मालिकों के कान खड़े हो गए। उधर अपने वामपंथी साथियों द्वारा समर्थित श्रममंत्री, जिनका नाम अब 'घेराव मंत्री' पड़ चुका था, अपनी बात पर अड़े हुए थे। मामला अन्ततः अदालत के दरवाज़े पहुँचा। सितम्बर, 1967 में कलकत्ता उच्च न्यायालय ने अपना फ़ैसला सुनाते हुए कहा कि मंत्री को इस मामले में पुलिस को निर्देश देने का कोई अधिकार नहीं है। घेराव के ऐसे किसी भी मामले में पुलिस दंड प्रक्रिया संहिता एवं पुलिस एक्ट के नियमों द्वारा ही संचालित होगी। मजबूरन सरकार को अपना आदेश वापस लेना पड़ा और घेराव की घटनाएँ तेज़ी से घटने लगीं। लेकिन यह बंगाल में सड़कों पर उग्रवाद का अन्त नहीं, शुरुआत थी।

दार्जिलिंग के दक्षिण में, हिमालय की तलहटी में बसे एक गाँव नक्सलबाड़ी में विद्रोह की अग्नि जल चुकी थी। चिंगारी बना खेतिहरों का भूमि-सम्बन्धों को लेकर असन्तोष। किसान असन्तोष ग्रामीण भारत के लिए कोई नई बात नहीं था, लेकिन नक्सलबाड़ी में ये ग़ुस्सा कुछ अलग ही तरह से फूटा। चाय बागानों की बहुतायत और बड़ी संख्या में आदिवासियों द्वारा खेती यहाँ की ग्रामीण अर्थव्यवस्था को ख़ास

बनाते थे। एक ओर जहाँ चाय बागानों के मालिक एक-तिहाई ज़मीन को या तो परती छोड़ देते थे या अपने बागान मज़दूरों के बीच इनाम के बतौर बाँट देते थे, वहीं दूसरी ओर आदिवासी किसान झूमकृषि का तरीक़ा अपनाते हुए मौसम और ज़मीन की उर्वरता के अनुसार खेती के इलाक़े बदलते रहते थे। इन दोनों तरीक़ों में आपसी तालमेल नहीं बन पाने के चलते ज़मीन की मिल्कियत और बेदख़ली जैसे मुद्दों पर भारी विवाद खड़े हो गए। चाय बागान मालिकों के अधिकार सीमित करनेवाले और भूमिहीनों में भूमि का बँटवारा करने के लिए बनाए गए भूमि सुधार क़ानून से बड़े चाय बागान मालिकों को जो छूट प्रदान की गई थी, उसने इस मामले में आग में घी का काम किया। जिस ज़मीन को बड़े ज़मीदारों ने ज़मीन रखने की ऊपरी सीमा से बाहर दिखाकर कपटपूर्वक अपने अधिकार में दबा रखा था, उसे छीनकर किसान विद्रोहियों ने भूमिहीनों में बाँटना शुरू कर दिया।[18]

इस विद्रोह के नेता थे पैंतीस साल के कानू सान्याल। उनके साथ अनेक युवा विद्रोही जुड़े थे जिनमें कई आदिवासी क्रान्तिकारी भी शामिल थे। वे उसी सीपीएम से जुड़े थे जिसकी फ़रवरी, 1967 में बनी संयुक्त वाम मोर्चा सरकार में प्रमुख हिस्सेदारी थी। सान्याल और उनके साथियों ने खेतिहर समितियाँ कायम कीं और ज़मींदारों के क़ब्ज़े से ज़मीनें छुड़वाईं। छल से बनाए ज़मीन के पट्टों को नष्ट करवाया और सूद की व्यवस्था ख़त्म की। ज़मीदारों से छीनी दुनाली बन्दूक़ों और तीर-कमान जैसे पारम्परिक हथियारों के साथ विद्रोहियों ने नक्सलबाड़ी और उसके आसपास के इलाक़ों में अपनी समान्तर सत्ता सृजित करते हुए 'आज़ाद इलाक़े' की स्थापना कर दी। मई महीने में खेतिहर विद्रोहियों से भिड़न्त में एक पुलिसवाला मारा गया। पुलिस ने जवाबी कार्रवाई करते हुए पूरे जाब्ते के साथ विद्रोही ठिकानों पर हमला किया। भीड़ पर चलाई गोली में दस लोग मारे गए, जिसमें महिलाएँ और बच्चे भी शामिल थे। स्थानीय जनता विद्रोहियों के समर्थन में आ गई। सीपीएम के नेतृत्व के लिए यह दुविधा की स्थिति थी। विचारधारा के स्तर पर वे कृषक संघर्ष के समर्थक थे और भूमिहीनों में ज़मीन का पुनः बँटवारा हमेशा से उनके एजेंडा का हिस्सा रहा था। लेकिन अब वे सरकार में थे, और इस नाते क़ानून के परे जाकर किये जा रहे भूमि पुनर्वितरण का विरोध करने के लिए विवश थे। विचारधारा और राज्य शक्ति के मध्य सन्तुलन बनाने हेतु तलवार की धार पर चलते हुए सीपीएम के नेतृत्व ने पुलिस गोलीकांड की कड़ी निन्दा की, लेकिन साथ ही नक्सलबाड़ी के लड़ाकों को पार्टी-विरोधी भी घोषित कर दिया। गुस्साए नक्सलबाड़ी विद्रोहियों ने सीपीएम के पार्टी नेतृत्व की भर्त्सना की। जले पर नमक का काम रेडियो पीकिंग से हुई उद्घोषणा ने किया जिसमें नक्सलबाड़ी विद्रोहियों को 'माओ त्से-तुंग की अगुआई में भारतीय जनता द्वारा छेड़ी गई सशस्त्र क्रान्ति का हरावल दस्ता' बताकर उनकी प्रशंसा की गई थी।[19] चीन समर्थक होने के आरोप को अभी तक किसी

तमगे की तरह धारण करनेवाली सीपीएम की पहचान पर ये किसी सीधे हमले की तरह था। शीघ्र ही कानू सान्याल एवं नक्सलबाड़ी के अन्य लड़ाकों को पुलिस द्वारा गिरफ़्तार कर लिया गया।

कुछ ही महीनों चले नक्सलबाड़ी के विद्रोह की अपने आप में अहमियत कुछ ज़्यादा नहीं। लेकिन इसने रूप बदलते हुए बहुत वृहत्तर प्रभाव हासिल कर लिया। देखते ही देखते भारत के कई हिस्सों में ऐसी बगावतें सर उठाने लगीं, और एक नई माओवादी पार्टी आकार लेने लगी। भारतीय कम्युनिस्ट पार्टी (मार्क्सवादी-लेनिनवादी) या सीपीआई-एमएल का गठन 1969 में चारू मज़ूमदार की अध्यक्षता में हुआ। इस नई पार्टी को चीन का समर्थन प्राप्त था। नई पार्टी पहले ही 'वर्ग शत्रुओं' के ख़ात्मे के उद्देश्य से हिंसक कार्रवाइयों में कूद गई और राज्य के दमन का सीधा निशाना बनी।

नक्सलबाड़ी के विद्रोह और नवसृजित सीपीआई-एमएल ने अनिश्चित भविष्य और मुँह बाये खड़ी भयानक बेरोज़गारी से जूझते बंगाल के युवा को भी अपनी ओर खींचा। साल 1966 आते-आते मुल्क में बेरोज़गारी के दर्ज आँकड़े 1,63,000 से बढ़कर 9,17,000 तक जा पहुँचे थे। असलियत इससे भी कहीं भयावह थी। 'हमें नौकरियाँ चाहिए, डिप्लोमा नहीं' आमतौर पर सुना जानेवाला नारा बन चुका था। 1966 में कम्युनिस्टों और वाम दलों द्वारा पश्चिम बंगाल में चलाए गए खाद्य सुरक्षा आन्दोलन ने अवैध शरणार्थी बस्तियों से निकले तरुणों की पुलिस से घमासान लड़ाइयाँ देखीं। इस उग्रवाद में आज़ादी की लड़ाई के दौर में हुए उग्रवादी क्रान्तिकारियों की प्रेरक कथाएँ और सुभाष बाबू के सशस्त्र देशप्रेम को जोड़ दीजिए, और आप समझ जाएँगे कि क्यों एक पूरी नौजवान पीढ़ी के लिए नक्सलबाड़ी क्रान्ति का पर्याय बन गया। इसने समूचे कलकत्ता शहर को जैसे विप्लव के शहर में बदल दिया।

तरुण छात्र और युवा दुनिया बदलने का ख़याल लेकर सड़कों पर निकल आए।[20] उन्होंने शहर की दीवारों को सीपीआई-एमएल और माओ त्से-तुंग के समर्थन में स्लोगन और नारों से पाट दिया। गांधी, नेहरू के पुतलों को जगह-जगह तोड़-फोड़ दिया गया। बांग्ला समाज सुधारकों एवं विद्वानों की प्रतिमाओं को भी नहीं बख़्शा गया। वर्ग शत्रुओं के ख़ात्मे का यह खेल रक्तरंजित हिंसा के साथ खेला गया। दिलचस्प यह था कि औपनिवेशिक काल के प्रतीक आलीशान स्कूल और क्लब इस हिंसा का निशाना नहीं बने। बल्कि 'वर्ग शत्रु' बताकर जिनका ख़ात्मा किया जा रहा था वे साधारण पुलिसवाले, सन्दिग्ध पुलिसिया मुखबिर, छोटे व्यापारी एवं स्कूल-कॉलेजों में पढ़ानेवाले अध्यापक वर्ग के लोग थे। नौसिखिया तरुणों द्वारा बनाए जा रहे बम जहाँ-तहाँ फटा करते। नौजवान क्रान्तिकारी छुरियों, गँड़ासों, देसी कट्टों और बमों के साथ अपने शिकार पर झपट पड़े। शहर के कुछ ख़ास इलाक़े 'आज़ाद इलाक़े' घोषित कर दिये गए, जहाँ अँधेरा होने के बाद 'वर्ग शत्रुओं' का प्रवेश वर्जित था।

चित्र 3.1 : कलकत्ता में हिंसा
स्रोत : *स्टेट्समैन,* 21 नवम्बर 1968

पर जल्द ही इस रक्तरंजित क्रान्ति के निशाने पर उसके अपने ही आ गए। भूतपूर्व कॉमरेड्स के सन्दिग्ध भटकाव पर नज़र रखी जाने लगी, उन्हें क्रान्तिहंता और पुलिस का मुखबिर घोषित किया जाने लगा। बांग्ला लेखक सुनील गांगुली की 1972 में लिखी कहानी 'फ़रार और उसके अनुगामी' क्रान्ति के इस आत्महंता चरण को मर्मस्पशी तरीक़े से दिखाती है।[21] कहानी की शुरुआत एक नक्सलवादी भगोड़े के साथ होती है। तीन अनुगामी उसके पीछे हैं जो अपने साथी की हत्या का बदला चाहते हैं। फ़रार क्रान्तिकारी भोजन और सुरक्षा की तलाश में दोस्तों के घरों में भटकता है, दर-दर की ठोकरें खाता है लेकिन उसे कहीं शरण नहीं मिलती। अनुगामी एक के बाद एक उन ठिकानों पर बम बरसाते जाते हैं। अन्तत: रात के अँधेरे में एक खेत के रास्ते रेलवे स्टेशन की तरफ़ भागते हुए उसे धर दबोचा जाता है। लेकिन उसका गला कटने भर की देर है, अनुगामियों में से पहला अब भगोड़ा घोषित कर दिया जाता है और बाक़ी अनुगामी कॉमरेड अब उसकी जान के पीछे लग जाते हैं।

ज़रा हिचक के बाद पुलिस को जवाबी कार्रवाई का अधिकार दे दिया गया। सितम्बर, 1970 में पश्चिम बंगाल सरकार, जो अब राष्ट्रपति शासन के तहत थी, ने नक्सलवादियों को काबू करने के लिए औपनिवेशिक काल के 'बंगाल उग्रवादी

उपद्रव रोकथाम एक्ट' को लागू कर दिया। दो ही महीने बाद 'पश्चिम बंगाल हिंसक गतिविधि रोकथाम बिल' अस्तित्व में आ गया। इसने पुलिसबल को सन्दिग्धों को बिना वारंट पकड़ने जैसे व्यापक अधिकार दे दिये। दूसरे राज्यों से अर्धसैनिक बलों को बुलाया गया और प्रशासन ने अपना दमनचक्र शुरू कर दिया। नक्सलवादियों के 'वर्ग शत्रुओं' के ख़ात्मे का जवाब पुलिसिया आतंक से दिया जाने लगा। नतीजा ये हुआ कि देखते ही देखते सड़कों पर लाशों के ढेर जमा होने लगे। एक अनुमान के मुताबिक़ क्रान्तिकारियों ने मार्च, 1970 से जून, 1971 के बीच कलकत्ता में 139 'वर्ग शत्रुओं' को ठिकाने लगाया। इस दौरान तक़रीबन इतनी ही संख्या में नक्सलवादी भी पुलिस के हाथों मारे गए होंगे।[22] पुलिस ढूँढ़-ढूँढ़कर नक्सलवादियों की हत्या कर रही थी और शहर जैसे कुरुक्षेत्र का मैदान बन गया था। हर ओर बस रक्त ही रक्त था। एनकाउंटर (क़ब्ज़े में आए सन्दिग्धों की हत्या का दूसरा नाम) रोज़मर्रा की चीज़ बन गए थे। सन्दिग्धों को बुरी तरह मारा-पीटा जाता था और हाथ पीछे की ओर बँधी, यातना के चिह्नों से भरी उनकी क्षत-विक्षत लाश को सड़क पर फेंक दिया जाता था। दूसरों को मारकर पेड़ों की शाख़ाओं से लटका दिया जाता था, एक उदाहरण की तरह प्रस्तुत करने के लिए। बंगाल ऐसी अवस्था में पहुँच गया था, जिसे बाद में विश्लेषकों ने 'मिनी इमरजेंसी' का नाम दिया।

जैसे-जैसे 1971 के लोकसभा चुनाव का समय नज़दीक आ रहा था, सीपीएम और सीपीआई-एमएल के बीच की तक़रार तीखी होती जा रही थी। माओवादी चुनाव को 'बुर्जुआ-ज़मींदार वर्ग' के रचे ढकोसले की तरह देखते थे। उन्होंने चुनावों का बहिष्कार करने का फ़ैसला किया। नागरिकों को धमकियाँ दी जाने लगीं कि अगर वे वोट डालने गए तो उन्हें अपनी जान से हाथ धोना पड़ेगा। उधर सीपीएम चुनावों के ज़रिये संसदीय राजनीति में ताक़त हथियाने के सपने देख रही थी। उन्होंने नक्सलवादियों को कांग्रेस के प्यादों की तरह देखा। दोनों दलों के मध्य भीषण युद्ध छिड़ गया। आक्रमण और प्रति-आक्रमण सामान्य बात हो गई। वर्ग संघर्ष के नाम पर बदले के लिए की गई हत्याएँ आम बात हो गईं। सीपीएम ने दावा किया कि नक्सलवादियों ने उसके दो सौ से ज़्यादा समर्थकों की हत्या कर दी है।[23] ख़ून की इस होली ने अपराधियों को भी मौक़ा दिया कि वे अपनी गैंग-वार को राजनीतिक हत्या का चोला ओढ़ा सकते थे। एक-दूसरे से उलझी दोनों पार्टियों के कैडर के हाथों से बाज़ी निकलती देख समाज के अपराधी तत्त्वों और उनके इर्द-गिर्द के तमाम लवाजमे ने अपने आप को सत्तारूढ़ दल के पीछे जोड़ लिया। 1971 के बांग्लादेश युद्ध में हासिल हुई जीत से सातवें आसमान पर पहुँची कांग्रेस 1972 के चुनावों में माकपा को कुचल देने के इरादे से उतरी। मध्यवर्ग पहले ही अराजकता के माहौल से आजिज़ आ चुका था और यह बात कांग्रेस के पक्ष में गई। आपराधिक तत्त्व कांग्रेस की छात्र और युवा इकाइयों का हिस्सा बन गए और

इन्हीं की मदद से मतदाताओं को डरा-धमकाकर कांग्रेस ने चुनाव जीत लिया, जबकि बहुत से लोगों ने माना कि चुनाव धोखाधड़ी से जीते गए। राज्य में सरकार बनाने के बाद कांग्रेस ने माकपा के कार्यकर्ताओं और समर्थकों को अपने दमन का सीधा निशाना बनाया। बंगाल में लाल सूरज उगा तो, लेकिन उसकी लालिमा क्रान्ति से नहीं बल्कि परस्पर मार-काट में लिप्त नागरिकों के ख़ून से रची गई थी।

इसी दौर के संघर्ष और ख़ूनख़राबे ने बांग्ला सिनेमा के दो महान फ़िल्मकारों सत्यजित राय और मृणाल सेन द्वारा रचित 'कलकत्ता त्रयी' की फ़िल्मों की ज़मीन तैयार की। सत्यजित राय द्वारा निर्देशित फ़िल्में थीं 'प्रतिद्वंद्वी' (1970), 'सीमाबद्ध' (1972) और 'जन अरण्य' (1976) तथा मृणाल सेन द्वारा निर्देशित फ़िल्मों के नाम थे 'इंटरव्यू' (1971), 'कलकत्ता 71' (1971) और 'पदातिक' (1973)। राय और सेन एक-दूसरे से बहुत अलग क़िस्म के निर्देशक थे। उनका सिनेमाबोध और राजनीतिक समझ भिन्न थी। इसके बावजूद उन दोनों की रची इस सिनेमाई ट्रिलॉजी में भ्रष्टाचार, मायूसी, ग़ुस्से और हिंसा से तबाह हुआ कलकत्ता शहर पृष्ठभूमि की तरह काम करता है। सुप्रिया चौधरी लिखती हैं कि "इसके बावजूद ये नहीं कहा जा सकता कि इन फ़िल्मों में 'जो जैसा है' वैसा दिखा भर दिया गया है। इनमें अनायास कुछ भी नहीं। और अगर किसी दृश्य में कहीं कुछ अनायास आया भी है, तो वह उस सचेत कला की तुलना में नगण्य है जो इन दृश्यों के महीन संयोजन में दिखाई देती है।"[24] कलाकार के बतौर राय और सेन दोनों ने शहर के ग़ुस्से, उसकी उथल-पुथल से भरी ज़िन्दगी और उसके स्याह कोनों को अपने सिनेमाई चित्र रचने में किसी कच्चे माल की तरह इस्तेमाल किया है। राय की फ़िल्मों में हम रोज़मर्रा की ज़िन्दगी को हिंसा और भ्रष्टाचार, निराशा और विश्वासघात की काली छाया के नीचे डूबता हुआ देखते हैं। शहर की नैतिकता और राजनीतिक रंगत बदलती देखते हैं। सेन का चित्रण ज़्यादा विश्लेषणात्मक है। उनकी त्रयी में हिंसा और शोषण का वार रोज़मर्रा के जीवन को ध्वस्त कर देता है। उनकी फ़िल्में दर्शक को बमों और हत्याओं से परे जाकर हिंसा की असल वजहों मुफ़लिसी और दमन की पहचान करने का मौक़ा देती हैं। उनकी फ़िल्में हमें "वर्णित घटनाक्रम से कुछ दूरी पर रखती हैं। ऐसे में हम जो देखते हैं उसे वस्तुनिष्ठ नज़रिये से इतिहास या किसी टेक्स्ट की तरह समझ पाते हैं।"[25] पर उनकी राजनीति और सिनेमाई अन्दाज़ में इस फ़र्क़ के बावजूद राय और सेन, दोनों ही फ़िल्मकारों की बनाई कलकत्ता त्रयी राजनीतिक हिंसा और राज्य के दमन से खंडित हुए एक ख़ास दौर के कलकत्ता शहर का ज़िन्दा दस्तावेज़ सरीख़ी हैं। वे उस कुंठा और विश्वासघात का जीवंत दस्तावेज़ हैं जिसे 1947 में भारत की आज़ादी के समय पैदा हुई 'आधी रात की सन्तानें' अपनी जवानी में भोग रही थीं।

## सपनों का सौदागर

इधर सत्तारूढ़ दल ने बंगाल में विप्लव को बेरहमी से दबाया ही था कि उधर गुजरात और बिहार विद्रोह की आँधी में जल उठे। विचारधारा अलग थी, आन्दोलन के तरीक़े भी भिन्न थे लेकिन एक चीज़ यहाँ बिलकुल बंगाल विद्रोह जैसी थी। वो चीज़ थी छात्र और युवाओं का आन्दोलन की अगुआई में होना। युवाओं ने इन आन्दोलनों में बढ़-चढ़कर हिस्सा लेकर इन्हें एक नैतिक आभा प्रदान कर दी थी। बहुत लोग थे जो नक्सलवादी हिंसा के समर्थन में नहीं थे और उनकी साम्यवादी क्रान्ति की विचारधारा में विश्वास नहीं रखते थे। लेकिन एक नक्सलवादी का अपने आदर्शों के लिए अपनी जान तक न्योछावर कर देना उन्हें राष्ट्रवादी क्रान्तिकारियों के त्याग और बलिदान की याद दिलाता था। अपनी ही जेबें भरने में लगी, भ्रष्ट और सड़ी-गली राजनीतिक व्यवस्था के समक्ष इस महान गौरवपूर्ण आत्मत्याग को रखने पर तीखा विरोधाभास पैदा होता था। गुजरात और बिहार में उठ खड़ी हुई क्रान्ति की ज्वाला के सम्बन्ध में भी यह बात सच थी। इन दोनों जगहों पर विद्रोहियों में कोई हिंसक सम्प्रदाय नहीं पैदा हुआ, लेकिन युवाओं के आन्दोलन की रीढ़ बनने से उसे उच्च नैतिक धरातल मिल गया। 1971 और 1972 के चुनावों में इन्दिरा गांधी के सामने मुँह की खा चुके विपक्षी दलों ने भी इस तरुण विद्रोह में अपने लिए मौक़ा देखा। लेकिन आम सी दिखनेवाली इस राजनीतिक लड़ाई को धर्मयुद्ध में बदल देने का काम किया उन तरुणों के अगुआ, बहत्तर साला कृषकाय सपनों के सौदागर जयप्रकाश नारायण ने।

जेपी कोई साधारण राजनीतिक नेता भर नहीं थे। वे 'लोकनायक' थे, जनता के नायक। अपने सिद्धान्तों पर अडिग एक ऐसे नेता की छवि, जो किसी पद के लिए नहीं बल्कि सिर्फ़ आम लोगों की भलाई के लिए काम करता हो, उनकी सबसे बड़ी ताक़त थी। इस छवि से मिले माहात्म्य को बिहार आन्दोलन ने अपने पक्ष में इस्तेमाल किया और इन्दिरा गांधी की सत्तालोलुप और भ्रष्ट हुकूमत के ख़िलाफ़ उन्हें किसी संत की तरह प्रस्तुत किया गया। कांग्रेस और सीपीआई ने उन्हें 'प्रोटो-फ़ासिस्ट' कहकर ख़ारिज करने की कोशिश की। पर कहीं न कहीं इस आवेश से भरी भर्त्सना में उस चुनौती का स्वीकार भी था, जो जेपी का 'सम्पूर्ण क्रान्ति' का सपना पूर्ववर्ती राजनीतिक ढाँचे के समक्ष रख रहा था। भले ही परिस्थितियों ने उन्हें कांग्रेस के प्रमुख राजनीतिक प्रतिद्वंद्वी की भूमिका में बाँध दिया हो, उनका 'सम्पूर्ण क्रान्ति' का नारा समूची भारतीय राजनीति को एक नैतिक उच्च-भ्रू पर लेकर जाना चाहता था। सहज ही उन्हें 'गांधीवादी समाजवादी' कहकर पुकारा जाता था। पर गांधी और मार्क्स दोनों के विचारों को साथ लेकर आगे बढ़ने की उनकी कोशिश के पीछे की नैतिक और राजनीतिक ज़रूरतें बहुत गहरी थीं। जिस क़िस्म की

विध्वंसकारी चुनौती उन्होंने संसदीय लोकतंत्र के समक्ष रखी, उनकी आत्मकथा में उसे समझने के कुछ सूत्र मिलते हैं।

बिहार (तब बंगाल प्रेसीडेंसी का हिस्सा) के एक शिक्षित, मध्यवर्गीय, अगड़ी जाति के कायस्थ परिवार में 1902 में उनका जन्म हुआ।[26] किताबों के बीच पले-बढ़े जयप्रकाश ने शुरुआती दिनों से ही विचारों की दुनिया से दोस्ती बना ली थी। उन्होंने इटली के नायक गैरीबाल्डी और आयरिश राष्ट्रवादी डि वलेरा पर लिखे गए ऐतिहासिक उपन्यास और किताबें चाव से पढ़ीं। पढ़ाई के सिलसिले में ही वे 1915 में पटना आ गए। पटना शहर उन दिनों राष्ट्रवादियों का गढ़ बना हुआ था। यहीं जेपी का राष्ट्रवादी आन्दोलन से पहला रिश्ता बना और वे कांग्रेसी नेताओं से परिचित हुए। जब 1920 में असहयोग आन्दोलन के दौरान गांधी ने छात्रों का आह्वान किया कि वे अपनी पढ़ाई छोड़कर राष्ट्र के लिए आहुति दें—ख़ुद जेपी यही आह्वान 1974 में दोहरानेवाले थे—युवा छात्र जयप्रकाश ने अपनी अन्तिम परीक्षाओं से केवल तीन हफ़्ते पहले पटना कॉलेज का बहिष्कार कर दिया। लेकिन जब गांधी ने 1922 में आन्दोलन वापस लेने का फ़ैसला किया, जेपी दुविधा में पड़ गए। वे वापस कॉलेज में पढ़ना तो चाहते थे, लेकिन अंग्रेज़ों की ग़ुलामी में नहीं। उनके जैसे उच्चवर्गीय कई अन्य छात्रों की तरह ब्रिटेन चले जाना भी उनके लिए विकल्प नहीं हो सकता था। अन्तत: उन्होंने अमेरिका जाने का फ़ैसला किया, क्योंकि उन्होंने सुना था कि वहाँ कामकाज करते हुए पढ़ाई साथ में भी की जा सकती है।

साल 1922 में जेपी जहाज़ के रास्ते कैलिफोर्निया पहुँचे और बर्कले विश्वविद्यालय में गणित, रसायन अभियांत्रिकी और जैवविज्ञान विषयों के साथ दाख़िला लिया। एक ही सेमेस्टर के बाद जब उनके सीमित संसाधनों में बर्कले में पढ़ना मुश्किल लगने लगा, वे ट्रांसफ़र लेकर आयोवा स्टेट विश्वविद्यालय आ गए, और उसके कुछ ही समय बाद मेडिसन के विसकॉन्सिन विश्वविद्यालय। यहीं मेडिसन और पास के शिकागो शहरों में उनका अन्य भारतीय छात्रों के साथ काफ़ी समय बीता। यहीं उनका परिचय नस्ली भेदभाव और वर्ग के आधार पर भेद से हुआ। यहीं कम्युनिस्ट उनके दोस्त बने और उन्होंने मार्क्स को पढ़ना शुरू किया। यहाँ तक कि उन्होंने कम्युनिस्ट पार्टी ऑफ़ दि यूनाइटेड स्टेट्स की ओरिएंटल शाखा की सदस्यता भी ले ली और लेनिन, ट्राट्स्की, रोज़ा लग्ज़मबर्ग और कार्ल कॉउत्सकी को पढ़ने लगे। "मैंने दास कैपिटल के भी कुछ अध्याय पढ़ने की कोशिश की।" उनके शब्द थे।[27] उनके उस्ताद रहे पोलिश मूल के यहूदी एवरॉम लैंडी एवं मैक्सिकन मार्क्सवादी इमैनुएल गोम्स ने उन्हें मास्को के ओरिएंटल विश्वविद्यालय में दाख़िला लेने को प्रोत्साहित किया। उन्हें इसके लिए बस 'पैसेज मनी' के बतौर दिये जानेवाले 400 डॉलर का जुगाड़ करना था। लेकिन वो इसे जुटाने से चूक गए। संयुक्त राज्य अमेरिका भयानक मन्दी की चपेट में था। वो एक अदद नौकरी

की तलाश में कारख़ाने दर कारख़ाने भटकते रहे, लेकिन उन्हें हर दरवाज़ा बन्द मिला। आख़िर एक सिनेमा हॉल में चौकीदार की नौकरी मिली, लेकिन उसमें इतनी कमाई नहीं थी कि उनके मास्को जाने का ख़र्चा निकल सकता। ये बात तो नहीं बन पाई, पर जब लैंडी ने ओहायो राज्य विश्वविद्यालय में पढ़ाना शुरू किया, तो उनके पीछे-पीछे जेपी भी वहाँ पहुँच गए। 1928 में उन्होंने ओहायो राज्य विश्वविद्यालय से स्नातक उत्तीर्ण किया और वहीं से जेपी ने समाजशास्त्र में स्नातकोत्तर की उपाधि हासिल की। 1929 में जेपी वापस भारत लौट आए।

अमेरिका में बिताए सात सालों ने जेपी को बदलकर रख दिया। "अमेरिका में मैंने खदानों में काम किया, कारख़ानों में काम किया और बूचड़ख़ानों में काम किया। मैंने जूता-पॉलिश करके ख़र्चा चलाया और कई बार तो होटलों के पाखाने भी साफ़ किये। मैं वहाँ मार्क्सवादी बन चुका था पर स्टालिनवादी मैं अब भी नहीं था।"[28] भारत लौटते हुए उनके मस्तिष्क में सामाजिक क्रान्ति का ख़ाका आकार ले रहा था। लेकिन भारत आकर वे कम्युनिस्ट पार्टी में शामिल नहीं हुए। इसकी वजह ये थी कि नये कॉमिंटर्न की लाइन लेते हुए भारत की कम्युनिस्ट पार्टी ने भी गांधी और कांग्रेस को बुर्जुआ कहकर उन्हें ख़ारिज कर दिया था। संयुक्त राज्य अमेरिका में रहकर जेपी मार्क्सवादी तो बने थे, लेकिन इससे उनकी राष्ट्रवादी पहचान धुँधलाई नहीं थी। ऐसे में राष्ट्रवादी आन्दोलन की मुख्यधारा से ख़ुद को अलग कर चुके कम्युनिस्टों के साथ जाने का सवाल ही नहीं उठता था। उधर गांधी सविनय अवज्ञा आन्दोलन की तैयारियों में जुटे थे। जेपी की पत्नी प्रभावती, जो ख़ुद बिहार के एक जाने-माने वकील और कांग्रेस लीडर की बेटी थीं, जेपी के सात साल के अमेरिका प्रवास के दौरान ज़्यादातर समय गांधी के आश्रम में ही रहीं। इसी दौरान गांधी के प्रभाव में आकर प्रभावती ने ब्रह्मचर्य का व्रत ले लिया और जेपी के अमेरिका से वापस आने के बाद भी वे इस प्रण को निभाती रहीं। जेपी ने भी उनके निर्णय को स्वीकार किया और ख़ुद आज़ादी की लड़ाई में कूद गए। नेहरू उस दौर के युवा आन्दोलनकारियों के नायक थे और जेपी ने नेहरू के साथ नज़दीकी रिश्ता बनाया। जेपी उन्हें 'भाई' कहकर बुलाते थे। प्रभावती नेहरू की पत्नी कमला की नज़दीकी साथी बन गईं। नेहरू परिवार और नारायण परिवार का यह मधुर नज़दीकी रिश्ता दशकों बाद जेपी-इन्दिरा भिड़न्त के समय कुछ इस तरह टूटना था कि गाँठ सदा के लिए रह जानी थी।

जेपी ने मुल्क को आज़ादी दिलाने के लिए चल रहे गांधीवादी आन्दोलन में भागीदारी ज़रूर की थी, लेकिन अमेरिका में हासिल किये मार्क्सवादी विचारों में विश्वास को छोड़ा नहीं था। अपने जैसे सोचनेवाले कुछ और साथियों को जुटाकर उन्होंने 1934 में कांग्रेस के भीतर ही दबाव समूह के रूप में कांग्रेस सोशलिस्ट पार्टी की स्थापना की। कांग्रेस का यह समाजवादी धड़ा राज्य द्वारा योजनाबद्ध

नीति-निर्धारण और उद्योगों पर राज्य के नियंत्रण का पक्षधर था पर साथ ही ट्रेड यूनियनों और ग्रामीण सामुदायिक संस्थाओं में शक्ति के विकेन्द्रीकरण की बात भी करता था। पर उनके यह विचार उन्हें कांग्रेस पार्टी और ख़ुद गांधी के रूढ़िवादी विचारों के बरअक्स खड़ा कर रहे थे। इस पक्ष-विपक्ष के बावजूद वे साथ मिलकर राष्ट्रवादी आन्दोलन में काम करते रहे। अगस्त, 1942 में ब्रिटिश सरकार के ख़िलाफ़ गांधी के आह्वान पर दूसरे अनेक आन्दोलनकारियों की तरह जेपी भी 'भारत छोड़ो आन्दोलन' में कूद पड़े। अंग्रेज़, जो उस समय दूसरे विश्वयुद्ध के मुश्किल मोर्चे पर फँसे हुए थे, इससे भड़क गए और तमाम नेताओं, क्रान्तिकारियों को पकड़-पकड़कर जेल में डालने लगे। जेपी को भी गिरफ़्तार कर लिया गया। पर क़ैद में जेपी ज़्यादा दिन रह न पाए। साम्राज्य की कालकोठरी उन्हें सुहाई नहीं और नवम्बर, 1942 में एक दुस्साहसी प्रयास में वो हज़ारीबाग केन्द्रीय कारागार तोड़कर भाग निकले। इस करामात ने रातोंरात उन्हें 'भारत छोड़ो आन्दोलन' में लड़ रहे क्रान्तिकारी युवाओं का नायक बना दिया। गांधी, नेहरू तो जेल में थे। ऐसे समय में जेपी नौजवान राष्ट्रवादियों के नेता बनकर उभरे। 1943 में प्रशासन ने आख़िर उन्हें फिर धर दबोचा और वापस कालकोठरी में डाल दिया।

सन् 1946 में जब अन्ततः जेपी क़ैद से रिहा हुए, उनकी लोकप्रियता सातवें आसमान पर थी। लेकिन उनके और कांग्रेस नेतृत्व के बीच वैचारिक खाई भी गहरी हो रही थी। उन्हें लगता था कि विश्वयुद्ध के बाद कांग्रेस का कैबिनेट मिशन के तहत ब्रिटिश सरकार से सत्ता को लेकर मोलभाव करना और साल-भर बाद विभाजन जैसी शर्त स्वीकार कर लेना संविधानवाद के आगे एक क़िस्म का आत्मसमर्पण था। विश्वयुद्ध ने भारत को उग्रवाद की आँधी में झोंक दिया था। युद्ध के दौर की इनसानी और माल-असबाब की लामबन्दी ने राज्य संस्था को लोगों के रोज़मर्रा के जीवन के ठीक बीचोबीच लाकर खड़ा कर दिया था। जब युद्ध का ख़ूनी खेल ख़त्म हुआ, बदलाव की लहरें हिलोरें मार रही थीं। मज़दूर और किसान कुछ कर गुज़रने को आतुर थे। समाजवादी और कम्युनिस्ट भी आमूलचूल परिवर्तन का नारा बुलन्द कर रहे थे। जेपी भी जन कार्रवाई के पक्षधर थे। सिंहासन पर बैठी दो सत्ताओं के बीच सत्ता का हस्तान्तरण भर होकर आज़ादी मिल जाना उन्हें मंजूर न था। जेपी और उनके समाजवादी साथियों को नहीं लगता था कि संविधानवाद भारत को सामाजिक बदलाव लानेवाली सच्ची आज़ादी दिला पाएगा। उनके हिसाब से साम्राज्यवादी शक्तियों द्वारा तय की गई शर्तों पर हासिल स्वाधीनता के पीछे नैतिक बल नहीं होता, और यह 'साध्य के साथ साधन की पवित्रता' की बात करनेवाले गांधीवादी सिद्धान्त से भी विश्वासघात होता।

विचारों का यह पक्ष-विपक्ष उस क्षण पत्थर पर खिंची लकीर में बदल गया जब 1948 में जेपी और उनके साथियों ने सोशलिस्ट पार्टी की स्थापना की। एक

ओर उनका यह क़दम कांग्रेस के साथ उनके मोहभंग की गवाही दे रहा था, वहीं दूसरी ओर सोवियत संघ का उदाहरण मार्क्सवाद द्वारा किये एक समाजवादी समाज बनाने के वादे पर सवाल खड़े कर रहा था। 1953 में दिये अपने एक भाषण में जेपी ने सोवियत संघ का सन्दर्भ देते हुए बोला कि सिर्फ़ आर्थिक सम्बन्धों की पुनर्रचना इनसान को बदलने के लिए काफ़ी नहीं है।[29] अगर शुद्ध तकनीकी आधार पर बात करें तो सोवियत संघ और संयुक्त राज्य अमेरिका में एक-दूसरे से बहुत ही मिलती-जुलती आर्थिक संरचनाएँ काम कर रही हैं। लेकिन दोनों देशों के राजनीतिक ढाँचे एक-दूसरे से बिलकुल जुदा हैं। दिक़्क़त यहाँ आती है कि दोनों में से एक भी व्यवस्था सीधा व्यक्ति को, उसकी समस्याओं को सम्बोधित नहीं करती। समाजवाद तब तक सचाई में नहीं बदल सकता, जब तक कि आर्थिक सम्बन्धों के साथ-साथ इनसानी नज़रिये में भी परिवर्तन न लाया जाए। यूरोपीय देशों का संसदीय समाजवाद भी इस कोशिश में पूरी तरह सफल नहीं हो पाया है। ये भाषण उन्होंने तीन दिन के उस उपवास के बाद दिया था जो मार्क्सवाद को लेकर उनके मनन का हिस्सा था। उपवास पूरा होने के बाद उन्होंने अपने एक दोस्त को लिखा, "मैंने मार्क्सवाद के दार्शनिक सिद्धान्त—द्वंद्वात्मक भौतिकवाद को त्याग देने का फ़ैसला किया है। क्योंकि यह मुझे इस प्रश्न का उत्तर नहीं मुहैया करवाता कि एक इनसान को, या किसी को भी आख़िर अच्छाई के रास्ते पर क्यों चलना चाहिए?"[30]

रोज़मर्रा के इनसानी व्यवहार में समाजवाद की ये तलाश जेपी को मार्क्सवाद ही नहीं, मुख्यधारा की राजनीति से भी दूर ले गई। 1957 में उन्होंने पेशेवर राजनीति का त्याग कर गांधीवादी आचार्य विनोबा भावे के साथ जाना चुना। गांधी की तर्ज पर किसी संत जैसा भेस रखनेवाले विनोबा अपने भूदान आन्दोलन के लिए गाँव दर गाँव पैदल भटकते थे। इस अभियान में वे ज़मीदारों से उनकी अतिरिक्त ज़मीन भूमिहीनों को दान कर देने की अपील करते थे। इसके साथ वे गांधी के 'सर्वोदय' दर्शन की बात करते थे। इसी सर्वोदय दर्शन के आत्मनिर्णय और समता के विचार में जेपी को उस सामाजिक बदलाव की राह दिखाई देने लगी, जिसे वे अब तक मार्क्सवाद में तलाश करते आए थे। जेपी के लिए यह जैसे गांधी की ओर की गई घरवापसी थी, जिनके नेतृत्व में चले स्वाधीनता आन्दोलन में सालों पहले उन्होंने 'राजनीति' नहीं, 'लोकनीति' की झलक पाई थी।[31] कम्युनिज़्म और संसदीय राजनीति, दोनों में होनेवाले शक्तियों के केन्द्रीकरण के मुक़ाबले सर्वोदय में स्थानीय स्तर पर स्वशासन का वादा था। स्थानीय स्तर पर समाजवाद को लागू करवा पाने की इसी कोशिश के चलते जेपी उन नक्सली कार्रवाइयों से भी हमदर्दी रखते थे, जो ज़मीनी स्तर पर बटाईदारों के हक़ में लड़ी जा रही थीं। हालाँकि वे उनकी हिंसा से असहमति रखते थे। हिंसा के बारे में उनका मानना था कि भले ही वो वर्तमान व्यवस्था को चोट पहुँचाती हो लेकिन स्थायी बदलाव नहीं ला सकती। पर जब क़ानून खेतिहरों को

इंसाफ़ नहीं दिलवाता, हिंसा से कैसे बचा जा सकता है। "आप समझते हैं कि सिर्फ़ शान्ति-शान्ति के मंत्र उच्चारण से राजनीतिक दलों को इस परिस्थिति से मुक्ति मिल जाएगी?"[32] फ्रांस में हुए मई, 1968 के विप्लव का उदाहरण देते हुए उन्होंने हिंसा के प्रति चेताया, लेकिन साथ ही छात्र युवाओं के वर्तमान राजनीतिक व्यवस्था से मोहभंग को अपना पूरा समर्थन दिया। नौजवानों के मन में विश्वविद्यालयों से लेकर कारख़ानों तक मौजूद सत्ता संरचनाओं को उलट देने की आकांक्षा थी और जेपी इस आकांक्षा के साथ डटकर खड़े थे। मार्क्सवादी सामाजिक क्रान्ति का विचार अब कुछ-कुछ रूसो द्वारा रचित आदर्श इच्छा के सिद्धान्त में बदल चुका था।[33]

संसदीय राजनीति में राजनीतिक दलों के भ्रष्ट और अनैतिक आचरण और इन्दिरा गांधी के कारनामों से पहले ही भरे बैठे जेपी ने 1974 में बिहार में छात्र युवा असन्तोष से उपजे आन्दोलन का खुलकर स्वागत किया। विद्रोह की ज्वाला पहले गांधी के गुजरात में फूटी थी। सर चढ़ती महँगाई और खाने-पीने की वस्तुओं की बढ़ती क़ीमतों को लेकर आवाज़ें दिसम्बर, 1973 में ही उठनी शुरू हो गई थीं।[34] अहमदाबाद में छात्रों ने कॉलेज छात्रावास में परोसे जा रहे खाने की गुणवत्ता और महँगी क़ीमत को लेकर चार दिनों तक शहर में दंगा-फसाद किया। जनवरी, 1974 तक उनका विरोध जारी रहा। देखते ही देखते खाद्यान्न की महँगी क़ीमतों को लेकर शुरू हुआ विरोध राज्य के मुख्यमंत्री चिमनभाई पटेल की ख़िलाफ़त में बदल गया। मुख्यमंत्री पर भ्रष्टाचार के ख़ूब आरोप लगे और शहर की सड़कों पर उन्हें 'चिमन चोर' कहकर पुकारा जाने लगा। जनवरी की 11 तारीख़ को छात्रों ने विभिन्न कॉलेजों और कैम्पस से बाहर के अन्य नौजवान प्रतिनिधियों को शामिल करते हुए 'नवनिर्माण युवक समिति' का गठन किया। इस युवा संगठन के अभियान में अध्यापक भी आगे बढ़कर शामिल हुए और चिमनभाई पटेल को सत्ताच्युत करना और भ्रष्ट राजनीति को सही रास्ते पर लाना उनके अभियान का उद्देश्य बन गया। महीना बीतते-बीतते इस आन्दोलन में लेखक, कवि, मध्यवर्गीय पेशेवर, दफ़्तरों में काम करनेवाले, सर्वोदय कार्यकर्ता और महिला संगठन सभी जुड़ चुके थे। आन्दोलन ने हड़ताल और बन्द का नारा दिया। चिमनभाई पटेल के पुतले जलाए गए और पुतले की अर्थियाँ निकाली गईं। यहाँ तक कि चारों तरफ़ से आरोपों से घिरे मुख्यमंत्री का पुतला ऑपरेशन टेबल पर रख मेडिकल छात्रों ने उसकी नाटकीय सर्जरी तक कर डाली और उसके शरीर में से खाद्य तेल, अनाज और रुपयों के भंडार निकलने का दावा किया। शाम को एक पूर्वनिर्धारित निश्चित समय पर शहर का आकाश धातु की थालियों के पीटे जाने की आवाज़ से गूँज उठता, जो घोषणा थी समाज में सरकार के इक़बाल के ख़ात्मे की। आन्दोलन को ज़रा भी कमज़ोर न पड़ता देख चिमनभाई पटेल ने केन्द्र की सलाह पर इस्तीफ़ा दे दिया। राज्यपाल ने विधानसभा को निलम्बित कर दिया और राज्य में राष्ट्रपति शासन लगा दिया गया।

केन्द्र की सत्ता में बैठी इन्दिरा गांधी की इस व्याकुलता को देखते ही विपक्षी पार्टियाँ भी सक्रिय हो गईं और उन्होंने विधानसभा भंग कर फ़ौरन नये चुनाव करवाने की माँग कर डाली। उत्साह से भरी 'नवनिर्माण युवक समिति' ने अपने आन्दोलन को और धार दी। नौजवान जुलूस की शक्ल में पहुँचकर, विधायकों के समक्ष धरना देकर उन्हें ख़ुद इस्तीफ़ा देने के लिए मजबूर करने लगे। विरोध प्रदर्शन की आग उग्र होती गई। पत्थरबाज़ी, सार्वजनिक एवं निजी सम्पत्ति जैसे बसों को जलाए जाने की घटनाएँ होने लगीं। पुलिस ने भी प्रदर्शनकारियों पर गोलियाँ चलाईं और जब इससे बात नहीं बनी तो सेना को बुलाया गया। मार्च की 13 तारीख़ को मोरारजी देसाई अनिश्चितकालीन भूख हड़ताल पर बैठ गए। तीन दिन के भीतर ही इन्दिरा सरकार ने समर्पण कर दिया। विधानसभा भंग कर दी गई।

हालाँकि गुजरात में चले इस नाटकीय घटनाक्रम के पीछे राजनीतिक दलों की बाज़ीगरी कम नहीं थी, लेकिन जेपी ने इसमें छात्र नौजवानों की अगुआ भूमिका को सबसे ख़ास माना। फ़रवरी की 14 तारीख़ को अहमदाबाद में छात्रों को सम्बोधित करते हुए जेपी ने उनसे एक साल के लिए पढ़ाई छोड़ने का और दलीय राजनीति से स्वतंत्र 'युवा क्रान्ति' के लिए काम करने का आह्वान किया।[35] जेपी का यूँ मैदान में कूदना अचानक नहीं था। पिछले कुछ सालों से जेपी लगातार बढ़ते भ्रष्टाचार और संसदीय राजनीति के भारत में विफलता की ओर बढ़ते जाने को लेकर चेता रहे थे। उन्होंने समकालीन राजनीति पर अपनी राय रखने के लिए जुलाई, 1973 में 'एवरीमैन्स वीकली' शीर्षक से जर्नल भी शुरू किया। इस जर्नल में लिखते हुए वे कांग्रेस की कठोर आलोचना करते थे, लेकिन विपक्षी पार्टियों को भी वे बख़्श नहीं रहे थे।[36] यह सही था कि सत्तारूढ़ दल इसके लिए सबसे ज़्यादा उत्तरदायी था, लेकिन सार्वजनिक जीवन में भ्रष्टाचार की समस्या भारत में हर ओर, हर स्तर पर फैली हुई थी। इसी के चलते जेपी का ये मानना था कि राजनीतिक व्यवस्था में फैली इस सड़ाँध को दूर करने और उसकी रोगमुक्ति में युवाओं की सबसे महत्त्वपूर्ण भूमिका है। उनका गुजरात के आन्दोलन में कूदना भी इस तर्क से आसानी से समझा जा सकता था। जब विधानसभा भंग हुई तो जेपी ने केन्द्र सरकार को नाकों चने चबवाने के लिए नौजवानों को बधाई भेजी। इस जीत ने किसी सामाजिक बदलाव का मार्ग भले न प्रशस्त किया हो, कम-से-कम इतना तो सुनिश्चित किया ही कि सरकार को जनता की आवाज़ सुननी ही पड़ती है।

गुजरात बीतते न बीतते जेपी का ध्यान उनके अपने गृहराज्य बिहार में सुलगते छात्र विद्रोह पर आ टिका। बाक़ी हिन्दुस्तान की तरह ही बिहार में भी राष्ट्रीय राजनीतिक दल सीधे छात्र राजनीति में भागीदारी करते थे। पार्टियाँ कॉलेज और विश्वविद्यालयों को राजनेताओं की नई पौध तैयार करने और नौजवानों में अपनी दलगत विचारधारा को विस्तार देने के लिए बुनियाद की तरह इस्तेमाल करती थीं।

इसके लिए उन्होंने ख़ुद से सम्बद्ध ऐसे संगठनों का निर्माण किया था जो उनकी ओर से छात्रसंघ चुनाव लड़ते थे। 1972 में बिहार में जनसंघ से जुड़ी छात्र इकाई 'अखिल भारतीय विद्यार्थी परिषद' ने पटना विश्वविद्यालय का छात्रसंघ चुनाव जीत लिया था। अगले साल जब गुजरात में विद्रोह भड़का, तो उन्होंने बिहार की पहले से सुलगती छात्र राजनीति में भी हस्तक्षेप करने का फ़ैसला किया। जनसंघ की छात्र इकाई के सहयोग से बिहार के छात्र दिसम्बर, 1973 से ही विभिन्न संगोष्ठियों का आयोजन करने लगे। इस प्रक्रिया में छात्र नेताओं की एक ऐसी टोली सांगठनिक नेतृत्व में आई जो रुझान से ग़ैर-साम्यवादी थी और सबसे पहले बढ़ती महँगाई का मसला अपने हाथों में लिया। इस महँगाई के लिए उसने सत्तारूढ़ कांग्रेस को ज़िम्मेदार ठहराया। सत्ता के ख़िलाफ़ उभरते इसी आन्दोलन से कुछ ऐसे छात्र नेताओं ने जन्म लिया, जिन्होंने आगे जाकर बिहार की राजनीति की धारा को बदला। कभी वे एक-दूसरे के दोस्त बने, तो कभी प्रतिद्वंद्वी। इनमें प्रमुख थे भदेस लालू प्रसाद यादव और सौम्य छवि वाले नीतीश कुमार। इनके उभार ने बिहार में अब तक चली आ रही अगड़ी जातियों के वर्चस्व वाली राजनीति का भी अन्त कर दिया।

उत्तरी बिहार के एक गाँव में यादव परिवार में पैदा हुए लालू प्रसाद के बड़े भाई उन्हें पढ़ाने के लिए अपने साथ पटना ले आए थे।[37] अपना बचपन उन्होंने पटना वेटेरिनरी कॉलेज के खुले अहातों में बिताया, जहाँ यादव जाति के लोगों को गाय-भैंसों के तबेले सँभालने की ज़िम्मेदारी दी जाती थी। गाय-भैंसों और गोबर के उपलों के बीच बड़े होते उन्होंने विद्यालयी परीक्षा पास की और फिर पटना के बी. एन. कॉलेज में एडमीशन हासिल किया, जिसकी प्रसिद्धि उन दिनों पढ़ाई के लिए कम और छात्र राजनीति के लिए ज़्यादा थी। लालू की रुचि पढ़ाई में नहीं थी। अपने प्रदर्शनकारी व्यक्तित्व, भदेस व्यंग्य और बहुत सोचे-समझे बेधड़क अन्दाज़ के साथ वे छात्र नेता के रूप में तेज़ी से उभरे। वे तब क़ानून की पढ़ाई कर रहे थे, जब 1973 में उन्हें पटना विश्वविद्यालय का छात्रसंघ अध्यक्ष चुना गया। अन्य पिछड़ा वर्ग सूची में आनेवाली यादव जाति के एक सदस्य का इस पद पर चुना जाना बदलते राजनीतिक मौसम का भी सूचक था। तथाकथित अगड़ी जातियों की राजनीति में चौधराहट अब टूट रही थी। लालू प्रसाद ने सोशलिस्ट पार्टी को चुना, इसके पीछे भी वैचारिक प्रतिबद्धताओं की कम भूमिका थी और यह तथ्य ज़्यादा काम कर रहा था कि कांग्रेस के विपरीत इस दल में पिछड़े वर्ग का प्रतिनिधित्व कहीं ज़्यादा था।

नीतीश कुमार भी सोशलिस्ट पार्टी के खेमे में आ गए। नीतीश के मामले में आकर्षण का बिन्दु दल के प्रभावशाली नेता डॉ. राममनोहर लोहिया (1910-67) के राजनीतिक विचार थे। लोहिया ने लिखा था कि जातिगत भेदभाव ही भारतीय

समाज के पैरों में बँधी सबसे बड़ी बेड़ी है। पिछड़ी खेतिहर कुर्मी जाति से आनेवाले नीतीश—लालू के विपरीत पढ़ाई में गहरी रुचि रखनेवाले थे। पेशे से आयुर्वेदिक डॉक्टर उनके पिता लम्बे समय तक कांग्रेस के कर्मठ कार्यकर्ता रहे, लेकिन उनकी राजनीतिक महत्त्वाकांक्षाओं को कांग्रेस के उच्च-जाति नेतृत्व ने सदा ही कुचला। इस सबके स्वयं साक्षी रहे नीतीश का लोहिया और समाजवादी दल की ओर आकर्षण स्वाभाविक ही था। इंजीनियरिंग के छात्र रहे नीतीश का राजनीति में प्रवेश अपने कॉलेज के छात्रसंघ अध्यक्ष का चुनाव जीतकर हुआ। लालू के प्रदर्शनकारी व्यक्तित्व के विपरीत नीतीश ख़ुद में ही सिमटे रहनेवाले, गम्भीर और सौम्य थे। उधर सयाना छात्र नेता नुमाइशी अन्दाज़ में पुलिस बैरिकेड्स पर अपनी मृत्यु की सूचना वाले पर्चे चिपकवाकर अख़बारों की सुर्ख़ियाँ बटोर रहा था, तो इधर नीतीश ने शादी से पहले दहेज लेने से इनकार कर और सिविल मैरिज का आग्रह कर लोगों का ध्यान अपनी ओर खींचा। लोहिया के दिखाए रास्ते पर चलते हुए उन्होंने शादी में दिखावटी आडम्बरों तथा रूढ़ियों का बहिष्कार किया। बिहार के पारम्परिक समाज में ऐसा करना अपने आप में बड़ी बात थी और उनके इस क़दम ने भी अख़बार की सुर्ख़ियाँ बटोरीं। किरदारों में ऐसी भिन्नता होने के बावजूद नीतीश और लालू बिहार आन्दोलन के साझा नेताओं की तरह उभरे।

बिहार में उभरे इन दो पिछड़ी जाति के नेताओं का उनके समकालीनों ने पहले तो ज़्यादा नोटिस नहीं लिया, जबकि ये बिहार की बदलती सामाजिक और राजनीतिक दृश्यावली के अगुआ खेवनहार थे। ख़ुद अगड़ी जाति से आनेवाले जेपी ने भी उनका नोटिस लिया हो, इसका कोई लिखित प्रमाण नहीं मिलता। लेकिन छात्र राजनीति शर्तिया ही किसी नई दिशा की ओर बहती हवा की तरफ़ इशारा कर रही थी। सबकी नज़रें इस पर टिकी थीं कि कैसे यह सत्ता में बैठी कांग्रेस को चुनौती देती है। संचालन समिति के सदस्य के बतौर लालू और नीतीश छात्र आन्दोलन को संगठित कर रहे थे और यह रफ़्तार के साथ हर दिशा में फैल रहा था। जब छात्र जुलूस और रैलियों की शक्ल में सड़कों पर निकले, माहौल में तेज़ी से गरमाहट आने लगी। मार्च, 1974 की 16 तारीख़ को पुलिस फ़ायरिंग में दो छात्र मारे गए।[38] यहीं से चीज़ें हाथ से छूटने लगीं। छात्र आन्दोलन की संचालन समिति ने घोषणा की कि वो 18 मार्च को विधानसभा का घेराव करेगी और राज्यपाल को उनका अभिभाषण देने से रोकेगी। यह क्षण लालू प्रसाद यादव के राजनीतिक जीवन में किसी धूमकेतु की तरह त्वरित उत्थान का गवाह बना। पटना विश्वविद्यालय के छात्रसंघ अध्यक्ष और आन्दोलनरत छात्र संगठन के अगुआ की हैसियत से उन्होंने तमाम राजनीतिक दलों को पहले ही चेतावनी दी कि वे इस घेराव से अलग रहें और विधायकों को सभा के भीतर जाने से रोकने की योजना पर छात्रों को बिना किसी रोक-टोक आगे बढ़ने दें। तयशुदा दिन सैकड़ों छात्र विधानसभा के बाहर

इकट्ठा हो गए। एक बार फिर पुलिस और छात्रों के बीच सीधी भिड़न्त हुई और सड़कों पर हिंसा और दमन का चक्र चला। शहर जैसे किसी रणक्षेत्र में बदल गया। छात्रों ने अंग्रेज़ी के अख़बार 'सर्चलाइट' और हिन्दी अख़बार 'प्रदीप' के दफ़्तरों पर हमला कर दिया और व्यवस्था बनाए रखने के लिए सेना को बुलाना पड़ा। भीड़ ने अख़बार के दफ़्तरों को जला दिया और बेबस प्रशासन उन्हें किसी तरह की सुरक्षा मुहैया नहीं करवा पाया।[39]

जेपी ने वक्तव्य देकर समाचार-पत्रों की इस हानि पर शोक प्रकट किया और सरकार को उनकी अकर्मण्यता के लिए कोसा। लेकिन छात्र नेताओं का उन्होंने खुलकर समर्थन किया और बिहार के मुख्यमंत्री अब्दुल गफ़ूर से इस्तीफ़े की माँग की।[40] पटना में हुई इन झड़पों की ख़बर दूर तक पहुँची और देखते ही देखते राज्य के दूसरे इलाक़ों में भी दंगे-फ़साद छिड़ गए। 21 मार्च तक राज्य में पुलिस फ़ायरिंग में मरनेवालों की संख्या बाईस और घायलों की संख्या सैकड़ों में पहुँच चुकी थी। छात्र न सिर्फ़ मुख्यमंत्री के इस्तीफ़े की बल्कि विधानसभा को भंग करने की माँग भी कर रहे थे। उन्होंने अपनी माँगों के समर्थन में 23 मार्च को बिहार बन्द का आह्वान किया, जिसमें पूरे बिहार का चक्का-जाम किया जाना था। बन्द के दिन तो कोई हिंसा नहीं हुई, लेकिन माहौल में तनाव बना हुआ था। जेपी ने वक्तव्य जारी किया जिसमें उन्होंने रेखांकित किया कि "दिन पर दिन बढ़ती जा रही विपत्तियों से जूझते लोगों का ग़ुस्सा कभी भी मर्यादा की सीमा तोड़ सकता है।" उनके इस वक्तव्य का अन्त एक चेतावनी के साथ हुआ :

> आख़िर में दो शब्द सर्वोदय पर। जिन्हें लगता है कि सर्वोदय सिर्फ़ अहिंसक क्रान्ति की बातें भर करनेवाले, असल में पाखंडी लोगों का जमावड़ा है, उन्हें मैं बता दूँ कि उन्हें काफ़ी तगड़ा झटका लगनेवाला है। अपने बारे में तो मैं शर्तिया ये कह सकता हूँ कि इस भ्रष्टाचार और कुशासन को अपनी आँखों के सामने घटता मैं नहीं देख सकता...मुझे इससे भी कोई मतलब नहीं कि कौन-सा मंत्री बदला जाता है या कि विधानसभा ही भंग कर दी जाती है। ये तो साँपनाथ को नागनाथ से बदल देने बराबर होगा। मैंने फ़ैसला किया है कि मैं इस भ्रष्टाचार और अन्यायपूर्ण शासन से सीधा लड़ूँगा और असली जनता का लोकतंत्र लेकर आऊँगा।[41]

जेपी ने अप्रैल, 1974 में सिटिज़न्स फ़ॉर डेमोक्रेसी (सीएफ़डी) नाम से एक नये संगठन का निर्माण किया जो भ्रष्टाचार, मानवाधिकार और चुनाव सुधारों पर उनकी माँगों को आगे बढ़ानेवाला था। इस बीच इन्दिरा के साथ उनके सम्बन्ध बिगड़ने लगे थे। दोनों पारिवारिक मित्रों ने सार्वजनिक रूप से, और उससे भी ख़राब ये कि निजी बातचीत में भी, एक-दूसरे पर आरोप लगाए एवं अविश्वास ज़ाहिर किया।

उनके बीच संवाद शुरू तो आत्मीयता के साथ होता और दोनों एक-दूसरे को पुरानी पारिवारिक दोस्तियाँ याद दिलाते, लेकिन जल्द ही यह सिलसिला आरोपों-प्रत्यारोपों की झड़ी में बदल जाता। जैसे ये उदाहरण देखिए—मई, 1974 में इन्दिरा ने जेपी को लिखी एक चिट्ठी में अपने पिता के जेपी से मधुर सम्बन्धों का ज़िक्र किया और अपनी माँ के प्रभावती जी के लिए गहरे स्नेह को याद किया। लेकिन उसके फ़ौरन बाद ही उन्होंने शिकायती लहजे में लिखा, "आपने मेरे पिता से भी सीधे मुँह बात नहीं की थी, और न अब मुझसे करते हैं।" एक दूसरे ख़त में उन्होंने लिखा कि ये कहना जेपी का बड़प्पन है कि उनके बीच किसी क़िस्म का टकराव नहीं। लेकिन "आपके इस बयान के बाद जो आपने एक अख़बारनवीस और चन्द और लोगों के सामने दिया कि आपके और मेरे बीच के 'सभी रिश्ते' टूट चुके हैं और आप अब मुझसे बात करना बेमतलब समझते हैं, मेरा कुछ भी लिखना बहुत मुश्किल है।"[42] इस वार्तालाप में जेपी का पक्ष देखा जाए तो वे अधिकतर मौक़ों पर इन्दिरा गांधी को प्यार भरे लेकिन लघुता का अहसास करवानेवाले घरेलू नाम 'इन्दु' से पुकारते रहे। अपने एक छह पृष्ठ लम्बे ख़त में जेपी ने लिखा कि सर्वोदयी इनसान को इन्दिरा द्वारा मोटे असामियों के पैसे पर आलीशान घरों में रहनेवाला आदमी बताए जाने से उन्हें गहरी चोट पहुँची है। भले ही इन्दिरा ने नाम नहीं लिया हो, जेपी ने कहा कि वो जानते हैं इसके निशाने पर कौन है।

> इसमें कोई शक नहीं कि मेरे तुमसे राजनीतिक मतभेद हैं, और उन मतभेदों की गम्भीरता भाई (नेहरू) से रहे मेरे मतभेदों के कहीं ज़्यादा गहरी है। उनसे मेरे मतभेद अधिकतर अन्तरराष्ट्रीय मसलों को लेकर होते थे जैसे तिब्बत, चीन, हंगरी जैसे मुद्दे। घरेलू मसलों को लेकर हमारे बीच कभी गम्भीर मतभेद नहीं रहा। हालाँकि पटना फ़ायरिंग पर मेरा वक्तव्य कुछ ज़्यादा ही सख़्त बन पड़ा था और मैं उसके लिए शर्मिंदा भी रहा। लेकिन वो उस समय मेरा प्रबल भावनात्मक पक्ष था जिसे मैं चाहकर भी नियंत्रित नहीं कर पाया। भाई को मेरे उस वक्तव्य से बहुत गहरी पीड़ा पहुँची और सम्भवत: उन्होंने इसके लिए मुझे कभी माफ़ नहीं किया।
>
> इसके बरअक्स तुम्हारे साथ मेरे मतभेद पूरी तरह घरेलू मसलों को लेकर हैं। लेकिन उन मतभेदों के चलते मैंने कभी तुमसे अपने निजी सम्बन्धों में किसी तरह का फ़र्क़ नहीं आने दिया और तुम्हारे प्रति मेरा स्नेह और आदर वैसे का वैसा है।"

जेपी ने इस बात पर अचरज जताया कि आख़िर उनके छात्र आन्दोलन का नेतृत्व करने से इन्दिरा इतनी ख़फ़ा क्यों हैं। उन्हें तो बल्कि भ्रष्टाचार के ख़िलाफ़ इस युद्ध में आगे बढ़कर जेपी का हाथ बँटाना चाहिए। आपसी टकराव के सवाल

पर जेपी ने सफ़ाई दी, "मेरी ओर से अन्तिम बात। तुम्हारे और मेरे बीच मौजूद टकराव को लेकर सार्वजनिक मंच से और निजी बातचीत में इतना कुछ कहा जा चुका है। लेकिन मेरी समझ में ये बातें ज़रा भी नहीं आतीं। मेरी राय में तो हमारे बीच किसी क़िस्म का टकराव नहीं है।"[43] पर जेपी यहाँ चालाकी कर रहे थे। जून महीने की 5 तारीख़ को पटना में एक जनसभा में बोलते हुए उन्होंने इन्दिरा को इन शब्दों में कोसा, "मैं इन्दिरा जी से ऐसी किसी चिट्ठी या तार की उम्मीद कर रहा था जिसमें वे कहें कि जब मेरे जैसा इनसान भ्रष्टाचार के ख़िलाफ़ युद्ध में कूद रहा है, वे मुझे अपना पूर्ण समर्थन प्रदान करती हैं। पर बदले में मुझे मिलती हैं गालियाँ कि मैं अमीरों से पैसे ऐंठता हूँ और भ्रष्टाचार के ख़िलाफ़ लड़ने के लिए योग्य इनसान नहीं हूँ।"[44]

उन दोनों के बीच राजनीतिक और निजी दूरियाँ जेपी के बिहार आन्दोलन का नेतृत्व सँभाल लेने से और बढ़ गईं। जेपी ने दो शर्तों पर आन्दोलन की अगुआई करना स्वीकार किया था।[45] पहली, कि आन्दोलन अहिंसा के मार्ग पर चलेगा। और दूसरी, कि छात्र नौजवान उन राजनीतिक दलों से पूछकर अपनी नीतियाँ नहीं तय करेंगे, जिनसे वे पहले से जुड़े रहे हैं। छात्र नेताओं द्वारा इन शर्तों को स्वीकार कर लिया गया। ये शर्तें जेपी के इस विश्वास की भी बानगी थीं कि उनका संघर्ष संसदीय राजनीति में जड़ें जमाकर बैठे भ्रष्टाचार और निराशा के शान्तिपूर्वक निदान का एक प्रयास है। उनका साफ़ कहना था कि छात्रों का विद्रोह एक लोकतांत्रिक आन्दोलन है, जिसे मजबूरी में असंवैधानिक तरीक़ों को अपनाना पड़ा। "जब संवैधानिक तरीक़े और लोकतांत्रिक संस्थाएँ उनकी फ़रियाद सुनने से इनकार कर दें और उन समस्याओं का हल न निकालें जिनके चलते नागरिक कराह रहे हैं, ऐसे में लोग आख़िर क्या करें?"[46]

'असंवैधानिक मगर लोकतांत्रिक' से उनका असल में मतलब क्या था, उन्होंने 5 जून को स्पष्ट किया। पाँच लाख से अधिक लोगों की जनसभा को हिन्दी में सम्बोधित करते हुए उन्होंने उस दिन घोषणा की, "दोस्तो, ये क्रान्ति है। सम्पूर्ण क्रान्ति। यह सिर्फ़ विधानसभा भंग करने को चलाया गया आन्दोलन भर नहीं है। हमें इससे आगे जाना है, बहुत आगे।" यह सड़-गल चुके राजनीतिक और शैक्षिक ढाँचे को हटाकर सच्ची आज़ादी लाने की लड़ाई थी। हाँ, विधानसभा भंग करवाना इसका तात्कालिक लक्ष्य ज़रूर था। विधायकों को उनका पाँच साला कार्यकाल पूरा करने दिया जाए, यह जेपी को और आन्दोलन को बिलकुल मंजूर नहीं था। "इसके आगे हम विधानसभा को भंग करने की माँग नहीं करेंगे। अब हमारा नारा होगा कि हम इस विधानसभा को भंग घोषित करते हैं।"[47]

बिहार आन्दोलन अब सच्चे अर्थों में जेपी का आन्दोलन बन गया था। इस आन्दोलन में हिन्दू राष्ट्रवादी संगठनों से आए कार्यकर्ता जहाँ ज़मीन पर कार्यरत

थे, छात्र नौजवान इसके सबसे उत्साही भागीदार थे। इस आन्दोलन ने बिहार भर के शैक्षणिक संस्थानों को हिलाकर रख दिया। विश्वविद्यालयों और कॉलेजों में कक्षाओं का सुचारु रूप से चलना असम्भव हो गया और सालाना परीक्षाओं को भी टालना पड़ा। इसी के साथ बिहार से छात्रों का पलायन शुरू हुआ। ऐसे रसूख़दार छात्र जो इस आन्दोलन में शामिल नहीं थे, बिहार में रहकर ठहरे हुए शिक्षा-सत्र के चलते अपने क़ीमती शैक्षणिक साल बरबाद करने के बजाय दिल्ली या अन्य जगहों की ओर कूच कर गए।

सरकार से अगली मुठभेड़ 5 नवम्बर को हुई। छात्र नौजवानों के संगठनों ने मंत्रियों को उनके पदों से इस्तीफ़ा देने के लिए मजबूर करने के उद्देश्य से धरने और घेराव के कई कार्यक्रमों की योजना बना रखी थी। सरकार ने भी प्रदर्शनकारियों को राजधानी पहुँचने से रोकने के लिए उनके रास्ते में ख़ूब रोड़े बिछाए, जिससे वो पटना में विधानसभा की ओर अपने मार्च का अंजाम न दे पाएँ। लेकिन पुलिस के बिछाये सारे घेरों को तोड़ते हुए जेपी की अगुआई में तक़रीबन चालीस हज़ार छात्र नौजवान प्रदर्शनकारियों का हुजूम पटना की सड़कों से होता विधानसभा भवन की ओर बढ़ चला। पुलिस ने उन पर आँसू गैस के गोले छोड़े और भीड़ को तितर-बितर करने के लिए डंडों की बारिश कर दी। एक डंडा जेपी के माथे पर पड़ा और आँसू गैस से पहले ही बेहाल जेपी वहीं बेहोश होकर गिर गए। जनसंघ के नेता नानाजी देशमुख ने आगे आकर फ़ौरन जेपी के चारों ओर सुरक्षा घेरा बनवाया। जेपी की तबीयत कुछ सुधरी, तब ही जुलूस आगे बढ़ा।[48]

अगले दिन के अख़बारों में इस घटना का प्रमुखता से उल्लेख छपा और जेपी और इन्दिरा गांधी के बीच पहले से बिगड़ रहे रिश्तों में और खटास पड़ गई। पटना में हुई विशाल जनसभा में अटल इरादों के साथ खड़े जेपी ने हिन्दी कवि रामधारी सिंह 'दिनकर' की इन कविता पंक्तियों को दोहराया, "दो राह, समय का घर्घर नाद सुनो/सिंहासन ख़ाली करो कि जनता आती है।" इन्दिरा के इस अनुरोध पर कि जेपी को विधानसभा भंग करने की माँग करने के बजाय अगले चुनाव तक इन्तज़ार करना चाहिए। जेपी ने चेतावनी दी कि जनता डराया जाना या बोगस वोटिंग जैसा कुछ ज़रा भी बर्दाश्त नहीं करेगी। जेपी का कहना था कि जनता की विधानसभा चुने जाने और जनता सरकार की स्थापना के लिए चुनाव होना ज़रूरी है। यह जनता सरकार जनता का अपना शासन होगा जिसकी जड़ें सीधे गाँवों में होंगी और यही सम्पूर्ण क्रान्ति का स्वप्न पूरा करेगी।[49]

जनता सरकार के लिए इकाइयों का गठन हालाँकि काग़ज़ी मजमूनों से ज़्यादा आगे नहीं पढ़ पाया। उधर जेपी का सरकार के साथ टकराव बढ़ता जा रहा था। सितम्बर, 1974 तक जेपी ख़ुद स्वीकार कर रहे थे कि 'संघर्ष से उपजी ज़रूरतों ने' उन्हें मजबूर कर दिया है कि जब तक वे बिहार विधानसभा भंग करवाने का

तात्कालिक लक्ष्य हासिल नहीं कर लेते, उनका सम्पूर्ण क्रान्ति का स्वप्न इन्तज़ार करे।[50] क्रान्ति का स्वप्न स्थगित खाते में डाल दिया गया और जेपी अपने आन्दोलन में उस जनसंघ और राष्ट्रीय स्वयंसेवक संघ की सक्रिय मदद लेने को तैयार हो गए, जिन्हें ख़ुद उन्होंने पहले प्रतिक्रियावादी और साम्प्रदायिक मानकर संघर्ष से अलग रखा हुआ था। 5 मार्च, 1975 को वे दिल्ली आए और हिन्दू राष्ट्रवादी संगठन जनसंघ की सभा में शामिल हुए। उन्होंने जनसंघ के सदस्यों को अपने आन्दोलन में हिस्सा बँटाने के लिए शुक्रिया कहा।[51] जनसंघ और आरएसएस के फासीवादी होने के आरोप का जवाब देते हुए जेपी ने पूछा, "ऐसा कोई भी दल जो सम्पूर्ण क्रान्ति को समर्थन देता हो, प्रतिक्रियावादी या फासीवादी हो सकता है क्या?" उन्होंने यह भी कहा कि अगर कोई जनसंघ या आरएसएस को फासीवादी कहता है, "तो फिर मैं भी फासीवादी हूँ।" जेपी दरअसल इन्दिरा और सीपीआई द्वारा बढ़-चढ़कर किये जा रहे उस दावे का जवाब दे रहे थे जिसमें कहा गया था कि उनके आन्दोलन के पीछे आरएसएस का हाथ है। 1925 में एक सांस्कृतिक संगठन के तौर पर शुरू हुआ राष्ट्रीय स्वयंसेवक संघ सदा से ही एक आक्रामक क़िस्म के हिन्दू राष्ट्रवाद की पैरवी करता आया था। 1940 से 1973 तक आरएसएस के सर्वोच्च पदाधिकारी (सरसंघचालक) रहे एम. एस. गोलवलकर ने 1939 में प्रकाशित अपनी एक पुस्तक में 'सामी नस्ल—यहूदियों से देश के शुद्धीकरण' के लिए हिटलर की प्रशंसा की थी और जर्मनी का उदाहरण देते हुए कहा था कि मुसलमान भारत राष्ट्र का अंग तब तक नहीं हो सकते, जब तक वे अपने-आपको हिन्दू संस्कृति में पूरी तरह समाहित नहीं कर लेते।[52] कथित तौर पर महात्मा गांधी का हत्यारा आरएसएस का सदस्य बताया जाता था, जिसने गांधी की हत्या इसलिए कर दी थी क्योंकि वो गांधी को मुस्लिमपरस्त और झूठा राष्ट्रवादी समझने लगा था। आरएसएस और उनका राजनीतिक संगठन जनसंघ (आज की भाजपा का पूर्ववर्ती) इस कलंकित इतिहास से कभी अपना पीछा नहीं छुड़ा पाए। ख़ुद जेपी भी अतीत में आरएसएस को साम्प्रदायिक संगठन घोषित कर चुके थे। ऐसे में अब उनका आरएसएस से ये जुड़ाव तीखी आलोचना का कारण बन गया।

लेकिन जेपी ने इन आलोचनाओं का डटकर मुक़ाबला किया। अगले दिन उन्होंने संसद की दिशा में अपने क़दम बढ़ाते एक विशाल जुलूस की अगुआई की। जुलूस संसद को अपना माँगपत्र सौंपने जा रहा था जिसमें बिहार सरकार की बर्ख़ास्तगी और विधानसभा को भंग किये जाने की माँग शामिल थी। सफ़ेद झक खादी का बाना धारण किये जेपी एक खुली जीप में बैठे थे। उनके ठीक पीछे मोटरसाइकिलों और स्कूटरों पर सवार पचास सेनानियों की सेना थी। उसके पीछे जीपों पर सवार तमाम ग़ैर-कम्युनिस्ट विपक्षी दलों के नेतागण थे। इनमें जनसंघ के नेता भी शामिल थे। इनके पीछे सैकड़ों-हज़ारों आम प्रदर्शनकारी लोगों का जत्था

था, जो ऐतिहासिक लाल क़िले की इमारत से संसद भवन तक इस आठ किलोमीटर लम्बे मार्च पर पैदल ही चले जा रहे थे।[53]

पासा फेंका जा चुका था। जेपी अब इन्दिरा गांधी के ख़िलाफ़ खड़े राजनीतिक विपक्ष का चेहरा बन चुके थे। छात्र आन्दोलन की शक्ल में शुरू हुआ यह असन्तोष का उभार अब एक ऐसे राजनीतिक मोर्चे में बदल चुका था जिसके लीडर जेपी थे, और जिसमें वे तमाम समाजवादी एवं दक्षिणपंथी राजनीतिक पार्टियाँ शामिल थीं जो 1971 के आम चुनावों में 'ग्रैंड एलायंस' बनाकर इन्दिरा गांधी को शिकस्त देने की एक असफल कोशिश पहले ही कर चुकी थीं। राजनीतिक दाँव-पेचों में उलझे, मन में पड़ी द्वेष की पुरानी गाँठों से आहत और अपमान के घूँट पीते इस गांधीवादी सोशलिस्ट ने रूसो का दिखाया 'सम्पूर्ण क्रान्ति' का सपना त्याग दिया। बिहार से शुरू हुआ लोकतंत्र के जड़ों से शुद्धीकरण का और स्थानीय स्तर पर स्वराज लाने का आन्दोलन अब केन्द्र की सत्ता से इन्दिरा को हटाने की लड़ाई बन गया था।[54]

## आधी रात की सन्तानें

सन् 1967 में भारत सरकार की संस्था 'फ़िल्म्स डिवीज़न' ने एक विलक्षण दस्तावेज़ी फ़िल्म रिलीज़ की, जिसका शीर्षक 'आई एम 20' रखा गया। उम्दा फ़िल्मकार एस.एन.एस. शास्त्री द्वारा निर्देशित इस फ़िल्म में ऐसे नौजवान लड़के-लड़कियों के साक्षात्कार थे, जिनका जन्म भारत की आज़ादी के वर्ष 1947 में हुआ था। इन आत्मीय साक्षात्कारों में ये युवा अपनी उम्मीदों, सपनों और अपनी निराशाओं को बयाँ कर रहे थे। शास्त्री यहाँ अपनी विशिष्ट फ़िल्ममेकिंग स्टाइल का इस्तेमाल करते हुए समाज के हर दायरे से आनेवाले नौजवानों के साक्षात्कारों से एक मोंटाज बनाते हैं और उसे कल-कारख़ानों और खेत-खलिहानों के शॉट्स से बीच-बीच में इंटरकट करते हैं। भागती हुई रेलगाड़ी से फ़िल्माए गए फ़िल्म के शुरुआती दृश्य से लेकर बैलगाड़ी के, ट्रैक्टर के और निरन्तर काम करती मशीनों के दृश्य को फ़िल्म बड़ी कुशलता से कथा को जोड़नेवाले धागे की तरह इस्तेमाल करती है। हम युवा लड़के-लड़कियों को डिस्को से लेकर डांडिया तक करते हुए देखते हैं। भारत निरन्तर गति कर रहा है। और यह गति, यह ऊर्जा नई पीढ़ी के साक्षात्कारों में भी साफ़ पढ़ी जा सकती है।

ऐसे ही एक साक्षात्कार में एक जवान लड़का अपना नाम टी.एन. सुब्रमण्यम बताता है। उसकी इच्छा है कि वो अपने साथ एक जोड़ी काग़ज़-क़लम, टेप रिकॉर्डर और कैमरा लेकर देश घूमने निकल जाए और देखे कि "मुल्क में कितनी अलग-अलग तरह के लोग हैं, भिन्न क़िस्म के समुदाय हैं, उनकी कितनी मुख़्तलिफ़ संस्कृतियाँ हैं।" कोशिश कुछ ऐसी हो कि "उन्हें (लोगों को) उनके अपने लहजे,

गीत-संगीत, उनकी अपनी भाषा के बीच खड़े होकर जाना जाए," जिससे एक दिन जब वो उस सफ़र से वापस लौटकर आए और उस अनुभव से रची अपनी किताब खोलकर देखे, तो जान पाए कि वो किस वृहत्तर कथा का हिस्सा है और वो क्या है जो उसके होने में शामिल है। एक क़िस्म से देखें तो यह दस्तावेज़ी फ़िल्म ख़ुद सुब्रमण्यम के ख़्वाब की जीती-जागती तामीर है। यह फ़िल्म कल-कारख़ाने से लेकर खेत-खलिहान तक समाज के हर दायरे से आनेवाले नौजवान का साक्षात्कार करती है और उसकी आकांक्षा और उम्मीद को उसकी अपनी बोली में दर्ज करती है। एक नवयुवक का कहना है, "हमारी योजनाएँ बुरी तरह एकपक्षीय हैं।" एक आवाज़ परदे के पीछे से बोलती है, "इस मुल्क में मेरा क्या भविष्य है?" एक दूसरा लड़का बीटल्स का गीत 'आई शुड हैव नॉन बेटर' गुनगुनाता है और घोषणा करता है कि उसे इस मुल्क से कोई प्यार नहीं। लेकिन दूसरे कई नौजवान बहुत उम्मीदों के साथ इस देश से अपने प्यार को बयाँ करते हैं और भविष्य की ओर आशा भरी नज़रों से देखते हैं। उधर एक अन्य युवा लड़की कहती है कि वो जब भी भारत के बारे में सोचती है, उसे पंक्तिबद्ध खड़े भूखे-नंगे इनसानों का रेला और लोकल ट्रेन के डिब्बे से ख़तरनाक तरीक़े से लटकते लोगों की भीड़ ही याद आती है। एक जवान लड़का बोलता है कि आज इस आज़ादी का मतलब भूख से मरने की आज़ादी, अनपढ़ और ग़रीब बने रहने की आज़ादी बनकर रह गया है। वहीं एक दूसरा लड़का रूखेपन से कहता है कि वो तो बस किसी तरह सरकारी नौकरी हासिल करने की फ़िराक़ में है, जिससे वो ख़ुद सुरक्षित हो जाए। वो आईएएस अफ़सर बनना चाहता है। जिससे कि वो अपने वातानुकूलित दफ़्तर में बैठ कुछ फ़ाइलों पर हस्ताक्षर भर किया करे।

सुब्रमण्यम का किरदार बार-बार लौटता है। उसकी आवाज़ उम्मीद भी जगाती है और सचाई भी बयाँ करती है। वो अपने पिता की पीढ़ी से बेहतर अवस्था में है, "हमारी उपलब्धि ये है कि हमारे सामने एक उम्मीदों भरा कल है, और हमारी नाकामयाबी इसमें है कि हमारा आज बहुत अनिश्चितताओं से भरा है।" सुब्रमण्यम साठ के दशक में अमेरिकी राष्ट्रपति रहे जॉन एफ़. कैनेडी की वो मशहूर पंक्ति उद्धृत करता है जिसमें उन्होंने कहा था, "ये मत पूछो कि मुल्क ने तुम्हारे लिए क्या किया, बल्कि ये कहो कि तुमने मुल्क के लिए क्या किया?" वो मुल्क में तारी नैराश्य को चालू फ़ैशन कहकर ख़ारिज करता है और अपने देश की काम करने की क्षमता पर शक करनेवालों की नीयत पर सवाल उठाता है। इसके फ़ौरन बाद हम मशीनों की करतल ध्वनि के साथ लयताल करता एक-दो मिनट से कुछ लम्बा फुटेज परदे पर देखते हैं, जिसमें इनसान सामानों से लदी हाथगाड़ियाँ ठेल रहे हैं, खेतों में गतिमान क़दम हैं और ट्रैक्टर अपने काम को अंजाम दे रहे हैं, वैज्ञानिक अपनी रसायनशालाओं में नित नई खोजों में जुटे हैं। आख़िर में सुब्रमण्यम के शब्द

हैं, "चलिए मैं अपनी बात को कुछ यूँ कहता हूँ। अगर इस मुल्क में रहनेवाले वे तमाम लोग जो यहाँ अपना कोई भविष्य नहीं देखते, इसे छोड़कर चले भी गए तो भी मैं यहीं रहूँगा। क्योंकि यहाँ एक बहुत ही विशाल प्रयोग को अंजाम दिया जा रहा है, और मैं इस महती प्रयोग का हिस्सा होना चाहता हूँ।"

हालाँकि शास्त्री की दिलचस्प दस्तावेज़ी फ़िल्म में असहमति की आवाज़ों को भी जगह मिली है, लेकिन रोज़मर्रा के जीवन को दर्शानेवाली इस स्लाइस-ऑफ़-लाइफ़ फ़िल्म पर बेधड़क क़िस्म का आशावाद हावी है। सुब्रमण्यम के स्वर में और एक गतिमान मुल्क की अनगिनत तसवीरों के ज़रिये हम एक आत्मविश्वासी नई पीढ़ी के दर्शन करते हैं। जबकि परदे के पीछे असल जीवन में सड़कें ग़ुस्से और विद्रोह से सुलग रही हैं। इस फ़िल्म से ज़रा भी इशारा नहीं मिलता कि भारत को एक छली गई पीढ़ी का विद्रोही उभार, ख़ुद उसके हिस्से का 'सन् 1968' बस मिलने ही वाला है। फ़िल्म में नक्सलबाड़ी में हुई बग़ावत का कहीं कोई उल्लेख नहीं है। जिस विद्रोह और हिंसा ने कुछ ही समय में कलकत्ता की सड़कों को ख़ूनी लाल रंग में डुबो दिया, उसका यहाँ कोई आभास तक नहीं दिखता। आज इस फ़िल्म को देखना हमें उस बीते समय और उस समय के आशावाद के प्रति नॉस्टेल्जिया से भर देता है। लेकिन आज हम यह भी जानते हैं कि ठीक उस समय भारत में विद्रोह और ग़ुस्से का ज़लज़ला उबल रहा था। ऐसे में 'आई एम 20' हमें याद दिलाती है कि सरकारी दावों और असल सचाई के बीच कितना फ़र्क़ होता है। यह उत्तर-औपनिवेशिक राज्य के अपने नागरिक से किये स्वतंत्रता के वादे और ज़मीन पर उसकी असफल परिणति का जीता-जागता स्मारक है।

वादों और उनकी असल परिणतियों के मध्य चौड़ी होती इन्हीं खाइयों ने उस दौर के युवा को—जिनमें से एक प्रबीर पुरकायस्थ भी थे—विद्रोही बना दिया। वैचारिक धरातल पर देखें तो जेपी आन्दोलन से उनकी मतभिन्नता शिवसेना के मुम्बई में चलाए मूलनिवासी अभियान से कम नहीं थी, आख़िर वे नक्सलबाड़ी के खेतिहर विद्रोह और कलकत्ता के शहरी असन्तोष के प्रतिनिधि थे। पर 'सम्पूर्ण क्रान्ति' जिस 'जनता सरकार' का वादा कर रही थी, वो शिवसेना के पॉपुलिस्ट एजेंडा की तरह अपनी पसन्द की समरूपी 'जनता' गढ़कर उन्हें किसी दुश्मन के समक्ष नहीं खड़ा करती थी। यहाँ 'हम बनाम वे' रूपी विपक्ष नहीं थे। न स्थानीय या साम्प्रदायिक पहचानों को उभारकर ऐसे द्वैध को सुलगाया गया था। इसके बदले 'जनता सरकार' का सीधा निशाना सत्ता थी। इसका लक्ष्य था कि शक्ति के विभाजन और विकेन्द्रीकरण द्वारा लोकतंत्र को और मज़बूत बनाया जाए। इसी के चलते जेपी नक्सलवादियों से भी सहानुभूति रखते थे। वे उनकी हिंसा से घृणा करते थे, लेकिन खेतिहरों के हाथ में सत्ता देने के लक्ष्य को सराहा करते थे। उधर सीपीआई-एमएल संसदीय राजनीति को यह कहकर ख़ारिज करती थी कि यह एक छलावा

है और इससे सिर्फ़ बुर्जुआ-ज़मींदारों का राज ही स्थापित हो सकता है, इधर जेपी भी चुन-चुनकर उनकी त्रुटियाँ गिनाते थे। इन तमाम विद्रोही उभारों के पीछे एक ऐसी पीढ़ी का ग़ुस्सा काम कर रहा था जो उत्तर-औपनिवेशिक समय में किये गए आज़ादी के वादे को सरासर झूठा पा रही थी। साठ के दशक में दुनिया-भर में उभरे दूसरे जन-विद्रोहों की तरह ही भारत के छात्र-युवा ने भी उसे नियंत्रित करनेवाली राजनीतिक और सांस्कृतिक व्यवस्था को खुली चुनौती दे डाली थी। उन्होंने अपनी उम्मीदों को माओ त्से-तुंग और जयप्रकाश नारायण जैसे नायकों से जोड़ा, क्योंकि यह दोनों ही पूर्वनिर्मित व्यवस्था के लिए बाहरी थे और इन दोनों ने ऐसी व्यवस्था के ख़ात्मे की बात की जिसने उन्हें छला था।

इस छली गई पीढ़ी का विद्रोह वैचारिक धरातल पर बहुत रंग-बिरंगा था। लेकिन एक चीज़ थी जो इन तमाम जन-उभारों में इकसार थी—उसने जनता को सड़कों पर ला खड़ा किया। ठाकरे उदारवादी लोकतंत्र की बारीकियों को धता बताते हुए सीधी कार्रवाई 'ठोकशाही' का इस्तेमाल कर रहे थे। इसी तरह बंगाल में भी नौकरीपेशा और औद्योगिक कामगारों ने घेराव जैसी जबरन कार्रवाइयों का सहारा लेते हुए अपनी बात मनवाना शुरू किया। उधर संसदीय राजनीति को घृणाभरी नज़रों से देखनेवाली 'वर्गशत्रु' के ख़ात्मे की नक्सलवादी धारा की लड़ाई सड़कों पर ही लड़ी जा रही थी। जेपी आन्दोलन के धरनों और घेराव ने पटना शहर को लाठी-बन्दूक़ से लैस पुलिस और हाथ में पत्थर उठाए प्रदर्शनकारियों के बीच सीधी भिड़न्त के रणक्षेत्र में बदल दिया। एक टीकाकार ने लिखा, "जेपी मूवमेंट ने बिहार में जो एक चीज़ की वो थी राजनीति की बिसात को वापस सड़क पर लेकर आना और हर किसी को जनता के सामने अपना पक्ष स्पष्ट करने के लिए मजबूर करना...इसने कांग्रेस और उसकी पिछलग्गू सीपीआई को भी मजबूर कर दिया कि वो जनता के बीच आकर अपनी असल ताक़त का प्रदर्शन करें।"[55] जेपी ने माना कि हाँ, उनका आन्दोलन असंवैधानिक है। लेकिन साथ ही उन्होंने यह भी जोड़ा कि यह अलोकतांत्रिक नहीं है। बल्कि स्थिति यह है कि लोकतंत्र को बचाए रखने के लिए असंवैधानिक तरीक़ों का इस्तेमाल ज़रूरी हो गया है। सत्ता में बैठा कुलीन वर्ग जो संविधान निर्माताओं से विरासत में मिली उदारवादी लोकतंत्र की संकीर्ण परिभाषा को पकड़कर बैठा है, वो ग़लती पर है।

सन् 1973-76 के उस प्रलयंकारी दौर में प्रधानमंत्री के प्रधान सचिव रहे पृथ्वी नाथ धर द्वारा दर्ज विवरण इस सन्दर्भ में काफ़ी खुलासा करते हैं।[56] कश्मीर के एक ब्राह्मण परिवार में पैदा हुए धर सम्मानित अर्थशास्त्री रहे। पचास के दशक में उन्होंने डेलही स्कूल ऑफ़ इकोनॉमिक्स की स्थापना में महत्त्वपूर्ण भूमिका निभाई। आगे चलकर दिल्ली विश्वविद्यालय में स्थित इस संस्थान ने अनेक नामी अर्थशास्त्री पैदा किये। यहाँ तक़रीबन एक दशक बिताने के बाद धर इंस्टिट्यूट ऑफ़ इकोनॉमिक

ग्रोथ का हिस्सा बन गए। इस संस्थान में कई उम्दा अर्थशास्त्री योजनाबद्ध आर्थिक विकास कार्यक्रमों पर शोधरत थे। अपनी पीढ़ी के कई अन्य अर्थशास्त्रियों की तरह धर भी नेहरू युग के नये बनते मुल्क के अर्थशास्त्र विषय से हुए रोमांस की पैदाइश थे। पर एक बात उनमें अलग थी। उनकी मुल्क की आर्थिक नीतियों को लेकर राय कुछ जुदा रही। उन्हें लगता था कि नेहरू के दौर में तैयार की गई आर्थिक नीतियाँ अब अव्यावहारिक और पुरानी पड़ चुकी हैं। इन्दिरा ने पहले तो उन्हें कश्मीर की राजनीति पर अपनी राय रखने के लिए बुलाया था, लेकिन धर जल्द ही उनके आर्थिक सलाहकार बन गए। इन्दिरा के बाक़ी राजनीतिक और आर्थिक सलाहकारों की तरह धर सार्वजनिक उद्यमों के बड़े समर्थक नहीं थे। उन्होंने सम्पत्ति के पुनर्वितरण के बजाय उत्पादन बढ़ाने और विकास पर ज़ोर दिया। धर के स्वतंत्र दृष्टिकोण के महत्त्व को समझते हुए इन्दिरा के कश्मीरी पृष्ठभूमि के सलाहकार समूह के अगुआ सदस्य एवं उनके प्रधान सचिव पी.एन. हक्सर ने धर को प्रधानमंत्री कार्यालय का हिस्सा बनने का आमंत्रण भेजा। फिर जब 1973 में हक्सर योजना आयोग में भेजे गए तो धर ने ही उनकी जगह ली और उन तूफ़ानी दिनों में इन्दिरा के सलाहकार बने।

भले ही धर की राय नेहरूवियन योजनागत कार्यक्रमों और सार्वजनिक क्षेत्र को लेकर भिन्न रही हो, लेकिन अपने दौर के बौद्धिक राजनीतिक कुलीन वर्ग की तरह वे भी जन-आन्दोलनों के विध्वंसक प्रभाव को लेकर चिन्ता में थे। प्रधान सचिव रहते हुए उन्होंने ऐसे प्रदर्शनों के उदारवादी लोकतंत्र पर पड़नेवाले प्रभाव और संविधान निर्माताओं की सोच के बारे में लिखा। उन्होंने आंबेडकर को उद्धृत करते हुए याद दिलाया कि भारत में लोकतंत्र एक ऊपर से रोपा गया पौधा है और इसे फलने-फूलने के लिए 'संवैधानिक नैतिकता' की ख़ुराक मिलनी ज़रूरी है। "लोकतंत्र का मतलब है क़ानून का शासन। लेकिन जिस आज़ादी की लड़ाई से भारत के संविधान ने जन्म लिया, उसके अपने प्रतिरोध के तरीक़े क़ानून के उल्लंघन और राजकीय आज्ञाओं की नाफ़रमानी से निर्मित हुए थे।"[57] आज़ाद मुल्क में भी इन्हीं तरीक़ों को हथियार के बतौर इस्तेमाल करना लोकतंत्र को कमज़ोर बनाता है। अपनी बात को और मज़बूती से रखने के लिए धर ने आंबेडकर का संविधान सभा की बैठक में दिया वो भाषण उद्धृत किया, जिसमें आंबेडकर लोकतांत्रिक व्यवस्था में सिविल नाफ़रमानी की व्यर्थथा रेखांकित कर रहे हैं :

> जब सामाजिक और आर्थिक उद्देश्यों को हासिल करने का कोई अन्य तरीक़ा बाक़ी न रह जाए, तब इसके लिए असंवैधानिक तरीक़ों के इस्तेमाल का तर्क बनता है। लेकिन जब संवैधानिक तरीक़े इसके लिए खुले हों, तब इस तरह के असंवैधानिक माने जाने वाले तरीक़ों के इस्तेमाल के पीछे

> कोई वाजिब तर्क नहीं बनता। यह और कुछ नहीं, खुलेआम अराजकता की घोषणा है और इन्हें जितना जल्दी हम छोड़ पाएँ, उतना ही हमारे हित में होगा।[58]

दिलचस्प बात है कि 1955 में पटना में ग़ुस्साए छात्रों की भीड़ को सम्बोधित करते हुए नेहरू ने भी तक़रीबन इसी तरह के विचार प्रकट किये थे। आंबेडकर की तरह ही नेहरू भी चाहते थे कि कोई जादू की छड़ी घूमे और छात्र क़ानून की नाफ़रमानी से सीधे उसके स्वीकार की तरफ़ आ जाएँ। साम्राज्यवाद विरोधी आन्दोलन के दौरान सिविल नाफ़रमानी और नियमभंग रोज़मर्रा की राजनीति का हिस्सा बन गए थे, लेकिन अब सत्तासीन कुलीन वर्ग के लिए इस बोतल से बाहर आए जिन्न को वापस बोतल में क़ैद करना मुश्किल हो रहा था। "विरोध प्रदर्शन कुछ ऐसे होते थे और असहमतियाँ कुछ इस अन्दाज़ में व्यक्त की जाती थीं कि लगता था जैसे यह जनता द्वारा चुनी गई न होकर उन पर थोपी गई सरकार है।" धर ने बुझे मन से लिखा, "टकराव की अवस्था में लोकतांत्रिक पद्धति से मामले को सुलझाने के बजाय फ़सादी तरीक़ों को बढ़ावा दिया जा रहा था...घेराव, बन्द, रेल रोको और रास्ता रोको जैसे नये तरीक़े इन प्रतिरोधों में जोड़ लिये गए थे।"[59] भले ही वो लोकतंत्र के विस्तार का दावा भर किया गया हो, भारत गणराज्य के नाज़ुक संवैधानिक ढाँचे में इस क़िस्म के नितान्त ग़ैर-संवैधानिक 'अराजकता के व्याकरण' के लिए क़तई जगह नहीं है। जब भारत का राजनीतिक कुलीन वर्ग इस क़िस्म का नज़रिया रखता हो, तो सड़कों पर जारी उन्माद से भरे आन्दोलन को देखकर इन्दिरा का अनुशासनहीन नागरिकों को सबक़ सिखाने और 'शॉक ट्रीटमेंट' के बतौर आपातकाल लगा देने का फ़ैसला क्या अप्रत्याशित कहा जाएगा?

4

# अतल गहराइयों में

नवम्बर 25, 1949 के दिन संविधान सभा के समापन सत्र में अपना वक्तव्य देते हुए भीमराव आंबेडकर ने भारतीयों को एक सुझाव दिया था—कि लोकतंत्र को केवल ढाँचे भर के रूप में नहीं, अपने मन में धारण करें।[1] उन्होंने आह्वान किया कि इस राजनीतिक लोकतंत्र को सामाजिक लोकतंत्र में बदला जाए। 'स्वतंत्रता, समता और बन्धुत्व' का यह त्रिकोण अविभाज्य है। समता के बग़ैर स्वतंत्रता का नतीजा बहुमत आबादी पर मुट्ठी-भर लोगों का आधिपत्य होगा; जबकि स्वतंत्रता के बिना समता व्यक्तिगत पहलक़दमी को नष्ट करनेवाला होगा; और बन्धुत्व के बिना समता और स्वतंत्रता जैसे मूल्य कभी व्यवस्था का स्वाभाविक अंग नहीं बन पाएँगे।

आंबेडकर अपने आकलन में भविष्य की सच्चाई देख पा रहे थे। लेकिन उनकी उदार प्रजातांत्रिक संवैधानिक दृष्टि राजनीतिक और सामाजिक यथार्थ के तट पर धराशायी हो गया। सटीक सन्तुलन से युक्त उदारवादी लोकतांत्रिक संविधान का निर्माण एक बात थी, लेकिन उसका उपयोग करते हुए राज्य संस्था और समाज के बीच सम्बन्धों के प्रबन्धन में उसका कार्यान्वयन दूसरी। उत्तर-औपनिवेशिक राज्य, जो एक 'निष्क्रिय क्रान्ति'—जहाँ राजनीतिक सत्ता परिवर्तन तो हुआ हो लेकिन किसी क़िस्म का मूलभूत सामाजिक परिवर्तन नहीं—के ज़रिये अस्तित्व में आया था, जनता का पूर्ण विश्वास हासिल नहीं कर पाया। सत्ता के हस्तान्तरण के साथ भारत में पहले से मौजूद जाति और वर्गीय भेदों को ख़त्म कर सामाजिक बराबरी हासिल करने की लोकप्रिय माँग आज़ादी के बाद भी सर उठाती रही। पर राज्य ने लोगों की ऐसी आकांक्षाओं और शिकायतों को अनसुना ही किया। इसके बदले राज्य योजनाबद्ध आधुनिकीकरण की परियोजना पर आगे बढ़ गया, यह मानकर कि विकास का अनवरत घूमता पहिया ख़ुद-ब-ख़ुद ही भारतीयों को समृद्ध, क़ानून का पालन करनेवाले, अनुशासित नागरिकों में बदल देगा। आंबेडकर का अन्य नेताओं के सामने रखा प्रस्ताव, कि लोकतंत्र को राजनीतिक धरातल के साथ सामाजिक

धरातल पर भी स्थापित किये जाने की ज़रूरत है, नक़्क़ारख़ाने में तूती की आवाज़ बनकर रह गया। हालाँकि संविधान में समता और लोक कल्याण के निमित्त वादे तो ढेरों किये गए थे, लेकिन उन्हें ज़मीन पर उतारने का प्रयास निरन्तर बाधित होता रहा, क्योंकि सत्ता पर प्रभुत्वशाली जातियों और वर्गों का क़ब्ज़ा वैसे का वैसा बना हुआ था। कांग्रेस पार्टी ज़मींदार वर्ग और पूँजीपतियों की हितैषी बनी रही और अन्य राजनीतिक दलों में भी नेतृत्व में अगड़ी जातियों का प्रभुत्व टूट नहीं पाया। इसमें तमिलनाडु (पहले मद्रास प्रान्त) ही कुछ हद तक अपवाद कहा जा सकता है। नेहरू के दौर में राजनीतिक तंत्र ने कुछ हद तक पर्देदारी रखी और राज्य लोक-कल्याण के अपने वादों को निभाने की कोशिश करता दिखा, भले फिर वो कोशिश दिखावे के लिए ही हो। लेकिन 1964 में नेहरू की मृत्यु के बाद यह दिखावा भी ख़त्म होता गया। राजनीति पदलोलुपता, अवसरवाद और साज़िशों का खुला अखाड़ा बन गई। भारत से ग़ैर-बराबरी ख़त्म करने का सपना अन्ततः सपना ही बनकर रह गया। वही हुआ जिसका डर था और जिस ख़तरे की ओर आंबेडकर ने चेताया था; लोकतंत्र के झीने मुलम्मे को फाड़कर ग़ैर-बराबर और भ्रष्ट राजनीतिक सत्ता का कुरूप चेहरा सबके सामने निकल आया।

इसी कुलीनवर्ग तक सिमटे भ्रष्ट सत्तातंत्र के ख़िलाफ़ सत्तर के दशक में सड़कों पर ग़ुस्सा फूट पड़ा था। राजनीतिक लोकतंत्र सम्भवतः सामाजिक लोकतंत्र में कभी बदल ही नहीं पाया, लेकिन वयस्क मताधिकार ने राजनीतिक रणक्षेत्र का दायरा बहुत चौड़ा कर दिया। नये राजनीतिक खिलाड़ियों ने सत्ता पर अपना दावा पेश करना शुरू किया। घेराव, धरनों, शहरी और ग्रामीण क्षेत्रों में टकराव की घटनाओं और जेपी की रहनुमाई में नौजवान विद्रोह ने राज्य संस्था को सीधे चुनौती दी। 'निष्क्रिय क्रान्ति' से उपजा संकट गहराता गया। इस गहरी खाई के एक ओर जनता खड़ी थी जो बदलाव के लिए बेचैन थी, वहीं दूसरी ओर अनुपस्थित राज्य एवं भ्रष्ट, भेदभाव से भरी राजनीतिक संस्कृति, जो इसके लिए बिलकुल तैयार नहीं दिखती थी। इन्दिरा गांधी ने इस खाई को डंडे के ज़ोर पर पाटने की कोशिश की। इसके आगे यह कहानी निरंकुश राजनीतिक सत्ता के एक पहले से ग़ैर-बराबर समाज में मौजूद अन्यायी शक्तियों से बीभत्स गठजोड़ की कहानी है। यहाँ विचारधारा ताक़तवर की चेरी है, संस्थाएँ भीतर से खोखली हो चुकी हैं, राजनेता कुंठित और भ्रष्ट हैं, और एक असुरक्षित प्रधानमंत्री न सिर्फ़ लोकतंत्र के स्वप्न को अपने पैरों के नीचे टूटकर बिखरता देख रही है, अपनी गद्दी बचाने के लिए उसी लोकतंत्र से हासिल अनियंत्रित शक्ति का प्रयोग कर ख़ुद उसकी क़ब्र खोद रही है। आपातकाल इस राजनीतिक तंत्र के सबसे संकटग्रस्त समय की भी कथा है, और दबाव में उसके भरभराकर ढह जाने की भी।

## सामन्ती सत्ता की नींव पर लोकतंत्र की इमारत

सत्तर के दशक तक लोगों के दिलों में यह भावना घर करने लगी थी कि सामन्तशाही से मुक्ति का जो वादा नई लोकतांत्रिक व्यवस्था ने उनसे किया था, वो पूरा होता नहीं दिखता। इस भावना को बेहतर तरीक़े से समझने के लिए एक खिड़की सत्तर के दशक के 'समान्तर सिनेमा' से खुलती है। सामन्ती व्यवस्था द्वारा पोषित अन्याय पर तीखी टिप्पणी करतीं अपनी दो उल्लेखनीय आरम्भिक फ़िल्मों 'अंकुर' (1973) और 'निशान्त' (1975) के साथ निर्देशक श्याम बेनेगल हिन्दी सिनेमा में अपनी अविस्मरणीय पारी की शुरुआत करते हैं। साठ के दशक का उत्तरार्ध एवं सत्तर के दशक का पूर्वार्ध दुनिया-भर में नई रचनात्मक उर्वरता के लिए जाना जाता है। यही वो समय है जब ब्राज़ील में 'सिनेमा नोवो' से निकलकर 'थर्ड सिनेमा' की धारा जन्म लेती है। 'थर्ड सिनेमा' तीसरी दुनिया के अपने सौन्दर्यशास्त्र को रचता ऐसा घोषणा-पत्र है जो सामाजिक ग़ैर-बराबरी से मुक्ति का आह्वान करता है। तीसरी दुनिया के इस मैनिफ़ेस्टो में जीन-लूक गोदार्द जैसे फ्रांसीसी अवाँगार्द फ़िल्मकारों की सलाह भी शामिल है। याद रखना चाहिए कि ये गोदार्द वही हैं जिन्होंने माओ को भी बाक़ायदे इस 'न्यू वेव' का हिस्सा मानने की घोषणा की थी।[2] यहाँ तक कि हॉलीवुड भी इसके असर से अछूता नहीं रह पाता और सत्तर के दशक की शुरुआत में वहाँ भी एक 'अमेरिकन न्यू वेव' फूट पड़ती है।

भारत में यह 'न्यू वेव' बम्बइया व्यावसायिक फ़ॉर्मूला सिनेमा की धारा के दायरे से बाहर जन्म लेती है। कुछ हद तक इसके विकास में राज्य द्वारा खड़ी की गई संस्था 'फ़िल्म फ़ाइनेंस कॉरपोरेशन' (एफ़एफ़सी) का बड़ा योगदान रहा, जिसने छोटे बजट की इन फ़िल्मों को निर्माण के लिए पैसा उपलब्ध करवाया। शुरुआती मदद पानेवालों की सूची में एक नाम सत्यजित राय का भी था। साठ का दशक बीतते न बीतते 'इंडियन न्यू वेव' की यह धारा उन फ़िल्मों में नज़र आने लगी थी, जिनका निर्माण सरकारी वित्तीय संस्थाओं द्वारा उपलब्ध पैसे से मुख्यधारा सिनेमा के दायरे के बाहर हो रहा था।[3] इस नये और आगे जाकर 'समान्तर सिनेमा' कहलाए जानेवाले सिनेमा के हरावल दस्ते में ऋत्विक घटक जैसे सम्मानित वरिष्ठ फ़िल्मकार शामिल थे। लेकिन घटक के साथ इस नई धारा में 'फ़िल्म एंड टेलीविज़न इंस्टीट्यूट ऑफ़ इंडिया' (एफ़टीआईआई) जैसे सरकारी पैसे से निर्मित शिक्षा संस्थानों से पढ़कर निकले नौजवान फ़िल्मकार भी शामिल थे। इनमें प्रमुख नाम था मणि कौल और कुमार शाहनी जैसे फ़िल्मकारों का, जो एफ़टीआईआई से ख़ुद घटक की सरपरस्ती में सिनेमा का ज्ञान हासिल कर निकले थे। हिन्दी के अलावा अन्य क्षेत्रीय भाषाओं के सिनेमा पर भी इस नई सिनेमाई भाषा का असर दिखाई देने लगा था, लेकिन अपनी अभूतपूर्व पहुँच के चलते 'राष्ट्रीय सिनेमा' का

तमगा पाया हिन्दी भाषा का सिनेमा इसका सबसे प्रभावशाली वाहक बना। हिन्दी में होने के चलते ही श्याम बेनेगल की फ़िल्मों ने, जिनकी पृष्ठभूमि उनका गृह राज्य आंध्र प्रदेश था, इतनी मशहूरी हासिल की।

बेनेगल विज्ञापन की दुनिया से सिनेमा में आए थे।[4] उनकी फ़िल्मों की तो फ़ाइनेंसर भी सरकारी 'फ़िल्म फ़ाइनेंस कॉरपोरेशन' नहीं थी। उन्हें फ़िल्में बनाने का पैसा उस कम्पनी से मिला जिसके लिए वे विज्ञापन फ़िल्में बनाया करते थे। वे फ़िल्म इंस्टीट्यूट में पढ़ा चुके थे। लेकिन इंस्टीट्यूट से पढ़े कुछ दूसरे अवाँगार्द फ़िल्मकारों की तरह उन्होंने सिनेमाई भाषा से मनचाहे प्रयोग नहीं किये। लेकिन यह भी सच है कि उनका सिनेमा उस दौर में दुनिया-भर के सिनेमा में उठ रही नई प्रयोगशील आवाज़ों से बाहर रखकर नहीं समझा जा सकता। 'समान्तर सिनेमा' के अन्य फ़िल्मकारों की तरह बेनेगल भी मुख्यधारा बम्बइया सिनेमा के ढाँचे और उसकी शर्तों से बाहर रहकर अपनी फ़िल्में बना रहे थे। उनकी फ़िल्में स्थानीय संस्कृति में गहरे पैठी थीं और भारतीय समाज के ज्वलंत मुद्दों पर सटीक टिप्पणियाँ करती थीं। उनकी यह जागृत सामाजिक चेतना ही 'अंकुर' और 'निशान्त' जैसी फ़िल्मों को ख़ास बनाती थी।

भारतीय सिनेमा सामन्तवाद से अछूता तो इससे पहले भी नहीं रहा। व्यावसायिक सिनेमा ने भी इसी सामन्ती ढाँचे को अपनी पारिवारिक मेलोड्रामा कहानियों की आधारभूमि के बतौर ख़ूब इस्तेमाल किया।[5] पर बेनेगल की फ़िल्में इस मायने में अलग थीं कि वे इस सामन्ती ढाँचे की आलोचना प्रस्तुत कर रहे थे। इससे जुड़े मूल्यों की कड़वी सच्चाई परदे पर बिना किसी लाग-लपेट के परोस रहे थे। उनकी फ़िल्म 'अंकुर' एक ज़मींदार के जवान लड़के सूर्या की कहानी कहती है, पढ़ाई में गच्चा खाने के बाद जिसकी शादी अपने से कहीं छोटी उम्र की एक लड़की से कर दी जाती है। गौना होने में अभी देर है और सूर्या को उसके पिता ज़मींदारी सँभालने के लिए शहर से गाँव भेज देते हैं। यहीं सूर्या की नज़र तीखे नैन-नक्श वाली दलित कामगार स्त्री लक्ष्मी पर जा ठहरती है। जब ज़मींदार के यहाँ छोटे-मोटे काम करनेवाला लक्ष्मी का गूँगा-बहरा पति, चोरी का इल्ज़ाम लगने पर बदनामी के डर से घर छोड़कर भाग जाता है, सूर्या लक्ष्मी को सहारा देने का वादा कर अपनी ओर खींच लेता है। लक्ष्मी गर्भवती हो जाती है। परेशान सूर्या उससे बच्चा गिरा देने को कहता है, लेकिन लक्ष्मी ऐसा करने से इनकार कर देती है। इस बीच सूर्या की नवविवाहिता पत्नी भी अपने पीहर से ससुराल आ जाती है और गाँव आकर सूर्या के साथ रहने लगती है। इधर लक्ष्मी का गूँगा-बहरा पति भी वापस घर लौट आता है। जब वो देखता है कि उसकी पत्नी पेट से है, उसकी ख़ुशी का ठिकाना नहीं रहता और वो फ़ौरन काम माँगने के लिए ज़मींदार के घर की ओर भागता है। पर सूर्या इस तरह उसे अपनी ओर बढ़ता देख घबरा जाता है और समझता है कि

लक्ष्मी का पति उससे बदला लेने आ रहा है। सूर्या उसे बेरहमी से मारता है। फ़िल्म के अन्तिम दृश्य में हम गाँव के एक लड़के को ज़मींदार के घर की खिड़की की ओर पत्थर उछालता देखते हैं।

'निशान्त' भी सामन्ती चौधराहट की गाथा है। सामन्ती, आर्थिक और लैंगिक भेद यहाँ कहानी के केन्द्र में हैं। दबंग ज़मींदार जिसका इलाक़े पर क़ब्ज़ा है और चौधराहट ऐसी कि गाँव की पुलिस भी उसकी एड़ी के नीचे ही रहती है। ऐसे में देखकर हैरानी नहीं होती जब गाँव में नये आए स्कूलमास्टर की पत्नी को ज़मींदार का छोटा भाई उठा लेता है और स्कूलमास्टर चाहकर भी उसका कुछ नहीं बिगाड़ पाता। ज़मींदार का भाई उसके साथ बलात्कार करता है और अपने घर में बन्धक बनाकर रखता है। लेकिन 'अंकुर' के अन्त में फेंके गए पत्थर रूपी प्रतीकात्मक विद्रोह से उलट 'निशान्त' का विद्रोह सम्पूर्ण है, भागीदारी वाला है और हिंसक है। भीड़ ज़मींदार की कोठी पर हमला कर देती है और ज़मींदार, उसके दो भाइयों और सबसे छोटे भाई की पत्नी की हत्या कर देती है। ज़मींदार का अकेला ज़िन्दा बचा भाई किसी तरह भीड़ से छिपकर स्कूलमास्टर की पत्नी के साथ पास की पहाड़ी के नज़दीक जा छुपता है। अन्तिम दृश्य में हम हिंसक भीड़ को उस ओर बढ़ता हुआ देखते हैं, जहाँ यह दोनों छिपे हुए हैं।

इन फ़िल्मों का घटनास्थल औपनिवेशिक भारत है। इस तरह यह मुल्क के वर्तमान से एक क़िस्म की दूरी बनाती हैं। यह फ़िल्में सामन्तवाद को आज़ादी पूर्व के ग़ैर-आधुनिक हिन्दुस्तान से जोड़ती हैं। 'अंकुर' तो शुरुआत में ही शहरी आधुनिक

चित्र 4.1 : सामन्ती ताकत—*अंकुर*, 1974
साभार : श्याम बेनेगल

चित्र 4.2 : विद्रोह का बीजारोपण—*अंकुर,* 1974
साभार : श्याम बेनेगल

चित्र 4.2 : विद्रोही—*निशान्त,* 1975
साभार : श्याम बेनेगल

किरदार सूर्या की नज़र से भारत के ग्रामीण अंचल को देखने का निमंत्रण देती है। गाँव में मौजूद सामाजिकता का ढाँचा आधुनिक दर्शक को किसी बीते ज़माने की बात लगता है। फ़िल्म में मौजूद वर्तमान से इस सचेत दूरी के चलते दर्शक यह बात कुछ समय के लिए भूल जाता है कि राज्य संस्था ने आज़ादी मिलने के बाद

भी सामन्तवाद ख़त्म करने का अपना वादा अब तक पूरा नहीं किया है।[6]

इसके बावजूद 'अंकुर' ग्रामीण अंचल के चित्रण और परदे पर उसे देखने के नज़रिये में कई नये आयाम जोड़ती है।[7] राष्ट्रवादी आख्यान में गाँव भाईचारे, आपसी सामंजस्य और जीवन से समृद्ध जगह बनकर उभरती रही है। लेकिन यहाँ चित्रित गाँव में सामन्ती पितृसत्तात्मकता, शोषण और ग़रीबी का बोलबाला है। जैसे-जैसे कथानक आगे बढ़ता है, इस सामन्ती शोषण को हम लक्ष्मी के नज़रिये से भी देख पाते हैं। आरम्भ में वह इस सामन्ती पितृसत्ता की आज्ञाकारिणी स्त्री है, लेकिन कथा में आगे बढ़ने पर उसके किरदार का विकास होता है और वह अपने फ़ैसले ख़ुद अपनी इच्छा से लेती दिखाई देती है। सूर्या से समझौता कर लेने का गाँव के प्रधान द्वारा दिया गया प्रस्ताव वो ख़ारिज कर देती है। जब सूर्या उसे अपना बच्चा गिरा देने को कहता है, तो वो इस आदेश को भी मानने से साफ़ इनकार कर देती है। आख़िर में जब ज़मींदार का लड़का उसके पति को बेरहमी से मारता है, लक्ष्मी अपने रौद्र रूप में सामने आती है। चीख़ों और गालियों से भरी उसकी मर्मान्तक पुकार 'हम तेरे ख़रीदे ग़ुलाम नहीं हैं!' फ़िज़ा में गूँजती है। आसपास जमा गाँववाले सूर्या को घृणा की नज़रों से देखते हैं। आख़िरी दृश्य में जब वो किशोर लड़का ज़मींदार की कोठी की तरफ़ पत्थर उछालता है, दर्शक भी इस सामन्ती शोषण को ख़त्म करने में उसका पक्का साझेदार बन चुका है। वहीं स्कूलमास्टर का उचित रास्तों से न्याय हासिल करने के लिए असफल संघर्ष दिखाकर 'निशान्त' शान्ति से, लेकिन इससे भी कहीं ज़्यादा मुखर तरीक़े से दर्शक को सामन्ती यौन शोषण के ख़िलाफ़ आन्दोलित करती है। फ़िल्म के एक दृश्य में जब मास्टर का अपनी अगवा पत्नी से मन्दिर में अचानक सामना होता है, पत्नी उसकी मर्दानगी को धिक्कारते हुए यह कहकर कोसती है, "ऊपर से बोले कि कोशिश किये? आग लगा देना था हवेली को।" जब फ़िल्म के अन्तिम क्षणों में जनता ज़मींदार और उसके परिवार के साथ हिंसा पर उतारू है, फ़िल्म दर्शकों से चाहती है कि हम इस कार्रवाई को भी सहानुभूतिपूर्ण नज़रों से देखें, क्योंकि इस ग़ैर-बराबर सत्तातंत्र से न्याय हासिल करने का अब यही एक ज़रिया बाक़ी है।

यह बात सही है कि इन फ़िल्मों की कथाभूमि आज़ादी पूर्व भारत की है, लेकिन इन्हें इनके निर्माण के और सत्तर के दशक में इसके सम्भावित दर्शक के वर्तमान से पूरी तरह अलगाना असम्भव होगा। बेनेगल की फ़िल्में इसीलिए ख़ास बनीं, क्योंकि राष्ट्र-राज्य द्वारा सामन्ती व्यवस्था के ख़ात्मे का वादा पूरा नहीं किया गया और सत्तर के दशक में इस नाकामी की आवाज़ फ़िज़ाओं में गूँजने लगी। छात्र-नौजवान विद्रोही हो गए। देहातों में एक के बाद एक नक्सली बगावतें फूटने लगीं। बेनेगल की दोनों शुरुआती फ़िल्मों में खेतिहरों की नक्सली क्रान्ति की छवियाँ अनदेखा करना मुश्किल है। 'अंकुर' के अन्तिम दृश्य में किशोर द्वारा फेंके गए

पत्थर से बगावत का जो बीज बोया गया, 'निशान्त' में वह समूह की हिंसा का रूप ले लेता है। इन दोनों फ़िल्मों में मौजूद अतीत दरअसल वर्तमान का ही एक रूपक है, जो विकास आधारित राज्य की समाज में गहरे मौजूद सामन्ती बेड़ियों को तोड़ने में नाकामी और ज़मींदारों के शोषण के ख़िलाफ़ उठती बगावतों की ओर हमारा ध्यान खींचता है।

समाज के ग़ैर-बराबर सामाजिक-आर्थिक ढाँचे में परिवर्तन लाने की राज्य की सीमित क्षमता के पीछे सदियों से जड़ें जमाए बैठी प्रभुत्वसम्पन्न जातियों की चौधराहट और ख़ुद कांग्रेस पार्टी में उनकी प्रभावशाली पकड़ एक वजह थी।[8] राज्य ने ज़मींदारी प्रथा पर रोक लगाई और बड़े ज़मींदारों को अपनी जागीर में विभिन्न प्रकार की वसूली करने से रोका। लेकिन ज़मींदार वर्ग इसके ख़िलाफ़ न्यायालय की शरण में चला गया और संविधान में वर्णित सम्पत्ति के मौलिक अधिकार का हवाला देते हुए सरकारों से अकल्पनीय मुआवज़ों की माँग करने लगा। राज्य ने सत्ता के विकेन्द्रीकरण और ग्रामीण इलाक़ों में वंचित समुदायों को अधिकार देकर भूमि सुधारों को आगे बढ़ाने की कोशिश तो की, लेकिन भूमि पुनर्वितरण की इसकी कोशिशों को प्रभुत्वशाली वर्गों ने परवान नहीं चढ़ने दिया। नतीजा यह निकला कि भारत की सम्पूर्ण खेती लायक ज़मीन में से सिर्फ़ 1 फ़ीसदी ज़मीन पर ही भूमि-सुधार सम्पन्न हो पाए। क़ानून द्वारा अधिकतम भूमि रखने की सीमा निर्धारित कर दी गई थी और इससे जो स्वतंत्र भूमि हासिल हुई उसकी अनुमानित गणना 6 करोड़ एकड़ से अधिक थी। लेकिन आज़ादी के पच्चीस साल बाद भी इसमें से अल्पमात्र भूमि का पुनर्वितरण भूमिहीन किसानों के मध्य हो पाया था।[9] ख़ुद सरकार ने ज़मीन के समतामूलक पुनर्वितरण में ख़ास रुचि नहीं दिखाई। घनघोर क़र्ज़ों में डूबे ग़रीब किसानों और भूमिहीन मज़दूरों की दशा शोचनीय बनी रही। ऐसा नहीं कि ज़रा भी बदलाव नहीं हुए। पर उनकी गति धीमी रही। पहली पंचवर्षीय योजना (1951-56) और शुरुआती सुधारों के चलते भूमि के मालिक किसानों की संख्या 40 प्रतिशत से बढ़कर 70 प्रतिशत हो गई थी।[10] लेकिन भूमि के मालिकाना हक़ों में फिर भी घोर विषमताएँ बनी रहीं। ज़मींदार वर्ग का प्रतिरोध जारी था और जब राज्य के सामने भूमि सुधारों को लागू करने और कृषि उत्पादन बढ़ाने के बीच किसी एक को चुनने की बारी आई, तो उसने दूसरे विकल्प को चुना। इसी के चलते सिंचाई के साधन बढ़ाने और रासायनिक उर्वरकों को प्राथमिकता मिली जो ज़मींदारों और धनी किसानों के हित में रहा, और ग्रामीण क्षेत्रों में विषमताएँ और बढ़ती गईं।

राज्य के भूमि सुधार सम्बन्धी इस अभियान की विफलता सबसे ज़्यादा बिहार में नुमायाँ थी, और यही बिहार जेपी आन्दोलन का गढ़ बना।[11] बड़े ज़मींदारों और 'द्विज' जातियों ने कांग्रेस पार्टी को अपने क़ब्ज़े में ले रखा था और भूमि सुधारों की हवा निकालने में राज्य की राजनीति पर उनके इस दबदबे का बड़ा हाथ था। सत्तर

के दशक के शुरुआती सालों में जब पूँजी आधारित कृषि का कुछ विकास दिखता है, वहाँ भी बिहार बाक़ी मुल्क से 'हरित क्रान्ति' की तकनीकों द्वारा अधिक उत्पादन में पिछड़ा ही रहा। विकास की राह में रोड़ा भूमि का ये ग़ैर-बराबर बँटवारा ही था। अपने प्रभाव का इस्तेमाल कर ज़मींदार वर्ग भूमि सुधारों को लागू ही नहीं होने दे रहा था। जो थोड़े-बहुत भूमि सुधार हुए, उसका लाभ ऊँची जाति के ज़मींदारों और कुछ पिछड़ी खेतिहर जातियों की जेब में गया।

पिछड़ी जातियों ने सिर्फ़ कृषि क्षेत्र में ही बढ़त नहीं हासिल की, बल्कि राज्य की राजनीति में भी उनका प्रभाव दिखने लगा। वयस्क मताधिकार का एक अर्थ यह भी था कि अब उनके मत उनकी ताक़त थे। राज्य की कुल आबादी का 19 फ़ीसद और कई निर्वाचन क्षेत्रों में 25 से 35 फ़ीसद तक हिस्सा रखनेवाला ये जाति समूह अब राज्य में चुनावी नतीजों को सीधा प्रभावित करने की स्थिति में था। पहले इन जातियों ने कांग्रेस पार्टी की ऊँची जाति केन्द्रित राजनीति में बतौर एक उपभोक्ता प्रवेश किया। फिर जब ऊँची जाति के नेताओं के मध्य आपसी खींचतान के समय उन्हें किसी 'बाहरी' साझेदार की ज़रूरत महसूस हुई, इन पिछड़े जाति समूहों को राज्य की राजनीति में सीधे दख़ल देने का मौक़ा मिला। लेकिन सत्तासीन 'द्विज' जाति के नेता कांग्रेस पर अपना नियंत्रण खोने को तैयार नहीं थे, और इसके चलते यहाँ पिछड़े समूहों की महत्त्वाकांक्षाओं को अपने पंख नहीं मिल पा रहे थे। इसके मुक़ाबले उन्हें सोशलिस्ट पार्टी में ज़्यादा सम्मान मिला, जो सरकारी नौकरियों में और ख़ुद राजनीतिक दलों के भीतर पिछड़े वर्ग का प्रतिनिधित्व बढ़ाने को लेकर प्रतिबद्धता दिखा रही थी। इन महत्त्वाकांक्षाओं को अमली जामा पहनाने का मौक़ा 1967 में आया। पिछड़ी जाति से आनेवाले समाजवादी नेता कर्पूरी ठाकुर इस नारे के साथ प्रचार में कूदे, 'संसोपा ने बाँधी गाँठ, पिछड़ा पावे सौ में साठ।'[12] हालाँकि भ्रष्टाचार और पिछड़ी जातियों को नौकरियों में आरक्षण न देना इस चुनाव में कांग्रेस के ख़िलाफ़ मुख्य मुद्दे बनकर उभरे, जाति आधारित आरक्षण के भारतीय राजनीति में केन्द्रीय बहस के तौर पर उभरने की यात्रा में यह पल एक मानीखेज़ पड़ाव है।

कांग्रेस चुनाव हार गई और पिछड़े वर्ग से आए नेताओं ने अपने को गठबन्धन सरकार में पाया। अगले कुछ सालों में विभिन्न राजनीतिक दल सरकारें बनाने और गिराने के लिए भिन्न-भिन्न जातियों के नेताओं के साथ मिलकर युक्तियाँ बिठाते रहे, अपने दाँव-पेच खेलते रहे। पिछड़ी जातियाँ इस तमाम खींचतान में स्वतंत्र ताक़त बनकर उभरीं। यह कांग्रेस सिस्टम के अब तक चले आए चुनावी बहुमत में सीधी सेंध थी। इस परिवर्तन ने राज्य और समाज के मध्य बदलते रिश्तों की ओर तो इशारा किया, लेकिन संस्थागत ग़ैर-बराबरी को चुनौती अभी भी नहीं मिली थी। इसके बदले पिछड़ी जाति से आए नेताओं ने अपनी जाति के संख्याबल का इस्तेमाल प्रतिस्पर्धी चुनावी राजनीति में कर राज्य संस्था में घुसपैठ कर दी। हाँ,

जेपी की 'सम्पूर्ण क्रान्ति' और स्थानीय स्तर पर 'जनता सरकार' जैसे कार्यक्रम ज़रूर इस सामाजिक कायापलट के अग्रदूत हो सकते थे, लेकिन यह प्रयोग चन्द कमज़ोर प्रयासों से आगे नहीं बढ़ पाए और उनमें निहित सम्भावनाओं की गर्भ में ही हत्या कर दी गई।

भारतीय राजनीति ने इसकी रत्ती भर भी परवाह नहीं की कि मुल्क में लोकतंत्र सामाजिक समता लाने का दर्शन बन सके। इसके बजाय लोकतंत्र का अर्थ हमारे मुल्क में राजनीतिक दलों और हित समूहों के मध्य राज्य सत्ता पर क़ब्ज़ा जमाने की प्रतियोगिता तक सिमटकर रह गया। यह सही है कि वयस्क मताधिकार ने पिछड़ी जातियों को हाशिये से उठ खड़े होने का मौक़ा दिया और उन्हें राज्य की सत्ता की दहलीज़ पर ला खड़ा किया। लेकिन जब आंबेडकर ने कहा था कि भारतीयों को राजनीतिक जनतंत्र को सामाजिक जनतंत्र में बदलना होगा, उसका ठीक-ठीक यह मतलब नहीं था। उनके दिमाग़ में तो सामाजिक कायदों में आधारभूत बदलाव की कल्पना रही होगी, जहाँ सामाजिक बराबरी राजनीतिक स्वातंत्र्य का अभिन्न अंग बन जाए। जनतंत्र की सच्ची परिकल्पना तो तभी साकार होगी जब इनसानी बराबरी के वादे को ज़मीन पर उतारा जाए। 'अंकुर' का ही उदाहरण देखें तो सूर्या जैसे ख़ुद को जाति प्रथा विरोधी बतानेवाले खोखले उदाहरणों से बात नहीं बनेगी। बेनेगल की फ़िल्म में ज़मींदार का लड़का सूर्या भी आगे बढ़कर लक्ष्मी को अपने लिए खाना पकाने को कहता है। लक्ष्मी यह सुनकर चौंकती है। वो तो 'अछूत' है, ऊँची जाति का लड़का सूर्या उसके हाथ का बना खाना कैसे खा सकता है? सूर्या साफ़ कहता है कि वो एक शहरी आधुनिक पुरुष है, जो छुआछूत जैसी रूढ़ियों में क़तई विश्वास नहीं करता। लेकिन सूर्या का यह जाति-प्रथा विरोध आवरण है, धोखा है। आगे चलकर जिस तरह वो अपनी पितृसत्तात्मक सत्ता का चाबुक लक्ष्मी और उसके गूँगे-बहरे पति पर चलाता है, उसका असल चेहरा सामने आ जाता है।

बेनेगल की इन दोनों फ़िल्मों में कहीं भी मुल्क के लोकतंत्र पर चर्चा नहीं की गई है। 'निशान्त' में आधुनिक राज्य नज़र आता है, लेकिन वह प्रभावशाली सामन्ती ताक़त के आगे लाचार है। गाँव का पुलिस महकमा तो ख़ुद ही ज़मींदार के इशारों पर नाचता है, और रोज़ाना की लालफ़ीताशाही में डूबा ज़िला प्रशासन घटनास्थल से इतना दूर है कि आँखों से ओझल है। निस्सहाय स्कूलमास्टर को समझ आता है कि आधुनिक राज्य का उससे किया वादा खोखला है, वह न्याय दिलाने में अक्षम है। फ़िल्म की कहानी का समय आज़ादी से पहले के हिन्दुस्तान वाला है, जहाँ शासन लोकतांत्रिक शासन नहीं और सत्ता विदेशी आका के हाथ में है। लेकिन आम आदमी को न्याय दिलाने में राज्य की विफलता की वजह सिर्फ़ यही नहीं। आज़ाद भारत होते हुए भी सत्तर के दशक में फ़िल्म का दर्शक साफ़ देख पाता है कि राज्य संस्था की ख़ुद यहाँ सामन्ती शक्तियों के साथ भीतर ही भीतर दुरभिसंधि

है। सामन्ती सत्ता के ख़िलाफ़ यहाँ कोई आवाज़ सुनाई देती है तो वो निम्नवर्गीय पात्र लक्ष्मी की आवाज़ है, 'हम तेरे ख़रीदे ग़ुलाम नहीं हैं!' अगर हम फ़िल्म में से उसकी इस मर्मान्तक चीख़ को निकाल दें, और 'निशान्त' के आख़िर में चित्रित शोषित की प्रतिहिंसा का उदाहरण न गिनें तो आम आदमी के नज़रिये से दोनों ही फ़िल्में रोज़मर्रा के जीवन में शोषण और अपमान के चित्रों से भरी हैं। ज़मींदार कुटुम्ब के लोग अपनी भूमि जोतनेवाले किसान मज़दूरों से सदा अपमानजनक तरीक़े से ही बात करते दिखाई देते हैं। ज़मींदार भाई हैसियत में अपने से छोटों को बिना बात दुत्कारते और मारते-पीटते हैं। ग़ैर-बराबरी की जड़ें यहाँ बहुत गहरी हैं और अन्यायपूर्ण धौंस जैसे उनके स्वभाव में शामिल है। ग़ैर-बराबरी केवल संसाधनों पर क़ब्ज़ा ही नहीं, बल्कि वंचित से उसका सम्मान और इज़्ज़त भी छीन लेना है। आंबेडकर चाहते थे कि सामाजिक जनतंत्र ग़ैर-बराबरी के हर क्रूर रूप को ख़त्म करनेवाला हो। इसीलिए स्वतंत्रता, समता और बन्धुत्व उनके लिए एक-दूसरे के बिना अधूरे थे। राजनीतिक स्वतंत्रता का तभी कोई मतलब है जब वो किसी इनसानी समूह को आपस में जोड़ने और उन्हें बराबरी के मूल्य पर खड़े इनसानी रिश्ते में बाँधने का काम करे। यह होगा, तभी इसे केवल लोकतांत्रिक ढाँचा भर न मानकर एक सच्चा लोकतंत्र माना जाएगा।

संविधान ने हमें समता का अधिकार दिया। किन्तु राष्ट्र-राज्य और भारत की राजनीति दोनों ने ही इसे भारतीय समाज की आम हक़ीक़त बनाने के लिए किंचित ही प्रयास किये। इसके जो नतीजे निकले वे अति गम्भीर थे।[13] आख़िर लोकतंत्र का मतलब सिर्फ़ चुनाव करवा लेना और सरकारों को चुन लेना भर तो नहीं था। इसका मतलब बहुत गहरा है, जो किसी अन्य स्वाभाविक सत्ताकेन्द्र को नहीं मानता और प्रत्येक मनुष्य को समान और स्वतंत्र दर्जे पर रखता है। लेकिन जैसा आंबेडकर ने चेताया था, भारतीय समाज में परम्परा से चली आ रही ग़ैर-बराबरी लोकतंत्र के इस समतावादी मूल्य को ज़मीन पर लागू करने में रोड़ा पैदा करेगी। हमारे समाज में यह ग़ैर-बराबरी इतनी गहरे पैठी हुई है कि इस हीनताभाव का दंश वंचित इनसान को समाज के प्रत्येक क्षेत्र में झेलता पड़ता है। अगर कोई इनसान नौकर है तो ऐसा नहीं कि उसे सिर्फ़ रोज़गार के दायरे में ही इस ग़ैर-बराबरी को झेलना पड़ेगा और तमाम दूसरे दायरों में वह अपने मालिक के बराबर माना जाएगा। सच्चाई ये है कि अगर आप पदक्रम में नीचे हैं तो आपकी पहचान सदा के लिए कमतर मान ली जाती है और यह कमतरी हर जगह आपके साथ बनी रहती है।[14] भारतीय लोकतंत्र ने इस ग़ैर-बराबरी का कभी सीधा मुक़ाबला नहीं किया। सभी को बराबरी की पहचान पर लाकर खड़ा करने के लिए जिस सामाजिक क्रान्ति की ज़रूरत थी, भारतीय लोकतंत्र ने उससे कन्नी काट ली।[15] वंचित को समर्थ बनाने की परियोजना उसे सामाजिक पदक्रम के ऊपर चढ़ने का मौक़ा तो देती थी, लेकिन इस ग़ैर-बराबरी के पदक्रम

को ध्वस्त करने का काम वो नहीं कर रही थी। लोकतंत्र का यह प्रतिस्पर्धात्मक रूप ऐसा समाज कभी नहीं रच सकता, जिसमें शक्ति को सभी द्वारा बराबरी से साझा किया जाए। एक ग़ैर-बराबर समाज से पैदा हुए मोल-तोल के लोकतंत्र के इस मॉडल ने राजनीति को समता लानेवाले सामाजिक बदलाव के स्रोत से सत्ता के खुल्ले खेल में बदल दिया।[16]

समाज में पसरी ग़ैर-बराबरी से सीधे टकराने की लोकतंत्र की इस नाकामी ने राजनीति का अर्थ सत्ता पर क़ब्ज़े की लड़ाई तक सीमित कर दिया। बराबरी के वादे पर कटिबद्ध वाम पक्ष ने भी वर्गीय सम्बन्धों में बदलाव लाकर सबको बराबरी के लिए आमूलचूल सामाजिक परिवर्तन की माँग तो उठाई, लेकिन उसे ज़मीन पर व्यवहार में नहीं उतारा। इसका एक सबूत वाम पार्टियों के नेतृत्व की संरचना से मिलता है, जो उस दौर में भी आमतौर पर ऊँची जातियों से ही बना रहा। लेकिन 1967 में भारतीय राजनीति का चेहरा बदल रहा था। दो दशक की संसदीय राजनीति और वयस्क मताधिकार ने अब तक उपभोक्ता की भूमिका में रही पिछड़ी जातियों को महत्त्वाकांक्षाओं से भर दिया था। वे ऊँची जाति से आए अपने राजनीतिक संरक्षकों को बीच में से हटाकर अब ख़ुद इस खेल का हिस्सा बनना चाहती थीं। उन्होंने राजनीति में अब तक चले आए सबको सक्षम बनाने के मुहावरे से अपने को नहीं बाँधा। सबके लिए बराबर अधिकार माँगने की बजाय उन्होंने राजनीतिक सत्ता पर क़ब्ज़े का उद्देश्य अपने समूह के हितों की रक्षा घोषित किया। लोकतंत्र जब ग़ैर-बराबरी के साथ समझौता कर लेता है, तो उसकी क़ीमत कुछ यूँ ही चुकानी पड़ती है। लोकतंत्र के इस विकृत हो चुके मॉडल के ऊपर क़ब्ज़ा जमाए बैठी कांग्रेस पार्टी के सामने संकट तब आया, जब 1967 के आम चुनावों में परिणाम उसके ख़िलाफ़ आने लगे। पर इन्दिरा गांधी ने इस संकट को मौक़े में तब्दील कर लिया।

## इन्दिरा उदय

राजनीतिक विश्लेषक सुदीप्त कविराज लिखते हैं, "इन्दिरा का उदय भारत की आधुनिक राजनीति में किसी अपरिहार्य घटना की तरह नहीं हुआ। लेकिन जैसा इतिहास में अक्सर होता है, एक बार इसके घटित होने पर इससे निर्णायक और कुछ नहीं रहा।"[17] ये सच है कि 1966 में प्रधानमंत्री की कुर्सी पर उनका बैठना किसी आकस्मिक घटना की तरह था, न कि वंशवादी राजनीति में सत्ता हस्तान्तरण की तरह, जैसा उसे कई बार दुर्भावनावश प्रस्तुत करने की कोशिश की जाती है। कांग्रेस ने तो नेहरू की 1964 में मृत्यु के बाद लालबहादुर शास्त्री को प्रधानमंत्री पद के लिए चुना था। किसी को ज़रा भी अन्देशा नहीं था कि 11 जनवरी, 1966 को ताशकन्द में, जहाँ वे पैंसठ के युद्ध के बाद सोवियत तत्त्वावधान में पाकिस्तान

के साथ शान्तिवार्ता में शरीक होने गए थे, उनका अचानक निधन हो जाएगा।

शास्त्री की असमय मौत ने कांग्रेस पार्टी में नेतृत्व का संकट पैदा कर दिया। 'सिंडीकेट' के नाम से जाने जानेवाले पार्टी के तमाम ताक़तवर नेताओं में एक भी ऐसा नहीं था, जो राष्ट्रीय छवि रखता हो। उनका राजनीतिक प्रभाव अपने-अपने क्षेत्रों तक सीमित था। सर्वोच्च पद के सर्वप्रमुख दावेदार थे मोरारजी देसाई, सत्तर साल के गांधीवादी गुजराती नेता जिनमें गांधी सा करिश्मा नहीं था। प्राकृतिक चिकित्सा और शराबबन्दी में विश्वास रखनेवाले देसाई की छवि किसी हठी अव्यावहारिक की सी थी। उन्हें पहले ही लगता था कि दो साल पहले उनकी जगह शास्त्री का चयन उनका हक़ मारने की तरह था, और अब 1966 में वे अपनी दावेदारी को लेकर अडिग थे। लेकिन 'सिंडीकेट' चाहती थी कि उनकी जगह कोई आसानी से वश में आनेवाला नेता गद्दी पर बैठे, जिसे वे अपने इशारों पर नचा सकें। इन्दिरा उन्हें इस भूमिका के लिए फिट लगीं। वे उम्र में कम थीं—उस वक़्त उनकी उम्र अड़तालीस साल थी—और उनका राजनीतिक व्यक्तित्व कुछ ख़ास नहीं था। इस पर कि वे नेहरू की बिटिया थीं, यह बोनस की तरह था। नेहरू के प्रति जो प्यार और सम्मान पूरे देश में लोगों के मन में था, इन्दिरा उसे वोट में बदलने का कार्य बख़ूबी कर सकती थीं। 'सिंडीकेट' को यह इन्तज़ाम पसन्द आया। वो तो चाहते ही थे कि "सत्तासुख के उस विरले स्वरूप को भोगने का आनन्द उन्हें रिमोट कंट्रोल के ज़रिये मिलता रहे—जिसमें निर्णय लेने की सुविधा बिना किसी उत्तरदायित्व के मिलती है।"[18]

क्योंकि भारतीय राजनीति में इन्दिरा राज लम्बा भी रहा और युगान्तकारी भी, उन पर तमाम जीवनीकारों ने भरपूर स्याही ख़र्च की है। अनेक अध्येताओं, पत्रकारों तथा उन लोगों ने जो उनके नज़दीक रहे उनके जीवन के बारे में लिखा है। हालाँकि उनमें से बहुत से ब्योरे बहुत शानदार हैं, बेहतर होगा कि यहाँ हम अमेरिकी लेखक मार्क ट्वेन द्वारा अपनी आत्मकथा में लिखे इन शब्दों को याद रखें, "एक इनसान की ज़िन्दगी का कितना छोटा सा हिस्सा होता है उसके कर्म और उसके शब्द! उसका असल जीवन तो उसके दिमाग़ में घटता है, जिसका पता सिर्फ़ और सिर्फ़ ख़ुद उसे होता है...उसके कर्म और उसके शब्द तो उसकी दुनिया पर पड़ा एक झीना सा आवरण भर होते हैं...उसके भीतर का असली लावा तो अन्दर कहीं छिपा होता है—लपलपाती आग की लपटें जो उसे बेचैन किये रहती हैं और कभी चैन से सोने नहीं देतीं। यही उसकी असली ज़िन्दगी है, और इसे लिखा नहीं जाता, लिखा जा ही नहीं सकता।"[19] इन्हें याद रखना इसलिए ज़रूरी हो जाता है क्योंकि इन्दिरा की जीवनियाँ पढ़ते हुए कई बार ऐसा भ्रम होता है कि हम उनके सार्वजनिक जीवन से इतर 'असल' इन्दिरा गांधी को देख रहे हैं। उनके सार्वजनिक रोशनी में उजागर जीवन को ही आधार बनाकर उनके तथाकथित निरंकुश स्वभाव

और शंकालु व्यक्तित्व को लेकर फ़ैसले सुनाए जाते रहे हैं। जबकि सच्चाई यह है कि इन्दिरा को जो रूप उनकी तमाम जीवनियों में देख पाते हैं, वो सार्वजनिक और निजी जीवन में उनके कार्यकलापों, प्रतिक्रियाओं और उनके द्वारा बोले गए शब्दों के आधार पर ही है। उनके उन तमाम विचारों को, प्रेरणाओं को जिन्हें कभी लिखा या बोला नहीं गया, हम कभी नहीं जान पाएँगे। इसकी एक बड़ी वजह यह भी है कि उनके निजी पत्र-काग़ज़ात अभी तक उनके उत्तराधिकारियों ने सार्वजनिक नहीं किये हैं और इस वजह से आम जनता के लिए वे पढ़े जाने को उपलब्ध नहीं।

चलिए उन बातों पर आते हैं, जो हम इन्दिरा गांधी के बारे में विश्वास के साथ कह सकते हैं। इतना तो उनके बारे में कहा जा सकता है कि जब वे 1966 में प्रधानमंत्री बनीं, वे शर्मीली, मितभाषी थीं और उनकी कोई निश्चित राजनीतिक विचारधारा निर्मित नहीं हुई थी। उनके जीवनीकारों ने उनके इस संकोची स्वभाव और असुरक्षाबोध का ज़िम्मेदार उनकी विशेष पारिवारिक पृष्ठभूमि को माना है जिसके चलते वे सदा ही राष्ट्रीय चर्चाओं के घेरे में रहीं।[20] उनके 'लार्जर-देन-लाइफ़' पिता या तो राजनीतिक मसलों के चलते या जेल-कारावास की वजह से ज़्यादातर घर से दूर ही रहे। पिता जेल से ही उनको पत्र लिखा करते थे। पिता द्वारा बेटी को लिखी ऐसी ही चिट्ठियों में 'विश्व इतिहास की झलक' (1934) जैसी किताब भी लिखी गई, जो एक पिता ने अपनी बिटिया को मानवता के इतिहास से परिचित करवाने के लिए लिखी थीं। लेकिन ये चिट्ठियाँ उस भावनात्मक ऊष्मा का विकल्प तो नहीं हो सकती थीं, जो एक बेटी को अपने पिता के निरन्तर सान्निध्य से मिलती है। इन्दिरा के जीवन में इस भावनात्मक सहारे की भूमिका उनकी माँ कमला ने अदा की। लेकिन बीमारियों से घिरी माँ कमला सदा इन्दिरा की बुआ के तिरस्कार भरे व्यवहार के निशाने पर रहीं। उनकी बुआ यानी विजय लक्ष्मी पंडित। इन्दिरा के जीवनीकारों के मुताबिक बचपन में ख़ुद इन्दिरा भी अपनी बुआ के इस आगबबूला स्वभाव से बच नहीं पाई थीं, और यदा-कदा चपेट में आ ही जाती थीं। इन तमाम पारिवारिक रिश्तों की उलझनों ने इन्दिरा को एकाकी स्वभाव और असुरक्षाबोध तो दिया, लेकिन साथ ही इनसे उबरने की प्रक्रिया ने उनको स्वावलम्बी और स्वभाव से कुछ ज़िद्दी और अक्खड़ भी बनाया। उनके स्वभाव के यही गुण उस समय उभरकर सामने आते हैं, जब वे तमाम विरोध के बावजूद पारसी समुदाय से आनेवाले फ़िरोज़ गांधी से विवाह का अपना इरादा बदलने से इनकार कर देती हैं। उनकी ज़िद के आगे दूसरों को झुकना पड़ता है। अन्तत: नेहरू मान जाते हैं और गांधी भी इस रिश्ते को अपना आशीर्वाद प्रदान करते हैं।[21] आगे जाकर जब उन्हें असुरक्षाबोध से घिरा और दब्बू स्वभाव का मानकर कांग्रेस सिंडीकेट प्रधानमंत्री की कुर्सी पर बैठाती है, तो उनके स्वभाव के इस दूसरे पक्ष को पहचानने में भारी चूक करती है। यह एक ऐसी चूक है, जिसकी बाद में उन्हें भारी क़ीमत चुकानी पड़ती है।

इसी सोच के चलते तो 1956 में कांग्रेसी नेताओं ने उन्हें 'उपयोगी टूल' समझकर पार्टी की सर्वोच्च नीति नियंता समिति 'कांग्रेस वर्किंग कमेटी' (सीडब्ल्यूसी) का सदस्य बनवा दिया था। तब वे इन्दिरा को सिर्फ़ तीनमूर्ति भवन में रहकर नेहरू की देखभाल करनेवाली 'अच्छी-सी लड़की' के रूप में ही जानते थे। नेहरू के दोस्तों तक ने इसकी गवाही दी थी। पार्टी के घाघ बड़े नेता इस 'अच्छी-सी लड़की' को एक "ऐसी वैकल्पिक राजनीतिक छवि के बतौर इस्तेमाल करना चाहते थे जिसके पास क़द और रुतबा तो हो, लेकिन ख़ुद की कोई समझ नहीं हो।"[22] लेकिन कुछ सीडब्ल्यूसी की सदस्यता के चलते और कुछ पिता के साथ रहते हुए भारतीय राजनीति को क़रीब से घटते देखकर इन्दिरा इस माहौल से पहले ही आजिज़ आ चुकी थीं। 1958 के आते-आते तो वे अपने पिता को चेता रही थीं, "आपकी नज़रों के ठीक नीचे कुछ बहुत बुरी चीज़ें हो रही हैं।" उन्होंने भारतीय राजनीति की सड़ाँध को पहचान लिया था और अब वे नेहरू को भी अपना इस्तीफ़ा देने के फ़ैसले से नहीं डिगने को उकसा रही थीं।[23] इसके एक साल बाद ही कांग्रेस नेताओं ने ख़ुद इन्दिरा को पार्टी अध्यक्ष चुन लिया, हालाँकि इसमें नेहरू की अनिच्छा ही बताई जाती है। वे राजनीति में भ्रष्टाचार से बुरी तरह चिढ़ी बैठी थीं और उन्होंने नेहरू को इस बात के लिए मनाने की पूरी कोशिश की कि वे अड़ियल कांग्रेसी नेताओं पर कार्रवाई करें। नेहरू ने उन्हें तसल्ली से सुना तो, लेकिन कार्रवाई के नाम पर उन्होंने उन्हें अपनी बात रखने के लिए गोविन्द वल्लभ पंत के पास भेज दिया। पंत ने भी उनकी बात को शान्ति से सुना, लेकिन जवाब में कहा, "बेटी, तुम अभी उम्र में बहुत छोटी हो। ये सब नहीं समझोगी। जब कुछ बड़ी हो जाओगी न तो ख़ुद जानोगी कि ये सारे मसले बहुत पेचीदा होते हैं।"[24]

इन्दिरा के 1959 में कांग्रेस प्रेसीडेंट बनने के कुछ ही समय बाद केरल में जो संकट पैदा हुआ, उसने उन्हें भारतीय राजनीति के इन 'पेचीदा मसलों' का नज़दीक से दीदार भी करवा दिया। भारत के नक़्शे पर सबसे सुदूर दक्षिण में स्थित इस राज्य में 1957 में पहली चुनी हुई कम्युनिस्ट सरकार बनी थी। सत्ता में आने के बाद कम्युनिस्टों ने दो ऐसे क़ानून प्रस्तावित किये, जिन्हें तीखा प्रतिरोध झेलना पड़ा। इनमें पहला था शिक्षा सम्बन्धी क़ानून जो केरल में पाठ्यक्रम निर्धारण और अध्यापकों की नियुक्तियों, कामकाजी परिस्थितियों तथा तनख़्वाहों को दुरुस्त करने की बात करता था। दूसरा कृषि सम्बन्धी क़ानून भूस्वामित्व की ऊपरी सीमा निर्धारित करने, बटाईदारों के अधिकारों की रक्षा एवं 'जोतनेवाले को ज़मीन का मालिकाना हक़ दिलवाने' जैसी बातें करता था। इनमें शिक्षा सम्बन्धी प्रस्तावित क़ानून को कैथोलिक चर्च ने अपने अधिकार क्षेत्र में दख़लअन्दाज़ी माना और कृषि सम्बन्धी क़ानून के प्रावधान सुनकर भूमालिकों के कान खड़े हो गए। कांग्रेस तथा दूसरे राजनीतिक दलों का समर्थन हासिल करते हुए चर्च एवं ज़मींदारों ने इन क़ानूनों के विरुद्ध

सड़कों पर 'मुक्ति संग्राम' छेड़ दिया। जगह-जगह सिविल नाफ़रमानी का प्रदर्शन होता और पुलिस थानों का घेराव किया जाने लगा।[25] जवाबी कार्रवाई में पुलिस ने व्यवस्था बनाए रखने के लिए प्रदर्शनकारियों पर गोलियाँ चलाईं। कांग्रेस के नेतागण और गुप्तचर विभाग के अधिकारी नेहरू पर इस बात का दबाव बना रहे थे कि वे संविधान की धारा 356 के तहत—जिसमें राष्ट्रपति को यह अधिकार दिया गया है कि वो संवैधानिक मशीनरी के विफल होने का हवाला देकर किसी भी राज्य सरकार को बर्ख़ास्त कर सकते हैं, केरल सरकार पर फ़ौरन कार्रवाई करें। नेहरू इसमें हिचक रहे थे, लेकिन इन्दिरा तैयार थीं।[26] वे अपनी पुरानी अमेरिकन दोस्त डोरोथी नॉर्मन को एक ख़त में लिखती हैं, "केरल की स्थिति फ़िक्र में डालनेवाली है...मैं चिट्ठी में ज़्यादा कुछ खुलकर नहीं लिख सकती, लेकिन तुम्हें ये जानकर ताज्जुब होगा कि अपने को कम्युनिस्ट विरोधी कहलवानेवाले कई मंत्री भी अब खुलकर केरल की साम्यवादी सरकार के बचाव में आ गए हैं। मेरे पिता अब गृह मंत्री के ख़िलाफ़ जाकर तो कोई फ़ैसला नहीं ले सकते ना। ये बड़ी नाज़ुक घड़ी है।"[27] इसके दस दिन बाद ही राष्ट्रपति नेहरू सरकार की सिफ़ारिश पर केरल सरकार को बर्ख़ास्त कर राज्य में राष्ट्रपति शासन की घोषणा कर देते हैं।

इन्दिरा के आलोचक मानते हैं कि 1959 में की गई केरल सरकार की बर्ख़ास्तगी उनके स्वभाव में मौजूद तानाशाही प्रवृत्तियों की शुरुआती झलक भर थी, और इस पहली घटना के साथ ही ग़ैर-कांग्रेसी राज्य सरकारों की बर्ख़ास्तगी के लिए धारा 356 के इस्तेमाल का एक अन्तहीन सिलसिला-सा चल पड़ा। इसमें कुछ सच्चाई भी हो सकती है। लेकिन केरल एक और मायने में ख़ास था। कम्युनिस्टों ने कांग्रेस को राज्य की सत्ता से ही वंचित नहीं किया था, बल्कि वो तो उसके राजनीतिक दल के रूप में सामाजिक आधार को ही उखाड़ फेंकने की धमकी दे रहे थे। जिसे राजनीति विज्ञानियों ने आगे जाकर 'कांग्रेस सिस्टम' का नाम दिया, वो पूरा सिस्टम ही संकट में था। 'कांग्रेस सिस्टम' का सरल शब्दों में अर्थ था कि कांग्रेस सिर्फ़ एक पार्टी के रूप में नहीं, बल्कि प्रभावशाली जातियों और वर्ग समूहों, विभिन्न राजनीतिक विचारधाराओं एवं हित समूहों के एक महागठबन्धन के बतौर काम कर रही थी।[28] नेहरू के दौर में विपक्षी पार्टियों का प्रभाव इतना सीमित था कि भारतीय राजनीति में मौजूद तमाम एक-दूसरे की पूरक विचारधाराएँ ख़ुद कांग्रेस के भीतर ही समा गई थीं। यूँ देखें तो कांग्रेस के भीतर मौजूद दक्षिणपंथी दूसरी दक्षिणपंथी पार्टियों से वैचारिक रूप से ज़्यादा नज़दीक थे, बनिस्बत अपनी ही पार्टी के भीतर मौजूद वामपंथियों के, पर विपरीत वैचारिकताओं के होते हुए भी सत्ता ने उन्हें आपस में जोड़े रखा। केरल संकट के समय भी ऐसा ही कुछ मामला था। केरल के कांग्रेस चीफ़ के नेतृत्व में दक्षिणपंथी धड़े ने पार्टी से बाहर की शक्तियों को भी—जैसे चर्च, ज़मींदार और मुस्लिम लीग तक को कम्युनिस्ट सरकार के ख़िलाफ़ घेरेबन्दी के

लिए इकट्ठा कर लिया। आख़िर सत्ता के गोंद से आपस में चिपके समूचे 'कांग्रेस सिस्टम' के अस्तित्व पर ख़तरा मँडरा रहा था।

इस सिस्टम में लोकतंत्र कुलीनों द्वारा नियंत्रित था और उसे मजबूरन जाति, वर्ग और धार्मिक भेदों में विभाजित समाज से संवाद के रास्ते निकालने पड़ते थे।[29] नागरिक सत्तातंत्र के कुलीन भाषाशास्त्र ने एक ऐसे समाज से राब्ता कायम किया, जिसके अभिव्यक्ति के तरीक़े नितान्त भिन्न और हित विविधरंगी थे। यही 'कांग्रेस सिस्टम' की साझेदारी के पीछे की सच्चाई थी जिसमें विविधता से भरी विचारधाराओं और विविधरंगी हित समूहों ने आपस में मिलकर एक चुनावी बहुमत की रचना की। एक ऐसी 'निष्क्रिय क्रान्ति', जिसमें राजनीतिक स्वतंत्रता बिना आमूलचूल सामाजिक परिवर्तन के हासिल हो गई थी, दरअसल यह हमारी चुकाई क़ीमत थी उस निष्क्रिय क्रान्ति की। यहाँ लोकतंत्र तो था, लेकिन उसके साथ ग़ैर-बराबरी भी मौजूद थी और यह 'सिस्टम' सीधा उसी का परिणाम था। लोकतंत्र और ग़ैर-बराबरी के इस सहअस्तित्व का नतीजा सहज ही लोकतांत्रिक मूल्यों के 'भ्रष्ट' हो जाने में निकला। वयस्क मताधिकार के दिखावटी मुखौटे के पीछे कांग्रेस ने जातिगत और वर्गीय समीकरण बैठाने शुरू किये और वह पूँजीपतियों का हितसाधन करने लगी। यही वो 'सड़ाँध' थी, जिसने 1958 में इन्दिरा को वितृष्णा से भर दिया था। लेकिन एक बार कांग्रेस अध्यक्ष की कुर्सी पर अच्छे से स्थापित हो जाने के बाद उन्होंने इस 'सड़ाँध' भरे सिस्टम से अपना तालमेल बिठा लिया और सुनिश्चित किया कि पार्टी की केरल में सत्ता में वापसी हो। इसके लिए अगर उन्हें संवैधानिक सिद्धान्तों की बलि चढ़ानी पड़े तथा उन समूहों एवं विचारधाराओं से हाथ मिलाना पड़े जो कांग्रेस की सोच के क़तई विपरीत थीं, तो उन्हें वह भी मंजूर था।

इन्दिरा इस सिस्टम से अपनी मनमर्ज़ी से खेल सकती थीं, अपने विरोधियों के ख़िलाफ़ इसका बड़ी निर्दयता से इस्तेमाल कर सकती थीं, और फिर भी ख़ुद को इससे अलग प्रदर्शित कर सकती थीं। अक्टूबर, 1959 में जब उनका कांग्रेस अध्यक्ष के बतौर कार्यकाल पूरा हुआ, उन्होंने नेहरू को बड़ा मानीखेज़ ख़त लिखा।[30] उन्होंने लिखा कि यह कार्य उन्हें ऐसा अहसास करवाता रहा जैसे, "मैं किसी छोटे से पिंजरे में क़ैद चिड़िया हूँ। जिस भी ओर उड़ने की कोशिश करूँ, पंख सलाखों से टकराते हैं।" लेकिन इस अनुभव की वजह से "अचानक ही एक ऐसा लम्हा भी आया, जब लगा कि मेरे काँधे पर से कोई बोझा उतर गया हो।"

> समय आ गया है कि अब मैं अपनी ज़िन्दगी जिऊँ। कैसी होगी वो ज़िन्दगी? अभी मुझे इसके बारे में कुछ पता नहीं। अभी तो मैं बस किसी तिनके की तरह आज़ाद उड़ना चाहती हूँ। समन्दर में तैरती, बिना इस बात की फ़िक्र किये कि लहरें मुझे किस अनजान किनारे ले जाएँगी। जिस भी किनारे ले जाएँ, वहीं से मैं उठूँगी और अपना रास्ता तलाश लूँगी।

अपनी नई ज़िन्दगी की कल्पना को हृदय में सँजोते हुए, इन्दिरा लिखती हैं कि वे तो अभी से अपने कांग्रेस अध्यक्ष होने को अतीत की बात मानकर सोचने लगी हैं। इसके पाँच साल बाद 1964 के मई महीने में अपनी दोस्त डोरोथी नॉर्मन को लिखी चिट्ठी में भी इन्दिरा अपने आसपास मौजूद 'द्वेष, जलन और ईर्ष्या' की शिकायत कर रही हैं और कुछ समय भारत से बाहर, इन सबसे दूर कहीं गुज़ारने की इच्छा प्रकट कर रही हैं।[31] पर इन सब बातों के बावजूद वे लालबहादुर शास्त्री की कैबिनेट में सूचना और प्रसारण मंत्री का पद स्वीकार कर लेती हैं। उनके इस 'दुनिया को वापस लौटाने की ज़िम्मेदारी' वाले अहसास के पीछे उनकी पारिवारिक विरासत बड़ी भूमिका निभाती है। आख़िर उनके परिवार का इतिहास मुल्क से और कांग्रेस पार्टी से अटूट रूप से जुड़ा है और यही जुड़ाव कहीं न कहीं उनके उस सिस्टम में वापसी का रास्ता प्रशस्त करता है, जो कभी उन्हें पिंजरे जैसा लगता था। एक बार इस सिस्टम का हिस्सा बनने के बाद उन्होंने ऐसे समर्थकों को अपने चारों ओर इकट्ठा कर लिया, जो इसी 'सड़ाँध से भरे' राजनीतिक सिस्टम के बीच खड़े होकर इन्दिरा की राजनीतिक महत्त्वाकांक्षाओं को चिंगारी दिखाने लगे।[32] वो ये सिस्टम ही था, जिसने ठीक अट्ठारह महीने बाद जनवरी, 1966 में लालबहादुर शास्त्री की आकस्मिक मृत्यु होने पर इन्दिरा को उनके उत्तराधिकारी की गद्दी पर बैठाया। लेकिन इन्दिरा जल्द ही सत्ता पर 'सिंडीकेट' के एकाधिकार से चिढ़ने लगीं। इस 'सिंडीकेट' के नेता थे तमिलनाडु से आनेवाले कांग्रेस के सर्वेसर्वा के. कामराज। मज़ेदार बात ये थी कि इन्हीं कामराज ने इन्दिरा को प्रधानमंत्री की गद्दी पर बैठाने में सबसे ख़ास भूमिका निभाई थी। लेकिन इन्दिरा ने सत्ता सँभालते ही अपना अलग रास्ता तलाशना शुरू कर दिया। उन्होंने बिना कामराज की सलाह लिये 1966 में भारत की मुद्रा रुपये का 36.5 फ़ीसदी अवमूल्यन घोषित कर दिया।

पुराने विरोधी, मर्दवादी बुढ़ऊ मोरारजी और बाक़ी 'सिंडीकेट' को सही मज़ा चखाने का मौक़ा इन्दिरा को 1967 के आम चुनावों के फ़ौरन बाद मिला। कामराज जैसे 'सिंडीकेट' के कई धाकड़ नेता उस चुनाव में अपनी लोकसभा सीटें हार गए। उधर तमाम कांग्रेसी मुख्यमंत्रियों के समर्थन से इन्दिरा गांधी को दोबारा प्रधानमंत्री बनने में कोई परेशानी नहीं हुई। लेकिन इससे पार्टी के मालिक लोग ख़ुश नहीं थे। कामराज इन्दिरा के अवमूल्यन वाले फ़ैसले से अभी तक क्षुब्ध थे। उन्होंने अपनी चुनावी हार का ज़िम्मेदार भी इन्दिरा सरकार के भटकाव को ठहराया। कामराज को लगता था कि 1966 के गौरक्षा आन्दोलन के बाद उभरे संकट के समय इन्दिरा अपने कच्चेपन के चलते कैबिनेट पुनर्गठन के दौरान दबाव में आ गई थीं। कामराज भड़के हुए थे। 7 नवम्बर, 1966 के दिन हिंसक गौरक्षक साधुओं के झुंड ने कामराज के दिल्ली स्थित आवास पर धावा बोलकर उनकी दोपहर की नींद में चुभनेवाला ख़लल जो डाला था।[33] चुनाव में हार ने कामराज की ताक़त को घटाया

था, लेकिन सीटें कम होने के चलते संसद में कांग्रेस की घटी हुई ताक़त एक मौक़ा भी थी। राजधानी में अफ़वाहों का बाज़ार फिर गर्म हो उठा। पार्टी में सम्भावित टूट की ख़बरें फ़िज़ा में तारी थीं। इन्ही अफ़वाहों का सहारा लेते हुए, दलीय एकता के नाम पर पार्टी के आकाओं ने मोरारजी देसाई को इन्दिरा कैबिनेट में उप प्रधानमंत्री और वित्तमंत्री के ओहदे पर बैठा दिया।[34] इन्दिरा मजबूर थीं। उन्हें काबू में रखने के लिए 'सिंडीकेट' द्वारा उन्हीं के धुर विरोधी को उनके माथे पर बैठा दिया गया, और वे कुछ नहीं कर पाईं। प्रधानमंत्री नहीं बन पाने की अपनी पीड़ा से मोरारजी अभी तक उबरे नहीं थे। उन्होंने सरकार में दूसरे नम्बर की पदवी स्वीकार तो की, लेकिन मन मारकर। उन्हें अपने किसी साथी कांग्रेसी से यह कहते भी सुना गया, "छोकरी सुनती नहीं है।"[35]

हालाँकि इन्दिरा को नियंत्रण में रखने के लिए पार्टी आकाओं ने उनके माथे पर मोरारजी को बैठा दिया था, लेकिन हालिया चुनावी नाकामयाबियों की रोशनी में इन्दिरा यह साफ़ देख पा रही थीं कि 'सिंडीकेट' का जमाया 'कांग्रेस सिस्टम' बिखर रहा है। पश्चिम बंगाल में संयुक्त वाम मोर्चे की सफलता तथा उत्तर भारत के राज्यों में ग़ैर-कांग्रेसी विपक्षी दलों की जीत साफ़ इशारा कर रही थी कि पुराने आश्रयदाता-आश्रित के ताने-बाने पर चलते हुए अब चुनावी बहुमत जुटा पाना मुश्किल था। महाकाय 'कांग्रेस मशीन' ढह रही थी। इसका सबसे बड़ा सबूत ख़ुद भारत के सबसे अधिक जनसंख्या वाले प्रदेश, उत्तर प्रदेश से आ रहा था जहाँ किसान नेता चरण सिंह नई ताक़त बनकर उभर रहे थे। हालाँकि चरण सिंह ख़ुद 'अन्य पिछड़ा वर्ग' से सम्बन्धित जाति से नहीं आते थे, पर उन्होंने किसानी में लगी पिछड़ी जातियों को अपने पीछे खड़ा कर लिया और ऊँची जाति वाले कांग्रेस नेतृत्व को सीधे चुनौती दी। उधर बम्बई में शिवसेना का उभार और मद्रास में भाषायी संघर्ष का जिन्न कांग्रेस के समक्ष खड़ी लोकप्रिय चुनौतियों को सड़क पर ले आया था। पश्चिम बंगाल और केरल में बनी विचारधारा आधारित वाम सरकारों ने आमूलचूल सामाजिक सुधारों के लिए संसदीय उपायों के परे जाकर उग्र अभियान चलाए। नक्सलबाड़ी से निकले किसान विद्रोह की चिंगारी और कलकत्ता की हिंसा ने नेहरूवियन राज्य नियंत्रित आधुनिकता और उसके द्वारा स्थापित आदर्श नागरिकता की सीमाओं को उजागर कर दिया था। सड़कों पर डैने पसार रहे इस विद्रोह ने लोकतंत्र में निर्मित औपचारिक संस्थाओं और असल लोकतांत्रिक लामबन्दियों के बीच गहरी होती फाँक को रोशनी में ला दिया था। और इस गहरी खाई के ऊपर क़ब्ज़ा था एक ऐसे राजनीतिक ढाँचे का, जो ख़ुद अस्थिरता और संकट से तार-तार हो रहा था।[36] अवसरवादिता और भ्रष्टाचार मुल्क की राजनीतिक संस्कृति की जड़ों तक पैठ गया था। कांग्रेस और उसके साथ तमाम ग़ैर-वामपंथी विपक्षी पार्टियाँ राज्यों में सरकारें बनाने या गिराने के लिए खुलेआम विधायकों की ख़रीद-फ़रोख़्त में मशगूल थीं।

संवैधानिक और संसदीय प्रतिमानों की खुलेआम धज्जियाँ उड़ाई जा रही थीं। अगर ये सब भारत के संविधान निर्माता देख लेते, तो उनकी आत्मा कितना कलपती। अपने जिन भावी उत्तराधिकारियों से उन्होंने संविधान की रक्षा की उम्मीद की थी, आख़िर वही उसकी इज़्ज़त तार-तार कर रहे थे। ऐसी परिस्थितियों में इन्दिरा के लिए जैसे मंच तैयार था, कि वो आएँ और किसी प्रगतिशील मसीहा की तरह कांग्रेस को उसके प्रतिगामी आकाओं के चंगुल से बचा लें।

## स्थिरता की तलाश में केन्द्र

सन् 1967 से 1972 के बीच इन्दिरा गांधी ने ऐसे कई क़दम उठाए जो उन्हें किसी क्रान्तिकारी सुधारक की तरह प्रस्तुत करते थे। उन्होंने कांग्रेस में अपने प्रतिद्वंद्वियों को ख़ूब छकाया और विपक्षी दलों को भी उनकी औक़ात याद दिला दी। अपने इस नये मसीहाई अवतार में इन्दिरा ने न्यायपालिका के पर करतने की भी कोशिश की, जो उनकी सरपरस्ती में कार्यपालिका के इस क्रान्तिकारी अवतार के आगे बढ़ने में बाधा उत्पन्न कर रही थी। इन्दिरा के आलोचक उनके इन सैद्धान्तिक लगते प्रदर्शनकारी क्रियाकलापों के पीछे शुद्ध सत्तालिप्सा को देखते हैं। विपक्षी दलों ने आरोप लगाया कि उनकी क्रान्तिकारिता केवल दिखावे की है और उनकी सत्ता हासिल करने की महत्त्वाकांक्षाओं को छुपाने का एक औज़ार भर है।[37] इसमें कोई शक नहीं कि इन्दिरा ने बहुत चालाकी से इस क्रान्तिकारी मसीहा के बाने को पहना और उन्हें गद्‌दी से हटाकर उस पर ख़ुद बैठने का सपना देखनेवाले विपक्षियों को हैरान कर दिया। लेकिन बात बस इतनी भर नहीं थी। उनकी निजी महत्त्वाकांक्षाओं ने पूर्ति के लिए जिस क्रान्तिकारी रास्ते को अपनाया, उसके पीछे गहरे निहितार्थ छिपे थे। राज्य और समाज के मध्य सम्बन्धों में उठ खड़े हुए संकट को सँभालने की कोशिश था रास्ता।

सन् 1967 का आम चुनाव 'कांग्रेस सिस्टम' में लग रही दीमक को सबके सामने ले आया था। राज्य अपना नियंत्रण खो रहा था। इन्दिरा ने इस समस्या का समाधान शक्ति के केन्द्रीकरण में तलाशने की कोशिश की। हालाँकि इस शक्ति के केन्द्रीकरण का उनके लिए मतलब अपनी ताक़त में इज़ाफ़ा भर था। लेकिन इस निजी ख़्वाहिश को जनकल्याण का आवरण तो चाहिए था। इन्दिरा ने उन सभी संस्थाओं को अपना निशाना बनाया जो उनके रास्ते में आईं, फिर चाहे वो उनकी अपनी पार्टी हो चाहे न्यायपालिका। और यह सब किसी क्रान्तिकारी विचारधारा के आवरण में रहकर करना उनके लिए मुफ़ीद था, क्योंकि इससे उनकी छवि 'आम आदमी के मसीहा' की बनती थी। पर यह क्रान्तिकारी वाम झुकाव उनकी निजी राजनीतिक महत्त्वाकांक्षाओं को पूरा करने का ज़रिया होने के साथ-साथ एक और

बात की ओर इशारा था—कि राज्य के अपनी जनता से प्रशासनिक सम्बन्ध बिगड़ रहे थे। ऐसे में सत्ता का यह केन्द्रीकरण भी उन्हीं टूटते रिश्तों को सँभालने की कोशिश के तौर पर देखा जा सकता है।

एक ओर कांग्रेस सिस्टम की नाकामी और दूसरी ओर प्रधानमंत्री के रूप में इन्दिरा के कामकाज में पार्टी आकाओं की दख़लअन्दाज़ी, इन दोनों ने इन्दिरा को मौक़ा दिया सीधे जनता की अदालत में जाने का। उन्होंने पार्टी के आकाओं को नज़रअन्दाज़ करते हुए सीधे जनता को सम्बोधित करना शुरू किया। उनके इस क़दम को ख़ुद अपनी पार्टी पर हमले की तरह देखा गया। 1967 के चुनावों में लगे झटके के बाद कांग्रेस वर्किंग कमेटी ने मई, 1967 में दस सूत्री कार्यक्रम लागू करने का फ़ैसला किया। इसमें सरकार को कई क़िस्म के सुधारों को लागू करने के लिए कहा गया था, जैसे बैंकों पर 'सामाजिक नियंत्रण' कायम करना, शहरी आमदनी और सम्पत्ति पर नियंत्रण, एकाधिकार बनने से रोकना, भूमि सुधार को और बेहतर तरीक़े से लागू करना और भूतपूर्व राजाओं को मिली सुविधाओं का ख़ात्मा।[38] इसने पार्टी के भीतर एक बहस छेड़ दी। 'कांग्रेस फ़ोरम फ़ॉर सोशलिस्ट एक्शन' (सीएफ़एसए) से जुड़े युवा तुर्कों ने पार्टी पर दबाव बनाना शुरू किया कि वो सख़्ती से समाजवादी दिशा में आगे बढ़े। वे सच में इस विचारधारा के हिमायती थे और उन्होंने पार्टी के पुराने नेतृत्व को इस मुद्दे पर घेरना शुरू किया। युवा तुर्कों की माँग थी कि बैंकों का राष्ट्रीयकरण किया जाए, जबकि वित्तमंत्री मोरारजी देसाई इस मामले में अधिक से अधिक 'सामाजिक नियंत्रण' तक जाने को तैयार थे। दोनों पक्ष आमने-सामने थे, तलवारें खिंची थीं और इन्दिरा इनके बीच में नरमी का रवैया अपना रही थीं। उधर 'सिंडीकेट' के नेता ऐसा मौक़ा तलाश करते रहे जिससे इन्दिरा की ताक़त को तोड़ा जा सके, इधर इन्दिरा ने बहुत कुशलतापूर्वक युवा तुर्कों का किसी 'ट्रॉज़न हॉर्स' की तरह इस्तेमाल करते हुए 'सिंडीकेट' को ठिकाने लगा दिया।

एक के बाद एक तूफ़ानी रफ़्तार से उठाए क़दमों से इन्दिरा ने 'सिंडीकेट' के नेताओं को किनारे कर दिया। जुलाई, 1969 में पहले तो इन्दिरा ने मोरारजी को अपनी कैबिनेट से बाहर का रास्ता दिखाया। फिर उनका मंत्रालय सीधे अपने हाथों में लेते हुए बैंकों के राष्ट्रीयकरण और भूतपूर्व राजाओं के प्रिवी पर्स को निरस्त करने जैसे अभूतपूर्व फ़ैसले लिये। ये दोनों ही लोकप्रियता दिलानेवाले क़दम थे। पहुँच से दूर रहे बैंक के ताले अब आम आदमी के लिए खुल जाएँगे, इस फ़ैसले का ख़ूब स्वागत किया गया। भूतपूर्व राजाओं को मिलनेवाली सुविधाएँ बन्द होने पर जनता ने हर्ष का प्रदर्शन किया। बुढ़ाते पार्टी आकाओं और निजी स्वार्थों में लिप्त अधेड़ पुरुषों के ख़िलाफ़ मोर्चा लेती अपनी इसी युवा प्रगतिशील छवि का इस्तेमाल करते हुए इन्दिरा ने 'सिंडीकेट' के चुने उम्मीदवार के ख़िलाफ़ वी.वी. गिरी को

राष्ट्रपति पद पर जीत दिलाई। संकट में घिरे पार्टी आकाओं ने इसे अपनी तौहीन माना, और इन्दिरा तथा उनके समर्थकों पर अनुशासनहीनता का आरोप लगाया। उन्हें विश्वास था कि आख़िर इन्दिरा को अपमान का घूँट पीकर शान्ति समझौता करना ही होगा। उन्हें क़तई अन्देशा नहीं था कि आगे क्या होनेवाला है। उनकी सभी गणनाएँ उलटी पड़नेवाली थीं। इन्दिरा ने पलटवार करते हुए पार्टी के ही दो फाड़ कर दिये।[39] 'सिंडीकेट' की अगुआई में पार्टी को नाम मिला कांग्रेस (ओ), जिसमें 'ओ' ऑर्गनाइज़ेशन (संगठन) का प्रतीक था। इन्दिरा की पार्टी को नाम मिला कांग्रेस (आर), जिसमें 'आर' प्रतीक बना रिक्विज़िशनिस्ट्स (माँगकर्ताओं) का, जो संकेत शब्द था पार्टी सम्मेलन बुलाने की उनके समर्थकों की माँग का। कांग्रेस (आर) के पास पूर्ण संसदीय बहुमत तो नहीं था, लेकिन उन्होंने सीपीआई, निर्दलियों एवं कुछ क्षेत्रीय दलों के सांसदों की सहायता से शासन करना जारी रखा।

इन्दिरा की इस क्रान्तिकारी छवि को और चमकाने के उद्देश्य से सरकार ने 1970 में नई औद्योगिक लाइसेंसिंग नीति को जारी कर दिया। इसमें बड़े औद्योगिक घरानों, विदेशी कम्पनियों और उनके मातहत आनेवाली सहायक कम्पनियों की उत्पादन क्षमता के विस्तार पर रोक लगाई गई थी। तमाम प्रशासनिक बाधाओं से लैस, भ्रष्टाचार को खुला बुलावा देती इस नीति को ही आगे जाकर 'लाइसेंस राज' का नाम मिला। लेकिन उस मौक़े पर यह नीति भी इन्दिरा के लोकप्रिय छवि निर्माण का एक हिस्सा भर थी। अपनी इसी छवि पर आरूढ़ होकर, सीपीआई के साथ गठबन्धन से ऊर्जा लेते हुए इन्दिरा ने मार्च, 1971 में मध्यावधि चुनावों की घोषणा कर दी। जहाँ एक ओर इन्दिरा से चिढ़े बैठे विरोधियों ने नारा दिया 'इन्दिरा हटाओ', वहीं इन्दिरा ने ख़ुद को जनता के मसीहा के रूप में पेश करते हुए नारा दिया 'ग़रीबी हटाओ'। चुनावों में इन्दिरा को प्रभावशाली सफलता मिली। उनकी पार्टी कांग्रेस (आर) ने 44 फ़ीसदी मत हासिल करते हुए 350 सीटों पर क़ब्ज़ा जमाया। इसके मुक़ाबले कांग्रेस (ओ) सिर्फ़ 16 संसदीय सीटों पर जीत दर्ज कर पाई, और उसकी साझेदार दक्षिणपंथी पार्टियों जनसंघ और स्वतंत्र पार्टी का प्रदर्शन भी बहुत ख़राब रहा। दिसम्बर, 1971 में हुए बांग्लादेश युद्ध में पकिस्तान की करारी और निर्णायक हार से मिली लोकप्रियता पर सवार होकर इन्दिरा ने अगले साल राज्य विधानसभा चुनावों में और भी भारी अन्तर से विजय हासिल की। विपक्षी पार्टियों को जैसे नेस्तनाबूद कर दिया गया था। कभी एक समाजवादी नेता ने इन्दिरा को 'गूँगी गुड़िया' नाम देकर उनका मखौल उड़ाया था। आज इसी 'गूँगी गुड़िया' ने उन सबकी बोलती बन्द कर दी थी।

इन्दिरा की इस अपरिमित सत्ता को समझने के लिए नागरवाला केस का विचित्र घटनाक्रम हमारे बहुत काम का हो सकता है। 25 मई, 1971 के अख़बारों में एक ख़बर थी कि 'स्टेट बैंक ऑफ़ इंडिया' की नई दिल्ली स्थित पार्लियामेंट स्ट्रीट शाखा

में पिछले दिन साठ लाख रुपयों की धोखाधड़ी हुई है। उस समय यह बहुत बड़ी रकम हुआ करती थी। बताया गया कि बैंक के चीफ़ कैशियर वेद प्रकाश मल्होत्रा को एक फ़ोन कॉल आया, जिसमें कथित तौर पर प्रधानमंत्री ने उनसे कहा कि वो नकदी उनके बताए गए आदमी को सौंप दें। मल्होत्रा ने ठीक ऐसा ही किया।[40] बाद में जब मल्होत्रा को समझ आया कि उनके साथ धोखाधड़ी हुई है, उन्होंने पुलिस को इत्तला दी। ख़ैर, धोखाधड़ी करनेवाला आदमी जल्द पकड़ा गया और ज़्यादातर नकदी भी बरामद कर ली गई।

यह कोई आसानी से विश्वास करने योग्य कहानी नहीं थी। अख़बारों ने इसे ख़ूब बढ़ा-चढ़ाकर रिपोर्ट किया। इन्दिरा के विरोधियों ने इस पर कॉलम लिखे और पर्चे बँटवाए, जो छुपे हुए बैंक खातों और हत्याओं जैसी स्याह साज़िशों की कहानियों से भरे हुए थे। आगे जाकर इसी कहानी का कल्पित रूपान्तरण रोहिंटन मिस्त्री के 1991 में प्रकाशित पहले उपन्यास 'सच ए लॉन्ग जर्नी' का एक महत्त्वपूर्ण सिरा बनता है। यह मामला इतना हैरतअंगेज़ था कि 1977 में जनता सरकार ने इसकी जाँच के लिए बाक़ायदा रेड्डी कमीशन के रूप में न्यायिक आयोग का गठन किया। इस रेड्डी कमीशन ने जो रिपोर्ट पेश की वो न्यायिक सत्यनिष्ठा का उदाहरण है और मज़ेदार वाक़यों से भरी है।[41] आयोग की तफ़्तीश में एक अविश्वसनीय कहानी निकलकर आई। चीफ़ कैशियर को एक आदमी का फ़ोन आता है जो दावा करता है कि वो पी.एन. हक्सर बोल रहा है, प्रधानमंत्री का मुख्य सचिव। वो कैशियर मल्होत्रा को कहता है कि प्रधानमंत्री को बांग्लादेश मुक्ति आन्दोलन से जुड़े किसी 'गुप्त कार्य' को निपटाने के लिए फ़ौरन 60 लाख रुपयों की ज़रूरत है। जब कैशियर रुपया देने में आनाकानी करता है, तो कथित तौर पर प्रधानमंत्री ख़ुद लाइन पर आती हैं और हक्सर की बताई बात दोहराती हैं। वे कैशियर से कहती हैं कि उससे एक आदमी मिलेगा, जिसका कोड वर्ड होगा 'बांग्लादेश का बाबू'। कैशियर को जवाब में कहना है 'बार-एट-लॉ' और नकदी उसे थमा देनी है। कैशियर मल्होत्रा नकदी एक डिब्बे में पैक करता है और उसे लेकर अपनी गाड़ी में बैंक के पास वाले चर्च पहुँचता है। कुछ ही देर में वहाँ हरे रंग की फ़ेल्ट हैट लगाए एक लम्बा, हट्टा-कट्टा आदमी प्रकट होता है। उस आदमी से मल्होत्रा का कोड वर्ड का आदान-प्रदान होता है। इसके बाद वो आदमी मल्होत्रा के साथ गाड़ी में बैठ हवाईअड्डे की ओर बढ़ता है, जहाँ कथित तौर पर भारतीय वायुसेना का विमान इस नकदी को आगे ले जाने के लिए खड़ा है। लेकिन हवाईअड्डे पहुँचने से पहले ही हरी टोपी वाला इनसान मल्होत्रा की गाड़ी बीच रास्ते कहीं रुकवाकर नकदी सहित उतर जाता है। टैक्सी में बैठकर निकलने से पहले वो मल्होत्रा को सीधे प्रधानमंत्री कार्यालय पहुँचने को कहता है और बोलता है कि वहीं दोपहर 1 बजे मिलकर वो मल्होत्रा को इन नकदी की रसीद दे देगा। बेचारा कैशियर मल्होत्रा इसके बाद प्रधानमंत्री के

विभिन्न कार्यालयों के बीच बैरंग भटकता है। अन्ततः मल्होत्रा हक्सर से मिलने में सफल हो जाता है, लेकिन हक्सर उसे कहते हैं कि उन्होंने उसे कोई फ़ोन कॉल नहीं किया। हक्सर उसे कहते हैं कि ज़रूर वो ठग लिया गया है और फ़ौरन पुलिस को सारा मामला बताने को कहते हैं।

पुलिस इस रहस्यमय हरी हैट वाले इनसान को उसी शाम धर दबोचती है। उस 49 साल के पारसी इनसान का नाम था रुस्तम सोहराब नागरवाला। नागरवाला 1951 में कैप्टन के रूप में भारतीय सेना छोड़ने से पहले सात साल वहाँ कार्यरत रहा। वह कई सालों तक जापान में अंग्रेज़ी शिक्षक की भूमिका निभा चुका था और तीन भारतीय भाषाओं के अतिरिक्त अंग्रेज़ी, फ्रेंच और जापानी भी ख़ूब बोल लेता था। वह अपना रूप बदलने में माहिर था। इधर के दिनों में उन्होंने अपनी दाढ़ी साफ़ करवा ली थी और बाल भी रँगने लगा था। तक़रीबन सारी नकदी बरामद कर ली गई। वो 30 हज़ार रुपये भी जिसे नागरवाला ने एक स्कूटर के टायर में छिपाने की कोशिश की थी। 27 मई को कीर्तिमान रचनेवाली सिर्फ़ 10 मिनट चली पेशी में नागरवाला ने अपना गुनाह स्वीकार कर लिया और उसे सज़ा भी हो गई। लेकिन उसने सज़ा के ख़िलाफ़ अपील की। मुक़दमे की दोबारा सुनवाई के दौरान इस मामले की तफ़्तीश कर रहे पुलिस अधिकारी नवम्बर, 1971 को एक कार दुर्घटना में मारे गए। मुक़दमे को अन्तिम झटका देते हुए 21 फ़रवरी, 1972 को नागरवाला की एक अस्पताल में दिल का दौरा पड़ने से पुलिस हिरासत में ही मृत्यु हो गई।

रेड्डी कमीशन ने पूरी ईमानदारी से कोशिश की कि अटकलबाज़ी और अफ़वाहों में उलझी इस घटना के पीछे की असल सच्चाई सामने आ सके।[42] कुछ का दावा था कि इस मामले में जो पैसे का लेन-देन हुआ वो इन्दिरा के गुप्त खाते से आया था। दूसरे विश्वास के साथ कह रहे थे कि नागरवाला असल में गुप्तचर सेवा का अधिकारी था और वो असल में मरा नहीं था, बल्कि इटली में मज़े की ज़िन्दगी जी रहा था। एक वरिष्ठ पत्रकार ने लिखा कि उन्हें अस्पताल के एक डॉक्टर से यह सूचना मिली है कि नागरवाला की पोस्टमार्टम रिपोर्ट में कुछ घपला हुआ था। जब जस्टिस रेड्डी ने इस दावे की जाँच की, तो पता चला कि उक्त डॉक्टर ने उन तीनों में से किसी अस्पताल में कभी काम नहीं किया है, जहाँ नागरवाला की चिकित्सा हुई। एक अन्य पत्रकार ने बताया कि इस मामले में उन्होंने जिस 'निजी जाँच' को अंजाम दिया है, उसमें तीन-चार टैक्सी ड्राइवरों के बयान भी शामिल हैं। एक तीसरे पत्रकार ने स्वीकार किया कि उसने विपक्ष को फ़ायदा पहुँचाने के लिए अपनी रिपोर्टिंग में इस ख़बर को ख़ूब मिर्च-मसाला लगाकर पेश किया। दक्षिणपंथी रुझान की पत्रिका 'मदरलैंड' के लिए लिखनेवाली एक अन्य पत्रकार ख़ुद पारसी थीं और उनके नागरवाला से पारिवारिक सम्बन्ध थे। एक सनसनीखेज़ खुलासे में उन्होंने दावा किया कि नागरवाला तो इन्दिरा की आवाज़ की नकल कर ही नहीं

सकता था, क्योंकि नागरवाला बोलते हुए हकलाता था। लेकिन उनके अन्य दावों की सत्यता कभी प्रमाणित नहीं हो पाई और मौक़ा आने पर उन्होंने जज के सामने गुप्त रूप से भी अपने स्रोतों का खुलासा करने से इनकार कर दिया।

यहाँ तक कि ऑक्सफ़ोर्ड के डॉन माने जानेवाले डेविड सेलबर्न, जिन्होंने 1977 में लिखी अपनी पुस्तक 'एन आई टू इंडिया' में आपातकाल की विद्वत्तापूर्ण और तीखी आलोचना प्रस्तुत की है, भी जस्टिस रेड्डी की सुनवाई में शामिल हुए। जब उनसे अपने इस वक्तव्य—कि नागरवाला इन्दिरा गांधी के निजी सचिव के रूप में काम करते थे, की सत्यता के बारे में पूछा गया तो सेलबर्न ने सीधे कहा कि यह तो 'उन दिनों के दैनिक समाचारों' पर आधारित वक्तव्य था। सबसे मज़ेदार रहा जस्टिस रेड्डी द्वारा इस घटना पर उन दिनों लिखी गई एक लोकप्रिय किताब की चीरफाड़ करना।[43] किताब के लेखक ने किताब को 80 फ़ीसदी हक़ीक़त और 20 फ़ीसदी कल्पना बताया था। सच और झूठ के इस अद्भुत घालमेल में लेखक ने एक जगह यह दावा किया था कि धोखाधड़ी में इस्तेमाल की गई रक़म वास्तव में इन्दिरा की अघोषित सम्पत्ति का हिस्सा थी और नागरवाला का ख़ून कर दिया गया था। लेकिन जब इस किताब के लेखक को आयोग के सामने गवाही के लिए बुलाया गया तो उसने कुछ और ही दावा किया। उसका कहना था कि आर्मी का भूतपूर्व कैप्टन नागरवाला अभी तक ज़िन्दा है और भेस बदलकर ज़िन्दगी गुज़ार रहा है। उसने एक बार रात के खाने पर नागरवाला से मुलाक़ात होने का भी दावा किया। मगर अफ़सोस, वो मुलाक़ात होने पर भी यह नहीं जान पाया कि क्या नागरवाला वास्तव में प्रधानमंत्री को जानता था, क्योंकि वो 'आकर्षक जवान पुरुष' तो 'बात करने से ज़्यादा चिकन में इंटरेस्टेड था।' जस्टिस रेड्डी ने इस लेखक से जमकर पूछताछ की, मगर अन्त में वे इसी नतीजे पर पहुँचे कि ये सारे ब्योरे दरअसल किताब के उस 20 फ़ीसदी हिस्से से आए थे जो शुद्ध गप्प था!

जस्टिस रेड्डी ने बहुत तसल्ली के साथ सारे सबूतों को जाँचा-परखा और इन्दिरा गांधी, हक्सर के साथ उन तमाम पत्रकारों के भी बयान लिये जिन्होंने अपने स्तम्भों में अनाम सूत्रों के हवाले से इस मामले में गम्भीर षड्यंत्रों के होने की बात लिखी थी। आख़िर में न्यायाधीश इसी नतीजे पर पहुँचे कि इस मामले में सच का पता लगा पाना उनके लिए भी मुश्किल है। उन्होंने नागरवाला और कैशियर मल्होत्रा के पुलिस को पहले दिये बयानों में काफ़ी विसंगतियाँ पाईं। जस्टिस रेड्डी ने नागरवाला के इस इक़बालिया बयान को भी ख़ारिज कर दिया जिसमें उसने इस करामात को अंजाम देने की वजह बांग्लादेश के मुक्ति संघर्ष को ख़बरों के केन्द्र में लाने और मशहूरी हासिल करने को बताया था। नागरवाला निश्चित ही 1967 में इन्दिरा गांधी और पी.एन. हक्सर दोनों से मिला था। ऐसा लगता है कि नागरवाला ने ये मुलाक़ात यह कहकर रखवाई थी कि उसके पास ऐसी गुप्त सूचना है जिससे

वियतनाम युद्ध का समाधान हो जाएगा। वो चाहता था कि इन्दिरा इस गुप्त सूचना का इस्तेमाल करते हुए संयुक्त राज्य अमेरिका और उत्तरी एवं दक्षिणी वियतनाम में शान्ति समझौता करवाएँ। हालाँकि इन्दिरा और हक्सर दोनों ने यह दावा किया उन्हें ऐसी किसी मुलाक़ात की स्मृति नहीं, न्यायाधीश लिखित दस्तावेज़ों के आधार पर इस नतीजे पर पहुँचे कि ऐसी मुलाक़ात हुई तो थी। लेकिन जस्टिस रेड्डी यह मानने को तैयार नहीं हुए कि आर्मी के भूतपूर्व कप्तान करामाती नागरवाला ने टेलीफ़ोन पर इन्दिरा और हक्सर दोनों की आवाज़ें निकाल ली होंगी। और नागरवाला जेल में रहते हुए जो हवाई धमकियाँ उछालता रहता था, कि वो सत्ता में बैठे ताक़तवर लोगों का पर्दाफ़ाश कर देगा, उन्हें आख़िर कैसे समझा जाए, यह प्रश्न जस्टिस रेड्डी के मन में बना ही रहा। सवालों से परे तो ख़ैर कैशियर मल्होत्रा भी नहीं था। ऐसा लगता था जैसे नागरवाला से उसका पुराना परिचय है। बैंक का कामकाज भी सवालों के घेरे में था।

लेकिन इसमें से किसी भी सवाल के तसल्लीबख़्श नतीजे पर नहीं पहुँचा जा सका, क्योंकि तरीक़े से पूरी तफ़्तीश करने की जगह पुलिस ने नागरवाला को जल्द से जल्द अपराधी घोषित करवाने की कार्रवाई शुरू कर दी। जस्टिस रेड्डी ने अपने निष्कर्ष में लिखा कि सरकार को इस मामले का सच जानने से ज़्यादा चिन्ता इस बात की थी कि प्रधानमंत्री की छवि पर ग़लती से भी कोई दाग़ न लग जाए। पत्रकारों के बयान भी कुछ ख़ास काम के नहीं साबित हुए। उनमें से ज़्यादातर सुनी-सुनाई बातें दोहरा रहे थे और उनकी रिपोर्ताज भी तथ्यों पर आधारित नहीं साबित हुईं। उलझानेवाले सवाल अब भी मुँह बाये सामने खड़े थे। जस्टिस रेड्डी ने इन शब्दों के साथ अपनी रिपोर्ट का अन्त किया, "इन सवालों के जवाब देने के लिए मुझे सबूतों की मज़बूत नींव पर स्थित तथ्यों की ठोस इमारत से नीचे उतर अटकलबाज़ी के गहरे पाताल में गोता लगाना होगा।"[44]

भले ही इस मामले से जुड़े तमाम सवाल अनुत्तरित ही रह गए हों, नागरवाला मामले का घटनाक्रम यह बख़ूबी साबित करता है कि इन्दिरा गांधी उस दौर में कैसी अपरिमित सत्ता की मालकिन थीं। उनका नाम भर उचारना ही 'खुल जा सिम सिम' के मंत्र सा जादुई असर रखता था। नाम लो और बैंक के ताले मिनटों में खुल जाते थे। इसके साथ ही नागरवाला मामला एक और इनसान की प्रभावशाली हस्ती को सामने लेकर आया, जो थे इन्दिरा के मुख्य सचिव परमेश्वर नाथ हक्सर। कश्मीरी ब्राह्मण परिवार में पैदा हुए हक्सर इलाहाबाद विश्वविद्यालय से शुरुआती उच्च शिक्षा हासिल करने के बाद लन्दन स्कूल ऑफ़ इकोनॉमिक्स से पढ़े और लिंकन'स इन से वकालत की शुरुआत की। लन्दन में रहते हुए ही उनका झुकाव समाजवादी विचारों की ओर हुआ और वे ब्रिटेन में रह रहे इस विचार से जुड़े भारतीय छात्रों के एक समूह के सदस्य भी रहे। भारत को आज़ादी मिलने के बाद उन्होंने भारतीय विदेश

सेवा में नौकरी शुरू की। जब 1967 में इन्दिरा गांधी की नज़र उन पर जा ठहरी, वे ब्रिटेन में भारत के उप उच्चायुक्त के पद पर कार्य कर रहे थे। इन्दिरा ने उन्हें भारत बुलाकर अपना मुख्य सचिव नियुक्त किया। हक्सर 1973 तक इस पद पर कार्य करते रहे। इस दौरान उभरे इन्दिरा के लोकप्रिय क्रान्तिकारी अवतार को गढ़ने और 'सिंडीकेट' को निर्णायक पटखनी देने में उनकी ख़ास भूमिका रही। हक्सर के दौर में प्रधानमंत्री सचिवालय दिल्ली के सियासी गलियारों में सत्ता के सबसे ताक़तवर केन्द्रक के रूप में उभरा।

अध्ययनशील और निहायत ही ज़हीन इनसान हक्सर की बहुविध रुचियाँ राजनीति के दाँव-पेचों से लेकर कला की नफ़ासती गलियों तक फैली हुई थीं। वे बड़े लिक्खाड़ भी थे। उनके लिखे दस्तावेज़ों का विशालकाय ज़ख़ीरा हमें इन्दिरा की हुकूमत के दौर को और भारतीय राजनीति पर पड़ी उसकी अमिट छाप को क़रीब से जानने का नायाब मौक़ा उपलब्ध करवाता है। सत्ता पर एकाधिकार के बाद इन्दिरा की जो क्रान्तिकारी छवि निर्मित की गई, उस पर भी हक्सर की छाप साफ़ पढ़ी जा सकती है। उदाहरण के लिए मोरारजी से सीधी भिड़ंत के समय उन्होंने ही इन्दिरा को अपनी एक प्रगतिशील छवि गढ़ने की सलाह दी थी।[45] हक्सर इन्दिरा को हर छोटे-बड़े मसले पर सलाह दिया करते थे। इनमें सुप्रीम कोर्ट में 'प्रगतिशील सोच' रखनेवाले न्यायाधीशों की नियुक्ति से लेकर हेनरी किसिंजर और रिचर्ड निक्सन से बांग्लादेश के मुद्दे पर वार्ताओं के दौरान विदेश नीति सम्बन्धी सलाहें तक शामिल थीं। और इन्हीं सबके बीच हक्सर इन्दिरा के समक्ष उनकी पार्टी की राज्य इकाइयों में चल रही गुटबाज़ी को लेकर तीखी रपटें पेश करते थे। वे इन्दिरा को सदा एक वाम चेहरा बनाए रखने की सलाह भी देते थे और इन्दिरा का सीपीआई से गठबन्धन इसी दिशा में बढ़ाया गया क़दम था।[46] उनके दस्तावेज़ों में तमाम मंत्रालयों को दिये गए नीति सम्बन्धी दिशा-निर्देश शामिल हैं। इनमें वे मंत्रालय भी शामिल थे जो सीधे प्रधानमंत्री के पास नहीं थे। एक पत्राचार तो भारतीय बीयर की गुणवत्ता को लेकर भी है! 27 अगस्त, 1970 के दिन औद्योगिक विकास मंत्रालय को लिखे गए इस पत्र में हक्सर भारतीय बीयर की गुणवत्ता बेहतर बनाने और उसे अन्तरराष्ट्रीय बाज़ार में मुक़ाबले योग्य बनाने के लिए विदेशी सहयोग के प्रस्ताव का हवाला देते हैं। क्योंकि इस प्रस्ताव को अमल में लाने के लिए विदेशी मुद्रा का इस्तेमाल करना होगा और विदेशी मुद्रा का तो उन दिनों वैसे ही टोटा था, हक्सर मंत्रालय के सचिव का ध्यान सरकारी प्रयोगशालाओं में चल रहे खमीर निर्माण तकनीक से जुड़े शोध की ओर आकर्षित करते हैं।[47]

मैंने यहाँ भारतीय बीयर की गुणवत्ता सुधारने को लेकर मंत्रालयों में चले इस हास्यास्पद क़िस्म के पत्राचार का उदाहरण यह बताने के लिए दिया है कि उन दिनों प्रधानमंत्री कार्यालय में कैसे सारी सत्ता का केन्द्रीकरण हो गया था। हक्सर

ख़ुद इस बात पर पूरा विश्वास करते थे कि हिन्दुस्तान को आगे बढ़ने के लिए वाम रास्ता अपनाना ही होगा। लेकिन भारतीय राजनीति में उभर रही हिस्सेदारी पाने की नई आकांक्षाओं ने राज्य के अपने नागरिकों से सीधे सम्बन्ध में एक बाधा उत्पन्न की। हक्सर इस नई बाधा को लेकर बेचैन थे। 1972 में कैबिनेट में फेरबदल के समय उनकी लिखी टिप्पणी देखने से साफ़ पता चलता है कि वे व्यक्तिगत प्रतिभा के ऊपर जातिगत, इलाक़ाई और धार्मिक पहचानों के चलते नेताओं के चुने जाने से मायूस थे। एक मंत्री के लिए उन्होंने लिखा कि वे तो जब-तब 'पागलपन की गिरफ़्त में' नज़र आते थे। इसके बावजूद उन्हें मंत्रिमंडल में रखा गया क्योंकि क्षेत्रीय प्रतिनिधित्व के लिए ऐसा करना ज़रूरी था। एक और व्यक्ति का नाम लेते हुए हक्सर ने लिखा कि सिर्फ़ वही हैं जो तेल एवं पेट्रोलियम मंत्रालय चला पाने की क़ाबिलियत रखते हैं, लेकिन एक तो उनकी उम्र बढ़ रही है और दूसरा कि "वो ब्राह्मण हैं जो मेरे अन्दाज़ से घातक है।"[48] अगर राजनीतिक सिस्टम उन्हें इस तरह के समझौते करने के लिए मजबूर कर रहा था तो ऐसे में समाज को किनारे कर सीधे नागरिकों से संवाद स्थापित करने की उनकी कोशिश कारगर साबित हो सकती थी। और उन तमाम संस्थाओं को 'सही रास्ते पर लाना' इस कोशिश की सफलता के लिए ज़रूरी था, जो बीच में बाधा बनकर उपस्थित थीं।

इस 'सही रास्ते पर लाने' की कोशिश का पहला निशाना ख़ुद इन्दिरा की पार्टी थी। जाति, धर्म और इलाक़े की बन्दरबाँट में इतने सालों से फँसी पार्टी—जिसकी पीड़ा ख़ुद हक्सर बयान कर चुके थे, को इन बन्धनों से आज़ाद करवाने का समय आ गया था। अब इस पार्टी को एक अकेले नेता की छाया बनना था। इन्दिरा गांधी ने किस तरह पार्टी मशीनरी को और समाज के भीतर उसकी जड़ों को सुनियोजित तरीक़े से नष्ट किया, इस पर राजनीतिक पंडितों ने विस्तार से लिखा है।[49] इस प्रक्रिया का सबसे महत्त्वपूर्ण चरण था सत्ता का केन्द्रीकरण। हक्सर की सरपरस्ती में प्रधानमंत्री कार्यालय ने बाक़ी तमाम प्रशासकीय संस्थाओं को बौना साबित कर दिया और गुप्तचर सेवाओं को सीधे अपने अधीन कर लिया। पीएमओ ने प्रशासकीय सेवा और 'केन्द्रीय अन्वेषण ब्यूरो' (सीबीआई) को भी सीधे अपने नियंत्रण में ले लिया। इन्दिरा ने कैबिनेट और पार्टी जैसे सरकार के औपचारिक घटकों से सलाह-मशविरा करना लगभग बन्द कर दिया और कांग्रेस वर्किंग कमेटी को उनके समर्थकों से भर दिया गया। सलाह के लिए अब वे अपने निजी सलाहकारों पर निर्भर रहने लगीं। इन्दिरा ने उन तमाम हठी नेताओं को भी बाहर का रास्ता दिखा दिया, जो सिंडीकेट के ख़िलाफ़ उनकी लड़ाई में साथ देने में आनाकानी कर रहे थे। इसी क्रम में राजस्थान, आंध्र प्रदेश, मध्य प्रदेश और महाराष्ट्र के मुख्यमंत्रियों से इस्तीफ़ा दिलवाया गया और उनकी जगह इन्दिरा के चुने हुए नेता बैठाए गए। ऐसे हर मौक़े पर पार्टी के विधायकों ने किसी रबड़ के ठप्पे की तरह इन्दिरा के

आदेश पर निष्ठापूर्वक मुहर लगाई। 1971 और 1972 के चुनाव नतीजों ने पार्टी के आकाओं द्वारा चुनाव जीतने के लिए पहले के सालों में इस्तेमाल किये जाते रहे संरक्षक-भोक्ता सम्बन्धों पर निर्मित 'कांग्रेस सिस्टम' को भारी धक्का पहुँचाया था। लेकिन इस चुनावी सफलता के बावजूद इन्दिरा उन कैबिनेट सहयोगियों से ख़तरा महसूस कर रही थीं, जो अपने इलाक़ों में स्वतंत्र ताक़त रखते थे। इन्दिरा ने ऐसे तमाम सहयोगियों को पद से हटाकर उनका क़द छोटा करने की कोशिश की। लेकिन इस कोशिश में उन्होंने ख़ुद को ऐसे नेताओं की सलाह से भी वंचित कर लिया, जो राष्ट्रीय के साथ क्षेत्रीय स्तर पर भी राजनीति की ज़मीनी नब्ज़ पर पकड़ रखते थे।[50] अब जो ज़मीन से कटे राजनेता इन्दिरा के इर्द-गिर्द थे, वे चुनाव जीतने के लिए ख़ुद इन्दिरा के करिश्मे पर निर्भर थे। ऐसे में उन्हें इन्दिरा का हर नाज़ो-नखरा मानना ही होता। ऐसे राजनेताओं ने इन्दिरा को राज्यों की फ़िक्र करने एवं उनकी माँगों पर ध्यान देने से ऊपर उठा दिया। बात कहीं ज़्यादा बढ़ती तो इन्दिरा के पास अन्तिम हथियार के बतौर संविधान की धारा 356 तो थी ही। ऐसे में वे राष्ट्रपति शासन की घोषणा कर देतीं। ऐसा नहीं कि इस प्रावधान का इस्तेमाल करनेवाली इन्दिरा पहली थीं। 1950 के बाद के शुरुआती चौदह सालों में भी केन्द्र ने कुल आठ बार इसका इस्तेमाल करते हुए राज्य सरकारों को बरख़ास्त किया था, जिसमें 1959 का केरल सरकार की बरख़ास्तगी का उदाहरण उल्लेखनीय रहा। लेकिन इन्दिरा ने 1967 से 1974 के बीच ही इसका छब्बीस बार इस्तेमाल किया।[51]

ऊपर से देखें तो केन्द्रीकरण की यह प्रक्रिया अपनी पूर्णता को प्राप्त करती लग रही थी और इन्दिरा की सत्ता के सामने अब कोई चुनौती नहीं थी। लेकिन भीतर ही भीतर माहौल गरमा रहा था। राजनीति में मौजूद जाति, धर्म और इलाक़ाई भेदभाव को लेकर परेशानी जताना एक बात थी, लेकिन उन्हें पूरी तरह नज़रअन्दाज़ कर देना बिलकुल दूसरी। हक्सर भी इस बात को समझ रहे थे। इन्दिरा का सत्ता पर पूर्ण नियंत्रण था तो वे अपनी मर्ज़ी के बन्दे को मुख्यमंत्री बनवा रही थीं, उनके मंत्रिमंडल का चयन कर रही थीं और ज़िला स्तर तक के अधिकारियों की नियुक्ति सीधे ऊपर से कर रही थीं। लेकिन जातिगत पहचान और प्रभावशाली नेता तो समाज में और ख़ुद कांग्रेस पार्टी में अब भी मौजूद थे। ऐसे कई नेतागण जो पहले 'सिंडीकेट' के साथ थे, इन्दिरा की पार्टी की चुनावी सफलता के बाद उनके पाले में आ गए थे। स्थानीय स्तर पर इस नई कांग्रेस का चेहरा भी पुरानी कांग्रेस जैसा ही दिखने लगा था।[52] स्थानीय हित समूहों, रसूख़दार क्षत्रपों के बीच असन्तोष पनपने लगा था और आपस में तथा ऊपर से थोपे गए पदाधिकारियों के साथ उनके लड़ाई-झगड़े भी ख़ूब होने लगे थे। गुटबाज़ी अपने चरम पर थी। सरकारी मंत्रियों से लेकर पार्टी के बड़े नेताओं तक, सबकी कमान इन्दिरा के हाथों में थी। आपसी गुटबाज़ी में बेतरह

उलझे इन नेताओं में दूसरे को नीचे गिराने और फिर उसके ही काँधे पर चढ़ सत्ता हासिल करने की प्रवृत्ति साफ़ देखी जा सकती थी।

लोकतंत्र ने भारतीय समाज में व्याप्त तीखी ग़ैर-बराबरियों से जिस तरह समझौता किया, उस झटके से भारतीय राजनीतिक संस्कृति कभी उबर नहीं पाई। बीते दौर से यह इस मायने में भिन्न था कि पहले जो पारम्परिक सेवक का मालिक के प्रति सम्मान से भरा रिश्ता था उसने अब चापलूसी का रूप ले लिया था। सामन्ती समाज में भद्रलोक के प्रति समाज की साष्टांग दंडवत अब सत्ता के शिखर पर बैठे राजनीतिक आकाओं के चरणों में समर्पित होने लगी थी। पर यह सारा कुछ महज़ दिखावा था। कल जो आपकी वफ़ादारी की क़समें खानेवाला अनुयायी था, वो कौड़ियों के दाम पर आपका विरोधी बनाया जा सकता था। राजनीति की बिसात पर ऊपर उठने का एक ही रास्ता बचा था कि इन्दिरा के किसी सलाहकार की छत्रछाया में बने रहो। इन्दिरा के सलाहकारों की यह छोटी सी टोली भी निरन्तर परिवर्तनशील थी। न तो कहीं से चुनकर आए और न ही किसी संगठन का हिस्सा रहे ये स्वयंभू सलाहकार सदा ख़ुद अपनी गद्दी बचाने की जुगत भिड़ाते रहते थे और इनका अपना कोई ज़मीनी आधार नहीं था। अस्थिर सत्ता ने ऐसे महत्त्वाकांक्षी 'बिचौलियों' के लिए रास्ता खोल दिया जो ठेके और लाइसेंस दिलवाते थे और पार्टी फ़ंड में पैसा पहुँचाते थे। जब संजय गांधी पार्टी में इन्दिरा के बाद दूसरे सबसे ताक़तवर नेता बनकर उभरे, तो यह सब और तेज़ी से फैला। इस सबके बीच पार्टी बस एक फ़ंड इकट्ठा करनेवाली, 'टिकट' बाँटनेवाली या विभिन्न पदों पर मनोनयन करनेवाली और प्रचार अभियान चलानेवाली किसी मशीन में बदल गई थी।[53]

कांग्रेस पार्टी के एक राजनीतिक दल के रूप में इस क्षरण के पीछे सबसे बड़ा कारण सरकार और दल के बीच की रेखा का धुँधला जाना और लोकतांत्रिक

चित्र 4.4 : इन्दिरा गांधी और कांग्रेसी नेता, 1970

साभार : रघु राय/मैग्नम फ़ोटोज़

संस्थाओं का नष्ट होना रहा। इन्दिरा ने तमाम संस्थाओं को अप्रासंगिक करते हुए लोगों को सीधे सम्बोधित करने की जो प्रथा चलाई, यह क्षरण उसका लक्षण और परिणाम दोनों कहा जा सकता था। 'सिंडीकेट' के क्षेत्रीय आकाओं की मर्ज़ी पर चलनेवाली, रक्षक-भोक्ता सम्बन्धों के ढाँचे पर खड़ी पुरानी कांग्रेस ऐसी एक संस्थागत बाधा थी तो न्यायपालिका दूसरी।

संविधान की रचना करते हुए इसके निर्माताओं को भूमि सुधार के मामले पर ज़मींदारों एवं उनके हितरक्षकों से काफ़ी विरोध सहना पड़ा था।[54] हालाँकि इसे लेकर तो आम सहमति थी कि ज़मींदारी प्रथा का अन्त होना चाहिए, लेकिन इसके बदले ज़मींदारों को मुआवज़े में मिलनेवाली रकम को लेकर बहुत मतभिन्नता थी। आख़िर संविधान के अनुच्छेद 31 में मौलिक अधिकारों के तहत यह जोड़ा गया कि किसी से भी उसकी सम्पत्ति बिना क़ानूनी प्रावधान के और मुआवज़ा दिये बग़ैर नहीं छीनी जा सकती। 1950 में एक के बाद एक आए उच्च न्यायालयों के कुछ फ़ैसलों ने भूमि सुधार क़ानून एवं सरकार द्वारा बम्बई की बन्द पड़ी कपड़ा फैक्टरी 'शोलापुर स्पिनिंग एंड वीविंग कम्पनी' का संचालन अपने हाथ में लेने को ग़ैर-क़ानूनी घोषित कर दिया। इसके विरुद्ध मई, 1951 में नेहरू सरकार संविधान का पहला संशोधन लेकर आई। इस विधेयक को सदन में रखते हुए नेहरू ने कहा था, "(हमने) एक लाजवाब संविधान की रचना की" जिसका बाद में "वकीलों ने बलात् अपहरण कर लिया।"[55] यह संविधान संशोधन व्यक्तिगत स्वतंत्रता को सीमाओं में बाँधनेवाला था, जिससे राज्य सामाजिक बदलाव एवं सुरक्षा से जुड़ी नीतियाँ ज़्यादा सुचारु रूप से बना सके। ख़ासतौर पर इसमें भूमि सुधार से जुड़े क़ानूनों को संविधान में जोड़ा गया। सम्पत्ति के अधिकार से जुड़े अनुच्छेद 31 में नई धाराएँ जोड़ी गईं और नौवीं अनुसूची को संविधान में शामिल किया गया। इसमें न्यायालय को भी हस्तक्षेप का अधिकार नहीं था। इस तरह भूमि सुधार क़ानूनों को एक ऐसे 'संवैधानिक ताले' में बन्द कर दिया गया, जिसे खोलने की चाबी अदालतों के पास भी नहीं थी।[56]

लेकिन इस पहले संविधान संशोधन के बाद भी पूरे नेहरू युग के दौरान सरकार के बनाए सम्पत्ति सम्बन्धी क़ानून अदालती कार्रवाई की चपेट में आते रहे। रसूख़दार संगठनों ने दबाव का इस्तेमाल कर क़ानून में कुछ बच निकलने के रास्ते निकलवा लिये थे, जिन्होंने समस्या में इज़ाफ़ा ही किया। अदालतें लगातार सम्पत्ति के अधिकार के पक्ष में फ़ैसले सुनाए जा रही थीं जो भूमि सुधार और राज्य की कल्याणकारी नीतियों की राह में रोड़ा बन रहे थे। कार्यपलिका के साथ न्यायपालिका का यह टकराव 1967 में मशहूर गोलकनाथ केस के साथ भारत की संवैधानिक यात्रा में मील का पत्थर बन गया।[57] गोलकनाथ चटर्जी एक बंगाली ब्राह्मण थे जो ईसाई धर्म ग्रहण कर पंजाब आए और यहीं उन्नीसवीं शताब्दी के मध्य 'स्कॉटिश

अमेरिकन प्रेसबिटेरियन मिशन' में मंत्री नियुक्त हुए। उनके बेटे हेनरी गोलकनाथ ने 1879 में 'प्रिंस्टन थियोलॉजिकल सेमिनरी' से धर्मशास्त्र की उपाधि हासिल की। भारत लौटकर हेनरी अपने पिता के स्थान पर मंत्री बने और मिशन से मिली ज़मीन पर अपनी रिहाइश का विस्तार किया। उन्होंने वहाँ पाँच सौ एकड़ खेती की ज़मीन भी ख़रीदी। यह सम्पत्ति उनके वारिसों को विरासत में मिली और आगे चलकर यही सम्पत्ति पंजाब सरकार और उनके वंशजों के बीच विवाद का कारण बनी। सरकार ने इसमें तीस एकड़ से ऊपर की सारी सम्पत्ति को बढ़ती की ज़मीन घोषित कर दिया जिस पर से उत्तराधिकारियों का हक़ जाता रहेगा। गोलकनाथ परिवार ने पंजाब सरकार के इस फ़ैसले को अदालत में चुनौती दी और तर्क रखा कि यह उनके सम्पत्ति के अधिकार, अपनी पसन्द का व्यवसाय करने के अधिकार और क़ानून के समक्ष समता के अधिकार का हनन है।[58]

साफ़ था कि यह मुक़दमा संविधान निर्माताओं के सामाजिक बदलाव लाने के लक्ष्य को चुनौती दे रहा था। सर्वोच्च न्यायालय ने अपने 'भविष्य के मामलों पर लागू' होनेवाले निर्णय में कहा कि संसद को संविधान में संशोधन करने का हक़ तो है लेकिन यह हक़ उसे मौलिक अधिकारों को सीमित या संशोधित करने का अधिकार नहीं देता। जबकि सरकार का तर्क था कि नागरिकों के हित में और 'राजनीतिक ज़रूरतों' के चलते ऐसे संशोधन करना उसके अधिकार क्षेत्र में आता है। क्योंकि यह कोई क़ानूनी मसला नहीं, राजनीतिक मसला है इसलिए न्यायपालिका का इसमें हस्तक्षेप करने का अधिकार नहीं बनता। अपने 6-5 बहुमत से दिये फ़ैसले में सर्वोच्च न्यायालय ने क़ानून का इस्तेमाल करते हुए राज्य के सामाजिक बदलाव लाने के अधिकार को सीधी चोट पहुँचाई।

इसके आगे जैसे-जैसे इन्दिरा गांधी ने न्यायपालिका पर संसद की सर्वोच्चता स्थापित करने की कोशिश की, उन्हें और झटके लगते गए। पर इनके तत्काल राजनीतिक परिणाम भी देखने को मिल रहे थे। टकराव हुआ बैंकों के राष्ट्रीयकरण और प्रिवी पर्स की समाप्ति के फ़ैसलों पर। बैंकों के राष्ट्रीयकरण वाले अध्यादेश पर सर्वोच्च न्यायालय ने जुलाई, 1969 में अन्तरिम रोक लगाते हुए छह महीने बाद अन्तिम फ़ैसला सुनाने की तारीख़ दी। लेकिन न्यायालय के ऐसा करने से पहले ही संसद ने उस अध्यादेश के स्थान पर क़ानून पारित कर दिया। जवाब में सर्वोच्च न्यायालय ने इस क़ानून को असंवैधानिक घोषित करते हुए निरस्त कर दिया। प्रधानमंत्री ने इसका जवाब निरस्त हुए क़ानून की जगह राष्ट्रपति से वापस नया अध्यादेश पारित करवाकर दिया। उधर प्रिवी पर्स वाले मामले में जब संसद रजवाड़ों के भूतपूर्व राजाओं को मिलनेवाले विशेषाधिकारों को समाप्त करने से जुड़ा संविधान संशोधन पारित करने में असफल रही, इन्दिरा ने राष्ट्रपति की ओर से अधिसूचना निकलवाकर राजाओं की मान्यता रद्द करवा दी। लेकिन सर्वोच्च

न्यायालय ने इसे भी पलट दिया और अपने फ़ैसले में कहा कि संसद को संविधान प्रदत्त अधिकारों में छेड़छाड़ का कोई अधिकार नहीं।

इन्दिरा ने इन तमाम रुकावटों का जवाब दिया मार्च, 1971 में मध्यावधि चुनावों की घोषणा कर। इन चुनावों में इन्दिरा की कांग्रेस पार्टी को भारी बहुमत से जीत मिली। संसद में दोगुनी ताक़त के साथ लौटकर इन्दिरा ने एक के बाद एक कई संविधान संशोधन पारित कर दिये। उनके इस प्रबल विधिक सुधार अभियान में उनके साझेदार बने भूतपूर्व सीपीआई सदस्य मोहन कुमारमंगलम। एक सम्मानित तमिल ब्राह्मण परिवार में पैदा हुए मोहन कुमारमंगलम इंग्लैंड में ईटन और कैम्ब्रिज में पढ़े थे और लन्दन के इनर टैम्पल में वकालत कर चुके थे। ब्रिटेन में 1930 के दशक में वे भी उस उग्रपंथी भारतीय छात्रों के समूह का हिस्सा थे, जिसके अन्य सदस्य भविष्य में इन्दिरा से विवाह करनेवाले फ़िरोज़ गांधी और हक्सर थे। जवानी के दिनों में मार्क्सवाद से गहरे प्रभावित रहे कुमारमंगलम ने भारत लौटने पर सीपीआई की सदस्यता ग्रहण की। लेकिन 1966 में उन्होंने पार्टी की तत्कालीन कांग्रेस-विरोध की नीति से असहमति जताते हुए पार्टी छोड़ दी। वे चाहते थे कि साम्यवादी सत्तारूढ़ दल के भीतर क्रान्तिकारी धड़े को ताक़तवर बनाने के लिए जनसंघर्ष जारी रखते हुए साथ ही साथ दक्षिणपंथी पार्टियों के ख़िलाफ़ लड़ाई में कांग्रेस का हाथ मज़बूत भी करें। जब 1971 के चुनावों में जीत ने कुमारमंगलम को संसद पहुँचा दिया, उन्हें अपनी इस सोच को आज़माने का मौक़ा मिल गया। इन्दिरा ने उन्हें अपनी कैबिनेट में इस्पात और खान मंत्री बनाया और जल्द ही वे हक्सर के साथ उन चुनिंदा लोगों में शामिल हो गए, जो इन्दिरा को एक अतिवादी दिशा में धकेल रहे थे। 30 मई, 1973 में एक विमान दुर्घटना में आकस्मिक मृत्यु के ठीक पहले तक वे सक्रिय थे और इन्दिरा सरकार द्वारा 1971-73 के बीच कोयला खदानों के राष्ट्रीयकरण की परियोजना में उनकी ही सबसे अग्रणी भूमिका थी।

क़ानून और न्यायपालिका को वश में करना इन्दिरा के एजेंडा का हिस्सा था। चुनावी जीत के ठीक बाद उनके क़ानून मंत्री ने संविधान संशोधनों की झड़ी लगा दी। चौबीसवाँ संविधान संशोधन प्रस्तावित करता था कि संसद को संविधान के किसी भी हिस्से में संशोधन का अधिकार होगा। इसमें वो अनुच्छेद 13 भी शामिल था जो मौलिक अधिकारों में संशोधन को रोकता था। पच्चीसवाँ संविधान संशोधन न्यायालय को यह सवाल पूछने से रोकता था कि सरकार ने किसी सम्पत्ति को हासिल करने के लिए कितना 'मुआवज़ा' चुकाया है? यह न्यायालय को ऐसे क़ानूनों की न्यायिक समीक्षा करने से भी रोकता था जो राज्य द्वारा नीति निर्देशक तत्त्वों में घोषित सामाजिक लक्ष्यों की प्राप्ति के लिए बनाए गए हों। छब्बीसवाँ संविधान संशोधन प्रिवी पर्स और राजाओं को मिलनेवाले विशेषाधिकार ख़त्म करनेवाला था। क़ानूनों में रद्दोबदल का इन्दिरा सरकार का यह अभियान मार्च, 1973 में

सर्वोच्च न्यायालय द्वारा ऐतिहासिक केशवानन्द भारती केस में दिये फ़ैसले के साथ तक़रीबन पूरा होता दिखा। सर्वोच्च न्यायालय ने अपने 7-6 बहुमत से दिये इस फ़ैसले में संसद में निहित संविधान संशोधन शक्तियों पर गोलकनाथ केस में लगाये गए प्रतिबन्धों को पलट दिया। इसने चौबीसवें और पच्चीसवें संविधान संशोधनों को वैधानिक करार दिया। केशवानन्द भारती केस पर आए फ़ैसले में संसद की संशोधन शक्तियों पर बस एक ही रोक लगाई गई थी, कि वे संविधान के 'मूलभूत ढाँचे' में किसी क़िस्म का परिवर्तन नहीं कर सकती। सरकार जीती तो थी, लेकिन इस जीत पर दाग़ था। साफ़ दिख रहा था कि कुमारमंगलम एवं इन्दिरा के अन्य सहायकों ने सर्वोच्च न्यायालय द्वारा इस मामले को सुने जाने की सम्भावना को देखते हुए पहले ही 'पैक दि बैंच' (पीठ को अपनी पसन्द के न्यायाधीशों से भरना) पर अमल करना शुरू कर दिया था। खुलेआम आरोप लगाए जा रहे थे कि सरकार ने न्यायाधीशों के काम में दख़लअन्दाज़ी करने की और उन्हें प्रभावित करने की कोशिश की है।[59] इसके बावजूद इन्दिरा को अधूरी जीत मिली क्योंकि न्यायालय ने फ़ैसले में 'मूलभूत ढाँचे' की बात जोड़ दी, जिसका मतलब था कि संविधान के कुछ ऐसे मौलिक लक्षण हैं जिन्हें बदलने या नष्ट करने का अधिकार संसद को भी नहीं है। इसके एक महीने बाद ही इन्दिरा ने अवज्ञाकारी न्यायपालिका पर अपना अगला वार किया। परम्परा से चली आ रही वरिष्ठता के क्रम को तोड़ते हुए उन्होंने अप्रैल, 1973 में तीन ज़्यादा वरिष्ठ न्यायाधीशों को छोड़ जस्टिस ए.एन. राय को सर्वोच्च न्यायालय का मुख्य न्यायाधीश घोषित कर दिया। जस्टिस राय का पिछला रिकॉर्ड निरन्तर सरकार के समर्थन में फ़ैसले देने का रहा था। यह फ़ैसला भी कुमारमंगलम के न्यायपालिका को अपने अनुसार बनाने के लक्ष्य की ओर बढ़ाया क़दम था, जिससे आगे चलकर वह विधि निर्माण में संसद की सर्वोच्चता को चुनौती न दे और सामाजिक वदलाव के लक्ष्य हासिल किये जा सकें।[60]

## डूब की शुरुआत

सन् 1973 की शुरुआत तक पहुँचते-पहुँचते चुनावों में अभूतपूर्व बहुमत हासिल कर, 1971 के युद्ध में चिरशत्रु पाकिस्तान को नाकों चने चबवाकर, कांग्रेस पार्टी को अपनी मुट्ठी में दबा और न्यायपालिका को अपने वश में कर श्रीमती गांधी ने जैसे हर मोर्चा फ़तेह कर लिया था। लेकिन यह विजयी भाव अल्पकालिक रहा। लगातार दो मानसून पर्याप्त बारिश नहीं हुई, जिसने कृषि उपज को सीधे प्रभावित किया और वैश्विक स्तर पर उभरे तेल संकट ने क़ीमतों में आग लगा दी। एकदम से 'ग़रीबी हटाओ' का नारा एक भद्दा मज़ाक़ लगने लगा। ग्रामीण और शहरी क्षेत्र की ग़रीबी कम होने का नाम नहीं ले रही थी। सारे आर्थिक सूचकांक डूब की

दिशा में थे। शहरी बेरोज़गारी की दर ऊँचाई पर थी, औद्योगिक उत्पादन ठहरा हुआ था, योजनाबद्ध विकास कार्य रुके पड़े थे और भूमि सुधार अपने लक्ष्य से पिछड़ रहा था। पर असल दुष्परिणाम तो खाद्यान्न व्यापार में राज्य की घोर नाकामयाबी से निकला।[61] सरकार ने गेहूँ और चावल की थोक सरकारी ख़रीद का फ़ैसला किया। ऐसे में उत्पादकों के लिए सरकार के तय किये दामों पर उत्पाद बेचना एकमात्र विकल्प रह गया। निजी व्यापारी और आढ़तिये थोक बिक्री से बाहर कर दिये गए। इसका जैसा नतीजा निकलना था, वही निकला। योजना को भारी विरोध का सामना करना पड़ा। समृद्ध खेतिहरों और निजी व्यापारियों ने इसकी राह में ख़ूब फंदे डाले। एक नाकाम मानसून के बाद उत्पादन वैसे ही मन्दा था, ऐसे में क़ीमतें ख़ूब ऊपर चढ़ीं और उनके मुक़ाबले सरकार द्वारा तय मूल्य बहुत पीछे छूट गया। उत्पादकों और व्यापारियों ने अपने गोदाम भर लिये। कालाबाज़ारियों की चाँदी हो गई। इधर व्यापारी समुदाय जनसंघ के पीछे हो लिया, जिसके वे पहले से ही पारम्परिक समर्थक रहे थे। उधर बड़े किसान विपक्ष की अन्य किसान समर्थक पार्टियों के पीछे खड़े हो गए। कांग्रेस में तो ग़ैर-ज़मीनी नेताओं की भरमार थी जो निरन्तर गुटबाज़ी में उलझे रहते थे। उनके पास ऐसा कोई साधन ही नहीं था कि वे गाँवों के स्तर पर हस्तक्षेप कर इस सरकारी ख़रीद की परियोजना को पटरी पर ला पाते। सरकार खाद्यान्न ख़रीदने में ही नाकामयाब नहीं हो रही थी, बल्कि पूरी अर्थव्यवस्था का भट्ठा बैठा रही थी।

भारत के सामाजिक और आर्थिक उत्थान के लिए सुधारों को गति देना अब इन्दिरा के एजेंडा में कहीं पीछे छूट गया था। वाम क्रान्तिकारी छवि तभी तक अच्छी थी जब तक वो राजनीतिक विरोधियों को उखाड़ फेंकने में मदद दे रही थी। एक बार वो मिशन पूरा होने के बाद इन्दिरा ने अपने 'युवा तुर्कों' के पर कतरते देर नहीं लगाई। उन्होंने पार्टी के भीतर समाजवादी धड़े द्वारा बनाए 'कांग्रेस फोरम' के प्रत्युत्तर में 'नेहरू फोरम' के गठन को प्रोत्साहन दिया। जब इन दोनों गुटों के बीच आपसी तूतू-मैंमैं ने विवाद का रूप लिया तो इसे ही बहाने के बतौर इस्तेमाल करते हुए इन्दिरा ने दोनों फोरम को भंग कर दिया।[62] मई, 1973 में इंडियन एयरलाइन्स की विमान दुर्घटना में कुमारमंगलम की असमय मृत्यु ने वाम धड़े को और कमज़ोर बना दिया। इन्दिरा अब पार्टी पर एकछत्र शासन करने को तैयार थीं। उस दौर के ब्योरे बताते हैं कि उनके समाजवादी लक्ष्य अब पार्टी और प्रशासन पर सम्पूर्ण नियंत्रण के लक्ष्य में बदल चुके थे। लेकिन ऊपर से सम्पूर्ण दिखनेवाली यह सर्वशक्तिशाली सत्ता भीतर से खोखली होती जा रही थी। एक अभूतपूर्व 'शासकीय संकट' मुँह बाये सामने खड़ा था।[63]

इन्दिरा के दौर में पार्टी और लोकतांत्रिक संस्थाओं का जिस तरह 'संस्थागत ह्रास' हुआ, उसने संविधान में रचे नाज़ुक सन्तुलन को हिला दिया। और माहौल

में तारी 'अराजक अभिव्यक्तियों' ने मामले को विस्फोट की कगार पर ला दिया। 5 जून, 1974 को पटना के गांधी मैदान में हुई ऐतिहासिक सार्वजनिक सभा में जेपी ने इन्दिरा को चेतावनी देते हुए हिन्दी के चर्चित जनकवि रामधारी सिंह 'दिनकर'[64] की कविता 'जनतंत्र का जन्म' से ये पंक्तियाँ दोहराईं :

*सदियों की ठंडी-बुझी राख सुगबुगा उठी,*
*मिट्टी सोने का ताज पहन इठलाती है;*
*दो राह, समय के रथ का घर्घर-नाद सुनो,*
*सिंहासन ख़ाली करो कि जनता आती है।*

... ... ...

*लेकिन होता भूडोल, बवंडर उठते हैं,*
*जनता जब कोपाकुल हो भृकुटि चढ़ाती है;*
*दो राह, समय के रथ का घर्घर-नाद सुनो,*
*सिंहासन ख़ाली करो कि जनता आती है।*[65]

रामधारी सिंह 'दिनकर' ने यह कविता 1950 में भारत के एक लोकतांत्रिक गणराज्य बनने के उपलक्ष्य पर लिखी थी। 'वीर रस' से ओतप्रोत यह कविता सदियों से शोषण की ज़ंजीरों में जकड़े इस मुल्क के लोगों के अन्तत: राजनीतिक स्वतंत्रता हासिल करने का जयघोष है। लेकिन जब 1974 में जेपी ने इसे भरी सभा के सामने मंच से उद्धृत किया, संविधान से परे जाकर आज़ादी हासिल करने का यह उद्घोष मारक स्वर लिये था। नाटकीय अन्दाज़ में की गई 'सिंहासन ख़ाली करो' की उद्घोषणा इन्दिरा की निरंकुश सत्ता के ताबूत में आख़िरी कील ठोके जाने की आवाज़ सरीखी सुनाई पड़ी थी।

'जनता' को अपने पाले में करने की होड़ शुरू हो चुकी थी। इस होड़ में इन्दिरा की कोशिश थी कि वे मध्यस्थ संस्थाओं को एक किनारे कर जनता तक सीधी अपनी पैठ बनाएँ। उधर जेपी जनजागरण के अस्त्र का इस्तेमाल कर इन्दिरा की सत्ता को डिगाना चाहते थे। जब जेपी ने बिहार विधानसभा को भंग करने की माँग उठाई, तो चुने हुए सदन को कार्यकाल पूरा होने से पहले भंग करने को इन्दिरा ने अलोकतांत्रिक बताकर ख़ारिज कर दिया। इस निर्णय पर उन्हें अपनी पार्टी और समर्थक सीपीआई से बाहर भी समर्थन मिला। अख़बार 'दि पायनियर' ने लिखा कि जेपी द्वारा 'क़तई बलात् और ग़ैर-लोकतांत्रिक' तरीक़ों का सहारा लेकर विधानसभा भंग करने की माँग करना 'साक्षात आग से खेलने' बराबर है। 'दि हिन्दू' ने सवाल पूछा कि क्या जेपी अपने भव्य नैतिक क़द का सहारा लेकर "क़ानून व्यवस्था एवं पूरे लोकतांत्रिक ढाँचे के प्रति अवमानना और अव्यवस्था का द्वार नहीं खोल रहे?"[66] पर इस लोकतांत्रिक रीति पर निष्ठा के समर्थन में दिक़्क़त ये थी कि ख़ुद

चित्र 4.5 : 'जनता' के लिए संघर्ष : जेपी की पटना रैली, 1974
स्रोत : टाइम्स ऑफ़ इंडिया समूह © बीसीसीएल

उत्तर-औपनिवेशिक राज्य बार-बार राष्ट्रपति शासन के इस्तेमाल द्वारा और निवारक नज़रबन्दी जैसे क़ानूनों द्वारा लगातार इसकी साख को धक्का पहुँचाता रहा था। इन्दिरा के सत्ता में आने से बहुत पहले ही राज्य कितने ही औपनिवेशिक क़ानूनों को झाड़-पोंछकर अपने इस्तेमाल में ला चुका था। 1958 में लाए 'आर्म्ड फोर्सेस स्पेशल पावर्स एक्ट' को ही देख लीजिए, जिसे असम और मणिपुर के 'अशान्त क्षेत्रों' पर नियंत्रण के लिए सन्दूक़ में से निकाला गया। या फिर 1962 के 'डिफेंस ऑफ़ इंडिया रूल्स', जिनका इस्तेमाल भारत-चीन युद्ध के समय चीनी मूल के भारतीय नागरिकों के ख़िलाफ़ किया गया। कश्मीर को चुनावों में धाँधली और पुलिस के बल पर इकट्ठा रखा गया। इन्दिरा ने इन तमाम असामान्य कार्यकलापों को और गति दी, जिससे वे अपनी ही हुकूमत द्वारा पैदा किये गए इस संकट से किसी तरह

चित्र 4.5 : 'जनता' को लेकर संघर्ष : कलकत्ता में इन्दिरा की रैली, 1975
स्रोत : कीस्टोन पिक्चर्स यूएसए/अलेमी स्टॉक फ़ोटो

निपट सकें। उधर जेपी ने लोकतंत्र की परिभाषा को विस्तार देते हुए उसे 'सम्पूर्ण क्रान्ति' में बदलने की कोशिश शुरू की। लेकिन इसे उम्मीद के मुताबिक समर्थन न मिलते देख वे पीछे हट गए और इन्दिरा को सत्ता से हटाने के सीमित लक्ष्य के साथ चल रहे अन्य विपक्षी पार्टियों के आन्दोलन में ख़ुद को झोंक दिया। इस तरह दोनों में से किसी भी पक्ष का लक्ष्य लोकतंत्र को सच्चे अर्थों में फलीभूत करना या सामाजिक बदलाव लाने के उद्‌देश्य से इसके संस्थानों को ज़्यादा अर्थवान बनाना नहीं था। सत्ता हासिल करने को आतुर दोनों पक्ष तमाम नियम-क़ायदों को धता बताते हुए अखाड़े में कूद पड़े।

जनवरी, 1975 में बिहार में एक बम धमाके में हुई एल.एन. मिश्रा की मृत्यु के साथ इस युद्ध ने एक भयावह मोड़ ले लिया। मिश्रा को राजनीतिक हलक़ों में इन्दिरा गांधी की पार्टी का भ्रष्ट दलाल समझा जाता था। बस फिर क्या था, आरोपों-प्रत्यारोपों का दौर शुरू हो गया। विपक्ष ने आरोप लगाया कि हुकूमत के भ्रष्ट सौदों को लेकर कहीं उनका वो कुशल दलाल मुँह न खोल दे, इसलिए उसे पहले ही ठिकाने लगा दिया गया है। इन्दिरा ने पलटवार करते हुए जवाबी आरोप लगाया कि यह बम धमाका दरअसल उनके ख़िलाफ़ साजिश था और जेपी ने जिस हिंसा को हवा दी है, यह सब उसी का नतीजा है। इन्दिरा का आरोप था कि यह दरअसल उनकी हत्या किये जाने की 'ड्रेस रिहर्सल' है। "जब मेरी हत्या होगी, तब भी ये लोग कहेंगे कि इसके पीछे ख़ुद मेरा हाथ था।"[67]

कहते हैं कि दुर्भाग्य कभी अकेले नहीं आता। 12 जून, 1975 इन्दिरा गांधी के लिए कुछ ऐसी ही तारीख़ बन गई। दिन की शुरुआत हुई मनहूस ख़बर से। सुबह-सुबह दिल का दौरा पड़ने से गोविन्द वल्लभ पंत अस्पताल में डी.पी. धर की मृत्यु की सूचना आई। सत्तावन साल की आयु में असमय चले गए धर मूलत: कश्मीरी थे, इन्दिरा के पुराने दोस्त थे और उनकी सरकार में काबीना मंत्री रह चुके थे। मृत्यु के समय वे सोवियत संघ में भारत के राजदूत के पद पर कार्यरत थे। इस ख़बर की मनहूसी उतरी भी नहीं थी कि अगली ख़बर ने दस्तक दी। गुजरात में हुए विधानसभा चुनावों में पाँच पार्टियों के संयुक्त गठबन्धन के ख़िलाफ़ कांग्रेस पार्टी को चुनावी हार मिली थी। लेकिन सबसे विध्वंसकारी साबित हुई इसके बाद आई विपक्षी उम्मीदवार राजनारायण द्वारा दायर मामले में इलाहाबाद उच्च न्यायालय के फ़ैसले की ख़बर। न्यायाधीश जगमोहन लाल सिन्हा ने इन्दिरा की चुनावी जीत को निरस्त करते हुए उन्हें दो पैमानों पर भ्रष्ट चुनावी आचरण का दोषी पाया। पहले मामले में उन्होंने पाया कि इन्दिरा के निजी सचिव रहे यशपाल कपूर सरकारी सेवा से इस्तीफ़ा देने से पहले ही उनके चुनावी एजेंट बन गए थे। दूसरा मामला उत्तर प्रदेश राज्य सेवा के अधिकारियों द्वारा इन्दिरा के चुनाव प्रचार अभियान में मदद किये जाने का था। ऐसा पाया गया कि सरकारी अधिकारियों ने उनकी सभा के लिए बिजली उपलब्ध करवाने से लेकर भाषण देने के लिए ऊँचा मंच बनवाने तक का कार्य अंजाम दिया। न्यायाधीश सिन्हा ने इन्दिरा के चुनाव को निरस्त करते हुए उनके चुनाव लड़ने पर छह साल की रोक लगा दी। इस निर्णय के ख़िलाफ़ उच्चतम न्यायालय में अपील करने के लिए इन्दिरा गांधी को बीस दिन का समय मिला।[68]

विपक्ष के मुँह ख़ून लग चुका था। विपक्षी सांसद पीलू मोदी ने घोषणा की कि इन्दिरा अब विधिसम्मत प्रधानमंत्री नहीं रही हैं : "हमें तो यह देखना होगा कि इस ढोंगी से अब कैसे निपटा जाए।"[69] बाक़ी तमाम ग़ैर-सीपीआई दलों ने भी एक स्वर में उनके इस्तीफ़े की माँग उठाई।[70] जेपी ने भी फ़ौरन बयान जारी करते हुए न्यायाधीश सिन्हा के निर्णय की दाद दी और इन्दिरा के इस्तीफ़े की माँग की। कुछ ही दिनों बाद जेपी ने अपनी माँग को और विस्तार से दोहराया और कहा कि इन्दिरा का कहना कि ये तो बस 'तकनीकी' भूल है, निरर्थक बात है। उन्होंने फिर ज़ोर दिया कि इन्दिरा ने क़ानून तोड़ा है और उन्हें इस्तीफ़ा देना चाहिए।[71] इलाहाबाद के निर्णय ने एक झटके में इन्दिरा के ख़िलाफ़ लिखे जा रहे राजनीतिक आरोपपत्र को क़ानूनी अभियोग में बदल दिया था।

इन्दिरा इस सबसे चकित थीं। उनके निजी सचिव पी.एन. धर लिखते हैं कि वे एकान्तप्रिय हो गई थीं और सबसे खिंची-खिंची सी रहने लगी थीं।[72] हक्सर के योजना आयोग में चले जाने और डी.पी. धर की मृत्यु के बाद अब उनके योग्य कश्मीरी सहयोगियों की टोली में से सिर्फ़ पी.एन. धर ही उनके साथ बचे थे। धर

लिखते हैं कि इन्दिरा का आवास उन दिनों सलाहकारों, मंत्रियों, क़ानूनी विशेषज्ञों एवं अन्य मददगारों से भरा रहता था। धर बताते हैं कि उनकी पहली प्रतिक्रिया इस्तीफ़ा दे देने की रही।[73] ऐसे में आर.के. धवन (यशपाल कपूर के सम्बन्धी, जो पी.एन. धर के बाद इन्दिरा के निजी सचिव की जगह ले आपातकाल के दौरान बहुत ख़ास भूमिका निभानेवाले थे) ने संजय गांधी और पी.एन. धर से लम्बे विचार-विमर्श के बाद धड़ाधड़ फ़ोन कॉल करना शुरू किया और इन्दिरा के समर्थन में विशाल प्रदर्शन की तैयारी में जुट गए।[74] पड़ोसी राज्यों हरियाणा और उत्तर प्रदेश से बसों में भर-भरकर जनता को दिल्ली लाया जाने लगा और एक के बाद एक रैलियाँ निकाली जाने लगीं। संजय गांधी और उनके सिपहसालारों धवन, बंसीलाल (हरियाणा के मुख्यमंत्री) और ओम मेहता (गृह राज्य मंत्री) ने मोर्चा सँभाल लिया और इन्दिरा को अन्त तक लड़ने की नसीहत देने लगे। क़ानूनी जानकारों का भी कहना था कि इलाहाबाद उच्च न्यायालय का फ़ैसला क़ानून की कच्ची ज़मीन पर खड़ा है और उच्चतम न्यायालय में अपील करने पर यह पलट जाएगा। कुछ दूसरे लोग उन्हें सलाह दे रहे थे कि जब तक ये क़ानूनी पचड़ा सुलझ नहीं जाता, वे इस्तीफ़ा देकर फ़ौरी तौर पर यह ज़िम्मा अपने कैबिनेट सहयोगी जगजीवन राम को सौंप दें। लेकिन इन्दिरा महसूस कर रही थीं कि यह मामला इतना फ़ौरी भी नहीं। उन्हें अब यक़ीन हो चला था कि यह उनके ख़िलाफ़ किसी बड़े षड्यंत्र का हिस्सा है। उन्होंने चिली के सल्वाडोर अलेंदे के तख़्तापलट की ओर इशारा करते हुए सीआईए और अमेरिकी राष्ट्रपति रिचर्ड निक्सन पर अपना शक जताया।[75] पर संजय गांधी, सिद्धार्थ शंकर राय (पश्चिम बंगाल के मुख्यमंत्री), बंसीलाल, अन्य पार्टी सदस्य और सीपीआई उन्हें लगातार इस्तीफ़ा नहीं देने के लिए मना रहे थे।

इस बीच संजय के सिपहसालार आज्ञाकारी मंत्रियों की मदद से पड़ोस के राज्यों से ट्रेनों, बसों और ट्रकों में भर-भरकर ख़ूब नारा लगानेवाली भीड़ को इकट्ठा करते रहे। उधर इलाहाबाद उच्च न्यायालय के फ़ैसले के ख़िलाफ़ इन्दिरा की अपील उच्चतम न्यायालय में विचाराधीन थी, इधर उन्होंने 20 जून को बोट क्लब के बगीचे में एक महा जनसभा को सम्बोधित किया। उनके बाज़ुओं के पीछे उनके दोनों बेटे संजय और राजीव और साथ में बहू सोनिया खड़े थे। उन्होंने नेहरू-गांधी परिवार की महती परम्परा को याद करते हुए 'मरते दम तक' अपनी हर साँस देशसेवा में क़ुर्बान करने की क़सम खाई।[76] 24 जून को उच्चतम न्यायालय के न्यायाधीश वी.के. कृष्ण अय्यर ने इलाहाबाद उच्च न्यायालय के फ़ैसले पर रोक लगा दी। न्यायाधीश की टिप्पणी थी कि इन्दिरा द्वारा किये चुनावी दुराचार उच्च न्यायालय के फ़ैसले में उल्लेखित क़ानून में दर्ज 'अति गम्भीर चुनावी दुराचारों' की श्रेणी में नहीं आते हैं, और इसलिए यह फ़ैसला आगे सम्भवत: टिक नहीं पाएगा। लेकिन फ़ैसले पर रोक कुछ शर्तों के साथ थी। इन्दिरा प्रधानमंत्री पद पर बनी रह सकती थीं और संसद

की कार्यवाही में शामिल हो सकती थीं लेकिन जब तक उच्चतम न्यायालय की पूर्ण खंडपीठ उनकी अपील पर फ़ैसला न सुना दे, उनके सांसद के तौर पर वेतन लेने और वोट डालने के अधिकार पर रोक लगाई गई थी।[77] 'हिन्दुस्तान टाइम्स' अख़बार के सम्पादकीय ने इस पर टिप्पणी करते हुए लिखा, " 'ए' माइनस 'बी' बराबर 'सी' जैसे किसी बीजगणित के फ़ॉर्मूले को लागू करते हुए जस्टिस अय्यर ने निष्कर्ष निकाला कि सशर्त रोक (जैसी वे चाहें) में प्रधानमंत्री के संसद के किसी भी सदन की कार्यवाही में भागीदारी के अधिकार को जोड़ें तो नतीजा पूर्ण रोक में से मतदान का अधिकार घटाकर निकलता है।"[78] इससे धेला कुछ स्पष्ट नहीं हुआ।

जोश से भरे विपक्ष ने अगले ही दिन दिल्ली के रामलीला मैदान में एक विशाल रैली का आयोजन किया। जेपी ने भरी सभा में भाषण देते हुए इन्दिरा पर सत्ता में बने रहने के लिए फासीवादी तौर-तरीक़ों के इस्तेमाल का इल्ज़ाम लगाया। उन्होंने पुलिस और सैन्य बलों का आह्वान करते हुए कहा कि वे संविधान विरोधी नीतियों की अवज्ञा करें सरकार को चुनौती दी कि वो चाहे तो उन पर राजद्रोह का मुक़दमा कर दे। साथ ही उन्होंने 29 जून से प्रधानमंत्री के घर के बाहर हफ़्ता भर चलनेवाले प्रदर्शनों की भी घोषणा की, जिसका उद्देश्य इन्दिरा पर इस्तीफ़े के लिए दबाव बनाना होगा।[79]

युद्ध की रेखाएँ खिंच चुकी थीं। इलाहाबाद का फ़ैसला तात्कालिक कारण तो बना, लेकिन इस संकट के पीछे दोनों पक्षों का इकसार क़िस्म के हथकंडे अपनाना भी रहा : "इकसार लोक-लुभावन अदाएँ, संवैधानिक उपचारों को ठुकराने की इकसार आदत, प्रतिकूल जनाक्रोश की सवारी करने की भविष्य में भारी पड़नेवाली इकसार ग़लती और विपक्ष की हार को अपनी जीत समझने की इकसार भूल।"[80] इतिहासकार रामचन्द्र गुहा ने भी इस ओर इशारा किया है कि यह इन्दिरा और जेपी का साथ मिलकर खड़ा किया संकट था, क्योंकि दोनों ही पक्ष "प्रतिनिधि संस्थाओं में ज़रा भी विश्वास नहीं" जता रहे थे।[81] लेकिन पक्ष-विपक्ष के इस अन्दाज़े-बयाँ में समानताओं को रेखांकित करने के साथ ही हमें 'निष्क्रिय क्रान्ति' से उपजी आज़ादी और राज्य की परियोजना के असफल हो जाने के चिह्नों को भी यहाँ नज़रअन्दाज़ नहीं करना चाहिए। आंबेडकर ने पहले ही चेताया था कि सामाजिक बदलाव लाए बिना सिर्फ़ राजनीतिक स्वतंत्रता की स्थापना अन्तत: लोकतंत्र को जोखिम में डालनेवाली साबित होगी। 'अंकुर' और 'निशान्त' में हम इस चेतावनी की शुरुआती अनुगूँजें सुन चुके थे। सड़क पर उमड़ता आक्रोश किस ओर जा रहा है, सबको दिखाई दे रहा था। इन्दिरा ने इस संकट का सामना सत्ता के केन्द्रीकरण द्वारा करना ठीक समझा, और उम्मीद करने लगीं कि इस तरह वे जनता और राज्य के बीच एक दूरगामी तारतम्य कायम कर पाएँगी। जेपी ने दिनकर की कविता के माध्यम से इन्दिरा को गद्दी छोड़ने का सीधा सन्देश दिया।

संकट का समय था और भारतीय राजनीति अपनी क्षुद्रता को प्रदर्शित कर रही थी। यह इसलिए हुआ क्योंकि कांग्रेस और उनके विपक्षी दल दोनों ही आंबेडकर की कही बातों का मान नहीं रख पाए। आंबेडकर ने कहा था कि अगर भारत को अपने लोकतंत्र को सँवारना है तो लोकतंत्र के पौधे को सतह से नीचे उतरकर जड़ों तक जाना होगा। इसे सबके लिए समता के अधिकार को ज़मीन पर मुकम्मल करना ही होगा। लेकिन भारतीय नेताओं ने राजनीति में नैतिकता का दामन बहुत पहले छोड़ दिया और इसे केवल सत्ता हासिल करने के संघर्ष तक सीमित कर दिया। 1975 में जो हुआ, उसकी जड़ें इस नाकामी में छिपी थीं। इलाहाबाद उच्च न्यायालय के फ़ैसले ने इस वृहत्तर संकट पर परदा डालते हुए बात राजनीतिक द्वंद्व से हटाकर क़ानूनी दायरे में पहुँचा दी। विपक्ष भी अब इन्दिरा को हराने के लिए बड़बोले क़ानूनी विमर्शों में रास्ता तलाशने लगा। इसके जवाब में इन्दिरा ने उसी क़ानून का सहारा लेते हुए क़ानून के राज को ही मुल्तवी कर दिया। यह इन्दिरा का आख़िरी मोर्चा था, ख़ुद के रचे इस दलदल से निकलने और अपनी सत्ता बचाने का।

5

# क़ानून के राज का क़ानूनी स्थगन

25 जून, 1975 की रात तक़रीबन 11 बजकर 15 मिनट पर राष्ट्रपति फ़ख़रुद्दीन अली अहमद ने अपने सचिव के. बालाचन्द्रन को बुलावा भेजा।[1] इसके पन्द्रह मिनट बाद जब बालाचन्द्रन राष्ट्रपति भवन में उनकी निजी बैठक में राष्ट्रपति से मिले, राष्ट्रपति शयनकालीन पाजामे में थे। राष्ट्रपति अहमद ने इन्दिरा गांधी की ओर से आया एक पन्ने का पत्र अपने सचिव को थमाया, जिस पर लिखा था 'टॉप सीक्रेट'। पत्र में प्रधानमंत्री की राष्ट्रपति के साथ दिन में हुई बातचीत का हवाला देते हुए लिखा था, प्रधानमंत्री को विश्वस्त सूत्रों से सूचना मिली है कि घरेलू अशान्ति के चलते भारत की आन्तरिक सुरक्षा को भारी ख़तरा है। अनुरोध किया गया था कि अगर राष्ट्रपति भी इससे सहमत हों तो संविधान के अनुच्छेद 352(1) के तहत आपातकाल की घोषणा कर दें। हालाँकि प्रधानमंत्री चाहती थीं कि पहले कैबिनेट से सलाह ली जाती, लेकिन मामले की गम्भीरता को देखते हुए इसका समय नहीं था। मौक़े की नज़ाकत को देखते हुए ऐसे में वे कार्यव्यापार नियमावली से हटकर नियम 12 की शक्तियों का इस्तेमाल कर रही हैं। पत्र के साथ आपातकाल की उद्घोषणा नत्थी नहीं थी। राष्ट्रपति ने अपने सचिव से पत्र पर राय जाननी चाही। बालाचन्द्रन की राय थी कि ऐसी उद्घोषणा संवैधानिक लिहाज से जायज़ नहीं होगी। इसे सुनकर राष्ट्रपति ने कहा कि ऐसे में वह संविधान देखकर मशविरा करना चाहेंगे। बालाचन्द्रन फ़ौरन अपने दफ़्तर से संविधान की प्रति लेने गए। इस बीच राष्ट्रपति सचिवालय के उप सचिव भी दफ़्तर आ पहुँचे। दोनों अधिकारी प्रधानमंत्री कार्यालय से भेजे गए इस प्रस्ताव की संवैधानिकता पर बहस करते, हाथ में संविधान की प्रति लिये राष्ट्रपति अहमद के पास वापस पहुँचे। बालाचन्द्रन ने साफ़ किया कि घरेलू अशान्ति के चलते मुल्क की आन्तरिक सुरक्षा को ख़तरे सम्बन्धी मुद्दे पर राष्ट्रपति की निजी सन्तुष्टि का संविधान के लिहाज से कोई महत्त्व नहीं, असली महत्त्व इस बात का है कि इसे मंत्रिपरिषद की सहमति हासिल है या नहीं। पर जब

राष्ट्रपति ने सीधे प्रधानमंत्री से बात करने की इच्छा जताई, बालाचन्द्रन पीछे हट गए। दस मिनट बाद जब सचिव बालाचन्द्रन ने राष्ट्रपति की बैठक में वापस प्रवेश किया, राष्ट्रपति अहमद ने उन्हें सूचित किया कि आर.के. धवन आपातकाल की उद्घोषणा का तैयार मसौदा लेकर आए थे, जिस पर उन्होंने हस्ताक्षर कर दिये हैं। इसके बाद राष्ट्रपति ने नींद की गोली गटकी और सोने चले गए।[2]

संवैधानिक चौहद्दी के भीतर बने रहने की अर्धरात्रि की यह फ़िक्र बहुत कुछ बताती है। आधी रात मची संविधान की प्रति की खोज और उद्घोषणा के मसौदे को पहले ही क़ानूनी कसौटी पर कसना उस बारीकी से अंजाम दी गई विरोधाभासी प्रक्रिया की बानगी है जिसमें ख़ुद क़ानून का इस्तेमाल कर क़ानून के राज को स्थगित किया गया। सारी बातचीत इसी दायरे में घूमती रही कि आपातकाल की उद्घोषणा क़ानूनी दायरे के भीतर रहकर हो। उद्घोषणा के पीछे की राजनीतिक वजहों को किसी ने कसौटी पर नहीं कसा। ऐसा इसलिए भी हुआ कि ख़ुद संविधान के अनुच्छेद 352(1) ने आपातकाल की उद्घोषणा की ज़रूरत को परखना क़ानून के दायरे से बाहर रखा। संकट इतना गम्भीर है कि आपातकाल की आवश्यकता है, इस बारे में फ़ैसला क़ानूनी उपचार के दायरे से बाहर रखा गया। क़ानून में यह चोर रास्ता था, जिसके चलते कार्यपालिका के हाथ भी बँधे थे। क़ानून के भीतर मौजूद यह छिद्र सत्ताधारी को पूर्ण अधिकार दे देता था कि सिर्फ़ वह तय करे कि परिस्थितियाँ आपातकाल लगाने योग्य हैं या नहीं।[3] इसी के चलते राष्ट्रपति भवन में भी उस दिन आपातकाल लगाने के पीछे की राजनीति को लेकर कोई बहस नहीं हुई।

लेकिन क़ानूनी दायरों में बँधे इस ख़ूबसूरत मुखौटे के पीछे राजनीतिक इच्छाशक्ति से भरा एक कठोर चेहरा मौजूद था। और इस चेहरे की त्योरियाँ उसी दिन से चढ़ने लगी थीं, जिस दिन इलाहाबाद उच्च न्यायालय का फ़ैसला आया था। संजय गांधी और उनके सिपहसालारों ने इन्दिरा की सत्ता भोगने की मंशा को लगातार चिंगारी दिखाई। 12 जून के बाद से ही, वे रोज़ हरियाणा के बाहुबली मुख्यमंत्री बंसीलाल की सहायता से भाड़े के लोगों को ट्रकों में भरकर दिल्ली लाते और इन्दिरा के घर के बाहर उनकी रैलियाँ करवाते। उन्हें अन्दाज़ हो गया था कि न्यायाधीश अय्यर का भी इलाहाबाद उच्च न्यायालय के निर्णय का सम्पूर्ण स्थगन करना मुश्किल है। ऐसे में संजय गांधी के प्यादे राजेन्द्र कुमार धवन, जो इन्दिरा के निजी सचिव थे और बड़ी चालाकी से जिन्होंने इन्दिरा की दरबानी ओढ़ ली थी, सक्रिय हुए। 12 जून से 25 जून के बीच उन्होंने तमाम मुख्यमंत्रियों को दिल्ली तलब किया या उन्हें सन्देशा भेजकर बड़े पैमाने पर गिरफ़्तारियों के लिए तैयार रहने को कहा।

लेकिन इन्दिरा क़ानून का दामन नहीं छोड़ना चाहती थीं। उन्होंने बहुत पहले 25 जनवरी को ही पश्चिम बंगाल के मुख्यमंत्री सिद्धार्थ शंकर राय, जो उनके विश्वस्त वकील भी थे, को अपने आवास बुला भेजा था। राय ने इससे पहले 8

जनवरी को उन्हें एक नोट भेजा था, जिसमें कुछ प्रमुख आरएसएस एवं आनन्द मार्ग सदस्यों की गिरफ़्तारी से जुड़ा अध्यादेश निकालने की बात थी। हालाँकि इस नोट में जिस अध्यादेश को निकालने की बात थी, उसमें कहीं आपातकाल की उद्घोषणा का उल्लेख नहीं था। न ही इसमें ऊपर उल्लेखित दो दक्षिणपंथी हिन्दू संगठनों के प्रमुख कार्यकर्ताओं के अलावा किसी अन्य विपक्षी नेता की गिरफ़्तारी का ज़िक्र था।[4] पर कहना होगा कि भले ही यह नोट सीधे-सीधे अनुच्छेद 352(1) के तहत कार्रवाई की बात नहीं कर रहा हो, लेकिन राय जनवरी, 1975 में ही विपक्षियों को चुप कराने के लिए क़ानून के इस्तेमाल के बारे में सोचने लगे थे। इन्दिरा ने उनके प्रस्ताव पर तब तक अमल नहीं किया, जब तक कि इलाहाबाद उच्च न्यायालय के फ़ैसले ने टकराव की ज़मीन को पूरी तरह बदल न दिया। 12 जून के न्यायालय के फ़ैसले के बाद जेपी एवं अन्य विपक्षी दल संवैधानिक आधारों पर इन्दिरा का इस्तीफ़ा माँगने लगे थे। रामलीला मैदान में हुई 25 जून की जनसभा में भी जेपी ने 'सिंहासन ख़ाली करो, कि जनता आती है' का उद्घोष दोहराया। न्यायाधीश अय्यर ने इलाहाबाद के फ़ैसले पर आंशिक रोक ही लगाई थी और इसके चलते जेपी की आवाज़ अब और बुलन्द थी। पर इधर प्रधानमंत्री भी इस चुनौती से सीधे टकराने पर आमादा थीं।

राय के अनुसार इन्दिरा ने उन्हें 25 जून की सुबह बुलाया और कहा कि मुल्क में हर तरफ़ फैली अनुशासनहीनता और अराजकता कठोर क़दम उठाए जाने की माँग कर रहे हैं। यह कोई पहली बार नहीं था कि इन्दिरा 'शॉक ट्रीटमेंट' की बात कर रही थीं। पहले भी ऐसे मौक़े आ चुके थे। राय द्वारा लिखे गए उस 8 जनवरी के नोट में भी सलाह दी गई थी कि पश्चिम बंगाल की तरह यहाँ भी मौजूदा क़ानूनों का इस्तेमाल कर ही उपाय निकाला जा सकता है। राय के दिमाग़ में सम्भवत: 'प्रिवेंशन ऑफ़ वॉयलेंट एक्टिविटीज़ एक्ट, 1970' रहा होगा, जिसका इस्तेमाल पश्चिम बंगाल में नक्सलवादियों को कुचलने के लिए किया गया था। वे आपस में बातें कर ही रहे थे कि एक ख़ुफ़िया रपट प्रधानमंत्री को दी गई, जिसे उन्होंने ऊँचे स्वर में पढ़ा। इसमें उसी शाम रामलीला मैदान में होनेवाली जेपी की रैली के बारे में सूचनाएँ थीं। ख़ुफ़िया रपट थी कि उस शाम जेपी देशव्यापी सविनय अवज्ञा का आह्वान करनेवाले थे और सेना से अपील करनेवाले थे कि वे ग़ैर-क़ानूनी आदेशों को मानने से इनकार कर दें। राय को नहीं लगता था कि इन्दिरा जिस 'शॉक ट्रीटमेंट' के बारे में सोच रही हैं, ज़मीनी हक़ीक़त उसकी गवाही देती है। लेकिन उन्होंने भिन्न मत प्रकट करना उचित नहीं समझा। राय का बयान था कि इन्दिरा ने उनसे कहा कि वे अपनी क़ानूनी समझ का इस्तेमाल करते हुए कोई ऐसा रास्ता निकालें जिससे क़ानून के द्वारा ही क़ानून का शासन स्थगित किया जा सके। राय ने संविधान को सामने रख उसके अनुच्छेद 352(1) के तहत आन्तरिक अशान्ति

के चलते आपातकाल की उद्घोषणा करने का मशविरा दिया।[5] मुल्क में उस वक़्त 1971 के बांग्लादेश युद्ध के चलते पहले से बाह्य आपातकाल लगा हुआ था। राय ने मशविरा दिया कि आन्तरिक आपातकाल की घोषणा करते हुए राष्ट्रपति को घरेलू अशान्ति को वजह के बतौर पेश करना चाहिए। इस उद्घोषणा के साथ ही संविधान के अनुच्छेद 19 के तहत मिला स्वतंत्रता का अधिकार स्थगित हो जाता।

प्रधानमंत्री की कैबिनेट की 26 जून को तड़के सुबह 6 बजे बैठक हुई। उनके किसी वरिष्ठ मंत्री को आपातकाल लगाये जाने की पहले से भनक तक नहीं थी। लेकिन आज्ञाकारी पथगामियों की तरह उन्होंने फ़ौरन इस फ़ैसले पर अपनी मुहर लगा दी। आपातकाल की विज्ञप्ति पहले ही संविधान के अनुच्छेद 19 के तहत मिले स्वतंत्रता के अधिकार को निरस्त कर चुकी थी। 27 जून को राष्ट्रपति ने अनुच्छेद 359 के तहत एक और उद्घोषणा जारी की। इसके अनुसार संविधान के अनुच्छेद 14, 21 और 22 के तहत मिले अधिकारों की रक्षा के लिए किसी भी न्यायालय की शरण में जाने का अधिकार भी स्थगित कर दिया गया था। इसके विरोध में अगले ही दिन भारत के सबसे सम्मानित न्यायविदों में से एक फली एस. नरीमन ने 'एडिशनल एटॉर्नी जनरल' (अतिरिक्त महान्यायवादी) के पद से अपना एक पंक्ति का इस्तीफ़ा भिजवा दिया।[6]

संविधान सभा में एच.वी. कामथ भी उन एकाधिक स्वरों में शामिल थे, जिन्होंने संविधान में शामिल किये जा रहे इन आपातकालीन प्रावधानों के ख़िलाफ़ हिटलर द्वारा 'वाइमर संविधान' के अनुच्छेद 48 के दुरुपयोग का उदाहरण देते हुए सभा को चेताया था।[7] इतालवी दार्शनिक जॉर्जिओ अगमबेन भी प्रथम विश्वयुद्ध के बाद संयुक्त राज्य अमेरिका, फ्रांस, ब्रिटेन, इटली और स्विट्ज़रलैंड जैसे देशों में उभरी इस प्रवृत्ति की ओर इशारा कर चुके थे, जहाँ सत्ता द्वारा पहले तो आपातकालीन प्रावधानों का इस्तेमाल कर असाधारण शक्तियों को हासिल किया जाता है और फिर आगे चलकर उन्हें सामान्य व्यवस्था की तरह रोज़मर्रा के प्रशासन का अंग बना दिया जाता है।[8] कामथ को भी ठीक ऐसा ही कुछ होने का भय था। उनका तर्क था कि जब भारत कश्मीर और हैदराबाद में उपजे संकटों को बिना किसी आपातकालीन प्रावधानों का इस्तेमाल किये सुलझा सकता है तो भविष्य में भी वह ऐसा ज़रूर कर पाएगा। लेकिन संविधान के प्रमुख रचनाकार, जिनमें आंबेडकर भी शामिल थे, इस बात पर अड़े थे कि राज्य की सुरक्षा सुनिश्चित करने के लिए उन्हें असाधारण परिस्थितियों से निपटने का इन्तज़ाम करना ही होगा। उनकी सोच थी कि राज्य की सम्प्रभुता सुरक्षित रखने और एक ग़ैर-बराबर समाज को भीतर से बदलने के लिए एक ताक़तवर राज्य का होना ज़रूरी है। आख़िर उनका तर्क जीता और संविधान सभा ने आपातकालीन प्रावधानों को संविधान में शामिल कर लिया।

पच्चीस साल बाद कामथ की चेतावनी सच होने जा रही थी। 25 जून की आधी

रात से कुछ पहले जिस आपातकाल की उद्घोषणा पर राष्ट्रपति अहमद ने दस्तख़त किये थे, चन्द घंटों के भीतर ही उसकी अनुगूँज इन्दिरा के राजनीतिक विपक्षियों के दरवाज़ों पर सुनी जा सकती थी। 26 जून की सुबह होते-होते जेपी, मोरारजी देसाई समेत छह सौ से ज़्यादा विपक्षी राजनेता और कार्यकर्ता जेल की सलाखों के पीछे थे। सरकार ने दो को छोड़कर नई दिल्ली से निकलनेवाले सभी अख़बारों की बिजली 25 जून की आधी रात ही कटवा दी थी, जिससे वे सूरज उगने से पहले की इस छापेमारी को रिपोर्ट न कर सकें। वैसे भी गिरफ़्तारियाँ रात में इतनी देर से हुई थीं कि सुबह के संस्करणों में उनकी ख़बर शामिल होना नामुमकिन था। सरकार ने 26 जून को प्रकाशित 'हिन्दुस्तान टाइम्स' और 'मदरलैंड' के विशेष संस्करणों को ज़ब्त कर लिया। आख़िर 27 जून के समाचार-पत्रों में आपातकाल लगाये जाने की ख़बर प्रकाशित हुई, जिसमें अनुच्छेद 19 के तहत मिले मौलिक अधिकारों के स्थगन और जेपी समेत अन्य विपक्षी नेताओं की गिरफ़्तारी की सूचना थी। इसके साथ अख़बारों में 26 जून की सुबह प्रधानमंत्री द्वारा रेडियो पर दिये गए औचक सम्बोधन की रपट भी थी, जिसमें उन्होंने मुल्क की आन्तरिक स्थिरता पर मँडराते ख़तरे को आपातकाल लगाये जाने की वजह बताया था। प्रधानमंत्री ने उनके प्रगतिशील कार्यक्रमों के विरुद्ध रची जा रही 'गहरी और व्यापक साजिशों' का ज़िक्र किया और कहा कि ऐसे प्रदर्शन सामान्य कामकाज की राह में रोड़ा बन रहे हैं और क़ानून व्यवस्था के लिए ख़तरा हैं।[9]

28 जून को 'टाइम्स ऑफ़ इंडिया' के 'बॉम्बे' एडीशन में एक शोक सन्देश छपा। सन्देश कुछ यूँ था, "डी'ओक्रेसी—डी.ई.एम. बिलॉव्ड हसबैंड ऑफ़ टी.रूथ, लविंग फ़ादर ऑफ़ एल.आई. बर्टी, ब्रदर ऑफ़ फ़ेथ, होप एंड जस्टिसिया, एक्सपायर्ड ऑन 26 जून।"[10] कितनी अजीबोग़रीब मृत्यु थी। संवैधानिक अधिकार मृत घोषित नहीं हुए थे पर निलम्बित कर दिये गए थे। वे स्थगित अवस्था में थे। विधि के शासन की इस निलम्बित अवस्था ने एक विचित्र क़िस्म की सत्ता को जन्म दिया। नहीं, यह तानाशाही नहीं थी, जैसा जेपी ने आरोप लगाया। तानाशाह के पीछे का मूल अंग्रेज़ी शब्द 'डिक्टेटर' एक रोमन न्यायाधीश के नाम से उपजा है, जिसे वहाँ की सीनेट ने आपातकालीन परिस्थितियों में फ़ौरी तौर पर सम्पूर्ण सत्ता सौंप दी थी। भारत में आपातकाल ने इन्दिरा गांधी को ऐसी सम्पूर्ण सत्ता नहीं दी थी। जो हुआ, उसके पीछे दरअसल ज़्यादा कपटभरे खेल थे। विधि के शासन के निलम्बन के चलते समान्तर सत्ता और समान्तर क़ानूनों से बनी एक स्याह परछाईं अस्तित्व में आई। इसमें सबसे स्याह परछाईं ख़ुद संजय गांधी और उनके सिपहसालार प्यादों की थी। परदे के पीछे से मोहरों को चलाते हुए इस ग़ैर-क़ानूनी सत्ता ने प्रधानमंत्री से हासिल क़ानूनी सत्ता का इस्तेमाल कर बलपूर्वक अपनी नीतियाँ लागू करना शुरू किया। संजय के आदेश पर छोटे-बड़े तमाम मंत्री, नौकरशाह और पुलिस

वाले ऐसे आदेशों का ख़ुशी-ख़ुशी पालन करवाने को तैयार थे जिनका क़ानून के दायरे में होना सन्दिग्ध था। सत्ता की स्याह परछाईं द्वारा अतिवाद के कार्यों की इन्हीं बारीकियों में हम आपातकाल की असली कहानी पढ़ सकते हैं।

## सत्ता का साया

क़ानून के शासन का निलम्बन हरियाणा के मुख्यमंत्री और संजय के बाएँ हाथ बंसीलाल के लिए जैसे सौगात बनकर आया। अब सत्ता उनके हाथों की कठपुतली थी। वैसे भी बंसीलाल उन लोगों में से नहीं थे जो अपने स्वामी के आदेश की पूर्ति में क़ानून या प्रशासनिक नियमों जैसी तुच्छ चीज़ों को आड़े आने देते। मुख्यमंत्री ने 12 जून से ही अपने अधिकारियों को इन्दिरा के समर्थन में भीड़ भरी बसें भरकर दिल्ली भिजवाने के काम में लगा रखा था। 25 जून की दोपहर उन्होंने अपने मुख्य सचिव से कहा कि वे पुलिस को ऐसे लोगों की सूची तैयार करने का आदेश दें जो 'राज्य के प्रति पूर्वग्रह से भरे' हैं। रात 10 बजे मुख्य सचिव को वापस मुख्यमंत्री आवास पर बुलाया गया, जहाँ उन्होंने यह सूची सौंपी। कुछ ही समय बाद यह सूची शयनकक्ष में बंसीलाल के हाथों में थी। मुख्यमंत्री अपने बिस्तर पर बैठे इस सूची से नाम पढ़ रहे थे और एक दूसरे मंत्री उनकी हाँ में हाँ मिलाते हुए इसमें नये नाम जुड़वा रहे थे। मुख्य सचिव और एक अन्य वरिष्ठ अधिकारी अपनी ज़बान पर ताला लटकाए शयनकक्ष के कोने में खड़े थे।[11]

बंसीलाल मुख्यमंत्री होने के नाते पहले ही काफ़ी ताक़तवर थे। लेकिन 25 जून को उनकी शक्तियों में अभूतपूर्व वृद्धि हुई। वे आर.के. धवन द्वारा उस दोपहर प्रधानमंत्री आवास पर अपने दफ़्तर में बुलाई गई बैठक का हिस्सा थे। गृह राज्य मंत्री ओम मेहता और कृष्ण चन्द, भूतपूर्व प्रशासनिक अधिकारी जिन्हें संजय गांधी ने दिल्ली का उप-राज्यपाल बना दिया था, भी इस बैठक में शामिल थे। इसके अलावा दिल्ली के अपराध जाँच विभाग प्रमुख सैंतीस साला एसपी (पुलिस अधीक्षक) के. एस. बाजवा भी इसमें शामिल थे, जिनके ज़िम्मे सम्भावित बन्दियों की सूची तैयार करना था। चर्चा के अन्त में उसी आधी रात गिरफ़्तारियों के निर्देश दिये गए, जबकि उस समय तक राष्ट्रपति ने आपातकाल के रुक्के पर दस्तख़त भी नहीं किये थे।

इधर प्रफुल्लित बंसीलाल आदेश के पालन के लिए हरियाणा वापस लौट आए, उधर उप-राज्यपाल ने 25 जून की देर शाम अपने आवास पर वरिष्ठ प्रशासनिक अधिकारियों और पुलिस अधिकारियों को तलब किया।[12] इस बैठक में शामिल होनेवालों में नवीन चावला भी थे, उप-राज्यपाल के सचिव जो लन्दन स्कूल ऑफ़ इकोनॉमिक्स से पढ़े थे और संजय गांधी के यार थे। और ऐसी तमाम बैठकों में सदा संयोगवश उपस्थित रहनेवाले चासील साला पुलिस अधिकारी भिंडर भी यहाँ

मौजूद थे। उन्हें गिरफ़्तारियों की योजना का पहले से अन्दाज़ा था, क्योंकि वे आगामी गिरफ़्तारियों के सन्दर्भ में प्रधानमंत्री आवास पर पिछले दिन धवन और संजय गांधी के साथ हुई बैठक में भी शामिल थे। उप-राज्यपाल कृष्ण चन्द ने बैठक की शुरुआत सम्बन्धित अधिकारियों को यह सूचना देने के साथ की कि राष्ट्रपति आपातकाल की घोषणा करनेवाले हैं और उन्हें गिरफ़्तारियों की तैयारी करनी चाहिए। ज़िला मजिस्ट्रेट सुशील कुमार ने विरोध जताते हुए कहा कि इतने कम समय में 'मीसा' के तहत बन्दीकरण आदेश नहीं निकाला जा सकता और सामान्य फ़ौजदारी क़ानूनों के तहत ही कार्रवाई का सुझाव दिया। लेकिन दूसरे अफ़सर ने इस पर आपत्ति जताते हुए कहा कि सम्मानित राष्ट्रीय नेताओं की फ़ौजदारी क़ानून में गिरफ़्तारी ज़रा भी शोभा नहीं देगी। उप-राज्यपाल ने इन तमाम आपत्तियों को एक कान से सुना और दूसरे से निकाल दिया। उन्होंने आदेश दिया कि गिरफ़्तारियाँ 'मीसा' क़ानून के तरह की जाएँ और इसके लिए उस बैठक में मौजूद दिल्ली पुसिल अधिकारी बाजवा द्वारा दी गई सूची का इस्तेमाल किया जाए। पुसिल अधिकारी बाजवा इसके बाद अपने दफ़्तर वापस गए, और गिरफ़्तारियों के लिए 159 लोगों की सूची तैयार की, जिसमें 17 राष्ट्रीय नेताओं के नाम भी शामिल थे। उन्होंने यह सूची आगे भिंडर को थमा दी।

ज़िला मजिस्ट्रेट सुशील कुमार को आदेश मिल गया था, लेकिन इतने कम समय में इतने सारे लोगों के नाम पर 'मीसा' के तरह वारंट जारी करना मुश्किल काम था। इस पर धवन उनको घड़ी-घड़ी फ़ोन कर कार्य की प्रगति के बारे में पूछ रहे थे। अन्ततः वे धवन को समस्या समझाने के लिए ख़ुद प्रधानमंत्री आवास गए। लेकिन धवन कुछ सुनने-समझने को तैयार नहीं थे। जब कोई उपाय नहीं बचा तो कुमार ने अपने सभी मातहत अफ़सरों को जमा किया और उन्हें बाजवा द्वारा दी गई लिस्ट थमाकर 'मीसा' के तहत गिरफ़्तारियाँ करने का निर्देश दिया। इन अफ़सरों में एडीएम घोष भी शामिल थे। लेकिन हर गिरफ़्तारी के लिए 'मीसा' के तहत अलग वारंट टाइप करना इतना वक़्त ले रहा था कि कुमार ने घोष को तीस हज़ारी कोर्ट जाकर 'मीसा' आदेश की पाँच सौ कोरी साइक्लोस्टाइल कॉपियाँ निकालकर लाने को कहा। घोष ने उनके आदेश का पालन किया, लेकिन इसमें फिर भी बहुत समय लग गया क्योंकि तीस हज़ारी में साइक्लोस्टाइल की एक ही मशीन काम कर रही थी। आख़िर में छपे हुए आदेश की कोरी प्रतियाँ लेकर घोष वापस कुमार के पास पहुँचे। कुमार ने उन्हें बाजवा की दी हुई सूची में से देखकर कोरी प्रतियों पर नाम, पते भरने के लिए कहा। आदेश की कुछ प्रतियाँ कोरी ही छोड़ दी गईं, जिससे गिरफ़्तारी के बाद किसी व्यक्ति का नाम, पता उसमें जोड़ा जा सके। इसके बाद घोष एसपी (दक्षिण) के आवास पर गए, जिन्होंने उनके इलाक़े में छापेमारी का काम शुरू किया। जिन अधिकारियों को यह काम सौंपा गया था, उन्हें आदेश था कि वे आरोपों की सत्यता को लेकर किसी क़िस्म की तफ़्तीश न करें। दिल्ली के

बाक़ी ज़िलों में भी पुलिस ने इसी प्रक्रिया का इस्तेमाल किया।

लेखकों ने इनमें से कई विवरणों का इस्तेमाल आपातकाल के आततायी शासन की शुरुआत की घोषणा के लिए किया है।[13] मैं उन्हें दोहरा रहा हूँ भोर से पहले के अँधेरे में बन्धनमुक्त हुए उस सत्ता के साये की ओर ध्यान आकर्षित करने के लिए। यह लगभग वैध होते हुए भी पूर्णतः क़ानूनी तो नहीं था। 'मीसा' वारंट का इस्तेमाल किया गया लेकिन साइक्लोस्टाइल्ड फ़ॉर्म पर। राज्य के वैध एजेंटों ने छापे मारे और गिरफ़्तारियाँ कीं, लेकिन उनके कार्यों की अन्तर्निहित वैधता सन्दिग्ध थी। उनके तार संजय के हाथ में थे। संजय, जिनके पास कोई आधिकारिक पद नहीं था, लेकिन इन्दिरा की सत्ता के साये से उन्हें ताक़त हासिल हो रही थी। उन्होंने इन्दिरा के निजी सहायक और उनके क़रीबी लोगों धवन, बंसीलाल और ओम मेहता पर भरोसा किया—जिन सभी ने अपने आधिकारिक दायरे से आगे बढ़कर कारनामे किये। और इन्हें लागू करवानेवाले थे बाजवा, चावला और भिंडर जैसे अधिकारी। युवा और कर गुज़रने को आतुर, उन्हें आलोचकों द्वारा संजय के असभ्य और निर्दय लोग करार दिया गया, जिन्होंने उनकी माँ के सौम्य और प्रतिभाशाली कश्मीरी सलाहकारों को विस्थापित कर दिया था और वे वरिष्ठ नेताओं और नौकरशाहों के साथ व्यवहार तक का ख़याल न रखते थे। क़ानून के निलम्बन ने उन्हें नियमों के साथ जैसे चाहे वैसे खेलने का लाइसेंस दे दिया। उनकी अवज्ञा करने पर जवाबी कार्रवाई का जोखिम था, ऐसी कार्रवाई जिसे कोई चुनौती नहीं दे सकता था क्योंकि उनकी शक्ति का स्रोत सीधा 'प्रधानमंत्री आवास' में छिपा हुआ था।

दिल्ली के विधि सचिव रजनी कान्त ने कई मामलों में गिरफ़्तारी की वैधानिकता पर सवाल खड़े किये। मुख्य सचिव ने हिम्मत करते हुए दिल्ली के उप-राज्यपाल के सामने इस मुद्दे को रखा। उप-राज्यपाल चन्द यह सुनते ही बिफ़र पड़े और बोले कि ये तो 'क़ानूनी बाल की खाल निकालना' हुआ।[14] उधर जब उप-राज्यपाल के सचिव चावला ने विधि सचिव की उठाई आपत्तियों के बारे में जाना तो वरिष्ठता और पदक्रम में अपने से कहीं ऊपर रजनी कान्त को उन्होंने फटकारते हुए कहा कि तुम जानते नहीं, मैंने कितनी मुश्किलों से तुम्हें बचाया है। "मैंने उन्हें उनकी इस दयालुता और कॅरियर के इस अन्तिम पड़ाव पर अपमान से बचाने के लिए शुक्रिया कहा और आँखों में उदासी भरे कमरे से बाहर निकल आया।"[15] रजनी कान्त के शब्द थे। एक दूसरे अफ़सर का, जो 136 नज़रबन्दी के आदेशों में से 60 को ही गिरफ़्तार कर पाया, तबादला कर दिया गया। नियमों के पक्के एडीएम घोष को चावला ने बोला कि अगर गिरफ़्तारी के लिए पर्याप्त वजह नहीं मिलती है तो "हमें ऐसी वजहें ख़ुद पैदा करनी होंगी, जिससे गिरफ़्तारी जायज़ लगे।" इसके बाद भी जब जिलाधीश ने एक के बाद एक कई नज़रबन्दी के आदेश वापस लौटाए तो चावला ने उन्हें बुलाकर, उन्हें और उनकी आईएएस पत्नी दोनों को बाक़ायदा

धमकी दी। "मीसा आदेशों के सिलसिले में प्रशासन का सहयोग नहीं करोगे तो ये मत सोचना कि अंडमान तबादले जैसी कार्रवाई होकर ही छुटकारा मिल जाएगा। अगर मैं हमारे उप-राज्यपाल को ठीक से जानता हूँ तो निश्चित रूप से तुम्हें कह सकता हूँ कि वे वरिष्ठ पुलिस अधिकारियों को भी 'मीसा' लगाकर सलाखों के पीछे भेजने में ज़रा न हिचकेंगे।" हालाँकि बाद में चावला ने ऐसी किसी बात के होने से साफ़ इनकार कर दिया और घोष को सरासर झूठा क़रार दिया। एडीएम घोष चावला के आईएएस क्लास के बैचमेट थे और उन्हें ख़ूब जानते थे। उन्होंने जोखिम लेना ठीक नहीं समझा और जुलाई अन्त से कहे अनुसार बन्दीकरण के आदेश जारी करने लगे।[16]

बाजवा ने ऐसे सन्दिग्ध लोगों की सूची बनाई जिन्हें बन्दी बनाया जाना था और बिना किसी दस्तख़त के यह सूची तमाम पुलिस अफ़सरों में गिरफ़्तारियाँ करने के लिए बाँट दी गई। दस्तावेज़ी नज़रिये से और भविष्य में किसी ग़ैर-क़ानूनी कृत्य के आरोप से बचने के लिए सदा लिखित आदेशों का पालन करने की अभ्यस्त नौकरशाही में ऐसे बिना दस्तख़त की सूची पर कार्रवाई कई अधिकारियों को नागवार गुज़री। एक अफ़सर ने तो ऐसे नज़रबन्दी आदेशों का गुप्त दस्तावेज़ीकरण भी शुरू कर दिया, यह मानकर कि भविष्य में कभी इसके चलते अभियोग का सामना करना पड़े तो काम आएगा : "हममें से ज़्यादातर को यही लग रहा था कि ये बस एक-दो दिन की बात है। जल्द ही मजिस्ट्रेटों और पुलिस को बुलाया जाएगा और उनसे इन आदेशों का औचित्य पूछा जाएगा। लेकिन इसके आगे जो हुआ, उसने हमारी उम्मीदों को झूठा साबित कर दिया।"[17] कुछ समय बाद तो एसपी बाजवा फ़ोन के ज़रिये सूची के नाम नोट करवाने लगे। कुछ अफ़सरों ने प्रतिरोध किया भी तो व्यवस्था ने उन्हें पीछे ढकेल दिया। बाजवा की बनाई सूची के अनुसार गिरफ़्तारियाँ होती रहीं और ज़रूरत पड़ने पर आरोप बाद में गढ़े जाते रहे। यहाँ तक कि जिन लोगों को अदालतें ज़मानत पर रिहा करती थीं, उन्हें भी फ़ौरन दोबारा गिरफ़्तार कर लिया जाता था।

इन गिरफ़्तारियों को अंजाम देने में सबसे आगे थे भिंडर। 11 जुलाई को उन्होंने एसपी (उत्तर) प्रकाश सिंह को एक सूची भेजी जिसमें उन अध्यापकों और छात्रों के नाम दर्ज थे, जिन्हें ख़तरनाक माना गया था। भिंडर ने सिंह पर दबाव डालते हुए कहा कि "कृपा करके इन अध्यापकों और छात्रों को फ़ौरन उठवा लें और काम पूरा होने पर ख़बर करें।"[18] ऐसा लगता है कि भिंडर 'उठवा लेने' के काम में माहिर थे। वे ही थे, जिन्होंने 25 सितम्बर को जेएनयू से प्रबीर पुरकायस्थ को उठवा लिया था। हालाँकि भिंडर ने लगातार ये दावा किया कि ये पहचान में ग़फ़लत का मामला नहीं था और वे प्रबीर को ही उठाने आए थे, लेकिन सच तो ये था कि प्रबीर का इस दिनदहाड़े अपहरण से पहले पुलिसिया रिकॉर्ड में कहीं नाम तक मौजूद नहीं

था। जिस पुलिस अफ़सर को जेएनयू के छात्र आन्दोलनकारियों के बारे में सूचनाएँ इकट्ठा करने का काम दिया गया था, उसने भी प्रबीर को लेकर किसी क़िस्म की ख़बर नहीं दी थी। लेकिन एक बार जब उसे बिना वारंट पुलिस द्वारा उठा लिया गया, इस ग़ैर-क़ानूनी काम को क़ानूनी बनाने की ज़िम्मेदारी काग़ज़ात को दुरुस्त कर निभाई गई। एडीएम घोष ने अपने वरिष्ठ अफ़सरों के कहने पर 'मीसा' के तहत वारंट जारी कर दिया। और 30 दिसम्बर, 1975 को, घटना के पूरे पाँच दिन बाद, पुलिस दस्तावेज़ों में इस वारंट की वजहें दर्ज की गईं।[19] इसमें दावा किया गया कि प्रबीर एक 'कट्टर एसएफ़आई कार्यकर्ता' है जो छात्र-छात्राओं को कक्षाओं में जाने से ज़बरदस्ती रोक रहा था, हालाँकि उस इलाक़े के अफ़सर ने ऐसा कुछ नहीं कहा था।[20] इस पुलिसिया रपट में यह भी दावा किया गया कि हालाँकि प्रबीर जेएनयू में 1975 में ही आया, लेकिन उसकी राजनीतिक छवि इतनी दमदार थी कि अशोका लता जैन फ़ौरन उसके प्रभाव में आ गई और दोनों में प्रेम सम्बन्ध बन गए। यह रपट ग़लतबयानी कर रही थी। यह सच है कि प्रबीर ने जेएनयू में दाख़िला 1975 के अगस्त महीने में लिया, लेकिन उसे यहाँ समय बिताते एक साल से ऊपर हो गया था। पड़ोस के संस्थान आईआईटी में अपने स्नातकोत्तर शोध के लिए कम्प्यूटर पर गणनाएँ करते हुए उसके कितने ही दिन जेएनयू परिसर में बीते। लेकिन अपनी खामीभरी सूचनाओं से बेपरवाह दिल्ली पुलिस यहाँ दिल के मामलों की भी सबसे बड़ी जानकार बन बैठी। उनके अनुसार तो क्रान्तिकारी प्रबीर ने जेएनयू में क़दम रखने के एक महीने के भीतर ही भोली-भाली अशोका को अपनी 'पॉलिटिकल इमेज' से जाल में फँसा लिया था।

चार सांसदों ने गृहमंत्री ब्रह्मानन्द रेड्डी को इस बाबत चिट्ठी लिखी, जिसमें जेएनयू के अध्यापकों द्वारा प्रबीर के अपहरण की निंदा किये जाने का उल्लेख था और माँग की गई थी कि गृहमंत्री इस पुलिसिया कार्रवाई की जाँच करें। रेड्डी, जिन्हें मंत्रालय में उनके कनिष्ठ मंत्री और संजय के ख़ास प्यादे ओम मेहता ने नेपथ्य में ढकेल दिया था, ने जाँच के आदेश जारी कर दिये। मामले में मौजूद विसंगतियों को दूर करने के लिए गृह मंत्रालय ने ख़ुफ़िया विभाग से रिपोर्ट मँगवाई। इस रिपोर्ट से स्पष्ट हुआ कि ख़ुफ़िया विभाग के पास छात्रों के कक्षा बहिष्कार से जुड़े आन्दोलन में प्रबीर की सक्रिय भूमिका की कोई ख़बर नहीं थी। लेकिन दिल्ली प्रशासन ने इसे मानने से साफ़ इनकार कर दिया। प्रबीर की माँ श्रीमती एस. पुरकायस्थ ने 5 नवम्बर, 1975 को दिल्ली के मुख्य सचिव के दफ़्तर में अपने बेटे के लिए पैरोल अर्ज़ी दाख़िल की। 24 नवम्बर को डॉ. एन. एम. घटाटे ने अनुच्छेद 226 के तहत प्रबीर की ओर से दिल्ली उच्च न्यायालय में बन्दी प्रत्यक्षीकरण याचिका दायर की।[21] याचिका विचाराधीन ही थी कि इस बीच डॉ. घटाटे ने प्रबीर की पैरोल पर रिहाई की याचिका भी दायर कर दी। पैरोल प्रबीर के इलाहाबाद में मौखिकी

परीक्षा (viva voce) में शामिल होने के लिए माँगा गया था, जिससे वो मोतीलाल कॉलेज ऑफ़ इंजीनियरिंग से अपनी स्नातकोत्तर उपाधि पूरी कर सके। 1 दिसम्बर को जेएनयू के तीन प्राध्यापकों ने प्रबीर की रिहाई के लिए एक और याचिका दायर की, जिसमें उन छात्रों की गवाही भी शामिल थी जिन्होंने प्रबीर का कैम्पस से अपहरण अपनी आँखों से देखा था।

इन तमाम याचिकाओं के ख़िलाफ़ अपना क़ानूनी पक्ष तैयार करते हुए दिल्ली प्रशासन ने सम्बन्धित अधिकारियों से मामले पर उनकी राय जाननी चाही। एडीएम घोष ने पैरोल देने की सिफ़ारिश की, लेकिन एसपी बाजवा इसके ख़िलाफ़ थे। पर पुलिस मिलीभगत से काम कर रही थी। उसने मानने से इनकार कर दिया कि यह पहचान में ग़फ़लत का मामला था। नहीं, पुलिस ने प्रबीर को धोखे से नहीं उठाया था और न ही उठाए जाने के बाद आधी रात उसका गिरफ़्तारी वारंट तैयार किया गया। तमाम दस्तावेज़ी सबूतों के उलट, एसपी (दक्षिण) ने दावा किया कि दो सब-इंस्पेक्टरों को साथ लेकर एक पुलिस इंस्पेक्टर जेएनयू परिसर में सुबह 9:30 पर बाक़ायदा पहले से जारी 'मीसा' वारंट की तामील के लिए घुसे थे। यहाँ तक कि घोष ने भी इस लीपापोती से सहमति व्यक्त कर दी। भिंडर ने प्रबीर की ओर से भेजी गईं तमाम याचिकाएँ पढ़ीं, लेकिन यह कहकर कि मामला अभी न्यायालय में विचाराधीन है, एक का भी जवाब नहीं दिया। सभी इस झूठ में शामिल थे क्योंकि भिंडर को बचाना जो था। और तो और मेनका गांधी भी उनके बचाव में कूद पड़ीं। उन्होंने बयान दिया कि जिन छात्रों ने उन्हें कक्षा में जाने से रोका, उनमें प्रबीर भी एक थे। मेनका ने यह भी कहा कि घटना के बाद वे सीधे घर नहीं गई थीं, बल्कि वहीं बगीचे में बैठ गई थीं। तभी कुछ अधिकारी सादे कपड़ों में वहाँ आए और प्रबीर को गिरफ़्तार कर लिया। नहीं, उनमें एक भी सिख अफ़सर नहीं था। उधर कार की लॉगबुक से कुछ और कहानी बयाँ हो रही थी।[22]

इस बीच पुलिस ने अन्ततः डीआईजी भिंडर के असली निशाने देवी प्रसाद त्रिपाठी को अपने जाल में फँसा लिया। त्रिपाठी पैदल ओल्ड कैम्पस से न्यू कैम्पस जा रहे थे कि तभी पुलिसिया जत्थे ने उन्हें धर दबोचा और इन्तज़ार में पहले से वहाँ खड़ी वैन में डाल दिया। कार्रवाई हुई और गाड़ी ये जा, वो जा।[23] महीने भर बाद जेएनयू एसएफ़आई के एक और नेता सीताराम येचुरी ने भी ख़ुद को सलाखों के पीछे पाया। लेकिन इन सब गिरफ़्तारियों के बाद भी दिल्ली पुलिस ने प्रबीर पर अपनी पकड़ ढीली नहीं छोड़ी। जब दिल्ली उच्च न्यायालय ने प्रबीर का पैरोल पर रिहाई का आदेश जारी किया, दिल्ली प्रशासन ने इसके ख़िलाफ़ अपील करने की बात कही। लेकिन इस समय सर्वोच्च न्यायालय सर्दियों की छुट्टी पर था और अब 4 जनवरी को ही खुलनेवाला था। लेकिन जब न्यायालय का आदेश मानने के सिवा कोई और चारा न बचा, तब भी प्रशासन अपनी कारगुज़ारियों से बाज़ न आया।

उन्होंने प्रबीर को रिहा करने के बजाय उसका तबादला हथकड़ियाँ पहनाए-पहनाए ही 1 जनवरी, 1976 को इलाहाबाद के पास नैनी जेल में कर दिया। जेल में ही उसकी मौखिकी (viva voce) करवाई गई। तीन दिन बाद उसे वापस दिल्ली की तिहाड़ जेल ले आया गया। प्रबीर के परेशानहाल माता-पिता उसकी रिहाई के लिए यहाँ से वहाँ भागते रहे, लेकिन कहीं कोई सुनवाई नहीं। उनकी माँ ने अपने बंगाली सम्पर्कों का सहारा लेते हुए इन्दिरा सरकार में मंत्री डी.पी. चट्टोपाध्याय से मदद की गुहार लगाई। चट्टोपाध्याय ने फ़रवरी, 1976 को इस बाबत ओम मेहता को चिट्ठी लिखी, जिसके चलते गृह मंत्रालय ने मामले पर एक और जाँच बैठा दी। जब दिल्ली प्रशासन से इस मामले का दोबारा संज्ञान लेने और प्रबीर की नज़रबन्दी वापस लेने को कहा गया, तो उसने बाजवा के सन्दिग्ध बयान को ही सच बनाकर प्रस्तुत कर दिया और अर्ज़ी को ख़ारिज कर दिया। 3 मार्च को प्रबीर को आगरा जेल स्थानान्तरित कर दिया गया, जहाँ उन्होंने अपनी गिरफ़्तारी के बाक़ी दिन बिताए। उनके पच्चीस दिन क़ैद-ए-तनहाई में रहने की ख़बर ने उनकी माँ को नर्वस ब्रेकडाउन की स्थिति में पहुँचा दिया। ऐसा लगता था कि उनके बेटे की रिहाई का अब कोई रास्ता बाक़ी नहीं। रिहाई तो छोड़ो, संवैधानिक अधिकारों के स्थगन से उपजे इस रहस्यमयी सत्ता के साये में इस सबके लिए असल उत्तरदायी कौन है, यह जानना भी असम्भव था।

29 जून के बाद से ही सरकार राष्ट्रपति के ज़रिये एक के बाद एक ऐसे अध्यादेश लाई, जिन्होंने 'मीसा' क़ानून में संधोधन कर क़ानून के शासन को और खोखला कर दिया। इन अध्यादेशों ने 'मीसा' के तहत गिरफ़्तारी के मामलों में अदालतों को 'नैसर्गिक न्याय' का सिद्धान्त लागू करने से वर्जित कर दिया, गिरफ़्तारी का आधार सूचित करनेवाले प्रावधानों को लागू होने से रोक दिया और परामर्श मंडलों को नज़रबन्दियों की समीक्षा करने से प्रतिबन्धित कर दिया। कोई भी, चाहे वह कोई विदेशी ही क्यों न हो, इस नज़रबन्दी को सामान्य क़ानून या नैसर्गिक न्याय के आधार पर चुनौती नहीं दे सकता था। उस पर तुर्रा ये कि नज़रबन्दी का आधार राज्य की गोपनीय सामग्री का हिस्सा माना गया था और इसे किसी के भी आगे खोलना, यहाँ तक कि ख़ुद गिरफ़्तार होनेवाले के समक्ष भी, सार्वजनिक हित के ख़िलाफ़ माना गया था।[24] इसने निवारक नज़रबन्दी को एक निहायत ही बेरहम क़ानून में बदल दिया और इसे तमाम अर्ध-न्यायालयी परामर्श मंडलों की जाँच एवं समीक्षा के दायरे से भी बाहर कर दिया। यहाँ यह याद दिलाना समीचीन होगा कि संविधान सभा के चन्द सदस्यों ने जायज़ प्रक्रिया को तिलांजलि देने के ठीक इसी प्रावधान के ख़िलाफ़ उसी समय चेताया था और कहा था कि इसमें कार्यपालिका के मनमानी करने का ख़तरा है। जब 1950 में इससे कहीं नर्म 'निवारक नज़रबन्दी बिल' पटेल संसद में लेकर आए, तब भी उस पर आपत्तियाँ उठाई गई थीं।[25] पर

जल्द ही केन्द्र सरकार उस क़ानून का व्यवहार में इस्तेमाल करने लगी। बीते सालों में अनेक राज्य सरकारों ने भी इसी से मिलते-जुलते निवारक नज़रबन्दी क़ानूनों का जमकर इस्तेमाल किया है। जब 1971 में बांग्लादेश युद्ध के समय 'मीसा' क़ानून लाया गया था, सरकार ने इसकी मुखर आलोचना को दबाने के लिए वादा किया था कि इसका इस्तेमाल मुल्क के भीतर की असहमत आवाज़ों के विरुद्ध नहीं किया जाएगा। लेकिन सरकार ने अपना वादा तोड़ दिया। 'मीसा' क़ानून में आगे हुए संशोधनों ने इसकी तीव्रता को और गाढ़ा कर दिया।

पर एक बात थी। भले 'मीसा' क़ानून संशोधनों के बाद और भी बेरहम रूप अख़्तियार कर चुका हो और भले ही गिरफ़्तारी की वजह क़ैदी को बताया जाना उसमें मना हो, वो राज्य को क़ैद का ठोस आधार बताए बिना गिरफ़्तारी करने का अधिकार फिर भी नहीं देता था। लेकिन जैसा हमने बाजवा के मामले में देखा, जहाँ वे कई बार गिरफ़्तार होनेवालों की सूचियाँ फ़ोन पर ही लिखवा रहे थे, पुलिस नियमित क़ानून का उल्लंघन किये जा रही थी। और ऐसा सिर्फ़ दिल्ली में ही नहीं, देश में हर जगह हो रहा था। चार महीने के भीतर हर मामले की व्यक्तिगत रूप से समीक्षा का नियम भी काग़ज़ों से आगे नहीं बढ़ पाया। संवेदनहीन सरकार क़ैदी के घर में किसी के बीमार होने या मृत्यु, या फिर प्रबीर की तरह परीक्षा में सम्मिलित होने के लिए भी पैरोल याचिकाओं की सुनवाई नहीं कर रही थी। सचिव चावला ने तो एक अफ़सर को किसी नज़रबन्द की फ़ाइल पर पैरोल की सिफ़ारिश का नोट लिखते देखकर चेतावनी ही दे डाली। बाद में उन्होंने कहा कि यह तो बस एक 'दोस्ती भरी सलाह' थी।[26]

छोटी से छोटी वजह पर भी गिरफ़्तारी करने की ताक़त से लैस पुलिस ने 'मीसा' और भारत के आन्तरिक सुरक्षा क़ानूनों के तहत 1,10,000 से भी अधिक लोगों को नज़रबन्दी में डाल दिया। इनमें से कई प्रतिबन्धित किये गए संगठनों जैसे राष्ट्रीय स्वयंसेवक संघ, आनन्द मार्ग, जमात-ए-इस्लामी और माओवादी सीपीआई (एमएल) के सदस्य थे तो कई सीपीआई के अलावा अन्य विपक्षी राजनीतिक दलों के सदस्य थे। गिरफ़्तारी के लिए प्रतिबन्धित संगठनों का सदस्य भर होना या कथित तौर पर उनसे सहानुभूति रखना ही काफ़ी था और उनकी किसी कार्यवाही का हिस्सा होने की ज़रूरत नहीं थी। किसी गुप्त बैठक में कथित भागीदारी, सार्वजनिक मंच पर या निजी बातचीत में आपातकाल या प्रधानमंत्री की आलोचना करना और सरकारी नीतियों का विरोध करना नज़रबन्द कर दिये जाने के माकूल कारण हो सकते थे। कई राज्यों में बड़ी संख्या में सन्दिग्ध अपराधियों को भी 'मीसा' के तहत सलाखों के पीछे भेज दिया गया। ऐसे कई मामलों में उनके कथित अपराध 1975 से पाँच या अधिक साल पुराने थे। बहुत सारे ट्रेड-यूनियन के कार्यकर्ताओं को यह कहकर घेरा गया कि वे भूतकाल में कभी प्रबन्धन के ख़िलाफ़ मोर्चे में शामिल रहे थे।

हालाँकि नई दिल्ली की ओर से राज्यों को यह सन्देश भेजा गया कि वे 'मीसा' का इस्तेमाल सोच-समझकर करें, लेकिन अब तो जिन्न बोतल से बाहर आ चुका था। 1977 में आपातकाल की 'अतियों' की जाँच के लिए बने शाह कमीशन का निष्कर्ष था, "'मीसा' को तमाम तरह के कार्यकर्ताओं के ख़िलाफ़ हथियार की तरह इस्तेमाल किया गया। ऐसे लोगों के ख़िलाफ़ भी जिनका राज्य की सुरक्षा, सार्वजनिक व्यवस्था या ज़रूरी सामानों की आपूर्ति जैसी चीज़ों से दूर-दूर का भी कोई वास्ता नहीं था।"[27]

प्रबीर के मामले की तरह ऐसे हज़ारों और उदाहरण हैं, जो न्यायाधीश शाह के निष्कर्ष की तस्दीक करते हैं। ऐसा ही एक उल्लेखनीय मामला प्रिमिला लेविस की गिरफ़्तारी का है। लेविस अपने आठ वर्षीय बेटे कारोकी के साथ 2 जुलाई को लन्दन से चलकर नई दिल्ली उतरती हैं। वहीं हवाईअड्डे पर इमिग्रेशन अधिकारी उनका पासपोर्ट देखता है और नाम देखकर पहचानने की कोशिश करने लगता है। इसके कुछ ही देर बाद प्रिमिला और उनका बेटा कारोकी अन्तरराष्ट्रीय प्रस्थान प्रतीक्षालय में भेज दिये जाते हैं। उन्हें वहाँ लम्बा इन्तज़ार करवाया जाता है, जिसके बीच प्रिमिला अपने थके और घबराए बेटे को तसल्ली देने की कोशिश करती हैं। फिर दोपहर 12:30 के क़रीब पुलिस अफ़सरों का एक जत्था प्रतीक्षालय में प्रवेश करता है और उन दोनों को पहले से इन्तज़ार में खड़ी टैक्सी में बैठाकर संसद मार्ग पुलिस थाने ले जाता है। यहाँ फिर लम्बा इन्तज़ार। प्रिमिला को मालूम था कि आपातकाल के चलते आकस्मिक गिरफ़्तारियाँ हो रही हैं। लेकिन आगे क्या होगा यह जानकर, और ख़ासकर लम्बी अन्तरराष्ट्रीय उड़ान से थके-हारे आए बच्चे के साथ होने के चलते प्रिमिला और ज़्यादा चिन्तित हो रही थीं। आख़िर शाम को 5 बजे उन्हें 'मीसा' के तहत गिरफ़्तारी का वारंट थमाया जाता है। उनका गुनाह? कि वे सत्ता के कुछ बड़े खिलाड़ियों के आँख की किरकिरी बनी हैं।

प्रिमिला उस समय पैंतीस साल की थीं। उन्होंने अमेरिका के माउंट होल्योक कॉलेज से मास्टर्स डिग्री हासिल की थी और दिल्ली के 'इन्द्रप्रस्थ कॉलेज फ़ॉर विमेन' में अंग्रेज़ी पढ़ाने से शुरुआत करते हुए वे इसके बाद 'यूनिवर्सिटी कॉलेज', नैरोबी में पढ़ाने लगीं। पाँच साल नैरोबी में पढ़ाने के बाद वे अपने अंग्रेज़ पति चार्ल्स लेविस के साथ भारत वापस लौट आईं। वो एक साल बम्बई में रहीं, जहाँ वे झुग्गी में रहनेवालों की बेहतरी के लिए काम करने लगीं। 1971 में उनके पति का तबादला होने पर यह परिवार रहने के लिए दिल्ली आ गया। खुले वातावरण में सादा जीवन जीने की चाहत में प्रिमिला ने दिल्ली की सीमारेखा पर महरौली में एक फ़ार्महाउस रहने के लिए चुना। इस इलाक़े में वहाँ पहले से मौजूद गाँव के निशान अभी भी बाक़ी थे, हालाँकि अब यहाँ दिल्ली के कुलीन वर्ग के फ़ार्महाउस जगह घेरते जा रहे थे।

यहाँ फ़ार्महाउस रखनेवाले सम्पन्न लोगों की सूची में इन्दिरा भी थीं तो उनके रिश्तेदार बी.के. नेहरू भी। इसके अलावा सेना से रिटायर्ड जनरल, बड़े उद्योगपति, पुराने राजा-महाराजा और वरिष्ठ प्रशासनिक अधिकारी भी इस सूची में शामिल थे। इन फ़ार्महाउसों में काम करनेवाले ज़्यादातर लोग उत्तर और पूर्वी भारत से आए दलित प्रवासी मज़दूर थे। इन्हीं कामगारों के बच्चे प्रिमिला के बेटे कारोकी के खेलकूद के साथी बनते हैं। रिश्ते का धागा जुड़ता है और प्रिमिला उन कामगार मज़दूरों की ज़िन्दगियों में रुचि लेने लगती हैं। एक बात से दूसरी बात निकलती है और देखते ही देखते प्रिमिला उन्हें संगठित करने का काम शुरू कर देती है। वे साथ मिलकर कामगारों की एक यूनियन बनाते हैं जो अन्यायपूर्ण बेदख़ली के ख़िलाफ़ लड़ती है और न्यूनतम मज़दूरी क़ानून लागू करने की माँग उठाती हैं। यूनियन को अपने संघर्ष में सफलता मिलती है, लेकिन इसके चलते प्रिमिला उस इलाक़े के एडीएम नवीन चावला की नज़रों में चढ़ जाती हैं। ये नवीन चावला जल्द ही दिल्ली प्रशासन में बहुत ताक़तवर जगह पहुँचनेवाले हैं। प्रेस भी इन ख़बरों को उठाने लगती है और अख़बारों में ख़बरें छपने लगती हैं कि कैसे दिल्ली के रईस और रसूख़दार लोग न्यूनतम मज़दूरी क़ानून की धज्जियाँ उड़ा रहे हैं। इस सबसे ग़ुस्साए अमीरों की शिकायतें इन्दिरा के कानों तक पहुँचती हैं और वे इस बाबत उप-राज्यपाल कृष्ण चन्द को हड़काती हैं। चन्द पलटकर चावला की ख़बर लेते हैं। 1975 में अब चावला एडीएम नहीं, उप-राज्यपाल के सचिव हैं और सत्ता का दरिया उन्हीं से होकर बहता है। जब 2 जुलाई को प्रिमिला हवाई जहाज़ से उतरती हैं, उनके लिए प्रवासन अधिकारी से लेकर पुलिस तक पहले से तैयार हैं। अगले अट्ठारह महीने प्रिमिला जेल की सलाखों के पीछे गुज़ारती हैं और उन्हें 9 जनवरी, 1977 को जाकर पैरोल पर छोड़ा जाता है।[28]

प्रिमिला का इस तरह अन्तरराष्ट्रीय उड़ान से उतारकर सीधे जेलख़ाने में डाला जाना साबित करता है कि यह सत्ता का स्याह साया सनकी और निरंकुश था और इसका एक बर्बर चेहरा भी था। इस बर्बर चेहरे से जिनका सीधा साक्षात्कार हुआ, उनमें एक नाम लॉरेंस फ़र्नांडीज़ का था।[29] पुलिस ने लॉरेंस को बैंगलोर में उनके घर से 1 मई, 1976 को उठाया। उनके भाई जॉर्ज फ़र्नांडीज़ का पता-ठिकाना मालूम करने के लिए उन्हें यातनाएँ दी जाने लगीं। जॉर्ज समाजवादी नेता थे, जो आपातकाल के समय भूमिगत हो गए थे। लॉरेंस को इस बारे में कुछ मालूम नहीं था। लेकिन पुलिस ने उनकी बात का यक़ीन नहीं किया और कई दिनों तक उनसे सवाल पूछती रही और उन्हें यातनाएँ देती रही। जब लॉरेंस की हालत बिगड़ने लगी और पुलिस के मन में भय पैदा हुआ कि कहीं उनकी हिरासत में ही मृत्यु न हो जाए, पुलिस ने डॉक्टर को बुलाया। डॉक्टर से लॉरेंस की पहचान छिपाई गई। मरीज़ के शरीर पर यातनाओं के निशान साफ़ दिखाई दे रहे थे और डॉक्टर ने उन्हें फ़ौरन

अस्पताल में भर्ती करवाने की सलाह दी, लेकिन पुलिस ने ऐसा किया नहीं। पुलिस ने तो आधिकारिक रूप से लॉरेंस की गिरफ़्तारी भी नहीं दिखाई। पुलिस ने छल से उनकी गिरफ़्तारी की तारीख़ 10 मई लिखी, जो उनकी वास्तविक गिरफ़्तारी से नौ दिन आगे थी और वजह के तौर पर उन पर बम लगाकर रेल की पटरियाँ उड़ाने का झूठा आरोप मढ़ दिया गया था। बाद में लॉरेंस फ़र्नांडीज़ को चोटिल अवस्था में बैंगलोर केन्द्रीय कारागार भेज दिया गया। वहाँ उन्हें पहले तो दुर्दान्त अपराधियों के साथ रखा गया, लेकिन बाद में विरोध होने पर अन्य 'मीसा' बन्दियों के साथ रखा गया। आपातकाल के अन्तिम दिनों में जब उनकी रिहाई हुई, जेल में हुए निर्दय व्यवहार और यातनाओं की खरोंचें उनके शरीर पर साफ़ पढ़ी जा सकती थीं।

लॉरेंस को यह यातनाएँ इसलिए झेलनी पड़ीं, क्योंकि वे जॉर्ज फ़र्नांडीज़ के भाई थे। वे जॉर्ज ही थे जिन्होंने 1974 की मुल्क का चक्काजाम कर देनेवाली रेलवे हड़ताल का मोर्चा सँभाला था और अब भूमिगत रहकर प्रतिरोध की आवाज़ बुलन्द कर रहे थे। यह लॉरेंस की बदक़िस्मती रही कि वे चमत्कारिक नेता जॉर्ज फ़र्नांडीज़ के भाई थे, लेकिन आपातकाल में ऐसे भी कई थे जिन्हें किसी चर्चित विपक्षी नेता से सम्बन्ध हुए बिना भी अत्याचारी निज़ाम का दंड सहना पड़ा। ऐसा ही मामला था जसबीर सिंह का, जो जेएनयू के छात्र थे और विपक्षी दल के कार्यकर्ता थे। पुलिस ने उन्हें गिरफ़्तार किया और उनके झोले में नक्सली पर्चे और पोस्टर रख दिये। उसके बाद पुलिस ने एक खम्भे से उन्हें बाँध उस खम्भे को दो कुर्सियों के बीच फँसा कुर्सियों को विपरीत दिशा में खींचना शुरू किया, जिससे जसबीर बीच अधर में झूलने लगे। उन्हें ख़ून की उल्टी हुई। जब उन्होंने प्रतिरोध किया तो अफ़सर ने उन्हें जान से मारने की धमकी दी और कहा कि तुम्हें मारकर तुम्हारी लाश नदी में बहा देंगे। इसके बाद बाक़ायदा क़ानून का पालन करते हुए पुलिस ने जसबीर को मजिस्ट्रेट के समक्ष प्रस्तुत किया। जसबीर ने वहाँ भी सच्चाई बताने की कोशिश की, लेकिन न्यायाधीश ने उनकी एक न सुनी और अत्याचार बढ़ता गया।[30]

जनता की नज़रों से दूर और बिना किसी ऊपरी निगरानी के सत्ताधारी वर्ग निरंकुश हो गया था। जसबीर, प्रबीर, प्रिमिला जैसे न जाने कितने पूरी तरह बेसहारा छोड़ दिये गए थे। हालाँकि देखा जाए तो भारत के इतिहास में यह पहली बार नहीं था कि पुलिस बिना किसी अंकुश के काम कर रही थी। 1902 में फ़्रेज़र कमीशन के समय ही भ्रष्टाचार, क्रूरता और स्थानीय स्तर पर समुचित निगरानी का न होना बड़ी समस्या माने गए थे। पर फ़्रेज़र कमीशन ने इन मुद्दों पर सुधार के जो सुझाव दिये, वे काग़ज़ से आगे नहीं बढ़ पाए। समस्या ख़ुद ढाँचे में थी। ब्रितानी औपनिवेशिक शासन ने भारत में आधुनिक राज्य की स्थापना समाज के भीतर से न कर उसे समाज पर ऊपर से थोपा था। ऐसे में जनता राज्य के प्रतिनिधि कारकूनों और पुलिस को किसी बाहरी ताक़त की तरह से देखती थी, जो अपनी बात उनसे

बलपूर्वक मनवाने आई है। आज़ादी के बाद भारत ने जबरन ताक़त से निर्मित इस शासकीय ढाँचे और इसके क़ानूनों को अपना लिया और सरकार ने इस पूर्वनिर्मित प्रशासनिक व्यवस्था में किसी मूलभूत ढाँचागत परिवर्तन की ज़रूरत तक नहीं समझी।

आज़ादी के बाद भी ऐसी कई समितियाँ आईं, जिन्होंने इस व्यवस्था में सुधार की सिफ़ारिशें कीं, लेकिन सरकार ने उन्हें लागू नहीं किया। कम तनख़्वाह में अपरिपक्व तैयारी के साथ कार्य करती, सज़ा के डर से बेपरवाह पुलिस आबादी पर मनमाने तरीक़े से अपना डंडा चलाती रही। 1977 में शाह कमीशन ने एक बार फिर पुलिस व्यवस्था में बड़े पैमाने पर फैले कदाचार की ओर इशारा किया और सुधार सुझाए। मोरारजी देसाई की जनता सरकार ने नवम्बर, 1977 में 'राष्ट्रीय पुलिस आयोग' का गठन किया। इस आयोग ने समूची पुलिस व्यवस्था का बारीकी से अध्ययन किया। इसकी रिपोर्ट ने साफ़-साफ़ बताया कि आज़ादी के बाद सत्ता पर कांग्रेस पार्टी के एकाधिकार से जिस व्यवस्था का उदय हुआ, पुलिस के कार्य में राजनीतिक हस्तक्षेप इस व्यवस्था में चलन का हिस्सा बन गया। राजनेताओं और प्रशासकों के मध्य आपसी संवाद शुरू तो राजकीय नीतियों को बेहतर तरीक़े से लागू करवाने को लेकर हुआ था, लेकिन जल्द ही इस संवाद का क्षरण हुआ और यह राजनीतिक फ़ायदे के लिए की जानेवाली सौदेबाज़ी में बदल गया। चुनावों के दौरान जब राजनेता आपराधिक तत्त्वों की मदद से मतदाताओं को डराने-धमकाने का काम करते थे, पुलिस उसे रोकने के बजाय अनदेखा करने लगी। राजनेताओं ने तबादले की धमकी के सहारे पुलिस अधिकारियों से उनकी वफ़ादारी हासिल की। राजनीतिक दबाव में पुलिस अक्सर नियम-क़ानूनों को ताक पर रख मनमानी करने लगी।[31] एक लोकतांत्रिक संस्कृति विकसित करने के लिए संगठित होकर प्रयास करने की ज़रूरत होती है। पर इस संगठित प्रयास के अभाव में, राजनीतिक और सामाजिक दबंगों की छत्रछाया में पुलिस व्यवस्था की निरंकुशता नासूर बनती गई।

प्रेस पर प्रतिबन्ध ने यह निश्चित किया कि पुलिसिया अत्याचार जनता की नज़र से ओझल रहे और उन पर किसी तरह की सार्वजनिक चर्चा न हो पाए। पश्चिम के जिन अख़बारों ने आपातकाल लगाये जाने की एक स्वर में भर्त्सना की थी, उन्हें भी चेतावनी दी गई कि वे सेंसरशिप के क़ानूनों का कड़ाई से पालन करें। संजय गांधी ने सुनिश्चित किया कि उनकी माँ सूचना और प्रसारण मंत्री इन्द्र कुमार गुजराल को मंत्रालय से निकाल बाहर करें। गुजराल इस नई हुकूमत के प्रति उतने उत्साहित जो नहीं दिखाई दे रहे थे। गुजराल की जगह जिन्हें बैठाया गया, वे थे संजय के वफ़ादार विद्याचरण शुक्ल। शुक्ल ने 29 जून को विदेशी संवाददाताओं की बैठक बुलाई और 'आगबबूला स्वर में' उन्हें चेताया कि अगर उन्होंने प्रतिबन्धों का उल्लंघन किया तो उन्हें मुल्कबदर भी किया जा सकता है।[32] इसके फ़ौरन बाद 30 जून को सरकार ने 'दि वाशिंगटन पोस्ट' के संवाददाता लेविस एम. सिमंस को

देश छोड़ने का आदेश जारी कर दिया। उन्हें इसके लिए सिर्फ़ 24 घंटे की मोहलत दी गई। यह ज़ाहिरा तौर पर उनकी 20 जून को भेजी गई रपट पर हुई जवाबी कार्रवाई थी। रपट ये थी कि मुल्क के रक्षा मंत्री ने सेना प्रमुख को बोला कि वे प्रधानमंत्री की रैली में शामिल होने के लिए सादे कपड़ों में सेना के जवानों को भेजें। जब यह ख़बर लीक हुई, तभी आदेश वापस लिया गया।[33] 'दि डेली टेलीग्राफ़' के पीटर गिल और 'दि टाइम्स' के पीटर हेज़लहर्स्ट 22 जुलाई को देश से निकाले गए, जब उन्होंने सरकार की सेंसरशिप नीतियों को मानने से इनकार कर दिया। 'बीबीसी' ने भी अपने संवाददाता मार्क टली को सेंसरशिप नीतियों पर लिखित सहमति देने की बजाय वापस बुलाना मुनासिब समझा। 'दि फ़ाइनेंशियल टाइम्स' के केविन राफ़ेर्टी पर आरोप लगाया गया कि वे दूसरे विदेशी पत्रकारों को ख़बरें सप्लाई कर रहे हैं और उनका भारत में प्रवेश प्रतिबन्धित कर दिया गया। 'दि गार्डियन' के मार्टिन वुलकॉट, जो उन दिनों भारत से बाहर थे, को साफ़ बताया गया कि जब तक वह सेंसरशिप नीति माननेवाले वचनपत्र पर हस्ताक्षर नहीं करते, उन्हें मुल्क की सीमा में दाख़िल नहीं होने दिया जाएगा।[34]

दूर होते हुए भी पश्चिमी प्रेस आपातकाल और प्रेस सेंसरशिप पर निंदा से भरी सम्पादकीय टिप्पणियों एवं इन्दिरा की कड़ी आलोचना के चलते सरकार के लिए सरदर्दी का सबब बनती जा रही थी। अमेरिका और ब्रिटेन में बसे सम्मानित भारतीय अध्येताओं और बुद्धिजीवियों, जिसमें उनकी लम्बे समय से दोस्त रहीं अमेरिकी डोरोथी नॉर्मन का नाम भी शामिल था, के विरोधी बयान और चिट्ठियों ने इन्दिरा का ग़ुस्सा भड़का दिया था। पर बहुत उत्तेजित और निराश होने के बाद भी इन्दिरा को कोई फ़र्क़ पड़ता महसूस नहीं हुआ। वैसे भी, उनके लिए कहीं अधिक महत्त्वपूर्ण यह था कि भारतीय प्रेस को कैसे काबू में लाया जाए। सरकार 25 जून की रात प्रेस की बिजली काट पहले ही अपने इरादों की झलक दे चुकी थी। चेतावनी साफ़ थी कि 'हिन्दुस्तान टाइम्स' और 'इंडियन एक्सप्रेस' ने कोरे सम्पादकीय पन्ने छापकर जो किया, उस तरह का कोई कारनामा सरकार बर्दाश्त करने के मूड में नहीं है। इन्दिरा और संजय गांधी पर सनसनीखेज़ ख़बरें छापनेवाले राष्ट्रीय स्वयंसेवक संघ के दैनिक 'दि मदरलैंड' के सम्पादक के.आर. मलकानी को 26 जून की सुबह तड़के गिरफ़्तार कर लिया गया। महीने भर बाद पुलिस ने वरिष्ठ पत्रकार कुलदीप नैयर को हिरासत में ले लिया। उन्हें गिरफ़्तार किये जाने के पीछे उनका 'इंडियन एक्सप्रेस' के लिए किया काम वजह बना। उन दिनों 'इंडियन एक्सप्रेस' जेपी का हमदर्द अख़बार माना जाता था। सरकार ने तो उनके इक्यासी साला ससुर भीमसेन सच्चर को भी नहीं बख़्शा। सच्चर आजीवन कांग्रेस के सच्चे सिपाही रहे थे और दो बार पंजाब के मुख्यमंत्री एवं कई अलग-अलग राज्यों में राज्यपाल के तौर पर कार्य कर चुके थे। लेकिन सरकार के लिए इस सबका कोई

महत्त्व नहीं था। उन्होंने प्रेस सेंसरशिप हटाने और स्वतंत्रता के अधिकार की रक्षा के लिए सीधे प्रधानमंत्री को चिट्ठी लिखी, पुलिस के लिए उन्हें गिरफ़्तार करने को उनकी इतनी हिमाक़त काफ़ी थी।

प्रेस का सर कुचलने के लिए सरकार ने 26 जून को भारतीय रक्षा नियमों के तहत ब्योरेवार सेंसरशिप नियमावली जारी की। इसके तहत आपातकाल से जुड़ी किसी भी ख़बर या 'मीसा' से जुड़ी किसी भी कार्यवाही की रपट के प्रकाशन से पहले उसे सेंसर अधिकारी से जँचवाने का प्रावधान था। फ़रवरी, 1976 में सरकार ने 'अपराध के लिए उकसानेवाली तथा अन्य आपत्तिजनक सामग्री' के प्रकाशन को प्रतिबन्धित करने के उद्देश्य से 'आपत्तिजनक सामग्री प्रकाशन रोकथाम अधिनियम' लागू कर दिया। इतना ही नहीं, जिसे तत्कालीन सत्ता के ख़िलाफ़ माना जाए या जिसकी वजह से सत्तारूढ़ हुकूमत को नीचे देखना पड़े, ऐसी किसी भी सामग्री के प्रकाशन को रोकने के लिए अख़बारों को रोज़ाना फ़ोन पर सेंसरशिप आदेश दिये जाते थे। महात्मा गांधी द्वारा स्थापित की गई 'नवजीवन प्रेस' तक के छापेख़ाने की सामग्री ज़ब्त कर ली गई। महात्मा के पोते राजमोहन गांधी द्वारा सम्पादित साप्ताहिक 'हिम्मत' को अचानक बड़ी रकम जमा करवाने का आदेश दिया गया। पता चला कि उसने कुछ कथित आपत्तिजनक रपटें प्रकाशित की थीं। पूर्व में इन्दिरा के ख़ास रहे, लेकिन 1974 आते-आते उनके आलोचकों में गिने जानेवाले रोमेश थापर चमत्कारिक तरीक़े से जुलाई, 1976 तक 'सेमिनार' का निर्बाध प्रकाशन करते रहे। सम्भवत: उन पर सेंसरशिप की गाज़ नहीं गिरने की एक वजह तो शोध-पत्र की सीमित प्रसार संख्या रही होगी, और दूसरी इन्दिरा से पुराने सम्बन्ध। दिसम्बर, 1975 में 'सेमिनार' ने 'जजमेंट्स' शीर्षक से अंक प्रकाशित किया। इसमें निवारक निरोध क़ानून, याचिकाओं, प्रधानमंत्री के चुनाव मामले जैसे मुद्दों पर आलेख थे और साथ में संवैधानिक संशोधनों पर पालकीवाला का बयान था। शोधपत्र की प्रकृति के अनुसार आलेख सीधे-सीधे तो राजनीतिक नहीं थे, लेकिन उनमें क़ानूनों की व्याख्या जिस तरह की गई थी, उनके राजनीतिक निहितार्थ किसी से छिपे न रहे। इसके बाद जुलाई, 1976 में निकले नये अंक की राजनीति तो बिलकुल सामने उभरकर आ गई। अंक का शीर्षक था, 'अब यहाँ से कहाँ जाएँ' (व्हेयर डू वी गो फ्रॉम हियर)। इसमें एक आलेख राजनीति विज्ञानी रजनी कोठारी का था जिसमें उन्होंने राजनीतिक प्रक्रिया के पुन:स्थापन की बात की थी, और दूसरा आलेख लेखक निर्मल वर्मा का था आज़ादी के असल मानी समझाते हुए।[35] बस, इतना काफ़ी था। 'सेमिनार' पर सीधी गाज गिरी। उन्हें अंक के प्रकाशन से पहले सामग्री जँचवाने के लिए नहीं कहा गया, बल्कि सीधे शोध-पत्र का प्रकाशन ही रुकवा दिया गया। 'दि इंडियन एक्सप्रेस' और 'दि स्टेट्समैन' जैसे अख़बारों को भी प्रतिरोधी तेवर दिखाने की वजह से सरकारी दंड का भागी बनना पड़ा।[36]

इस सारी कार्रवाई का चाहा गया परिणाम निकला। समाचार-पत्रों में इन्दिरा और उनके चंगू-मंगुओं के दिये भाषण और बयान एवं आधिकारिक प्रेस विज्ञप्तियाँ ही प्रकाशित हो रही थीं। राजनीतिक कार्टून तो रातों-रात ग़ायब हो गए। अख़बार पूरी कर्तव्यनिष्ठा के साथ इन्दिरा के जाली समाजवाद से जुड़ी ख़बरें प्रकाशित कर रहे थे। इसके केन्द्र में था ग़रीबी दूर करने को लाया गया उनका बहुप्रचारित बीस सूत्री कार्यक्रम, बँधुआ मज़दूरी का ख़ात्मा, ज़मीन बँटवारे से जुड़े क़ानूनों को लागू करवाना, सामाजिक समता की स्थापना और अर्थव्यवस्था में सुधार। इसमें संजय का पाँच सूत्री कार्यक्रम और जोड़ लें जिसमें शामिल था जनसंख्या नियंत्रण, झोंपड़पट्टी पुनर्वास और उसका सौन्दर्यीकरण। लेकिन दलीय व्यवस्था के छिन्न-भिन्न हो जाने एवं राज्य प्रशासन के पक्षाघात की स्थिति में होने के चलते सरकार ऐसी नीतियाँ तक लागू करवा पाने की स्थिति नहीं थी, जिनकी काफ़ी समय से माँग थी और जो अपने सामाजिक लक्ष्यों में ग़ैर-विवादित थीं। हुकूमत के पास अब अपनी बलात् शक्ति ही बची थी। आगे हम देखेंगे कि कैसे संजय और उनके चमचों ने इसका भरपूर इस्तेमाल किया।

देश के सूचना और प्रसारण मंत्री की भूमिका में संजय के सिपाही विद्याचरण शुक्ल आज्ञापालन करवाने और प्रोपेगैंडा फैलाने का कोई मौक़ा हाथ से जाने नहीं देते थे। ऐसा ही एक मौक़ा सीधे उनके पहलू में तब आ गिरा जब चर्चित चित्रकार एम.एफ़. हुसैन ने अपना बनाया एक त्रिफलक चित्र प्रधानमंत्री को भेंट किया। हुसैन, जिन्हें बाद में दक्षिणपंथी हिन्दू कार्यकर्ताओं के चलते देश छोड़ना पड़ा, ने अपने इस चित्र को 'राष्ट्र के जीवन में आए तीन क्षण' (दि ट्रिपटेक इन द लाइफ़ ऑफ़ ए नेशन) नाम दिया था। हुसैन ने इसे तत्कालीन राजनीतिक संकट पर अपनी प्रतिक्रिया कहा, हालाँकि ज़्यादातर लोग इसे आपातकाल के समर्थन के रूप में पढ़ते हैं।[37] इनमें '12 जून, 1975' शीर्षक से बनाया गया पहला चित्र पृथ्वी की बेटी जानकी को आकाश में ऊपर दिखाता है, जो उस पर सवालों की उँगली उठानेवाले भयानक सिरकटे शरीर की पहुँच से बहुत दूर है। इस भयानक सिरकटे शरीर का नाम 'जनता' है। '12 जून, 1975' शीर्षक से बनाया गया दूसरा चित्र धरती माँ को कष्ट में दिखाता है। उनके बाल हिमालय की ओर बिखरे हैं, उनके घुटने बंगाल की खाड़ी की ओर धँसे हुए हैं, उनके वक्ष हिन्द महासागर में डूबे हुए हैं और उनकी नज़रें इंसाफ़ के उस तराजू पर टिकी हैं जिस पर लिखा है 'सुप्रीम'। तीसरे और सबसे विवादित '26 जून, 1975' शीर्षक से रचे गए चित्र में माँ दुर्गा एक चिंघाड़ते सिंह की सवारी कर रही हैं और बुराई को बस कुचलने ही वाली हैं।[38]

सूचना और प्रसारण मंत्रालय ने इन त्रिफलक चित्रों की प्रदर्शनियाँ दिल्ली, बम्बई, कलकत्ता, न्यूयॉर्क और प्राग में लगवाने का फ़ैसला किया। प्रदर्शनियों को मिली प्रतिक्रिया दर्ज करते हुए मंत्रालय ने बताया कि यह सकारात्मक रही, बस

प्राग में कुछ जवान और बूढ़े चेकोस्लोवाक कलाकारों ने त्रिफलक के 'अत्यधिक यौनिक प्रतीकों' पर आश्चर्य जताया। पर मंत्रालय के लोग निश्चिन्त थे कि यह चित्र पोर्नोग्राफ़िक नहीं, बल्कि प्राचीन भारतीय मिथकों की आधुनिक व्याख्या है। सम्भवत: त्रिफलक के लिए मिली प्रेरणा को लेकर ख़ुद हुसैन की लिखी टिप्पणी से भाव उधार लेते हुए मंत्रालय के सचिव ने उत्साह में इसकी तुलना पिकासो की गुएर्निका से कर दी और 'नेशनल गैलरी ऑफ़ मॉडर्न आर्ट', नई दिल्ली के निदेशक से इसे संग्रहालय में प्रमुखता से रखने और प्रदर्शित करने को भी कहा। लेकिन संग्रहालय के निदेशक ने ऐसा करने से साफ़ इनकार कर दिया और चित्र की पिकासो से तुलना को उस महान कलाकार का अपमान बतलाया। बुझे मन से मंत्रालय ने चित्र वापस हुसैन के पुत्र को लौटाने का आदेश दिया, हालाँकि वे प्रधानमंत्री को तोहफ़े में दिये गए थे।[39] हुसैन का यह त्रिफलक चित्र आपातकाल के समर्थन के आरोप के चलते इतना बदनाम हुआ कि आज भी यह सार्वजनिक प्रदर्शन से परे रखा गया है।

ऐसा एक और मौक़ा आया, जब मंत्रालय के प्रोपेगैंडा फैलाने के प्रयास मुँह के बल औंधे गिरे। कोशिश उन्होंने इस बार भी पूरी की थी। इस बार मामला मशहूर फ़िल्म अभिनेता और गायक किशोर कुमार से जुड़ा था। मंत्रालय के अधिकारी बम्बई पहुँचे और किशोर कुमार को मिलने के लिए तलब किया। वे चाहते थे कि किशोर प्रधानमंत्री के बीस सूत्री कार्यक्रम की तारीफ़ में गीत लिखें और उन्हें गाएँ भी। चंचल स्वभाव के किशोर फ़ोन पर आए और 'सीधे शब्दों में बड़ी बेरुख़ी से' बीमारी का बहाना बनाते हुए उनसे मिलने से इनकार कर दिया। किशोर ने उन्हें यह भी कहा कि वे टेलीविज़न और रेडियो के लिए नहीं गाते। मंत्रालय के नाकारा अधिकारी इनकार सुनने के आदी नहीं थे। वे किशोर के इस अक्खड़पन से भड़क उठे। मंत्रालय ने 'ऑल इंडिया रेडियो' और सरकारी दूरदर्शन पर किशोर के गाये गीत बजाना प्रतिबन्धित कर दिया और रिकॉर्ड कम्पनियों पर उनके एलबम वापस लेने का दबाव भी डाला, जो सफल न हुआ।[40]

जब 'ऑल इंडिया रेडियो' पर किशोर कुमार के गीत बजाया जाना बन्द हुआ, उनके चाहनेवालों को इसकी वजह नहीं पता थी। वे अटकलें लगाते, अन्दाज़ा लगाने की कोशिश करते। लेकिन इस प्रतिबन्ध की असली वजह उनसे छिपी ही रही। सख़्त सेंसरशिप के दौर में ऐसा होना सामान्य बात हो गई थी। ऐसा नहीं है कि सूचना की आज़ादी पर यह प्रतिबन्ध सिर्फ़ सम्पादकों, संवाददाताओं और एक गायक के चाहनेवालों को ही प्रभावित कर रहा था। ख़बरों पर यह तालाबन्दी, सूचनाओं का सार्वजनिक तौर पर बाहर न आना और उत्तरदायित्व का पूर्णतया अभाव समूची ज़िन्दगियाँ बरबाद करने की ताक़त रखता था। केरल के इंजीनियरिंग छात्र पी. राजन और उनके पिता प्रोफ़ेसर टी.वी. इचारा वारियर भी ऐसे ही अभागों की सूची में थे।

चित्र 5.1 : हुसैन का त्रिफलक चित्र

स्रोत : *इलस्ट्रेटेड वीकली ऑफ़ इंडिया;* 27 जुलाई, 1975

29 फ़रवरी, 1976 को कालीकट के रीज़नल इंजीनियरिंग कॉलेज से पुलिस ने इक्कीस साल के राजन को एक अन्य छात्र के साथ गिरफ़्तार कर लिया। उन पर नक्सल समर्थक होने का शक था। पुलिस उन्हें पास के कैम्प ले गई और यंत्रणाएँ दीं। राजन के हिन्दी के प्रोफ़ेसर पिता को इस गिरफ़्तारी का पता अगले दिन चला और वे फ़ौरन पुलिस कैम्प पहुँचे। प्रोफ़ेसर वारियर को वहाँ भीतर तो नहीं घुसने दिया गया, लेकिन दरवाज़े पर खड़े संतरी ने इस बात की पुष्टि की कि उनका बेटा भीतर क़ैद है। ऐसे कई सारे यंत्रणा कक्ष पुलिस ने पूरे राज्य में कायम कर लिये थे, जिन्हें पुलिस अपनी भाषा में 'वर्कशॉप्स' कहना पसन्द करती थी। पुलिस जिन तरीक़ों का इस्तेमाल यंत्रणा देने में करती थी, उसमें एक का नाम उसने रखा था 'रूलर ट्रीटमेंट' या 'रोलिंग'। इस तरीक़े में पीड़ित को एक बेंच पर पीठ के बल लिटाया जाता था। उसका सर एक ओर लुढ़कता रहता था और उसके मुँह में उसका ही अंडरवियर ठूँस दिया जाता था, जिससे उसकी चीख़ें बाहर न सुनाई पड़ें। इसके बाद लकड़ी का एक भारी बेलन उसके दोनों पैरों के बीच रखा जाता था, और दोनों ओर से दो पुलिसवाले उसकी जाँघों पर यह भारी बेलन चलाते थे। इससे भयानक पीड़ा होती थी, यंत्रणा के दौरान पीड़ित के पैरों की तंत्रिकाएँ फट जाती थीं और बहुत बार तो भयानक दबाव के चलते हड्डी भी टूट जाती थी।[41]

जिस क्षण प्रोफ़ेसर वारियर उस भयानक पुलिस कैम्प के दरवाज़े से वापस लौटे, उनकी ज़िन्दगी अपने खोये हुए बेटे को वापस पाने का दर्दभरा अभियान बनकर रह गई। उनकी लिखी किताब 'मेमोरीज़ ऑफ़ ए फ़ादर' इसे मार्मिक शब्दों में बयान करती है। उन्होंने अपने बेटे की ख़बर पाने के लिए ज़मीन आसमान एक कर दिया। वारियर सीपीआई नेता एवं केरल के मुख्यमंत्री अच्युथा मेनन से मिले, गृह मंत्री से मिले, संसद सदस्यों को अर्ज़ियाँ लिखीं और अख़बारों के माध्यम से आवाज़ उठाने की कोशिश की। लेकिन हर ओर से निराशा हाथ लगी। कोई भी उन्हें उनके बेटे के बारे में सूचना देने की स्थिति में नहीं था, या देना नहीं चाहता था। उनके परिचित उनसे दूरी बनाने लगे। कोई भी एक अभियुक्त के पिता से अपना नाम नहीं जोड़ना चाहता था। उन पर जो बीती, उसे शब्दों में बयाँ करना मुश्किल है। लेकिन वे टूटे नहीं। उनके साथ उनके बेटे की स्मृतियाँ थीं, उसके प्रति अनगिन प्यार था। वे उसे खोज निकालने की कोशिशें करते रहे। जब आपातकाल हटाया गया, उन्होंने केरल हाई कोर्ट में बन्दी प्रत्यक्षीकरण याचिका दायर की। पुलिस ने इसके जवाब में राजन को कभी भी गिरफ़्तार किये जाने से इनकार कर दिया, लेकिन सबूत इस बात की गवाही दे रहे थे कि पुलिस उसे गिरफ़्तार कर कैम्प ले गई और वहाँ उसे यंत्रणाएँ दी गईं।[42] इस मामले में डीआईजी (अपराध शाखा) को दोषी माना गया, लेकिन बाद में अपील में वे छूट गए। राजन का शव कभी खोजा नहीं जा सका। कथित तौर पर पुलिस ने ही यंत्रणा देने के बाद उसके शरीर

को ठिकाने लगा दिया था। प्रोफ़ेसर वारियर की मृत्यु 2006 में हुई, और अन्त तक वे अपने उस बेटे की याद में तड़पते रहे, जिसका शव भी उन्हें देखना नसीब न हुआ :

> मेरा बेटा बाहर खड़ा है। बारिश में तरबतर।
>
> क्या मेरे मन में बदले की भावना है? मेरे पास इस सवाल का कोई जवाब नहीं। पर मेरा एक सवाल है दुनिया से : तुम मेरे निर्दोष बेटे को उसकी मृत्यु के बाद भी भरी बारिश में खड़ा क्यों छोड़ रहे हो?
>
> मैं दरवाज़ा बन्द नहीं करता। बारिश, तू भीतर आ और मुझे सराबोर कर दे। कम-से-कम मेरे अदृश्य बेटे को ये विश्वास तो रहे कि उसके पिता ने कभी दरवाज़ा बन्द नहीं किया।[43]

## छाया क़ानून

नागरिक समाज की असहमति में उठी हुई तमाम आवाज़ों को कुचलकर एक बार जब सार्वजनिक परिदृश्य नियंत्रण में कर लिया गया, तब राज्य ने छाया क़ानूनों के माध्यम से सीधे जनता को नाथना शुरू किया।[44] इसके बीच में मध्यस्थता करनेवाले राजनीतिक दलों और आज़ाद प्रेस का गला पहले ही घोंट दिया गया था। इस प्रक्रिया का एक प्रमुख चरण क़ानून को निष्प्रभावी बना देना था। 26 जून का आपातकाल अध्यादेश और आधी रात की गिरफ़्तारियाँ क़ानून और न्यायालयों के विरुद्ध खुले युद्ध की घोषणा थीं। यह कोई नया युद्ध नहीं था, न ही युद्ध के पैंतरे पहली बार आज़माए जा रहे थे। इन आपातकालीन प्रावधानों के विरुद्ध संविधान सभा में आलोचकों ने बारम्बार आवाज़ उठाई थी और निर्धारित प्रक्रिया को निलम्बित करने के ख़तरों को लेकर आगाह किया था। पर बँटवारे के अनिष्ट साये में कार्य कर रहे संविधान निर्माता यह मनवाने में सफल रहे कि असाधारण परिस्थितियों का सामना करने के लिए अनुभवहीन राज्य की कार्यपालिका को अपूर्व शक्तियों की आवश्यकता होगी, और इन शक्तियों को न्यायिक हस्तक्षेप से बाँधा नहीं जा सकता। संविधान निर्माताओं की यह भोली उम्मीद कि राजनीतिक नेतृत्व इन शक्तियों का इस्तेमाल विवेकपूर्ण ढंग से करेगा, जल्द ही राजनीति के स्याह दलदल में तिरोहित हो गई। 1975 के भी बहुत पहले से सरकार ने इन शक्तियों का इस्तेमाल एकाधिक बार ग़ैर-कांग्रेसी सरकारों को बरख़ास्त करने एवं राजनीतिक विरोधियों को निवारक निरोध क़ानूनों के ज़रिये कुचलने के लिए किया। आपातकाल ने इन परिपाटियों को सामान्य व्यवस्था का अंग बनाने की कोशिश में कई गुना बढ़ा दिया।

एक बार युद्ध का ऐलान होने के बाद सरकार का पहला मोर्चा था आपातकाल को न्यायिक जाँच के दायरे से बाहर रखना। इसे मुमकिन करने के लिए सरकार 22 जुलाई को संसद में अड़तीसवाँ संशोधन लेकर आई, जिसमें आपातकाल की उद्घोषणा और मौलिक अधिकारों के निलम्बन सम्बन्धी अध्यादेशों को न्यायिक समीक्षा के दायरे से बाहर रखने की बात थी।[45] संसद ने इसे दो ही दिनों में पारित कर दिया। दूसरा मोर्चा था इन्दिरा गांधी की चुनाव सम्बन्धी याचिका को न्यायालय के अधिकार क्षेत्र से बाहर करना। इस लक्ष्य को पूरा करने के उद्देश्य से 7 अगस्त को, यानी इलाहाबाद उच्च न्यायालय के फ़ैसले के ख़िलाफ़ इन्दिरा गांधी की अपील के सर्वोच्च न्यायालय में सुने जाने से ठीक चार दिन पहले, संसद में उनतालीसवाँ संविधान संशोधन लाया गया। संसद ने अत्यन्त द्रुत गति से इस पर सोच-विचार कर दो दिन में इसे पारित कर दिया, और ठीक दो दिन बाद 10 अगस्त, 1975 को राष्ट्रपति ने इसका अनुमोदन कर दिया। इस संशोधन ने प्रधानमंत्री एवं लोकसभा स्पीकर के चुनावों को भी राष्ट्रपति एवं उप-राष्ट्रपति के पदों की तरह न्यायालय में चुनौती दिये जाने की परिधि से बाहर कर दिया और इनके लिए संसद द्वारा फोरम बनाए जाने की व्यवस्था निर्धारित कर दी। इसके साथ लागू अनुच्छेद 329ए में यह व्यवस्था भी की गई थी कि किसी संसद सदस्य के चुनाव के विरुद्ध दायर याचिका भी उस क्षण 'अमान्य' हो जाएगी, जिस क्षण वह संसद सदस्य प्रधानमंत्री या स्पीकर बन जाता है। इसके साथ इस क़ानून ने उन तमाम चुनाव सम्बन्धी क़ानूनों एवं न्यायिक फ़ैसलों को अमान्य घोषित कर दिया, जो इस संशोधन से पहले आए थे। किसी भी क़िस्म के न्यायिक हस्तक्षेप के ख़िलाफ़ निर्णायक प्रहार करते हुए चुनाव सम्बन्धी क़ानूनों को संविधान की नौवीं अनुसूची में डाल दिया गया, जिससे यह न्यायिक हस्तक्षेप से पूरी तरह बाहर हो गए। इसमें 'चुनाव विधि संशोधन विधेयक 1975' शामिल था, जिसने उस बुनियाद को ही रद्द कर दिया था जिसका आधार लेकर इन्दिरा गांधी पर चुनावी भ्रष्टाचार के आरोप लगाये गए थे।

उनतालीसवें संविधान संशोधन का मकसद साफ़ था, लेकिन सरकार इसकी वैधता को सर्वोच्च न्यायालय द्वारा जाँचे जाने से रोक नहीं सकती थी, क्योंकि इन्दिरा गांधी बनाम राजनारायण मामले में इसे चुनौती दी गई थी। भारत के मुख्य न्यायाधीश की अध्यक्षता में बैठी पाँच सदस्यीय पीठ ने इस चुनौती को रद्द करते हुए संशोधन को वैध घोषित किया। हाँ, पीठ के तीन न्यायाधीशों ने अनुच्छेद 329ए की धारा 4 को यह कहते हुए अवैध घोषित किया कि यह केशवानन्द भारती मामले में निर्धारित संविधान के 'मूल ढाँचे' की भावना से छेड़खानी करती है। सर्वोच्च पीठ के इस निर्णय का कुल जमा नतीजा तो यही निकला कि इन्दिरा के चुनाव को दी गई चुनौती ठंडे बस्ते में चली गई। लेकिन यहाँ पीठ का 'मूल ढाँचे' वाले सिद्धान्त की दोबारा पुष्टि करना भी उल्लेखनीय है। यह दिखाता है कि सामाजिक बदलाव

के लक्ष्यों को हासिल करने हेतु संसद द्वारा विधि निर्माण का अधिकार, भले ही वे क़ानून मौलिक अधिकारों का हनन क्यों न करते हों, न्यायपालिका ऐसा होने देने के विरुद्ध लगातार प्रतिरोध की मुद्रा में थी। पर बड़ा सवाल यहाँ ये है कि न्यायाधीश इस युद्ध को आगे क्यों नहीं लेकर गए?[46]

सर्वोच्च न्यायालय की जिस पीठ ने उनतालीसवें संशोधन पर फ़ैसला सुनाया, उसमें से जिन तीन न्यायाधीशों ने धारा 4 को अवैध घोषित किया था, न्यायाधीश हंस राज खन्ना उन तीन में से एक थे। इसके बाद एडीएम जबलपुर बनाम शिवकान्त शुक्ला केस में, जिसे बन्दी प्रत्यक्षीकरण केस के नाम से भी जाना जाता है, न्यायाधीश खन्ना ने और आगे बढ़ते हुए असहमति में बहुत सख़्त अल्पमत का फ़ैसला लिखा। यह मामला मध्य प्रदेश सरकार की याचिका से उपजा था, जो उन्होंने राज्य के उच्च न्यायालय के एक निर्णय के ख़िलाफ़ दायर की थी। 1 सितम्बर, 1975 को दिये गए इस निर्णय में न्यायालय ने कहा था कि बन्दी प्रत्यक्षीकरण सुरक्षा संविधान का हिस्सा है और इसे संसद या कार्यपालिका द्वारा सीमित नहीं किया जा सकता। कई अन्य उच्च न्यायालयों ने भी इससे मिलते-जुलते निर्णय दिये थे। इन्हीं में से एक था बैंगलोर में स्थित कर्नाटक उच्च न्यायालय, जिसने वरिष्ठ विपक्षी नेताओं की ओर से दायर बन्दी प्रत्यक्षीकरण याचिकाओं की जुलाई, 1975 से सुनवाई शुरू की थी। सरकार ने जवाबी कार्यवाही करते हुए क़ैदियों को रातोंरात हरियाणा स्थानान्तरित कर दिया, इस उम्मीद में कि इससे वे कर्नाटक उच्च न्यायालय के अधिकार क्षेत्र से बाहर हो जाएँगे। पर जब उच्च न्यायालय उनकी इस चाल में नहीं फँसा और क़ैदियों को वापस राज्य में तलब करवाकर दोबारा सुनवाई शुरू कर दी, तो सरकार सर्वोच्च न्यायालय की शरण में चली गई।[47] इसी तरह अन्य उच्च न्यायालयों में भी बन्दी प्रत्यक्षीकरण याचिकाएँ लम्बित थीं। इन्हीं में एक याचिका प्रबीर की भी थी, जो दिल्ली उच्च न्यायालय में सुनवाई का इन्तज़ार कर रही थी। उच्च न्यायालयों के ऐसे फ़ैसलों एवं लम्बित याचिकाओं की इसी पृष्ठभूमि में सर्वोच्च न्यायालय ने एडीएम जबलपुर बनाम शिवकान्त शुक्ला मामले में याचिका सुनना स्वीकार किया था। 10 दिसम्बर, 1975 को सर्वोच्च न्यायालय ने तय किया कि संविधान के अनुच्छेद 32 और 226 के तहत प्रदान किये गए न्यायिक उपचार आपातकाल में सुलभ होंगे या नहीं, इस पर उसकी संविधान पीठ निर्णय करेगी।[48] इस समय तक न्यायपालिका पर प्रहार तीखे हो चुके थे।

उनतालीसवें संविधान संशोधन वाले मामले में तीन न्यायाधीशों के संविधान के 'मूल ढाँचे' वाले सिद्धान्त में विश्वास जताने के चन्द ही दिन बाद मुख्य न्यायाधीश राय ने इस सिद्धान्त की समीक्षा के लिए तेरह न्यायाधीशों की पीठ गठित कर दी। यह साफ़ नहीं था कि इस समीक्षा की फ़ौरन ज़रूरत क्यों आन पड़ी, जबकि उस समय किसी भी मामले में इसका तक़ाज़ा नहीं था। जब अटॉर्नी जनरल ने बहस के

दौरान कहा कि 'मूल ढाँचे' का सिद्धान्त सामाजिक कल्याण को बढ़ावा देनेवाले क़ानूनों को बनाए जाने से रोक रहा है, न्यायाधीश खन्ना ने प्रत्युत्तर में टिप्पणी की कि केसवानन्द भारती मामले में तो 'सम्पत्ति के अधिकार' को साफ़-साफ़ संविधान के 'मूल ढाँचे' से बाहर रख दिया गया है। उधर प्रधानमंत्री की ओर से दाख़िल स्थगन याचिका में उनके वकील के तौर पर पेश हुए, लेकिन प्रधानमंत्री द्वारा आपातकाल की घोषणा किये जाने पर इस भूमिका से इस्तीफ़ा दे देनेवाले वकील नानी पालकीवाला ने इस समीक्षा प्रक्रिया का तीखे तर्कों के साथ विरोध किया और सरकार के इस क़दम को 'आश्चर्यजनक' की संज्ञा दी। मुख्य न्यायाधीश ने बीच में टोकते हुए कहा कि तमिलनाडु तथा अन्य राज्य सरकारों ने भी इसकी माँग की है। पर ठीक इसी वक़्त तमिलनाडु के 'एडवोकेट जनरल' (महाधिवक्ता) ने खड़े होकर इसका खंडन कर दिया।[49] यह सारा वार्तालाप यह समझाने को काफ़ी था कि देश की कार्यपालिका संसदीय सर्वोच्चता के सिद्धान्त का सहारा लेकर न्यायपालिका के पर कतर देना चाहती है। इसी ऊहापोह की स्थिति में, जहाँ किसी को ठीक से पता नहीं था कि इस समीक्षा की माँग असल में की किसने है, मुख्य न्यायाधीश राय ने दो दिन बाद पीठ को बरख़ास्त कर दिया।[50] न्यायालय पर हमला कुछ पल को थमा तो था, लेकिन न्यायपालिका पर आसन्न यह ख़तरा पूरी तरह टल गया हो यह नहीं कहा जा सकता था। इसी सबकी पृष्ठभूमि में सर्वोच्च न्यायालय ने बन्दी प्रत्यक्षीकरण केस की सुनवाई शुरू की।

यह सुनवाई 15 दिसम्बर, 1975 को शुरू हुई और अगले सैंतीस दिनों तक चलती रही। बन्दियों के पक्ष में ज़िरह करते हुए सम्मानित क़ानून विशेषज्ञों ने तर्क रखा कि संविधान में प्रदत्त दैहिक स्वतंत्रता का अधिकार ऐसा संवैधानिक अधिकार है जिसे आपातकाल में भी समाप्त नहीं किया जा सकता। सरकार की ओर से अटॉर्नी जनरल का प्रतिवाद था कि आपातकाल ने विधि का शासन निलम्बित कर दिया है, इसलिए संवैधानिक उपचारों का अधिकार उपलब्ध नहीं है।[51] ऐसे में अगर व्यक्ति को ग़लत सूचना पर उठाया गया है या गिरफ़्तारी के आदेश जारी करते वक़्त परिस्थितियों पर ठीक से विचार नहीं किया गया या नीयत में खोट रहा, तो भी बचाव का कोई आसरा नहीं क्योंकि आपातकालीन प्रावधान न्यायालय को गिरफ़्तारी की वजह पर विचार करने का अधिकार नहीं देते। जाने कैसे, मगर सेंसर के होते भी अख़बार इस कार्यवाही की रपट छाप पा रहे थे। हालाँकि उन्हें सम्पादकीय टिप्पणी करने की इजाज़त नहीं थी। संविधान के दायरे के भीतर और बाहर विधि का शासन क्या हो, इसे लेकर महीनों चली विद्वत्तापूर्ण बहस के बाद पाँच सदस्यीय पीठ ने 28 अप्रैल, 1976 को अपना फ़ैसला सुनाया। 4-1 के बहुमत से, जिसमें न्यायाधीश खन्ना अकेले असहमति का मत रहे, खंडपीठ ने सरकार के पक्ष को उचित ठहराया।[52]

सरकार की दलील अनुच्छेद 21 के लागू होने से जुड़ी थी। अनुच्छेद 21 में

लिखा है कि "किसी भी व्यक्ति को विधि द्वारा स्थापित प्रक्रिया के अतिरिक्त उसके जीवन और व्यक्तिगत स्वतंत्रता के अधिकार से बेदख़ल नहीं किया जा सकता है।" सरकार का तर्क था कि जीवन और व्यक्तिगत स्वतंत्रता का अधिकार सिर्फ़ एक इसी अनुच्छेद पर टिका है। संविधान सभा में ठीक इसी अनुच्छेद पर ख़ूब बहसबाज़ी हुई थी। आपत्ति अनुच्छेद में 'नियत प्रक्रिया' के स्थान पर 'विधि द्वारा स्थापित प्रक्रिया' लिखे जाने को लेकर थी। आलोचकों का कहना था कि नियत प्रक्रिया शब्द को हटाने से विधि निर्माताओं को खुली छूट मिल जाएगी कि वे चाहें तो स्वतंत्रता से वंचित करनेवाले क़ानून बना दें। अंग्रेज़ सरकार ने जिस तरह 'काले क़ानूनों' का इस्तेमाल कर राष्ट्रवादी नेताओं को गिरफ़्तार किया था और कैसे अदालतें भी उस समय बेबस हो गई थीं, इसकी यादें अभी संविधान निर्माताओं के दिलों में ताज़ा थीं।[53] अब उनके मन का डर हक़ीक़त बन रहा था।

इसी 'विधि द्वारा स्थापित प्रक्रिया' ने सरकार को यह दावा करने का मौक़ा उपलब्ध करवाया कि जब अनुच्छेद 21 ही जीवन और व्यक्तिगत स्वतंत्रता का एकमात्र प्रदानकर्ता है और जब आपातकाल उद्घोषणा के चलते वो विधि द्वारा स्थापित प्रक्रिया के तहत निलम्बित है, तो न्यायालय बन्दी प्रत्यक्षीकरण की याचिका कैसे सुन सकते हैं? पीठ का बहुमत इस व्याख्या से सहमत हुआ और फ़ैसला सुनाया कि याचिकाकर्ताओं को बन्दी प्रत्यक्षीकरण याचिका दायर करने के अधिकार से वंचित करना क़ानून का उल्लंघन नहीं करता है। चूँकि राष्ट्रपति द्वारा जारी उद्घोषणा संविधान के अनुच्छेद 359 (1) के तहत है, यह 'विधि द्वारा स्थापित प्रक्रिया' के नियम को पूर्णत: सन्तुष्ट करता है।

लेकिन न्यायाधीश खन्ना के अपनी मुखर असहमति में इस व्याख्या को कड़ी चुनौती दी कि संविधान में अनुच्छेद 21 ही जीवन और व्यक्तिगत स्वतंत्रता का अकेला संरक्षक है। उनका कहना था कि भले ही वह अनुच्छेद निलम्बित हो, राज्य को तब भी इसका अधिकार नहीं कि वह किसी नागरिक को उसके जीवन के अधिकार से वंचित करे। यहाँ तक कि भारत के संविधान के लागू होने से पहले भी क़ानूनी प्रक्रिया से इतर किसी को भी उसके जीवन और स्वतंत्रता के अधिकार से वंचित नहीं किया जा सकता था। न्यायाधीश खन्ना का साफ़ मत था कि स्वतंत्रता और जीवन से जुड़े कुछ ऐसे क़ानूनी और नैसर्गिक अधिकार हैं जो अनुच्छेद 21 के होने से भी पहले से अस्तित्व रखते हैं और इन्हें आपातकाल की उद्घोषणा भी रद्द या निलम्बित नहीं कर सकती। "अनुच्छेद 359 (1) के तहत जारी राष्ट्रपति का फ़रमान सिर्फ़ उन्हीं मौलिक अधिकारों को निलम्बित कर सकता है, जिनका ज़िक्र उस फ़रमान में हो। क्योंकि विधि द्वारा स्थापित नैसर्गिक अधिकार मौलिक अधिकार की श्रेणी में नहीं आते, उन्हें राष्ट्रपति के फ़रमान के होते आपातकाल के समय भी लागू करवाया जा सकता है।"[54] पीठ के बहुमत से दिये इस फ़ैसले पर

कि बन्दी प्रत्यक्षीकरण का निलम्बन संवैधानिक दायरे के भीतर है, इसलिए उसे विधि के शासन की अनुपस्थिति नहीं कहा जा सकता, न्यायाधीश खन्ना का कहना था कि इसने "विधि के शासन के नाम पर हो रहे छल को असल विधि के शासन के समकक्ष ला खड़ा किया है।"[55]

समझ में आता है कि क्यों सालों तक यह बन्दी प्रत्यक्षीकरण केस भारत में न्यायिक व्याख्याकारों का प्रिय केस बना रहा। पर यह तमाम व्याख्याएँ भले हमें फ़ैसले की तार्किकता के बारे में कुछ भी बताती रहें, समझने की बात यह है कि न्यायाधीश यहाँ आपातकाल, 'मीसा' तथा अन्य संवैधानिक संशोधनों की क़ानूनी वैधता की परख नहीं कर सकते थे। इसने उनके हाथ पहले ही बाँध दिये थे। इसने कार्यपालिका की मनमानी पर न्यायपालिका द्वारा किये जा सकनेवाले किसी भी नायकीय हस्तक्षेप के प्रयास को ठंडे बस्ते में डाल दिया। न्यायालय द्वारा ऐसा कोई भी प्रयास किये जाने पर उस पर लांछन लगाया जाता कि वह 'राजनीति कर रहा है'। और जब न्यायालय ख़ुद एक संस्था के रूप में संकट का सामना कर रहा हो, ऐसा लांछन उसके लिए असहनीय साबित होता।[56] न्यायालय पर यह दबाव बन्दी प्रत्यक्षीकरण मामले में सरकार की जीत के साथ ख़त्म नहीं हुआ, बल्कि बहुत बाद तक जारी रहा। 1976 के मई और जून महीने में सरकार ने उच्च न्यायालयों के सोलह जजों का तबालता उनकी मर्ज़ी पूछे बिना कर दिया। इनमें वे तमाम जज भी शामिल थे, जिन्होंने बन्दी प्रत्यक्षीकरण याचिकाएँ सुनवाई के लिए स्वीकार की थीं। सरकार ने पहले से चली आई इस परम्परा की भी परवाह नहीं की जिसमें न्यायाधीशों का तबादला उनकी सहमति लेकर ही किया जाता था। सरकार मन बनाए हुए थी कि न्यायपालिका को उसके घुटनों पर लाना है।[57] जनवरी, 1977 में न्यायाधीश खन्ना पर भी सरकार ने सीधा वार किया और उनके स्थान पर वरिष्ठता में उनसे नीचे रहे न्यायाधीश बेग को भारत का मुख्य न्यायाधीश नियुक्त कर दिया। न्यायाधीश खन्ना ने प्रतिरोध में इस्तीफ़ा दे दिया।

इतना भी काफ़ी नहीं था। लेकिन इन्दिरा के सिपहसालार दूरगामी परिणाम वाले अनेक संवैधानिक संशोधनों की परियोजना बनाने में जुट गए।[58] इन सिपहसालारों में सबसे सम्मानित नाम भूतपूर्व रक्षा मंत्री स्वर्ण सिंह का था, जिनकी अध्यक्षता में फ़रवरी, 1976 से एक समिति ने संवैधानिक सुधारों पर विचार-विमर्श शुरू किया। लेकिन इसके पीछे संजय और बंसीलाल अपना छल से भरा खेल खेल रहे थे। इनका उद्देश्य ही संविधान को अपने हितों के अनुसार मरोड़ना था। उनके एक इशारे पर कांग्रेस के बहुमत वाली कई राज्य विधानसभाओं ने तो ऐसे प्रस्ताव भी पारित कर भेजे, जिसमें एक नये संविधान के निर्माण के लिए एक नवीन संविधान सभा का गठन किये जाने की माँग थी। इस दुष्टता से भरे प्रस्ताव से अतिरिक्त फ़ायदा यह भी जुड़ा था कि इससे पहले से स्थगित आम चुनाव और विलम्बित

हो जाते और आपातकाल यूँ ही वर्षों चलता रहता। एक और बदमाशी बम्बई के कांग्रेस नेता ए.आर. अन्तुले ने की। उन्होंने एक बेनामी पर्चा चला दिया, जिसमें सरकार से संसदीय शासन प्रणाली को बदलकर राष्ट्रपति शासन प्रणाली करने की माँग की गई थी।

ये लोग परदे के पीछे से इन्दिरा गांधी की सत्ता स्थापित करने एवं उनकी ताक़त को बढ़ाने में जुटे थे। उधर स्वर्ण सिंह समिति का ऊपर-ऊपर से दिखाई देनेवाला दिखावटी उद्देश्य ऐसे संवैधानिक बदलावों की राह प्रशस्त करना बताया गया था जो प्रगतिशील विधि निर्माण में आनेवाली तथाकथित रुकावटों को दूर कर सके। लेकिन उसका भी असल उद्देश्य न्यायपालिका की शक्ति और संविधान के 'मौलिक ढाँचे' की अवधारणा को चोट पहुँचाना था। इस उद्देश्य की पूर्ति के लिए समिति ने बहुत चालाकी के साथ सीपीआई का इस्तेमाल किया। कम्युनिस्ट पार्टी ऑफ़ इंडिया ने न्यायपालिका के विरुद्ध आन्दोलन छेड़ दिया और नीति निर्देशक सिद्धान्तों की कथित अवहेलना का आरोप लगाते हुए उस पर महाभियोग चलाए जाने की भी माँग की। 21 अगस्त, 1976 को दिये अपने एक भाषण में ख़ुद स्वर्ण सिंह ने सरकार की मंशा को सामने रख दिया।[59] उन्होंने साफ़ कहा कि संसद द्वारा बनाए क़ानूनों की न्यायालय द्वारा समीक्षा ने व्यवस्थापिका को न्यायपालिका का दास बना दिया है और 'वकीलों को वाक़ई में स्वर्ग' दे दिया गया है। उन्होंने आरोप लगाया कि 'मौलिक ढाँचे' की अवधारणा को संविधान पर बहुत कड़ाई से लागू किया जा रहा है इसने बदलते वक़्तों के साथ बदलने की उसकी क्षमता को भोथरा कर दिया है।

इसी कुटिल वैचारिक नींव पर खड़ी होती है बहुचर्चित, दूरगामी प्रभावों से लैस संविधान के बयालीसवें संशोधन की इमारत। लोकसभा में 25 अक्टूबर, 1976 को प्रस्तावित किये गए इस संशोधन में संविधान की नई प्रस्तावना लिखी जाती है। 'सम्पूर्ण प्रभुत्व सम्पन्न, लोकतंत्रात्मक गणराज्य' को बदलकर 'सम्पूर्ण प्रभुत्व सम्पन्न, समाजवादी, लोकतंत्रात्मक गणराज्य' (?) किया जाता है।[60] पर प्रस्तावना में यह बदलाव इस संशोधन के असल मक़सद को छिपा पाने में नाकामयाब रहता है। सबसे पहले तो यह इन्दिरा की 1971 की चुनावी विजय को किसी भी क़ानूनी प्रतिवाद से सुरक्षित करता है। यह न्यायालयों से ऐसे चुनावी विवादों में सुनवाई का हक़ छीन लेता है जो सांसद या विधायक के चुनाव से सम्बन्धित हों। दूसरा, यह राज्य सरकारों के ऊपर केन्द्र सरकार को तरजीह देते हुए उसकी ताक़त को मज़बूत करता है। तीसरा, यह सामाजिक और आर्थिक सुधार से जुड़े क़ानूनों में न्यायपालिका की समीक्षा शक्ति को और संकुचित कर देता है। और आख़िर में यह अनिष्टकारी अनुच्छेद 31डी को लेकर आता है जो कथित 'राष्ट्रविरोधी' गतिविधियों और उसमें लिप्त संस्थाओं को निशाना बनाने के लिए है। प्रावधान के अनुसार

ऐसी गतिविधियों को रोकने के लिए बनाए गए किसी भी क़ानून को असंवैधानिक नहीं ठहराया जा सकता, भले ही वे संविधान में प्रदत्त स्वतंत्रता के अधिकार से सीधे द्वंद्व में क्यों न हो।

इस संशोधन की मंशा स्पष्ट थी। यह संविधान के नीति-निर्देशक तत्त्वों का कुटिल इस्तेमाल करते हुए न्यायपालिका को पंगु बना देने का खुला प्रयास था। यह संविधान में रचे गए राष्ट्रीय एकता, लोकतंत्र और सामाजिक क्रान्ति के 'अटूट ताने-बाने' को बिखेरकर रख देना था।[61] संविधान के रचनाकारों ने उम्मीद की होगी कि आनेवाली नस्लें कार्यपालिका, व्यवस्थापिका और न्यायपालिका के मध्य संविधान में रचे गए नाज़ुक सन्तुलन को निभाएँगी। लेकिन नई राजनीतिक संस्कृति ने ऐसे उपद्रवियों को पैदा किया, जो इस सन्तुलन रचते तराजू को ही नष्ट कर देने पर आमादा थे। राष्ट्रपति शासन प्रणाली लाने की और नई संविधान सभा के गठन की माँग का उद्देश्य भी सम्भवत: बयालीसवें संविधान संशोधन को लोगों की नज़रों में मुनासिब बनाना भर था। इसीलिए बाद में उन्हें ठंडे बस्ते में जाते देर नहीं लगी। लेकिन जून, 1975 में लाए राष्ट्रपति के अध्यादेश से लगाकर नवम्बर, 1976 के संविधान संशोधन तक सरकार द्वारा उठाए गए क़दमों को समग्रता में देखें तो उसकी चालाकी समझ आती है। साफ़ था कि सरकार विधि के शासन को बेमानी बनाकर उसका इस्तेमाल एक नये क़िस्म की अवैध सत्ता को वैधता दिलाने में करना चाहती थी।

तो बन्दी प्रत्यक्षीकरण मुक़दमे में आए फ़ैसले का कुल जमा हासिल ये निकला कि जेल में क़ैद बन्दियों को किसी क़िस्म की राहत नहीं मिली। मार्च, 1976 में तिहाड़ जेल से आगरा केन्द्रीय कारागार भेज दिये गए प्रबीर के पते पर रूखा सा फ़रमान आया कि उसकी बन्दी प्रत्यक्षीकरण याचिका ख़ारिज कर दी गई है। जब उसे पच्चीस दिन के लिए अकेले कालकोठरी में डाला गया, तब उसके पास प्रतिरोध का कोई वैधानिक रास्ता बाक़ी नहीं बचा था।

## सत्ता का साया

"ऋषि ने उसे सार्वजनिक टेलीफ़ोन बूथ की खिड़की से देखा। एक नन्ही-सी लड़की, किसी पुराने साइकिल के टायर को छड़ी से घुमाती हुई भागी चली जा रही है। इधर टायर सरपट उससे आगे भागता है, उधर वो दौड़कर उससे आगे निकलने की कोशिश करती है। इधर टायर सड़क के कोलतार से चिपककर लड़खड़ाये, उधर लड़की फ़ौरन पलटकर वापस उसकी तरफ़ दौड़ी आए। टायर को सँभाले, अपनी छड़ी हवा में घुमाए और वापस टायर से उसकी दौड़ शुरू हो जाए। ऋषि फ़ोन पर अपने सम्पादक से बातें कर रहा है, लेकिन उसकी नज़रें इस फुदकती

लड़की पर ही जमी हैं। जब टेलीफ़ोन लाइन में व्यवधान के चलते सम्पादक से संवाद टूटने लगता है तो ऋषि दफ़्तर आकर अपने आलेख का मसौदा दिखाने का वादा करता है और उधर से सम्पादक आगे कुछ और बोले, इसके पहले ही लाइन काट देता है। वो टेलीफ़ोन बूथ से बाहर निकलकर लड़की को ढूँढ़ता है। वो दिखाई देती है। उसकी फ्रॉक हवा के झोंके से उड़ रही है। उसकी कृशकाय दो नंगी टाँगें नज़र आती हैं। और फिर अचानक वो ग़ायब हो जाती है। जैसे हवा का झोंका उसे साथ उड़ा ले गया हो।

वह ठीक उस ठिकाने को देखता रहा, जहाँ बच्ची लोप हुई थी। नई दिल्ली के इस हिस्से में अक्सर ऐसा होता था; कोई एक क्षण के लिए दिखाई देता था—साइकिल चलाता हुआ कोई क्लर्क, रेंगता हुआ ठेला, रिरियाता हुआ कोई भिखारी! इससे पहले कि आँख उन तक पहुँचे, वे अन्तर्धान हो जाते थे, कोई गली उन्हें निगल लेती... और सड़क पहले सी सुनसान और निस्पन्द पड़ी रहती, जैसे वहाँ किसी तरह की घटना या दुर्घटना होना असम्भव हो..."[62]

यह शुरुआत है निर्मल वर्मा के यादगार हिन्दी उपन्यास 'रात का रिपोर्टर' की। आपातकाल की पृष्ठभूमि को लेकर लिखे गए इस उपन्यास में दिल्ली का रहनेवाला और पेशे से पत्रकार हमारा कथानायक ऋषि एक ऐसे समय का साक्षी है जहाँ लोग अचानक रहस्यमय तरीक़े से अन्तर्धान हो जाते हैं। यह यथार्थवादी उपन्यास नहीं है। ऋषि का संघर्ष भीतरी ज़्यादा है, जिसमें वह विषाद, अलगाव और रिश्तों को न निभा पाने के संत्रास में डूब-उतरा रहा है। वो भीतर से ख़ाली हो चुका है और उसका यह ख़ालीपन अस्पताल में भर्ती उसकी पत्नी से उसके रिश्ते के ज़रिये मूर्त रूप में अभिव्यक्त हुआ है। वो उससे नियमित मिलने जाता है, लेकिन ये मुलाक़ातें उसे और विषाद से भर देती हैं। ऋषि के जीवन में जो दूसरी स्त्री है, उसकी प्रेमिका, वो भी अब इस रिश्ते से उकताने लगी है। ऋषि की आँखों का सूनापन उसकी प्रेमिका के जीवन को भी घेरने लगता है। एक जगह वो कहती है, "ऋषि, मुझे कभी-कभी लगता है, मैं बाहर की दुनिया में वहीं पहुँच रही हूँ, जहाँ अस्पताल के कमरे में वे जी रही हैं..." ऋषि के निजी जीवन का यह त्रासद अलगाव और बेचैनी समूचे वातावरण में मौजूद डर और अनिष्ट की आहटों का रूपक बन जाता है। उसके मन में भय बैठा है कि जाने कब उसकी गिरफ़्तारी हो जाए। उसका 'अपराध'—बस इतना कि वो किसी ऐसे शख़्स को जानता भर है जो अब सलाखों के पीछे है। और यह कारण भी पूरी तरह साफ़ नहीं है। ऋषि के आत्म का बीहड़ टेप की जा रही टेलीफ़ोन लाइनों और सन्देहास्पद व्यक्तियों से रचे बाहरी जगत का आईना बन जाता है। दोनों दुनियाएँ एक-दूसरे के भीतर डूबने-उतराने लगती हैं। वस्तुओं को उनकी तार्किकता में समझना और सच्चाई जानना असम्भव हुआ जाता है। निर्मल लिखते हैं, "...और तब उसे लगा, दिन की घटनाएँ रात के

स्वप्नों की तरह हैं...हर घटना और व्यक्ति का भेद किसी दूसरी घटना और व्यक्ति के कम्पार्टमेंट में जाकर खुलता है—अस्पताल के कमरों की तरह, जहाँ एक मरीज़ की चीख़ दूसरे कमरे के मरीज़ के स्वप्नों पर फड़फड़ाती है..."[63]

निर्मल वर्मा के 'रात का रिपोर्टर' को आपातकाल पर लिखा गया उपन्यास नहीं कहा जा सकता। लेकिन इसमें ऋषि के निज संत्रास और आत्म की तड़फड़ाहट का जैसा मानचित्र खींचा गया है वो उस निराशा में डूबे स्याह दौर का प्रतिबिम्ब बन जाता है। उसके मन के भीतर मची खलबली में बाहर मौजूद छद्म सत्ता का चेहरा दिखाई देता है। ऐसी कुटिल सत्ता का चेहरा जो उत्तरदायित्व से परे, मनमाने फ़ैसले लेनेवाली है और आवरण के पीछे से मोहरों को संचालित कर रही है। साइकिल के टायर से खेलती बच्ची अचानक लापता हो सकती है, सड़कें रहस्यमय तरीक़े से बियाबान हो सकती हैं, जैसे वहाँ कभी कुछ घटा ही न हो। लोगों को अगवा किया जा सकता है, जैसे प्रबीर को उठाया गया। पार्थिव शरीर हमेशा के लिए ऐसे ग़ायब किये जा सकते हैं कि किसी को कानोकान ख़बर भी न हो, इंजीनियरिंग के छात्र राजन के शरीर की तरह। जेपी और दूसरे विपक्षी नेताओं ने इस सबके चलते सरकार पर फ़ासिस्ट होने का आरोप लगाया, लेकिन यह कहना भी भाषिक अति होता। तीस के दशक के इटली और जर्मनी से इतर मनमानी पर उतारू राज्य यहाँ जनता की लामबन्दी या सैन्यीकरण को अंजाम दिये बिना ही आगे बढ़ रहा था। फ़ासिस्ट इटली या नाज़ी जर्मनी की तरह भारत में सैन्य दस्तों का गठन नहीं होने लगा था और न ही राष्ट्रवाद के लोक-लुभावन नारों को भड़काकर बड़े पैमाने पर जनता की लामबन्दी की जा रही थी। हाँ, इतना ज़रूर था कि अख़बारों से लेकर शहर की दीवारों तक सरकार के कारिंदों ने 'बात कम, काम ज़्यादा!' और 'मेहनत करो! उत्पादन बढ़ाओ! अनुशासन में रहो!' जैसे नारे चिपका दिये थे। प्रोपेगैंडा मशीनरी ज़ोर-शोर से सरकार के बीस सूत्री कार्यक्रम और संजय के कुख्यात परिवार नियोजन अभियान के प्रचार में जुटी पड़ी थी। चापलूसी में अव्वल कांग्रेसी नेताओं ने संजय के विशालकाय कार्डबोर्ड कटआउट्स से शहर की सड़कों को पाट दिया था और जब भी वे किसी राज्य के दौरे पर होते, उन्हें फूलों की मालाओं से लाद दिया जाता। कितना भी वाहियात क्यों न लगे, यह प्रोपेगेंडा दरअसल इस बात का सबूत था कि राज्य अपने लोगों तक सीधे पहुँचने को बेताब था। लेकिन आम जनमानस में उत्साह का नहीं, खिन्नता का भाव तारी था। शुरुआती दिनों में आपातकाल के समर्थकों ने इस तरह की बातों को ख़ूब उछाला कि अब रेलगाड़ियाँ समय पर चलने लगी थीं और सरकारी दफ़्तरों में बाबू लोगों को ठीक समय पर उनकी कुर्सी पर पाया जा सकता था। लेकिन इन सबका ख़ुमार उतरते देर नहीं लगी। भय द्वारा और डरा-धमकाकर लाया गया परिवर्तन कभी भी कामकाजी आदतों में स्वाभाविक बदलाव नहीं ला सकता।

इन प्रचार पताकाओं और अनुशासन के नारों के नर्म आवरण के ठीक पीछे आततायी छद्म सत्ता का हथौड़ा मौजूद था। आपातकाल संवैधानिक अधिकारों को मुल्तवी करनेवाला प्रपत्र भर नहीं था, बल्कि यह सत्ता का एक नया स्वरूप गढ़ने का हथियार भी साबित हो रहा था। 'मीसा' जैसे क़ानून और संविधान में किये गए संशोधनों ने संविधान निर्माताओं द्वारा रचे नाज़ुक सन्तुलन को नष्ट कर दिया था और एक ऐसी सत्ता हमारे सामने आकार ले रही थी जिसे न पूरी तरह वैध कहा जा सकता था, न पूरी तरह अवैध। नीति-निर्देशक तत्त्वों को किसी हथियार की तरह इस्तेमाल कर समूचे संविधान की चीर-फाड़ की जा रही थी और कार्यपालिका को निरंकुश सत्ता थमाई जा रही थी। संसद की सर्वोच्च सम्प्रभुता का हवाला देकर न्यायपालिका के अधिकार को कुचला जा रहा था। सर्वोच्च न्यायालय भारी दबाव में था और ऐसी अवस्था में जब समाज से सत्ता के ख़िलाफ़ कोई निर्णायक प्रतिरोध नहीं खड़ा हो रहा हो, उसके लिए कार्यपालिका के निर्णयों को पलट देना सम्भव नहीं था। और अन्त में यह भी सच्चाई थी कि आपातकाल सम्बन्धी प्रावधान ख़ुद संविधान से निकले थे और न्यायालय निवारक नज़रबन्दी के पक्ष में फ़ैसला सुनाने के लिए मजबूर थे। एक ओर भारत का संवैधानिक इतिहास था और दूसरी ओर उसी संविधान में वर्णित आपातकालीन प्रावधान। आख़िरकार सर्वोच्च न्यायालय ने बन्दी प्रत्यक्षीकरण मामले में इन्दिरा सरकार द्वारा किये गए मौलिक अधिकारों के निलम्बन को स्वीकार कर लिया। इस निर्णय ने राज्य का अपने नागरिकों की देह पर विधि से परे जाकर निरंकुश अधिकार स्थापित कर दिया। इसमें अब न अदालतें कोई बाधा उपस्थित कर सकती थीं, न प्रेस और न ही प्रजातंत्र की कोई अन्य संस्था।

नागरिकों को सीधे निर्देशित और नियंत्रित करने की राज्य की इस कोशिश के मूल में उत्तर-औपनिवेशिक राजनीति की एक बड़ी असफलता छिपी थी। वह एक जनतांत्रिक शासनसत्ता और समाज के निर्माण में असफल रही थी। केरल पुलिस जिस क़िस्म के भयावह 'कारख़ाने' यंत्रणा देने के लिए रच रही थी वह इसी असफलता का परिणाम था। आम लोगों पर 'ख़ास' लोगों को वरीयता देना और जन अधिकारों को अपने पैरों तले रौंदना दशकों से पुलिस की आदत बन चुका था। अब इस पुलिस तंत्र को बन्दियों को तड़पाने, उन्हें यंत्रणाएँ देने में ज़रा भी हिचक क्यों होनी थी। आख़िर भारतीय पुलिस तंत्र केरल और पश्चिम बंगाल के नक्सलवादियों से निपटने में ऐसे तरीक़े सालों से आज़माता रहा था। कहना चाहिए कि वे इसके अभ्यस्त थे। लेकिन यह अकेले पुलिस नहीं थी, जिसके पास समाज में मौजूद हिंसा और पाशविकता का ठेका था। जैसा श्याम बेनेगल की फ़िल्में 'अंकुर' और 'निशान्त' हमें दिखाती हैं, सामन्ती हिंसा भारतीय समाज में भीतर तक पैठी हुई थी। राजनीतिक प्रजातंत्र के ज़रिये सामाजिक प्रजातंत्र लाने का जो वादा भारतीय संविधान ने किया था, वह अभी तक अधूरा था। इसी अन्तराल

में सत्तर के दशक के उत्तरार्ध में पैदा हुए संकट के बीज छिपे थे। चाहे वह जेपी का 'सम्पूर्ण क्रान्ति' का नारा हो, चाहे इन्दिरा द्वारा किया बैंकों का राष्ट्रीयकरण या फिर नीति-निर्देशक तत्त्वों को लागू करवाने के नाम पर उनका न्यायपालिका से टकराव। इन सबकी जड़ें कहीं न कहीं सामाजिक प्रजातंत्र लाने के उस वादे की असफलता में छिपी थीं।

लेकिन 12 जून के इलाहाबाद उच्च न्यायालय के फ़ैसले ने इस आसन्न संकट को एक बार फिर राजनीतिक प्रजातंत्र के दायरे का प्रश्न बना दिया। इसने इन्दिरा को मौक़ा दिया कि वे संविधान में वर्णित आपातकालीन प्रावधानों, मनमानी नीतियाँ थोपने की राज्य की पुरानी आदतों और निवारक नज़रबन्दी जैसे क़ानूनों का इस्तेमाल करते हुए अपनी एकछत्र सत्ता स्थापित करें। लेकिन जिस तरह इन्दिरा ने आपातकाल को सामाजिक प्रजातंत्र लागू करवाने के औज़ार के बतौर पेश करने की कोशिश की, यह वृहत्तर परिप्रेक्ष्य में समूची उत्तर-औपनिवेशिक राजनीति की असफलता भी दर्शाता है। आपातकाल के दौर की असाधारण सर्वसत्तावादी सत्ता इसीलिए सम्भव हो पाई क्योंकि भारतीय समाज में हिंसा का इतिहास बहुत पुराना था और लोकतंत्र की जड़ें अभी भी गहरे नहीं पैठी थीं। निलम्बित संवैधानिक अधिकारों के साये में आपातकाल ने उन सभी स्वेच्छाचारी और हिंसक नीतियों को वैधता के दायरे में ला खड़ा किया था, जिसे सरकार जनता पर बहुत पहले से आज़मा रही थी। राजन की मृत देह का कभी न मिलना, प्रिमिला को औचक जेल में ठूँस दिया जाना और प्रबीर को दिनदहाड़े बेधड़क अगवा कर लिया जाना, इसने इन सभी यंत्रणाओं को रोज़मर्रा के दायरे में ला खड़ा किया था।

राज्य और समाज के आपसी रिश्तों में आया यह सर्वसत्तावादी मोड़ भारत तक सीमित नहीं था। ठीक इस वक़्त बांग्लादेश, श्रीलंका, पाकिस्तान तथा औपनिवेशिक सत्ता से आज़ाद हुए कई अन्य मुल्कों में आसन्न राजनीतिक संकट का सामना करने के लिए सत्ता अधिनायकत्व की ओर मुड़ रही थी। श्रीलंका का उदाहरण देखें तो 1972 में ही सिरिमावो भंडारनायके नया संविधान लागू करते हुए प्रेस की स्वतंत्रता को कुचलना शुरू करती हैं। उधर पाकिस्तान में ज़ुल्फ़िकार अली भुट्टो उनके 1973 के संविधान में ढेरों संशोधनों द्वारा न्यायपालिका की शक्तियों को कम करते हैं, बन्दियों के अधिकार सीमित करते हैं और अहमदिया लोगों को ग़ैर-इस्लामिक घोषित कर देते हैं। बांग्लादेश में भी 25 जनवरी, 1975 को शेख़ मुजीबुर रहमान आपातकाल की घोषणा कर एक दलीय शासन की स्थापना कर देते हैं। पर इन पड़ोसी देशों से भारत का आपातकाल इस मायने में अलग था कि उसके पीछे दो दशक के संवैधानिक शासन का अनुभव मौजूद था। इन बीते दो दशकों ने संविधान को एक संस्थागत स्वरूप दिया था लेकिन इसी दौर में निवारक नज़रबन्दी जैसे क़ानून विधिसम्मत दायरे में स्वीकार हो रहे थे, इस्तेमाल किये जा रहे थे। इसीलिए

जब इलाहाबाद उच्च न्यायालय के निर्णय के बाद सत्ता का संकट गहराने लगा, इन्दिरा और उनके सलाहकारों ने विधि के शासन को विधिसम्मत तरीक़े से स्थगित करना पसन्द किया और एक असाधारण क़िस्म की हुकूमत अस्तित्व में आई। इन्दिरा ने 'मीसा' और 'डिफ़ेंस ऑफ़ इंडिया रूल्स' जैसे क़ानूनों का निजी शक्ति के बतौर इस्तेमाल किया और उनकी सहमति से राज्य की अधिकृत मशीनरी संजय एवं उनकी मंडली की अनधिकृत सत्ता के साये तले काम करने लगी।

इन्दिरा के पुराने वाम रुझान वाले सलाहकार यह देखकर हतप्रभ थे। उन्होंने तो इन्दिरा को पार्टी तोड़ने एवं तमाम शक्तियाँ अपने हाथ में रखने का रास्ता इसलिए दिखाया था कि जिससे समाजवाद को शीर्ष से लागू करवाया जा सके। जब इन्दिरा का सत्ता पर एकछत्र नियंत्रण कायम होने के चलते इस भद्र समूह के लोगों को महत्त्वपूर्ण प्रशासनिक और राजनीतिक नियुक्तियाँ मिल रही थीं, वे उल्लास में झूम रहे थे। ओ.पी. विजयन का कार्टून इसे बख़ूबी अभिव्यक्त करता है जिसमें लिखा है, "वो देखो, कॉमरेड्स प्रशासकीय तानाशाही की ओर बढ़ रहे हैं!"[64]

लेकिन जब तूफ़ान का रुख़ उनकी ओर पलटा—यह आपातकाल की उद्घोषणा के काफ़ी पहले ही हो चुका था, और सलाह के लिए इन्दिरा अधिकतर वक़्त संजय एवं उनकी मंडली पर निर्भर रहने लगीं तो पी. एन. हक्सर और रोमेश थापर जैसे लोगों के लिए बहुत देर हो चुकी थी। बैंकों के राष्ट्रीयकरण जैसे क़दमों की ख़ुमारी में जिस दानव को उन्होंने बोतल से बाहर निकाल दिया था, उसे वापस बोतल में डालने का उनके पास अब कोई उपाय नहीं था। वे उसके ठुकराए हुए प्रेमी बनकर रह गए।[65] जब हक्सर ने संजय को लेकर अपने सन्देह प्रदर्शित किये तो उन्हें सीधे योजना आयोग में फेंक दिया गया। अब प्रधानमंत्री सचिवालय नहीं, 'प्रधानमंत्री आवास' सत्ता का गुरुत्व केन्द्र बन गया था जहाँ बैठकर संजय और उनके यार सत्ता चला रहे थे। जून, 1975 में नई दिल्ली के कनॉट प्लेस में पंडित ब्रदर्स नाम की दुकान चलानेवाले हक्सर के इक्यासी साल के चाचा को फ़र्ज़ी इल्ज़ाम में फँसाकर गिरफ़्तार कर लिया गया। यह संजय को आगे बढ़ाने के इन्दिरा के फ़ैसले पर हक्सर द्वारा सवाल उठाए जाने के चलते की गई जवाबी कार्रवाई कही जा सकती थी। राज और रोमेश थापर, जिनकी बेटी कभी संजय की दोस्त हुआ करती थी, द्वारा शुरू किये गए 'सेमिनार' जर्नल को भी अन्ततः जुलाई, 1976 में प्रकाशन बन्द करना पड़ा। दोस्तियाँ टूट गईं, सालों से चले आए सम्बन्ध बिखर गए। एक-दूसरे के प्रति गहरे अविश्वास से भरा भद्रलोक एक-दूसरे को ही निगल जाने पर तुला था।

निर्मल वर्मा 'रात का रिपोर्टर' में आपातकाल की उस दिल्ली का ख़ाका खींचते हैं जहाँ चीलें आसमान पर चक्कर काटतीं, "कुदसिया बाग़ से होती हुई जामा मस्जिद पर आती थीं और वहाँ से उड़कर उर्दू बाज़ार की मांस और मछलियों की दुकानों पर चक्कर काटती थीं, शहर की उन काली अफ़वाहों की तरह जिन्हें हर आदमी सुनता

था, सूँघता था और अनदेखा करके आगे भाग जाता था, ताकि वे उसका पीछा न कर सकें..."[66] प्रेस की स्वतंत्रता के अभाव में पुलिस कार्रवाइयों और गिरफ़्तारियों की अफ़वाहें जंगल की आग की तरह शहर में फैलतीं। लोग अपने ख़यालों का निजी बातचीत में भी खुलकर इज़हार करने से घबराते कि कहीं उनके दोस्त या मिलनेवाले ही सत्ता के ख़बरी न हों। संवाददाता बॉब टमार्टकिन 'वाशिंगटन पोस्ट' में सूचना देते हैं कि कैसे पहले ख़ूब ख़बरें देनेवाले सूत्र चुप्पा हो गए। वे एक ऐसे प्रशासनिक अधिकारी के बारे में बताते हैं जो बहुत बातूनी थे और पूर्व में राजनीति और दर्शन पर अपना मत खुलकर प्रकट किया करते थे। लेकिन जब बॉब उनसे आपातकाल लागू होने के बाद दोबारा मिले तो ये बातूनी अधिकारी डर के साये में थे। पहले वे इन्दिरा की आर्थिक नीतियों के घोर आलोचक हुआ करते थे, लेकिन अब वे उनकी तरफ़दारी करने लगे थे। कहते थे, "ये बड़ा ख़तरनाक समय है। हर ओर भेदिये छुपे बैठे हैं। किसी भी इनसान को सिर्फ़ अफ़वाहें फैलाने का इल्ज़ाम लगाकर जेल में डाला जा सकता है। उसके पास कोई अधिकार भी नहीं।" उन्होंने बॉब को चेतावनी दी कि अगली बार जब वो उनसे मिलने का सन्देश छोड़े तो ख़ास कोड का प्रयोग करे। टमार्टकिन लिखते हैं, "मैं जान गया था कि अब मैं उन्हें वापस कॉल नहीं कर पाऊँगा।"[67]

लेकिन पश्चिम की प्रेस और बुद्धिजीवी सरकार की तीखी आलोचना पर उतारू थे। अवज्ञाकारी संवाददाताओं को देशनिकाला दिये जाने की धमकी भी ब्रिटिश और अमेरिकी अख़बारों को सरकार के प्रति प्रतिकूल ख़बरें, सम्पादकीय और नज़रिये छापने से रोक नहीं पा रही थी। उदाहरण के लिए 'दि न्यूयॉर्क टाइम्स' का ही उदाहरण देखें, जिसने अस्सी प्रख्यात अमेरिकियों के हस्ताक्षर वाली अपील प्रकाशित की। इस अपील में सरकारी दमनकारी नीतियों का विरोध किया गया था और मौलिक अधिकारों को वापस बहाल किये जाने की माँग की गई थी।[68] अपील पर दस्तख़त करनेवालों में नोम चोम्सकी, एलन गिन्सबर्ग, नॉर्मन मेलर, लेविस मैफोर्ड, फ़िलिप रैडॉल्फ़, आर्थर सेलेसिंगर, बेंजामिन स्पॉक जैसे विख्यात बुद्धिजीवियों के नाम शामिल थे। नोबेल पुरस्कार विजेता लाइनस पॉलिंग और टेनिस सितारे आर्थर एश भी अपील पर दस्तख़त करनेवालों में शामिल थे। इन्दिरा के लिए निजी तौर पर सबसे बड़ा सदमा यह था कि उनकी बहुत पुरानी अमेरिकन मित्र डोरोथी नॉर्मन ने भी आलोचकों की इस सूची में अपना नाम लिखवा लिया था।

भारत में प्रेस का गला घोंट दिया गया था। तब भी दो सौ बाईस पत्रकारों के एक समूह ने आगे बढ़कर इन्दिरा को चिट्ठी लिखी और प्रेस पर सरकारी नियंत्रण की कोशिशों पर चिन्ता व्यक्त की। इस समूह में एस. निहाल सिंह, खुशवन्त सिंह, बी.जी. वर्गीज़ जैसे कई सम्मानित पत्रकारों और सम्पादकों के नाम शामिल थे।[69] लेकिन बुद्धिजीवियों और राजनीतिक नेताओं द्वारा की गई इसी क़िस्म की दूसरी

कई आलोचनाओं की तरह यह बयान भी सेंसरशिप के चलते प्रेस में प्रकाशित ही नहीं हो पाए।

चालबाज़ और सनकी सत्ता के साये ने प्रतिरोध को भूमिगत होने पर मजबूर कर दिया था। जनसंघ, सीपीएम, अन्य प्रतिपक्षी नेताओं और जेपी ने गिरफ़्तारियों एवं सरकार द्वारा किये जा रहे संवैधानिक बदलावों के विरोध में प्रधानमंत्री को बारम्बार लिखकर चेताया। लेकिन प्रेस सेंसरशिप के चलते यह सारी कोशिशें जनता की नज़रों से ओझल ही बनी रहीं। जेएनयू के छात्र नेताओं ने कैम्पस में 8 जुलाई की छापेमारी, अशोका लता जैन के निलम्बन, प्रबीर के अगवा किये जाने और छात्रसंघ के विरुद्ध उठाए गए क़दमों का खुलकर विरोध किया, लेकिन यह सब भी जनता की नज़रों से ओझल ही रहा। ऐसी परिस्थिति में प्रतिरोध को भी छिपकर वार करने की ज़रूरत थी। जेएनयू के छात्रों ने एक गुप्त पर्चा निकाला 'दि रेज़िस्टेंस' नाम से और इसे भूमिगत तरीक़े से घुमाना शुरू किया। लोक संघर्ष समिति भी गुप्त रूप से ऐसे बुलेटिन प्रकाशित करने लगी जो सरकार की कार्रवाइयों का विरोध करते थे और सूचना तंत्र से बाहर फेंक दिये गए प्रतिरोध के क़दमों को उजाले में लाते थे।[70]

इस भूमिगत प्रतिरोध में सबसे ख़ास बनकर उभरा जॉर्ज फ़र्नांडीज़ का नाम। उन्होंने एक के बाद एक दमदार उग्र बुलेटिन जारी कर और सीधे प्रधानमंत्री को खुले पत्र लिखकर समाँ बाँध दिया। फ़र्नांडीज़ ने प्रधानमंत्री पर सीधे फ़ासिस्ट तानाशाह होने का आरोप लगाया। जॉर्ज के साथी सी.जी.के. रेड्डी ने अपनी व्यापारिक सलाहकार की पदवी का बख़ूबी फ़ायदा उठाते हुए विदेश यात्राएँ कीं और यूरोप के समाजवादी नेताओं को आपातकाल के ख़िलाफ़ एकजुट करने का प्रयास किया। फ़र्नांडीज़ को पकड़ने में असफल सरकार हताशा में उनके भाई लॉरेंस को यंत्रणाएँ देती रही। सरकार ने कन्नड़ सिनेमा की अभिनेत्री एवं जॉर्ज की राजनीतिक सहयोगी स्नेहलता रेड्डी को भी गिरफ़्तार कर लिया। लेकिन जॉर्ज फ़र्नांडीज़ भेस बदलते, एक से दूसरे सुरक्षित ठिकानों की ख़ाक छानते इस अनवरत चलती सघन पुलिसिया तलाशी को चकमा देते रहे। विकीलीक्स द्वारा प्रकाशित अमेरिकी विदेश विभाग की केबल्स पर ग़ौर करें तो पता चलता है कि उन दिनों फ़र्नांडीज़ ने फ्रांस की मदद से अमेरिकी ख़ुफ़िया एजेंसी सीआईए से भी सम्पर्क साधने की और अपनी भूमिगत गतिविधियों के लिए उनसे आर्थिक मदद हासिल करने की असफल कोशिश की थी।[71] साफ़ था कि जॉर्ज फ़र्नांडीज़ आपातकाल से मुक़ाबला करने के लिए सामूहिक पहलक़दमियों से बढ़कर निजी स्तर पर विध्वंसात्मक कार्रवाइयों पर भरोसा कर रहे थे। उनका यह एकल प्रतिरोध 10 जून, 1976 को ख़त्म हुआ, जब कलकत्ता में पुलिस ने उन्हें धर दबोचा। गिरफ़्तारी के बाद उन पर सरकारी प्रतिष्ठानों को उड़ाने की साज़िश और इसके लिए डायनामाइट की तस्करी का अभियोग चला। यह मुक़दमा 'बड़ौदा डायनामाइट केस' के नाम से मशहूर है।

सुनवाई के दौरान मुल्ज़िमों ने अपनी कलाइयों में पड़ी हथकड़ियों और बाँधने के लिए इस्तेमाल की गई ज़ंजीरों को नाटकीय अन्दाज़ में हवा में लहराया। फ़र्नांडीज़ ने घोषणा की, "ज़ंजीरों से बँधी हमारी यह काया तानाशाही की बेड़ियों में जकड़े हमारे समूचे मुल्क की प्रतीक है। ये बेड़ियाँ जीता-जागता प्रमाण हैं कि कैसे हमारे मुल्क को कलंकित किया जा रहा है।"[72] यह सच में नायकीय मुद्रा थी, लेकिन जॉर्ज जैसे इने-गिने ही थे।

भूमिगत प्रतिरोध और मुल्क द्वारा हुकूमत के सोचे-समझे अस्वीकार ने आपातकालीन सत्ता के हाथ खोल दिये। सर्वोच्च न्यायालय की शक्ति को निलम्बित अधिकारों द्वारा कुचल दिये जाने के बाद पुलिस ने प्रतिरोधों को रौंदने और सत्ता के तमाम विरोधियों को ढूँढ़-ढूँढ़कर कुचल देने में ग़ज़ब की महारत दिखाई। यह सत्ता सयानी थी, निरंकुश थी और जनता को अपने पूर्ण नियंत्रण में करते हुए मुल्क को नये साँचे में ढालने के लिए तत्पर थी। संजय और उनकी मंडली के लोग यही तो करने निकले थे।

6

# संजय का रथ

आपातकाल की घोषणा के साथ ही राष्ट्र पर संजय का ग्रहण लग गया। भले ही उनके पास सत्ता में कोई आधिकारिक पद नहीं हो, संजय के पास अपरिमित ताक़त थी। मंत्री, कुछ पाने की चाहत रखनेवाले कांग्रेसी नेता, व्यापारी, प्रशासक और पुलिस अधिकारी सभी उनकी नज़रों में आने को बेक़रार रहते थे। उनके आभामंडल से ऊपर सिर्फ़ इन्दिरा थीं। संजय की यह एकछत्र सत्ता परिणति थी उस दास्तान की, जिसकी शुरुआत उनके मारुति मोटरकार उपक्रम से होती है।

जैसे महाभारत महाकाव्य में संजय की भूमिका अन्धे राजा धृतराष्ट्र के रथ के सारथी और सलाहकार की है, वैसे ही भारतीय राजनीति के इस कुरुक्षेत्र में संजय गांधी एक मोटरकार को, जिसका नाम पवन देवता के पुत्र के नाम पर मारुति रखा गया, अपना रथ बनाकर दाख़िल होते हैं। 1968 में प्रधानमंत्री का बेटा एक छोटी कार बनाने के लिए औद्योगिक लाइसेंस की माँग करता है। इस बेटे की उम्र अभी कुल जमा बाईस साल ही है। दो साल बाद सरकार इस बाबत उसे सहमति पत्र (लेटर ऑफ़ इंटेंट) जारी कर देती है। लेकिन ऐसा होते ही दोनों माँ-बेटा विवादों में घिर जाते हैं। संजय को उस वक़्त ऑटोमोबाइल उत्पादन का कोई अनुभव नहीं था। उसने तो अभी तक कोई व्यापार भी नहीं चलाया था। प्रधानमंत्री का बेटा होने के अलावा आख़िर उसकी योग्यता थी ही क्या? फिर किस बिना पर उसके ही प्रस्ताव को स्वीकृति मिली, दूसरे किसी को नहीं? उन दिनों भारतीय अर्थव्यवस्था में औद्योगिक लाइसेंस बहुत मुश्किल से मिलते थे, ऐसे में संजय को मिला सहमति पत्र बड़े हंगामे की वजह बन गया। विपक्षी दलों के नेताओं ने संसद में बहुत हो-हल्ला मचाया और इस पूरे मामले को खुलेआम भाई-भतीजावाद की संज्ञा दी।

लेकिन इन्दिरा और संजय को इस विरोध से रत्ती भर भी फ़र्क़ नहीं पड़ा। माँ बढ़-चढ़कर अपने बेटे की उद्यमिता के गुण गाने लगी और बेटा अपने मारुति प्रोजेक्ट पर आगे बढ़ चला। जब 1975 के इलाहाबाद निर्णय ने इन्दिरा का राजनीतिक भविष्य

ख़तरे में डाल दिया तो संजय उनके सबसे बेख़ौफ़ और निर्मम सिपहसालार बनकर खड़े हुए और सीधे उनके विरोधियों से जा टकराए। तब भी संजय की उम्र तीस से कुछ कम ही रही होगी। बावजूद इसके प्रधानमंत्री के वरिष्ठ मंत्रिमंडलीय सहयोगी, मुख्यमंत्री, कांग्रेस के बड़े नेता, उच्च पदेन प्रशासक एवं बैंक अधिकारी, आयकर एवं गुप्तचर सेवा अधिकारी, पुलिस अधिकारी सभी उनके दिये निर्देशों के पालन को तत्पर थे। महत्त्वाकांक्षी और बेशर्मी की हद तक अनैतिक अनेक स्त्री-पुरुष संजय के प्रति अपनी वफ़ादारी साबित करने को मरे जा रहे थे और एक-दूसरे से इसके लिए होड़ कर रहे थे। उनके चापलूसों ने शहर की दीवारों को उनकी तसवीर वाले पोस्टरों से पाट दिया था और जहाँ वे जाते थे वहाँ उन्हें अपने ही विशाल आदमक़द कटआउट्स लगे दिखाई देते थे। कटआउट्स जिनमें संजय झक सफ़ेद खादी के कुरते-पाजामे में नज़र आते, कंधे पर दुशाला, सिर पर उभरता गंजापन और आँखों पर मोटे काले फ्रेम का चश्मा। एक महत्त्वाकांक्षी ऑटोमोबाइल उद्यमी इन्दिरा का सबसे ताक़तवर सलाहकार बन गया था।

संजय के इस त्वरित गति से सत्ता हासिल करने के पीछे बहुत सी सुनी-सुनाई कथाएँ मौजूद हैं। क्योंकि वे अधिक साक्षात्कार नहीं देते थे और अपने पीछे किसी क़िस्म की डायरी या निजी दस्तावेज़ नहीं छोड़ गए हैं (कम-से-कम सार्वजनिक रूप से उपलब्ध तो नहीं) इसलिए उनके बारे में जितना भी हम जानते हैं उसका स्रोत आपातकाल से पहले और उस दौरान के उनके जीवन से जुड़ी सार्वजनिक पटल पर मौजूद जानकारियाँ ही हैं। विनोद मेहता ने सार्वजनिक पटल पर मौजूद चुनिंदा सूचनाओं का इस्तेमाल करते हुए एवं संजय के परिचितों के साक्षात्कार से हासिल जानकारियों की मदद से उनकी जीवनी लिखने का प्रयास किया है। इसमें विनोद आपातकाल के दौरान संजय की प्रेरणाओं और कार्यकलापों का स्रोत उन पर किशोरावस्था और बचपन में पड़े प्रभावों में तलाशते हैं।[1] समझा जा सकता है कि जवाहरलाल नेहरू जैसे वटवृक्ष के साये तले बड़ा होना कितना विचित्र और ग़ैर-मामूली अनुभव रहा होगा। दादा नेहरू अपने दोहित्रों संजय और राजीव पर जान छिड़कते और उन्हें ख़ूब दुलार करते। लेकिन एक दूसरी सच्चाई यह भी थी कि उनके माता-पिता के मध्य सम्बन्ध टूट चुका था और वे साथ नहीं रहते थे। हालाँकि दोनों भाइयों का पिता फ़िरोज़ गांधी के साथ एक गरमाहट भरा रिश्ता था और वे उनके साथ वक़्त बिताना बहुत पसन्द करते। दस साल की उम्र में संजय को प्रतिष्ठित दून स्कूल में भर्ती करवा दिया गया, जहाँ उसका बड़ा भाई राजीव पहले से पढ़ रहा था। दून में संजय के कोई ख़ास रुचि प्रदर्शित करने या प्रतिभा दिखाने का उल्लेख नहीं मिलता। बताते हैं कि वो वहाँ खुश नहीं था। सन् 1960 में फ़िरोज़ गांधी की मृत्यु के बाद इन्दिरा ने संजय को बोर्डिंग स्कूल से वापस बुलवा लिया। जब पिता गुज़रे, संजय की उम्र तब चौदह वर्ष की थी। माँ इन्दिरा अपने

निरन्तर तरक़्क़ी करते राजनीतिक करियर और वृद्ध पिता की तीमारदारी में व्यस्त रहती थीं। दिल्ली में संजय का दाख़िला सेंट कोलम्बस स्कूल में करवाया गया, जहाँ से उसने अपनी स्कूली शिक्षा पूरी की। मौज-मज़े के लिए मोटरकारें चुराना और फिर उन्हें यहाँ-वहाँ लावारिस छोड़ देना, दिल्ली में बिताए उनके लड़कपन के क़िस्से ऐसी कई बिगड़ैल उद्दंडताओं से भरे हुए हैं।[2]

स्कूली शिक्षा पूरी करने के बाद संजय ने किसी विश्वविद्यालय में दाख़िला लेना ज़रूरी नहीं समझा। उन्हें तो ऑटोमोबाइल्स और मैकेनिकल चीज़ों का चस्का था और वे इसी क्षेत्र में आगे कुछ करना चाहते थे। संजय की इस इच्छा को पूरा करने हेतु 1964 में बड़े रसूख़ों द्वारा उनका दाख़िला ब्रिटेन के क्रीव शहर स्थित रोल्स रॉयस अपरेंटिस प्रोग्राम में करवाया गया। 1966 में इन्दिरा उस वक़्त लन्दन में सहायक राजदूत के पद पर कार्यरत पीएन हक्सर को लिखे एक ख़त में बताती हैं—संजय को लगता है कि रोल्स रॉयस अपरेंटिस प्रोग्राम में वो जितना कुछ सीख सकता था, सब सीख चुका है। वे लिखती हैं कि क्रीव में संजय बहुत तनहा महसूस कर रहा है। वे हक्सर से संजय के लिए वहीं लन्दन में कोई उपयुक्त काम तलाश करने को कहती हैं। "वो राजीव से बहुत अलग है—कई बातों में ज़्यादा व्यावहारिक लेकिन अधिक शर्मीला और दूसरों से भिन्न।"[3] इन्दिरा ठीक ही संजय की ज़्यादा फ़िक्र कर रही थीं। संजय का दावा था कि वहाँ रोल्स रॉयस कम्पनी में जो कुछ भी सीखने लायक था, उन्होंने सब सीख लिया है। रोल्स रॉयस वाले भी इससे फ़ौरन सहमत हो गए। 1967 में रोल्स रॉयस के प्रतिनिधि लन्दन स्थित भारतीय दूतावास में मिलने के लिए आए और कहा कि संजय का अब एक पल भी कम्पनी में रुकना 'दोनों के लिए नुक़सानदायक'[4] होगा। आख़िर संजय अपनी अपरेंटिसशिप पूरी किये बिना उसी साल भारत वापस लौट आए।

संजय के जवानी के दिनों की जो छवि उभरती है वो एक विशेषाधिकार युक्त जीवन की तसवीर है। इसी विशेषाधिकार के चलते वे अपनी लड़कपन की शरारतों के लिए कभी मुसीबत में नहीं पड़े और अपनी ऑटोमोबाइल अपरेंटिसशिप को अधूरा छोड़ देने पर भी उन्हें इसका नतीजा नहीं भुगतना पड़ा। उन्होंने राजनीति के प्रति भी ऐसी कोई विशेष रुचि नहीं दिखाई जो उनके आपातकाल के दौर के अवतार का संकेत देती। संजय नेहरू के दोहित्रे थे, लेकिन किताबों या विचार की दुनिया में उनकी कोई रुचि नहीं थी। समाज और राजनीति को लेकर उनकी समझ कच्ची थी। वे भी अपने बड़े भाई राजीव की तरह रसूख़ों में पले थे। लेकिन सत्ता से इस क़िस्म की नज़दीकी के साथ जब उनका कारों के प्रति जुनूनी प्रेम जुड़ा तो बड़ी तबाही मची। 1968 में जब प्रेस ने रिपोर्ट किया कि संजय ने एक छोटी कार के निर्माण के उद्देश्य से औद्योगिक लाइसेंस हासिल करने हेतु अर्ज़ी दाख़िल की है, तो अचानक वो सबकी नज़रों में आ गए। ये कार पूरी तरह से स्थानीय स्तर

पर ही बनाई जानी थी और छह हज़ार रुपये की इसकी क़ीमत भी बहुत वाजिब लग रही थी।

इस मारुति प्रोजेक्ट में संजय आनेवाले कई सालों तक उलझे रहे। उनके ऊपर ख़ुद प्रधानमंत्री का वरदहस्त था और वे यांत्रिक वस्तुओं के प्रति अपने प्रेम में गहरे डूबे हुए थे। वे तड़के सवेरे ही घर से निकल जाते और देर शाम वापस लौटा करते। उनका पूरा-पूरा दिन अपनी मारुति में सुधार और रद्दोबदल की कोशिशों में निकलता। वे तो चले जाते, पीछे उनकी पत्नी मेनका—जिनसे उनका 1974 में विवाह हुआ था, प्रधानमंत्री आवास में बेकाम अकेली भटका करतीं। मेनका उस दौर को याद करते हुए लिखती हैं कि वे उनके नासमझी, लड़कपन के दिन थे जहाँ वे बहुत जल्दी बोर हो जाया करती थीं। "मैं उन्हें तंग नहीं करना चाहती थी। मैं बस उनका ध्यान खींचने के लिए उनकी मेज़ पर छोटी-छोटी 'कविताएँ' लिखकर रख दिया करती थी,"[5] ऐसी ही एक 'कविता' कुछ यूँ थी :

*बन्दा कठोर है संजय गांधी*
*देखता है जिसको उसकी फटती है छाती।*
*जिसकी बात का निकले न ग़लत एक भी अंश*
*जिसके निर्णय का पापियों को लगे दंश।*
*काम ही जिसकी पूजा, काम ही ईश्वर*
*भले पत्नी बावरी होकर भटके दर-दर।*
*ज्ञान और आँकड़े उसके हैं बग़ल की जेब में*
*पड़ता नहीं है वो किसी की 'लल्लोचप्पो' में।*
*हे संजय गांधी तुम हो कम्प्यूटर मानव*
*पर थोड़ी सी भावनाएँ तो जगाओ अपने भीतर।*

लेकिन संजय के आलोचक मेनका की इस व्याख्या से शायद ही सहमत हों। उनका साफ़ मानना रहा कि इस तथाकथित 'कम्प्यूटर मैन' के हर फ़ैसले को दरअसल आदिम इनसानी मनोभाव संचालित कर रहे थे। लेकिन ये कविता संजय गांधी की अभियांत्रिकी और व्यापार के प्रति मशीनी क़िस्म की समझ को ख़ूब बयाँ करती है। पता चलता है कि वे ज्ञान, समाज और संस्थाओं के प्रति कितनी उथली, मशीनी और गुमान से भरी समझ रखते हैं। इसी के चलते जब मौक़ा आता है तो मनमाफ़िक़ नतीजे हासिल करने की जल्दी में अभियांत्रिकी, व्यापार और लोकतंत्र की तमाम स्वीकृत परम्पराओं को धता बताते हुए वे अपने प्रधानमंत्री पुत्र होने के रसूख़ का इस्तेमाल कर मनमर्ज़ी करते हैं। उनके इस रवैये से साफ़ याराना पूँजीवाद की बू आती है और यही आरोप उनके आलोचक उन पर लगाते हैं।

लेकिन यह मामला इससे कहीं आगे तक जाता है। आज़ादी के बाद नेहरूवियन

भारत की अर्थव्यवस्था में अपनाई गई नियोजित औद्योगिकीकरण की नीति में उनका मारुति प्रोजेक्ट एक सचेत हस्तक्षेप बनकर आता है।[6] नियोजित औद्योगिकीकरण वाली अर्थव्यवस्था में मोटरकार प्राथमिकताओं में बहुत नीचे थी। संसाधनों का टोटा था और विदेशी मुद्रा भंडार सीमित। ऐसे में उन्हें इस्पात संयंत्रों तथा अन्य बड़े उद्योगों के लिए बचाकर रखा जाना था। उन्हें मोटरकारें बनाने में ख़र्च नहीं किया जा सकता था। इस नीति ने नियंत्रित उत्पादन और सीमित उपभोग करनेवाली ऐसी अर्थव्यवस्था का निर्माण किया जिसमें कार जैसी 'विलासिता' की वस्तुओं की खपत सुनिश्चित करने के लिए आयात प्रतिबन्धों का इस्तेमाल किया जा रहा था। भारत में मोटरकार की दुनिया उस समय तीन नामों से मिलकर बनती थी : एम्बेसेडर, फ़िएट और स्टैंडर्ड। बाज़ार के इन सीमित विकल्पों के बीच प्रस्तावित 'जनता कार' का आना बहुत सारे ऐसे लोगों को कार ख़रीदने का मौक़ा देता था, जो अभी तक इस दायरे से बाहर थे। पर 'सबके पास कार' होने का यह विचार उत्तर-औपनिवेशिक भारत के सादगी के आदर्श से मेल नहीं खाता था। नियंत्रित अर्थव्यवस्था से रचे इस भारत की आदर्श प्रतीक तो थी गठीली, भारी-भरकम और मज़बूत पर देखने में भद्दी एम्बेसेडर कार। यह भारत की सबसे ज़्यादा बिकनेवाली कार थी। एक ओर थीं पहियों पर पंख लगाये भड़कीली अमेरिकन कारें जिनसे विलासिता में डूबे भ्रष्टाचार की बू आती थी, और दूसरी ओर थी आदिकाल की लगती उबाऊ एम्बेसेडर जिसे देखते ही बाबूशाही का जिन्न ज़िन्दा हो उठता था। इन दोनों विपरीत ध्रुवों के बीच मारुति का आगमन एक कुशल तकनीक से निर्मित स्मार्ट 'जनता कार' का सपना था। एक तरह से मारुति के सपने को हथियार बनाकर आज़ादी से चली आ रही औद्योगिक नीति को मरोड़ा जा रहा था। भारत की मोटरकार संस्कृति बदली जा रही थी। मारुति की इस दिलचस्प कहानी में याराना पूँजीवाद से जन्मी एक परियोजना को उत्तर-औपनिवेशिक अर्थव्यवस्था में आत्मनिर्भरता हासिल करने के सपने को पाने के लिए हथियार के बतौर इस्तेमाल किया जाता है। एम्बेसेडर से चलकर मारुति तक आता भारत में ऑटोमोबाइल उद्योग का यह लम्बा, यंत्रणादायक इतिहास दरअसल ठीक उसी तरह अर्थव्यवस्था के मोर्चे पर नेहरूवियन परियोजना के ध्वंस की कथा सुनाता है, जैसा कांड राजनीति के क्षेत्र में आपातकाल में खेला गया।

## 'हिन्दुस्तान के दिल का रास्ता'

रघुबीर सिंह (1942-99) बीसवीं सदी के सबसे कमाल के भारतीय दस्तावेज़ी छायाचित्रकारों में से एक गिने जाते हैं। उनकी मृत्यु के बाद प्रकाशित हुआ उनका आख़िरी काम एक उल्लेखनीय किताब है जिसका शीर्षक है, 'ए वे इनटू इंडिया'। इस चमत्कारिक किताब में एम्बेसेडर कार की ढेर सारी तसवीरें हैं। ऐसी तसवीरें

जिन्हें कार के भीतर से खींचा गया है और जिनमें कार के शीशे के पार समूचा हिन्दुस्तान नज़र आ रहा है। कई तसवीरों में जिनमें कार बाहर से दिखाई देती है किसी बस या साइकिल के किनारे खड़ी या चलती हुई, भारत और उसके लोगों का जीवन्त प्रतिबिम्ब नज़र आता है। सिंह की खींची कीचड़ से सने टायरों वाली, धूल में नहाई सफ़ेद एम्बेसेडर की ऐसी तसवीरें देखकर लगता है जैसे मॉरिस ऑक्सफ़ोर्ड की यह कार अपना 'औपनिवेशिक बाना' उतार रही है और इसका सच्चा भारतीयकरण हो रहा है। सिंह लिखते हैं, "यह कार ऑक्सफ़ोर्ड डॉन (ऑक्सफ़ोर्ड विश्वविद्यालय के सदस्य), ट्वीड (खुरदरी सतह के गर्म कपड़े का एक प्रकार), थिक-कट मॉर्मलेड (ख़ास प्रकार का मुरब्बा) और किप्पर्स एंड हेरिंग (एक क़िस्म की मछली) के इंग्लिश ब्रेकफ़ास्ट की तरह कभी ब्रिटिश सभ्यता की पहचान नहीं बनी। यह तो भारतीय प्रतीक थी। यह 'हिन्दुस्तान एम्बेसेडर' थी।[7] एम्बेसेडर की इन ज़मीन से जुड़ी तसवीरों के ज़रिये, उसकी सर्वत्र मौजूदगी से बनी साधारणता के ज़रिये सिंह उसे उत्तर-औपनिवेशिक भारत की बन्द अर्थव्यवस्था वाले इतिहास के सजीव रूपक में बदल देते हैं।

प्यार से 'एम्बी' पुकारे जानेवाली इस एम्बेसेडर का एक प्रतीक के तौर पर कितना महत्त्व था यह मई, 2014 तब और उभरकर आया, जब इसका निर्माण करनेवाली 'हिन्दुस्तान मोटर्स' ने इसके उत्पादन को बन्द किये जाने की घोषणा की। भारत में और भारत से बाहर तमाम अख़बार और रिसाले भावुकता में डूबे आलेखों से भर गए। जैसे किसी आत्मीय की मृत्यु पर सब ग़मगीन हों। 'सबकी प्यारी एम्बी अस्त की ओर' एक अख़बार ने कहा, 'अलविदा एम्बी, उस भारत की प्रतीक जो अब खो चुका है', दूसरे ने लिखा।[8] राजनीतिज्ञों से लेकर अधिकारियों तक की अधिकृत वाहन, टैक्सी का रूप धरकर ख़ूब यात्री ढोनेवाली, शहर से लेकर देहात तक हर जगह मौजूद, मोटी-ठिंगनी, देखने में क़तई साधारण सी एम्बेसेडर पर स्तम्भकारों ने ग़म में डूबे लेख लिखे। कार की आगेवाली ग्रिल में कुछ परिवर्तन और चन्द मामूली से ऊपरी बदलावों के अलावा एम्बेसेडर में पचास के दशक से लेकर अभी तक कोई बदलाव नहीं आया था। तकनीकी रूप से ये कार अपने उत्पादन की शुरुआत से ज़रा नहीं बदली थी। देखने में ये उबाऊ लगती थी, फिर भी ये सबकी प्यारी एम्बी थी। मोटरकार के दीवानों ने इसके जाने पर दुख तो ख़ूब मनाया, लेकिन उन्होंने भी इसे एक आत्मनिर्भर नियंत्रित अर्थव्यवस्था के युग से उदारीकरण और वैश्वीकरण के एक नये दौर में प्रवेश की ज़रूरी क़ीमत मानकर स्वीकार कर लिया।

लेकिन एम्बेसेडर के पीछे इस क़िस्म के नॉस्टेल्जिया का अपना एक इतिहास है। भारत में पहली मोटरकार का आयात 1898 में किया गया था। लेकिन यहाँ गाड़ियों की असली खपत तब शुरू हुई जब 1920 के दशक के उत्तरार्ध में 'जनरल

मोटर्स' और 'फोर्ड मोटर कम्पनी' ने मोटरगाड़ी के पुर्जों का आयात आरम्भ कर भारत में ही कारों और ट्रकों का निर्माण शुरू किया। द्वितीय विश्वयुद्ध से पहले इन दोनों कम्पनियों की सम्मिलित सालाना उत्पादन क्षमता 96,000 गाड़ियों की थी।[9] आधुनिक अर्थव्यवस्था में ऑटोमोबाइल की अहमियत पहचानते हुए कांग्रेस पार्टी की 'राष्ट्रीय योजना समिति' ने 1938 में एक संगठित वाहन उद्योग के गठन का प्रस्ताव रखा। विश्वयुद्ध ने इसकी ज़रूरत की ओर सबको आगाह कर दिया था, लेकिन ब्रिटिश औपनिवेशिक सरकार ने इस ओर कोई ठोस क़दम उठाना ज़रूरी नहीं समझा।

इस बीच औद्योगिक ताक़त 'बिड़ला ब्रदर्स कम्पनी' से जुड़े बृज मोहन बिड़ला ने 1942 में 'हिन्दुस्तान मोटर्स' की स्थापना की। 'बीएम' के नाम से मशहूर बृज मोहन दूसरे ज़्यादा मशहूर बिड़ला—घनश्याम दास बिड़ला के छोटे भाई थे। 'जीडी' महात्मा गांधी के निकट सहयोगी थे तथा कई अन्य राष्ट्रवादी नेताओं से घनिष्ठ सम्बन्ध रखते थे। बिड़ला बन्धु भारत में चीनी और कपड़ा मिल उद्योग में अग्रणी थे। उनके हित काग़ज़ उद्योग से लेकर बीमा उद्योग तक फैले थे और वे कई विदेशी कम्पनियों के लिए प्रबन्धक की भूमिका निभाते रहे थे। 'बीएम' 1937 में यूरोप और अमेरिका की यात्रा पर गए और वहाँ उन्होंने आधुनिक उद्यमिता की ताक़त को नज़दीक से देखा। उनकी वहाँ ऑटोमोबाइल निर्माता कम्पनियों से भी बातचीत हुईं। इसके कुछ ही साल बाद 1942 में उन्होंने गुजरात के ओखा में 'हिन्दुस्तान मोटर्स' की स्थापना कर डाली। इसके दो साल बाद 'हिन्दुस्तान मोटर्स' ब्रिटिश कम्पनी 'मॉरिस मोटर्स लिमिटेड' से उनकी 'मॉरिस 10' कार के जैसी कार के उत्पादन से जुड़ा समझौता करती है। भारत में इस कार का नाम 'हिन्दुस्तान 10' रखा जाता है। शुरुआत में इस 'उत्पादन' का अर्थ सिर्फ़ इतना था कि कार के सारे कलपुर्जे विदेश से 'मॉरिस मोटर्स' भेजे, जिसे भारत में बस जोड़कर कार बना दी जाए। लेकिन धीरे-धीरे इसके कई कलपुर्जे ब्रिटिश उत्पादक के निर्देशों के आधार पर भारत में भी तैयार होने लगे।[10] बिड़ला तो तभी से पूरी तरह भारत में निर्मित मोटरकार के सपने देखने लगे थे। लेकिन विश्वयुद्ध और बँटवारे की आग ने उनके इरादों को पनपने का मौक़ा नहीं दिया। इस योजना को असली गति तब मिली, जब 1946 के बाद निर्माण कारख़ाना कलकत्ता से दस मील दूर स्थित उत्तरपाड़ा स्थानान्तरित करने का निर्णय हुआ। बिड़ला समूह के बंगाल से व्यापक वाणिज्यिक हित जुड़े हुए थे और कलकत्ता उनके लिए बम्बई के बाद सम्भवत: दूसरा सबसे महत्त्वपूर्ण औद्योगिक एवं व्यापारिक केन्द्र था। ऐसे में मोटरकार का निर्माण कारख़ाना उत्तरपाड़ा लेकर जाने का फ़ैसला समझ में आनेवाला था। तब तक यह भी साफ़ हो चुका था कि निर्माण के लिए चुनी गई जगह बँटवारे के बाद भारत के हिस्से में आनेवाले बंगाल में ही रहेगी। 1950 में कारख़ाने का निर्माण पूर्ण

होने से एक साल पहले 1949 में ही 'हिन्दुस्तान मोटर्स' की कारें भारतीय सड़कों पर दनदनाने लगी थीं। इस उत्तरपाड़ा कारख़ाने में कुछ बड़ी 'अमेरिकन स्टडबेकर' कारें भी निर्मित हो रही थीं।[11]

बिड़ला समूह की परियोजना से कुछ छोटी, बाज़ार में कम हिस्सेदारी रखनेवाली एक दूसरी ऑटोमोबाइल परियोजना भी आकार ले रही थी। नाम था 'प्रीमियर ऑटोमोबाइल्स लिमिटेड'। इसके संस्थापक थे वालचन्द हीराचन्द, जिनके व्यापारिक हित चीनी, बीमा, हवाई जहाज़ और जहाज़रानी जैसे क्षेत्रों में फैले हुए थे। हीराचन्द 'फ़ोर्ड' और 'चर्सलर' जैसी कम्पनियों से तीस के दशक में ही भारत में एक मोटरकार निर्माण कारख़ाना लगाने के सिलसिले में बात कर चुके थे। लेकिन बात कुछ बनी नहीं और यह परियोजना तब परवान न चढ़ पाई। उन्हें बहुत सदमा लगा, जब बम्बई से न्यूयॉर्क के एक हवाई सफ़र में अचानक उन्हें यह इल्हाम हुआ कि उनके साथी मुसाफ़िर 'बीएम' ने 'हिन्दुस्तान मोटर्स' की स्थापना कर उनका इस दौड़ में प्रथम आने का सपना हमेशा के लिए तोड़ दिया है। लेकिन वालचन्द हीराचन्द ने हार नहीं मानी। उन्होंने 1944 में 'प्रीमियर ऑटोमोबाइल्स' की स्थापना के साथ इस दौड़ को रोचक बना दिया। उनकी कम्पनी बम्बई के उपनगर कुर्ला में स्थापित कारख़ाने से 1948 के आसपास आयातित कलपुर्जे जोड़कर 'डॉज़', 'डि सोटो' और 'फ़ार्गो' जैसी कारों और ट्रकों का उत्पादन करने लगी।[12] एक तीसरी मोटरकार कम्पनी जिसका नाम 'स्टैंडर्ड मोटर प्रोडक्ट्स ऑफ़ इंडिया लिमिटेड' था, मद्रास में 1948 में आरम्भ हुई। दो साल बाद ही यूनाइटेट किंगडम के कॉवेंट्री में स्थित 'स्टैंडर्ड मोटर्स' से ठुके-पिटे कलपुर्जों का आयात कर इसने 'स्टैंडर्ड वैनगार्ड' का उत्पादन शुरू कर दिया।

ऑटोमोबाइल उद्योग के क्षेत्र में इस दिन दूनी रात चौगुनी बढ़ोतरी होते हुए भी भारत में मोटरगाड़ियों का बाज़ार सीमित था। एक अनुमान के मुताबिक 1953 में एक लाख लोगों की आबादी पर भारत में सिर्फ़ 62 मोटरगाड़ियाँ मौजूद थीं। ब्रिटेन में उसी दौर में एक लाख की आबादी पर मौजूद 5,590 मोटरगाड़ियों और अमेरिका में मौजूद 25,801 मोटरगाड़ियों के सामने यह संख्या नगण्य थी।[13] हालाँकि यहाँ भारत जैसे ग़रीब, अभी-अभी आज़ाद हुए मुल्क की तुलना ब्रिटेन और अमेरिका जैसी विकसित अर्थव्यवस्थाओं से करना ग़लत है, लेकिन यह तुलना दिखाती है कि मोटरगाड़ियों की खपत के मामले में भारत में कैसी चुनौती सामने थी। एक नवस्वतंत्र मुल्क की विकास की ओर बढ़ती अर्थव्यवस्था में मोटरगाड़ी से परिवहन एक महत्त्वपूर्ण ज़रूरत था, लेकिन संसाधन सीमित थे। इसलिए भारत में कलपुर्जे जोड़कर कार उत्पादन के कई कारख़ाने खुलने के बावजूद भारत में उत्पादित कारों की संख्या आयातित कारों की तुलना में कम ही बनी रही।[14] इस दौर में ली गई भारतीय सड़कों की तसवीरों पर ग़ौर करें तो आप पाएँगे कि अमेरिकी 'फ़ोर्ड',

'प्लाइमाउथ', 'पॉंटिक', 'शेवरले', 'डॉज़', 'डि सोटो' और ब्रिटिश 'वॉक्सहॉल', 'हिलमैन', 'हम्बर' और 'मॉरिस' जैसी आयातित कारें ही इन सड़कों पर फर्राटा भरती नज़र आती हैं।

पचास के दशक में ऐसी कुछ कारें भी सड़कों पर दिखने लगी थीं, जिन्हें भारत में ही कलपुर्जे जोड़कर बनाया गया था। इनमें 'हिन्दुस्तान 10', 'बेबी हिन्दुस्तान' (मॉरिस माइनर) और मॉरिस ऑक्सफ़ोर्ड एमओ सीरीज़ पर आधारित कुछ बड़े आकार की 'हिन्दुस्तान 14' शामिल थीं। इन सबको 'हिन्दुस्तान मोटर्स' के उत्तरपाड़ा स्थित कारख़ाने में जोड़कर तैयार किया गया था। 'हिन्दुस्तान मोटर्स' अब कुछ कलपुर्जों का स्वयं निर्माण भी करने लगी थी। एक नवस्वतंत्र मुल्क के लिए यह ऑटोमोबाइल निर्माण के क्षेत्र में अपने पैरों पर खड़ा होने की पहली कोशिश थी। समझना मुश्किल नहीं कि जब नेहरू के सामने कार ख़रीदने का मौक़ा आया, उन्होंने भारत में ही कलपुर्जे जोड़कर बनाई गई 'हिन्दुस्तान 14' कार क्यों चुनी होगी। पर जैसे ही यह ख़बर 'बीएम' तक पहुँची, उन्होंने आगे बढ़कर कार नेहरू को तोहफ़े में देनी चाही। पहले तो नेहरू ने ये तोहफ़ा लेने से मना किया और कहा कि प्रधानमंत्री के इस तरह से कोई उपहार स्वीकार करने से अच्छा सन्देश नहीं जाएगा। लेकिन बीएम अड़े रहे। उन्होंने आग्रह किया कि इसे एक प्रधानमंत्री को दिये तोहफ़े की तरह नहीं, बल्कि एक हरदिलअज़ीज़ राष्ट्रीय नेता के प्रति प्रेम के प्रदर्शन की तरह देखा जाए। उन्होंने ये भी वादा किया कि उनकी कम्पनी आगे कभी इस भेंट का वित्तीय मामलों में लाभ उठाने की कोशिश नहीं करेगी। आख़िर में नेहरू ने तोहफ़ा स्वीकार तो किया, लेकिन उसकी ख़रीद बराबर रकम उन्होंने प्रधानमंत्री सहायता कोष में दान कर दी।[15] यह प्रसंग जितना नेहरू के ईमानदार व्यक्तित्व की गवाही देता है, उतना ही भारत में निर्मित ऑटोमोबाइल उद्योग को बढ़ावा देने के उनके इरादों के बारे में भी बताता है।

आत्म-निर्भरता और स्वदेश में निर्माण नये आज़ाद हुए मुल्क के लिए लक्ष्य सरीखे थे। जब 1950 में 'योजना आयोग' का गठन हुआ, उसके पास अगले ही वर्ष से लागू होनेवाली पहली पंचवर्षीय योजना का सूत्रीकरण करने के लिए थोड़ा ही वक़्त था। लेकिन उसने कुछ दूरगामी लक्ष्यों की घोषणा की। आयोग उम्मीद कर रहा था कि आगामी तीन दशकों में भारत तेज़ी से औद्योगिकीकरण के पथ पर अग्रसर होगा, प्रति व्यक्ति आय में सन्तोषजनक वृद्धि दिखाई देगी और इसकी अर्थव्यवस्था इतनी मज़बूत हो जाएगी कि वो किसी विदेशी इमदाद पर निर्भर न रहे।[16] इन्हीं लक्ष्यों पर नज़र रखते हुए सरकार ने 'टैरिफ़ कमीशन' (प्रशुल्क आयोग) के काँधे पर भारत में ऑटोमोबाइल उद्योग किस अवस्था में है इसका जायज़ा लेने की ज़िम्मेदारी सौंपी, जिससे उसके संरक्षण और प्रोत्साहन के लिए क़दम उठाए जा सकें।

टैरिफ़ कमीशन द्वारा 1953 में प्रस्तुत रिपोर्ट में जो तसवीर उभरकर आई, वो

कुछ ख़ास उत्साहवर्धक नहीं थी। भारत में कार्यरत बारह ऑटोमोबाइल कम्पनियों में से सिर्फ़ पाँच 'हिन्दुस्तान मोटर्स', 'प्रीमियर ऑटोमोबाइल्स', 'स्टैंडर्ड ऑटोमोबाइल्स', 'ऑटोमोबाइल्स प्रोडक्ट्स ऑफ़ इंडिया' (हिलमैन मिंस कार और लेलैंड ट्रक के कलपुर्जे संयोजन) और 'अशोक मोटर्स' (ऑस्टिन और लेलैंड ट्रक के कलपुर्जे संयोजन) ही कुछ कलपुर्जों का स्वदेश में निर्माण कर रही थीं। इनके अलावा बाक़ी सात कम्पनियाँ तो सिर्फ़ विदेशी कलपुर्जे जोड़कर उत्पादन कर रही थीं।[17] स्वदेश में उत्पादन को बढ़ावा देने के लिए 'टैरिफ़ कमीशन' ने सुझाव दिया कि यात्री कारों का भारत में सिर्फ़ संयोजन करनेवाली कम्पनियों के विदेशी विनिमय को क्रमिक तरीक़े से घटाया जाए और प्रस्ताव रखा कि ऐसी कम्पनियाँ जिनकी भारत में उत्पादन की योजना नहीं है, उनका व्यापार रोक दिया जाए। इसके साथ ही आयोग ने 1956 तक उद्योग में इस्तेमाल 50 फ़ीसदी माल के भारत में निर्माण का लक्ष्य भी सामने रखा। आयोग का यह भी सुझाव था कि स्थानीय निर्माता भारत में अपनी डिज़ाइन और शोध इकाइयाँ स्थापित करें, जिससे उनकी अपने विदेशी साझेदारों पर निर्भरता कम हो सके। आयोग उम्मीद कर रहा था कि इन सब उपायों से आगामी कुछ सालों में स्थानीय स्तर पर कारों के निर्माण को गति मिलेगी।[18] आयोग का सुझाव मानते हुए सरकार ने आयात पर प्रतिबन्ध लगाये और सीमाशुल्क बढ़ाकर स्थानीय निर्माताओं को संरक्षित, प्रोत्साहित करने की कोशिश की। इसके नतीजे में 'जनरल मोटर्स', 'फ़ोर्ड' तथा कई अन्य कम्पनियों ने भारत से अपना कारोबार यह कहकर समेट लिया कि यहाँ स्थानीय स्तर पर निर्माण के लिए निवेश बाज़ार के आकार को देखते हुए फ़ायदे का सौदा नहीं होगा।

इसके तीन वर्ष बाद 'टैरिफ़ कमीशन' का आकलन था कि स्थानीय स्तर पर निर्माण में तरक़्क़ी तो हासिल हुई है, लेकिन उत्पादकों द्वारा 50 फ़ीसदी स्वदेश में निर्माण की शर्त पूरा किया जाना अभी बाक़ी है। 'प्रीमियर ऑटोमोबाइल्स' द्वारा 'फ़ियट' के कलपुर्जों का भारत में निर्माण शुरू ही 1955 में जाकर हुआ। ऐसा ही कुछ हाल 'स्टैंडर्ड मोटर्स' द्वारा बनाई जा रही 'स्टैंडर्ड वैनगार्ड' और 'स्टैंडर्ड 10' गाड़ियों के साथ था। इस मामले में 'हिन्दुस्तान मोटर्स' सबसे आगे थी, लेकिन वहाँ भी उनके विदेशी साझेदार ने 'ब्रिटिश मॉरिस ऑक्सफ़ोर्ड 2' पर आधारित 'लैंडमास्टर' मॉडल और 'अमेरिकी स्टडबेकर' की संरचना में परिवर्तन कर दिये थे। इसके चलते स्वदेशी स्तर पर कलपुर्जों के निर्माण की गति धीमी पड़ गई। ये सारी समस्याएँ तो थीं ही, इनके साथ एक सबसे बड़ी चुनौती जो इस नवजात उद्योग के सामने थी, वो ये कि महँगी उत्पादन लागतों के चलते आयात के मुक़ाबले स्थानीय स्तर पर उत्पादन अभी भी घाटे का सौदा था।[19] ऐसे में स्थानीय स्तर पर उत्पादन एकदम से 50 फ़ीसदी पर कैसे पहुँच जाता? इस समस्या को पहचानते हुए 'टैरिफ़ कमीशन' ने सरकार को सीमाशुल्क कुछ इस तरह निर्धारित करने का

सुझाव दिया, जिससे ऐसे कलपुर्जे जिनका भारत में उत्पादन महँगा सौदा है, आसानी से आयात किये जा सकें।

सन् 1956 में दूसरी पंचवर्षीय योजना के लागू होने के साथ स्थानीय स्तर पर निर्माण को और बढ़ावा दिया गया। दूसरी पंचवर्षीय योजना में ज़ोर भारी उद्योगों की ओर था, "ऐसी मशीनों का निर्माण करो, जिनसे और मशीनों का निर्माण हो।" ऑटोमोबाइल उद्योग अभी प्राथमिकताओं की फ़ेहरिस्त में कहीं पीछे चला गया था। 1956-57 का विदेशी मुद्रा विनिमय संकट इसे और गर्त में ले जानेवाला साबित हुआ। योजनाकारों ने इस संकट की घड़ी में बहुमूल्य विदेशी मुद्रा ऐसे उद्योगों पर ख़र्च करना ज़्यादा ठीक समझा, जिनसे उनकी महत्त्वाकांक्षी योजनाएँ जुड़ी थीं—इस्पात, धातुएँ और मशीनी उपकरण। आयात प्रतिस्थापन भारत की औद्योगिक नीति का मूल मंत्र बन गया था और सरकार ने ऑटोमोबाइल उद्योग को उपलब्ध विदेशी मुद्रा विनिमय की सीमा में और कटौती कर दी। तीनों कार निर्माता कम्पनियों को निर्देश दिया गया कि वे किसी एक ही मॉडल की कार के संयोजन तक सीमित रहें। 1957 में 'हिन्दुस्तान मोटर्स' को 'अमेरिकन स्टडबेकर' और अपनी सबसे सस्ती गाड़ी 'बेबी हिन्दुस्तान' का उत्पादन बन्द करना पड़ा। अगले साल कार के उत्पादन में गिरावट दर्ज की गई, हालाँकि अगले ही साल यह फिर से उठान पर थी और आगामी सालों में इसमें लगातार बढ़ोतरी होती रही। लेकिन माँग भी तो लगातार बढ़ रही थी। जल्द ही कारों की माँग और आपूर्ति के बीच दो साल का अन्तर खड़ा हो गया जो आगे सत्तर के दशक तक जारी रहा।[20] माँग और आपूर्ति के बीच ऐसा अन्तर थोड़ा हैरान करनेवाला भी था, क्योंकि उद्योग अपनी घोषित क्षमता से लगातार कम उत्पादन कर रहा था। ऐसा होने की भी वजह थी। कार निर्माता जानबूझकर अपनी उत्पादन क्षमता बढ़ा-चढ़ाकर बताते थे क्योंकि इससे उनको आयात में अधिक हिस्सेदारी मिलती थी। 1957 के बाद जो आयात पर नियंत्रण लगाया गया था, वो बदस्तूर जारी था।[21] उत्पादन सम्बन्धी वस्तुओं की अपर्याप्त आपूर्ति और अनियमित बिजली सप्लाई ने उद्योग में अतिरिक्त दिक़्क़तें पैदा कीं। ऐसे में निर्माता कम्पनियों को उत्पादन में कटौती करनी पड़ी और माँग का पहाड़ ऊँचा होता गया।

कारों की आपूर्ति भले तंग रही हो, योजनाकारों ने अपना स्थानीय स्तर पर उत्पादन का लक्ष्य आख़िर हासिल कर ही लिया। 1965 के आते-आते भारत में निर्मित हो रही तीनों मोटरकारों में स्वदेश में तैयार उपकरणों का हिस्सा 75 फ़ीसदी से ज़्यादा हो गया था, और 'हिन्दुस्तान मोटर्स' में तो यह प्रतिशत 90 तक चला जाता था।[22] लेकिन इनकी क़ीमत भी ऊँची थी। यूँ देखें तो ये भारतीय कारें अपने विदेशी साझेदारों की कारों के पुराने मॉडल पर आधारित थीं, और इसलिए क़ायदे से सस्ती होनी चाहिए थीं। लेकिन सच्चाई इससे उलटी थी। इसकी एक वजह ये

थी कि विदेशी साझेदारों द्वारा ऐसी कारों के कलपुर्जे महँगे निर्यात किये जाते थे, जिनका विदेशों में निर्माण अब बन्द हो चुका था।[23] भारत में निर्माण को बढ़ावा मिलने से एक लम्बे वक़्फ़े में भारतीय कारों का दाम कम तो हुआ, लेकिन विदेश में मिलनेवाली कारों की तुलना में वे अब भी महँगी ही थीं।[24] इसकी एक वजह उत्पादन की महँगी लागत भी थी। दूसरी वजह बिक्रीकर और उत्पाद शुल्क का ज़्यादा होना भी था, जिसके चलते कार की असल क़ीमत 20 फ़ीसदी तक बढ़ जाती थी। इन सभी कारणों के चलते भारतीय उपभोक्ता के लिए कार ख़रीदना अभी भी उसकी जेब पर एक महँगा बोझ बना हुआ था।

उत्पादन भी इतना सीमित था कि कार निर्माता अपना उत्पादन बढ़ाकर भी उत्पाद की क़ीमतें कम नहीं कर सकते थे। भारत में यात्री कार का कुल उत्पादन 1969 में भी तक़रीबन 40,000 इकाई तक ही पहुँचा था जो द्वितीय विश्वयुद्ध के पहले के आँकड़ों के मुक़ाबले आधे से भी कम था। भारत की सबसे बड़ी कार निर्माता कम्पनी 'हिन्दुस्तान मोटर्स' का कुल उत्पादन भी 23,000 कार से कुछ कम ही था।[25] इतने कम उत्पादन में स्वचालित यांत्रिकी के ज़रिये उत्पादन लागत घटाना भी सम्भव नहीं था। पश्चिम में तो निर्माता अब ट्रांसफ़र मशीनों का इस्तेमाल कर रहे थे। इनमें एक कन्वेयर बेल्ट (गतिशील पट्टे) के दोनों ओर बहुत सारे टूल स्टेशन (कलपुर्जे फ़िट करने की जगहें) स्थित रहती हैं। इस स्वचालित व्यवस्था ने न सिर्फ़ उत्पादन बढ़ाया और नियमित किया, गाड़ियों की गुणवत्ता में भी स्थायित्व आया। लेकिन इस स्तर की स्वचालित मशीनरी का आयात भारत में करने के लिए बड़ी मात्रा में विदेशी मुद्रा की ज़रूरत थी। अगर इस ख़र्च की इजाज़त मिल भी जाती तो इतनी बड़ी पूँजी लगाने के लिए एक बृहत् बाज़ार का होना ज़रूरी था, जिसके बल पर बड़े उत्पादन को न्यायसंगत ठहराया जा सकता। उन्नत स्वचालित मशीनरी से महरूम उद्योग ने ऐसे में कुशल श्रमिकों के सहारे आगे बढ़ना तय किया, लेकिन उनकी भी माँग ज़्यादा थी और आपूर्ति कम। ऑटोमोबाइल कम्पनियों ने अपने प्रशिक्षण कार्यक्रम भी शुरू किये, लेकिन क़ाबिल कामगार संख्या में थोड़े ही रहे।[26]

उत्पादन की ऐसी प्रतिकूल परिस्थितियों में गुणवत्ता का ख़याल कौन रखता। अधूरे तकनीकी प्रशिक्षण के सहारे संसाधनों की हमेशा बनी रहनेवाली तंगी में काम करते उद्योग से उच्च गुणवत्ता की कारों की उम्मीद ज़्यादती ही होती। 1967 में एक सरकारी समिति ने अपने निष्कर्ष में लिखा, "इसमें कोई दो राय नहीं कि भारत में निर्मित कारें परिपूर्ण कहे जाने से अभी बहुत दूर हैं।"[27] इसने यह भी दर्ज किया कि उपभोक्ता भारत में बनी तमाम कारों की गुणवत्ता निरन्तर गिरते चले जाने की शिकायत कर रहे हैं। सबसे ज़्यादा बिकनेवाली एम्बेसेडर की शिकायतें भी सबसे ज़्यादा थीं। इंजन से भड़भड़ की आवाज़, अनियंत्रित मात्रा में तेल की खपत, ख़राब इग्नीशन और गियरबॉक्स, क्लच का अटकना, दोषपूर्ण सस्पेंशन, उखड़ता हुआ पेंट,

घटिया वेल्डिंग, दरवाज़ों और खिड़कियों के बेकार हत्थे, बदरंग भीतरी सजावट और जल्द ही गाड़ी का ज़ंग खा जाना...शिकायतें जैसे ख़त्म ही नहीं होती थीं। कार की बिक्री के बाद भी एक समूचा बाज़ार था जो नकली कलपुर्जों और 'कार की मरम्मत और रखरखाव के फ़र्ज़ी दावों' से भरा हुआ था।[28] कार के रखरखाव वाले सहायक उद्योग का भी अपना तर्क था। उनका कहना था कि निर्माता उनसे स्तरीय प्रदर्शन तो चाहते हैं, लेकिन उसके लिए सही वातावरण उपलब्ध नहीं करवाते। मानक कलपुर्जों के अभाव में कार के रखरखाव का आनुषंगिक उद्योग एक ही ज़रूरत के लिए भिन्न-भिन्न पुर्जों का निर्माण कर रहा था, जिससे कलपुर्जों का स्तर गर्त में जा रहा था।[29]

'मोटरकार गुणवत्ता जाँच समिति' ने इन सबके पीछे जिस मूलभूत कारण का पता लगाया, वो था कि ऑटोमोबाइल कम्पनियाँ एक बँधुआ बाज़ार से जूझ रही थीं। उन्हें चुंगी की छतरी तानकर प्रतिस्पर्धा से बचाया गया था और ऐसे में उनके सामने उच्च गुणवत्ता हासिल करना कोई लक्ष्य ही नहीं था। मोटरकार निर्माता अपने विदेशी साझेदारों की गाड़ियों की नक़ल तो करते, लेकिन उनका स्तर गिराकर। गुणवत्ता उनकी प्राथमिकता सूची में बहुत नीचे थी। निर्माताओं ने उत्पादन पर निगाह रखना तक छोड़ दिया था और न ही वे गुणवत्ता नियंत्रण के लिए इस्तेमाल में लाए जानेवाले आधुनिक उपकरणों का इस्तेमाल कर रहे थे। गाड़ी के वितरण से पहले होनेवाली जाँच भी अनियमित थी। इसके चलते एकदम नई ख़रीदी हुई गाड़ियों में भी दरवाज़े, खिड़कियों के सख़्त हत्थे, भद्दा पेंट, ख़राब स्विच, गाड़ी का बेडौल आकार और कलपुर्जों का तालमेल से बाहर होना साफ़ नज़र आ जाता था। निर्माता चाहते तो ज़रा और ख़र्चा कर, थोड़ी सी और मेहनत से इन कमियों को दूर कर सकते थे, लेकिन उन्हें इसकी ज़रूरत तक महसूस नहीं होती थी। 1968 में गठित 'टैरिफ़ कमीशन' ने, जिसे आलोचकों ने ऑटोमोबाइल निर्माताओं के प्रति कुछ ज़्यादा ही कठोर करार दिया, भी कारों की गुणवत्ता को लेकर इन तमाम शिकायतों को अपनी रपट में शामिल किया था।[30] लेकिन इस सख़्त रवैये के बावजूद 'टैरिफ़ कमीशन' ने यही सिफ़ारिश की कि सरकार ऑटोमोबाइल उद्योग को आगे भी संरक्षण देती रहे।

ख़राब गुणवत्ता, बाधित आपूर्ति और स्थानीय स्तर पर निर्मित ऑटोमोबाइल्स की महँगी क़ीमत जैसी तमाम परेशानियों के पीछे असली वजह थी सरकार की नीति। सरकार के पास सीमित विदेशी मुद्रा भंडार था और ऐसे में योजनाकारों ने विकास की गाड़ी को आगे बढ़ाने के लिए आयात प्रतिस्थापन का मार्ग चुनना बेहतर समझा। उन्होंने अल्प मात्रा में उपलब्ध संसाधनों को अधिक ज़रूरी माने गए उद्योगों की ओर मोड़ दिया। सरकार द्वारा उद्योग और निवेश के क्षेत्र में ऐसी लाइसेंसिंग नीतियाँ बनाई गईं जिनसे कोई भी बड़ा औद्योगिक समूह बाज़ार में अपना हिस्सा ज़रूरत से ज़्यादा बढ़ाकर शक्तिशाली आर्थिक शक्ति नहीं बन सके। व्यापारियों

को यह छूट नहीं थी कि वे अपनी पसन्द से उद्योग-धन्धे खड़े करने के लिए निवेश करें या लाभ की उम्मीद में अपने कारख़ानों में अचानक उत्पादन बढ़ा दें। ऐसी सभी इकाइयों को जिनमें संयंत्र और मशीनों की क़ीमत कुल-मिलाकर 7,50,000 रुपये से ज़्यादा थी, उत्पादन पहले से स्वीकृत सीमा से 125 फ़ीसदी बढ़ाने या किसी भी नई मशीनरी की स्थापना के लिए औद्योगिक लाइसेंस लेना आवश्यक बना दिया गया था।[31] जैसे-जैसे वक़्त बीता, सरकारी बाबू कम्पनियों के खेल को पकड़ने के लिए लाइसेंस पर लाइसेंस की इमारत खड़ी करते चले गए। ऐसे माहौल में काम कर रही ऑटोमोबाइल कम्पनियों ने भी तकनीकी गुणवत्ता हासिल कर या लागत कम कर मुनाफ़ा कमाने की सोचने के बजाय व्यवस्था को चूना लगाकर उल्लू सीधा करना ज़्यादा आसान समझा। और जब अनौपचारिक रूप से लागू मूल्य नियंत्रण की नीतियों के चलते वे माँग और आपूर्ति के बीच मौजूद अन्तर का फ़ायदा उठाकर पहले से महँगी कारों की क़ीमत और अधिक नहीं बढ़ा पाईं, तो ऑटोमोबाइल कम्पनियाँ सर्वोच्च न्यायालय में चली गईं।[32] अन्तरराष्ट्रीय प्रतिस्पर्धा से संरक्षित ये तीनों कम्पनियाँ, 'हिन्दुस्तान मोटर्स', 'प्रीमियर ऑटोमोबाइल्स' और 'स्टैंडर्ड मोटर्स' अपनी मनमर्ज़ी चलाते हुए घटिया स्तर की, तकनीकी रूप से आदिम कारें एक ऐसे बाज़ार में बेच रही थीं, जिसका तराजू पूरी तरह से विक्रेता के पक्ष में झुका हुआ था।

सन् 1957 में 'हिन्दुस्तान मोटर्स' द्वारा 'बेबी हिन्दुस्तान' और 'स्टडबेकर' का उत्पादन बन्द करने के बाद भारतीय कार उपभोक्ता के सामने सिर्फ़ तीन विकल्प बचे थे—'एम्बेसेडर', 'फ़ियट 1100' और 'स्टैंडर्ड 10' गाड़ियों के। ये तीनों एक ही क़िस्म की गाड़ियाँ थीं जिनमें पाँच सवारियों को बैठाने की क्षमता थी और इनके इंजन 1,000 से 1,500 सीसी के बीच थे। एम्बेसेडर, जो 'मॉरिस ऑक्सफ़ोर्ड 3' पर आधारित थी, ने 'लैंडमास्टर' की जगह ली, लेकिन उसे भी आरामदेह और ख़ूब जगह वाली पारिवारिक गाड़ी कहकर बेचा गया। गाड़ी का इंजन वही था। बस आगे बोनट पर एक बल पड़ता था और पीछे के हिस्से में फ़ैशनेबल लहरदार कलाकारी थी। उधर प्रीमियर ऑटोमोबाइल्स 'फ़ियट 1100 एलिगेंट' को एक किफ़ायती गाड़ी कहकर बेच रही थी। स्टैंडर्ड मोटर्स ने तो आयात पर लगे नियंत्रण का रोना रोते हुए हाथ खड़े कर दिये और ख़रीदारों से कहा कि वे अपनी कारें अग्रिम सुरक्षित करवा लें। उसका वादा था कि जो भी धैर्यपूर्वक अपनी बारी आने का इन्तज़ार करेगा, उसे उसकी पसन्द की कार ज़रूर मिलेगी। 1969 तक आते-आते भारत में बन रही तीनों कारों के उत्पादन में अधिकतर स्थानीय कलपुर्जों का इस्तेमाल होने लगा था। इनमें एम्बेसेडर सबसे ज़्यादा बिकनेवाली कार बनी रही। 1959 में इसने बग़ल से खुलनेवाले पुराने इंजन को बदलकर ऊपर से खुलनेवाले नये इंजन को गाड़ी में इस्तेमाल करना शुरू किया। 1962 में इसका नया मॉडल—'एम्बेसेडर मार्क-2'

चित्र 6.1 : पहले एम्बेसेडर मॉडल का विज्ञापन

साभार : कार्ल भोटे निजी संग्रह

बाज़ार में उतारा गया। इसके साथ ही गाड़ी का जाना-पहचाना चौकोर ढाँचा, नया डैशबोर्ड सामने आया। कुछ और छोटे-मोटे बदलाव गाड़ी के रूप-रंग में किये गए, लेकिन गाड़ी का इंजन और ट्रांसमिशन वही मार्क-1 मॉडल वाला था जो 1975 तक वैसा ही बरकरार रहा। 'स्टैंडर्ड मोटर्स' ने 1961 में ट्रम्प-हैराल्ड पर आधारित 'स्टैंडर्ड हैराल्ड' मॉडल बाज़ार में उतारा। बाद में इसकी जगह नई हेडलाइट्स और ग्रिल के साथ आए 'गेज़ल' मॉडल ने 1971 में ली। 'फ़ियट 1100 डी' भारतीय बाज़ार में 1964 में आती है और नब्बे के दशक तक इसका दख़ल बना रहता है। यह भारत में 'प्रीमियर पद्मिनी' नाम से बेची जा रही थी।

लेकिन भारतीय सड़कों पर सदा दिखनेवाली कार तो एम्बेसेडर ही बनी रही। 1966 में कुल बिकी 27,000 यात्री कारों में से एम्बेसेडर का हिस्सा 70 फ़ीसदी था। फ़ियट 25 फ़ीसदी और स्टैंडर्ड हैराल्ड 4 फ़ीसदी के साथ उससे बहुत फ़ासले पर खड़ी थीं।[33] इसके साथ 9,000 के क़रीब जीप की बिक्री भी इस साल हुई, जिसका उत्पादन लाइसेंस के ज़रिये 'महिन्द्रा एंड महिन्द्रा' कम्पनी भारत में ही कर रही थी। जीप का इस्तेमाल पुलिस की गाड़ी के बतौर होता था। एम्बेसेडर टैक्सी के रूप में पूरे भारत में बरती जा रही थी, बस एक बम्बई को छोड़कर जहाँ स्थानीय फ़ियट उसका साम्राज्य रोके हुए थी। संत्री से लेकर मंत्री तक अपने आधिकारिक कामों के

चित्र 6.2 : राज्य के लिए कार का विज्ञापन
साभार : कार्ल भोटे निजी संग्रह

लिए एम्बेसेडर में ही सफ़र करते थे और इसके चलते एम्बेसेडर ग़ैर-आधिकारिक तौर पर 'सरकारी गाड़ी' का ओहदा पा चुकी थी। अपनी पर्याप्त बड़ी, आरामदायक भीतरी रूपसज्जा को विज्ञापित कर पारिवारिक कार कहकर बेची जा रही धीर-गम्भीर सी दिखनेवाली एम्बेसेडर मध्यवर्ग की किफ़ायती जीवनशैली का प्रतीक बन गई। इसकी पीछे वाली चौड़ी और गहरी डिक्की के बड़े क़िस्म के इस्तेमाल होना सम्भव था, जिसमें किसी फ़िल्म कैमरामैन का घुसकर दृश्य फ़िल्माना भी शामिल था। और जब इसे शादी की बारात में दूल्हे को ले जाने के लिए तैयार करना होता तो इस धीर-गम्भीर कार पर फूलों की झालरें सजाकर इसे चमकीला बना दिया जाता। इसके साथ ही पूरे भारत में हर गली-नुक्कड़ पर ऐसे मोटर गैराज खुल गए, जो इस वक़्त-बेवक़्त ख़राब होती रहनेवाली कार की रिपेयरिंग का काम करते थे। ख़ुशक़िस्मती से इसकी सीधी-सच्ची तकनीक इसे मरम्मत के लिए आसान गाड़ी बनाती थी। इसमें ज़्यादातर कलपुर्जे, भले वो हिन्दुस्तान मोटर्स द्वारा उत्पादित हों या सहायक कम्पनियों के, स्थानीय ही लगे थे और यहाँ आसानी से मिल जाते थे।

यूँ एम्बेसेडर लाइसेंस राज और आयात प्रतिस्थापन पर खड़ी भारत की नियंत्रित अर्थव्यवस्था की कामयाबियों और विफलताओं की ज़िन्दा मिसाल बन गई। इसी के चलते अमेरिका के जैसे भारत में ऑटोमोबाइल संस्कृति गति, ख़तरे, पैशन, आज़ादी या उपभोग में अति की प्रतीक नहीं बनी।[34] यहाँ एम्बेसेडर मितव्ययिता

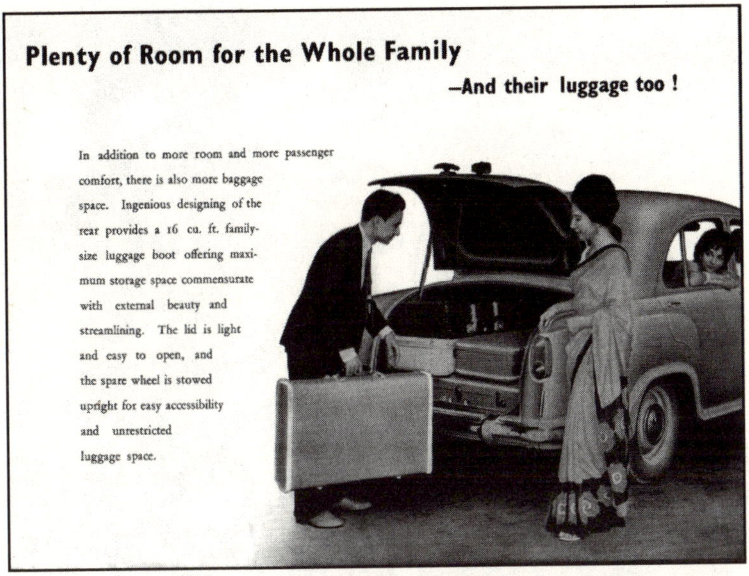


चित्र 6.3 : पारिवारिक कार का विज्ञापन
साभार : कार्ल भोटे निजी संग्रह

चित्र 6.4 : सत्यजित रे के कैमरे के लिए एम्बेसेडर कार
साभार : कार्ल भोटे निजी संग्रह

चित्र 6.5 : शादी के लिए कार
साभार : कार्ल भोटे निजी संग्रह

और आत्मनिर्भरता के मूल्यों की वाहक बनी। अब भारतीयों के लिए एक स्वदेशी कार तो उपलब्ध थी, लेकिन एक तो यह बहुत महँगी थी इसका रूप-रंग भी नहीं बदलता था और दूसरे कि ये बार-बार ख़राब होती रहती थी। साफ़ था कि ऑटोमोबाइल निर्माता नियंत्रित अर्थव्यवस्था को अपने मुनाफ़े के लिए भुना रहे थे और समय पर डिलिवरी, वाजिब क़ीमत और आदिम तकनीकी में सुधार जैसे मुद्दे उनकी प्राथमिकता में नहीं थे। जब दो साल से अधिक के लम्बे इन्तज़ार के बाद उपभोक्ता अपनी एम्बेसेडर की ड्राइविंग सीट पर बैठता था, यह उसकी सबसे चहेती सम्पत्ति बन जाती थी। इसे साज-सँभाल से रखना अब उसकी ज़िम्मेदारी थी। रोज़ सुबह-सुबह कार मालिक और उनके सेवक घरों के बाहर अपनी एम्बेसेडरों को धोते-चमकाते आम दिख जाया करते थे। लेकिन इस गाड़ी से शिकायतें भी कम न थीं, जैसा कई सरकारी समितियों की रपटें ज़ाहिर करती हैं। किसी नये परिधान में एक नवीन मॉडल की माँग सदा मौजूद रही। 1966 में प्रकाशित 'अरविन्द कार' को लेकर इलस्ट्रेटेड वीकली की तीन पृष्ठों की रपट इसकी गवाही देती है। भले ही इस कार का उत्पादन शुरू न हो पाया हो, इसे बनाने की कोशिश और आगे बढ़कर किया गया इसका प्रचार तंगी की अर्थव्यवस्था से बाहर निकलने की बढ़ती चाहत की गवाही देता है।

चित्र 6.6 : स्टाइल का सपना : अरविन्द कार प्रोटोटाइप, 1966
साभार : *इलस्ट्रेटेड वीकली ऑफ़ इंडियन*, 17 अप्रैल, 1966

## एम्बेसेडर से मारुति तक

ऑटोमोबाइल की इस इकरंगी दुनिया में संजय ने अपनी छोटी कार परियोजना के साथ 1968 में प्रवेश किया। 21 सितम्बर के 'दि स्टेट्समैन' में ख़बर थी, 'लघु कार का उत्पादन : संजय का सपना'। संवाददाता ने ख़बर में लिखा था कि कार बनाना बचपन से, यानी नेहरू के जीवनकाल से ही संजय का सपना रहा था। पर लगा था कि ये सपना सपना ही बनकर रह जाएगा। यहाँ तक कि जब संजय रॉल्स रॉयस कम्पनी में प्रशिक्षण के लिए गए थे तो ख़ुद उनकी माँ को भी उनकी सफलता पर भरोसा नहीं था। लेकिन ब्रिटेन से भारत वापसी के बाद संजय ने सीधे दिल्ली के गुलाबी बाग़ में कारीगर कॉलोनी की राह पकड़ी। कार मैकेनिकों से अटी पड़ी इस अनधिकृत कॉलोनी की एक झोंपड़ी में संजय ने मोटरसाइकिल का इंजन लगाकर एक मोटरकार बना डाली। संजय का दावा था कि उनकी यह कार सौ मील से ज़्यादा दौड़ चुकी है और अब वे इसका दूसरा संस्करण बनाने की तैयारी में हैं। संजय के इस दावे पर अख़बार ने कई तरह की प्रतिक्रियाएँ भी प्रकाशित की थीं, "कुछ इसे जवान ख़ून का आमोद-प्रमोद भर बता रहे थे तो कुछ दूसरे इसे अतिसंवेदनशील लड़के की 'दि प्रिंस एंड द पॉपर' कहानी का नाटकीकरण मानने पर उतारू थे।"

इसके तीन हफ़्ते बाद ही एक दूसरे अख़बार ने सकारात्मक नोटिस लिया। 7 अक्टूबर, 1968 के 'दि हिन्दुस्तान टाइम्स' में रपट छपी थी कि कैसे 'मिनी कार निर्माता' संजय गुलाबी बाग़ के कारख़ानों में स्थानीय कलपुर्जों से एक छोटी कार बनाने की चाहत में सुबह के 8 से शाम के 8 तक अपना ख़ून-पसीना जला रहे हैं। यह सपनों की कार आकार में फ़ियट जैसी होगी, लेकिन भीतर से अधिक चौड़ी और आरामदेह होगी। इसमें सामान रखने की डिक्की आगे की ओर होगी और इंजन पीछे की ओर। इसका इंजन ठंडा रखने की तकनीक के साथ होगा, जिससे रेडियेटर की जगह बचाई जा सकेगी। कार का वज़न सिर्फ़ 380 किलोग्राम और क़ीमत बस 6,000 रुपये। संजय की योजना फैक्टरी लगाकर सालाना 50,000 गाड़ियों के उत्पादन की योजना थी। जब अख़बार के संवाददाता ने पूछा कि क्या हम आपकी यह ख़ास 'दो दरवाज़े वाली गाड़ी' देख सकते हैं, तो संजय का जवाब कुछ यूँ था, "बस एक महीना इन्तज़ार कीजिए। मेरी कार देखने और तसवीरों में क़ैद किये जाने के लिए तैयार होगी।"

वास्तव में संजय अपनी कार का दूसरा संस्करण साल भर बाद सबके सामने लाए। और अब इसका एक नाम भी था : मारुति। "यह हरी है, जवानी से भरी। इसकी नाक चमकीली है और चेहरे पर खरोंच के बावजूद—'ऐसा होता रहता है, आप तो समझते हैं', इसे ज़रा भी कम ख़ूबसूरत नहीं कहा जा सकता।"[35] कार का लोकार्पण औद्योगिक विकास और कम्पनी मामलों के मंत्रालय के अधिकारियों के समक्ष किया गया और इन्हें ही कार पर बैठ पहली मौजी खाने का मौक़ा मिला। अब इन अधिकारियों को बताना था कि कार गुणवत्ता में कैसी है। जब संजय से पूछा गया कि जैसी अफ़वाहे हैं, क्या उन्हें सच में यह कार बनाने के लिए सरकार से उधारी पर पैसा मिला है? संजय का सीधा जवाब था, "पूरी तरह झूठ।" उधर 'दि स्टेट्समैन' ने भी मारुति पर एक छोटी मगर अनुकूल ख़बर छापी जिसमें इस 'दो दरवाज़े वाली कार' की शक्ल-ओ-सूरत की तुलना 'ऑस्टिन मिनी' से की गई थी। "लेकिन ये उससे बहुत अलग है। मारुति शत-प्रतिशत भारत में निर्मित कार है, जिसके तमाम कलपुर्जे यहीं बने हैं।" मोटरकार के निर्माता संजय गांधी का बयान साथ था। ख़बर में इसका भी उल्लेख था कि कार के इस सपने को "संजय ने चन्द कारीगरों के साथ मिलकर भीड़भरे सब्ज़ीमंडी इलाक़े के कारख़ाने में साल भर कड़ी मेहनत और अनुसन्धान द्वारा सम्भव बनाया है।" समाचार में यह भी आशा की गई थी कि "भारत में सालों से देखा जा रहा एक टिकाऊ सस्ती मोटरकार का सपना इसके साथ पूरा हो सकता है।"[36]

ये तो सच था कि एक छोटी कार का सपना भारत में 1953 से ही देखा जा रहा था। तब टैरिफ़ कमीशन के सामने जर्मन ऑटोमोबाइल विशेषज्ञ डॉ. डब्ल्यू. आर. वोर्विग ने एक 'बेबी कार' के निर्माण की सलाह रखी थी, जिसका इंजन 1.2

लीटर का ही हो। रखरखाव का कम ख़र्च माँगनेवाली एक सस्ती कार अधिक से अधिक लोगों की पहुँच में होगी और मोटरकार उद्योग इससे ज़िन्दा हो उठेगा।[37] 1956 का टैरिफ़ कमीशन इस सस्ती लघु कार के उत्पादन पर सहमत भी हो गया था। लेकिन समस्या ये थी कि निर्माण की लागत में कमी तभी लाई जा सकती थी जब उत्पादन बड़ी संख्या में होता, और तब की परिस्थितियों में ऐसा होना सम्भव नहीं लगता था। टैरिफ़ कमीशन ने इस विचार को ग़ैर-व्यावहारिक मानकर छोड़ दिया।[38]

तीन साल बाद एक दूसरी सरकारी समिति (एल.के. झा समिति) फिर इस मुद्दे पर लौटी। 1960 में पेश अपनी रिपोर्ट में समिति ने दर्ज किया कि आयात प्रतिबन्धों के चलते कार बाज़ार में विकल्पों का उपलब्ध न होना उपभोक्ताओं में ग़ुस्से का कारण बन रहा है। स्थानीय स्तर पर बन रही कारों की क़ीमत और गुणवत्ता को लेकर भी उनमें बहुत रोष है। समिति ने निष्कर्ष रूप में अपनी राय रखी कि भारत में एक कम बजट की छोटी कार की माँग तो बहुत है, लेकिन इसके उत्पादन का फ़ैसला इस बात पर निर्भर करता है कि 'हमारे जैसी योजनाबद्ध और नियंत्रित अर्थव्यवस्था' इसका भार झेल सकती है या नहीं।[39] समिति का निष्कर्ष था कि सस्ती कार की ज़रूरत तो बेशक है। उसे इस बाबत कार निर्माताओं से कई प्रस्ताव भी मिले हैं। हिन्दुतान मोटर्स ने जिस 'बेबी हिन्दुस्तान' का उत्पादन 1957-58 में रोक दिया था, उसे दोबारा बाज़ार में उतारने का प्रस्ताव दिया। महिन्द्रा ने रेनॉल्ट की 'डुफ़िनॉइज़' को आगे किया, प्रीमियर ऑटोमोबाइल 'फ़ियट 600' के साथ दौड़ में कूदी और टाटा के मालिकाना हक़ वाली टेल्को ने जर्मन 'डीकेडब्ल्यू' के उत्पादन की पेशकश की। यहाँ तक कि सरकारी निकाय 'हिन्दुस्तान एयरक्राफ़्ट लिमिटेड' ने भी अपने बनाए प्रोटोटाइप को आधार बना एक कार के निर्माण का प्रस्ताव रखा, हालाँकि इसका कोई परीक्षण नहीं हुआ था।[40] इसके साथ दो दरवाज़े वाली चार सीटर एक ऐसी जर्मन 'गोग्गोमोबाइल' कार भी दौड़ में थी, जिसमें दो सिलेंडर का इंजिन पीछे की ओर लगा होता था। बम्बई की एक कम्पनी इस गोग्गोमोबाइल को 1959 से ही ज़ोर-शोर से प्रमोट करने में जुटी थी। वो इसे नेहरू सहित कई बड़े नेताओं को भी दिखा चुके थे।[41]

झा समिति के अपनी संस्तुतियाँ देने भर की देर थी। उद्योग मंत्री ने 30 मार्च, 1960 को संसद के पटल पर आश्वासन दे डाला कि भारत के 'लोगों द्वारा, लोगों के लिए' एक छोटी कार का निर्माण और उत्पादन किया जाएगा।[42] दरअसल मंत्री जी भावनाओं में बह गए थे। यह सही है कि झा समिति ने इस मामले का अध्ययन किया था और प्रस्ताव भी माँगे थे, लेकिन उन्होंने इस बाबत कोई अनुशंसा नहीं की थी। उन्होंने तो एकदम नौकरशाही वाले अन्दाज़ में सरकार को ये सुझाव दिया था कि सरकार इसकी व्यावहारिकता जाँचने के लिए एक और विशेषज्ञ समिति

बना दे। इसी राह पर चलते हुए पांडे समिति ने तेरह विदेशी कार निर्माताओं से इस बाबत प्रस्ताव आमंत्रित किये। इनमें बैंगलोर की हिन्दुस्तान एयरक्राफ़्ट लिमिटेड भी शामिल थी। इसके नतीजे में विदेश से आयातित कारों की नुमाइश का ग़ज़ब तमाशा देखने को मिला। 'जनता कार' बनने की इस होड़ में एक दावेदार डच 'डीएएफ़' गाड़ी भी थी। इसका दावा था कि "यह गाड़ी उतनी स्वचालित है जितनी आधुनिक विज्ञान द्वारा बनाया जाना सम्भव है" और इसमें "क्लच पैडल, गीयर लीवर, गीयर बॉक्स, रेडियेटर, डिफ़रेंशियल और ऑइलिंग करने" जैसा कोई झंझट नहीं है। बम्बई में इसकी नुमाइश में सैकड़ों तमाशबीन जुटे थे।[43]

लेकिन अन्त में पांडे समिति इस नतीजे पर पहुँची कि रेनॉल्ट की 'डुफ़ाइन' भारत के लिए सबसे मुफ़ीद कार है।[44] इस फ़्रेंच कम्पनी ने भारत में उत्पाद कारख़ाना लगाने का भी वादा किया। कारख़ाने की लागत को आनेवाले पन्द्रह सालों में क़िस्त दर क़िस्त अदा किया जाना था, जिसमें भी पहले पाँच साल छूट के मान लिये गए थे। क़ीमती विदेशी मुद्रा भंडार से किसी तात्कालिक ख़र्च का न होना और कम्पनी द्वारा उत्पादन के एक निश्चित प्रतिशत का निर्यात करने का वादा समिति को इस फ़ैसले तक पहुँचाने में ज़रूरी कारक रहे। रेनॉल्ट का प्रस्ताव इतना पसन्द किया गया कि ख़ुद प्रधानमंत्री नेहरू भी जाँच के नाम पर इस कार में बैठकर घूमे।[45] लेकिन यह प्रस्ताव परवान नहीं चढ़ पाया क्योंकि छोटी यात्री कारों का उत्पादन सरकार की वरीयताओं में बहुत नीचे था। एक विकासशील अर्थव्यवस्था में परिवहन क्षेत्र में ऐसे ढुलाई वाहनों का महत्त्व ज़्यादा था जो माल को इधर से उधर पहुँचा सकें। एक ऑटोमोबाइल से जुड़ी पत्रिका ने टिप्पणी की कि छोटी कार का किस्सा "किसी धमाके के साथ शुरू हुआ और दयनीय रिरियाहट में बदलकर ख़त्म हो गया।"[46]

लेकिन क़िस्सा अभी पूरी तरह ख़त्म नहीं हुआ था। छोटी कार के मुद्दे ने 1965 में फिर से सर उठाया। काबीना में इस प्रस्ताव को लेकर चर्चा हुई कि छोटी कार का उत्पादन निजी क्षेत्र में शुरू किया जा सकता है, लेकिन इस पर फ़ैसले को टाल दिया गया। साफ़ है कि कम क़ीमत में बनी एक ऐसी ऑटोमोबाइल हासिल करने की तमन्ना बलवती हो रही थी, जिसके किसी कलपुर्जे को विदेश से मँगाने के लिए विदेशी मुद्रा ख़र्च न करनी पड़े। पर सरकार को यही लगता था कि ऐसी कोई भी परियोजना भारत की तत्कालीन आर्थिक अवस्था के देखते हुए निभाना सम्भव नहीं। लेकिन प्रस्तावों की भरमार थी। मैसूर सरकार ने एक जापानी कम्पनी के साथ मिलकर 'माज़्दा 800' के उत्पादन का प्रस्ताव भेजा। रेनॉल्ट अपनी 'आर-1' और 'आर-4' मॉडल के निर्माण का प्रस्ताव रख रही थी। एक सरकारी समिति ने फ्रांसीसी प्रस्ताव पसन्द भी किया, लेकिन बात आगे नहीं बढ़ी।[47] 1968 के टैरिफ़ कमीशन ने भी छोटी कार के ख़िलाफ़ अपना मत दिया। उनका तर्क भी वही था

कि भारत में अभी व्यावसायिक वाहनों के विकास की और सार्वजनिक परिवहन के निर्माण की अधिक ज़रूरत है।

तो 1968 में मामला यहाँ खड़ा था। सरकार के पास जब भारत में बन रही ऑटोमोबाइल्स की गुणवत्ता, क़ीमत और सीमित उपलब्धता से जुड़ी शिकायतों की भरमार हो गई तो उसने जाँच कमीशन बैठा दिये और अनुशंसाएँ जारी कर दीं। सरकार अनन्तकाल से एक 'जनता कार' बनाने के प्रस्ताव पर विचार किये जा रही थी, लेकिन काम धेले का नहीं किया था। उसने तो अभी तो ये भी तय नहीं किया था कि ऐसी प्रस्तावित 'जनता कार' निजी क्षेत्र में बनेगी, सार्वजनिक क्षेत्र में या दोनों इसे मिलकर बनाएँगे। लेकिन जैसे ही संजय गांधी ने इसमें रुचि लेना शुरू किया, सारा माहौल ही बदल गया। किसी तंगहाल गली के कारख़ाने में संजय की तीन-चार मोटर मैकेनिकों को साथ लेकर ऐसी कार बनाने की कोशिश अख़बारों में आश्चर्य मिश्रित सकारात्मकता के साथ पेश की जा रही थी। इन रपटों में उपभोक्ताओं की उस तमन्ना का भी अक्स था, जो बाज़ार पर क़ब्ज़ा किये बैठी एम्बेसेडर की एकरसता से अब मुक्ति चाहती थी। सालों के बेनतीजा सरकारी प्रस्तावों और रपटों के बाद सच में एक ऐसी परियोजना सामने थी, जिससे एक वहन करने योग्य 'जनता कार' का सपना साकार हो सकता था। इस वायुपुत्र ने जैसे नौकरशाहों और योजनाकारों की निष्क्रियता को हवा में उड़ा दिया था। नियंत्रित अर्थव्यवस्था की दीवारें भरभराकर ढहने लगी थीं।

लेकिन मारुति परियोजना के सम्भव होने के पीछे सबसे बड़ा कारण यही था कि इसके साथ प्रधानमंत्री के बेटे का नाम जुड़ा था। संजय द्वारा निरीक्षण के लिए प्रोटोटाइप विकसित किये जाने और दिसम्बर 1968 में लाइसेंस के लिए आवेदन किये जाने से भी महीनों पहले तकनीकी विकास महानिदेशक (डाइरेक्टर जनरल ऑफ़ टेक्निकल डेवलपमेंट) ख़ुद उनके प्रस्ताव की जाँच पूरी कर रहे थे। नौकरशाही का पूरा तंत्र, जो अधिकारियों के विपरीत मतों के चलते सालों से ठहरा हुआ था, अचानक हरकत में आ गया। सरकारी विभागों के बीच बिजली की गति से काग़ज़ों की आवाजाही होने लगी। संजय ख़ुद तकनीकी विकास महानिदेशक और उद्योग मंत्रालय के अधिकारियों से कई बार मिले। यहाँ तक कि ख़ुद उद्योग मंत्री फ़ख़रुद्दीन अली अहमद (वही, जिन्होंने बाद में राष्ट्रपति पद पर रहते हुए आपातकाल की घोषणा पर दस्तख़त किये) अपने अधिकारियों से पूछताझ करने लगे कि इस मामले में इतनी देर क्यों लग रही है। अन्ततः योजना आयोग ने अपनी इस आपत्ति को वापस ले लिया कि देश के पास सीमित संसाधनों के चलते कार में निवेश नहीं किया जा सकता।

अक्टूबर, 1969 में संजय ने अपनी कार के प्रोटोटाइप (प्राथमिक नमूने) को निरीक्षण के लिए पेश किया। उधर भारी उद्योग मंत्रालय में ज्ञापन तैयार होने लगा

जिसमें उन सत्रह प्रस्तावों का ज़िक्र था जो छोटी कार के उत्पादन के लिए अब तक सरकार को मिल चुके थे। इनमें तीनों मौजूदा भारतीय कार कम्पनियों के प्रस्ताव भी शामिल थे। संजय के नमूने के साथ इन सभी प्रस्तावों पर विचार होना था। ज्ञापन में संजय के नमूने को सन्तोषजनक बताया गया था। मारुति में कुछ छोटे-मोटे सुधार की ज़रूरत बताई गई थी, लेकिन इसे पूरी तरह भारत में निर्मित एक ऐसी कार बताया गया था जिसके उत्पादन के लिए किसी हिस्से या तकनीक के विदेश से आयात की ज़रूरत नहीं होगी। यही बात इस मुद्दे पर 7 अगस्त, 1970 को हुई कैबिनेट की बैठक में मारुति के पक्ष में निर्णायक तर्क बनकर उभरी। इन्दिरा गांधी की अध्यक्षता में कैबिनेट ने औद्योगिक विकास मंत्रालय को निर्देश दिया कि निजी क्षेत्र में ऑटोमोबाइल निर्माण के प्रस्ताव को इस आधार पर चुना जाए कि वो पूरी तरह भारत में निर्मित तकनीक और सामग्री पर आधारित है या नहीं। विचारधारा को सहारा बनाते हुए कैबिनेट ने यह भी फ़ैसला लिया कि सार्वजनिक क्षेत्र में ऑटोमोबाइल उत्पादन क्षमता को बढ़ाने का अधिकार भी सरकार के पास सुरक्षित रहेगा। तीन दिन बाद सरकार ने कैबिनेट का यह निर्णय संसद के पटल पर रखा। एक ओर सरकार सार्वजनिक क्षेत्र में ऑटोमोबाइल उत्पादन के लिए अतिरिक्त क्षमता बनाएगी जिसका आधार पहले से परखे हुए विदेशी डिज़ाइन होंगे, वहीं दूसरी ओर निजी क्षेत्र में वो भारत में निर्मित छोटी कार के डिज़ाइन प्रस्तावों को ही प्रोत्साहित करेगी।

लाइसेंसिंग समिति ने उसके समक्ष प्रस्तुत दस प्रस्तावों में से दो को चुना। संजय गांधी और मद्रास के एम. मोहन राव को इस आशय के 'लेटर ऑफ़ इंटेंट' (सहमति पत्र) दिये गए। इस चयन का आधार था कि सिर्फ़ यही दोनों प्रस्ताव अपनी संरचना और निर्माण में पूरी तरह स्वदेशी थे और इसके चलते इनके निर्माण में विदेशी मुद्रा का ख़र्च नहीं होना था। पर हक़ीक़त में मारुति के प्रोटोटाइप में एक पुर्जा अभी स्वदेशी नहीं था, और वो था उसका इंजन। लेकिन संजय ने दावा किया कि वो अपने स्वदेशी इंजन के डिज़ाइन पर काम कर रहे हैं और उनकी फैक्टरी 7,500 कारों से शुरू कर जल्द ही 50,000 कारों का सालाना उत्पादन करने लगेगी। उधर एम. मोहन राव के पास न तो प्रोटोटाइप था और न डिज़ाइन। असल में उन्होंने तो मलेशिया और संयुक्त अरब अमीरात के साथ संयुक्त उपक्रम का प्रस्ताव दिया था और डिज़ाइन के लिए वे किसी अमेरिकन विशेषज्ञ की सेवाएँ लेनेवाले थे। लेकिन उन्हें सलाह दी गई कि वे इन मंसूबों को छोड़ें और 'विशुद्ध भारतीय' कार के प्रस्ताव पर काम करें। यह सब इसलिए, जिससे उनके मसौदे को भी संजय के प्रस्ताव के साथ रखकर पेश किया जा सके। राव ने शुरुआत में 24,000 कार सालाना निर्मित करने का प्रस्ताव दिया, और उनका दावा था कि उत्पादन के छठवें साल तक वे इसे 75,000 कार सालाना तक पहुँचा देंगे। अधिकारियों को शुरू से राव के इस

दावे पर सन्देह रहा, लेकिन उन्हें साथ में 'लेटर ऑफ़ इंटेंट' देकर संजय के लिए रास्ता सुगम बनाया गया।

लेकिन आलोचक इतनी आसानी से मूरख बननेवाले नहीं थे। 1968 में जब संजय की परियोजना सार्वजनिक पटल पर आई, संसद में विपक्ष के सदस्यों को लग गया था कि ज़रूर दाल में कुछ काला है। इस मुद्दे पर सरकार को संसद में घेरा गया। बचाव की मुद्रा में आते हुए सरकार ने फ़ौरी क़िस्म का जवाब दिया कि वो कार परियोजना के लिए निजी और सार्वजनिक दोनों क्षेत्रों में स्थानीय तकनीक और सामग्री से निर्मित प्रस्तावों पर विचार कर रही है।[48] लेकिन जब 'लेटर ऑफ़ इंटेंट' जारी हुए, तो सरकार सीधे आलोचना के घेरे में आ गई। सीपीएम के एक सदस्य ने तो प्रधानमंत्री पद का दुरुपयोग कर अपने बेटे को लाभ पहुँचाने का आरोप लगाते हुए उनके इस्तीफ़े की माँग तक कर डाली। यह 1970 की घटना है। अन्य सदस्यों ने भी यह सवाल उठाया कि जब एक ओर सरकार सार्वजनिक क्षेत्र में स्थानीय तकनीक को अक्षम मानते हुए विदेशी सहयोग से कार के निर्माण का फ़ैसला कर रही है तो आख़िर संजय ख़ुद अकेले ही कार के निर्माण में सक्षम कैसे मान लिये गए? लेकिन सरकार का साफ़ कहना था कि उसने संजय के मामले में कोई पक्षपात नहीं किया है।[49]

आरएसएस को तो जैसे नेहरू परिवार और इन्दिरा के ख़िलाफ़ सालों से चले आए अपने मोर्चे में हमला करने के लिए नया गोला-बारूद मिल गया। उनके साप्ताहिक मुखपत्र 'ऑर्गनाइज़र' में अभी तक पाकिस्तान तथा 'राष्ट्रद्रोही' कम्युनिस्टों के ख़िलाफ़ हिन्दुत्ववादी-राष्ट्रवाद से लबरेज़ डींगे, देश के मुसलमानों के 'भारतीयकरण' सम्बन्धी सख़्त सन्देश और एटम बम फोड़कर एक मर्दाना राष्ट्र के निर्माण की अपीलें ही मिला करती थीं।[50] लेकिन 22 अगस्त, 1970 को उसके मुखपृष्ठ पर बड़े-बड़े अक्षरों में छपा, 'इन्दिरा अलॉट्स बेबी कार प्रोजेक्ट टू सन संजय!' ख़बर में बताया गया था कि कैसे लाइसेंसिंग समिति के अध्यक्ष के नाते इन्दिरा ने अपने ही पुत्र को 'लेटर ऑफ़ इंटेंट' जारी कर दिया। समाचार की पंक्तियाँ कुछ इस प्रकार थीं, "छोटू को मिल गई छोटू कार, मम्मी की ख़ुशी का न कोई पारावार!" (सो द बेबी गॉट द बेबी कार एंड मॉम इज़ हैप्पी!) लेकिन इन्दिरा ने मज़बूती के साथ इस निर्णय और अपने बेटे का बचाव किया। 'हिन्दुस्तान टाइम्स' में 'माँ का मान' (मदर्स प्रेज़) शीर्षक से छपे उनके भाषण में इन्दिरा ने अपने पुत्र की उद्यमिता की सराहना की। एक 'सुकुमार नवयुवक' ने ख़ुद से पैसा जोड़कर अपने बूते ये कार बनाई है। और ये "तड़क-भड़क वाली कार नहीं, बल्कि भारतीय परिस्थितियों को रास आए, ऐसी आरामदायक सवारी है।" इन्दिरा का कहना था कि मध्यवर्ग को ये कार विशेष तौर पर पसन्द आएगी।[51] पर 'इंडियन ऑटोमोबाइल एसोसिएशन' के उपाध्यक्ष इससे अलग राय रखते थे। उनका कहना था कि महीने

के पन्द्रह सौ कमानेवाला मध्यवर्गीय इनसान आख़िर दस हज़ार रुपये की कार कैसे ख़रीद सकता है, जबकि गाड़ी को चलाने का ख़र्च, बीमा, रखरखाव और मरम्मत का ख़र्च अलग से होना है?[52]

## 'जनता कार'

अब किफ़ायती हो या नहीं, सालों से चर्चा में बनी रही और टलती आ रही 'जनता कार' परियोजना आख़िरकार 1968 के अन्तिम महीनों में धरातल पर नमूदार होने लगी। संजय के 11 दिसम्बर, 1968 को औद्योगिक लाइसेंस के लिए आवेदन करने के एक हफ़्ते के भीतर ही चक्का घूमने लगा। अपनी लेट-लतीफ़ी के लिए विख्यात 'लाइसेंस राज' अचानक हरकत में आ गया और तुरत-फुरत काम होने लगा। आगे जो हुआ, सबकी आँखें खोलनेवाला था। हरियाणा के बाहुबली और शातिर राजनेता बंसीलाल ने इसे संजय से नज़दीकियाँ बढ़ाने के मौक़े के तौर पर देखा और लपक लिया। अगले ही हफ़्ते बंसीलाल ने हरियाणा के उद्योग मंत्री को पत्र लिखकर राज्य सरकार द्वारा संजय गांधी की परियोजना के लिए ज़मीन, बिजली और मुद्रा देने के फ़ैसले की जानकारी दी।[53] अगस्त, 1970 में, यानी संजय को 'लेटर ऑफ़ इंटेंट' मिलने से भी एक महीना पहले ही बंसीलाल के अफ़सर उन्हें हरियाणा में फैक्टरी लगाने के लिए सम्भावित ज़मीनें दिखा रहे थे। हरियाणा के वरिष्ठ अधिकारी 1, सफ़दरजंग मार्ग पर स्थित प्रधानमंत्री निवास जाते और वहाँ से संजय को अपने साथ लेकर विभिन्न सम्भावित जगहों की सैर करवाते। और ये बात है 23 सितम्बर, 1970 की यानी 'लेटर ऑफ़ इंटेंट' जारी होने से एक हफ़्ता पहले। यहाँ तक कि ज़मीन के लिए अधिकृत माँगपत्र दाख़िल होने से पहले ही हरियाणा के शहरी एवं ग्रामीण योजना विभाग के अधिकारियों ने सम्भावित ज़मीनों की श्रेणी 'ग्रामीण' से 'औद्योगिक' में बदलना आरम्भ कर दिया था।

आख़िर 14 नवम्बर को संजय गांधी ने भूमि अधिग्रहण के लिए औपचारिक आवेदन दाख़िल किया। संजय अपनी फैक्टरी के लिए दिल्ली-गुड़गाँव मार्ग पर तीन सौ एकड़ ज़मीन पट्टे पर हासिल करना चाहते थे, जिसके लिए उनकी ओर से भुगतान क़िस्तों में और पहली क़िस्त का भुगतान भूमि अधिग्रहण के पाँच साल बाद प्रस्तावित था। इसके चार ही दिन बाद आर. के. धवन ने हरियाणा सरकार में कार्यरत अधिकारियों को बुलाकर आवंटित भूमि के काग़ज़ात भिजवाने को कहा। अगले ही दिन ये काग़ज़ात प्रधानमंत्री आवास पहुँच चुके थे। लेकिन एक बाधा खड़ी हो गई। अधिकारियों की नज़र में संजय के आवेदन में जानकारियाँ पूरी नहीं थीं और वे चाहते थे कि भूमि आवंटन से पहले संजय अपनी योजना विस्तार से साझा करें। लेकिन इस मजमून की चिट्ठी संजय को भिजवाने के बजाय सम्बन्धित

अधिकारी ने आर.के. धवन को फ़ोन कर कहा कि वे इन आपत्तियों को संजय तक मौखिक रूप से ही पहुँचा दें। इधर केन्द्रीय उद्योग मंत्री फ़ख़रुद्दीन अली अहमद का भी अचानक ज़मीर जागा और उन्होंने पट्टे पर ज़मीन हासिल करने के लिए संजय गांधी द्वारा प्रस्तावित शर्तों पर अपनी आपत्ति दर्ज की। लेकिन बंसीलाल ने इन सब आपत्तियों को धता बताते हुए अपने अधिकारियों को निर्देश दिया कि संजय गांधी द्वारा प्रस्तावित सब शर्तें मान ली जाएँ। चिट्ठी भेजी जाए कि सौदा पक्का है, किसी और जानकारी की आवश्यकता नहीं। जब संजय ने फैक्टरी की ज़मीन के साथ कामगारों के लिए रिहायशी कॉलोनी बनाने के प्रस्ताव का यह कहते हुए विरोध किया इससे श्रमिक असन्तोष को बढ़ावा मिल सकता है और भविष्य में यह फैक्टरी के सुचारु प्रबन्धन में बाधक हो सकता है, अधिकारियों ने संजय को नापसन्द इस प्रस्ताव को फ़ौरन परियोजना के ख़ाके से निकाल बाहर किया।

ऐसे ही हरियाणा के भूमि अधिग्रहण अधिकारी की उन आपत्तियों को ठिकाने लगाया गया, जिसमें उन्होंने फैक्टरी के लिए प्रस्तावित ज़मीन के खेतिहर, उपजाऊ भूमि होने के चलते आपत्ति दर्ज की थी। वरिष्ठ अधिकारियों के ऐसा करने के पीछे ख़ुद बंसीलाल का आदेश था। बंसीलाल ने उन्हें कहा था कि संजय देरी के चलते ग़ुस्सा हो रहे हैं और उनको ज़मीन फ़ौरन सौंपी जाए। 3 जुलाई, 1971 को संजय गांधी, बंसीलाल और हरियाणा सरकार के कुछ अधिकारियों की इस भूमि अधिग्रहण को लेकर एक बैठक हुई। संजय यहाँ निर्णयकारी भूमिका में थे और बंसीलाल उनके सिपहसालार। एक ही हफ़्ते के भीतर, 10 या 11 जुलाई, 1971 तक ज़मीन संजय गांधी के सुपुर्द कर दी गई। ज़मीन अधिग्रहण की क़ीमत 10 प्रतिशत एकमुश्त और बाक़ी 18 क़िस्तों में चुकाया जाना तय हुआ था। हरियाणा सरकार 25 फ़ीसदी पूँजी और अन्तरराज्यीय बिक्री एवं ख़रीद कर को ब्याजमुक्त उधार की तरह जारी करने को तैयार थी, जिसे उत्पादन शुरू होने के पाँच साल बाद और वो भी क़िस्तों में चुकाया जाना था। वायुसेना की ओर से भी मारुति के इस कारख़ाने पर आपत्ति दर्ज की गई थी। उनकी एक हवाईपट्टी और आयुध डिपो के नज़दीक होने के चलते यह कारख़ाना सुरक्षा की दृष्टि से बड़ी परेशानी में था। लेकिन प्रधानमंत्री के सुपुत्र का यह चहेता प्रोजेक्ट किसी के रोके न रुका। आपत्ति दर्ज करवाने पर ख़ुद आयुध डिपो का ही ठिकाना बदल दिया गया। इसी तरह बाक़ी तमाम आपत्तियों को ठिकाने लगाया गया।

भूमि अधिग्रहण के चलते जिनकी ज़मीनें जानी थीं, उन्हें जल्दबाज़ी में अपनी आपत्तियाँ दर्ज करवाने को कहा गया। भूमि अधिग्रहण अधिकारी ने ये सारी आपत्तियाँ सुनने के लिए सिर्फ़ 10 जुलाई का दिन निर्धारित किया। उस दिन भी उन्होंने तमाम दावे दोपहरी के 1 बजे से पहले ही सुन डाले और शाम के 5 बजे अपना निर्णय भी सुना दिया। आनन-फ़ानन में तमाम चेक जारी हुए ज़मीन का अधिग्रहण हो गया।

अधिग्रहण की सारी कार्यवाहियाँ पूरी करने और सरकार से पट्टा जारी करवाने के बाद 9 अगस्त को हरियाणा सरकार के अधिकारी करारनामे का मसौदा लेकर प्रधानमंत्री आवास पहुँचे। संजय ने उन्हें वहाँ कुछ छोटे-मोटे सुधार करके लाने को कहा। अगले ही दिन अधिकारी संशोधित करारनामे के साथ फिर प्रस्तुत थे और वे संजय, उनके भाई राजीव और आर. के. धवन को अपने साथ गुड़गाँव की सैर पर ले गए। 10 अगस्त, 1971 बीतने से पहले ज़मीन के उस पट्टे पर संजय गांधी का नाम था।

आगे भी संजय गांधी का करिश्मा 'मारुति लिमिटेड' के लिए मुश्किलें आसान करता रहा। 4 जून, 1971 को गठित कम्पनी के निदेशक बोर्ड में कई प्रतिष्ठित नाम थे।[54] लेकिन सबसे वज़नदार नाम कम्पनी के प्रबन्ध निदेशक का था—संजय गांधी। कम्पनी के बोर्ड की बैठकें अक्सर 1, सफ़दरजंग मार्ग के पते पर हुआ करतीं, ताकि कोई शक बाक़ी न रहे कि कम्पनी पर कैसा और किनका वरदहस्त है।

'मारुति लिमिटेड' द्वारा पूँजी जमा करने की अर्ज़ी के मामले में लालफ़ीताशाही आश्चर्यजनक रूप से द्रुत गति से और बहुधा नियमों के विरुद्ध जाकर काम कर रही थी। इसके लिए अधिकारियों ने सार्वजनिक क्षेत्र की कम्पनियों के पूँजी उगाहने सम्बन्धी नियमों में ढील दे दी। उन्होंने मारुति को ऐसे शेयर्स भी बेचने की इजाज़त दे दी, जिन्हें कम्पनी के प्रमोटरों और निदेशकों के लिए रखा जाना ज़रूरी था। निदेशकों, यार-दोस्तों को अलग से शेयर जारी कर पूँजी उगाहने सम्बन्धी नियमों को भी सुविधानुसार बदला गया। यहाँ तक कि मारुति ने धमकी और छल से ऐसे लोगों को भी अपने शेयर बेचे जो इसे ख़रीदने के ज़रा भी इच्छुक नहीं थे। सार्वजनिक क्षेत्र की कम्पनियों ने अपने एजेंटों के ऊपर मारुति के डीलर बनने का दबाव डाला। उनके खातों में इस बाबत बड़ी रकम पहुँचाई और मारुति के शेयर ख़रीदे।[55] लेकिन इन बड़ी ख़रीदों के साथ मारुति में छोटे निवेशकों ने भी बढ़-चढ़कर निवेश किया था। 1977 में कम्पनी की जाँच के लिए गठित 'मारुति कमीशन' ने इन्हें 'कारोबारी समूह' और 'जाति समूह' नाम दिया था। इनमें पहले समूह में तम्बाकू और शीशा विक्रेताओं की बड़ी संख्या थी जिनके पास 100 से लेकर 500 तक शेयर थे। 'जाति समूह' नाम से चिह्नित शेयरधारकों में बड़ी संख्या में 'झा' और 'मिश्रा' सरनेम वाले लोग थे। ये सब दरअसल केन्द्रीय मंत्री (रेलवे) एल.एन. मिश्रा के रिश्तेदारों के नाम थे। मिश्रा तो बड़ी तन्मयता से मारुति के लिए डीलर भी उगाह रहे थे।[56]

संजय गांधी ने 1972 में डीलरों की नियुक्ति शुरू कर दी, इस वादे के साथ कि वे छह महीने के भीतर कार उत्पादन शुरू करनेवाले हैं। पर हक़ीक़त में उन्हें उत्पादन के लिए लाइसेंस 1974 से पहले नहीं मिलना था। ऊपर से वे चाहते थे कि डीलर एक ऐसी कार की बिक्री के लिए शोरूम वग़ैरह बनाना शुरू करें, जिसका अभी उत्पादन भी शुरू नहीं हुआ है। इधर ऐसे लोग डीलर बने बैठे थे

जिन्हें ऑटोमोबाइल व्यापार की कोई समझ नहीं थी। उनमें कोई काग़ज़ व्यापारी था, कोई अनाज बेचता था तो कोई नायलॉन धागे का विक्रेता था। उन्हें अपनी ओर से 3,00,000 से 6,00,000 रुपये जमा करवाने पर ये डीलरशिप दी गई थी। कई मामलों में तो उन्हें इस डीलरशिप के बदले ज़बरदस्ती मारुति के शेयर्स भी बेच दिये गए थे। इन्हीं सब हथकंडों के चलते मारुति 1975 तक 27 लाख रुपये जमा कर चुकी थी।

डीलरों के साथ तो ज़बरदस्ती हुई ही, पूँजी उगाहने के लिए संजय की नज़र देश के दो बड़े राष्ट्रीयकृत बैंकों—'पंजाब नेशनल बैंक' और 'सेंट्रल बैंक ऑफ़ इंडिया' पर थी। 1974 तक संजय एक करोड़ से ज़्यादा की रक़म बैंक लोन की शक्ल में हासिल कर चुके थे, और इसमें से आधी से ज़्यादा रक़म बिना किसी सुरक्षा की गारंटी के जारी की गई थी।[57] बैंकों ने संजय को विशेष छूट वाली ब्याज दरों पर उधार दिया और ज़रूरत पड़ने पर मूलधन की जगह सिर्फ़ ब्याज चुकाने की छूट दी। मारुति पर बैंकों की इस विशेष कृपादृष्टि की अपनी वजहें थीं। मार्च, 1974 में 'सेंट्रल बैंक ऑफ़ इंडिया' के अध्यक्ष का कार्यकाल पूरा होनेवाला था। ख़ाली हो रहे पद पर इन्दिरा ने अपने प्रधान सचिव पी. एन. धर की सिफ़ारिश को पलटते हुए डी.वी. तनेजा की नियुक्ति कर दी। तनेजा संजय का ख़ास आदमी था और पहले ही उन्हें लाभ पहुँचाने के काम कर चुका था। आख़िर तक वो अपनी नियुक्ति करनेवाले आकाओं की बजाई धुन पर नाचता रहा। लेकिन एक दिन ऐसा भी आया जब उसके लिए भी यह सम्भव न रहा। 1975 में उसने मारुति की एक और लोन की दरख़्वास्त मंजूर करने से इनकार कर दिया। संजय यह जानकर ग़ुस्से से आगबबूला हो उठे और उन्होंने फ़ौरन तनेजा को प्रधानमंत्री आवास तलब किया। बैठक का नतीजा अच्छा नहीं निकला। संजय का व्यवहार 'अशिष्ट, अहंकार से भरा और रौब जमानेवाला' था और उन्होंने तनेजा को धमकाया कि "अगर अपने ख़ास ग्राहकों के प्रति बैंक का ऐसा व्यवहार रहता है और पुराने वादों का कोई मोल नहीं रखा जाता तो फिर ऐसे बैंकों को सँभालने के लिए बेहतर व्यक्तियों को लाना होगा।"[58] और जब मार्च, 1975 में डी.वी. तनेजा का कार्यकाल पूरा हुआ और उनकी पुनर्नियुक्ति का मसला आया, प्रधानमंत्री ने उनकी फ़ाइल पर नोट लिखा कि उनके ख़िलाफ़ शिकायतें बहुत हैं और उन्हें बस एक महीने का ही कार्यकाल विस्तार दिया जाए। मई की पहली तारीख़ को सरकार ने एक नये अध्यक्ष की नियुक्ति कर दी। इसी तरह जिन भी बैंकों में अधिकारियों ने संजय की लोन एवं ओवरड्राफ़्ट की अर्ज़ियों को मंजूरी देने से मना किया, उन्हें बदल डाला गया।[59]

सत्ता और उसका डर ज़मीन और पूँजी तो दिलवा सकता था, लेकिन जिस 'जनता कार' का वादा था उसे जादू से पैदा नहीं कर सकता था। 15 फ़रवरी, 1972 के 'टाइम्स ऑफ़ इंडिया' ने रिपोर्ट किया कि मारुति का काम तेज़ गति

से आगे बढ़ रहा है। महीनेभर के भीतर ही तीन प्रोटोटाइप निरीक्षण के लिए तैयार होंगे। महीना आया और निकल गया, पत्ता भी न हिला। फिर 31 मार्च, 1972 को संजय के कहने पर सरकार ने 'लेटर ऑफ़ इंटेंट' की वैधता तिथि दूसरी बार आगे बढ़ाई। यह छूट दूसरे उत्पादक मोहन राव को भी दी गई, जिन्होंने संजय की तरह देसी सामान और डिज़ाइन वाली कार के उत्पादन का वादा किया था।[60] राव का प्रोजेक्ट तो कभी शुरू ही नहीं हुआ। पर संजय ने नवम्बर, 1972 में अपना प्रोटोटाइप सबके सामने रखा। यह दो दरवाज़े वाली, चार सीटर गाड़ी देखने में चौकोर बक्सानुमा कार थी और '1959 मिनी' की याद दिलाती थी। इसमें कलपुर्जे दूसरी कारों से लिये गए थे और इसका नक़्शा, सस्पेंशन सिस्टम, दरवाज़े के ताले और शीशे का आकार, हेडलैम्प आदि पहले से स्थापित कार 'एम्बी' से लिये गए थे। इसमें आगे कोई ग्रिल नहीं थी, क्योंकि एयर-कूल्ड इंजिन गाड़ी में पीछे की ओर था और यह जगह बचाने के लिए छोटे दस-इंची पहियों पर दौड़ती थी।[61] इस प्रोटोटाइप पर रिपोर्ट करते हुए अमेरिकी 'वाशिंगटन पोस्ट' ने व्यंग्य में लिखा कि इस थकी सी दिखती, हवा से हल्की मारुति के साथ आनेवाली सुरक्षा सम्बन्धी समस्याओं को पहचानने के लिए राल्फ़ नाडेर जैसा उपभोक्ता मामलों का चैम्पियन होना ज़रूरी नहीं, "उन्हें कार बनाने की इजाज़त तो औद्योगिक विकास मंत्रालय से मिली है। लेकिन अच्छा होता कि ये इजाज़त उन्हें परिवार नियोजन विभाग से मिली होती, क्योंकि ये मारुति जब सड़कों पर उतरेगी तो जनसंख्या नियंत्रण का काम ख़ुद-ब-ख़ुद होने लगेगा।"[62]

सुरक्षित मानें या नहीं, पर जो प्रोटोटाइप नवम्बर, 1972 में बनकर तैयार था वो मोटरकारों के टिकाऊपन और सड़क पर प्रदर्शन को जाँचनेवाली संस्था 'व्हीकल रिसर्च एंड डेवलपमेंट एस्टेब्लिशमेंट' के द्वारा जाँच के लिए तैयार नहीं था। दो स्ट्रोक वाले इंजन के ऊपर से वो निशान मिटाए गए, जो उसके किसी और गाड़ी का हिस्सा होने की गवाही दे रहे थे। पर ऐसा करना समस्याकारक था। संजय ने ऐसे में अपने 'लेटर ऑफ़ इंटेंट' की वैधता एक बार फ़िर बढ़वानी चाही, और ऐसा ही हुआ। यही वो समय था जब डब्ल्यू.एच.एफ़. मुलर से संजय की पहचान हुई। जर्मन इंजीनियर मुलर को हैम्बर्ग की सिमसन एंड कम्पनी ने 1971 में भारत भेजा था और उन्हें ज़िम्मेदारी दी थी कि वे कम्पनी द्वारा निर्यात किये तकनीकी उपकरणों की मरम्मत के लिए ज़रूरी कलपुर्जों की ख़रीद भारतीय बाज़ार से करें। 1972 में संजय ने उन्हें अपनी गुड़गाँव फैक्टरी देखने के लिए आमंत्रित किया। संजय और मारुति सीईओ विंग कमांडर आर.एच. चौधरी से बातचीत के बाद मुलर ने अपनी जर्मन कम्पनी से इस्तीफ़ा दे दिया और मारुति के साथ तकनीकी सलाहकार की भूमिका में जुड़ गए।

एक विदेशी नागरिक को नौकरी देना मारुति को मिले 'लेटर ऑफ़ इंटेंट' के

ख़िलाफ़ जाता था, लेकिन अधिकारियों ने कुछ शर्तों के साथ इसे भी स्वीकृति दे दी। शर्त बस इतनी थी कि मुलर को तनख़्वाह भारतीय मुद्रा में ही दी जाएगी और इसका कोई हिस्सा प्रत्यावर्तित नहीं होगा। इस समय तक संजय दो स्ट्रोक का इंजन बनाने में जुटे थे। जब इस प्रयास में असफलता हाथ लगी, उन्होंने सोचा कि क्यों न चार स्ट्रोक का इंजन बनाया जाए। मुलर ने संजय को ऑटोमोबाइल इंजनों की जो सूची दिखाई, संजय ने उसमें से एनएसयू मोटरवर्क निर्मित इंजन पसन्द किया। मुलर की भी राय थी कि भारतीय परिस्थितियों के लिए यह इंजन टिकाऊ होगा। संयोग से मुलर ने कुछ साल पहले ऐसे ही दो एनएसयू इंजन ख़रीदे थे, लेकिन वे जर्मनी में रखे थे। संजय का आग्रह था कि मुलर उन्हें भारत ले आएँ। सितम्बर, 1973 में मुलर उन्हें भारत ले आए। पर कस्टम वालों ने हवाईअड्डे पर उन्हें ज़ब्त कर लिया। ज़रूरी शुल्क चुकाने के बाद संजय की सहायता से वे इंजन मुलर को वापस मिले। इनमें से एक इंजन गाड़ी के प्रोटोटाइप में फिट किया गया, और दूसरे पर परीक्षण होने लगे। अब आप उसे 'स्वदेशी' मानें या नहीं, अन्ततः मारुति प्रोटोटाइप 'व्हीकल रिसर्च एंड डेवलपमेंट एस्टेब्लिशमेंट' द्वारा जाँच के लिए तैयार था।[63]

संजय गांधी 'व्हीकल रिसर्च एंड डेवलपमेंट एस्टेब्लिशमेंट' (वीआरडीई) के इस निरीक्षण को लेकर बड़े व्यग्र थे। इतने कि वे पिछले कुछ साल से किसी ऐसी वैकल्पिक संस्था की तलाश में लगे थे जो इस जाँच को पूरा कर सके। उनका मानना था कि सवारी कार के लिए वीआरडीई के मानदंड अनुचित रूप से सख़्त हैं। उन्होंने इस जाँच की शर्तें और नियम बदलवाने के लिए युद्धस्तर पर चिट्ठी-पत्री की। लेकिन वीआरडीई अपनी शर्तों से डिगी नहीं। कार सड़क पर भरोसेमन्द और टिकाऊ है या नहीं, इसकी जाँच के लिए संस्था ने 30,000 किलोमीटर की न्यूनतम परीक्षण सीमा निर्धारित की थी। इसमें पहला परीक्षण 10,000 किलोमीटर का होना था और बाद में इन परीक्षणों को न्यूनतम निर्धारित सीमा हासिल होने तक दोहराया जाना था। इसके बाद ही कार के सड़क भरोसे लायक होने के बारे में कोई फ़ैसला लिया जा सकता था। कोई और चारा न देख बुझे मन से संजय इन शर्तों पर राज़ी हुए और फ़रवरी, 1974 में उन्होंने अपने मारुति प्रोटोटाइप को परीक्षण के लिए भेजा। मार्च, 1974 में वीआरडीई ने 7,800 किलोमीटर के आरम्भिक परीक्षण के बाद एक अन्तरिम रिपोर्ट जारी की, जिसमें मारुति प्रोटोटाइप में 'गाड़ी दाएँ को घूमती है, बैटरी लीक करती है, ब्रेक फ़ेल भी हुआ, स्टीयरिंग सख़्त है' जैसी कई ख़ामियाँ पकड़ी गई थीं। पर दिलचस्प बात ये थी कि वीआरडीई ने प्रोटोटाइप में जर्मन इंजन लगे होने की बात को नज़रअन्दाज़ किया। उन्होंने मारुति के इस दावे को बिना जाँचे स्वीकार कर लिया था कि ये एक पूर्णतः स्वदेशी कार है।

10,000 किलोमीटर परीक्षण के बाद जारी दूसरी अन्तरिम रिपोर्ट ने मोटरकार के प्रदर्शन को सन्तुष्टिदायक माना। अभी विश्वसनीयता प्रमाणपत्र जारी होने में देर

थी क्योंकि उसके लिए न्यूनतम 30,000 किलोमीटर के परीक्षण ज़रूरी थे। पर वो तो वीआरडीई की शर्त थी और अधिकारियों को वीआरडीई की शर्तों से क्या लेना-देना। उन्होंने 10,000 किलोमीटर परीक्षण के आधार पर ही मारुति को जारी 'लेटर ऑफ़ इंटेंट' को उत्पादन लाइसेंस में बदलने का इरादा कर लिया। सालाना 50,000 कारों के उत्पादन को ज़्यादा महत्त्वाकांक्षी योजना मानते हुए मारुति को शुरुआत में 25,000 सालाना कारों के उत्पादन के लिए लाइसेंस दिया जाए, ऐसा सोचा गया। इस बीच वीआरडीई में जारी अगले 10,000 किलोमीटर परीक्षण में प्रोटोटाइप में गम्भीर ख़ामियाँ पकड़ी गईं। 24 जून को परीक्षण में गाड़ी का स्टीयरिंग बिगड़ गया और गाड़ी गड्ढे में गिर गई। वीआरडीई ने इसका ज़िम्मेदार ख़राब कलपुर्जों को माना और इसकी गहराई से जाँच की माँग की। मारुति ने जवाबी दावा किया कि इस दुर्घटना की वजह मशीनी ख़राबी न होकर चालक की चूक थी। इस दुर्घटना के बावजूद भी अधिकारी लाइसेंस जारी करने से पीछे नहीं हटे। साफ़ था कि उन पर भारी दबाव था। ख़ुद प्रधानमंत्री के मुख्य सचिव ने भारी उद्योग विभाग के सचिव मन्तोश सोढ़ी से लाइसेंस जारी करने में देरी की वजह दरियाफ़्त की। सोढ़ी को संजय के ख़ास आदमी आर. के. धवन का भी फ़ोन गया। उन्हें धमकी दी गई कि उनकी शिकायत 'ऊपर तक' की जाएगी।

25 जुलाई, 1974 को सरकार ने मारुति को लाइसेंस जारी कर दिया।[64] लेकिन लाइसेंस जारी होने से कार के उत्पादन तक पहुँचने में अभी लम्बा सफ़र तय करना था। संजय प्रोटोटाइप बना रहे थे, लेकिन बड़े पैमाने पर मारुति कारों का उत्पादन उनके लिए अभी दूर की कौड़ी था। उनका ऑटोमोबाइल उत्पादन का सपना अभी सपना ही था। फैक्टरी में मशीनरी और साजो-सामान बहुत सीमित मात्रा में था। कारों की असेम्बली लाइन के लिए कन्वेयर बेल्ट नहीं थी, जिसके चलते कामगारों को ख़ुद गाड़ियों को धक्का देकर एक जगह से दूसरी जगह लेकर जाना होता था। अप्रैल, 1977 में 'दि संडे टाइम्स' के दो संवाददाताओं ने मारुति फैक्टरी का दौरा किया और अपनी रपट में फैक्टरी की 'बॉडी शॉप' (ढाँचा इकाई) के बारे में ये लिखा, "जहाँ कामगार अपने हाथों से नन्ही मारुतियों को टाँका लगा रहे थे," जैसे ये कोई 'मज़ाक़ चल रहा हो'। "यही हाल 'इंजन इकाई, पैटर्न इकाई और ढलाईघर' का था। फैक्टरी में तीन आग जलाने के स्थान दिख रहे थे और पूरी जगह किसी गंदी, बन्द पड़ी भट्टी जैसी लग रही थी।" उन्होंने "सारे तैयार मारुति उत्पादों—बीस पूर्णत: तैयार मॉडल और बीस गाड़ियों के ढाँचे—को एक बन्द स्टेडियम जैसी जगह के बीचोबीच त्यागे हुए खिलौनों की तरह रखा पाया, जिसे वे 'कार असेंबली' की जगह कह रहे थे।"[65]

संजय गांधी की इस नाकामी के पीछे कई वजहें थीं। कम्पनी के पास पूँजी नहीं थी। ये मुमकिन ही नहीं था कि एक ऐसी कम्पनी जिसके पास पूँजी के नाम

चित्र 6.7 : मारुति प्रोटोटाइप, 1974
साभार : गौतम सेन का निजी संग्रह

पर कुल जमा 6 करोड़ की रक़म हो, वो 25 या 50 हज़ार सालाना गाड़ियों के उत्पादन के लिए ज़रूरी महँगी और परिष्कृत मशीनरी जुटा सके। रेनॉल्ट की कार के मामले में ख़ुद सरकारी अनुमान इससे दस गुना ज़्यादा पूँजी का था। उस पर 'लेटर ऑफ़ इंटेंट' में स्वदेशी डिज़ाइन और माल के इस्तेमाल से जुड़ी जो बन्दिशें लगाई गई थीं, वे भी काफ़ी कठोर थीं। और सबसे ऊपर ख़ुद संजय गांधी इसके लिए ज़िम्मेदार थे।[66] उनके सीईओ को भी 1974 तक आते-आते समझ आने लगा था कि ये परियोजना एक डूबती नौका है। बजाय अनुभवी इंजीनियरों को काम पर रखने के, संजय ने 'उजड्ड और अनुभवहीन लड़कों' को भर्ती कर लिया था। उनके जर्मन तकनीकी सलाहकार मुलर ने भी इस नाकामी के लिए पूरी तरह संजय गांधी को ही ज़िम्मेदार ठहराया। वे कहीं से भी ऑटोमोबाइल इंजीनियर नहीं थे। न ही उनके पास अनुभव था और न ही इल्म। ऊपर से उन्होंने अपने तकनीकी ज्ञान को भी ख़ूब बढ़ा-चढ़ाकर आँक रखा था।[67]

जब संजय वादे के मुताबिक अपने उत्पाद को बाज़ार में उतारने में नाकाम रहे, तो उनके वितरकों में सनसनी फैल गई। जिन्होंने दबाव में आकर पैसे भरे थे, शेयर्स ख़रीदे थे और जबरन शोरूम का निर्माण करवाया था, वे ही अब अपने अनुबंधों का हवाला देते हुए अपनी रक़म सूद समेत वापस माँगने लगे। उनकी इन माँगों

चित्र 6.8 : मारुति 'फैक्टरी', 1975
साभार : गौतम सेन का निजी संग्रह

के जवाब में उन्हें जवाबी कार्रवाई की धमकियाँ मिलीं। ऐसा ही एक वितरक था, जिसने पहले छह लाख रुपये जमा करवाए, फिर अतिरिक्त पैसा लगाकर शोरूम के लिए ज़मीन ख़रीदी। जब मारुति ने उसे एक प्रोटोटाइप बेचने के लिए नहीं, सिर्फ़ प्रदर्शन के लिए दिया तो उसने ख़ुद को बड़ा ख़ुशक़िस्मत समझा। उसने उसी प्रोटोटाइप में बैठकर मारुति की गुड़गाँव फैक्टरी से अपने शोरूम जाने का फ़ैसला किया, जहाँ उसने इस मौक़े पर एक जश्न का आयोजन रखा था और जो वहाँ से यही कुछ 145 किलोमीटर दूर था। ये फ़ैसला उसे तब भारी पड़ा जब उसे अपने शोरूम पहुँचने में ही छह घंटे लग गए क्योंकि कार रास्ते में ही ख़राब हो गई। आख़िर में उसे कार को ख़ुद धक्के दे-देकर शोरूम तक पहुँचाना पड़ा। 1975 में एक बदनसीब वितरक ने अपनी डीलरशिप निरस्त करने के बाबत संजय गांधी को क़ानूनी नोटिस भिजवाया तो बदले में संजय ने उसके इस दुस्साहस के लिए उसे जेल भिजवाने की धमकी दी। उसके भेजे प्रतिनिधि को संजय के पैर छूकर उनसे माफ़ी माँगनी पड़ी।[68]

ये वो समय था जब संजय गांधी को भी ये हक़ीक़त समझ में आने लगी थी कि उनके कार उत्पादन के सपने, सपने ही रह जानेवाले हैं। उन्होंने अब अपना ध्यान भारी उपकरणों को असेंबल करने और बसों के ढाँचे की पुनर्रचना करने में लगाया, जिससे उन्हें सरकारी एजेंसियों को बेचा जा सके। जून, 1975 में इसी उद्देश्य से 'मारुति हैवी व्हीकल्स लिमिटेड' की स्थापना हुई, जो उस 'मारुति टेक्निकल सर्विसेज़' की अनुषंगी इकाई थी, जिसके शेयरहोल्डरों में मेनका गांधी और सोनिया गांधी के भी नाम थे। 'मारुति हैवी व्हीकल्स' को जल्द ही सार्वजनिक क्षेत्र की कम्पनियों से ट्रक, ट्रैक्टर, मोबाइल क्रेन और रोड रोलर्स की ख़रीद के एक के बाद एक ठेके मिलने लगे। मारुति ऐसी कम्पनियों से इंजन ख़रीदती थी जिनके पास पहले से आयात लाइसेंस था और फिर उस इंजन को पुराने रोलर्स में फिट करके ऊपर से नया पेंट मार देते थे। फिर इन्हीं रोलर्स को मारुति हैवी व्हीकल्स 'जेसप' जैसी सार्वजनिक क्षेत्र की कम्पनियों को बढ़ी हुई क़ीमतों पर बेच देती थी।[69] मारुति को ठेके उनके फ़ायदे वाली शर्तों पर मिलते थे और बदले में वो ऐसे उपकरण सप्लाई करते थे जिनमें कुछ ही दिनों में एक्सल ख़राब होना, ब्रेक ख़राब होना, इंजन गरम होना जैसी ख़ामियाँ उभर आती थीं। बाद में ये उपकरण बेकार होकर यूँ ही पड़े रहते थे,[70] पर अधिकारी ये सब होता देखकर भी बेबस थे।

'मारुति लिमिटेड' को तकनीकी सहयोग देने के लिए 'मारुति टेक्निकल सर्विसेज़' की स्थापना की गई। इस सहयोगी कम्पनी में संजय की साझेदार उनकी भाभी सोनिया गांधी थीं। इस कम्पनी के शेयरहोल्डरों में चार साल के राहुल और दो साल की प्रियंका के भी नाम थे और पूरी कम्पनी के 99 फ़ीसदी शेयर गांधी परिवार के ही पास थे। मारुति लिमिटेड ने इस सौदे के लिए मारुति टेक्निकल सर्विसेज़ को 5,00,000 रुपये दिये और भविष्य में तकनीकी सहयोग के बदले अपनी बिक्री से हुई कमाई का सालाना 2 फ़ीसदी उन्हें भुगतान करने का वायदा किया। इस परामर्शदाता कम्पनी की शुरुआत तो बस 2,00,000 की रक़म के निवेश के साथ हुई थी, लेकिन जून, 1975 तक ये मारुति लिमिटेड से 10,00,000 की रक़म डकार चुकी थी।[71] पैसे की ये लूट यहीं नहीं रुकी। दिल्ली के ज़मीन-जायदाद के सफल कारोबारी, 'डेलही ऑटोमोबाइल्स' नाम की कम्पनी के मालिक और संजय के दून स्कूल के दोस्त रहे ललित सूरी के बड़े भाई सागर सूरी भी मारुति लिमिटेड में निवेश करनेवाले शुरुआती निवेशकों में से थे। 1975 में सागर ने एक छोटा अपार्टमेंट संजय को 98,930 रुपये में बेचा। दो ही साल बाद ख़ुद सागर सूरी ने वही अपार्टमेंट संजय से 1,54,000 रुपये की क़ीमत में वापस ख़रीद लिया। इस तरह प्रधानमंत्री के सुपुत्र को बैठे-बिठाए दो साल के भीतर 55 फ़ीसदी का शुद्ध मुनाफ़ा हुआ। सागर ने ही मेनका के पिता को दिल्ली के संभ्रान्त इलाक़े ज़ोर बाग़ में दुमंज़िला मकान 4,00,000 में बेचा था।[72]

10 नवम्बर, 1976 को अमेरिकी अख़बार वाशिंगटन पोस्ट में ख़बर थी कि 'इंटरनेशनल हारवेस्टर' नामक कम्पनी ने मारुति के साथ उसके ट्रक और अन्य निर्माण उपकरणों के वितरण सम्बन्धी समझौता किया है। इसमें संजय और दो यूरोपियन हवाई जहाज़ कम्पनियों एवं एक जापानी तकनीकी फ़र्म के मध्य चल रही वार्ताओं का ज़िक्र था और बताया गया था कि कैसे संजय ने अपने प्रभाव का इस्तेमाल करते हुए "नई दिल्ली को विदेशी व्यापारियों के लिए एक आकर्षक जगह में बदल दिया है।" यह भारतीय अर्थव्यवस्था का निजी व्यवसायियों के लिए खुलने का संकेत भी था। ब्रिटिश दूतावास से एक संवाददाता ने ख़बर दी कि ब्रिटेन की 'जनरल इलेक्ट्रिक कम्पनी' के साथ प्रस्तावित समझौते से संजय कथित तौर पर 5,70,000 पाउंड उगाहने की सोच रहे हैं। इस समझौते को लेकर ब्रिटेन के विदेश और राष्ट्रमंडल कार्यालय के एक अफ़सर की टिप्पणी थी कि अपनी हालिया भारत यात्रा में उसने बड़े पैमाने पर संस्थागत भ्रष्टाचार को पनपता देखा है और इसके पीछे संजय गांधी हैं।[73] संजय का मारुति के उत्पादन का सपना टूट गया था और उन्होंने अपने 'धंधे वाले दिमाग़' को दूसरी दिशा में मोड़ दिया था।

## 'जनता कार' और नियंत्रित अर्थव्यवस्था का ख़ात्मा

असफल हो जाने के बाद भी संजय ने मारुति रूपी स्वाँग छोड़ा नहीं। वे इलस्ट्रेटेड वीकली ऑफ़ इंडिया के 25 मई, 1975 के मुखपृष्ठ पर अपनी मारुति के साथ अवतरित हुए। तसवीर के साथ बड़े बोल शीर्षक था, 'संजय गांधी की मारुति'। पत्रिका के सम्पादक उन दिनों चर्चित पत्रकार और लेखक खुशवन्त सिंह थे जो संजय को पसन्द करते थे। उन्होंने अपने आलेख की शुरुआत में ही मारुति से जुड़े विवादों का ज़िक्र किया। लेकिन आगे उन्होंने बुलन्द अन्दाज़ में लिखा, "इस सप्ताह मारुति की पहली खेप कारख़ाने से निकलकर भारतीय सड़कों पर दौड़ने को आ रही है।" उन्होंने ये भी घोषणा की कि इसका इंजन विदेशी नहीं है, "इसकी ढलाई मारुति के कारख़ाने में हुई है और इस पर मारुति का इंजन नम्बर गुदा है।" खुशवन्त सिंह ने इस दो दरवाज़ा गाड़ी की इसमें बैठने की ख़ूब जगह होने के लिए तारीफ़ की, पर साथ ही भीतर बत्ती न होने को कमी बताया। "आप सोच सकते हैं कि युवा जोड़े उसका कैसा कल्पनाशील उपयोग करते।" मारुति, एम्बेसेडर और फ़ियट से ज़्यादा आवाज़ करती थी और सुनकर ऐसा लगता था जैसे डीज़ल से चलनेवाली वॉक्सवैगन चली आ रही है। खुशवन्त सिंह ने जब मारुति को चलाया तो संजय उनके बग़ल में बैठे थे। उन्होंने लिखा, "हालाँकि इसमें दो ही सिलेंडर हैं और बस 8.3 हॉर्स पॉवर है, पर एक्सेलेटर पर पैर दबाने पर यह कहीं ज़्यादा दमदार गाड़ी की तरह रफ़्तार पकड़ती है।" उनके पूरे आलेख का लब्बोलुबाब कुछ

चित्र 6.9 : कार और उसके निर्माता के लिए मुफ़्त प्रचार
साभार : *इलस्ट्रेटेड वीकली ऑफ़ इंडिया;* 25 मई, 1975

ऐसा ही था। वे आगे लिखते हैं, "आनेवाले वक़्त में मारुति के कारख़ाने में हज़ारों लोगों को रोज़गार मिलेगा। हज़ारों ऐसे और होंगे जो इसके एजेंट, सेल्समैन और मैकेनिक बनकर जीविका कमाएँगे।" मारुति पर लगते आरोपों को कि उसे कॉन्ट्रैक्ट देने में पक्षपात हुआ है और फैक्टरी के लिए ज़मीन कौड़ियों के दामों पर दे दी गई है, सिंह ने बेसिर-पैर की बकवास बताकर सिरे से नकार दिया। सिंह को मारुति से बस एक ही शिकायत थी कि 25,000 रुपये क़ीमत वाली मारुति को 'जनता कार'

नहीं कहा जा सकता था। सिंह ने अपने आलेख को कुछ यूँ ख़त्म किया, "संजय गांधी ने बिरला, श्रीराम, साराभाई, सिंघानिया, डालमिया, जैन या गोयनका परिवारों के सुपुत्रों की तरह किसी औद्योगिक विरासत में मारुति को हासिल नहीं किया है। उन्होंने तो मारुति को ख़ुद अपने कोरे हाथों से गढ़ा है।"[74]

मारुति प्रकरण में संजय गांधी को हर क़दम पर कैसे पक्षपात द्वारा आगे बढ़ाया गया और कैसे उन्हें सरकारी मदद मिलती रही, बाद में इस प्रकरण पर बैठे जाँच आयोग ने इसकी विस्तार से चर्चा की है। यह 'याराना पूँजीवाद' का एक आदर्श उदाहरण है, हालाँकि तब भी यह विफल रहा। मारुति की नाकामी ने संजय के आलोचकों को बैठे-बिठाए मौक़ा दे दिया कि वे संजय द्वारा कार को बचाने और अपनी जेबें भरने के लिए किये गए सत्ता के खुल्लमखुल्ला दुरुपयोग को सबके सामने ला सकें।

लेकिन इसे 'याराना पूँजीवाद' की एक ध्वस्त परियोजना भर मानकर देखना भूल होगी। ये बात सही है कि मारुति की इमारत इतनी भुरभुरी ज़मीन पर खड़ी थी कि ज़रा सा झटका लगते ही ख़ुद-ब-ख़ुद बिखर गई। पर इसने उत्तर-औपनिवेशिक भारत में प्रचलित रहे प्रशासनिक और आर्थिक क़ायदे-क़ानूनों को पहला धक्का दे दिया था। जिस तरह योजनाबद्ध तरीक़े से नियमों, प्रक्रियाओं और क़ानूनों की धज्जियाँ उड़ाई गई थीं उसने प्रशासनिक क़ायदे और योजनागत वरीयताओं को दूसरी ही दिशा में मोड़ दिया। संजय ने प्रशासनिक अमले को जिस तुरत-फुरत कार्रवाई का मंत्र दिया था उसने अधिकारियों को सिखाया कि पारदर्शिता, उत्तरदायित्व और निष्पक्षता की परवाह किये बिना ताक़तवर की ख़ुशामद करना उनका धर्म है। एक प्रधानमंत्री और उनके सत्ता भोगने को लालायित सुपुत्र के सामने न्याय के समक्ष समानता जैसे सदा से सहेजे गए लोकतांत्रिक मूल्य भला कहाँ तक टिकते।

संजय की क़िस्मत सिर्फ़ इसलिए ही नहीं चमकी क्योंकि वो इन्दिरा गांधी के बेटे थे, बल्कि मारुति पर जो 'जनता कार' होने का ठप्पा लगा उसने भी इसमें बड़ा योगदान दिया। आज यह कहना आसान है कि एक सस्ती, छोटी कार बनाने का ख़याल न बहुत समझदारी भरा फ़ैसला था, न बहुत व्यावहारिक। योजनाकारों को यह कहना चाहिए था कि भारत जैसे मुल्क को अपने सीमित संसाधनों में सार्वजनिक परिवहन को विकसित करना चाहिए और औद्योगिक उपयोग के वाहन बनाने चाहिए। पर एक के बाद एक समितियाँ आती गईं और अपनी ज़िम्मेदारी आगे किसी और पर डालती गईं। लेकिन ऐसी कार हासिल करने की तमन्ना मरी नहीं। मारुति ने इसी अपूर्ण स्वप्न को जगाया और राज्य की शक्तियों का बेजा इस्तेमाल करते हुए लोकतांत्रिक संस्थाओं को नष्ट किया और पूर्वनिर्धारित वरीयताओं को धता बताया। इस रोशनी में देखें तो खुशवन्त सिंह का 'इलस्ट्रेटेड वीकली' वाला आलेख इस छल की सटीक बानगी है। उन्होंने मारुति को नियंत्रित अर्थव्यवस्था

के दौर में देखे गए वहन करने योग्य 'जनता कार' के अधूरे सपने को साकार रूप बताया। उन्होंने संजय की उद्यमिता और दृढ़ निश्चय की भूरि-भूरि प्रशंसा करते हुए लिखा जो था, "उन्होंने तो मारुति को ख़ुद अपने कोरे हाथों से गढ़ा है।"

'जनता कार' एक ताक़तवर बिकाऊ नारा था। हिटलर ने भी 30 के दशक के जर्मनी में मोटरकार को जनता के लिए सुलभ बनाने का सपना एक तकनीकी रूप से आधुनिक 'जनता के समाज' के निर्माण के लिए बढ़-चढ़कर बेचा था। उसने ऑटोमोबाइल संचालकों को लताड़ा था कि वे जर्मनी के 'राष्ट्रीय समाजवादी उपभोक्ता समाज' के लिए ज़रूरी ऑटोमोबाइल्स के निर्माण में आ रही बाधाओं को तुरन्त दूर करें। भले ही द्वितीय विश्वयुद्ध ने हिटलर का ख़ात्मा कर दिया हो, युद्ध के फ़ौरन पहले जिस गुबरैले के आकार की 'वॉक्सवैगन बीटल' का दीदार हुआ था वो आगे चलकर विश्वभर में 'जनता कार' की सबसे बड़ी झंडाबरदार बन गई।[75] भारत में भी 'जनता कार' की इस परियोजना में कई ऐसी बातें थीं जो इसे जर्मन दृष्टान्त की समधर्मी बनाती थीं। भारत में भी एक मध्यवर्ग के बजट में आनेवाली कार बनाने की चाहत के पीछे कार उपभोक्ताओं के दायरे को बढ़ाना था। यहाँ भी निरंकुश सत्ता के चिह्न मारुति परियोजना के साथ आरम्भ से जुड़े रहे। लेकिन एक अन्तर था, भारत में 'जनता कार' बनाने की कोशिश एक छोटी, सस्ती, स्थानीय परियोजना के रूप में हो रही थी और वो भी एक ऐसी अर्थव्यवस्था में जहाँ पहले से संसाधनों की किल्लत रही हो। यहाँ न उत्पादक पहले से मौजूद थे, न पूँजी उपलब्ध थी। एक नियंत्रित अर्थव्यवस्था में माँग और आपूर्ति के नियम दूसरे थे और तकनीकी क्षमताएँ भी सीमित थीं।

इन रुकावटों के सामने संजय ने सत्ता से अपनी नज़दीकी को ही अपनी पूँजी में बदल लिया। भले ही मारुति की गाड़ी ने रफ़्तार नहीं पकड़ी, लेकिन उसने साबित कर दिया कि 'हिन्दुस्तान के दिल का रास्ता' मानी गई, नियंत्रित अर्थव्यवस्था वाले दौर की एम्बेसेडर अब बस एक बीते वक़्त की याद बनकर रह जाने को अभिशप्त है। जिस प्रकार इन्दिरा ने राजनीतिक व्यवस्था पर आए संकट से उबरने के लिए अधिनायकवादी सर्वसत्तावाद का सहारा लिया, ठीक उसी प्रकार संजय की मारुति परियोजना ने आत्मनिर्भरता हासिल करने के नेहरूवियन आर्थिक विकास के आदर्शों को किनारे करने के लिए उपभोक्ता पूँजीवाद का सहारा लिया। मारुति की ऊपर सुनाई गई कथा में वर्णित सत्ता के दुरुपयोग से भरा ऑटोमोबाइल उद्योग का इतिहास दरअसल राजनीतिक पटल पर घटी आपातकाल के पहले की कहानी की प्रतिकृति लगता है। मिलाकर देखें तो दोनों वृत्तान्तों की शक्लें एक-दूसरे से हूबहू मिलती हैं। जब इन्दिरा को अपनी राजनीतिक सत्ता पर ख़तरा मँडराता महसूस हुआ, उन्होंने आपातकाल की घोषणा कर दी। इधर जब संजय को अपनी मारुति परियोजना डूबती महसूस हुई, उन्होंने 'मारुति हैवी व्हीकल्स' और 'मारुति टेक्निकल सर्विसेस' जैसी

कम्पनियों का इस्तेमाल करते हुए राजनेताओं, प्रशासकों और व्यापारियों का एक ऐसा गिरोह बनाया जिसे सत्ता का बेजा इस्तेमाल करना आता था। वो कहते हैं ना, कि माँ को अपनी सन्तान की ग़लतियाँ कभी नज़र नहीं आतीं। आपातकाल की घोषणा के साथ ही संजय के हाथ में अनियंत्रित सत्ता आ गई। उन्होंने अब अपना ध्यान 'जनता कार' जैसे असफल मशीनी उत्पाद से ज़िन्दा इनसानों की ओर मोड़ा, जिनके जीवन को वे सत्ता के चाबुक से जिधर चाहे उधर घुमा सकते थे।

7

# बुलडोज़र तले इनसानियत

दिल्ली में 19 अप्रैल, 1976 के दिन परकोटे के भीतर विद्रोह भड़क उठा।[1] इसकी शुरुआत सुबह 8:30 पर 'दुजाना हाउस' के पास भीड़ इकट्ठा होने से हुई। दिल्ली की मशहूर जामा मस्जिद से कुछ सौ मीटर की दूरी पर स्थित 'दुजाना हाउस' आवासीय घरों की इमारत था जिसके आगे बड़ा अहाता था। इसी अहाते के सिरे पर एसबेस्टस शीट की छत वाला एक छोटा सा ढाँचा खड़ा था, जिसके ऊपर लिखा था 'परिवार नियोजन कैम्प'। मुस्लिम बहुल आबादी वाले इस इलाक़े की इसी इमारत के तहख़ाने में डॉक्टर और नर्स लोगों की नसबन्दी कर रहे थे। जनसंख्या नियंत्रण के लक्ष्य हासिल करने के लिए चलाए जानेवाले इसी नसबन्दी अभियान को आगे जाकर आपातकाल की सबसे कुख्यात पहचान बनना था।

दिल्ली का परकोटे के भीतर का पुराना शहर हमेशा से ऐसा नहीं था। शहंशाह शाहजहाँ द्वारा सत्रहवीं सदी में सल्तनत की राजधानी के तौर पर बसाया गया शाहजहाँनाबाद एक वक़्त मुग़ल साम्राज्य की शान हुआ करता था।[2] यमुना के तीर पर निर्मित प्रभावशाली लाल क़िला अपने शाही दरबार, ख़ूबसूरत महलों और आलीशान ज़नानख़ानों के साथ मुग़लिया शान-ओ-शौकत और संस्कृति का केन्द्रबिन्दु हुआ करता था। लाल क़िले के ठीक सामने चाँदनी चौक था, शहर का सतत चलायमान आर्थिक केन्द्र। और उसके आगे थी लाल पत्थर और सफ़ेद संगमरमर से बनी, अपने नफ़ीस गुम्बद और गगनचुम्बी मीनारों से पहचानी जानेवाली जामा मस्जिद। रिहाइश के लिए यहाँ खुले दालानों वाले हवेलियाँ और प्रासाद थे, जिन तक ख़ूबसूरत मेहराबदार रास्तों से पहुँचा जा सकता था। पूरे शाहजहाँनाबाद को तक़रीबन छह किलोमीटर लम्बाई में चौड़े और ऊँचे पत्थर से चुने परकोटे ने घेरा हुआ था। इस परकोटे में कुल चौदह दरवाज़े थे। परकोटे के भीतर का शहर शाही संरक्षण के अधीन था। मुग़ल इतिहासकारों और उस दौर में आए विदेशी सैलानियों ने शाहजहाँनाबाद की आर्थिक समृद्धि और सुघड़ हस्तकला की ख़ूब प्रशंसा की

है। वे शाहजहाँनाबाद के शायरों, संगीतज्ञों और चित्रकारों को दिल देते रहे और उनके बयान में एक ज़िन्दा धड़कते शहर का पता मिलता रहा।

लेकिन इतिहास ने इसकी क़ीमत वसूली। अगर आप इसके तीन शताब्दी बाद 1970 के दशक में शाहजहाँनाबाद से कुछ दक्षिण का रुख़ करें तो आपको चौड़े राजमार्ग मिलेंगे, जिनके किनारे जामुन और नीम के पेड़ों की व्यवस्थित छाँवदार क़तार लगी होगी। इन्ही राजमार्गों के किनारे बने शानदार बँगलों में उस समय के सत्ता अधिकारी रहते थे। यह थी 'नई दिल्ली'—एडविन लुटियंस की रची ब्रिटिश सल्तनत की राजधानी दिल्ली, जहाँ से अब उत्तर औपनिवेशिक सरकार का सिक्का चलता था। यहाँ सड़कें साफ़-सुथरी थीं और हवा स्वच्छ। यहाँ से होकर परकोटे वाले शहर में घुसना कुछ ऐसा था जैसे राजसी आधुनिकता के राजमार्ग से निकलकर कोई आधुनिकता पूर्व के मुग़लिया सल्तनत के किसी शहर में आ पहुँचा हो। एक ही शहर की बनावट में ऐसे मूलभूत अन्तर यूरोपियन उपनिवेशों के कई और शहरों में भी देखे जा सकते थे। उदाहरण के लिए अल्ज़ीरियर्स जिसमें फ्रांसीसी नौसेना भवनों के चौड़े रास्तों के बरअक्स अल्ज़ीरियन क़स्बे की भूलभुलैया गलियाँ थीं।

शाहजहाँनाबाद के चेहरे पर वक़्त के थपेड़ों के निशान साफ़ नज़र आते थे। कभी शान-ओ-शौक़त से रही हवेलियों को अब रिहाइशी मंज़िलों में बाँट दिया गया था, जिनमें ग़रीब-गुरबा आबादी भरी थी। दीवारों से पलस्तर झड़ रहा था, अहातों में झाड़-झंखाड़ उग आए थे और उनमें बेकार का कबाड़ इकट्ठा हो रहा था। बढ़ती आबादी के दबाव के चलते पुरानी नफ़ीस इमारतों में यहाँ-वहाँ पैवन्द सी दिखती चिपकाई हुई मंज़िलें और अतिरिक्त कमरे जोड़ दिये गए थे, जिसने एक दौर में रची गई नायाब मुग़लिया वास्तुकला का हुलिया बिगाड़ दिया था। इन्हीं ध्वस्त होते गलियारों और टूटती छज्जे की दीवारों के बीच ढेर सारे ज़हरीला धुआँ उगलते जुगाड़ू कारख़ाने भी काम कर रहे थे। पूरे शाहजहाँनाबाद में झुंड के झुंड गाड़ियों के कलपुर्जे बेचने वाली दुकानें और मालगोदाम, प्रायः जिनकी ज़ंग लगी टीन की छत होती और आगे लोहे का शटर गिरा होता, ऐसे बिखरे थे जैसे किसी नज़ाकत से भरे मुग़लिया मोहल्ले में कोई बदतमीज़ आधुनिकता का सिपाही डंडा लेकर घुस आया हो। गली-कूचे सदा रेहड़ीवालों, छोटे दुकानदारों, रिक्शे और ठेलेवालों की रेलमपेल से पटे रहते और उनमें चार क़दम चलना तक असम्भव हुआ जाता। पूरा इलाक़ा जैसे दमघोंटू भीड़ में गले तक डूबा हुआ था। पर इतना सब होते हुए भी हमें यह नहीं समझना चाहिए कि परकोटे के भीतर का शहर एक उदास जगह था। हमें यह बात याद रखनी चाहिए कि आज़ादी के बाद के उस दौर के निवासियों के लिए निजता का हनन या भीड़भाड़ ख़ुश न रहने के पैमाने नहीं थे। "ग़म की बात तो तब होती, जब किसी को शहर की सरहद से बेदख़ल किया जाता। उन्हें जाना नहीं था शहर छोड़, उसके उपनगर भी नहीं।"[3] यह थी सत्तर के दशक की परकोटे

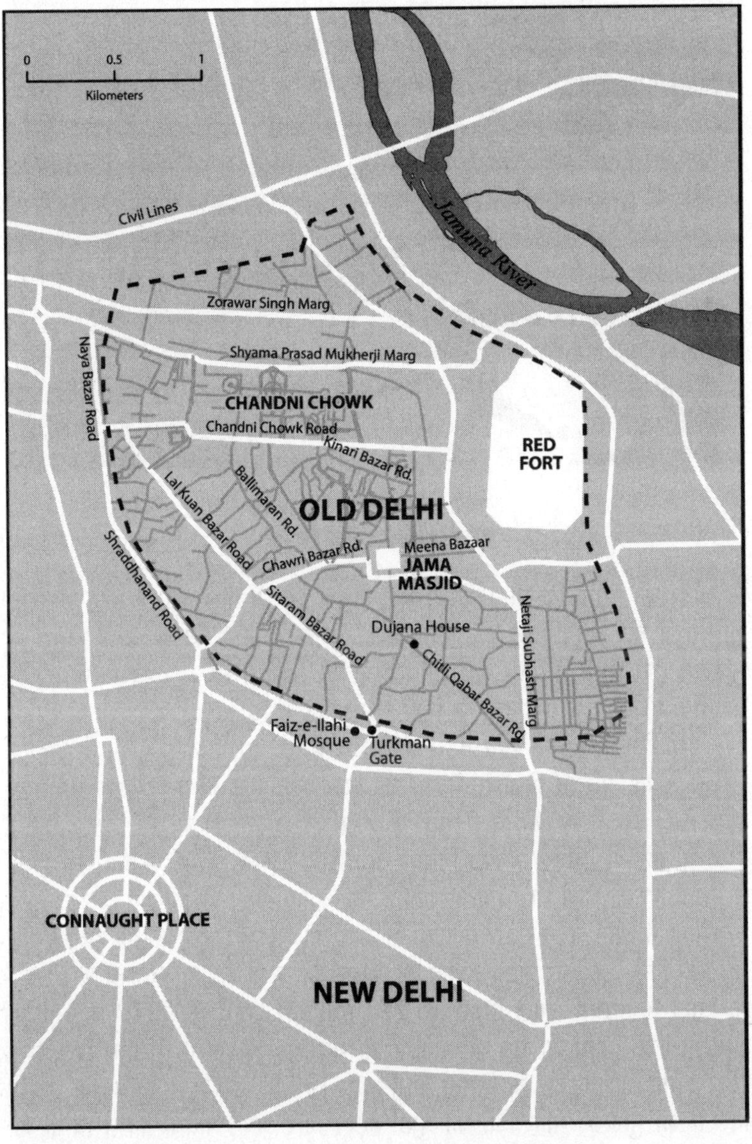


चित्र 7.1 : परकोटे के भीतर वाली दिल्ली
साभार : सेरिंग डब्ल्यू. शावा

चित्र 7.2 : दुजाना हाउस, 1976
स्रोत : पीआईबी : फ़ोटो डिविज़न

के भीतर की पुरानी दिल्ली—जिसमें भले ही कितनी भी भीड़भाड़ हो और नागरिक सुविधाओं की अनुपस्थिति हो, एक ज़िन्दा धड़कता शहर जिसमें बड़ी संख्या में मुस्लिम (पर सिर्फ़ मुस्लिम नहीं) निवासियों की रिहाइश थी और गुरबत का साया नज़दीक होते हुए भी ज़िन्दगी के लिए मुसलसल संघर्ष था।

इसी ज़िन्दा धड़कते शहर के बीचोबीच बसा था 'दुजाना हाउस' का वो अहाता जिसमें स्थित 'परिवार नियोजन कैम्प' नई दिल्ली के सत्तातंत्र के नुमाइन्दे की तरह खड़ा था। इस कैम्प को चला रही थीं रुख़साना सुल्ताना। वे वहाँ की स्थानीय निवासी नहीं थीं, बल्कि उनका निवास तो दक्षिण दिल्ली में था। उन्हें संजय गांधी ने पुरानी दिल्ली भेजा था। बताया जाता है कि आपातकाल की घोषणा के बाद ख़ुद रुख़साना ने आगे बढ़कर संजय गांधी से बात की थी और उन्हें अपनी सेवाएँ पेश की थीं। फिर एक बार साम्राज्यवाद के समय की कथा दोहराई जा रही थी। शहर के 'मूल निवासियों' वाले हिस्से को फिर एक बार 'गोरों के हिस्से' वाले शहर द्वारा नियंत्रित किया जा रहा था, सताया जा रहा था। अब उसी लुटियंस दिल्ली में उत्तर औपनिवेशिक दौर के नियंता का निवास था और उसने तय किया कि पुरानी दिल्ली की मुस्लिम महिलाओं को बुर्का हटाने और अपने पतियों को नसबन्दी के लिए मनाने वाला रास्ता दिखाने के लिए रुख़साना सुल्ताना सही इनसान रहेंगी, क्योंकि एक तो वे महिला हैं और दूसरा कि वे ख़ुद मुस्लिम हैं। पर सच्चाई ये थी

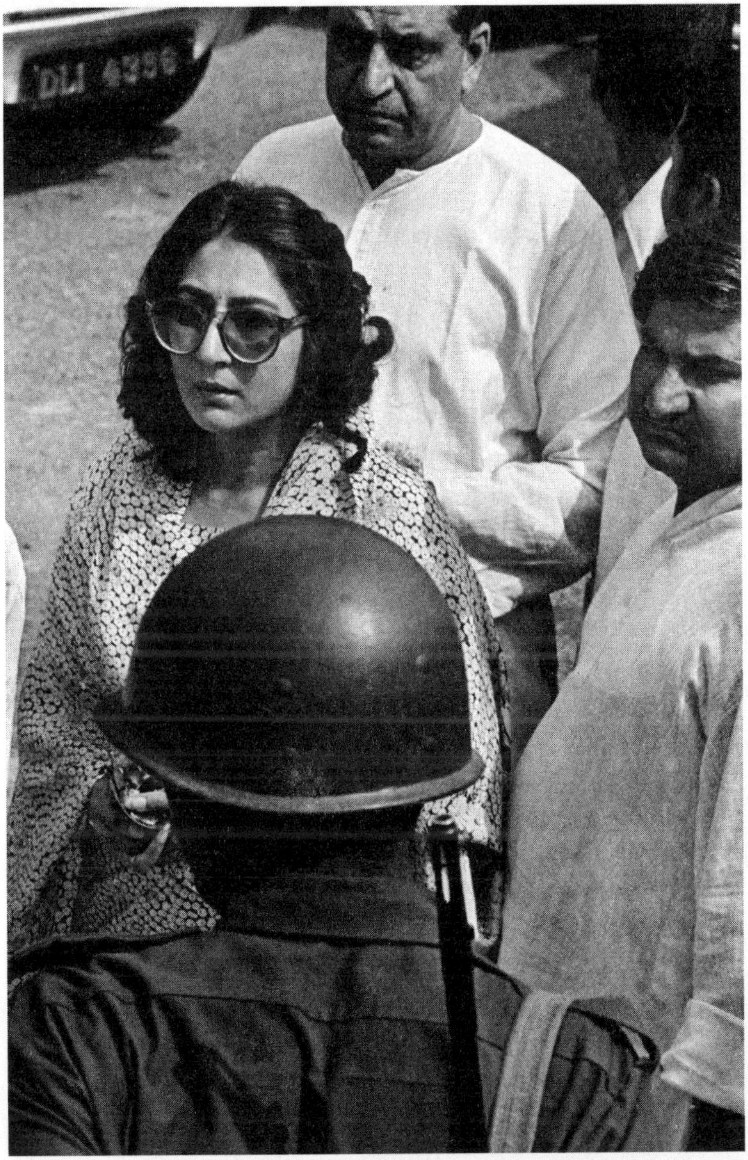


चित्र 7.3 : रुख़साना सुल्ताना पुलिस रक्षा दल के साथ, 1976
साभार : रघु राय / मैग्नम : फ़ोटोज़

कि रुख़साना मुसलमान बाद में बनी थीं। हिन्दू पिता और मुस्लिम माँ की सन्तान रुख़साना का तरुणाई के दिनों में नाम मीनू बिम्बेट था। जब उनके माता-पिता की शादी टूटी, उनकी माँ वापस अपने पीहर लौट आईं जहाँ 'मीनू' को 'रुख़साना' की नई पहचान मिली और साथ ही अपने नाना की बड़ी जायदाद में हिस्सा भी। रुख़साना ने एक सिख फ़ौजी अफ़सर से शादी की। दिल्ली के चर्चित ठेकेदार सर शोभा सिंह उनके पति के दादा थे। जब रुख़साना की शादी टूटी तो उन्होंने गहनों और जवाहरातों का बुटीक शुरू किया और एक उच्चवर्गीय सोशलाइट के तौर पर जानी जाने लगीं। हमेशा शिफ़ॉन साड़ी में सजी-धजी, नाक की नथ पर जड़ा झिलमिलाता हीरा, गले में मोतियों का हार और आँखों पर बड़ा स्टाइलिश चश्मा, ख़ुशबू से महकती सम्मोहक रुख़साना उस पारम्परिक मुस्लिम रिहाइश के बीच बिलकुल भिन्न नज़र आतीं। लेकिन उन्हें इससे कोई फ़र्क़ नहीं पड़ता था।

अपने अभियान पर फ़ौरन जुटते हुए रुख़साना 1975 के आख़िरी दिनों में ही परकोटे के भीतर की पुरानी दिल्ली के चक्कर लगाने लगी थीं। उनके साथ पुलिस होती और युवा कांग्रेस के कार्यकर्ता होते। इस लवाज़में के साथ वे पुरानी दिल्ली के गली-कूचों में घूमतीं और संजय की योजनाओं का प्रचार करतीं। जल्द ही उनकी छवि एक 'पहुँच वाली महिला' की बन गई थी। पुरानी दिल्ली के वृद्ध निवासी भी तीस की उम्र से कुछ बड़ी इस रसूख़दार महिला से अपनी गुहार लगाया करते, जिससे वो सत्ता प्रतिष्ठान से उनके अटके काम निकलवा दे। लेकिन रुख़साना का ध्यान तो अपने उस्ताद के जनसंख्या नियंत्रण कार्यक्रम के प्रचार में अटका था। जो भी उनके पास मदद माँगने के लिए आते, वे उनसे बदले में नसबन्दी अभियान में भागीदारी करने के लिए कहतीं। संजय के नसबन्दी अभियान का रुख़साना द्वारा ऐसा पुरज़ोर प्रचार जामा मस्जिद के इमाम मौलाना सैयद अहमद बुख़ारी को रास नहीं आया और उन्होंने अपने प्रवचनों में रुख़साना को कोसना शुरू कर दिया। रुख़साना भी कहाँ चुप बैठने वाली थीं। उन्होंने 15 अप्रैल, 1976 को 'दुजाना हाउस' में 'परिवार नियोजन कैम्प' का आरम्भ करवा दिया, जिसका उद्घाटन दिल्ली के उप-राज्यपाल कृष्ण चन्द ने किया और जिसके सबसे ख़ास मेहमान ख़ुद संजय गांधी थे। पुलिस और प्रशासन रुख़साना की मुट्ठी में था और 'दुजाना हाउस' के इस कैम्प से महिलाओं और पुरुषों की नसबन्दी अंजाम दी जाने लगी। अपमान के दरिया का बाँध टूटने लगा।

19 अप्रैल की सुबह बहुत सारी बुर्केवाली महिलाओं की भीड़ 'दुजाना हाउस' के आगे इकट्ठा होने लगी। वे नसबन्दी अभियान के ख़िलाफ़ नारे लगा रही थीं। इससे पहले इमाम बुख़ारी भी जामा मस्जिद से प्रसारित अपने सार्वजनिक प्रवचन में नसबन्दी अभियान की कड़ी आलोचना कर चुके थे और उम्मीद की जा रही थी कि वे भी 'दुजाना हाउस' के बाहर आकार ले रहे इस विरोध प्रदर्शन का हिस्सा बनेंगे।

नसबन्दी के लिए ले जाए जा रहे पुरुषों से भरी एक वैन को तभी कुछ महिलाओं ने घेर लिया। उधर पुलिसवाले हड़बड़ी में महिलाओं के उस समूह को गाड़ी से परे ठेलने की कोशिश कर रहे थे, इधर जबरन नसबन्दी के लिए ले जाए जा रहे मर्द नज़र बचाकर निकल भागे। तमाशबीनों की भीड़ ये नज़ारा देखकर हँसी-ठट्ठा करने लगी। पुलिसवाले ये देखकर भड़क गए और वैन के आगे से हटने से इनकार करने वाली एक महिला को उन्होंने गिरफ़्तार कर लिया। दूसरी महिलाओं ने ऐसा होता देखकर रुख़साना को घेर लिया। बड़ी मुश्किल से उन्हें वहाँ से निकाला गया, वो भी पुलिस की मदद से। जब तक अतिरिक्त पुलिस सैन्य बल पहुँचता, विरोध प्रदर्शन बहुत बढ़ चुका था। स्थानीय निवासी अपनी छतों और चबूतरों पर खड़े होकर प्रदर्शनकारियों का मनोबल बढ़ा रहे थे।

माहौल में ग़ुस्सा था। तभी पास के तुर्कमान गेट से ख़बर आई कि दिल्ली प्रशासन द्वारा जारी अतिक्रमण हटाओ अभियान के तहत वहाँ लोगों के मकान और दुकानें गिराई जा रही हैं और इसके ख़िलाफ़ वहाँ के निवासी प्रशासन का घेराव कर रहे हैं। इस ख़बर ने आग में घी का काम किया। लोग पुरानी दिल्ली की सँकरी गलियों से होते तुर्कमान गेट की ओर भागे। वहाँ पहुँचे तो देखा कि तुर्कमान दरवाज़े पर नीले गुम्बद वाली फ़ैज़-ए-इलाही मस्जिद के पास पाँच सौ के क़रीब लोगों की भीड़ पहले से जमा थी जिसमें पुरुष, महिलाएँ और बच्चे शामिल थे। उनमें से कई ने इस अतिक्रमण हटाओ अभियान के ख़िलाफ़ अपना विरोध प्रदर्शन करने के लिए हाथ पर काले पट्टे भी बाँध रखे थे। प्रदर्शनकारियों की इस भीड़ को हथियारों से लैस विशालकाय पुलिस बल ने चारों ओर से घेर रखा था। 'दिल्ली विकास प्राधिकरण' (डीडीए) के बुलडोज़र पुलिस के ट्रकों के साथ नज़दीक ही आसफ़ अली रोड पर लाइन लगाकर खड़े थे। बुलडोज़रों को देखकर वहाँ मौजूद स्थानीय भीड़ में दहशत फैल गई, क्योंकि उस इलाक़े में हाल ही में डीडीए द्वारा एक शरणार्थी शिविर, कुछ दुकानों और घरों को बुलडोज़र से गिराए जाने की घटना हो चुकी थी। 19 अप्रैल की सुबह पुरानी दिल्ली के इस मोहल्ले में इन विध्वंसकारी दानव मशीनों का दोबारा दिखाई देना इस बात का पर्याप्त प्रमाण था कि डीडीए अपना अतिक्रमण हटाओ अभियान रोकने वाली नहीं है। परिवार नियोजन के साथ-साथ शहर को ख़ूबसूरत बनाओ अभियान के तहत झोंपड़पट्टियों का सफ़ाया संजय गांधी के पसन्दीदा कार्यक्रम थे और उन्हें प्रसन्न करने के लिए डीडीए इसे पूरा करने को प्रतिबद्ध थी। पर इधर बस्ती के निवासी भी मन बना चुके थे कि किसी भी क़ीमत पर अपने घरों और दुकानों को गिराने नहीं देंगे और वहाँ मौजूद अधिकारियों से इस बाबत आश्वासन की माँग कर रहे थे। प्रशासन और पुलिस अधिकारी अभी इस परिस्थिति को समझ ही रहे थे कि 1:15 पर प्रदर्शनकारी नमाज़-ए-जुहर अदा करने के लिए इकट्ठा होने लगे।

अप्रैल की चिलचिलाती दोपहर में भीड़ का पारा चढ़ते देर नहीं लगी। एक बग्घी और ठेले पर लादकर प्रदर्शनकारियों को भोजन और पानी पहुँचाया गया। पर भीड़ बढ़ती ही जा रही थी। प्रशासन ने भीड़ को पब्लिक एड्रेस सिस्टम के ज़रिये सम्बोधित किया और उन्हें जगह ख़ाली करने की चेतावनी दी। बन्दीगृह से लॉरियों को बुलाया गया, जो कि संकेत था कि आदेश नहीं मानने वालों को गिरफ़्तार करके कारागार में डाला जा सकता है, लेकिन इसने भीड़ को और भड़का दिया। हाल ही में गिराए गए अतिक्रमण के मलबे से पत्थर उठा-उठाकर भीड़ ने पुलिस पर पथराव शुरू कर दिया। हालात काबू से बाहर होते देखकर अतिरिक्त पुलिस बल बुलाया गया। वरिष्ठ पुलिस अधिकारी भी मौक़े पर पहुँचे। इनमें एक डीआईजी भिंडर भी थे, जिन्हें प्रबीर के अपहरणकर्ता की भूमिका में हम पहले मिल चुके हैं। इसके बावजूद कि उन्हें अपने बवासीर के ऑपरेशन के बाद अस्पताल से अभी छुट्टी मिली थी और कथित रूप से वे अभी भी 'पट्टियाँ' करवा रहे थे, भिंडर दोपहर 2 बजे के आसपास घटनास्थल पर आ पहुँचे। हमेशा की तरह चौकस और तैयार, अपने आका का हुक्म बजा लाने के लिए।[4]

घनघोर लड़ाई छिड़ गई। पुलिस आँसू गैस के गोले दाग रही थी और ध्वस्त इमारतों पर जमे प्रदर्शनकारी उन पर पत्थरों की बरसात कर रहे थे। आँसू गैस के गोलों से बचने के लिए कुछ ने फ़ैज़-ए-इलाही मस्जिद में शरण ली। भिंडर पुलिसिया कार्रवाई की अगुआई करने के लिए आगे बढ़े। इस हंगामे के बीच भी भिंडर कार्रवाई का मुख्य उद्देश्य नहीं भूले थे और बताया जाता है कि उन्होंने अपने एक सहकर्मी को बोला कि वे डीडीए के उपाध्यक्ष जगमोहन से अतिरिक्त बुलडोज़र भेजने के लिए बात करेंगे, जिससे यहाँ काम जल्दी निपटाया जा सके।[5] पुलिस ने बाद में दावा किया कि उन्होंने मस्जिद का दरवाज़ा इसलिए तोड़ा था जिससे वो कथित तौर पर भीड़ द्वारा घसीटकर भीतर ले जाए गए अपने एक साथी सिपाही की जान बचा सके। देखते ही देखते मस्जिद का आँगन किसी भयावह फ़िल्म के मंज़र में बदल गया। फ़र्श पर खून बिखरा था, माल-असबाब सब ध्वस्त पड़ा था और फ़िज़ा में आँसू गैस तैर रही थी। उधर बाहर भी घमासान मचा था। इलाक़े से अनजान पुलिस बदहवासी में कहीं भी दरवाज़ा तोड़कर घर में घुस रही थी, किसी को भी गिरफ़्तार कर रही थी। लेकिन प्रदर्शनकारी आँसू गैस के गोलों से कहाँ डरने वाले थे। वे इलाक़े की भूलभुलैया गलियों में जा छिपे और छापामार युद्ध शैली में जब-तब निकलकर जो हाथ में आया—मलबे से निकले पत्थर, लाठी-डंडे और सोडे की बोतलें, उससे पुलिस को मारने लगे। पिस्तौल से दागी गई चेतावनी गोलियों का भी भीड़ के ग़ुस्से पर कोई असर नहीं हुआ।

पुलिस को भय लगा कि एक बार अगर शाम ढलने लगी तो फिर अँधेरे में आदेश की पालना करवाना असम्भव हो जाएगा। इसी के चलते दोपहर बाद 3 से

4 के बीच अधिकारियों ने पब्लिक एड्रेस सिस्टम के ज़रिये इलाक़े में कर्फ़्यू की मुनादी करवा दी और घोषणा की कि अगर आदेश की पालना नहीं हुई तो मजबूरी में पुलिस को गोली चलानी पड़ेगी। हालाँकि सच ये था कि कर्फ़्यू की घोषणा से पहले ही पुलिस गोली चला चुकी थी। और वैसे भी कर्फ़्यू की घोषणा से परिस्थिति में कोई परिवर्तन नहीं आया। प्रदर्शनकारियों पर न आँसू गैस के गोलों का असर हुआ, न पुलिसिया ज़ाब्ते का और वे वैसे ही पत्थरों की बौछार करते रहे। कुल-मिलाकर पुलिस ने उस दिन चार जगहों पर चौदह राउंड फ़ायरिंग की। इन चार में से एक स्थान पर गोली चलाने का आदेश भिंडर ने दिया था। वे अर्धसैनिक बल सीआरपीएफ़ की एक प्लाटून की अगुआई करते हुए प्रदर्शनकारियों के पीछे एक सँकरी गली में घुस गए। भीतर उन पर पत्थरों की बरसात होने लगी। एक पत्थर सीधा भिंडर को जा लगा। ग़ुस्से में आगबबूला भिंडर ने एक सिपाही की बन्दूक़ छीनकर ख़ुद भीड़ पर गोली चलाने का प्रयास किया। सिपाही ने भिंडर को अपनी बन्दूक़ देने से मना कर दिया, लेकिन जब उसे गोली चलाने का आदेश दिया गया तो वह मना नहीं कर पाया। सरकारी आँकड़ों के अनुसार मरनेवालों की संख्या छह बताई गई, लेकिन बतानेवाले बताते हैं कि मरने वाले इसकी दोगुनी संख्या में थे।[6]

प्रदर्शन इसके बाद निर्दयतापूर्वक कुचला गया। पुलिस ने घरों और कारख़ानों में घुसकर जिस पर भी शक हुआ उसे मारा-पीटा। महिलाओं से बदसलूकी की गई। विरोध के इस रक्तरंजित तरीक़े से कुचले जाने के बाद इलाक़े में बुलडोज़र की गड़गड़ाहट गूँजने लगी। उन्होंने पूरी रात कृत्रिम रोशनी के बीच काम किया और अगले कुछ दिनों में कई घर और दुकानें ज़मींदोज़ कर दी गईं। मलबे को हाथोंहाथ ट्रकों द्वारा वहाँ से हटवाया गया और बेघरों को फ़ौरन यमुनापार की विस्थापित कॉलोनियों में भेज दिया गया।

## तुर्कमान गेट का प्रागैतिहास : जनसंख्या नियंत्रण

आपातकाल पर बाद में हुए विमर्श में तुर्कमान गेट उस दौर में हुए अत्याचारों का सबसे बड़ा प्रतीक बनकर उभरा है। आपातकाल के बाद प्रकाशित हुई कई किताबों में परकोटे के भीतर चले झोंपड़पट्टी हटाओ अभियान और जबरिया नसबन्दी को सत्ता की पाशविकता के सबसे बड़े सबूत के बतौर पेश किया गया।[7] मार्च, 1977 के आम चुनाव में विपक्ष ने नसबन्दी अभियान को आपातकालीन सत्ता की क्रूरता का सबसे बड़ा प्रतीक बना दिया और इन्दिरा गांधी की हार हुई। मई, 1977 में जनता सरकार द्वारा गठित शाह कमीशन ने भी आपातकाल की 'ज़्यादतियों' में जबरन चलाए गए जनसंख्या नियंत्रण अभियान और झोंपड़पट्टी हटाओ अभियान को शामिल कर इस विमर्श को बढ़ावा दिया। शाह कमीशन ने जनता पर जबरन थोपे

गए परिवार नियोजन कार्यक्रमों को आपातकाल की 'ज़्यादतियों' में दर्ज किया और कहा कि स्वेच्छा से अपनाए गए परिवार नियोजन में और इसमें ज़मीन-आसमान का अन्तर है।

इसमें शक नहीं कि संजय का बढ़-चढ़कर 'शहरों को ख़ूबसूरत बनाने' के लिए झुग्गियों को हटाने की और जनसंख्या नियंत्रण की वकालत करना इन कार्यक्रमों को गति देने वाला रहा। लेकिन यह दोनों ही नीतियाँ न सिर्फ़ आपातकाल से पुरानी हैं बल्कि इन्हें लागू करने में ज़बरदस्ती पहले भी होती रही है। आइए, पहले जनसंख्या नियंत्रण के मामले पर नज़र डालें।

जैसा मैथ्यू कॉनेली अपने अध्ययन में दिखाते हैं, भारत में परिवारों के आकार को नियंत्रित करने की कोशिश न सिर्फ़ दशकों पहले से होती आ रही है, बल्कि इसकी शुरुआत एक वैश्विक परियोजना के रूप में हुई।[8] सबसे पहले थॉमस मालथस ने 1798 में प्रकाशित अपने शोध 'एस्से ऑन दि प्रिंसिपल ऑफ़ पॉपुलेशन' में यह मुद्दा उठाया था। इसमें एक ऐसे भयावह भविष्य की तसवीर पेश की गई थी जहाँ बढ़ती जनसंख्या खाद्य संकट की वजह बनेगी और भूखे मरते विश्व में युद्ध और अकाल सन्तुलन बनाने के कार्य करेंगे। फिर जब बीसवीं शताब्दी में एशिया और अफ्रीका के निवासियों की औसत आयु में बढ़ोतरी होने लगी, यूरोपियन और उत्तरी अमेरिका के आभिजात्य वर्ग के लोगों को 'अश्वेतों के उभार' और उससे उपजे 'पीले संकट' की चिन्ता सताने लगी। उन्हें डर था कि एक दिन ऐसा आएगा जब सबसे ग़रीब और सबसे अयोग्य लोगों की संख्या विश्व में सबसे योग्य और सबसे श्रेष्ठ व्यक्तियों से ज़्यादा हो जाएगी।

उन्नीसवीं सदी के अन्तिम दशकों में विकसित हुए जनसांख्यिकी विज्ञान ने इन चिन्ताओं को एक ठोस ज़मीन दे दी। आम जन अब 'जनसंख्या' में बदल गए थे, जिनका अध्ययन होना था और जिन्हें नियंत्रित किया जाना था। कॉनेली जान-बूझकर इस परियोजना के लिए 'परिवार नियोजन' की जगह 'जनसंख्या नियंत्रण' पदबन्ध का इस्तेमाल करते हैं। असल में 'परिवार नियोजन' तो प्रजनन अधिकारों की बात करने वाला पदबन्ध था, जिसका अर्थ 'जनसंख्या नियंत्रण' से बिलकुल उलटा निकलता था।[9] 'जनसंख्या नियंत्रण' अभियान इन अधिकारों, पोषण और परिवार की सम्पूर्ण सेहत का मुद्दा उठाने के बजाय जनसंख्या नियंत्रण के कुछ सीमित लक्ष्यों को हासिल करने से जुड़ी नीतियों और कार्यक्रमों का नाम बन गया। इन्हीं लक्ष्यों के साथ नस्लीय श्रेष्ठता में विश्वास रखनेवालों, मालथस के अनुयायियों, गर्भपात विरोधियों तथा जन्मदर नियंत्रण के समर्थक स्वास्थ्य कार्यकर्ताओं के मध्य से इस जनसंख्या नियंत्रण की नीति को आगे बढ़ाने वाले निकले, जिनके अपने अलग-अलग निहित उद्देश्य थे।

शुरुआत तो इस चिन्ता के साथ हुई थी कि कहीं इनसानी प्रजाति संख्या में

इतनी न बढ़ जाए कि उसके लिए उपलब्ध प्राकृतिक संसाधन कम पड़ने लगें, लेकिन आगे चलकर जनसंख्या नियंत्रण अभियान ने एक वैश्विक स्वरूप अख़्तियार कर लिया। सन्तानोत्पत्ति की जैविक प्रक्रिया इतिहास की एक शाखा के तौर पर उभरी और विश्व स्तर पर मानव संख्या पर नियंत्रण की कोशिशें शुरू हो गईं। यहाँ तक कि राष्ट्र-राज्यों में आप्रवासियों के आगमन और उसके राष्ट्र के नागरिकों की संरचना पर पड़ रहे प्रभावों को विश्व के कुछ ख़ास हिस्सों में बढ़ रही आबादी की दर से खाद-पानी मिलने लगा। विश्वभर में नेता, वैज्ञानिक और जनसंख्या नियंत्रण कार्यकर्ता जनसंख्या नियंत्रण से जुड़े नये क़ायदे और नीतियाँ बनाते हुए 'वैश्विक दृष्टि' रखने पर ज़ोर देने लगे।

वैश्विक स्तर पर जनसंख्या नियंत्रण के लिए अभियान चलाने वालों में सबसे प्रमुखता से उभरकर आने वाला नाम रहा मारग्रेट सेंगर का। अमेरिकन 'प्लांड पैरेंटहुड' संस्था की पूर्ववर्ती रही 'अमेरिकन बर्थ कंट्रोल लीग' की संस्थापक मारग्रेट सेंगर तो गांधी जी से मिलने ख़ुद उनके वर्धा आश्रम पहुँची थीं, जिससे वे उन्हें जनसंख्या नियंत्रण को लेकर अपने तर्कों से सहमत कर सकें। गांधी उनके जनसंख्या नियंत्रण से जुड़े विचारों से तो प्रभावित हुए, लेकिन गांधी का दृढ़ विश्वास था कि बच्चा पैदा करने से इतर उद्देश्य के लिए किया जाने वाला संभोग पाप समान है। गांधी अपने इस विश्वास से ज़रा भी नहीं डिगे। उनका मानना था कि अगर अधिक बच्चों का जन्म होने से रोकना है तो इसका एकमात्र रास्ता ब्रह्मचर्य का पालन होना चाहिए, न कि कोई और गर्भाधान रोकने वाली विधि। पर सेंगर ने अपनी कोशिशें जारी रखीं और तीस के दशक में भारत में जनसंख्या नियंत्रण के लिए दवाख़ाने खुलवाने के प्रयास में जुटी रहीं।

अपने वैश्विक बन्धुओं की तरह भारतीय आभिजात्य वर्ग के लोग भी जल्द ही जनसंख्या वृद्धि से जुड़ी चिन्ताओं में घुलने लगे। सेंगर के जनसंख्या नियंत्रण अभियान के एक उत्साही ब्राह्मण सहयोगी ने दावा किया कि तथाकथित नीची जाति वाले और मुसलमान ज़्यादा बच्चे पैदा करते हैं। जबकि उनके पास ऐसा कहने का कोई तथ्यात्मक प्रमाण नहीं था। एक दूसरे समर्थक ने आगे बढ़कर लोगों की इच्छा से या जबरन, जिस भी तरीक़े से हो नसबन्दी की माँग कर डाली। पटना विश्वविद्यालय में अर्थशास्त्र के प्रोफ़ेसर ज्ञान चन्द ने 1939 में शोध आलेख प्रकाशित किया जिसका शीर्षक था 'इंडियाज़ टीमिंग मिलियंस' और इसके पाँच वर्ष बाद दूसरा पर्चा 'दि प्रॉब्लम ऑफ़ पॉपुलेशन' शीर्षक से आया जिनमें बताया गया था कि भारत में ग़रीबी और जहालत कम करने में जनसंख्या नियंत्रण की महत्त्वपूर्ण भूमिका हो सकती है। लखनऊ विश्वविद्यालय के अर्थशास्त्र एवं समाजशास्त्र विभाग में प्रोफ़ेसर राधाकमल मुखर्जी वो दूसरे विद्वान थे जिन्होंने राष्ट्रीय आर्थिक नीति निर्माता समुदाय के बीच इस जनसंख्या नियंत्रण से जुड़े विमर्श को स्थापित करने में ख़ास भूमिका अदा की।

मुखर्जी ने 1936 में भारतीय जनसंख्या सम्मेलन (इंडियन पॉपुलेशन कॉन्फ्रेंस) की स्थापना की और 1938 में 'फ़ूड प्लानिंग फ़ॉर 400 मिलियंस' पर्चा लिखा जिसमें प्रस्तावित किया गया था कि मुल्क की जनसंख्या वृद्धि दर को राष्ट्रीय उत्पादन के दायरे में लाया जाना चाहिए।[10] आगे चलकर मुखर्जी को कांग्रेस की राष्ट्रीय योजना समिति की जनसंख्या पर बनी उपसमिति का प्रमुख बनाया गया।

अपनी 1940 में प्रस्तुत रिपोर्ट में योजना समिति ने 'समाज के विभिन्न तबक़ों के मध्य आबादी की असमान वृद्धि से उपजे ख़तरे' की ओर चेताया। चेतावनी यह थी कि तथाकथित ऊँची जातियों और सम्पन्न वर्ग के बीच परिवार नियोजन के साधनों का अधिक इस्तेमाल 'क्रमबद्ध तरीक़े से पिछड़े सामाजिक वर्गों की आबादी बढ़ाने वाला' साबित हो सकता है। रिपोर्ट में अगड़ी जातियों के मध्य अन्तरजातीय विवाह से जुड़ी बाधाएँ दूर करने और जनसंख्या नियंत्रण से जुड़ा प्रचार आम जनता तक लेकर जाने की अपील थी जिससे 'जातिगत असमानता के बढ़ने' पर रोक लगाई जा सके।[11] कांग्रेस की इस समिति के अध्यक्ष नेहरू थे और उन्होंने जनसंख्या नियंत्रण के लक्ष्य से सहमति जताते हुए इसके लिए अन्य बदलावों की भी वकालत की जैसे सामाजिक पोषण में वृद्धि करना जिससे ग़रीबों में अपने स्वास्थ्य को लेकर विश्वास जागृत हो और वे उच्च बाल मृत्यु दर के तोड़ के रूप में उच्च जन्म दर का हासिल करना छोड़ दें। अन्ततः राष्ट्रीय योजना समिति ने जनसंख्या के दबाव को नियंत्रित करने के साथ मुल्क के वृहत्तर आर्थिक विकास को अपना राष्ट्रीय लक्ष्य घोषित किया।

जनसंख्या पर भारतीय आभिजात्य विमर्श द्वितीय विश्वयुद्ध के बाद पूरे विश्व में पैर पसार रहे वैश्विक अभियान का ही एक हिस्सा था। विश्वयुद्ध की विभीषिका झेलने के बाद भी दुनिया की आबादी तेज़ी से बढ़ रही थी और शोधकर्ता 'आबादी में बदलाव' जैसी अवधारणाओं के साथ जन्मदर पर वैश्विक नियंत्रण का अभियान चला रहे थे। इस आबादी में बदलाव को वैश्विक मान्यता दिलवाने वालों में अग्रणी नाम थे अमेरिका के प्रिंसटन विश्वविद्यालय में 'जनसंख्या अध्ययन कार्यालय' खोलकर 1936 में जनसांख्यिकी पर स्नातक स्तर का प्रशिक्षण शुरू करने वाले फ्रैंक नोटेस्टीन। यूरोप और सोवियत संघ के अध्ययनों से आगे बढ़ते हुए उन्होंने विकासशील देशों में बढ़ती जनसंख्या को समझाने और नियंत्रित करने की युक्ति के बतौर अपना जनसंख्या परिवर्तन का सिद्धान्त प्रस्तुत किया। उनके अनुसार विभिन्न समाजों में आधुनिकता की विभिन्न अवस्थाओं के अनुरूप जन्म और मृत्यु की दरें भिन्न प्रकार से घटती या बढ़ती हैं। उनके इसी सिद्धान्त पर अमल करते हुए 'जनसंख्या अध्ययन कार्यालय' ने अन्तरराष्ट्रीय स्तर पर विश्व जनसांख्यिकी अध्ययन शुरू किया। किंग्सली डेविस का दूरगामी प्रभाव डालने वाला 'दि पॉपुलेशन ऑफ़ इंडिया एंड पाकिस्तान' (1951), जिसमें प्रस्तावित किया गया था कि ग़रीबी

से लड़ने के लिए जन्मदर को नियंत्रित करना सबसे बड़ा हथियार है, भी इस 'जनसंख्या अध्ययन कार्यालय' द्वारा प्रायोजित था।[12]

जनसंख्या नियंत्रण के लिए लड़ने वाले कार्यकर्ता विकासवाद का चोला ओढ़कर आगे बढ़े। 'छोटा परिवार' उनके लिए आधुनिकीकरण का हथियार भी बना और इसकी मूर्त परिणति भी। नोटेस्टीन इस अभियान के केन्द्रीय व्यक्तित्व बनकर उभरे। जब 1946 में संयुक्त राष्ट्रसंघ ने अपने पॉपुलेशन डिवीज़न (जनसंख्या विभाग) की स्थापना की तो इसके पीछे नोटेस्टीन का बड़ा योगदान था और उन्हें ही इसका पहला निदेशक नियुक्त किया गया। संयुक्त राष्ट्रसंघ की अन्य घटक एजेंसियाँ जैसे 'फूड एंड एग्रीकल्चर ऑर्गनाइज़ेशन' (खाद्य और कृषि संगठन) तथा 'वर्ल्ड हेल्थ ऑर्गनाइज़ेशन' (विश्व स्वास्थ्य संगठन) भी इसकी उत्सुक भागीदार बनीं और संयुक्त राष्ट्रसंघ के अधिकारी जनसंख्या नीति के माध्यम से विश्व जनसंख्या पर नियंत्रण के सपने देखने लगे। 1952 के बाद इन प्रयासों में और तेज़ी आई जब जॉन डी. रॉकफ़ेलर द्वारा 'पॉपुलेशन काउंसिल' (जनसंख्या परिषद) की स्थापना की गई। 'इंटरनेशनल प्लांड पेरेंटहुड फ़ाउंडेशन', 'फोर्ड फ़ाउंडेशन', 'रॉकफ़ेलर फ़ाउंडेशन' एवं कई फ़ार्मा कम्पनियाँ इस परिषद का हिस्सा थे और इस तरह 'पॉपुलेशन काउंसिल' इस क्षेत्र की सबसे प्रभावशाली खिलाड़ी बन गई।[13]

भारत इस अभियान के अगुआ खिलाड़ियों के लिए सबसे ख़ास मुल्क बनकर उभरा और भारत की सरज़मीं पर इसके संचालक बने फ़ोर्ड फ़ाउंडेशन के दिल्ली प्रमुख डगलस एन्समिंज़र। वैसे फ़ाउंडेशन के इस 'आधुनिकीकरण' अभियान के पीछे उनका सोवियत संघ के ख़िलाफ़ चलाया जा रहा साम्यवाद विरोधी एजेंडा होता था, लेकिन भारत में एन्समिंज़र ने बड़ी चालाकी से शीतयुद्ध की राजनीति को पृष्ठभूमि में रखते हुए फ़ाउंडेशन को भारत के वृहत्तर विकास के साझेदार के रूप में प्रस्तुत किया।[14] जवाहरलाल नेहरू के न्योते पर जब फ़ोर्ड फ़ाउंडेशन ने भारत में अपना क्षेत्रीय कार्यालय खोला तो उसके घोषित उद्देश्यों में यह शामिल था कि फ़ाउंडेशन उन कार्यों में साझेदार बनेगी जिन्हें करना भारत सरकार ज़रूरी तो समझती है, लेकिन पैसे की कमी के चलते अभी हाथ में नहीं ले पा रही है।[15] इसके अलावा, फ़ाउंडेशन विकास के उन तरीक़ों का परीक्षण करने के लिए आवश्यक संसाधन उपलब्ध करवाएगी, जिनके लिए सरकार के पास अभी बजट नहीं है। इस समझौते ने फ़ोर्ड फ़ाउंडेशन को भारत सरकार के विकास कार्यक्रमों के साथ कुछ इस तरह जोड़ दिया जिससे ऐसा लगे कि वे भारतीयों द्वारा शुरू किये गए और संचालित विकास कार्यक्रमों के पीछे तकनीकी सलाह और वित्तीय सहायता देनेवाली संस्था भर हैं।

पहले से ही भारत की प्रथम पंचवर्षीय योजना का हिस्सा रहा 'जनसंख्या नियंत्रण' डगलस एन्समिंज़र की प्राथमिकताओं की सूची में शीर्ष पर था। उन्होंने

नेहरू से सम्पर्क साधा, जो पहले से ही जनसंख्या वृद्धि पर नियंत्रण के पक्षधर थे। लेकिन नेहरू ने साफ़ कर दिया कि स्वास्थ्य मंत्री राजकुमारी अमृत कौर की सहमति के बिना इस नीति पर अमल करना सम्भव नहीं। कौर सम्मानित नेता थीं। पंजाब के एक नवाबी परिवार से ताल्लुक रखने वाली कौर की स्कूली पढ़ाई लंदन में और उच्च शिक्षा ऑक्सफ़ोर्ड विश्वविद्यालय से हुई थी। भारत वापसी पर वह गांधी की अनुयायी और स्वाधीनता आन्दोलन की सिपाही बन गईं। वे स्वतंत्रता के बाद गठित आज़ाद भारत की पहली नेहरू कैबिनेट में शामिल दो ईसाइयों में से एक थीं और एकमात्र महिला मंत्री थीं। गांधी के अनुयायी के बतौर वे ऐसी किसी भी नीति के प्रति सहज नहीं थीं जहाँ स्त्री-पुरुष के शारीरिक संसर्ग के पीछे से सन्तानोत्पत्ति के विचार को हटाने की बात हो।

पर एन्समिंज़र पीछे नहीं हटे। उन्होंने मार्च, 1955 में कौर से मुलाक़ात का समय माँगा और बैठक की शुरुआत में ही बोल दिया कि हालाँकि वे उनसे परिवार नियोजन को लेकर बातचीत करने आए हैं, लेकिन अगर उन्हें ये पसन्द न हो तो वे ये बात नहीं करेंगे। अब अमृत कौर क्या कहतीं। उन्हें एन्समिंज़र को सुनना ही पड़ा। बस एक बार मौक़ा मिलने की देर थी, एन्समिंज़र ने विस्तार से जनसंख्या वृद्धि और बड़े पैमाने पर ग़रीबी के बीच मौजूद सीधे रिश्ते का ज़िक्र किया और कहा कि जो अपने परिवारों को सीमित रखना चाहते हैं, उनकी मदद करना हमारा कर्तव्य है। एक घंटे के विचार-विमर्श के बाद कौर ने उनसे पूछा कि क्या वे उन्हें

चित्र 7.4 : इन्दिरा गांधी के साथ डगलस एन्समिंज़र, 1970
साभार : रॉकफ़ेलर आर्काइव सेंटर

ऐसे विशेषज्ञ उपलब्ध करवा सकते हैं जो उन्हें इस मुद्दे पर सोचने और नीतियाँ बनाने में मदद कर सकें? एन्समिंज़र तो इसके लिए तैयार बैठे थे। आगे की योजना बनाते हुए, उन्होंने पहले ही न्यूयॉर्क में जॉन डी. रॉकफ़ेलर III से दो सलाहकारों का भारत आने के लिए भुगतान व्यक्तिगत रूप से करने का वादा प्राप्त कर लिया था ताकि वे सलाहकार विषय के विशेषज्ञ भर दिखें, फ़ोर्ड या रॉकफ़ेलर फ़ाउंडेशन के प्रतिनिधि नहीं। इसलिए, जब कौर ने विशेषज्ञ सलाह माँगी तो एन्समिंज़र तुरन्त सहमत हो गए क्योंकि वे पहले से इसके लिए तैयार होकर आए थे। कुछ ही समय बाद न्यूयॉर्क पब्लिक हेल्थ सर्विसेज की प्रमुख लियोना बॉमगार्टनर और प्रिंसटन विश्वविद्यालय के फ्रैंक नोटस्टीन ने दिल्ली का दौरा किया और जनसंख्या नियंत्रण पर स्वास्थ्य मंत्री के पहले नीति वक्तव्य को तैयार करने में मदद की।[16]

बॉमगार्टनर और नोटस्टीन द्वारा स्वास्थ्य मंत्री कौर को सौंपी गई रिपोर्ट सरकार को निरन्तर अनुसन्धान और आबादी पर किये परीक्षणों के माध्यम से विभिन्न गर्भनिरोधक तरीक़ों, सांस्कृतिक प्राथमिकताओं और जनसांख्यिकीय नमूनों पर अपना ज्ञान बढ़ाने और इस माध्यम से अपने परिवार नियोजन के प्रयासों को बढ़ावा देने के लिए प्रोत्साहित कर रही थी। इसकी सबसे महत्त्वपूर्ण सिफ़ारिश नीतियाँ बनाने और उनके कार्यान्वयन में तालमेल बिठाने के लिए स्वास्थ्य मंत्रालय के भीतर ही एक अर्ध-स्वायत्त परिवार नियोजन निकाय की स्थापना थी।[17] सरकार ने इस सलाह पर अमल करते हुए 1956 में 'केन्द्रीय परिवार नियोजन बोर्ड' की स्थापना की, जिसका प्रमुख आर्मी मेडिकल कॉर्प्स के कर्नल बी.एन. रैना को नियुक्त किया गया।[18] जनसंख्या नियंत्रण के लक्ष्य को 1956 में शुरू हुई भारत की दूसरी पंचवर्षीय योजना में भी उच्च प्राथमिकता पर रखा गया। परियोजना में नवनिर्मित बोर्ड के लिए लगभग 5 करोड़ रुपये का बजट आवंटित किया और साथ ही केन्द्र और राज्यों में सलाहकार निकायों का निर्माण किया गया। परियोजना में जनसंख्या नियंत्रण को गति देने के लिए राज्यों को वित्तीय सहायता प्रदान करने की एक लचीली प्रणाली तैयार करने की बात थी गर्भनिरोधक सेवाएँ देनेवाले परिवार नियोजन दवाख़ानों की देश भर में स्थापना का आह्वान भी किया गया था। 1959 में फ़ोर्ड ने स्वास्थ्य मंत्रालय को तीन लाख डॉलर का पहला बड़ा अनुदान दिया और बाद के वर्षों में भारतीय कर्मियों के प्रशिक्षण, अनुसन्धान, शुरुआती प्रायोगिक परियोजनाओं, शोध अनुदानों, सलाहकारों, दवाओं, उपकरणों और आपूर्ति के लिए बड़ी रकम उपलब्ध करवाते रहे।[19] तीसरी पंचवर्षीय योजना (1961-66) ने परिवार नियोजन के बजट को 27 करोड़ रुपये तक बढ़ा दिया, जो दूसरी योजना के आवंटन से पाँच गुना अधिक था। फ़ोर्ड ने इसमें एक करोड़ बीस लाख डॉलर की सहायता का प्रस्ताव रखा। हालाँकि इसके बोर्ड ने आख़िर में केवल पचास लाख डॉलर की सहायता को मंजूरी दी, लेकिन ये भी इसके पहले किये वादे से बहुत अधिक था।[20] कई नये

कार्यक्रमों, संस्थानों, सलाहकारों की नियुक्तियों और प्रशिक्षण योजनाओं को इस आर्थिक सहायता का सीधा लाभ मिला।

साठ के दशक का मध्य आते-आते फ़ोर्ड फ़ाउंडेशन भारत सरकार के परिवार नियोजन कार्यक्रमों में इतनी गहराई तक पैठ बना चुकी थी कि 1965 में 'पॉपुलेशन काउंसिल' के एक कर्मचारी ने नोट किया कि उनका सामना ऐसे कई भारतीयों से हुआ था जिनका मानना था कि "परिवार नियोजन के मामले में सरकार वही करती है जो उसे फ़ोर्ड फ़ाउंडेशन करने को कहता है।"[21] अपने 72 विदेशी पेशेवरों, 177 भारतीय तकनीकी और प्रशासनिक कर्मचारियों, 63 पूर्णकालिक कर्मचारियों तथा दूसरे संस्थानों में कार्यरत अनुदान द्वारा समर्थित 16 विदेशी विशेषज्ञों के साथ एनस्मिंजर ने भारत में जिस फ़ोर्ड के ढाँचे को खड़ा किया वो विदेशी ज़मीन पर पूरी दुनिया में किसी भी फ़ाउंडेशन की सबसे बड़ी उपस्थिति थी। इसने कई सरकारी परिवार नियोजन कार्यक्रमों और संगठनों को वैचारिक दिशा और अनुदान प्रदान किया, इसके सलाहकार स्वास्थ्य मंत्रालय में भी नियुक्त किये गए थे और फ़ोर्ड फ़ाउंडेशन परिवार नियोजन कार्यक्रम से जुड़े अधिकारियों को समय-समय पर न्यूयॉर्क की सैर भी करवाती थी। इसने गर्भाशय के भीतर इस्तेमाल होनेवाले गर्भनिरोधक उपकरण (आईयूडी या लूप) के वितरण में सहायता की और कम क़ीमत वाले कंडोम 'निरोध' के बड़े पैमाने पर उपयोग को ख़ूब बढ़-चढ़कर बढ़ावा दिया।[22] फ़ोर्ड का संचार माध्यमों की उपयोगिता में गहरा विश्वास था। फ़ोर्ड द्वारा नियुक्त एक सलाहकार ने परिवार नियोजन से जुड़ा जो विज्ञापन कार्यक्रम तैयार किया उसमें मुख्य किरदार एक हथिनी को बनाया गया। उस हथिनी को परिवार नियोजन के प्रतीक 'लाल तिकोन' का नाम दिया गया। हथिनी गाँव-गाँव घूमती और अपनी सूँड़ बढ़ाकर परिवार नियोजन और कंडोम की जानकारी वाले पर्चे बाँटती। उसके एक तरफ़ लाल त्रिभुज की रंगीन छवि और एक ख़ुश जोड़े की तसवीर के नीचे हिन्दी में लिखा होता, "अगला बच्चा अभी नहीं। तीन के बाद कभी नहीं।" और दूसरी तरफ़ एक और लाल त्रिभुज बना होता, जिस पर लिखा रहता, "लाल तिकोन है मेरा नाम। ख़ुशियाँ फैलाना मेरा काम।"[23]

विज्ञापन अभियान चलाना और लोगों को शिक्षित करने की कोशिश एक बात थी लेकिन लोगों को दवाख़ाने तक आने और वहाँ उपलब्ध करवाए जा रहे गर्भनिरोधक साधनों का लाभ उठाने के लिए मना पाना बिलकुल दूसरी बात थी। इस समस्या को पहचानते हुए तीसरी पंचवर्षीय योजना जनसंख्या नियंत्रण के क्षेत्र में 'विस्तार कार्यक्रम' के साथ आगे बढ़ी, जहाँ लोगों के दवाख़ाने तक आने की प्रतीक्षा करने के बजाय कार्यक्रम के ख़ुद उन तक पहुँचने का लक्ष्य रखा गया। परिवार नियोजन बोर्ड के प्रमुख के रूप में कर्नल रैना इस नवीन कोशिश की अगुआई कर रहे थे। कर्नल रैना 1937 से ही जनसंख्या नियंत्रण से जुड़े आन्दोलन से जुड़े हुए थे और

वे कार्यक्रम में अपने साथ एक उम्मीद और नई ऊर्जा लेकर आए जिसे फ़ोर्ड के अधिकारियों से भी सराहना मिली। हालाँकि जनसंख्या परिषद में कुछ का यह भी मानना था कि कर्नल को 'वास्तविक अनुसन्धान' की तुलना में कार्यक्रम के लिए गाड़ियाँ, उपकरण और विदेशी मुद्रा हासिल करने की अधिक परवाह थी।[24]

करके दिखाने में यक़ीन रखने वाले कर्नल रैना ने प्रत्येक गाँव और क़स्बे में एक परिवार नियोजन समिति की स्थापना करवाई और सामुदायिक स्तर पर 'छोटे परिवार का आदर्श' विकसित करने के उद्देश्य से उन समुदायों के 'स्वाभाविक नेताओं' को एक-एक हज़ार रुपये का मानदेय देने की व्यवस्था भी की। आपातकाल के दौरान कुख्यात हुए मोबाइल नसबन्दी शिविरों का शुरुआती अवतार भी इस दौरान महाराष्ट्र में सामने आ गया था और इसे अन्य राज्यों के लिए एक उदाहरण के रूप में पेश किया गया। व्यवस्था के लिए महिलाओं की बजाय पुरुषों की नसबन्दी करना ज़्यादा मुफ़ीद बैठ रहा था क्योंकि पुरुष नसबन्दी के लिए शल्य चिकित्सक बिना मरीज़ को पूरा बेहोश किये सिर्फ़ पन्द्रह मिनट के भीतर ऑपरेशन ख़त्म कर सकता था। ऐसे नसबन्दी शिविरों का आयोजन किसी मेले जैसे माहौल में किया जाता था, जिससे लोग सामाजिक दबाव महसूस करें। 1962 में की गई 1 लाख 72 हज़ार नसबन्दियाँ, जिनमें से 70 प्रतिशत पुरुषों की थीं, से प्रसन्न होकर स्वास्थ्य मंत्रालय ने नसबन्दी के अधिक प्रभावी तरीक़े के रूप में मोबाइल वैन के उपयोग को प्रोत्साहित करना शुरू किया तथा तपेदिक, कुष्ठ रोग या मानसिक समस्या जैसी दूसरी बीमारियों के लिए भर्ती हुए रोगियों पर अपना निशाना साधा।[25] 1965 में तो कर्नल रैना भारत सरकार के परिवार नियोजन कार्यक्रम की सफलताओं के बारे में न्यूयॉर्क में बैठे 'पॉपुलेशन काउंसिल' के अध्यक्ष जॉन डी. रॉकफ़ेलर III को एक उत्साह से भरी रिपोर्ट लिखकर भेज रहे थे। पर रॉकफ़ेलर इसे पाकर चक्कर में पड़ गए क्योंकि उन्होंने न तो रैना से ऐसी कोई रिपोर्ट नहीं माँगी थी, न ही वह कर्नल रैना को जानते थे। लेकिन रैना अपने मिशन के प्रति भरपूर जोश से भरे थे और बख़ूबी जानते थे कि इस क्षेत्र के अन्तरराष्ट्रीय खिलाड़ी कौन हैं।[26]

जनसंख्या नियंत्रण कार्यक्रम के अमेरिकी समर्थकों को इन्दिरा गांधी के रूप में उनकी बातों को तसल्ली से सुननेवाला सहयोगी मिल गया। इलाहाबाद में नेहरू-गांधी परिवार के पैतृक घर 'आनन्द भवन' में एक परिवार नियोजन संस्थान की स्थापना की गई। जब इन्दिरा, लालबहादुर शास्त्री सरकार में सूचना और प्रसारण मंत्री थीं तब भी उन्होंने परिवार नियोजन का सन्देश गाँव-घर तक पहुँचाने के लिए ग्रामीण इलाक़ों में ट्रांजिस्टर रेडियो वितरित करने के कार्यक्रम को अपना पूरा समर्थन दिया था। उन्होंने अपनी स्वास्थ्य मंत्री सुशीला नैयर पर भी दबाव बनाया कि वे आईयूडी शल्य प्रक्रिया करवाने वाली महिलाओं को वित्तीय प्रोत्साहन देने की नीति लागू करें। शास्त्री के बाद 1966 में जब इन्दिरा ने प्रधानमंत्री का पदभार सँभाला

तो उन्होंने 'स्वास्थ्य मंत्रालय' का नाम बदलकर 'स्वास्थ्य और परिवार नियोजन मंत्रालय' कर दिया। अब स्वास्थ्य मंत्रालय में परिवार नियोजन के लिए एक अलग विभाग, एक अलग सचिव और एक अलग राज्यमंत्री नियुक्त था। संयुक्त राज्य अमेरिका की अपनी यात्रा के दौरान खाद्य सहायता के मुद्दे पर तत्कालीन अमेरिकी राष्ट्रपति लिंडन जॉनसन के साथ उनकी चर्चा में जनसंख्या नियंत्रण का मुद्दा भी उठा। हालाँकि उनकी बातचीत का कोई रिकॉर्ड मौजूद नहीं है, राष्ट्रपति जॉनसन ने दावा किया कि भारत सरकार इस बात पर सहमत हो गई है कि खाद्य सुरक्षा और जनसंख्या की समस्याएँ आपस में जुड़ी हुई हैं। इसका संकेत इस बात से भी मिलता है कि वाशिंगटन से लौटने के तुरन्त बाद इन्दिरा ने भारत में आईयूडी शल्यक्रिया में आई गिरावट को उलटने के लिए नीति बनाने की सिफ़ारिश करने वाली एक समिति की रिपोर्ट को स्वीकार कर लिया। साफ़ दिखाई दे रहा था कि अमेरिकियों ने भारत पर जनसंख्या नियंत्रण की नीतियाँ लागू करने का दबाव बनाने के लिए विदेशी सहायता को एक लालच की तरह इस्तेमाल किया था।[27]

जनसंख्या नियंत्रण अभियान से जुड़े अन्तरराष्ट्रीय समर्थकों के लिए भारत का अपनी जन्म दर में तेज़ गति से कटौती नहीं कर पाना घबराहट का कारण बन गया। पॉल एर्लिच ने अपनी 1968 में प्रकाशित अन्तरराष्ट्रीय बेस्टसेलर किताब 'पॉपुलेशन बम' में इस चिन्ता को कुछ इन शब्दों में स्वर दिया :

> जनसंख्या विस्फोट को मैं बौद्धिक स्तर पर काफ़ी वक़्त से समझता आया हूँ। पर मुझे इसका असल जिस्मानी अर्थ अभी कुछ साल पहले दिल्ली की एक बदबूदार गर्म रात में समझ आया। ...सड़कें जैसे लोगों से ज़िन्दा हो उठी थीं। लोग खा रहे हैं, लोग साफ़ कर रहे हैं, लोग सो रहे हैं। लोग आ-जा रहे हैं, बहस कर रहे हैं और चिल्ला रहे हैं। लोग टैक्सी की खिड़की से हाथ भीतर घुसाकर भीख माँग रहे हैं। लोग खुले में हग रहे हैं, पेशाब कर रहे हैं। लोग बसों में लटक रहे हैं। लोग जानवर चरा रहे हैं। बस लोग, लोग, लोग, लोग।[28]

यदि एर्लिच को पढ़कर ऐसा लगता था कि भारत की जनसंख्या कोई टिकिंग टाइम बम जैसी चीज़ है, तो उधर भारतीय अधिकारी जनसंख्या नियंत्रण के लिए युद्ध के रूपक का इस्तेमाल करने लगे थे। उस दौर के योजना मंत्री अशोक मेहता, जो बाद में आपातकाल के दौरान ख़ुद जेल में डाले गए और इन्दिरा के अत्याचार के ख़िलाफ़ आवाज़ उठाते रहे, स्वयं इस आसन्न युद्ध और इसे लड़ने की ज़रूरत के बारे में स्पष्ट शब्दों में बयान दे रहे थे। उनका कहना था कि जनसंख्या वृद्धि "द्वार पर खड़ा शत्रु है...यह एक ऐसा युद्ध है जिसे हमें लड़ना ही है। और दूसरे युद्धों की तरह यहाँ भी हम हर अच्छा-बुरा चुन नहीं सकते। कुछ तो घायल होंगे ही।

कुछ ग़लत भी होने से रोका नहीं जा सकता। ज़रूरत है इस युद्ध को लड़ने के लिए दृढ़ इच्छाशक्ति मन में धारण करने की, ताकि इस युद्ध को जीता जा सके।"[29] जब सुशीला नैयर इस युद्ध का हिस्सा बनने के लिए उत्सुक नहीं दिखीं तो उन्हें किनारे लगाने के लिए मेहता ने काबीना के अन्य मंत्रियों को अपने साथ मिलाया। आख़िर इन्दिरा ने 1967 में सुशीला नैयर को हटा दिया और उनकी जगह जनसांख्यिकी विशेषज्ञ श्रीपति चन्द्रशेखर को नियुक्त किया। चन्द्रशेखर वो व्यक्ति थे जो हर उस पुरुष के लिए नसबन्दी अनिवार्य करना चाहते थे जिसके तीन से अधिक बच्चे हों। हालाँकि कैबिनेट ने उनकी इस सिफ़ारिश को स्वीकार नहीं किया लेकिन उनके प्रस्ताव ने जनसंख्या नियंत्रण सम्बन्धी नीति के सन्दर्भ में हवा का रुख़ किस ओर है, इसका इशारा कर दिया था।

जिस जनसंख्या नीति की वकालत जनसंख्या परिषद, आईपीपीएफ़, फ़ोर्ड फ़ाउंडेशन और विश्वबैंक कर रहे थे, नई दिल्ली ने आख़िर 1966 में औपचारिक रूप से उसे स्वीकार कर लिया। यह नीति थी नसबन्दी और आईयूडी प्रक्रिया के लिए वित्तीय प्रोत्साहन देना। प्रत्येक राज्य को हर आईयूडी प्रक्रिया के लिए 11 रुपये, हर पुरुष नसबन्दी के लिए तीस रुपये और एक महिला नसबन्दी के लिए चालीस रुपये (बाद में इसे बढ़ाकर नब्बे रुपये कर दिया गया) प्रदान किये जाने थे। राज्य इसमें से सम्बन्धित व्यक्तियों, कर्मचारियों और 'मोटिवेटर्स' को जैसे भी ठीक समझें, पैसा वितरित कर सकते थे। इससे नसबन्दी और आईयूडी निवेशन की संख्या में एकदम बढ़त दर्ज हुई। बिहार, जहाँ पहले प्रति व्यक्ति नसबन्दी की संख्या सबसे कम थी और जो आईयूडी निवेशन के निर्धारित लक्ष्य का भी सिर्फ़ 12 फ़ीसदी ही पूरा कर पाया था, वहाँ वर्ष 1966-67 में 1,00,000 लोगों ने यह विकल्प चुना। अगले ही साल यह आँकड़ा भारी उछाल के साथ 2,00,000 पर पहुँच गया। लोग वही वाली नसबन्दी करवाना चाहते थे, जिसके बदले भुगतान सबसे ज़्यादा होता हो। इसके पीछे बड़ा कारण साल 1966-67 में बिहार में पड़ा अकाल था, जिसने मुफ़लिस जनता को नसबन्दी शिविरों की ओर देखने को मजबूर कर दिया। मध्य प्रदेश की भी यही कहानी थी जहाँ नसबन्दी का विकल्प चुनने वालों की संख्या 1966-67 में 1,30,000 से बढ़कर अगले ही साल 2,30,000 हो गई। मध्य प्रदेश भी लगातार तीन साल से सूखे की चपेट में था। ऐसे ही कुछ हालात उत्तर प्रदेश और उड़ीसा में देखे जा रहे थे। उत्तर प्रदेश प्रशासन ने परिवार नियोजन से जुड़े अधिकारियों को सीधे ज़िला न्यायाधीशों को रिपोर्ट करने का निर्देश दिया। हर ज़िला मजिस्ट्रेट पर यह दबाव डाला गया कि वे सुनिश्चित करें कि इन अधिकारियों का लक्ष्य पूरा हो।

कई राज्य जो सूखे से प्रभावित नहीं थे, उन्होंने भी नसबन्दी का जबरन अभियान चलाया। केरल और मैसूर सरकार ने तीन या अधिक बच्चे होने पर सरकारी कर्मचारियों

को मिलनेवाले मातृत्व अवकाश पर रोक लगाना शुरू कर दिया। महाराष्ट्र सरकार ने प्रस्ताव रखा कि उन परिवारों को चिकित्सा उपचार और मातृत्व लाभ से वंचित कर दिया जाए, जिनके तीन या अधिक बच्चे हैं और उनके लिए नसबन्दी करवाने को अनिवार्य बनाने की सिफ़ारिश भी की। हरियाणा और उत्तर प्रदेश सरकारों ने भी इसी तरह की नीतियाँ अपनाने का इरादा जताया। अशोक मेहता ने स्वीकार किया कि इन उपायों में कुछ 'अमानवीयता का तत्त्व' था। लेकिन, उन्होंने आगे कहा, "यहाँ हमें किसी शल्यक्रिया विशेषज्ञ की भाँति चाकू चलाना होगा। इससे कुछ देर के लिए, कहीं-कहीं ज़रा दर्द होगा। लेकिन यही हमें स्वस्थ बनाएगा।"

समाज में फैली ग़रीबी और परिवार नियोजन की युक्तियों के साथ जोड़े वित्तीय प्रोत्साहनों के बावजूद 1969 तक नसबन्दी और आईयूडी निवेशन की संख्या में गिरावट शुरू हो गई थी।[30] फ़ोर्ड की परियोजनाओं को भारत में स्थापित करने वाले, जनसंख्या नियंत्रण कार्यक्रम जिनमें केन्द्रीय स्थान रखता था, उन्नीस साल के सफल कार्यकाल के बाद 1970 में एन्समिंज़र नई दिल्ली छोड़कर वापस जाने वाले थे। ऐसे मौक़े पर जनसंख्या नियंत्रण कार्यक्रम की डाँवाँडोल होती स्थिति देख एन्समिंज़र के माथे पर चिन्ता की लकीरें उभर आईं। जुलाई, 1969 में उन्होंने परिवार नियोजन पर सरकार के कार्यक्रम को मज़बूत करने के प्रयासों को लेकर एक सलाहकार की रिपोर्ट साथ में नत्थी करते हुए स्वास्थ्य मंत्री को पत्र लिखा। इस पत्र में परिवार नियोजन कार्यक्रम से जुड़े स्टाफ़ के बेहतर प्रशिक्षण और प्रोत्साहन के रूप में नकदी के भुगतान पर ज़ोर दिया गया था।[31] एक साल बाद आई फ़ोर्ड की अन्तरिम रिपोर्ट ने बढ़ती जनसंख्या के मुद्दे पर भय का माहौल बनाने में कोई कसर नहीं रखी। इसमें चेतावनी दी गई थी कि मुल्क में पहले से मौजूद 54 करोड़ की आबादी में दशक भर में जुड़नेवाली अनुमानित 13 करोड़ की अतिरिक्त आबादी देश की अर्थव्यवस्था को कुचल देगी। सरकारी कोशिशों की तारीफ़ की गई थी लेकिन महती कार्य को देखते हुए उसे नाकाफ़ी भी बताया गया था। रिपोर्ट में लक्ष्यों को हासिल करने के लिए नसबन्दी अनिवार्य करने और टैक्स तथा सम्पत्ति सम्बन्धी नियमों में सख़्ती बरतने जैसे उपायों का इस्तेमाल करने पर विचार किया गया और निष्कर्ष के रूप में कहा गया, "हालाँकि इनमें से कुछ उपाय सख़्त या दंडात्मक लग सकते हैं लेकिन सामने मौजूद चुनौती की भयावहता, विकास की सम्पूर्ण परियोजना में जनसंख्या की महत्त्वपूर्ण भूमिका और इस समस्या पर फ़ौरन कार्रवाई किये जाने की ज़रूरत इस दिशा में बढ़ने पर मजबूर कर रही है।"[32]

तो यही वो दिशा थी, जिस ओर 1971 में भारत की जनसंख्या नियंत्रण नीति अपने क़दम बढ़ा चुकी थी। पुरुष नसबन्दी शिविरों का आयोजन, जिसमें मोबाइल फ़ील्ड अस्पतालों में तुरन्त ऑपरेशन हुआ करता था, शुरू हो चुका था। सरकार

इसका ढोल पीटने में डूबी हुई थी। इसका फ़र्क़ पड़ा और पुरुष नसबन्दी करवाने वालों की संख्या 1970-71 में 13 लाख से बढ़कर 1972-73 में 31 लाख हो गई। पर इन प्रभावशाली आँकड़ों के पीछे दिये गए लक्ष्यों तक पहुँचने की बेचैनी और इसे हासिल करने के लिए जिला अधिकारियों द्वारा अपनी अधीनस्थ नौकरशाही और स्वास्थ्य कर्मचारियों को इन मोबाइल शिविरों की ओर समर्पित कर देना बड़ी वजह थी।[33]

मारिका विकज़ियानी ने दिखाया है कि ज़ोर-ज़बरदस्ती का आविष्कार कोई आपातकाल में नहीं हुआ था। आपातकाल से पहले ही चली आ रही वित्तीय लाभ या हानि दिखाकर नीति मनवाने की प्रवृत्ति, प्रेरणादाताओं की नियुक्ति का मामला और ज़िला अधिकारियों की लामबन्दी इन सभी क़दमों में सत्ता की ताक़त साफ़ दिखाई देती थी। भारत को एक 'नर्म राज्य' मानने का जो मिथक है, जिसमें जनसंख्या नियंत्रण की नीति में लोगों की इच्छा का सम्मान किया जाता है, से उलट यहाँ साफ़ नज़र आता है कि यह कार्यक्रम लोगों पर ज़बरदस्ती थोपा जा रहा था। लोग आईयूडी निवेशन जैसी प्रक्रिया और नसबन्दी करवाने के लिए अपनी इच्छा से नहीं, पैसे के लालच की वजह से सहमत हो रहे थे। यह इस तथ्य से भी स्पष्ट था कि इन शल्य क्रियाओं से गुज़रने वाले लोगों में अधिकांश ग़रीब और तथाकथित नीची मानी गई जातियों के लोग थे, जो बदले में मिल रहे भुगतान की वजह से इसे चुन रहे थे। चन्द पैसे कमाने के लिए उन्होंने ऐसा करवाना मंजूर किया, क्योंकि सूखे और अकाल की निरन्तर पड़ती मार ने उन्हें अन्तहीन मुफ़लिसी के कुएँ में ढकेल दिया था। इसके साथ इस कार्यक्रम को लागू किये जाने में उजागर हुए भारतीय समाज में गहराई तक पैठे असमान शक्ति सम्बन्धों पर भी विचार किया जाना चाहिए। तथाकथित 'मोटिवेटर्स' के रूप में भर्ती किये गए सामुदायिक नेता अक्सर इलाक़े के वे दबंग लोग होते थे, जिनका 'प्रेरणा' देते हुए कुछ करने को कहना स्थानीय ग़रीब-गुरबा जनता के लिए स्वत: ही आदेश सरीख़ा बन जाता था। न ही ग़रीब इनसान के लिए ख़ुद से राज्य मशीनरी को चुनौती देना सम्भव था, जो उसके लिए दबंगई का प्रतीक भी थी और पहुँच से बहुत दूर भी। छोटे गाँव-क़स्बों में मोबाइल वैन पर सवार स्वास्थ्य कार्यकर्ताओं के साथ धड़धड़ाते हुए ज़िला मजिस्ट्रेट के पहुँचने का दृश्य उनके भीतर दहशत भर देता था और सत्ता द्वारा खड़ी की गई यह दहशत वंचित आबादी की स्वतंत्र इच्छा का हरण कर लेती थी।[34]

भले ग़ैर-इरादतन ही क्यों न हो, भारतीय एवं अन्तरराष्ट्रीय आभिजात्य वर्ग द्वारा निर्धनता में डूबे भारतीय आमजन के लिए तैयार किये गए इस कार्यक्रम में ऊपर से अपनी इच्छा थोपने का भाव शुरू से अन्तर्निहित था। कह सकते हैं कि 1947 में गद्दी सँभालने वाली सत्ता ने एकाधिकारवाद का जो कड़वा बीज बोया, उस पेड़ में अब ज़हरीले फल आ रहे थे। भूमि सुधारों को कड़ाई से लागू करने और

वंचित समूहों को संसाधनों में हिस्सेदारी दे सशक्त बनाकर उनके समग्र स्वास्थ्य और शिक्षा को बेहतर बनाने के बजाय, उत्तर-औपनिवेशिक आभिजात्य वर्ग ने राज्य द्वारा नियंत्रित आधुनिकीकरण को चुना।

औद्योगिक विकास और हरित क्रान्ति के साथ-साथ भारत का जनसंख्या नियंत्रण कार्यक्रम भी 'ऊपर से बदलाव' लानेवाली इस रणनीति का परिणाम था। भारत का अभिजात वर्ग इस कार्यक्रम के समर्थन में था और उन्हें फ़ोर्ड फ़ाउंडेशन, रॉकफ़ेलर फ़ाउंडेशन, आईपीपीई और इस क्षेत्र के अन्तरराष्ट्रीय विशेषज्ञों द्वारा ख़ूब प्रोत्साहित किया जाता रहा। प्रोत्साहित होनेवाले और प्रोत्साहन देनेवाले, दोनों ही वर्गों का गहरा आधुनिकतावादी विश्वास था कि वैज्ञानिक डेटा और नव वैज्ञानिक युक्तियों के ज़रिये इनसानी समाज की सटीक सामाजिक पुनर्रचना किया जाना सम्भव है।[35] इसी अन्तर्निहित विश्वास ने उत्तर-औपनिवेशिक शासन को इस नीति पर आगे बढ़ने के लिए प्रेरित किया जिसमें माना जाता था कि प्रजनन पर नियंत्रण दरअसल "ग़रीबी के ख़िलाफ़ युद्ध का एक प्रमुख मोर्चा है जिसमें नसबन्दी, गर्भनिरोधक गोलियाँ और आईयूडी तकनीक को हथियार के रूप में इस्तेमाल किया जाना सम्भव है।"[36]

यहाँ तक कि जब 1973 के तेल संकट ने परिवार नियोजन कार्यक्रम के लिए पर्याप्त बजट आवंटन को मुश्किल बना दिया और इसके चलते देश भर में नसबन्दी करवाने वालों की संख्या में गिरावट आने लगी, तब भी स्वास्थ्य मंत्री कर्ण सिंह का विश्वास अडिग बना रहा। उन्होंने घोषणा की कि सरकार इस ओर दोगुनी ताक़त से अपने प्रयास जारी रखेगी और जो महिला या पुरुष नसबन्दी करवाते हैं उन्हें भुगतान की रकम भी बढ़ाकर दी जाएगी। कर्ण सिंह ने 1974 में बुखारेस्ट में आयोजित हुए 'विश्व जनसंख्या सम्मेलन' के मंच से यादगार टिप्पणी की, "सबसे अच्छा गर्भनिरोधक होता है विकास।" लेकिन यह खोखली बयानबाज़ी ही साबित हुई। इसका ज़रा भी यह अर्थ नहीं था कि ग़रीबी से निपटने के लिए ज़ोर-शोर से चलाए जा रहे जनसंख्या नियंत्रण कार्यक्रम से पीछे हटा जाएगा। 1975 के अप्रैल महीने में 'केन्द्रीय परिवार नियोजन परिषद' ने एक प्रस्ताव पारित किया जिसमें नसबन्दी कार्यक्रम में मिलनेवाला वित्तीय प्रोत्साहन बढ़ाकर उसे पुनर्जीवित करने की बात थी। जनसंख्या नियंत्रण के ज़रिये ग़रीबी से निपटने की रणनीति में मिली विफलता ने इस दिशा में सरकार के क़दम धीमे नहीं किये, बल्कि उसने तो नसबन्दी अभियान को और ज़ोर-शोर से आगे बढ़ाने का काम शुरू कर दिया। मंच तैयार था। अपनी इच्छा को आमजन पर थोपने की अन्तर्निहित प्रवृत्ति लेकर रचे गए इस कार्यक्रम को और इसके मनमानेपन को अब एक अलग ही स्तर पर लेकर जाने का समय आ गया था।

## तुर्कमान गेट का प्रागैतिहास : विध्वंसों की कथा

दिल्ली में चलाए गए झुग्गी-झोंपड़ी उन्मूलन अभियान की कहानी भी बहुत कुछ इससे मिलती-जुलती है। राष्ट्र की राजधानी की पदवी पर सुशोभित दिल्ली में दरअसल एक शहर नहीं, बल्कि कई शहर संग बसते हैं। इनमें सबसे मूल विभाजन पुरानी दिल्ली और नई दिल्ली के बीच माना जा सकता है। पुरानी दिल्ली के केन्द्र में था शाहजहाँनाबाद। शहर के इस हिस्से का भाग्य सन् सत्तावन के विद्रोह में दिल्ली पर ब्रिटिश सत्ता की क्रूर विजय के बाद के दशकों में नाटकीय रूप से बदलता है।[37] विजेता पुरानी दिल्ली को नया आकार देने की कोशिश में कई महलों और मस्जिदों को ज़मींदोज़ करते हैं, बगीचों पर ताले लगाते हैं और लाल क़िले जैसी यादगार इमारत को सैन्य बैरकों में बदल देते हैं। ख़ुद ग़ालिब अपने जानेमन शहर की मृत्यु का मर्सिया कुछ इन शब्दों में पढ़ते हैं, "दिल्ली कहाँ रही? ख़ुदा जानता है कि ये शहर अब नष्ट हो चुका है। बस एक डेरा है। ये एक छावनी भर है।"[38] जब विद्रोहियों के समर्थक होने के सन्देह में शहर से निर्वासित किये गए मुस्लिम निवासियों को वापस लौटने की इजाज़त मिली, मजबूरन उन्हें भी नई परिस्थितियों में ख़ुद को ढालना पड़ा। हिन्दू व्यापारियों ने सत्तावन में पराजित हुए, उजड़े हुए विद्रोही रईसों की हवेलियों को ख़रीद लिया था और इससे शाहजहाँनाबाद की सामाजिक और स्थानिक बनावट बदल गई थी। मुग़ल सत्ता के समाप्त होने और उससे जुड़े कुलीन वर्ग के पतन के साथ कला और कारीगरों को मिलनेवाला शाही संरक्षण भी समाप्त हो गया। मुग़लों के शासनकाल में समृद्ध हुए पर्शियन प्रभाव वाले सांस्कृतिक परिवेश को अब ब्रितानिया प्रशासन और उसके साथ आए पश्चिमी शिक्षा के बढ़ते प्रभाव से जूझना पड़ रहा था।

लेकिन 1870 का दशक आते-आते दिल्ली ब्रितानिया हुकूमत की इन बदले भरी कार्रवाइयों के आघात से उबर गई थी। 1867 में दिल्ली में पहली ट्रेन की सीटी बजने के साथ ही व्यापार, वाणिज्य में तेज़ी आई और दिल्ली पंजाब तक फैले इलाक़े के लिए एक केन्द्र के रूप में उभरी। परकोटे के भीतर वाला पुराना शहर भी सत्तावन के घावों से निकल तो आया, लेकिन इसके निवासी अब बदली हुई परिस्थितियों में रह रहे थे। रेल की पटरियों और पसरते शहर के विस्तार को समायोजित करने के लिए परकोटे की दीवार कई जगह से तोड़ दी गई थी। पुराने शाहजहाँनाबाद पर नये शहर का विकास हावी हो रहा था। सिविल लाइंस, अधिकारियों की रिहाइश के लिए निर्मित एक हरा-भरा और व्यवस्थित ब्रिटिश इलाक़ा, भीड़ से भरी और अस्त-व्यस्त परकोटे के भीतर वाली पुरानी दिल्ली के उत्तर में तेज़ी से उभरा। लेकिन 1911 में ब्रिटिश राजधानी को कलकत्ता से दिल्ली स्थानान्तरित करने का फ़ैसला होने के बाद असली नाटकीय परिवर्तन शुरू हुए। अपने उत्तर में

सिविल लाइन्स और दक्षिण में बन रही सज्जित नई दिल्ली के बीच फँसा परकोटे वाला 'पुरानी दिल्ली' का हिस्सा तत्कालीन ब्रिटिश शासकों की आँखों में किसी गंदगी से भरे बदसूरत धब्बे की तरह चुभने लगा। उनकी नज़रों में अन्तर साफ़ था, "नई दिल्ली प्रतीक थी स्वास्थ्य, व्यवस्था, चौड़े राजमार्गों और गोरी चमड़ी का तो पुरानी दिल्ली बीमारी, अव्यवस्था, तंग गलियों और भूरी चमड़ी में डूबी थी।"[39] शहर के भिन्न इलाक़ों के वातावरण को 'स्वस्थ' और 'बीमार' की श्रेणियों में विभाजित कर महामारी के ख़तरों और उनकी नस्लीय व्याख्याओं को बढ़ावा दिया गया और यहीं से औपनिवेशिक शासन की शहर को दो हिस्सों में बाँटकर देखने वाली 'नया शहर' बनाम 'पुराना शहर' नीतियों ने आकार लिया। दुनिया भर के अन्य उपनिवेशों की तरह यहाँ भी इसके निहितार्थ थे कि यूरोपीय जन की रिहाइश और दफ़्तरों को पार्कों और चौड़े राजमार्गों की चौहद्दी बनाकर परकोटे के भीतर वाले पुराने शहर से अलग करना ज़रूरी था। इस चौहद्दीकरण का परिणाम परकोटे के भीतर वाले पुराने शहर के मार भीड़ से भरे किसी अजायबघर में तब्दील कर दिये जाने में निकला।

हालाँकि तेज़ी से विकसित होते शहर के सामने 'नई दिल्ली' और 'पुरानी दिल्ली' के बीच ये सख़्त विभाजक रेखा बनाए रखा जाना मुमकिन न हो पाया। 1920 के दशक में इस बात का दबाव बढ़ने लगा कि अजमेरी दरवाज़े से दिल्ली दरवाज़े को जोड़ती परकोटे की दक्षिणी दीवार को गिरा दिया जाए। इसके जवाब में दिल्ली विकास प्राधिकरण ने 1926 में 'दिल्ली-अजमेरी गेट (डीएजी) योजना' प्रस्तावित की। इसमें दीवार को हटाए जाने और इसके पीछे की भूमि का भावी विकास के लिए निगम द्वारा अधिग्रहण किये जाने का प्रस्ताव रखा गया था। आनेवाले दो दशकों में दिल्ली के अधिकारियों ने इस परियोजना की ज़ोरदार वकालत की, जिसमें झुग्गी-झोंपड़ी हटाने से विस्थापित होने वाले लोगों के लिए आवास उपलब्ध करवाने का प्रावधान तक शामिल था। लेकिन चारदीवारी के भीतर बसी 'पुरानी दिल्ली' को फिर से व्यवस्थित हाल कर उसकी सूरत बदलने की महत्त्वाकांक्षी पारिस्थितिकीय राजनीतिक परियोजना ब्रिटिश सरकार की कंजूसी के आगे धरी की धरी रह गई।[40] नतीजा, जब भारत आज़ाद हुआ तो भी हालात जस के तस थे।

सन् सैंतालीस में उत्तर-औपनिवेशिक आभिजात्य को एक ऐसे शहर से टकराना पड़ा, जिसके चेहरे पर विभाजन के गहरे घाव थे। 1948-50 के दौरान भड़की हिन्दू-मुस्लिम हिंसा के कारण कई मुसलमान या तो पाकिस्तान चले गए थे या शरणार्थी शिविरों की शरण लिये हुए थे। इधर लाखों हिन्दू और सिख शरणार्थी जो पाकिस्तान से अपने घर-बार छोड़कर शहर में आए, अक्सर उन्हीं मुसलमानों के घरों में आकर बसे जो या तो शहर छोड़ गए थे या शरणार्थी शिविरों में शरण लिये हुए थे। उधर अधिकारी इस अराजक स्थिति को नियंत्रित करने के लिए संघर्ष

कर रहे थे, इधर शरणार्थियों के लिए अफ़रा-तफ़री में ही 'अनधिकृत' इमारतों का निर्माण शुरू हो गया था। शहर में फैली 1955 और 1956 की पीलिया महामारी ने अधिकारियों को यह कहने का आधार दिया कि इस शहर को व्यापक शहरी नियोजन की ज़रूरत है। तभी स्वास्थ्य मंत्री राजकुमारी अमृत कौर ने फ़ोर्ड फ़ाउंडेशन से सम्पर्क किया और इस 'बेतरतीब तरीक़े से बढ़ती' दिल्ली की समस्याओं से निपटने के लिए शहरी नियोजन में उनकी मदद माँगी।[41] महामारी के ख़तरे पर उनका ज़ोर ग़ौर करने वाला था। यह शहरीकरण पर औपनिवेशिक विमर्श को ही प्रतिध्वनित करने वाला था और इसने उत्तर-औपनिवेशिक आभिजात्य के लिए शहर निर्माण की समूची परियोजना को, पर्यावरण को बेहतर बनाने, बीमारी फैलाने वाली जगहों से छुटकारा पाने और इसके बदले पूरे शहर को तर्कसंगत रूप से एक व्यवस्थित स्थान के रूप में पुन: सृजित किये जाने वाले पारिस्थितिकीय उद्यम के रूप में देखे जाने का रास्ता खोल दिया। नियोजन से जुड़ा यह नज़रिया नेहरू के दौर के भारत में नव स्वतंत्र राष्ट्र के निर्माण की प्राथमिक रूपरेखा के रूप में उभरा। सत्तारूढ़ आभिजात्य वर्ग के लिए योजना (प्लानिंग) पर क्षुद्र राजनीति नहीं हो सकती थी। यह तो एक सार्वभौम वैज्ञानिक बल था जो किसी तात्कालिक या ओछे लाभ-हानि से जुड़े आग्रहों से प्रभावित नहीं हो सकता था। आधुनिक शहरी नियोजन, जिसकी मूर्त अभिव्यक्ति चंडीगढ़ के निर्माण की अनुपम परियोजना में होती है, इस नियोजन आदर्श के प्राधान्य को बख़ूबी दिखाता है।

स्वास्थ्य मंत्री राजकुमारी अमृत कौर के फ़ोर्ड फ़ाउंडेशन इंडिया के प्रमुख एन्समिंज़र को लिखे पत्र के साथ ही दिल्ली के शहरी नियोजन का चक्का घूमना शुरू हो गया। ये वही एन्समिंज़र हैं जिन्होंने जनसंख्या नियंत्रण कार्यक्रम में महत्त्वपूर्ण भूमिका निभाई और जवाहरलाल नेहरू विश्वविद्यालय के लिए एक ख़ाका तैयार किया। उन्होंने चिट्ठी के जवाब में फ़ौरन परियोजना के लिए 2,15,000 डॉलर मंजूर कर सहमति जताई। अमेरिकी शहरी विशेषज्ञ अल्बर्ट मेयर, जो ले कार्बुज़िए द्वारा उनकी जगह लिये जाने से पहले तक चंडीगढ़ योजना में भी शामिल थे, ने अन्य विशेषज्ञों की एक टीम के साथ और नई-नई स्थापित हुई टाउन प्लानिंग समिति के साथ मिलकर एक परियोजना पर काम करना शुरू किया। मेयर रहते न्यूयॉर्क में थे लेकिन अक्सर दिल्ली का दौरा किया करते और 1956 में स्थानीय अनुसन्धानकर्ता टीमों के सहयोग से उन्होंने दिल्ली शहर की संरचना पर एक अन्तरिम परियोजना प्रस्तुत की। योजना के परिचय में स्वास्थ्य मंत्री कौर ने "बेतरतीब रूप से बिखरी कॉलोनियों" से उत्पन्न समस्याओं और "हर जगह अत्यधिक भीड़भाड़, ख़ास तौर से दयनीय अवस्था में पड़ी झुग्गी बस्तियों में" के बारे में लिखा।[42] अन्तरिम योजना में भूमि के तर्कसंगत उपयोग और मलिन झुग्गी बस्तियों की सफ़ाई का आह्वान किया गया था।

फ़ोर्ड की टीम ने 1960 में एक मसौदा मास्टरप्लान तैयार किया, जिसे सरकार ने 1962 में अपना लिया।[43] इसने मौजूदा 'फैलाव' का हरित पट्टी बनाकर प्रबन्धन करने, औद्योगिक इलाक़ों, रिहाइश के इलाक़ों और व्यावसायिक क्षेत्रों के मध्य सख़्त वर्गीकरण करने और शहर को आत्मनिर्भर मोहल्लों में विभाजित करने का प्रस्ताव दिया था। इसके साथ ही दिल्ली में बढ़ती जनसंख्या की आवक को व्यवस्थित तरीक़े से नियंत्रित करने के लिए सैटेलाइट शहर बसाने का प्रस्ताव भी इस मास्टरप्लान में शामिल था। इस मास्टरप्लान ने 1957 में स्थापित दिल्ली विकास प्राधिकरण (डीडीए) के हाथों में इस परियोजना को लागू करने की ज़िम्मेदारी सौंपी। भूमि अधिग्रहण क़ानून से हासिल ताक़त से लैस डीडीए सार्वजनिक आवास और बुनियादी ढाँचे के निर्माण के लिए भूमि के बड़े हिस्से का अधिग्रहण करने के मिशन पर निकला और देखते ही देखते दिल्ली के आधुनिक शहरीकरण का परियोजना सबसे ख़ास खिलाड़ी बन गया। एक जड़ हो चुकी वृहताकार नौकरशाही से लैस डीडीए इस आधुनिकतावादी परियोजना की मशीनी अभिव्यक्ति को दिल्ली की छाती पर मूर्त रूप देने लगा और शहर के सार्वजनीन फ़लक पर अपनी अपरिमित शक्ति का सिक्का चलाने लगा।

डीडीए के निशाने पर झुग्गियाँ भी थीं। योजना ने पहले से ही "पुराने शहर की भीड़भाड़, झुग्गी-झोंपड़ी जैसी स्थितियों और अस्वास्थ्यकर वातावरण के साथ अराजकता और अव्यवस्था" को आधुनिक समय से पहले वाले शहरीकरण के रूप में चित्रित किया था, जिसे आधुनिकतावादी शहरी नियोजन के साथ सुधारा जाना था।[44] झोंपड़पट्टी का अपराध और वेश्यावृत्ति में डूबी मलिन बस्तियों के रूप में चित्रण कर उनका नैतिक क़द गिराया जाता था और इस तरह उन्हें ग़रीबी और बीमारी के गढ़ के रूप में प्रदर्शित करना बेहद सरल हो जाता था। पुरानी दिल्ली को इस तरह से चित्रित कर इसे शहर की 'सामान्य व्यवस्था' से परे एक 'अपवाद स्थान' के रूप में उभारा गया, जिससे भविष्य में इसके संचालन में भिन्न नियमों और क़ानूनों के इस्तेमाल में कोई परेशानी न आए। इसमें ग़ौर करने की बात यह थी कि इन भिन्न नियम क़ानूनों के इस्तेमाल द्वारा पुरानी दिल्ली को परकोटे से बाहर के शहरी जीवन की प्रतिकृति बनाने की कोशिश की जा रही थी, जैसे कि वो कोई ऐसा आदर्श हो जिसकी नकल सबको करनी है।[45] शहर के हाशिये पर विशेष तौर से लागू किये जा रहे इन अतिरिक्त क़ानूनों और पालनाओं का उद्देश्य झुग्गी बस्तियों की लगातार बढ़ती चुनौती से निपटना और एक ख़ास क़िस्म की शहरी व्यवस्था और सम्पत्ति सुरक्षा को सुनिश्चित करना था। 1956 में संसद द्वारा पारित झोंपड़पट्टी इलाका अधिनियम 'स्लम एरियाज़ एक्ट' ऐसे ही एक अतिरिक्त क़ानून का उदाहरण था। इस क़ानून ने झुग्गी-झोंपड़ियों को उन इमारतों और क्षेत्रों के रूप में परिभाषित किया जो भीड़भाड़, स्वच्छता के अभाव या सुविधाहीनता

के चलते "या सुरक्षा, स्वास्थ्य या नैतिकता के लिए हानिकारक किसी भी वजह से" इनसानी रिहाइश के लिए अनुपयुक्त हैं। इस क़ानून ने झुग्गी बस्तियों को विधि सम्मत तरीक़े से गिराए जाने और इसके निवासियों का कहीं भी और पुनर्वास करने का क़ानूनी आधार प्रदान किया।[46]

अपवाद घोषित कर क़ानूनी दायरे से बाहर किये जाने के इस तरीक़े को दिल्ली मास्टरप्लान ने मज़बूत बनाया। जो भी मास्टरप्लान का उल्लंघन करे, वो ग़ैर-क़ानूनी घोषित कर दिया गया। जो भी स्थान मास्टरप्लान में घोषित क्षेत्रीय वर्गीकरण और भूमि उपयोग सम्बन्धी दिशानिर्देशों के दायरे से बाहर रह गए, वे एक झटके में 'अनधिकृत' घोषित कर दिये गए। उदाहरण के लिए शहर में आए ग़रीब प्रवासियों को घर उपलब्ध करवाने हेतु तेज़ गति से निर्मित हुईं बहुत सारी अनधिकृत बस्तियाँ 'पुनर्वास' के खाते में डाल दी गईं क्योंकि माना गया कि उन्होंने सार्वजनिक भूमि पर अवैध रूप से क़ब्ज़ा किया है। डीडीए ने 1961 के बाद शहर के बाहर हाशिये के इलाक़ों में ऐसी कई 'पुनर्वास कॉलोनियाँ' स्थापित कीं, जिनका उद्देश्य डीडीए की ज़मीन पर तथाकथित 'अवैध' क़ब्ज़ा करने वालों को दोबारा बसाना था।[47] इसके बरअक्स चारदीवारी के भीतर बसी पुरानी दिल्ली किसी भी निगाह से 'अवैध' नहीं कही जा सकती थी। फिर भी नये मास्टरप्लान में यह शहर के मध्य एक अन्धकार में डूबे, किसी भी क़िस्म की व्यवस्था से महरूम धब्बे के रूप में नज़र आई। एक ऐसा धब्बा, जो नागर सभ्यता और आधुनिकता से पूर्व के किसी समय की स्मृति की ओर ले जाता है। और यह धब्बा एक तर्क और रोशनी की आभा में जगमगाते व्यवस्थित शहर बनाने की सपनीली योजना के ऊपर लगा था।

सन् 1972 में एक समीक्षा पैनल ने चारदीवारी के भीतर बसे शहर को एक झुग्गी बस्ती के रूप में चित्रित करने का विरोध किया, "इस देशज शहर की अनूठी विशेषता यह है कि यहाँ घटित होती आर्थिक, सामाजिक और सांस्कृतिक गतिविधियों ने निवासी समाज को एक संगठन और स्थानिकता प्रदान की है। इसके चलते यहाँ परस्पर विरोधी कार्यकलाप और प्रक्रियाएँ एक साथ सह-अस्तित्व में रहें ऐसा होना सम्भव प्रतीत होता है।" इसने पुरानी दिल्ली के सन्दर्भ में सदियों में जाकर विकसित हुए इस अनूठे नगर प्रारूप पर मास्टरप्लान द्वारा लागू 'यांत्रिक' भूमि उपयोग मॉडल के आरोपण पर सवाल उठाया।[48] यहाँ तक कि समीक्षा समिति ने मास्टरप्लान को ही विफल घोषित कर दिया। मास्टरप्लान के भूमि उपयोग मॉडल और इलाक़ाई वर्गीकरण नियम ध्वस्त हो चुके थे। शहर पर्याप्त आवास उपलब्ध करवाने में विफल रहा, जिसके चलते अवैध कॉलोनियों और अनधिकृत निर्माण की संख्या में अभूतपूर्व वृद्धि हुई। जनसंख्या नियंत्रण की तरह ही यह शहरी क्षेत्र की आधुनिकतावादी अभियांत्रिकी पुन:रचना 1970 के दशक की शुरुआत तक अपने उद्देश्यों को प्राप्त करने में विफल साबित हो रही थी। लेकिन राज्य अपवाद वाले

निकायों और स्थानों की पहचान करने और उन पर अपनी मनमानी कार्रवाई करने के लिए नियम-क़ानून तैयार करने की दिशा में बढ़े चला जा रहा था।

डीडीए के उपाध्यक्ष जगमोहन, जिन्होंने आगे जाकर आपातकाल के दौरान विध्वंस का नेतृत्व किया, का यह नज़रिया था कि अतिक्रमणों और अनधिकृत निर्माण ने मास्टरप्लान की योजना को बिगाड़ दिया है। लेकिन समीक्षा पैनल की तरह उन्होंने भी यह माना कि मास्टरप्लान की भूमि उपयोग और इलाक़ाई वर्गीकरण योजनाओं को यांत्रिक क़िस्म से परकोटे के भीतर के शहर पर लागू नहीं किया जा सकता, क्योंकि यह इस ऐतिहासिक क्षेत्र के मूल चरित्र और इतिहास को समझे बिना की गई कार्रवाई होगी। जगमोहन ने शहरी योजनाकार के रूप में कोई औपचारिक प्रशिक्षण हासिल नहीं किया था, बल्कि कहना होगा कि इस क्षेत्र में काम करते हुए ही उन्होंने इस पेशे की बारीकियाँ सीखीं। मूल रूप से पंजाब सिविल सेवा कैडर से आने वाले महत्त्वाकांक्षी स्वभाव के प्रशासक जगमोहन का दिल्ली मास्टरप्लान लागू करने की ओर आकर्षण तब ज़ाहिर हुआ, जब उन्हें 1960 में दिल्ली प्रशासन में डिप्टी हाउसिंग कमिश्नर के रूप में नियुक्त किया गया।[49] उन्हें 1961-62 में भारतीय प्रशासनिक सेवा (आईएएस) में शामिल किया गया, पर छह साल बाद दिल्ली प्रशासन का स्थायी हिस्सा बनने पर उन्होंने प्रशासनिक सेवा से इस्तीफ़ा दे दिया। 1971 में जगमोहन डीडीए के उपाध्यक्ष के पद पर नियुक्त किये गए। 1968 में डीडीए को दिल्ली में झुग्गी-झोंपड़ी और अतिक्रमण हटाने और पुनर्वास योजनाओं के संचालन की ज़िम्मेदारी मिली थी और आगे चलकर उपाध्यक्ष पद पर रहते हुए जगमोहन इसके प्रभारी बने।

दिल्ली के शहरी विकास के लिए जगमोहन की योजना का एक महत्त्वपूर्ण हिस्सा था परकोटे के भीतर बसे शहर का जीर्णोद्धार। 1975 में जगमोहन की लिखी एक पुस्तक प्रकाशित हुई जिसमें उन्होंने शाहजहाँनाबाद के अतीत के प्रति अपने मोह का इज़हार किया, पर उसके वर्तमान हालात पर सिर्फ़ मर्सिया पढ़ा। उन्होंने पुरानी दिल्ली को मुग़लकालीन वक़्त में वाणिज्यिक और सामाजिक शक्ति के केन्द्र रहे एक 'धर्मनिरपेक्ष, साझी संस्कृति' के वाहक शहर के रूप में चित्रित किया। जगमोहन के लिए इसकी सड़कें महज़ सड़कें नहीं थीं बल्कि कवि मीर तक़ी मीर के हवाले से किसी 'चित्रकार के एलबम' की मानिंद थीं।[50] पर अब यह पस्त, बीमार और अत्यधिक बोझ से लदा हुआ एक दुःस्वप्न शहर था। भीड़भाड़, गन्दगी, दुर्गंध और ग़लाज़त इस जगह की पहचान बन चुके थे। जगमोहन के अनुसार ऐसा इसलिए था क्योंकि मुस्लिम समाज का सभ्य आभिजात्य हिस्सा विभाजन के बाद पाकिस्तान चला गया था और अपने पीछे अपने गुरबत में डूबे कट्टरपंथी भाइयों को और एक मुफ़लिसी, पतन और उदासीनता में डूबी संस्कृति छोड़ गया था। उनके अनुसार परकोटे के भीतर बसा शहर अब बस एक सांस्कृतिक रेगिस्तान भर था,

जो नागरिकता के भाव को त्याग चुका था। काव्य और मधुर संगीत की आवाज़ से रौशन होने के बजाय अब पुरानी दिल्ली की गलियों में भद्दी दुकानों, छोटे कारख़ानों से उठते वेल्डिंग के शोर और कबाड़ विक्रेताओं के जमावड़े ने क़ब्ज़ा जमा लिया था। अवैध तोड़फोड़, अनधिकृत रद्दोबदल और फैलाव ने रिहाइश की जगहों का गला घोंट दिया था और निहायत ही अभद्र धंधेबाज़ों ने भूलभुलैयानुमा गलियों को अपना अड्डा बना लिया था।[51] जगमोहन ने प्रस्ताव रखा कि शाहजहाँनाबाद को इसके 'अतिरिक्त भार' से छुटकारा दिलाने के लिए इन अनधिकृत रूप से निर्मित ज़हरीले कारख़ानों को हटाना होगा। परकोटे के भीतर की पुरानी दिल्ली को इसके बाहर मौजूद शेष शहर, बग़ीचों और नवीन राजमार्गों के लिए खोला जाना चाहिए और इस काम में बाधा बन रहे अवैध ढाँचों और झुग्गीबस्तियों को हटा देना चाहिए। पर ऐसी किसी महत्त्वाकांक्षी परियोजना के लिए राजनीतिक आकाओं के समर्थन की ज़रूरत थी। उन्हें मालूम था और उन्होंने लिखा भी कि बैरन हॉसमैन लुई नेपोलियन के समर्थन के बिना पेरिस को नये सिरे से नहीं रच सकते थे, ले कार्बुज़िए नेहरू के समर्थन के बिना चंडीगढ़ का निर्माण नहीं कर सकते थे। अपनी पुस्तक के उपसंहार में एक कविता की शक्ल में जगमोहन ने ख़ुद को काग़ज़ातों के ढेर पर बैठे एक ऐसे नौकरशाह के रूप में प्रस्तुत किया, जो अपने योजना रूपी स्वप्न को नियति तक पहुँचाने के लिए इसी क़िस्म के राजनीतिक समर्थन के परवान चढ़ने की प्रतीक्षा कर रहा था। वह हॉसमैन, ले कार्बुज़िए या लुटियन की तरह 'कोई जीनियस नहीं' था। वह तो बस एक 'नन्हा सा इनसान' था जो बड़ा सपना देखना चाहता था। ऐसा सपना, जिसमें 'शाहजहाँनाबाद के शोषित बच्चों' के लिए एक नई उजली सुबह लाने की योजना धड़क रही थी।[52] इस कविता ने परकोटे के भीतर बसी पुरानी दिल्ली के हलक़ पर जैसे नियति की तलवार लटका दी थी।

## संजय का आगमन

ग़रीबों की आबादी को नियंत्रित करने और उनकी रिहाइश की जगहों को अपने क़ब्ज़े में लेने की जो भी योजनाएँ फलीभूत नहीं हो पा रही थीं, उन्हें ज़मीन पर उतारने का सुनहरा अवसर आपातकाल के साथ आया। आइए, पहले इस पर चन्द आँकड़ों के हवाले से एक निगाह डालते हैं। भारत में आपातकाल से पूर्व के पच्चीस वर्षों में कुल मिलाकर एक करोड़ चालीस लाख लोगों का नसबन्दी ऑपरेशन हुआ था, लेकिन अकेले 1976-77 में अस्सी लाख से अधिक लोगों की नसबन्दी कर दी गई। यहाँ तक कि 1976 में अकेले जुलाई से दिसम्बर महीनों के बीच पैंसठ लाख से अधिक लोगों की नसबन्दी की गई थी। इसे दूसरे शब्दों में कहें तो तुलना करने पर सिर्फ़ 1976 की दूसरी छमाही में किये गए नसबन्दी ऑपरेशनों की संख्या

आपातकाल से पहले के पच्चीस सालों में हुए कुल नसबन्दी ऑपरेशनों की संख्या के लगभग आधे के बराबर ठहरती थी।[53] तोड़फोड़ की कार्रवाइयों के आँकड़े भी कुछ ऐसी ही तसवीर पेश करते हैं। 1973 से लेकर आपातकाल घोषित होने से पहले जून, 1975 की अवधि तक डीडीए (दिल्ली विकास प्राधिकरण), एमसीडी (दिल्ली नगर निगम) और एनडीएमसी (नई दिल्ली नगर निगम) ने शहर में अतिक्रमण हटाने से जुड़ी तोड़फोड़ की कुल 1,800 कार्रवाई कीं। लेकिन इसके बरअक्स अगर जून, 1975 से मार्च, 1977 के बीच इक्कीस महीने की आपातकाल वाली अवधि में ऐसी कार्रवाइयों की संख्या देखें तो वह अविश्वसनीय रूप से 1,50,105 तक पहुँच जाती है।[54]

आख़िर इन आँकड़ों में ऐसी अभूतपूर्व बढ़ोतरी कैसे हुई? अप्रैल, 1976 में सरकार ने 'राष्ट्रीय जनसंख्या नीति' की घोषणा की जिसमें परिवार नियोजन के लक्ष्यों में भारी बढ़ोतरी की गई। इस नीति में इसे 'स्वीकार करने वालों' के लिए वित्तीय प्रोत्साहन में वृद्धि की घोषणा शामिल थी। ठीक ऐसा ही कुछ शहरी क्षेत्रों में स्थित झुग्गी-झोंपड़ियों को हटाने के लिए लागू की गई नीतियों के बारे में भी कहा जा सकता है। जैसा कि जगमोहन ने शाह आयोग से कहा, "झुग्गी हटाने और पुनर्वास की प्रक्रिया और इस काम का चलन पहले से मौजूद था। प्रशासनिक और कार्यान्वयन मशीनरी भी पहले से मौजूद थी। बस इसे चालू कर टॉप गियर में डालने की ज़रूरत भर थी।"[55]

प्रसिद्ध सम्पादक खुशवन्त सिंह ने जिन्हें "काम पूरा कर ही दम लेने वाले व्यक्ति"[56] का तमगा प्रदान किया था—वह संजय ही थे जिन्होंने इन कार्यक्रमों को असल टॉप गियर में डाला। फ़रवरी, 1976 में संजय ने युवा कांग्रेस के लिए चार सूत्री कार्यक्रम की रूपरेखा तैयार की—पेड़ लगाओ, साक्षरता को बढ़ावा दो, लड़कियों के विवाह में दहेज देने की प्रथा से लड़ो और परिवार नियोजन अभियान के प्रचार में सहयोग देते हुए "हम दो, हमारे दो, इसके आगे नहीं"[57] के नारे को आगे बढ़ाओ। बाद में उन्होंने अपने चार सूत्री कार्यक्रम में जाति व्यवस्था के उन्मूलन को जोड़कर इसे पाँच सूत्री कार्यक्रम बना दिया। हालाँकि उस दौर में जिस चीज़ के लिए वे सबसे ज़्यादा चर्चित हुए वह थी परिवार नियोजन और 'शहरी सौन्दर्यीकरण' अभियान के लिए उनकी आक्रामक वकालत।

संजय के कार्यक्रमों को आपातकाल से पहले से चले आ रहे जनसंख्या नियंत्रण और शहरी सौन्दर्यीकरण अभियानों के इतिहास से ताक़त मिली, लेकिन संजय ख़ुद भी सिर्फ़ कागज़ी वकालत से ज़्यादा ख़ुद कर दिखाने में यक़ीन रखने वाले इनसान थे। यह भी कहा जाता है कि कई अवसरों पर तो उन्होंने उन भाषणों को पढ़ा, जिन्हें उनके लिए वाशिंगटन स्थित 'जनसंख्या सन्दर्भ ब्यूरो' ने तैयार किया था।[58] लेकिन इस बात का कोई सबूत नहीं है कि संजय किन्हीं पॉलिसी से जुड़े काग़ज़ात और

वैज्ञानिक आँकड़ों के आधार पर अपनी बात रख रहे थे। न ही इस बात का कोई संकेत मिलता है कि शहरी नियोजन के आधुनिकतावादी पाठ ने उनके इस 'शहर सौन्दर्यीकरण' के एजेंडे को ज़मीन देने का काम दिया। असल में जैसा उनकी माँ ने उनके बारे में कहा था—वह एक विचारक नहीं, कर्ता हैं। उनकी युवा पत्नी मेनका ने भी उन्हें कोरा इनसान न होकर कंप्यूटर मैन होने के लिए उलाहना दिया था। वे कारों और मशीनों के प्रति जुनूनी थे और उनका रवैया बहुत यांत्रिक था। मारुति कार बनाने से जुड़े उनके उद्यम से यह बात साफ़ दिखाई देती है कि वह ऑटोमोबाइल निर्माण की जटिलताओं, उसके वित्त और विपणन की बहुत ही कम समझ रखते थे और सरकारी प्रोटोकॉल की भी उन्हें कोई परवाह नहीं थी। उनके लिए सभी समस्याओं का एक ही रामबाण इलाज था, सत्ता।

ऐसी ही कुछ समझ उनकी ग़रीबी के बारे में थी। उनके हिसाब से ग़रीबी का कारण अत्यधिक जनसंख्या थी, जिसका निपटारा उन ग़रीबों की नसबन्दी करके किया जा सकता था जो बहुतायत में बच्चे पैदा कर रहे थे। जन्मदर के नियंत्रण से जुड़ी ऐसी कोई सांस्कृतिक, सामाजिक या राजनीतिक समस्या नहीं थी जिसे शासकीय बल से नियंत्रित नहीं किया जा सकता था। यही शहरी सौन्दर्यीकरण के मामले में भी सच था। शहरी समस्याओं के केन्द्र में ग़रीब थे; उनकी झुग्गियों और जगह-जगह पर अतिक्रमणों ने शहर को बदसूरत बना दिया था। सौन्दर्यीकरण के लिए न केवल बदसूरत और अवैध आवासों को ध्वस्त करना और ग़रीबों को शहर के बाहरी इलाक़ों में बसाना ज़रूरी था; इसके लिए सड़कों से बेघरों और भिखारियों को हटाने और नसबन्दी के माध्यम से उनके प्रजनन को नियंत्रित करना भी आवश्यक था।[59] शहर को सुन्दर बनाने की वह परियोजना दरअसल सीधे ग़रीबों को निशाना बनाने के सूत्र अपने भीतर छिपाए थी। आलोचकों ने ठीक ही आरोप लगाया कि इन्दिरा के नारे 'ग़रीबी हटाओ' की असल परिणति 'ग़रीब हटाओ' में होती है।

जब इन्दिरा गांधी ने ग़रीबी से निपटने और आपातकाल को वैधता प्रदान करने के लिए अपने बीस सूत्री कार्यक्रम की घोषणा की तो उसमें परिवार नियोजन शामिल नहीं था। लेकिन अगस्त, 1975 में स्वास्थ्य मंत्री कर्ण सिंह ने कहा कि यह 'रक्षा जितना ही महत्त्वपूर्ण' है और आर्थिक कार्यक्रमों में अन्तर्निहित और सबसे ऊपर स्थित है। इस घोषणा के अगले कुछ महीनों में अधिकारियों ने जन्म नियंत्रण को अनिवार्य रूप से लागू करने और 'युद्ध स्तर' पर इसके लक्ष्यों को प्राप्त करने की ज़रूरत के बारे में बयान जारी करना शुरू कर दिया।[60] 10 अक्टूबर को स्वास्थ्य मंत्री ने इन्दिरा गांधी को पत्र लिखकर कहा कि "समस्या अब इतनी गम्भीर हो गई है कि इसे लागू करवाने के लिए किसी क़िस्म की बाध्यता को जोड़ने के अलावा कोई विकल्प नहीं दिखाई दे रहा है।" हालाँकि उन्होंने ख़ुद आगे बढ़कर इसकी सिफ़ारिश नहीं की, पर सरकार को सलाह ज़रूर दी कि ऐसा करने के लिए प्रोत्साहन

और दंड की मिली-जुली नीति लागू करनी चाहिए। 1976 में चिकित्सकों के बीच दिये अपने भाषण में प्रधानमंत्री ने साफ़ शब्दों में कहा, "हमें ऐसे क़दमों को उठाने में संकोच नहीं करना चाहिए जिन्हें कठोर कहा जा सकता है। कुछ व्यक्तिगत अधिकारों को राष्ट्र के मानव अधिकारों के लिए, उसके जीने के और प्रगति करने के अधिकार को सुनिश्चित करने के लिए कुछ समय मुल्तवी रखना होगा।"[61] इससे स्पष्ट है कि सरकार पहले से जबरन चलाए जा रहे जनसंख्या नियंत्रण कार्यक्रम को और गति से आगे बढ़ाने के लिए दृढ़ संकल्प थी।

अप्रैल, 1976 में सरकार ने एक नई राष्ट्रीय नीति को मंजूरी दी जिसमें ग़रीबी से लड़ाई में जनसंख्या नियंत्रण को केन्द्रीय स्थान पर रखा गया। योजना से जुड़े दस्तावेज़ में बेपरवाह तरीक़े से कहा गया कि अनिवार्य नसबन्दी पर चली एक जीवंत सार्वजनिक बहस के बाद अब, "जनता की राय है कि वह परिवार नियोजन के लिए अब पहले की तुलना में कहीं अधिक कठोर उपायों को स्वीकार करने के लिए तैयार है।"[62] इस नीति में कई तरह के उपायों की घोषणा की गई जिनमें विवाह के लिए क़ानून में निर्धारित न्यूनतम उम्र बढ़ाना; राज्यों की वित्तीय सहायता आंशिक रूप से उनके परिवार नियोजन कार्यक्रम के प्रदर्शन पर निर्भर बनाना; नसबन्दी करवाने वालों के लिए वित्तीय प्रोत्साहन बढ़ाना; सिविल सेवाओं के नियमों को बदलना ताकि इस बात की ताक़ीद की जा सके कि केन्द्र सरकार के कर्मचारी छोटे परिवार के मानदंड को अपनाएँ; और राज्यों को नसबन्दी को बढ़ावा देने के लिए क़ानून बनाने की अनुमति देना आदि शामिल थे।

इस नई नीति को इस्तेमाल करते हुए कांग्रेस पार्टी की महाराष्ट्र राज्य की सरकार ने नई दिल्ली से एक ऐसा क़ानून बनाने के लिए मंजूरी माँगी जिसमें तीन या अधिक बच्चों वाले दम्पती को उनके अन्तिम स्वीकार्य बच्चे के जन्म के 180 दिनों के भीतर नसबन्दी करवाना अनिवार्य बना दिया जाए। इसके साथ ही महाराष्ट्र की कांग्रेस सरकार ने संक्रामक रोगों से पीड़ित लोगों की अनिवार्य नसबन्दी के लिए भी एक योजना प्रस्तावित की, भले ही उनके पहले से कोई बच्चे न हों।[63] हालाँकि राज्य सरकार का अनिवार्य नसबन्दी वाला विधेयक कभी पास नहीं हुआ, क्योंकि यह विधेयक इस आधिकारिक दावे को ख़ारिज कर देता कि नसबन्दी कार्यक्रम स्वैच्छिक था। पर इस प्रस्तावित क़ानून ने इसका संकेत ज़रूर किया कि राज्य नीति किस ओर जा रही थी।

कुछ राज्य सरकारों ने अपने कर्मचारियों को नसबन्दी करवाने पर प्रोत्साहन स्वरूप पुरस्कार देने की पेशकश की तो वहीं कई दूसरी राज्य सरकारों ने दो से अधिक सन्तान वाले लोगों को दंडित किया। जैसे उत्तर प्रदेश सरकार ने सरकारी संस्थानों में काम कर रहे उन शिक्षकों को जिनके दो या दो से अधिक बच्चे हैं, आदेश दिया कि या तो वे नसबन्दी करवाएँ या उनकी तनख़्वाह से एक महीने का

वेतन काट लिया जाएगा। साथ ही यह भी निर्देश दिया गया कि यदि परिवार नियोजन कर्मचारियों ने इसे स्वीकार करने वालों की चाही गई संख्या में भर्ती नहीं की तो उनका वेतन रोक दिया जाएगा। पंजाब सरकार ने तो मार्च, 1976 में एक ऐसा विधेयक तैयार किया जिसमें दो से अधिक बच्चे पैदा करना एक 'संज्ञेय अपराध' बना दिया गया था और जिसमें जुर्माना और कारावास दोनों सज़ा का प्रावधान था। आंध्र प्रदेश सरकार ने अप्रैल, 1976 में घोषणा की कि बिना नसबन्दी करवाने का प्रमाण दिखाए भूमिहीन मज़दूरों को अतिरिक्त भूमि का आवंटन नहीं किया जाएगा। तमिलनाडु, जहाँ जनवरी, 1976 में द्रविड़ मुनेत्र कड़गम (डीएमके) की राज्य सरकार की बर्ख़ास्तगी के बाद से राष्ट्रपति शासन लागू था, वहाँ प्रोत्साहन और दंड के मेलजोल से तैयार नियम लागू किये गए। उदाहरण के लिए, तीन या तीन से अधिक बच्चों वाले सरकारी कर्मचारियों के लिए मुफ़्त चिकित्सा सुविधाएँ और मातृत्व देखभाल पर रोक लगा दी गई और स्कूल शिक्षकों से कहा गया कि वे हर साल कम-से-कम दो लोगों को नसबन्दी के लिए प्रेरित करें। पर इन सभी में सबसे क्रूर होने का कोई पुरस्कार होता तो वह ज़रूर बिहार को मिलता। एक ऐसा राज्य जो भारतीय अर्थव्यवस्था के सबसे निचले पायदान पर स्थित था और जहाँ ग़रीबों की एक बड़ी आबादी थी, वहाँ की सरकार ने अप्रैल, 1976 में घोषणा की कि राशन कार्ड पर परिवार के पहले तीन बच्चों का ही नाम लिखा जाएगा। इससे बाहर जो बच्चे हैं उन्हें भोजन के अल्पतम अधिकार से भी वंचित कर दिया गया था।[64]

पर नीतियों की घोषणा करना एक बात थी; उन्हें लागू करना बिलकुल अलहदा बात थी। यहीं पर संजय का साया मँडराने लगा। फ़रवरी, 1976 में उनके चार सूत्री कार्यक्रमों की घोषणा के बाद से चीज़ें गति पकड़ने लगी थीं। जनसंख्या नियंत्रण अभियान ने शासन की स्थापित संस्थागत सीमाओं से बाहर निकल एक व्यक्ति के आदेश पर काम करना शुरू कर दिया। संजय वैसे तो किसी भी आधिकारिक पद पर नहीं थे, लेकिन मंत्रियों और नौकरशाहों ने मान लिया था कि वह प्रधानमंत्री की तरफ़ से बोल रहे थे। कैबिनेट ने परिवार नियोजन को आधिकारिक तौर पर बीस सूत्री कार्यक्रम में शामिल करने के स्वास्थ्य मंत्रालय के प्रस्ताव पर विचार किया था, लेकिन इसे ग़ैर-ज़रूरी बताकर ख़ारिज कर दिया था। भले ग़ैर-ज़रूरी बताया हो, संजय को संस्थागत अनुमति की क्या परवाह थी। उस समय कांग्रेस के पार्टी अध्यक्ष डी.के. बरुआ के लिए संजय की इच्छा ही स्वयं किसी आदेश के बराबर थी। उन्होंने कांग्रेस के सभी मुख्यमंत्रियों को एक पत्र भेजकर संजय के चार सूत्री कार्यक्रम को लागू करवाने के लिए कहा।

संजय के परिवार नियोजन अभियान के धरातल पर फलीभूत होने के लिए निश्चित लक्ष्य निर्धारित करना महत्त्वपूर्ण था। स्वास्थ्य और परिवार नियोजन मंत्रालय ने सत्र 1976-77 में देश भर में 43 लाख नसबन्दी का लक्ष्य निर्धारित किया।

इसके बाद इसे राज्यों और केन्द्र शासित प्रदेशों के मध्य उनकी आबादी, परिवार नियोजन से जुड़े पिछले प्रदर्शन, ग्रामीण-शहरी आबादी अनुपात और साक्षरता दर के आधार पर आवंटित किया गया। केन्द्र सरकार के स्वास्थ्य मंत्रालय के वरिष्ठ अधिकारियों को पता था कि यह लक्ष्य अति-महत्त्वाकांक्षी था और इसे केवल तभी हासिल किया जा सकता था जब वे समूचे राज्य प्रशासन को इसमें पूरी तरह झोंक देते। उन्होंने ऐसा ही किया। उन्होंने तमाम राज्यों की राजधानियों का दौरा किया और राज्य सरकारों में अपने समकक्षों को इस बारे में अच्छे से दीक्षित किया।[65] अब इसके नतीजे सुनिए—सत्र 1976-77 में 80 लाख से भी अधिक नसबन्दी की गईं, जो निर्धारित लक्ष्य से दोगुनी थीं।

आख़िर इस संख्या में यह आश्चर्यजनक वृद्धि कैसे हुई? दंडात्मक नीतियों से लैस राज्य सरकारों ने मनमाने ढंग से आवंटित संख्या को बढ़ाने और उसे पूरा करने का कार्य अंजाम दिया। महाराष्ट्र राज्य के परिवार नियोजन विभाग के संयुक्त निदेशक ने सितम्बर, 1976 में अपने ज़िला अधीनस्थों को बुलाकर संजय की अक्टूबर की महाराष्ट्र यात्रा से पहले 5,00,000 नसबन्दी का लक्ष्य पूरा करने को कहा। फिर यह नमूना राज्य दर राज्य दोहराया गया क्योंकि वे नसबन्दी के निर्धारित लक्ष्य हासिल करने के लिए एक-दूसरे की होड़ करने में लगे हुए थे। दिल्ली ने अपना लक्ष्य 29,000 से बढ़ाकर 2,00,000 कर दिया; उत्तर प्रदेश ने अपना लक्ष्य 4 लाख से बढ़ाकर 15 लाख कर दिया और हरियाणा ने 52,000 से पहले अपना लक्ष्य बढ़ाकर 2 लाख कर दिया और फिर 2 लाख, 22 हज़ार नसबन्दी पूरी कर अपने ही लक्ष्य को पीछे छोड़ दिया। बिहार ने भी अपने मूल लक्ष्य 3 लाख को दोगुना किया और फिर उससे भी आगे निकल गया। कई मामलों में राज्यों ने अपने इन निर्धारित लक्ष्यों को ख़ुद संजय के आदेश पर बढ़ाया। और जब उन्होंने ख़ुद व्यक्तिगत रूप से हस्तक्षेप नहीं किया, तब भी राज्य के नेताओं और अधिकारियों ने उन्हें ख़ुश करने के लिए लक्ष्यों को बढ़ाया और अधिक से अधिक नसबन्दी करवाने की दौड़ में लगे रहे।[66]

नसबन्दी के लक्ष्यों में इस तरह की नाटकीय वृद्धि ने न केवल नीति निर्धारण के सामान्य तंत्र को बड़ी सफ़ाई से किनारे कर दिया, बल्कि शासकीय मनमानी को एकदम बढ़ा दिया। संजय के एक आदेश पर राज्य ने अभूतपूर्व तेज़ी के साथ जनसंख्या नियंत्रण के लिए पहले से मौजूद तमाम दमनकारी नीतियों जैसे—प्रोत्साहन और दंड, ग़ैरबराबर शक्ति सम्बन्ध और नौकरशाही की दबंगई, इन सबको लागू कर दिया। राज्यों की राजधानियों में अधिकारी अपने ज़िला अधीनस्थों के साथ नियमित रूप से, अक्सर टेलीग्राम और टेलीफ़ोन के माध्यम से संवाद करते थे और उन्हें निर्धारित लक्ष्यों को पूरा करने के लिए प्रोत्साहित करते थे और इसमें असफल रहने पर दंड की चेतावनी देते थे। न केवल स्वास्थ्य और परिवार नियोजन कर्मचारियों

को बल्कि पूरे प्रशासन को इस कार्यक्रम को लागू करने की ज़िम्मेदारी सौंपी गई थी। बिना टिकट यात्रा करने पर पकड़े गए रेल यात्रियों को नसबन्दी का प्रमाणपत्र दिखाने पर छोड़ दिया जाता था। जनसंख्या नियंत्रण अभियान का भार न केवल ग़रीबों पर पड़ा, निम्न-मध्यवर्ग के सरकारी कर्मचारियों और स्कूली शिक्षकों को भी इसका सीधा वार सहना पड़ा।

फ़ोर्ड फ़ाउंडेशन के दफ़्तर के भीतर प्रसारित हुए एक ज्ञापन में इस तरह के उपायों का उल्लेख और समर्थन करते हुए डेविडसन आर. ग्वाटकिन ने मई, 1976 में लिखा था कि सरकार लोगों में अधिक असन्तोष पैदा किये बिना परिवार नियोजन को आक्रामक रूप से आगे बढ़ाने के लिए दृढ़ संकल्पित थी, "यह एक लम्बी लड़ाई है, लेकिन इतना तो साफ़ है कि मुख्यमंत्री अगर चाहें तो ख़ुद को पत्थरों से मरवाए बिना भी बहुत सी चीज़ें कर सकते हैं।" सबसे पहले तो वे नसबन्दी करवाने वालों को अधिक पैसे की पेशकश कर सकते हैं। दूसरे, सरकारी मशीनरी का उपयोग जैसा अभी किया जा रहा है, उसके अलावा भी अन्य कई तरीक़ों से किया जा सकता है, जैसे—पुलिस छोटे-मोटे अपराधियों को जेल के बदले नसबन्दी करवाने का विकल्प दे सकती है, स्कूली शिक्षकों और शासकीय अधिकारियों को ये कहा जा सकता है कि उन्हें अनुकूल पोस्टिंग का मिलना इस बात पर निर्भर करेगा कि उनके द्वारा नसबन्दी के लिए कितने मरीज़ों को लाया गया है। और आख़िर में, 'भारतीय राजनीति के सबसे केन्द्रीय तत्त्व' का लाभ उठाते हुए मंत्रिपद देकर पहुँचाए जाने वाले लाभों को यहाँ इस्तेमाल किया जा सकता है। "यदि केन्द्र का दबाव पर्याप्त रहे तो परिवार नियोजन के क्रियान्वयन को मंत्रिपद के निस्तारण में प्रमुख निर्धारक की तरह इस्तेमाल किया जा सकता है।"[67] हम नहीं जानते कि क्या यह सलाह वास्तव में कभी भारत सरकार को दी गई थी। लेकिन वह तो ऐसी किसी स्पष्ट अनुशंसा के बिना भी यही सब कार्य कर रही थी। लेकिन यह ज्ञापन स्पष्ट रूप से इंगित करता है कि फ़ोर्ड जैसे अन्तरराष्ट्रीय संगठनों, जिन्होंने आपातकाल से पहले ही अनेक प्रकार से जबरन जनसंख्या नियंत्रण को आगे बढ़ाया था, ने आक्रामक और अनिवार्य नसबन्दी अभियानों की समीक्षा उनके नैतिक आकलन के लिए नहीं बल्कि केवल उनकी सफलता की सम्भावनाओं का आकलन करने के लिए की थी। यदि मुख्यमंत्री किसी भी तरह 'पत्थर खाकर मरने' से बचकर अनिवार्य नसबन्दी लागू करवा सकते थे, तो उन्हें कोई परेशानी नहीं थी।

जबरन नसबन्दी को हिंसक प्रतिक्रिया का सामना करना पड़ेगा, इस बारे में ग्वाटकिन की आशंका ग़लत नहीं थी। तेज़ी से बढ़ते परिवार नियोजन अभियान का एक नतीजा इसका अत्यधिक लैंगिक झुकाव वाला स्वरूप था। जब प्रशासन ने नसबन्दी के महत्त्वाकांक्षी लक्ष्य निर्धारित किये और उन्हें हासिल भी कर लिया, वेसेक्टॉमी (पुरुष नसबन्दी) प्रशासन का पसन्दीदा विकल्प बन गई क्योंकि उन्हें

सिर्फ़ लोकल एनेस्थेशिया देकर अपेक्षाकृत कम वक़्त में पूरा किया जा सकता था। दूसरी ओर ट्यूबेक्टॉमी (महिला नसबन्दी) एक अधिक जटिल शल्यक्रिया थी और इसके लिए अस्पताल की सुविधाओं और ऑपरेशन के पश्चात पूरी देखभाल की ज़रूरत होती थी। इससे हुआ ये कि कुल नसबन्दी के आँकड़ों में पुरुष नसबन्दी की हिस्सेदारी 1975 में 54 फ़ीसदी से बढ़कर 1976 में 75 फ़ीसदी तक पहुँच गई।[68] पर इससे पुरुष आबादी में 'नामर्दगी' के ख़याल सर उठाने लगे। एक पितृसत्तात्मक समाज में अपने 'पुरुषत्व' को खो देने का डर असन्तोष और प्रतिरोध को जन्म देता है। इसके चलते सरकार को संजय के प्रिय जन्म नियंत्रण कार्यक्रम को लागू करने के लिए पुलिसबल का इस्तेमाल करने को मजबूर होना पड़ा।

कई स्थानों पर हिंसा भड़क उठी क्योंकि लोगों ने जबरन नसबन्दी करवाने से मना किया या खुले तौर पर उसे चुनौती दी। उत्तर प्रदेश में प्रतिरोध को कुचलने के लिए कई शहरों में पुलिस बुलानी पड़ी। विरोध इतना प्रचंड था कि अगस्त और दिसम्बर 1976 के बीच सुल्तानपुर, मुज़फ़्फ़रनगर, गोरखपुर और प्रतापगढ़ में पुलिस को विरोध कुचलने के लिए गोली चलानी पड़ी, जिसमें बारह लोग मारे गए।[69] हरियाणा के पीपली गाँव में जबरन नसबन्दी करवाने ले जाए गए एक विधुर की मौत के बाद दंगा भड़क उठा। पर इस दुर्घटना से प्रभावित हुए बिना स्थानीय अधिकारी वापस गाँव में लौटे और नसबन्दी हेतु अधिक उम्मीदवारों की माँग करने लगे। हाथापाई शुरू हो गई। उधर जैसे ही ख़बर फैली, पड़ोसी गाँव के लोग भी प्रतिरोध के समर्थन में एकत्रित होने लगे। प्रशासन ने जवाबी कार्रवाई करते हुए पुलिस बल तैनात कर पूरे गाँव की घेराबन्दी कर डाली। गोलियाँ चलाई गईं और धमकी दी गई कि अगर गाँव के लोग अपने घरों से बाहर नहीं निकले तो गाँव को बम से उड़ा दिया जाएगा। सामने कोई विकल्प न देख आख़िर गाँव के लोगों ने समर्पण कर दिया। चार सौ से पाँच सौ पुरुषों को पकड़कर उनकी नसबन्दी कर दी गई।

उत्तवर नाम का हरियाणा का एक और गाँव भी राज्य सत्ता के इस क्रूर दमन का शिकार बना। हरियाणा सरकार के अधिकारियों ने इस गाँव पर छापेमारी की योजना बनाई थी, क्योंकि यहाँ परिवार नियोजन कार्यक्रम का तगड़ा विरोध हो रहा था। इस गाँव में मुख्य रूप से मुस्लिम मेव समुदाय के लोगों की रिहाइश थी। सरकार को डर था कि कहीं यह विरोध सामुदायिक रूप लेकर पड़ोस के दूसरे मेव आबादी बहुल गाँवों तक न पहुँच जाए। सरकार ने फ़ैसला किया कि यहाँ कार्रवाई कर एक नज़ीर बनाने की ज़रूरत है। अधिकारियों ने पहले अक्टूबर, 1976 में एक सप्ताह के लिए, और फिर अगले महीने एक और सप्ताह के लिए गाँव की बिजली आपूर्ति काट दी। इसके साथ पुलिस ने कई ग्रामीणों पर अवैध हथियार रखने के झूठे आरोप थोप दिये। गाँव के कई मुस्लिम निवासियों पर हथियारों की तस्करी और साम्प्रदायिक तनाव पैदा कर परिवार नियोजन कार्यक्रम को असफल करने

के लिए पाकिस्तान के साथ गुप्त रूप से सम्पर्क में रहने का भी आरोप लगाया गया। पुलिस के गाँव में छापा मारने के बाद समुदाय के स्थानीय नेता आगे आए और बुवाई का मौसम बीतने के बाद नसबन्दी के लिए ख़ुद गाँव के पुरुषों को लेकर आने का वादा किया। लेकिन सरकार तब भी संतुष्ट नहीं हुई। पुलिसवालों ने गाँव को घेर लिया और हरेक घर की तलाशी ली। तमाम घरों का माल-असबाब तहस-नहस कर दिया। गाँववालों को बस स्टैंड पर इकट्ठा होने का आदेश दिया गया, जहाँ से उन्हें ट्रकों में भरकर पुलिस स्टेशन ले जाया गया। वहाँ से फिर सौ से अधिक लोगों को पास के अस्पताल भेज दिया गया, उनकी नसबन्दी करने के लिए। कुल जमा पच्चीस की उम्र के अब्दुल रहमान मिन्नतें करते रहे कि उसकी केवल एक सन्तान है। डॉक्टर उनकी बात सुनना चाहते थे, लेकिन पुलिस ने उन्हें रहमान की नसबन्दी करने के लिए मजबूर किया। और तो और जब डॉक्टर ने एक सत्तर साल के वृद्ध का ऑपरेशन करने से इनकार किया तो पुलिस ने डॉक्टर के साथ भी दुर्व्यवहार किया। हाँ, गाँववालों पर जिन अवैध हथियारों को रखने का आरोप था, वो कभी बरामद नहीं हुए।[70]

यह परिवार नियोजन का 'क्रैश' कार्यक्रम राष्ट्रीय स्तर पर चल रहे शहरी इलाक़ों के 'सौन्दर्यीकरण' अभियान से गहरे जुड़ा हुआ है। मुल्क भर में बुलडोज़र झुग्गी बस्तियों को ढहाने का काम कर रहे थे, और जो यहाँ से विस्थापित किये जा रहे थे उन्हें पुनर्वास कॉलोनियों में ज़मीन अक्सर इसी शर्त पर आवंटित की जा रही थी कि पहले वे अपना नसबन्दी प्रमाणपत्र दिखाएँ। कई मुख्यमंत्रियों ने अपने ख़ास अधिकारियों को निर्देश दिये थे कि वे झुग्गी-झोंपड़ियों और अतिक्रमण हटाने को अपनी प्राथमिकता सूची में ऊपर रखें। अधिकारियों को भी साफ़ समझ आ गया था कि इसके पीछे असल मक़सद संजय को ख़ुश करना है। जैसा कि दिल्ली में बैठे उत्तर प्रदेश के एक वरिष्ठ अधिकारी ने राज्य की राजधानी में स्थित एक अन्य अधिकारी को लिखा, "मुख्यमंत्री जी की इच्छानुसार मैं श्री संजय गांधी से मिलने गया और उनके सामने आगरा शहर की नगरीय विकास योजना रखी। श्रीमान गांधी ने कार्यक्रम की सराहना की और कहा कि अब राज्य सरकार को तत्काल प्रभाव से सड़कों पर से मवेशियों, अवैध ढाँचों और भिखारियों को हटाने का काम शुरू कर देना चाहिए।"[71] महाराष्ट्र सरकार ने इन तथाकथित 'अनधिकृत' संरचनाओं को हटाने के लिए अक्टूबर, 1975 में एक अध्यादेश जारी किया, जो नवम्बर, 1975 में एक अधिनियम के रूप में पारित हो गया। नये क़ानून के तहत राज्य सरकार को त्वरित कार्यवाही के लिए संक्षिप्त प्रक्रियाओं से लैस किया गया और न्यायिक दख़ल को भी रोका गया। इस प्रकार पूरी तरह हथियारबन्द होकर सरकार अपने शहरी सफ़ाई अभियान पर आगे बढ़ी। महाराष्ट्र सरकार ने भीख माँगने वाले तक़रीबन 75,000 लोगों को बम्बई शहर से निकाल बाहर करने और उन्हें सिंचाई

परियोजनाओं से जुड़े कथित 'विकास' कार्यों में तैनात करने के लिए 'ऑपरेशन भिखारी' की शुरुआत की।[72] पुलिस के डंडे के ज़ोर पर कथित 'मोटिवेटर्स' ने शहर के भिखारियों, बेघरों और दिहाड़ी मज़दूरों को घेरना शुरू किया और उन्हें भेड़-बकरियों की तरह नसबन्दी करवाने के लिए ले गए। इस प्रसंग को रोहिंटन मिस्त्री ने अपने अंग्रेज़ी उपन्यास 'ए फ़ाइन बैलेंस' (1996) में बहुत मार्मिक तरीक़े से चित्रित किया है।

हालाँकि संजय का सिक्का तो पूरे भारत में चल रहा था, लेकिन उन राज्यों में जो राष्ट्रीय राजधानी दिल्ली के सबसे क़रीब थे, जैसे—हरियाणा, हिमाचल प्रदेश, मध्य प्रदेश और उत्तर प्रदेश, वहाँ सत्ता की दबंगई का रंग ही कुछ और था।[73] पर असल 'शैतान का कारख़ाना' तो ख़ुद दिल्ली को बनना था। यहाँ पर तो जैसे संजय गांधी ही सरकार थे। इसमें उप-राज्यपाल कृष्ण चन्द के उस समय सचिव रहे नवीन चावला, डीआईजी भिंडर, दिल्ली विकास प्राधिकरण के उपाध्यक्ष जगमोहन और नगर निगम आयुक्त बी. आर. टम्टा जैसे लोगों ने उनके हुक्मबरदार जल्लादों की तरह काम किया। तब इसमें कोई आश्चर्य नहीं होना चाहिए कि नसबन्दी के आँकड़ों में राष्ट्र की राजधानी ने पूरे मुल्क में किसी भी अन्य राज्य या क्षेत्र की तुलना में सबसे अच्छा प्रदर्शन दर्ज किया, और साथ ही शहरी 'सौन्दर्यीकरण' अभियान भी उसी की ज़मीन पर अपने सबसे उग्र अन्दाज़ में फलीभूत होता दिखा। तुर्कमान गेट में इन दोनों अभियानों की संयुक्त परिणति देखने को मिल रही थी।

## वापस तुर्कमान गेट पर

29 दिसम्बर, 1973 को, प्रधानमंत्री सचिवालय में उप सचिव ने इन्दिरा गांधी को पत्र लिखा और परकोटे के भीतर बसी 'पुरानी दिल्ली' की समस्याओं की ओर उनका ध्यान आकर्षित करते हुए इसके ऐतिहासिक महत्त्व और भारतीय मुसलमानों के सबसे पुराने घर के रूप में इसके महत्त्व को रेखांकित किया, "शाहजहाँनाबाद की समस्याओं से निपटने की एक अच्छी तरह से प्रकल्पित योजना उसके नागरिकों के आर्थिक हालातों में फ़ौरन बेहतरी लेकर आएगी और उन्हें उनके दड़बेनुमा घरों की क़ैद से बाहर निकाल उनकी कुंद सोच को भी आज़ाद करेगी, ऐसी उम्मीद है।"[74] उन्होंने ऐसी योजना की परिकल्पना के लिए वास्तुकारों, समाजशास्त्रियों, सम्बन्धित नागरिकों और वाणिज्यिक प्रतिनिधियों को जोड़कर एक सेमिनार आयोजित करने का प्रस्ताव रखा। प्रधानमंत्री ने उनके प्रस्ताव को मंजूरी दे दी और 31 जनवरी-1 फ़रवरी, 1975 का दिन इस सेमिनार के लिए निर्धारित किया गया। निर्धारित तारीख़ को समूह की बैठक सम्पन्न हुई और इसने 'बुलडोज़रवादी नज़रिये' और 'कॉस्मेटिक नवीनीकरण' दोनों के ख़िलाफ़ सलाह दी। इसके बजाय

इसने चारदीवारी से भीड़भाड़ कम करने, यहाँ नागरिक सुविधाओं में सुधार करने, परिवारों की रिहाइश को बदलने और उन्हें इस तरह से पुनः तैयार करने के लिए एक व्यापक योजना की सिफ़ारिश की जिससे वे पुरानी दिल्ली से अपने रिश्ते को न खोएँ। ख़तरनाक उद्योगों को स्थानान्तरित करते हुए भी इस बात को सुनिश्चित करने को कहा गया था कि स्थानीय व्यापारी उस जगह के साथ अपनी कार्यकारी स्वाधीनता बरकरार रखें। इन सिफ़ारिशों को लागू करने के लिए एक टास्क फ़ोर्स का गठन किया गया। लेकिन इससे पहले कि टास्क फ़ोर्स कुछ काम शुरू कर पाती, आपातकाल की घोषणा कर दी गई। शहर में विध्वंस की कार्रवाइयाँ शुरू हो गईं और समूह की तमाम सिफ़ारिशें धरी की धरी रह गईं।

आपातकाल की घोषणा के तुरन्त बाद तोड़फोड़ की कार्रवाइयों पर चर्चा के लिए प्रधानमंत्री के आवास पर दो बैठकें आयोजित की गईं। बैठक में केन्द्रीय गृह राज्यमंत्री ओम मेहता, उप-राज्यपाल कृष्ण चन्द, दिल्ली विकास प्राधिकरण के सदस्य और दूसरे वरिष्ठ अधिकारी शामिल हुए। इसके साथ बैठक में यत्र-तत्र-सर्वत्र सदा मौजूद रहने वाले डीआईजी भिंडर और उनके संरक्षक संजय तो शामिल थे ही। दरअसल ये बैठक वरिष्ठ कांग्रेसी नेता और संसद सदस्य सुभद्रा जोशी की शिकायतों के जवाब में बुलाई गई थी। पुरानी दिल्ली का इलाक़ा उनके ही लोकसभा निर्वाचन क्षेत्र में आता था। उनका आरोप था कि दिल्ली विकास प्राधिकरण बिना कोई विकल्प दिये उनके इलाक़े के फेरीवालों को उजाड़ रहा है। जब उन्होंने इस बाबत नगर निगम आयुक्त टम्टा से सम्पर्क किया तो उन्होंने कथित तौर पर जोशी को जवाब दिया कि उनका काम सिर्फ़, "दिल्ली को एक आधुनिक और सुन्दर शहर बनाना"[75] है बस। सुभद्रा जोशी ने इसके बाद उप-राज्यपाल कृष्ण चन्द और गृह राज्यमंत्री ओम मेहता से भी सम्पर्क किया, लेकिन उन दोनों से ही किसी तरह की मदद नहीं मिल पाई। हताशा की अवस्था में उन्होंने सीधे इन्दिरा गांधी से सम्पर्क किया, जिन्होंने उनकी बात तो सुनी लेकिन अपनी ओर से कोई राय व्यक्त नहीं की।

इस बीच शहर के अलग-अलग इलाक़ों में तोड़फोड़ की कार्रवाई जारी रही। प्रधानमंत्री आवास पर बैठकों के दौरान जोशी ने अपनी शिकायतें दोहराईं, लेकिन तोड़फोड़ की कार्रवाई के पक्ष में बढ़-चढ़कर बोलने वाले उत्साही अधिकारियों और मंत्रियों की आवाज़ों के कोलाहल के बीच उनकी अकेली वाणी कहीं खो गई। न तो इन्दिरा और न ही संजय ने कुछ कहा, हालाँकि सुना जाता है कि इन्दिरा ने बाद में अधिकारियों से बोला था कि शहर की 'साफ़-सफ़ाई' के इस कार्यक्रम को पूरी सख़्ती के साथ जारी रखा जाना चाहिए। सुभद्रा जोशी प्रधानमंत्री को शिकायती पत्र लिखती रहीं, लेकिन उधर से कोई जवाब नहीं आया। दूसरी तरफ़ से मिली यह ठंडी चुप्पी संजय तथा उनके गिरोह के हाथ लगी संविधानेतर सत्ता

तथा प्रतिनिधात्मक लोकतंत्र के ऊपर आपातकाल के दौरान हुए विध्वंसक प्रहार के बारे में चीख़कर बोलती है।

सुभद्रा जोशी की ही तरह इंदर मोहन भी अगस्त-सितम्बर, 1975 में इस नई मायावी सत्ता से जा टकराए। तोड़फोड़ का अभियान जारी था और जामा मस्जिद के आसपास के दुकानदार चिन्तित थे कि उन्हें बिना कोई विकल्प प्रदान किये विस्थापित कर दिया जाएगा। ऐसे में वहीं पड़ोस में रहनेवाले जाने-माने और सम्मानित सामाजिक कार्यकर्ता इंदर मोहन ने एक ज्ञापन तैयार किया और इन्दिरा से मिलने का समय माँगा। मगर इन्दिरा के निजी सचिव ने मोहन को सुझाव दिया कि उनका सीधे संजय से मिलना ठीक होगा, क्योंकि दिल्ली से जुड़े मामलों को संजय देख रहे थे। मोहन संजय से मिले और निवेदन किया कि दुकानों को ढहाने की कार्रवाई को डीएजी योजना के तहत सोचे गए वैकल्पिक स्थान प्रदान किये जाने तक टाल दिया जाए। पर संजय टस-से-मस न हुए। उन्होंने साफ़ कहा कि दुकानदारों को वहीं जाना होगा, "जहाँ हम उन्हें ले जाना चाहते हैं।" एकमात्र रियायत जो उन्होंने पेश की वह यही थी कि विस्थापित दुकानदारों को बसाने के लिए एक वैकल्पिक बाज़ार का निर्माण फ़ौरन शुरू किया जा सकता है, बशर्ते मोहन उसके लिए ज़रूरी 1 करोड़ 80 लाख रुपये की रक़म जुटा दें।

मोहन समाधान की तलाश में दर-दर भटकते रहे। उन्होंने केन्द्रीय गृह राज्यमंत्री ओम मेहता से लेकर जगमोहन तक सबसे गुहार लगाई। जब उनकी फ़रियादें परेशानी बनने लगीं, उन्हें जेल में डाल दिया गया। एक अन्य सामाजिक कार्यकर्ता सिराज पिराचा का भी यही हश्र हुआ। उन्होंने भी संजय से मुलाक़ात की और अनुरोध किया कि डीएजी की वैकल्पिक ठिकाना उपलब्ध करवाने वाली योजना के कार्यान्वयन के बाद ही दुकानें हटाई जाएँ। संजय ने उन्हें भी वही रक़म जुटाने वाला प्रस्ताव दिया जो उन्होंने मोहन को दिया था। इसके बाद संजय ने पिराचा पर लोगों को गुमराह करने का आरोप लगाया और इसके गम्भीर परिणाम भुगतने की धमकी दी। पिराचा की गिरफ़्तारी के साथ जल्द ही यह धमकी हक़ीक़त में भी बदल गई। बस इतनी सी राहत पिराचा को दी गई कि उनकी गिरफ़्तारी मुसलमानों के रोज़े रखने वाले पवित्र महीने रमज़ान के बीतने तक टाल दी गई।[76]

जैसा कि मोहन और पिराचा को अपनी सुख-शान्ति की आहुति देकर समझ आया, शासन की सामान्य प्रशासनिक प्रक्रियाएँ अब समाप्तप्राय: हो चली थीं। और यह बात दिल्ली प्रशासन में बैठे बड़े अधिकारियों को बख़ूबी मालूम थी। उप-राज्यपाल के सचिव और संजय के यार नवीन चावला ने तो नगर निगम आयुक्त टम्टा को स्पष्ट निर्देश दे रखा था कि उन्हें सीधे प्रधानमंत्री के सुपुत्र के आदेशों का पालन करना है और उन्हीं की देखरेख में काम करना है। टम्टा को अक्सर प्रधानमंत्री निवास पर बुलाया जाता, जहाँ इन्दिरा के सचिव धवन—जो ख़ुद संजय की

मंडली का हिस्सा थे, उन्हें आदेश देते और शीघ्र अनुपालन रिपोर्ट माँगा करते थे।[77]

जब कुछ मामलों में फ़ैसला नहीं हो पाता था, तो अधिकारियों को ये भी पता था कि कहाँ से स्पष्टीकरण लेना है। उदाहरण के लिए जब नवम्बर, 1975 में जामा मस्जिद के आसपास की दुकानों को तोड़ा जा रहा था तो एसपी ओहरी और एडीएम प्रधान ने डीडीए उपाध्यक्ष से सम्पर्क किया। वे चाहते थे कि जामा मस्जिद के पीछे की दुकानों को इसमें ध्वस्त न किया जाए क्योंकि वे मस्जिद की संरचना का हिस्सा लगती थीं। जगमोहन ने उत्तर दिया कि वह 'साईं' से इस बारे में दरियाफ़्त कर बताएँगे। कुछ दिनों बाद जगमोहन ने उन्हें बताया कि उन्हें 'साईं' से सन्देश मिला है कि वे विध्वंस की कार्रवाई बिना किसी बाधा के निर्विघ्न आगे बढ़ाएँ। जगमोहन का मानना था कि अतिक्रमणकारियों और अवैध निर्माणों ने किसी समय के गौरवशाली मुग़ल शाहजहाँनाबाद की ख़ूबसूरती को नष्ट कर दिया था। इसीलिए जब दिल्ली विकास प्राधिकरण के सर्वेसर्वा बने जगमोहन को इसकी सूरत बदलने के लिए संजय की हरी झंडी मिली, वे उनके आभार के नीचे दब गए। उन्होंने दिसम्बर, 1975 में लिखा, "जामा मस्जिद परिसर के आसपास के इलाक़े की कायापलट का असम्भव लगता कार्य ख़ुद संजय गांधी की गहरी रुचि के बग़ैर कभी सफलतापूर्वक पूरा नहीं हो पाता।"[78]

जगमोहन ख़ुद कहते थे कि वे कोई बैरन हॉसमैन नहीं, लेकिन सदा काग़ज़ों के ढेर से घिरे रहने वाले इस 'नन्हे से इनसान' को संजय गांधी में अपना लुई नेपोलियन मिल गया था। संजय के समर्थन से डीडीए अब शाहजहाँनाबाद के 'सौन्दर्यीकरण' अभियान में पूरी गति के साथ आगे बढ़ा। 7 अप्रैल, 1976 को जगमोहन ने एक विशेष दूत के माध्यम से एक चिट्ठी डीआईजी भिंडर को भेजी। चिट्ठी पर 'टॉप सीक्रेट' लिखा था। चिट्ठी में लिखा था कि दिल्ली विकास प्राधिकरण 10 अप्रैल से परकोटे वाली 'पुरानी दिल्ली' में सफ़ाई अभियान शुरू करने जा रहा है और इसके लिए पुलिस और मजिस्ट्रेट की सहायता की ज़रूरत होगी।[79] एक रिपोर्ट के मुताबिक 13 अप्रैल को शुरू हुई विध्वंस की कार्रवाई से कुछ दिन पहले एक कांग्रेस कार्यकर्ता द्वारा आयोजित एक स्वागत समारोह में भाग लेने के लिए संजय का पुलिस और नगर निगम अधिकारियों के साथ पुरानी दिल्ली का दौरा हुआ था। वहाँ के निवासियों ने यह सोचकर उनका सत्कार किया कि इससे उनकी चिन्ताओं पर सहानुभूतिपूर्वक सुनवाई होगी। संजय ने फ़ैज़-ए-इलाही मस्जिद का दौरा किया, लेकिन जिस तरह उनका स्वागत किया गया वह किसी कारणवश उन्हें पसन्द नहीं आया। बाद में स्थानीय आयोजक कांग्रेस कार्यकर्ता ने अन्य निवासियों को बताया कि संजय वहाँ से नाराज़ होकर लौटे और इसके बाद तोड़फोड़ की कार्रवाई जारी रखने का आदेश जारी कर दिया।

पर्याप्त पुलिस ज़ाब्ते को साथ लेकर नगर निगम ने 13 अप्रैल को अपना

सफ़ाई अभियान शुरू किया। पुलिसबल की बड़ी संख्या में उपस्थिति इस इलाक़े में आपातकाल की उद्घोषणा के भी बहुत पहले से पनप रहे असन्तोष को नियंत्रित करने के लिए थी। इस असन्तोष के पीछे एक ही नाम था—इमाम बुख़ारी। वह 1973 में जामा मस्जिद के इमाम बने, जब उनके पिता ने वृद्धावस्था और अशक्तता का हवाला देकर शाही इमाम का पद छोड़ा और अपने बेटे को इमाम के पद पर बैठाया। हालाँकि वक़्फ़ बोर्ड ने उन्हें यह कहकर मान्यता देने से इनकार कर दिया कि इस्लाम धर्म में इमाम की नियुक्ति में वंशानुगत उत्तराधिकार के सिद्धान्त का पालन नहीं किया जाता है। इस रुख़ ने उन्हें सरकार का कट्टर आलोचक बना दिया। इमाम बुख़ारी ने सरकार पर मुस्लिम हितों की उपेक्षा करने का आरोप लगाया। कांग्रेस पार्टी के मुस्लिम नेताओं को उन्होंने अपने ही धर्मभाइयों के दमन में शामिल होने का आरोप लगाकर घेरा। मुस्लिम समुदाय की ओर से उठाई गई उनकी हक़ की आवाज़ ने उनके इर्द-गिर्द समर्थकों का एक हुजूम खड़ा कर दिया। जामा मस्जिद में उनके धर्मोपदेशों को सुननेवालों की संख्या अचानक बढ़ गई।

फ़रवरी, 1975 की घटना है। इमाम और उनके समर्थक पुलिस की कॉर्डन को तोड़कर दिल्ली वक़्फ़ बोर्ड की बैठक में जा घुसे। उन्हें गिरफ़्तार कर लिया गया, पर उसके फ़ौरन बाद आस-पड़ोस में अफ़वाह फैल गई कि शाही इमाम को गोली मार दी गई है। दुकानों के शटर बन्द होने लगे, इलाक़े में सब ठप्प हो गया और हड़ताल शुरू हो गई। देखते ही देखते हिंसा भड़क उठी। पुलिस ने सीधे गोली चला दी। गोलीबारी में नौ लोग मारे गए और कई घायल हो गए। इस घटना के बाद इमाम को रिहा कर दिया गया। इस पूरे घटनाक्रम से इलाक़े में उनकी लोकप्रियता और परवान चढ़ी। आपातकाल की घोषणा के बाद भी इमाम बुख़ारी ने अपने उपदेशों में सरकार की आलोचना करना जारी रखा। सोशलाइट रुख़साना और नसबन्दी अभियान हमेशा उनके वक्तव्यों के निशाने पर होते थे। प्रशासन के लिए शाही इमाम पुरानी दिल्ली के मुस्लिम समुदाय की 'घेट्टोवादी मानसिकता' का प्रतीक बन गए थे। कई लोगों ने यह रिपोर्ट किया कि बड़े अधिकारी ऐसी धमकियाँ दिया करते थे कि जामा मस्जिद के मुस्लिम समुदाय को तो एक दिन अच्छे से सबक़ सिखाया जाएगा।[80]

कुल मिलाकर यही माहौल था जब दिल्ली विकास प्राधिकरण के बुलडोज़र ने 13 अप्रैल को इस इलाक़े की तंग गलियों में प्रवेश किया।[81] आतंक के साये में खड़े हतप्रभ निवासियों ने देखा कि बुलडोज़रों ने सिर्फ़ उस ट्रांज़िट कैम्प को ही नेस्तनाबूद नहीं किया जो पहले दुजाना हाउस के पास हुई कार्रवाई से विस्थापित हुए लोगों के लिए बनाया गया था, बल्कि उसने आगे बढ़कर आसपास की दुकानों और घरों को भी ध्वस्त कर दिया। असल में जगमोहन ने आपातकाल के बहाने लम्बे समय से स्थगित दिल्ली-अजमेरी गेट योजना को लागू करने का सुनहरा अवसर

देखा। 1970 में बनी इस योजना में अतिक्रमण हटाकर साफ़ किये गए इलाक़े के रिहाइशी मकान, स्वास्थ्य केन्द्र, बच्चों के लिए पार्क और एक व्यापारिक परिसर के निर्माण के साथ पुनर्विकास की कल्पना की गई थी। लेकिन चूँकि इस योजना को अमली जामा पहनाने में निजी स्वामित्व वाली सम्पत्ति को गिराना शामिल था, इसलिए क़ानून ने एक प्रक्रिया को पूरा किया जाना ज़रूरी बना दिया। इसके लिए 'स्लम क्लिअरेंस ऑर्डर' की घोषणा किया जाना ज़रूरी था, जिसकी पहले उप-राज्यपाल से विधिवत पुष्टि की जानी थी। इसके बाद मालिकों को सम्पत्ति गिराने का नोटिस जारी किया जाना था, जिसमें उन्हें परिसर ख़ाली करने के लिए कम-से-कम छह हफ़्ते का समय दिया जाना ज़रूरी था। लेकिन ऐसा कुछ नहीं किया गया। आपातकाल के बाद बनी तथ्य अन्वेषण समिति को तुर्कमान गेट पर जगमोहन के इस दावे पर सन्देह ही रहा कि नगर निगम ने दरअसल सम्पत्ति के मालिकों की सहमति से इमारतों को ध्वस्त किया, जिसके चलते अनिवार्य क़ानूनी अहर्यताओं को पूरा किया जाना ज़रूरी नहीं रहा। समिति ने इस विध्वंस को 'पूरी तरह से अवैध' की श्रेणी में रखा। लेकिन आपातकाल ने तो क़ानून के रखवालों को यह तय करने का खुला लाइसेंस दे दिया था कि क्या क़ानून के दायरे में है और क्या नहीं।

13 अप्रैल को जैसे ही पुरानी दिल्ली में नगर निगम के बुलडोज़र गरजने लगे, इलाक़े के घबराए हुए बाशिन्दे मदद की तलाश में इधर से उधर भागने लगे। एक ऐसा ही दरवाज़ा था रुख़साना सुल्ताना का। हालाँकि इमाम बुख़ारी ने उन्हें खलनायक बनाकर पेश किया था, लेकिन बस्ती में हर कोई जानता था कि उनका कितना रसूख़ था। सच्चाई तो ये थी कि इमाम की निंदा से आजिज़ आकर उन्होंने ही दुजाना हाउस कैम्प की स्थापना की थी। हालाँकि वह किसी आधिकारिक पद पर नहीं थीं, फिर भी उन्हें परकोटे के भीतर वाली दिल्ली में सबसे शक्तिशाली इनसान माना जाता था। उनसे पंगा लेने वाले नगर निगम अधिकारियों की रिपोर्ट वे सीधे संजय को करती थीं। पुलिस अधीक्षक (आपराधिक जाँच विभाग) उनकी सुरक्षा की व्यवस्था चाक-चौबन्द रखने की नीयत से उनकी गतिविधियों पर हमेशा नज़र रखते थे। उन्हें पुरानी दिल्ली की तंग गलियों में पुलिसिया बन्दोबस्त से घिरे अक्सर घूमते देखा जा सकता था। उनका दबदबा साफ़ झलकता था। इलाक़े के लोग पुलिस स्टेशन में उनके इस दबदबे को देख चुके थे, जहाँ वे बस्ती के सम्मानित नेताओं पर नसबन्दी के लिए 'स्वयंसेवकों' को लेकर आने का दबाव बना रही थीं। स्थानीय निवासी संजय गांधी के साथ उनकी निकटता के बारे में जानते थे और उन्हें पता था कि कैसे उन्होंने फ़रवरी, 1976 में संजय की यात्रा के लिए पूरी बस्ती को इकट्ठा किया था। और इससे भी बढ़कर, हर कोई उन्हें 'दुजाना हाउस' के मुखिया के रूप में जानता था।

तुर्कमान गेट के निवासी एच.एच.एम. यूनिस, जिनकी ख़ुद की दुकान नगर निगम के बुलडोज़र का शिकार हो गई थी, स्थानीय बाशिन्दों के एक समूह को रुख़साना सुल्ताना से मिलाने ले गए। रुख़साना ने उनकी बात सुनी। उन्होंने अपनी शिकायत रखी कि ये विध्वंस अवैध था और आवश्यक नोटिस दिये बिना तोड़फोड़ की जा रही थी। जवाब में रुख़साना ने उन्हें कहा कि उनका इलाक़ा गन्दगी से भरा है और उसे गिराना ही होगा। लेकिन रुख़साना ने एक उपाय भी सुझाया। उपाय ये था कि यदि वे उनके कहने पर पर्याप्त मात्रा में नसबन्दी करवाने को तैयार पुरुषों को जुटा दें और इसके साथ ही अपने घरों पर 'यूथ कांग्रेस' के साइनबोर्ड लगा दें, तो वे उनकी ओर से इस मामले में हस्तक्षेप कर सकती हैं। यूनिस ने जवाब दिया कि साइनबोर्ड तो उन्होंने पहले से ही लगा रखे हैं और रही नसबन्दी के लिए उम्मीदवार उपलब्ध करवाने की बात, तो इस पर भी कोशिश की जाएगी। हताशा में लोगों ने उन्हें नसबन्दी के लिए दो सौ पुरुष उम्मीदवारों को लाने का वादा भी कर दिया। लेकिन जब यूनिस और अन्य लोग रुख़साना से मिलकर वापस लौटे तो उन्हें पता चला कि नगर निगम ने तो दुकानों और घरों पर बुलडोज़र चलाना शुरू भी कर दिया है।

घबराए हुए लोग अपने नगर पार्षद अर्जुन दास के पास गए। पहले ऑटो मैकेनिक रहे दास संजय के गुर्गे थे। वह संजय से उस वक़्त मिले थे जब वे ब्रिटेन से लौटे ही थे और अपना मोटरकार का कारख़ाना शुरू किया था। जब वे कार में लगने वाले पुर्जों की तलाश में गुलाबी बाग़ के मोटरकार गैराजों और कबाड़ख़ानों की ख़ाक छान रहे थे, तभी संजय ने इस उजड्ड आदमी को अपनी छत्रच्छाया में लिया। बस, ठीक उसी समय से अर्जुन दास के करियर का सितारा चमकने लगा। उन्हें कांग्रेस में शामिल किया गया और जल्द ही वे राजधानी से निगम पार्षद बन गए। अब संजय के वफ़ादार दास अपने संरक्षक द्वारा चलाए जा रहे अभियान में हस्तक्षेप करने की कैसे जुर्रत कर सकते थे। नगर निगम पार्षद राजेश शर्मा मदद करने को तैयार हुए। लेकिन निगम अधिकारी उनकी एक बात सुनने के मूड में नहीं थे और उन्होंने शर्मा से 'अपने काम से काम रखने' के लिए कहा। कुछ निवासी ऐसे में वापस रुख़साना से ही गुहार लगाने के लिए दोबारा उसके आवास पर गए। लेकिन रुख़साना ने अब अपनी शर्तें बढ़ा दी थीं—यदि वे उनकी सहायता चाहते हैं तो अब उन्हें दो सौ नहीं, तीन सौ नसबन्दी के उम्मीदवार उपलब्ध करवाने होंगे। निवासी चकित थे। एक तरफ़ उनके घरों पर बुलडोज़र चलाया जा रहा था, दूसरी तरफ़ उनसे ही पुरुष नसबन्दी के लिए उम्मीदवार उपलब्ध करवाने को कहा जा रहा था। आख़िर में हताश निवासियों ने सुभद्रा जोशी की ओर देखा। लेकिन उनका फ़ोन उठाना या उनके पत्रों का जवाब देना प्रधानमंत्री ने पहले ही बन्द कर दिया था।

तुर्कमान गेट गोलीकांड पर बनी तथ्य अन्वेषण समिति ने प्रशासन और राजनीति

के बदले हुए स्वरूप को लेकर ठीक ही कहा कि "ये, राजनीति का अराजनीतिकरण और नौकरशाही का राजनीतिकरण" होना था। राजनीतिक प्रतिनिधित्व के रास्ते अवरुद्ध हो गए थे और प्रशासन ने बिना किसी क़ानूनी अधिकार के अपने राजनीतिक आकाओं के इशारों पर काम किया। 13 अप्रैल से आरम्भ हुआ विध्वंस आगे कई दिनों तक जारी रहा। बुलडोज़रों के इंजन की गड़गड़ाहट और हथौड़ों की चोट की आवाज़ें दुकानों और घरों को मलबे में तब्दील करती रहीं। लोगों में ग़ुस्से का ज़्वार चढ़ता रहा। ट्रकों ने मलबा हटाया और विस्थापित परिवारों को यमुना नदी के पार पुनर्वास कॉलोनियों में फेंक दिया। अभियान में अकेला ब्रेक रविवार, 18 अप्रैल को आया जब नगर निगम के बुलडोज़रों ने एक दिन की छुट्टी ली। कुछ मुस्लिम निवासी जगमोहन से मिलने गए और उनसे मिन्नत की कि विस्थापितों को कई अलग-अलग कॉलोनियों में छितरा देने के बजाय उन्हें एक कॉलोनी में बसाया जाए। ये सुनते ही जगमोहन ग़ुस्से से फट पड़े, "आपको क्या हम इतने पागल लगते हैं कि एक पाकिस्तान को नष्ट करके ख़ुद दूसरा पाकिस्तान बनने देंगे?"[82] उधर नसबन्दी करने वाली टोलियों ने तो रविवार की छुट्टी भी नहीं ली। पुनर्वास कॉलोनियों में रिहाइश उपलब्ध करवाने के बदले में नसबन्दी की जा रही थी और इसके लिए अस्थायी मोबाइल केन्द्रों में ही ऑपरेशन हो रहे थे।[83] लेकिन 19 अप्रैल को सब्र का बाँध आख़िर टूट गया। इलाक़े के बाशिन्दों ने पूरी दोपहर नगर निगम के बुलडोज़रों और पुलिस के साथ सीधा संघर्ष किया। दोनों ओर से ख़ूब ईंट-पत्थर और गोलियाँ चलीं। शाम तक पुरानी दिल्ली का नज़ारा किसी संहारक युद्धक्षेत्र में बदल चुका था।

पुलिस की गोलीबारी के बाद भी कर्फ़्यू की आड़ में बुलडोज़रों के इंजन फिर से घूमने लगे, स्थानीय प्रतिरोध से बेपरवाह। और दिल्ली प्रशासन का रुख़साना के बचाव में खुलकर उतर आना जले पर नमक छिड़कने जैसा साबित हुआ। 19 अप्रैल को जारी एक प्रेस बयान में उप-राज्यपाल ने परिवार नियोजन कार्यक्रम में बाधा डालने पर उतारू तथाकथित 'निहित स्वार्थों' की कड़ी निंदा की और रुख़साना सुल्ताना के काम की भरपूर प्रशंसा की। यह "श्रीमती विद्याबेन शाह, अध्यक्ष, नई दिल्ली नगरपालिका परिषद और रुख़साना सुल्ताना साहिबा की अध्यक्षता में परिवार नियोजन पर बनी उत्प्रेरक समिति के अनथक प्रयासों के कारण ही सम्भव हुआ है कि 15,000 पुरुषों और महिलाओं ने स्वेच्छा से ख़ुद को गर्भ निरोधक उपाय अपनाने एवं अवांछित सन्तानों से हमेशा के लिए मुक्ति पाने के लिए पेश किया है।" इससे भी आगे 'दुजाना हाउस' ने अपनी स्थापना के बाद से केवल चार दिनों में तीन सौ से अधिक परिवार नियोजन के 'मामलों' का 'इलाज' कर दिया था।[84]

प्रतिरोध को गोलियों और प्रचंड हिंसा द्वारा बेरहमी से कुचल दिये जाने के बाद विजेता ने अगले दिन अपने विजय स्थल का दौरा किया।[85] उम्मीद के मुताबिक

डीआईजी भिंडर संजय के साथ आए। तुर्कमान गेट पर मलबे का निरीक्षण करते हुए मुश्किल से दस मिनट बिताने के बाद संजय अपने निवास पर वापस लौट आए। कुछ देर बाद दिन के समय वह इरविन अस्पताल गए। इस बार भी उनके साथ सदा वफ़ादार डीआईजी भिंडर मौजूद थे। वहाँ संजय ने घायल पुलिसकर्मियों को धन्यवाद किया और वहीं भर्ती पुलिस के हाथों घायल हुए नागरिकों को पूरी तरह नज़रअन्दाज़ करते हुए संजय घर लौट आए। अपना विक्टरी लैप पूरा कर लेने के बाद भिंडर अपने अपराध के निशान मिटाने में जुट गया। उनके नेतृत्व में गए पुलिस दल ने मजिस्ट्रेट से लिखित अनुमति के बिना गोलीबारी की थी जो अवैध था। उनके साथ गए मजिस्ट्रेट एन. सी. रे ने घटना के बाद अग्रिम आदेश पर हस्ताक्षर करने से यह कहते हुए इनकार कर दिया कि गोलीबारी के समय वे मौक़े पर मौजूद नहीं थे। तब उन्हें प्रधानमंत्री के आवास पर तलब किया गया, जहाँ संजय की उपस्थिति में भिंडर ने उन पर दबाव बनाया कि वह औपचारिक आदेश पर हस्ताक्षर कर दें। मरता क्या न करता, रे ने आख़िरकार दबाव में आकर कुछ दिनों बाद अग्रिम आदेश पर हस्ताक्षर कर दिये। डीआईजी भिंडर अपने अधिकार क्षेत्र से बाहर जाकर अवैध गोलीबारी का आदेश देने के आरोप से मुक्त हो गए। बेशक, बाद में भिंडर ने इस बात से इनकार किया कि वे उस दिन प्रधानमंत्री निवास पर ऐसी किसी बैठक में शामिल हुए थे। पर पुलिस लॉग में दर्ज उस वायरलेस सन्देश का उनके पास कोई स्पष्टीकरण नहीं था, जिसमें उन्हें उसी दिन प्रधानमंत्री आवास पर बुलाया गया था। जेएनयू से प्रबीर के अपहरण में अपने आचरण की तरह यहाँ भी भिंडर अपने कार्यकलापों को सन्दिग्ध वैधता के आवरण में छिपाने में कामयाब रहा था। ग़ैरक़ानूनी आचरण को ऐसे सन्दिग्ध तरीक़ों से वैध बना दिया जाना आपातकाल की शासनसत्ता का एक मौलिक मूल चरित्र दिखाता था।

इस बीच तुर्कमान गेट में तोड़फोड़ चलती रही। आधिकारिक रिपोर्टों के मुताबिक 13 से 27 अप्रैल के बीच कम-से-कम 120 पक्के (स्थायी) निर्माण ढहा दिये गए, जिससे 764 परिवारों और 199 व्यावसायिक प्रतिष्ठानों को सीधे हानि पहुँची। इसके बाद दिल्ली विकास प्राधिकरण ने जुलाई, 1976 में साफ़ किये गए क्षेत्र के लिए एक नई योजना पेश की, जिसमें 44 ऊपरी मंज़िल और दो-स्तरीय भूतल वाली एक विशाल वाणिज्यिक इमारत खड़ी करने का प्रस्ताव रखा गया। मुख्य नगर नियोजक ने इस योजना पर यह कहते हुए आपत्ति जताई कि इसमें तो शाहजहाँनाबाद का पहले से निर्धारित भू-उपयोग ही बदल दिया गया है। लेकिन केन्द्र सरकार ने उनकी आपत्ति को ख़ारिज करते हुए योजना पर मंजूरी की मोहर लगा दी।[86] पर उन लोगों का क्या, जिनकी दुकानें और घर धूल में मिला दिये गए? एक प्रत्यक्षदर्शी की उस समय गुप्त रूप से प्रसारित रिपोर्ट में इन विस्थापितों की दुर्दशा को 'शब्दों में बयाँ किये जाने से परे' बताया था :

> उन्हें ट्रकों में भरकर उनके ध्वस्त घरों से मीलों दूर ले जाया जाता है। वहाँ ख़ाली बियाबान जगहों पर बिना किसी सुविधा के उन्हें पटककर ट्रक लौट जाते हैं। ऐसी मरीचिका के बीच, जहाँ पीने का पानी तक उन्हें नसीब नहीं। अपनी रोज़गार की जगहों से मीलों दूर, उन्हें ऐसे क्षेत्रों में जबरन स्थानान्तरित कर दिया गया है, जहाँ किसी क़िस्म का वैकल्पिक रोज़गार भी उन्हें मयस्सर नहीं।[87]

लेकिन जगमोहन को अन्त तक कोई पछतावा नहीं हुआ। 1978 में छपी 'आइलैंड ऑफ़ ट्रुथ' नामक किताब में उन्होंने अपने ऊपर लगाए गए आरोपों में मौजूद 'झूठ' और 'अर्धसत्य' से जमकर लोहा लिया। उनके अनुसार तुर्कमान गेट पर फूटे विद्रोह का कारण नसबन्दी अभियान था और इसके असल अपराधी रुख़साना सुल्ताना और संजय के परिवार नियोजन कार्यक्रम को अतिउत्साह से ज़मीन पर उतारने में जुटे दिल्ली प्रशासन के अधिकारी थे। उन्होंने विध्वंस अभियान और विस्थापन को पूरी तरह से उचित और मास्टरप्लान के अनुसार बताया और कहा कि यह सब स्थानीय निवासियों की सहमति से किया गया था। इस शहरी योजनाकार और स्वघोषित कवि ने अपने बचाव में आख़िर में एक कविता प्रस्तुत की। उनकी लिखी 'दिल्ली—मेरी दिल्ली' (सच्चाई के गीत) इन पंक्तियों के साथ ख़त्म होती है :

*सच के गीत क्यों न गाएँ*
*और बोलें*
*मानव आस्था रूपी तुम्हारी इन झुग्गियों में*
*महान मस्तिष्क आते हैं और चले जाते हैं*
*पर तुम्हारी मलिन गलियाँ यूँ ही बनी रहती हैं*
*और तुम्हारी बदबूदार नालियाँ यूँ ही बहती हैं*[88]

## जैव-राजनीति

चर्चित हिन्दी-उर्दू अफ़सानानिगार राही मासूम रज़ा का लिखा उपन्यास 'कटरा बी आर्ज़ू' 1978 में प्रकाशित हुआ, जिसकी ज़मीन आपातकाल की थी।[89] पर उनके इस उपन्यास को कभी वैसी चर्चा या प्रसिद्धि नहीं मिली, जैसी रोहिंटन मिस्त्री के अंग्रेज़ी उपन्यास 'ए फ़ाइन बैलेंस' को मिली। लेकिन आपातकाल के दौरान लिखा गया और आपातकाल हटने के फ़ौरन बाद मार्च, 1977 में प्रकाशित हुए रज़ा के 'कटरा बी आर्ज़ू' में एक क़िस्म की तात्कालिकता का एहसास है। इसी में इसकी ख़ूबी और असफलता दोनों छिपी हैं। सच्ची घटनाओं से इसकी इतनी नज़दीकी दिखाई पड़ती है कि पाठक ख़ुद यह सवाल पूछने पर मजबूर हो जाता है कि यह

कल्पना है या हक़ीक़त। उपन्यास इलाहाबाद के एक निम्नवर्गीय इलाक़े 'कटरा मीर बुलाकी' की कथा है। एक दिन वहाँ का एक निवासी अपनी बस्ती के लोगों की बहुरंगी 'आरज़ुओं' को दुनिया की नज़रों में लाने के लिए साइनबोर्ड पर ये नया नाम उकेर देता है। फिर क्या था, ये नया नाम अख़बार में छप जाता है। जब अधिकारियों की इस ओर निगाह जाती है, वे फ़ौरन इसे सरकार पलटने की एक विध्वंसक साजिश की तरह देखते हैं। आगे क्या सब कुछ होने वाला है, उसका पता यहीं से मिलने लगता है। नाम बदलने की इस अजीबोग़रीब कथा के साथ रज़ा उपन्यास का असल विषय पाठक के सामने खोल देते हैं। उपन्यास दरअसल आपातकाल के दौरान की गई उस सामुदायिक रिहाइश के विनाश की कथा है, जहाँ ग़रीब हिन्दू और मुसलमान साथ रहा करते थे।

दरअसल, यह विषय ही ऐसा है कि ये उपन्यास कई हिस्सों में किसी साहित्यिक रचना से ज़्यादा एक राजनीतिक तक़रीर लगता है। पढ़ते हुए कई जगह ऐसा भी लगता है कि आपातकाल के दौर की बर्बरताओं के तमाम आयामों जैसे—ध्वंस, नसबन्दी, संवैधानिक अधिकारों का दमन, पुलिस की बर्बरता और संजय की शह पर धौंस दिखाते बेईमान और भ्रष्ट राजनेता, इन सभी को कथा में शामिल करने की कोशिश ने उसकी स्वाभाविकता छीन ली है। यहाँ तक कि कहानी में एक किरदार ऐसा भी है जिसका व्यवहार और वेशभूषा बिलकुल रुख़साना सुल्ताना की तरह दिखाई गई है। कहना होगा कि रज़ा इस उपन्यास के राजनीतिक पक्ष को बेधड़क सामने रखते हैं। उपन्यास में कई जगह वे पाठक को सीधे सम्बोधित करते हैं और 1975 से पहले की घटनाओं, इन्दिरा की राजनीतिक हताशा के दौर और उनके शासन की पहले की गई क्रूरताओं के बारे में बताते हैं। हालाँकि कहानी को आपातकाल से पहले और बाद में बाँटकर सुनाते हुए उपन्यास आपातकाल के बाद बनी इस समझ को पुख़्ता करता है कि 1975 से 1977 का समय व्यापक 'ज़्यादतियों' और 'कदाचार' का समय था। ऐसा नहीं है कि 1975 से पहले भी कटरा के ग़रीबों के लिए ज़िन्दगी आसान थी, लेकिन तब उनके हालात और उनके संघर्ष सामान्य हिन्दुस्तानी ग़रीब के जीवन संघर्ष हैं। पर एक बार आपातकाल लगने के बाद उनकी ज़िन्दगियाँ नाटकीय रूप से बदल जाती हैं।

कहानी कुछ यूँ है कि एक स्थानीय राजनेता की महत्त्वाकांक्षाओं की पूर्ति हेतु एक मंच की ज़रूरत है और इसके लिए जिस यूनियन का गठन होता है, बस्ती के नेकदिल बुज़ुर्ग मुस्लिम ऑटो मैकेनिक शम्सू मियाँ को बड़ी चालाकी से लालच दिखाकर उसमें खींच लिया जाता है। पर इस सबके बीच शम्सू मियाँ का बस्ती के ही एक अन्य हिन्दू नौजवान मैकेनिक, जिसका कहानी में बहुत ही समीचीन 'राष्ट्र' का पर्याय नाम—'देश' रखा गया है, के साथ दशकों से चला आ रहा परिवार जितना गाढ़ा रिश्ता टूट रहा है। उधर शम्सू मियाँ की बेटी मेहनाज़ आपातकाल के

रूप में आए इस अवसर को मुफ़लिसी भरे जीवन से सदा के लिए बाहर निकलने के मौक़े के बतौर देख रही है। एक अधेड़ उम्र के, सन्तान पैदा कर पाने में अक्षम अमीर इनसान से शादी कर मेहनाज़ एकदम रुख़साना जैसी दिखनेवाली शख़्सियत में बदल जाती है। मेहनाज़ अपना बुर्का उतार देती है और फ़ैशनेबल कपड़े, परफ़्यूम, ज़ेवरात और बड़े फ्रेम वाले स्टाइलिश धूप के चश्मे उसकी पहचान बन जाते हैं। वह नसबन्दी अभियान की प्रचारक में बदल जाती है। उधर मेहनाज़ की सत्ता से नज़दीकी और साथ ही उसकी समृद्धि बढ़ती चली जाती है, इधर उसकी बहन का मंगेतर अभियान के एक छापे में पकड़ा जाता है और उसकी जबरन नसबन्दी कर दी जाती है।

इस बीच, देश को पुलिस उठा लेती है और एक पुराने कांग्रेसी नेता के मार्क्सवादी पोते, इनका भी बहुत ही मानीखेज़ 'उम्मीद' का पर्याय नाम—'आशाराम' रखा गया है, के ठिकाने का खुलासा न करने पर उसे क्रूर यातनाएँ देती है। वह शारीरिक और मानसिक रूप से अपंग होकर हिरासत से वापस लौटता है बिलकुल यंत्रवत् नारे लगाता हुआ, 'इन्दिरा गांधी अमर रहें' के। उसकी पत्नी बिल्लो, जो कपड़े धोने का धंधा करती है और अपने सपनों का घर बनाने के लिए पाई-पाई कर रुपया जोड़ रही है, को अवैध निर्माण गिराने का नोटिस भेज दिया जाता है। जब वह ख़ुद को आवंटित हुए घर का नोटिस में लिखा पता यानी सड़क, प्लॉट और मकान नम्बर तलाश करती पुनर्वास कॉलोनी पहुँचती है, तो यह एक क्रूर और भद्दी विडम्बना में बदल जाता है। वहाँ कुछ भी नहीं है—न घर, न सड़क, न कोई तय भूखंड। अन्त तक उसके हिस्से हताशा ही आती है लेकिन बिल्लो का प्रतिरोध बुलन्द रहता है। बिना किसी प्रतिरोध के घर छोड़कर चले जाने के बजाय वह वहीं अपनी नवजात बेटी के साथ बुलडोज़र के नीचे कुचल दिये जाने का विकल्प चुनती है। इस बीच आशाराम माफ़ी माँग लेता है और अपना गला बचाने के लिए शासन का वफ़ादार बन जाता है।

आपातकाल ने उस कटरा में जीवित एक भरे-पूरे सामुदायिक जीवन को नष्ट कर दिया और आपसी रिश्तों को उथल-पुथल कर दिया। शम्सू मियाँ, मेहनाज़ और आख़िर में आशाराम जैसे सभी किरदारों को ज़िन्दा रहने और दुनिया में आगे बढ़ने के लिए नई सत्ता के साथ समझौता करने के लिए मजबूर होना पड़ा। शासनसत्ता के लिए कटरा के निवासी महज़ गिनती भर हैं। वह उनके अधिकार छीनकर उन्हें उनके सामाजिक-सांस्कृतिक अस्तित्व से वंचित कर देती है। वैध सत्ता अहम से भरे राजनेताओं के इशारे पर उन्हें प्रसन्न करने के लिए अवैध कार्य करती है। यह सत्ता कई नागरिकों को भी राज्य के हाथों के खिलौनों में बदल देती है, जिन्हें राज्य हथियार की तरह इस्तेमाल करता है। आपातकाल सिर्फ़ अनाचार नहीं है; यह ताक़त का इस्तेमाल करने की एक ऐसी तरतीब का विकास है जिसके

मूल में समर्पण और मिलीभगत हैं। भले ही 'कटरा बी आर्ज़ू' काल्पनिक कथा हो, लेकिन इसमें निरूपित हुई सत्ता और उस शासनसत्ता ने भारत के राजनीतिक मानचित्र को कैसे बलपूर्वक भीतर से खोखला कर दिया इसका चित्रण, काल्पनिक नहीं था।

अगर आप उम्दा मानवविज्ञानी एम्मा टारलो के लिखे आपातकाल के बाद की दिल्ली के पुनर्वास कॉलोनियों के मार्मिक विवरण पढ़ें तो उनमें भी बड़े सटीक ढंग से यह उभरकर आता है कि कैसे शासनसत्ता ने ज़िन्दा भर रहने की शर्त पर ग़रीब मुफ़लिस नागरिकों को नसबन्दी और पुनर्वास कार्यक्रमों की ओर ढकेला।[70] वे अपने विवरणों में तुर्कमान गेट त्रासदी पर वापस लौटती हैं। वे जानती हैं कि कैसे यह अकेली घटना आपातकाल के बाद के विमर्श और लोकप्रिय जनस्मृति का बड़ा हिस्सा घेरती है। इसमें जबरन नसबन्दी है, अवैध बताकर निर्माणों को गिराया जाना है और संजय की अतिमानवीय और दबंग उपस्थिति है। यह घटना बहुत साफ़ तौर पर आपातकाल की भ्रष्ट शासनसत्ता का बहुपक्षीय अतिवादी चरित्र प्रतिनिधि तौर पर पेश करती है। लेकिन टारलो इसे एक वृहत्तर ऐतिहासिक घटनाक्रम की कड़ी के बतौर प्रस्तुत करती हैं और इस मान्यता को कुछ उलझाकर चुनौती देती हैं कि आपातकाल का अनाचार किसी क़िस्म का 'अचानक' हुआ विस्फोट था। यूँ उनका विवरण स्पष्ट रूप से यह प्रदर्शित करता है कि कैसे विध्वंस की कार्रवाइयों, नसबन्दी और विस्थापितों के पुनर्वास ने भविष्य में अकल्पनीय दुखों को जन्म दिया। लेकिन यह विवरण यह भी दिखाता है कि कैसे वंचित ग़रीबों ने ज़िन्दा रहने और जीवन जीने के लिए राज्य की नई व्यवस्थाओं के अनुरूप ख़ुद को ढाल लिया। वे ऐसे असहाय शिकार नहीं बने, जिनके पास ज़िन्दा बचकर निकल जाने की कोई युक्ति नहीं थी। बेशक उनके कार्यों में कुछ भी स्वैच्छिक नहीं था, क्योंकि शासनसत्ता ने उन्हें अपनी इच्छा मनवाने के लिए मजबूर किया और कठोर दंड का भय दिखाया। लेकिन इस देश के ग़रीब मुफ़लिसों के लिए राज्य सत्ता का यह रूप कोई नया नहीं था।

यमुनापार बसी वेलकम पुनर्वास कॉलोनी के बारे में लिखते हुए टारलो ने बताया है कि ये कॉलोनी तो 1960 के दशक से ही मौजूद थी। आपातकाल से पहले हुए नगर सफ़ाई अभियानों के चलते उजाड़े गए लोग यहाँ पहले से बसाये जा रहे थे। आपातकाल के समय यहाँ नये विस्थापित आए, जिनमें से कई तुर्कमान गेट इलाक़े से थे। ज़्यादातर आवंटन ऐसे लोगों को हुए थे जो नसबन्दी का प्रमाणपत्र साथ लेकर आए थे। लेकिन कई इसके बिना भी थे। और जिनके पास ऐसे प्रमाणपत्र थे, वे सारे भी आपातकाल के समय के हों ऐसा ज़रूरी नहीं था। नसबन्दी का हवाला देकर रिहाइश का आवंटन लेनेवालों में भी मामला मिला-जुला था। इनमें कुछ तथाकथित 'स्वेच्छा से' नसबन्दी करवाने वाले थे, जबकि कई दूसरों ने ख़ुद

मोटिवेटर्स होने का दावा किया था। टारलो के विवरण से जो साफ़ तौर पर उभरता है वह ये है कि आपातकाल भले ही बहुत क्रूर था, लेकिन राज्य की दमनकारी शक्ति से ग़रीबों का पाला 1975 से पहले भी पड़ता रहा है। साथ ही वे इस महत्त्वपूर्ण तथ्य की ओर इशारा करती हैं कि कैसे आपातकाल के कथित अवैध निर्माण ध्वंस और नसबन्दी अभियानों ने इस मुल्क के ग़रीब वंचितों को ज़िन्दा रहने के लिए चन्द फ़ायदे कमा लेने की आस में जबरन शासनसत्ता के साथ एक व्यावहारिक समझौता कर लेने की ओर धकेला।[91]

शाह आयोग की रिपोर्ट और आपातकाल के बाद हुए विमर्श से बनी समझ के विपरीत, राज्य सत्ता की मनमानी का शासन की एक मान्य विधि के तौर पर पहली बार आविष्कार आपातकाल में नहीं किया गया था। और इसी वजह से यह सब संजय का किया-धरा कहकर ख़ारिज नहीं किया जा सकता। जैसा जगमोहन ने एक जगह कहा था, संजय ने तो सिर्फ़ गाड़ी को 'टॉप गियर' में चलाया। यह सब करने के लिए नीतिगत और बुनियादी ढाँचा तो पहले से ही मौजूद था। हालाँकि जगमोहन ने ऐसा ख़ुद को बचाने के लिए बोला था, लेकिन उनके इस बयान में कुछ सच्चाई है। जैसा कि हमने देखा, दो दशकों से भी अधिक समय से चली आ रही आधुनिकतावादी 'सोशल इंजीनियरिंग' ने ग़रीब नागरिक की काया और उसके रिहाइश के स्थानों को जबरन लादे गए असाधारण क़ानूनों और नीतियों की ज़द में ला खड़ा किया था। ग़रीबी मिटाने के लिए जिस आमूलचूल सामाजिक और आर्थिक परिवर्तन की लम्बी और राजनीतिक रूप से चुनौतीपूर्ण राह पर चलने की ज़रूरत थी, उसे अपनाने के बजाय उत्तर-औपनिवेशिक राज्य ने जनसंख्या नियंत्रण और शहरी शुद्धिकरण के शॉर्टकट तरीक़ों को अपना लिया था। शक्तिशाली अन्तरराष्ट्रीय संस्थानों और फ़ोर्ड फ़ाउंडेशन, रॉकफ़ेलर फ़ाउंडेशन जैसे समृद्ध संगठनों ने इस कोशिश में भारत का मार्गदर्शन किया। लेकिन यह सब करके भी राज्य अपने उद्देश्य हासिल नहीं कर पाया। यहाँ तक कि जबरन लागू करवाए जाने पर भी परिवार नियोजन और झुग्गी-झोंपड़ी उन्मूलन परियोजनाओं से न तो ग़रीबी उन्मूलन का लक्ष्य हासिल हो पाया और न ही सत्ता द्वारा चाहे गए अनुशासित नागरिक सामने आए।

विफलता की इसी ज़मीन पर आपातकाल को वैश्विक और दुनिया के आभिजात्य द्वारा कल्पित और संचालित आधुनिकीकरण की इस परियोजना को बचाने के अन्तिम असाधारण प्रयास के रूप में पढ़ा जा सकता है। नसबन्दी और झुग्गी-झोंपड़ी को ध्वस्त करना इसकी सबसे प्रमुख अभिव्यक्तियाँ थीं, जिन्हें चाकू और बुलडोज़र के ज़ोर से लागू किया जा रहा था। इन्होंने मिलकर जैव-राजनीति की एक ऐसी विधा बनाई जिसने ज़िन्दगी को बस ज़िन्दा रहने भर में बदल दिया। यह जैव-राजनीति सामान्य न्यायिक-राजनीतिक व्यवस्था के दायरे से परे संचालित

हो रही थी और इसमें इनसानी काया अपने मानवीय अधिकारों से भी वंचित थी। जैसे किसी इनसानी काया को उसके प्राकृतिक अधिवास के बाहर फेंक दिया गया हो। जैसे 'कटरा बी आर्ज़ू' के देश को फेंक दिया गया था—निहत्था, सम्प्रभु राज्य की हिंसा का सामना करने।[92]

जनसंख्या नियंत्रण और झुग्गी-झोंपड़ियों को ध्वस्त करना राज्य की इस सम्प्रभु हिंसा की ऐसी अभिव्यक्तियाँ थीं जो आपातकाल से पूर्व भी मौजूद थीं। 1975 में आपातकाल लागू होने के साथ इन्हें इस पैमाने पर बढ़ाया गया कि यह जबरन हिंसा की कार्रवाइयाँ राज्य के सामान्य व्यवहार में बदल गईं। शासन ने इसे ऐसे लागू किया जैसे कि यही क़ानून हो। संवैधानिक अधिकारों और न्यायिक जवाबदेही के निलम्बन ने संजय के अभियानों को क़ानूनी जामा पहनाकर प्रस्तुत किये जाने का मार्ग प्रशस्त किया। उनकी संविधानेतर सत्ता के साये में राज्य संस्था ने नसबन्दी के मनमाने कोटे निर्धारित किये और इस ओर लोगों को प्रोत्साहित करने तथा नसबन्दी से बचने वालों को हतोत्साहित करने के लिए क़ानूनी दंड विधान का मनमाना इस्तेमाल किया। राज्य सरकारों ने इस मनमाने कोटे को पूरा करने के लिए न केवल स्वास्थ्य कर्मचारियों की ड्यूटी लगाई, बल्कि पुलिस बल सहित पूरे प्रशासन को मोर्चे पर तैनात कर दिया गया। राज्य जो मनमानी पहले से करता आया था, उसे अब वृहत्तर आकार देकर सामान्य व्यवस्था बना दिया गया था। और जिसका अन्देशा था, राज्य की इस जैव-राजनीति का प्रमुख निशाना बने वे ग़रीब वंचित लोग, जिनकी काया को उनके अधिकारों से वंचित कर व्यवस्था ने पहले ही निष्कासित कर दिया था। राज्य संस्था ने अपने कर्मचारियों जैसे विद्यालय शिक्षकों को शासनसत्ता के एजेंटों में बदल दिया था। उन्हें मजबूर किया गया कि वे बेघरों, भिखारियों को इकट्ठा करें, जिससे नसबन्दी और शहर को 'सुन्दर बनाने' के अभियानों को सफलता मिले। शहर की स्वच्छता और शुद्धीकरण के नाम पर घरों को ध्वस्त कर दिया गया और ग़रीबों को पुनर्वास कॉलोनियों में पटक दिया गया।

भिंडर, जगमोहन, टम्टा और चावला जैसे सरकारी अधिकारी और रुख़साना (और उनकी औपन्यासिक प्रतिबिम्ब मेहनाज़) जैसी सरकारी व्यवस्था से बाहर खड़ी महत्त्वाकांक्षी सोशलाइट नसबन्दी और विध्वंस अभियानों को क़ानून के दायरे से बाहर जाकर लागू करवा रहे थे। उनके लिए पुरानी दिल्ली में दशकों से रहते आए वहाँ के स्थानीय बाशिन्दे नागरिक नहीं, केवल कोरी काया भर थे। तमाम मानवीय अधिकारों से महरूम ऐसी इनसानी काया, जिनका न तो अपनी रिहाइश पर कोई दावा था न अपनी शख़्सियत पर। मज़लूम इसके ख़िलाफ़ लड़े, लेकिन ज़िन्दा बचे रहने और किसी तरह गुज़ारा करने की ख़ातिर अन्त में उन्हें भी व्यवस्था के आगे घुटने टेकने पड़े। नसबन्दी अभियान और विध्वंस अभियान शासन के आततायी चेहरे की प्रकट अभिव्यक्तियाँ थीं। सत्ता ने एक ऐसी विधि

ईज़ाद की, जिसने तमाम क़ानूनी अपवादों और संविधानेतर सत्ता को सामान्य प्रक्रिया बना दिया। राजनीति, क़ानून, विचार और व्यक्तिगत महत्त्वाकांक्षाओं के बीच की रेखाएँ धुँधला गईं। इस असाधारण सत्ता ने राज्य संस्था और समाज के मध्य सम्बन्धों को नये सिरे से परिभाषित किया और ग़रीब मज़लूम को समाज के आभिजात्य द्वारा खड़ी की गई इस आधुनिकीकरण की नवनिर्मित परियोजना के आगे समर्पण को मजबूर कर दिया।

8

# सलाखों के पीछे आज़ादी

प्रबीर पुरकायस्थ उन हज़ारों आम नागरिकों, कार्यकर्ताओं और राजनीतिक नेताओं में से एक थे जिन्हें आपातकाल के दौरान जेल की सलाखों के पीछे डाल दिया गया था। जेल में उन्होंने एक पूरा साल बिताया, जिसमें उनके पहले छह महीने दिल्ली स्थित तिहाड़ जेल में और बाक़ी समय आगरा के केन्द्रीय कारागार में बीता। तिहाड़ जेल में बिताए वक़्त के दौरान उनकी मंगेतर अशोका लता जैन, जेएनयू के उनके दोस्त और उनके माता-पिता हर हफ़्ते उनसे मिलने आया करते और अपने साथ भोजन, किताबें और बाहर की ख़बरें लाते। प्रबीर इन मुलाक़ातों के इन्तज़ार में रहा करते। हालाँकि इन परिस्थितियों में मिलना आसान नहीं था, न तो प्रबीर के लिए और न ही मिलने आने वालों के लिए। जेल के भीतर आगन्तुकों के लिए निर्धारित एक जर्जर हॉल में बेंचों और कुर्सियों पर बैठे बातचीत में अक्सर उनके अनिश्चित भविष्य को लेकर आशंकाएँ फ़िज़ा में मँडराती रहतीं। उनकी माँ कई बार व्यथित हो जातीं, और अक्सर रोती हुई बाहर निकलतीं। प्रबीर ने जेल से रिहा होने को लेकर कोई अतिरिक्त कोशिशें भी नहीं कीं, जबकि वे यह जानते थे कि उनकी गिरफ़्तारी पहचान में ग़फ़लत का मामला थी। उनकी पार्टी सीपीआई (एम) ने यह मान लिया था कि इन्दिरा का एकदलीय राज्य अब स्थायी व्यवस्था है और आपातकाल से पहले के राजनीतिक परिदृश्य की वापसी की सम्भावना बहुत कम है। ऐसे में सामने दिखाई दे रही परिस्थितियों के मद्देनज़र जेल से बाहर निकलने की उम्मीद करना अधिक निराशा को जन्म देनेवाला ही साबित होता। उम्मीद बाँधने पर इनसान टूटता भी जल्दी है। उन्होंने ऐसे क़ैदियों के बारे में सुना था जिन्होंने जेल से बाहर निकलने की छटपटाहट में माफ़ी माँगी और आपातकाल की प्रशंसा में पत्र लिखे।

जेल से बाहर निकलने के निराशा की गर्त में ढकेलने वाले असम्भव सपने देखने के बजाय प्रबीर ने जेल के भीतर ही अपनी दिनचर्या पर ध्यान केन्द्रित किया। तिहाड़ जेल डॉरमेट्री के दूसरे क़ैदियों के साथ उनकी दोस्तियाँ बन गईं,

इसने भी प्रबीर के जेल में बिताए दिनों को सह्य बनाया। हालाँकि जेल के भीतर क़ैद लोगों में बड़ी संख्या नानाजी देशमुख और अरुण जेटली जैसे जनसंघ और आरएसएस सदस्यों की थी, लेकिन राजनीतिक मतभेद यहाँ पनपी साझेदारियों के आड़े नहीं आए। वैचारिक मतभेद रूपी बाधाएँ दूर हो गई थीं। यहाँ सभी एक ही नाव के सवार थे। राजनीतिक चर्चाओं में काफ़ी समय बीतता। अपेक्षाओं के उलट, प्रबीर ने महसूस किया कि जेल के अन्दर काफ़ी आज़ादी है। जेल से बाहर जहाँ राजनीतिक असहमतियों की क़ीमत चुकानी पड़ती है, वहीं जेल के भीतर आपके साहस की कोई परीक्षा नहीं लेता। आप पूरी आज़ादी से यहाँ अपनी बात रख सकते हैं। प्रबीर ने ऐसा ही किया। वे अपने साथी क़ैदियों के साथ ख़ूब विचार-विमर्श और राजनीतिक बहसें किया करते। बाक़ी समय जो बचता, उसमें वे क़ैद की बोरियत और अकेलेपन को दूर करने के लिए किताबें पढ़ा करते। प्रबीर हमेशा से एक पढ़ाकू इनसान रहे थे। उन्होंने मार्क्सवादी क्लासिक्स को दोबारा पढ़ा। जब उन्हें तिहाड़ से आगरा स्थानान्तरित किया गया तो मार्क्स उनके तनहाई से भरे दिनों के आश्वस्ति देनेवाले साथी बन गए। एक दालान के किनारे बनी दो तनहा कोठरियों में से एक में क़ैद प्रबीर का एकमात्र साथी बग़ल की कोठरी में क़ैद दूसरा क़ैदी था। दिन के समय उन्हें बाड़ेबन्दी से घिरे दालान में घूमने की इजाज़त मिलती, लेकिन रात में वे तनहा कोठरियों में क़ैद कर दिये जाते। अशोका भी महीने में केवल एक बार उनसे मिलने वहाँ आ सकती थीं। इनसानी उपस्थिति के नाम पर बस वही अकेला साथी क़ैदी। आगरा जेल ने उनकी सहनशीलता का ख़ूब इम्तिहान लिया। ऐसे में जिस चीज़ ने उन्हें सुदृढ़ बनाए रखा वह थी उनकी राजनीतिक प्रतिबद्धता, जिसे विचारों की सान पर मार्क्सवादी चिन्तन की धार से और मज़बूती मिली।

यूँ देखें तो प्रबीर ऐसे पहले इनसान नहीं थे जिन्होंने जेल प्रवास में हासिल समय का उपयोग अध्ययन और चिन्तन में किया। सम्पूर्ण आधुनिक इतिहास को देख जाइए, क़ैद में बिताए समय ने जीवन और राजनीति की आपाधापी से इतर लोगों को आत्मनिरीक्षण और चिन्तन-मनन का अवकाश उपलब्ध करवाया। एंटोनियो ग्राम्शी ने 'प्रिज़न नोटबुक्स' में इतालवी इतिहास पर अपने विचार साझा किये और पूँजीवादी समाजों में एकाधिकारवादी सत्ता का परीक्षण किया। भारत में नेहरू ने ब्रिटिश जेलों में रहते हुए अपनी बेटी इन्दिरा के लिए एक शैक्षिक पाठ के रूप में 'विश्व इतिहास की झलक' लिखी और 'भारत की खोज' को भी जेल में रहते हुए ही लिखा। क्रान्तिकारी भगत सिंह ने कारावास के समय का उपयोग स्वतंत्रता की सरहदों के बारे में तफ़सील से विचार के लिए किया। 1930 और 1940 के दशक के हिन्दी उपन्यासकारों ने न सिर्फ़ राजनीति जैसे सार्वजनिक क्षेत्र में, बल्कि प्रेम और अन्तरंग सम्बन्धों के निजी पारिवारिक दायरे में भी आज़ादी के मूल्य की पहचान करने के लिए कारावास के अनुभवों का उपयोग किया।[1] इस अध्याय में हम यह

परखने की कोशिश करेंगे कि जेल में क़ैद राजनीतिक नेताओं ने अपनी स्वतंत्रता के हरण का सामना कैसे किया? प्रश्न है कि क्या सलाखों के पीछे क़ैद कर दिये जाने ने स्वतंत्रता के प्रति उनकी प्रतिबद्धता को और समृद्ध या मज़बूत किया? क्या जेल में बिताए समय ने उनमें लोकतंत्र के प्रति गहन समझ पैदा की? क्या समता के मूल्य के प्रति उनमें वैसा समर्पण पैदा किया जो आंबेडकर के मन में था? या स्वतंत्रता पर उनके जज़्बात वहीं तक सीमित रहे, जहाँ से प्रतिस्पर्धी दलीय राजनीति के द्वार उनके लिए खुले? ये प्रश्न न केवल आपातकाल के दौरान जेल के अनुभवों को समझने के लिहाज़ से महत्त्वपूर्ण हैं, बल्कि इनके ज़रिये आपातकाल के बाद जो कुछ घटा, उसका भी पता मिलता है।

## जेपी : एक दुविधाग्रस्त क्रान्तिकारी

> जिधर देखता हूँ, मेरी सारी दुनिया टूटकर बिखर रही है। और मुझे डर है कि मैं अपने जीवनकाल में इसे दोबारा बनता नहीं देख पाऊँगा। शायद मेरी संततियाँ उसे देख सकें। शायद।[2]

यह निराशा में डूबे शब्द जेपी के हैं जो उन्होंने 21 जुलाई, 1975 को अपनी जेल डायरी में गहरे विषाद के साथ लिखे। 26 जून, 1975 की रात कई प्रमुख विपक्षी नेताओं के साथ उन्हें भी गिरफ़्तार कर लिया गया था। 'गांधी शान्ति प्रतिष्ठान' दिल्ली में जहाँ वे ठहरे हुए थे, पुलिस अधिकारी पहुँचे और उन्हें नींद से जगाकर हिरासत में ले लिया गया। जेपी को मुख्यमंत्री बंसीलाल के राज्य हरियाणा में गुड़गाँव (अब गुरुग्राम) स्थित एक पर्यटक लॉज में ले जाया गया और 1 जुलाई को चंडीगढ़ ले जाने से पहले तक उन्हें वहीं रखा गया। इस 73 वर्षीय जर्जर स्वास्थ्य वाले 'सम्पूर्ण क्रान्ति' के मसीहा को 'पोस्टग्रेजुएट इंस्टीट्यूट ऑफ़ मेडिकल रिसर्च एंड एजुकेशन' (पीजीआई), चंडीगढ़ के परिसर में रखा जाना था। यह फ़ैसला उनकी क़ैद को सुरक्षित बनाने और उनकी चिकित्सकीय देखभाल, दोनों के मद्देनज़र किया गया था।

चंडीगढ़ के अधिकारी सकते में आ गए। एक नेता के रूप में जेपी के ऊँचे क़द, देश के स्वाधीनता संघर्ष में उनके विशिष्ट योगदान और नेहरू के साथ उनके दीर्घ क़रीबी सम्बन्धों के बारे में हर कोई जानता था। भले इन्दिरा के साथ उनके रिश्ते ख़राब हो गए हों लेकिन वे उन्हें बचपन से जानते थे। ऐसे सम्मानित नेता को चिकित्सकीय चुनौतियों का सामना करते हुए हिरासत में रखना जोख़िम से ख़ाली नहीं था। वरिष्ठ अधिकारियों ने अपने इस प्रतिष्ठित क़ैदी के लिए अस्पताल में एक वातानुकूलित कमरे की व्यवस्था की। जेपी की उम्र और ख़राब स्वास्थ्य को

देखते हुए एक 'क्राइसिस ग्रुप' का गठन किया गया, जिसने 'ऑपरेशन मेडिसिन' नामक इस 'डेथ ड्रिल' पर विचार करना शुरू किया कि ख़ुदा-न-ख़्वास्ता अगर हिरासत में उनकी मृत्यु हो जाती है तो ऐसी स्थिति में क्या किया जाएगा। जेपी के कारावास की व्यवस्था देखनेवाले चंडीगढ़ के ज़िला मजिस्ट्रेट एम. जी. देवसहायम को बंसीलाल का सन्देश प्राप्त हुआ, "ये साला अपने आपको हीरो समझता है। उसको वहीं पड़े रहने दो। किसी से मिलने या टेलीफ़ोन करने नहीं देना।"[3] इसी क़िस्म की क्रूर अश्लीलता हरियाणा के इस बाहुबली की पहचान थी। इसी के दम पर वे देश के राजनीतिक मानचित्र में आगे बढ़े, फले-फूले। भारतीय राजनीति में किसी भी अन्य की तुलना में अधिक दबंगई और क्रूरता के साथ अपने राजनीतिक विरोधियों को परास्त करने के लिए बंसीलाल ने सत्ता का इस्तेमाल किया।

वह 1 जुलाई का दिन था जब शुभ्र सफ़ेद कपड़ों में कृशकाय जेपी एक विमान की सीढ़ियों से उतर उस ओर बढ़ चले, जिधर उन्हें बंधक बनाने के लिए लोग इन्तज़ार में खड़े थे। हवाईपट्टी पर इन्तज़ार कर रहे उस समूह में देवसहायम भी शामिल थे। जेलर की भूमिका ओढ़े खड़े देवसहायम ने बंसीलाल के निर्देशों का उल्लंघन करते हुए जेपी के संरक्षक की ज़िम्मेदारी काँधे पर उठा ली और उनके साथ सदा शालीनता से भरा मानवीय व्यवहार किया। ख़ुद जेपी ने भी उनके इस व्यवहार को सराहा। जेपी की चंडीगढ़ में चार महीने की हिरासत का देवसहायम द्वारा लिखित विवरण कारावास की अवधि में उनकी मानसिक बुनावट का बड़ा दुर्लभ चित्र खींचता है। जेपी जब पीजीआई चंडीगढ़ पहुँचे, वे इन्दिरा की हरकतों से हैरान थे। क़ैद के दौरान उन्हें लगातार यहाँ से वहाँ भेजा जाना—गुड़गाँव के गेस्टहाउस से दिल्ली में अखिल भारतीय आयुर्विज्ञान संस्थान, फिर वहाँ से पीजीआई चंडीगढ़ और वहाँ भी उन्हें एक कमरे से दूसरे कमरे में ले जाया जाता रहा—इस सबने उन्हें परेशान कर दिया और उन्होंने ख़ुद को भाग्य के हवाले छोड़ दिया। "मैं 73 वर्ष का हूँ। पता नहीं, मैं कब तक जीवित रहूँगा। मुझे नहीं पता कि क़ैद में मेरा जीवन किस काम का होगा। ऐसा लगता है जैसे सब कुछ ख़त्म हो गया है।"[4]

यह उस व्यक्ति का कथन तो नहीं लगता, जिसने उम्र के पाँच दशक तक साथी रहीं अपनी पत्नी प्रभावती की मृत्यु के बाद 1973 के बिहार आन्दोलन के ज़रिये जीवन का नया अर्थ पाया था। जैसा उन्होंने अपनी डायरी में लिखा, "प्रभा के चले जाने के बाद मेरी जीवन में रुचि ख़त्म हो गई थी। यदि मुझमें सार्वजनिक कार्यों के प्रति विशेष नज़रिया न विकसित हुआ होता तो मैं ज़रूर हिमालय जाकर संन्यास ले लेता। मैं भीतर ही भीतर रोया करता, लेकिन बाहर मैं रोज़मर्रा की दिनचर्या को जीता चला गया।"[5] लेकिन इसके ठीक एक साल बाद पटना में, बिहार के छात्रों का जोशीला उत्साह उधार लेकर जेपी एक विशाल भीड़ के सामने आवाज़ में गरज भरकर कवि दिनकर की कविताएँ सुना रहे थे। और अब, जेल में क़ैद जेपी निराशा

की गर्त में डूब रहे थे। "यह महिला देश के साथ क्या कर रही है? वो तो मेरी बेटी जैसी थी। उसके पिता और दादा दोनों मेरे आत्मीय थे। पंडित जी (नेहरू) ने तो लोकतांत्रिक संस्थाओं को सुरक्षित रखने के लिए अपना जीवन दे दिया होता।" जेपी अचरज में थे कि देश में ऐसी शान्ति क्यों पसरी है। इतनी गिरफ़्तारियों पर कोई कुछ बोल क्यों नहीं रहा?[6]

जेपी ने अपनी जेल डायरी में लिखा कि वे तो बस 'लोकतंत्र के दायरे को व्यापक बनाने' की कोशिश कर रहे थे। उनकी कोशिश थी कि लोगों को लोकतांत्रिक प्रक्रिया में सीधे शामिल किया जाए। नागरिकों और उनके निर्वाचित प्रतिनिधियों के बीच एक ज़्यादा घनिष्ठ और जवाबदेह सम्बन्ध विकसित हो सके। "सार रूप में यही था जिसे मैं बिहार आन्दोलन के शोर और कोलाहल के बीच हासिल करना चाहता था।" लेकिन इसका ख़ात्मा लोकतंत्र की मृत्यु में बदल गया। "आख़िर मेरी गणना कहाँ ग़लत हो गई? (मैं 'हमारी' गणना कहने वाला था, लेकिन यह ग़लत होगा। मुझे इसकी सम्पूर्ण, समूची ज़िम्मेदारी उठानी होगी)।" उन्होंने मान रखा था कि इन्दिरा उनके आन्दोलन को कुचलने के लिए सभी 'सामान्य और असामान्य क़ानूनों' का इस्तेमाल करेंगी, लेकिन उन्होंने सपने में भी नहीं सोचा था कि वह अधिनायकवाद के रास्ते चली जाएँगी।

जेपी हताश थे, लेकिन उनके भीतर प्रतिरोध ज़िन्दा था। हालाँकि जेल में उनके लेखन में एक अपराधबोध की भावना को उभरते स्पष्ट देखा जा सकता है। भले ही लोकतंत्र को नष्ट करने के लिए इन्दिरा ज़िम्मेदार थीं, फिर भी उन्होंने यह अनुमान नहीं लगा पाने के लिए ख़ुद को दोषी ठहराया कि उनके आन्दोलन से इन्दिरा का ग़ुस्सा इतना भड़क जाएगा। लेकिन इसके चलते वह झुके नहीं। जिस दिन उन्होंने अपनी दुनिया के टूटकर बिखरने के बारे में हताशा से भरी टिप्पणी की, उसी दिन उन्होंने इन्दिरा को एक मारक पत्र भी लिखा।[7] पहले के वर्षों में उनके स्नेही सम्बोधन रहे 'प्रिय इंदु' का स्थान अब औपचारिक 'प्रिय प्रधानमंत्री' ने ले लिया था। कभी आत्मीय रहे पारिवारिक परिचितों के मध्य आई यह फाँक अब विडम्बनापूर्ण नाटकीयता में बदल रही थी। उन्होंने लिखा, "मैं आपके भाषणों और साक्षात्कारों की प्रेस रिपोर्ट पढ़कर स्तब्ध हूँ। (यह तथ्य कि आपको अपने कृत्य को सही ठहराने के लिए हर दिन कुछ न कुछ कहना पड़ता है, स्वयं दोषी मानसिकता को दर्शाता है।)" लेकिन इन्दिरा की यह सोच बेहद ग़लत साबित हुई कि प्रेस का गला घोंटने और असहमति को कुचल देने से जनता उनके शासन द्वारा बोले जाने वाले झूठ और सत्ता की विकृतियों को पहचान नहीं पाएगी। "मैडम, जो लोग वक़्त की नब्ज़ पहचानना जानते हैं, उनके लिए आपकी असलियत से वाक़िफ़ होने को नौ साल कम नहीं होते।" इस राजनीतिक संघर्ष ने आज़ादी से भी पूर्व से चले आ रहे उनके बीच के व्यक्तिगत सम्बन्ध को नष्ट कर दिया था। जेपी की पत्नी प्रभावती के

साथ भी इन्दिरा के स्नेहपूर्ण सम्बन्ध रहे थे। इस गिरफ़्तारी ने उस सम्बन्धों में आई फाँक को सबके सामने उजागर कर दिया जो सम्पूर्ण क्रान्ति आन्दोलन के समय से ही दोनों के बीच पैदा हो गई थी। जैसे रिश्ते का आख़िरी सिरा भी छटक गया।

जेपी आहत थे, लेकिन झुके ज़रा भी नहीं थे। उन्होंने लिखा, "चूँकि मैं इस मामले का खलनायक हूँ, मैं सीधे एवं साफ़ तौर पर अपनी बात रखता हूँ।" अगले कई पन्नों में जेपी ने बिहार आन्दोलन को एक शान्तिपूर्ण एवं लोकतांत्रिक अभियान बताया। यहाँ कोई तोड़फोड़ का उकसावा नहीं था। यदि सत्याग्रह के माध्यम से राज्य सरकार को पंगु बनाने का प्रयास किया गया, तो उसका भी उपनिवेशवाद विरोधी आज़ादी की लड़ाई में शानदार इतिहास रहा है। हाँ, यह बात सही है कि औपनिवेशिक सत्ता ताक़त पर खड़ी थी जबकि उत्तर-औपनिवेशिक शासन लोकतांत्रिक संविधान पर आधारित था। पर जेपी का मानना था कि लोगों को प्रदर्शनों, जुलूसों और सत्याग्रहों के माध्यम से चुनी हुई सरकार से इस्तीफ़ा माँगने का अधिकार है। यह आंबेडकर के इस विचार से बिलकुल अलग था कि संवैधानिक लोकतंत्र ने सत्याग्रह और सड़क पर विरोध प्रदर्शन को व्यर्थ बना दिया है। जेपी लिखते हैं, "लोकतंत्र में जब एक नागरिक को यह महसूस होता है कि समस्या समाधान और सुधार के अन्य सभी रास्ते बन्द हो गए हैं, उसे सविनय अवज्ञा के मार्ग पर जाने का नैसर्गिक अधिकार है।" जेपी पुलिस और सेना को विद्रोह के लिए उकसाने के आरोप से आहत थे और आपातकाल के दौरान और उसके बाद बार-बार उन्होंने इसके बारे में बात की। उन्होंने तो पुलिस और सेना से बस अवैध आदेशों का पालन करने से इनकार करने को कहा था, जेपी का स्पष्टीकरण था।

अपने आन्दोलन को पूरी तरह से लोकतांत्रिक बताकर उसका बचाव करते हुए जेपी पत्र के आख़िर में वापस व्यक्तिगत सम्बन्धों पर लौटते हैं। वे लिखते हैं, "तुम्हें पता है मैं एक बूढ़ा आदमी हूँ। इस जीवन में मेरा जो भी काम था वो पूरा हो गया है। और प्रभा के जाने के बाद मेरे पास जीने के लिए कुछ बचा भी नहीं है।... पढ़ाई ख़त्म करने के बाद मैंने अपना सारा जीवन देश को समर्पित कर दिया और बदले में कुछ नहीं माँगा। इसलिए यदि मैं तुम्हारे शासन में एक क़ैदी के रूप में मरा, तो भी एक संतुष्टिदायक मौत मरूँगा।" फिर उन्होंने इन्दिरा को एक नसीहत दी, "कृपा करके उस नींव को नष्ट न करो जिसे इस राष्ट्र के पूर्वजों ने, जिसमें आपके महान पिता भी शामिल थे, अपने ख़ून-पसीने से सींचा था।"

चंडीगढ़ के अस्पताल में चार महीने की क़ैद के दौरान जेपी का स्वास्थ्य बिगड़ता चला गया। उनका चेहरा सूजा हुआ रहता, वह घंटों तक बिस्तर पर पड़े रहते। न तो उठकर बैठ पाते थे और न ही चल पाते। उन्हें भूख लगनी बन्द हो गई थी और रह-रहकर उल्टियाँ होतीं। डॉक्टरों ने दवाइयाँ लिखीं, जाँचें कीं। पर जब कोई बड़ी स्वास्थ्य सम्बन्धी समस्या नहीं निकली तो डॉक्टरों ने इन लक्षणों को

अवसाद के खाते में डाल दिया। देवसहायम जब भी उनसे मिलते, उन्हें निराशा में डूबा ही पाते। बाद में देवसहायम ने उन आलोचकों से सहमति जताई, जिन्होंने जेपी के इलाज में उपेक्षा को सीधा उन्हें नुक़सान पहुँचाने की खुली साजिश बताया था। इस सहानुभूतिपूर्ण प्रशासक के पास सन्देह करने के पर्याप्त कारण थे। बंसीलाल के बदले से भरे निर्देश वे भूले नहीं थे। पीजीआई के प्रमुख डॉ. पी.एन. चुट्टानी का रवैया और नई दिल्ली का इस मामले में जैसा रुख़ उन्होंने देखा, वह भी कोई विश्वास दिलाने वाला नहीं था। फिर भी, उन्होंने इस बीमार क्रान्तिकारी को सुरक्षित रखने की हर सम्भव कोशिश की।

एक ओर जेपी अपने ख़राब स्वास्थ्य से जूझ रहे थे, वहीं दूसरी ओर राष्ट्रीय स्तर पर जिस तरह अधिकारों को कुचला जा रहा था उसके लिए वे ख़ुद को आंशिक रूप से ज़िम्मेदार ठहरा रहे थे। कभी वह सीधे इन्दिरा को दोषी ठहराते तो कभी उन्हें भड़काने के लिए स्वयं अपराधबोध में घिर जाते। कभी-कभी वह भी इन्दिरा की तरह अदृश्य षड्यंत्रों की कल्पना करने लगते। जैसे इन्दिरा बार-बार 'विदेशी हाथ' का ज़िक्र करती थीं, जो परोक्ष रूप से अमेरिकी गुप्तचर एजेंसी सीआईए की तरफ़ इशारा होता। उनका विश्वास था कि सीआईए की मदद से उनके विरोधियों ने न केवल उनकी सरकार बल्कि व्यक्तिगत तौर पर उनके ख़िलाफ़ साजिशें रची हैं। इधर आपातकाल लागू होने से जेपी का यह विश्वास पुख़्ता हो गया कि इन्दिरा हमेशा से अधिनायकवादी शासन स्थापित करने की टोह में थीं। लेकिन उन्होंने इसमें एक गहरी साजिश भी देखी—जिस 'विदेशी हाथ' की कल्पना जेपी ने की वह सीआईए का नहीं बल्कि सोवियत संघ का था। उन्होंने आरोप लगाया कि सोवियत एजेंट भारत को पूर्वी यूरोप के 'पीपुल्स डेमोक्रेसी' कहलाए जाने वाले देशों की तरह का सोवियत संघ का एक पुछल्ला मुल्क बनाने की योजना बना रहे थे। वे इन्दिरा के सत्ता प्रेम का ख़ूब फ़ायदा उठा रहे थे। इन्दिरा को सोवियत संघ के असली इरादों की भनक भी न हो शायद। यहाँ तक कि कांग्रेस में बैठे 'कम्युनिस्ट पिट्ठू' भी शायद इससे अनभिज्ञ थे। उन्होंने चेतावनी दी, "एक समय ऐसा आएगा जब श्रीमती गांधी का पूरा इस्तेमाल कर लेने के बाद रूसी उन्हें इतिहास के कूड़ेदान में फेंक देंगे और सीपीआई तथा कांग्रेस के भीतर बैठे आस्तीन के साँपों की मदद से अपने आदमी को उनकी जगह सत्तासीन करवा देंगे।"[8] जेपी यहाँ अपने 1940 के दशक वाले साम्यवाद-विरोध की याद दिलाते हैं और इन्दिरा के धूर्त समाजवादी जुमलों को मिलते सीपीआई के समर्थन के पीछे छिपे गहरे निहितार्थों को समझाने का प्रयत्न करते दिखते हैं।

ऐसे मौक़े भी आए जहाँ जेपी ने वर्तमान बीमारी की जड़ तक पहुँचने की कोशिश में भारत के उत्तर-औपनिवेशिक इतिहास को खँगाल डाला। वह आज़ादी के उस लम्हे पर लौटे और उस वादे को याद किया। अंग्रेज़ी दासता से स्वतंत्रता

भर हासिल कर लेना उपनिवेशवाद विरोधी संघर्ष का अकेला उद्देश्य कभी नहीं रहा। ज़मींदारी उन्मूलन पर क़ानून बनाए गए और अस्पृश्यता को क़ानूनी रूप से समाप्त कर दिया गया, लेकिन जमींदारों और अगड़ी जाति वालों का वर्चस्व नहीं टूटा। अछूतों के लिए गांधी के दिये शब्द 'हरिजन' का प्रयोग करते हुए उन्होंने कहा कि हरिजनों को अभी भी उत्पीड़न और हिंसा का सामना करना पड़ता है। दमनकारी सामाजिक रीतियाँ अभी भी क़ायम थीं। कोई औद्योगिक या आर्थिक लोकतंत्र नहीं था। दुर्भाग्य ऐसा कि ख़ुद समाजवादियों ने समाजवाद के विचार को राष्ट्रीयकरण तक सीमित कर दिया। उनके लिए 1947 में किया वादा केवल क़ानूनों या सरकारों में बदलाव से साकार होना मुमकिन नहीं था। ज़रूरत थी, "जनता को जगाने की और एक जन संघर्ष की।" वह सम्पूर्ण व्यवस्था परिवर्तन, 'सम्पूर्ण क्रान्ति' के अपने विचार पर वापस लौट आए थे। केवल एक शान्तिपूर्ण और लोकतांत्रिक परिवर्तन, एक सामाजिक इनसानी क्रान्ति ही मौलिक परिवर्तन के उद्देश्य को पूरा कर सकती थी। उन्होंने तर्क दिया कि क़ानून में विश्वास रखनेवाला और सबसे बड़ा संवैधानिक लोकतंत्रवादी भी इस बात से सहमत होगा कि यह परिवर्तन सिर्फ़ चुनाव, क़ानून और योजनाओं के ज़रिये नहीं हासिल किया जा सकता। "लोगों द्वारा सीधी कार्रवाई भी होनी चाहिए।" सविनय अवज्ञा, शान्तिपूर्ण प्रतिरोध और असहयोग—'अपने व्यापक अर्थ में सत्याग्रह'—इसके लिए आवश्यक था।[9]

लेकिन उनका दृष्टिकोण राजनीतिक धरातल पर बहुत सीमित हो जाता था और वे इन्दिरा को चुनौती देने के लिए एकजुट विपक्ष के बारे में सोचने लगते थे। बिहार आन्दोलन के दौरान यह पहले हो चुका था, जब सम्पूर्ण क्रान्ति अभियान की धार कुंद होती देख जेपी ने अपनी दृष्टि सीमित कर दी थी और कांग्रेस विरोधी अभियान में कूद पड़े थे। अब पीजीआई में क़ैद इस क्रान्तिकारी ने इन्दिरा को हराने के लिए वापस इसी रणनीति का सहारा लिया। देवसहायम ने ऐसी ही एक रोचक बातचीत का उल्लेख किया है, जहाँ उन्होंने जनसंघ को संयुक्त राजनीतिक दल में शामिल करने के जेपी के प्रस्ताव को चुनौती दी थी। देवसहायम ख़ुद जेपी का 1968 में लिखा एक आलेख लेकर आए, जिसमें जनसंघ के बारे में कड़ी आपत्तियाँ व्यक्त की गई थीं। देवसहायम ने उन्हें याद दिलाया, लेख में तर्क दिया गया था कि आरएसएस ने जनसंघ को केवल इसलिए खड़ा किया था क्योंकि एक समय इसके सदस्य रहे नाथूराम गोडसे द्वारा 1948 में महात्मा गांधी की हत्या के बाद यह संकट में था। मजबूरी में ख़ुद को एक सांस्कृतिक संगठन घोषित करने के बाद आरएसएस ने जनसंघ को एक पंथनिरपेक्ष राजनीतिक दल के रूप में स्थापित किया था। जेपी ने लिखा था कि यह सिर्फ़ एक दिखावा था, क्योंकि मातृ संगठन का साम्प्रदायिक एजेंडा सदा राजनीतिक दल रूपी डाली का पोषण करता रहा। जब तक जनसंघ साम्प्रदायिक आरएसएस के साथ अपने सम्बन्ध साफ़ तौर पर

ख़त्म नहीं करता, तब तक उसे एक धर्मनिरपेक्ष पार्टी के रूप में स्वीकार नहीं किया जा सकता। देवसहायम ने जेपी से सवाल किया कि अब वह अपने इस नज़रिये से पीछे कैसे हट सकते हैं और एक नये बननेवाले गठबन्धन के मूल साझेदारों में जनसंघ को आख़िर कैसे केन्द्रीय जगह दे सकते हैं।

जेपी ने जनसंघ के बारे में अपनी राय नहीं बदली थी। जैसा कि उन्होंने बाद में देवसहायम से कहा, "आरएसएस के लोग अगर फासीवादी नहीं हैं तो भी प्रतिक्रियावादी तो ज़रूर हैं। जनसंघ मुसलमानों पर झपट पड़ेगा।"[10] फिर भी वह जनसंघ को एकजुट विपक्षी गठबन्धन में शामिल करने को तैयार थे। उन्होंने इस फ़ैसले के पीछे की वजहें भी गिनाईं। सबसे पहले तो उन्हें नये संगठन की नींव रखने के लिए एक कैडर-आधारित पार्टी की ज़रूरत थी। कम्युनिस्ट पहले ही गिनती से बाहर थे क्योंकि वे ऐसे 'पेशेवर सहयोगी' थे जिन्होंने भारत छोड़ो आन्दोलन के समय अंग्रेज़ों का साथ दिया था और अब आपातकाल का समर्थन कर रहे थे। दूसरी वजह जेपी ने ये गिनाई कि आरएसएस और जनसंघ के नेताओं ने सत्ता में आने पर साम्प्रदायिक राजनीति पूरी तरह छोड़ देने की उनके सामने 'विधिवत प्रतिज्ञा' ली थी।[11]

अब चाहे यह उनका भोलापन हो या राजनीतिक उतावलापन, जेपी जानते थे कि बिहार आन्दोलन के लिए ज़मीनी संगठन जनसंघ के स्वयंसेवकों ने ही प्रदान किया था। कांग्रेस और सीपीआई दोनों दलों ने जेपी के आन्दोलन के आरएसएस के साथ जुड़ाव पर उनको ख़ूब कोसा था। यहाँ तक कि इन्दिरा और संजय के समर्थक रहे प्रसिद्ध पत्रकार और 'इलस्ट्रेटेड वीकली ऑफ़ इंडिया' के तब के सम्पादक ने भी (आपातकाल लागू होने से पहले) जेपी की आलोचना में इस मुद्दे का इस्तेमाल किया था। इस आलोचना से आहत जेपी ने पत्रिका को जवाब में लिखा कि आरएसएस औपचारिक रूप से आन्दोलन का हिस्सा नहीं था। हाँ, जनसंघ ज़रूर विपक्षी दलों की समन्वय समिति का हिस्सा था और आरएसएस से सम्बद्ध छात्र संगठन 'अखिल भारतीय विद्यार्थी परिषद' छात्रों के संघर्ष का हिस्सा था। "अगर ये सब तथ्य मिलकर आरएसएस को आन्दोलन का हिस्सा बना देते हैं, तो मुझे इससे भी कोई परेशानी नहीं। लेकिन मैं यह बताना चाहूँगा कि एक संगठन के रूप में आरएसएस बिहार या अन्य किसी भी जगह पर चल रहे आन्दोलन का घटक नहीं है। मैं बारीकी में नहीं जा रहा, सिर्फ़ एक तथ्य बता रहा हूँ।"[12]

अब बात बारीकी में जाने वाली हो या नहीं, सच तो यही था कि आरएसएस ने जेपी के आन्दोलन के लिए ज़मीनी रंगरूट मुहैया करवाए थे। यही कारण है कि आपातकाल के दौर की सत्ता उन पर और आरएसएस पर विशेष रूप से आक्रामक थी। आरएसएस को आपातकाल के लागू होते ही प्रतिबन्धित संगठन घोषित कर दिया गया था। शाह आयोग द्वारा जुटाए गए हिरासत में लिये गए लोगों के राज्य-

वार आँकड़ों से पता चलता है कि गिरफ़्तार हुए लोगों में बड़ी संख्या आरएसएस और जनसंघ के सदस्यों की थी।[13] जेपी आरएसएस/जनसंघ के सदस्यों को अपना 'कट्टर सैनिक' मानते थे। हालाँकि वे कथित तौर पर माफ़ी माँग रहे थे और 'बड़ी संख्या में रिहा' भी हो रहे थे। उस समय यह अफ़वाह गर्म थी और अख़बारों में भी इस तरह की ख़बरें छपी थीं।[14] देवसहायम ने ख़ुद जेपी को इन सबके बारे में बताया था। लेकिन जेपी पर इस सबका कोई असर नहीं हुआ। बल्कि इसने उनके एक संयुक्त विपक्षी दल का गठन कर इन्दिरा को चुनौती देने के इरादे को और दृढ़ बना दिया। 1975 के गुजरात विधानसभा चुनावों में विपक्षी मोर्चे का सफल प्रयोग एक मॉडल था। अब समय था इस चुनावी गठजोड़ को एक राष्ट्रीय पार्टी में बदलना, जिसमें जनसंघ को भी शामिल होना था। जेपी का मानना था कि हिन्दू राष्ट्रवादी दल जनसंघ एक अभिमानी राजनीतिक संगठन था, जो कांग्रेस से सत्ता छीन सकता था। साथ ही जेपी को उम्मीद थी कि आपातकाल के दौरान सत्ता के कोप का भागी बनने के बाद अब उसका व्यवहार संयमित होगा।

जेपी भिन्न मन:स्थितियों के बीच झूलते रहे। कभी उन्हें निराशा ने घेरा तो कभी वह सत्ता को ललकारते दिखे। कारावास ने 'सम्पूर्ण क्रान्ति' के प्रति उनकी प्रतिबद्धता को और गहरा कर दिया। वे लोकप्रिय हस्तक्षेप के माध्यम से लोकतंत्र का विस्तार करने के प्रति और प्रतिबद्ध होते गए। लेकिन इसने उन्हें एक व्यावहारिक राजनेता में भी बदल दिया। एक ऐसा राजनेता जो इन्दिरा को पद से हटाने के लिए अपनी चाहतों के फ़लक को सीमित कर चुनावी दलगत राजनीति में कूदने को तैयार था। इसका एक मतलब यह भी था कि आरएसएस और जनसंघ की साम्प्रदायिकता के प्रति अपनी नापसन्दगी को नज़रअन्दाज़ कर उन्हें इन्दिरा के ख़िलाफ़ एकजुट प्रतिरोध का अगुआ बनाया जाए।

इधर जेपी का मन प्रतिरोध और निराशा के विपरीत ध्रुवों के मध्य झूल रहा था, उधर उनका स्वास्थ्य बिगड़ता चला जा रहा था। नवम्बर आते-आते देवसहायम को अनिष्ट की आशंका सताने लगी। इन्दिरा के प्रधान सचिव पी. एन. धर ने दोनों नेताओं के मध्य सुलह की कोशिशें शुरू की तो उसमें भी देवसहायम द्वारा दिल्ली को भेजी व्यग्र रिपोर्टों की बड़ी भूमिका थी। अगर क़ैद में जेपी की मृत्यु हो जाती तो राजनीतिक धरातल पर यह विस्फोटक स्थिति होती। फिर 12 नवम्बर को दिल्ली से वरिष्ठ अधिकारी पैरोल आदेश लेकर उनकी रिहाई के लिए चंडीगढ़ पहुँचे। उन्होंने जेपी से कहा कि प्रधानमंत्री उनके स्वास्थ्य को लेकर चिन्तित हैं और उन्हें रिहा करने का फ़ैसला किया है। उन्होंने व्यंग्य भरे लहजे में जवाब दिया, "कितनी अच्छी हैं इन्दिरा।" बंसीलाल की प्रतिक्रिया उम्मीद के मुताबिक निर्लज्जता से भरी थी, "अगर वो यहाँ मर जाता तो बड़ा सिरदर्द होता। अच्छा है, उसे कहीं और जाकर मरने दो।"[15] लेकिन फिर भी उन्होंने जेपी की रिहाई में पर्याप्त देर करने की

कोशिश की। देवसहायम ने इस देरी को प्रधानमंत्री और संजय के गुर्गों के बीच की अन्दरूनी खींचतान के तौर पर देखा।

अन्ततः जेपी को 16 नवम्बर को दिल्ली ले जाया गया। इसके छह दिन बाद वह बम्बई (अब मुम्बई) ले जाए गए, जहाँ उन्हें जसलोक अस्पताल में भर्ती कराया गया। बम्बई के डॉक्टरों ने पीजीआई, चंडीगढ़ की व्यवस्था देखने वालों पर आरोप लगाया कि वे जेपी की किडनी की बीमारी के निदान और उसका सही समय पर इलाज करने में विफल रहे। इधर डॉक्टर जसलोक अस्पताल में उनके इलाज को पटरी पर लाने के लिए जूझ रहे थे तो उधर जेपी अपने संयुक्त विपक्षी दल के निर्माण के प्रयासों में लगे थे। उनके इरादे स्पष्ट थे। चंडीगढ़ छोड़ते समय उन्होंने देवसहायम को पास बुलाया और कहा, "मैं यहाँ आपका क़ैदी बनकर आया था, पर आपने मेरे साथ एक इनसान की तरह बर्ताव किया। मैं यह बात कभी नहीं भूलूँगा।" फिर उन्होंने क़सम खाई, "मैं उस महिला को हराकर रहूँगा।"[16]

## क़ैदी चिट्ठियाँ

"जेल के अकेलेपन में चिट्ठी लिखना एक अत्यन्त सुकून देनेवाली गतिविधि है। बेशक ये पत्र दूसरे लोगों के लिए लिखे होते हैं, लेकिन ये इनसान को ख़ुद अपने विचारों और भावनाओं को बेहतर तरीक़े से समझने का मौक़ा भी देते हैं।" पत्र लेखन के गुणों पर विचार करतीं ये पंक्तियाँ प्रख्यात समाजवादी नेता मधु दंडवते (1924-2005) द्वारा अपनी पत्नी और राजनीतिक सहयोगी प्रमिला दंडवते (1928-2002) को लिखे एक पत्र से ली गई हैं।[17] महाराष्ट्र से सांसद मधु दंडवते को 26 जून के दिन गिरफ़्तार कर लिया गया था और अट्ठारह महीने तक बैंगलोर (अब बेंगलुरु) सेंट्रल जेल में रखा गया। 17 जुलाई, 1975 के दिन प्रमिला को भी क़ैद कर लिया गया और उन्हें पुणे के पास यरवदा सेंट्रल जेल में रखा गया। दोनों क़ैद में थे, लेकिन एक-दूसरे से पाँच सौ मील से भी ज़्यादा की दूरी पर थे। दोनों हर हफ़्ते नियम से एक-दूसरे को चिट्ठियाँ लिखा करते। लगभग दो सौ चिट्ठियाँ इस दौरान दोनों ने एक-दूसरे को भेजीं।

बेशक दंडवते दम्पती की इन क़ैदी चिट्ठियों का प्रमुख स्वर राजनीतिक है। आख़िर वे दोनों अनुभवी राजनीतिक कार्यकर्ता थे। मधु पहली बार 1942 के भारत छोड़ो आन्दोलन के समय राजनीति में कूदे। यह भारत छोड़ो आन्दोलन ही था जिसने जेपी और उन जैसे युवा समाजवादियों को एक नई जोशीली ताक़त के रूप में सार्वजनिक मंच पर ला खड़ा किया था। बम्बई से भौतिकी में स्नातक और स्नातकोत्तर की डिग्रियाँ हासिल करने के दौरान ही मधु समाजवाद की ओर आकर्षित हुए। स्वतंत्रता के बाद जब समाजवादी कांग्रेस से अलग हो गए और

चित्र 8.1 : समाजवादी जोड़ा प्रमिला और मधु दंडवते, 1971
साभार : उदय दंडवते निजी फ़ोटो

1948 में 'सोशलिस्ट पार्टी' की स्थापना की, तो मधु उसका हिस्सा बने। उन्होंने राजनीतिक गतिविधियों में भाग लेते हुए भी अध्यापक का पेशा नहीं छोड़ा और प्रोफ़ेसर के रूप में भौतिकी पढ़ाते रहे। 1971 में वह महाराष्ट्र से सांसद चुने गए। इस उपलब्धि को उन्होंने भविष्य में लगातार पाँच बार दोहराया।

प्रमिला भी एक राजनीतिक कार्यकर्ता थीं। उनका समाजवाद की ओर रुझान 'राष्ट्र सेवा दल' में रहते हुए बना। स्वयंसेवकों के इस संगठन 'राष्ट्र सेवा दल' की

स्थापना 1940 के दशक में साने गुरुजी और अन्य समाजवादी बुद्धिजीवियों द्वारा की गई थी। साने गुरुजी का महाराष्ट्र में बहुत सम्मान था। यह संगठन सामाजिक बदलाव, धर्मनिरपेक्षता और सत्ता के विकेन्द्रीकरण पर आधारित समाजवादी एजेंडे का प्रचार करता था। इसकी गतिविधियों में भागीदारी ने प्रमिला को मधु जैसे बम्बई के समाजवादियों से परिचित करवाया। मधु और प्रमिला की नज़दीकियाँ बढ़ने लगीं और वरिष्ठ समाजवादी नेता एस.एम. जोशी ने उनके लिए मैचमेकर की भूमिका अदा की। 1953 में प्रमिला ने मधु से शादी की और राजनीति में उनकी सहयात्री बन गईं। 1968 में वे बम्बई नगर निगम के लिए चुनी गईं। 1970 के दशक की शुरुआत में बढ़ती क़ीमतों के ख़िलाफ़ बम्बई में हुए महिलाओं के उग्र विरोध प्रदर्शन ने प्रमिला को उनकी पहचान दी। हज़ारों महिलाएँ हाथों में बेलन घुमाते हुए खाद्य पदार्थों की बढ़ती क़ीमतों के ख़िलाफ़ विरोध प्रदर्शन में सड़क पर उतर आईं। इन तीन स्त्री नेताओं की तिकड़ी—मृणाल गोरे, अहिल्या रंगनेकर और प्रमिला दंडवते, इस नये उग्र आन्दोलन का चेहरा बनकर उभरीं। इसलिए इसमें अचरज नहीं होना चाहिए था कि आपातकाल के दौरान इन्हीं तीन स्त्रियों को गिरफ़्तार कर जेल में डाल दिया गया।

इस पृष्ठभूमि को जान लेने के बाद समझना मुश्किल नहीं कि क्यों राजनीति इस जोड़े के बीच संवाद की भाषा बनी। उनकी क़ैद से लिखी चिट्ठियों में गिरफ़्तार साथियों के बारे में सूचनाएँ होती थीं। लेकिन यह जानते हुए कि उनकी चिट्ठियाँ सेंसर की जाती हैं, उन्होंने सांकेतिक भाषा का इस्तेमाल करना शुरू किया। इस सांकेतिक भाषा में इन्दिरा 'सास' थीं, संजय 'राजकुमार' और जेपी 'प्रभावती के पति' थे। 'तीर्थयात्रा पर जाने' का मतलब होता सत्याग्रह और 'शादी करना' का मतलब होता गिरफ़्तार किया जाना। इनमें से कुछ भी ऐसा नहीं था जो समझ में न आ सके, लेकिन इन संकेतों ने उन्हें यह एहसास दिलाए रखा कि वे सूचनाओं के आदान-प्रदान और राजनीतिक घटनाओं का वर्णन करने में जेल सेंसर को धोखा दे रहे थे। वे आपातकाल और इन्दिरा के विरोध में बेबाक़ थे। क़ैदख़ाना उन्हें झुका नहीं पाया। उन्हें विश्वास था कि सेंसर की छाया में निकल रहे सत्ता के अनुकूल अख़बारों द्वारा प्रचारित प्रोपेगैंडा हमेशा के लिए सच्चाई पर पर्दा नहीं डाल सकता। मधु दंडवते ने फ़्रांसीसी लेखक एमिल ज़ोला को उद्धृत करते हुए प्रमिला को आश्वस्त किया, "यदि आप सच्चाई का गला घोंट इसे ज़मीन के नीचे दफ़न कर देंगे तो भी यह फलेगी-फूलेगी और एक दिन इतनी विस्फोटक शक्ति इकट्ठा कर लेगी कि जिस दिन यह फूटी, अपने रास्ते में आने वाली हर चीज़ को ध्वस्त कर देगी।"[18]

जेल में प्रतिरोध को धार देने के लिए मधु और प्रमिला के पास अपने बौद्धिक संसाधन और गहन शिक्षा ही हथियार थे। उनके पत्रों में अक्सर लेखकों, कवियों, दार्शनिकों और राजनीतिक नेताओं की बातें होतीं जो इस प्रेमी युगल की स्वतंत्रता

के प्रति प्रतिबद्धता का समर्थन करतीं। उनकी बौद्धिकता उनकी पृष्ठभूमि से निर्मित थी, जो महाराष्ट्र के शिक्षित ब्राह्मण परिवारों में लालन-पालन से जुड़ती थी। मधु के पिता एक सिविल इंजीनियर थे और उनकी माँ एक सामाजिक कार्यकर्ता थीं। उनके दादा एक साहित्यकार थे जिन्होंने शास्त्रीय संस्कृत रचनाओं का मराठी में अनुवाद किया था। उनके घरेलू पुस्तकालय में अनेक साहित्यिक रचनाएँ तथा गांधी, नेहरू और अन्य राष्ट्रवादी नेताओं के लेख और भाषण संकलित थे। किताबों से घिरे मधु बचपन से ही विचारों की दुनिया के नागरिक बन गए थे, जिसे बम्बई में उनके कॉलेज के वर्षों ने और पुख़्ता किया। उन्होंने मार्क्स को पढ़ा, जिन्होंने सामाजिक न्याय में उनकी रुचि जागृत की और जो जीवन भर उनके साथ रही। इसी प्रकार उनकी रुचि साहित्य और हिन्दुस्तानी तथा पश्चिमी दोनों क़िस्म के शास्त्रीय संगीत में रही। उन्हीं की तरह प्रमिला भी एक शिक्षित परिवार में पली-बढ़ीं। उनके पिता एक प्रसिद्ध स्त्री रोग विशेषज्ञ थे और उन्होंने अपनी हाई स्कूल की पढ़ाई बम्बई में पूरी की। कला में रुचि के चलते उन्होंने बम्बई के प्रसिद्ध जेजे स्कूल ऑफ़ आर्ट से स्नातक की उपाधि हासिल की। वह एक कला विद्यालय में शिक्षिका बन गईं और साथ ही राजनीति में भी सक्रिय रहीं। यही सक्रियता उन्हें मधु तथा अन्य समाजवादी बुद्धिजीवियों की संगत में लाई।

यह कोई संयोग नहीं था कि दंडवते दम्पती की बौद्धिकता ने समाजवाद के प्रति उनकी प्रतिबद्धता को रास्ता दिया। महाराष्ट्र में सामाजिक सुधार में बुद्धिजीवियों की भागीदारी की एक लम्बी परम्परा मौजूद रही है। इसी महाराष्ट्र की ज़मीन पर उन्नीसवीं सदी में जोतिबा फुले और बीसवीं सदी में बी.आर. आंबेडकर ने जातिगत पदानुक्रम की तर्क पर आधारित आलोचना खड़ी की। यह क्रान्तिकारी बदलाव का झंडा पदानुक्रम में नीचे से ऊपर की ओर खड़ा किया जा रहा था। वहीं महादेव गोविन्द रानाडे तथा गोपाल कृष्ण गोखले जैसे ब्राह्मण बुद्धिजीवियों ने राष्ट्रवाद को सामाजिक सुधार के साथ जोड़ते हुए शीर्ष से बदलाव का आग्रह किया। महाराष्ट्र की इस ब्राह्मण बौद्धिक परम्परा में वे वीर सावरकर भी शामिल हैं जिन्होंने हिन्दू राष्ट्रवाद के लिए 'हिन्दुत्व' जैसा परिभाषित करने वाला शब्द गढ़ा। महात्मा गांधी का हत्यारा नाथूराम गोडसे भी इसी परम्परा से निकला। वैचारिक और राजनीतिक मत विभिन्नता के इन दो विपरीत ध्रुवों के बावजूद महाराष्ट्र के बुद्धिजीवियों का नागरिक आलोचना के साथ निरन्तर संवाद का एक समृद्ध इतिहास रहा है। दंडवते दम्पती इसी समृद्ध परम्परा के उत्तराधिकारी थे। कई अन्य प्रमुख समाजवादी भी, जो उन्हीं की तरह महाराष्ट्रीय ब्राह्मण समाज से आते थे।

'सोशलिस्ट पार्टी' बुद्धिजीवियों का संगठन था। यही इसकी ताक़त थी और यही कमज़ोरी भी। समाजवाद के प्रति उनकी प्रतिबद्धता का आधार फ़ौरी लाभ नहीं बल्कि वैचारिक था। लेकिन विचारों और सिद्धान्तों पर जब मतभेद हुए, उसने

अप्रिय टकराहटों को जन्म दिया। 1948 में अपनी स्थापना के बाद से ही भारत में समाजवादी आन्दोलन का इतिहास विभाजनों और विलयों से त्रस्त रहा है। लेकिन विपरीत परिस्थितियों में, जैसे कि कारावास में यह बौद्धिकता की ज़मीन ताक़त का स्रोत थी। प्रमिला चिट्ठी में लिख रही थीं कि वह एक के बाद एक किताबें पढ़ती चली जा रही हैं। वे पी. नरहर जोशी की प्रेरणास्पद मराठी किताब 'दि ग्रेट प्रिज़न' का उल्लेख करती हैं, जिसे उन्होंने अभी-अभी पढ़कर समाप्त किया है।

> जब भी महान लोगों को गिरफ़्तार किया गया है, वह मानव-जाति के लिए वरदान साबित हुआ है। उत्कृष्ट साहित्य, कविता और विचारों का जन्म जेलों में हुआ। महान लोग अपने विश्वास, जीवन के प्रति अपनी प्रतिबद्धता और सत्य की रक्षा के लिए किसी भी परीक्षा से गुज़रने, किसी भी चुनौती का सामना करने के लिए हमेशा तैयार रहते हैं। दुनिया की कोई भी ताक़त उनके साहस पर अंकुश नहीं लगा सकती। इस किताब ने मुझमें ज़बरदस्त उत्साह भर दिया। जब जेलों की बात आती है तो मेरे पास भी इसका कुछ अनुभव है। लेकिन इस किताब ने मुझे बहुत प्रेरित किया है। इसे पढ़कर महसूस होता है कि मेरे जीवन का कुछ अर्थ है। नाना, मैं एक साधारण सी महिला हूँ। लेकिन आपमें सच में महान इनसानों वाले सारे गुण हैं। मुझे यक़ीन है कि आप सिर्फ़ पढ़ेंगे नहीं बल्कि अपना लिखना भी जारी रखेंगे। यह जबरन मिली छुट्टियाँ आपकी कलम से ज़रूर महान साहित्य को जन्म देंगी, इसका मुझे पूरा विश्वास है।[19]

जैसे वे बस इंतज़ार में हों, मधु ने उन्हें जवाबी चिट्ठी में बताया कि ढाई महीने के शोध के बाद उन्होंने मार्क्स और गांधी पर अपनी पुस्तक के दो अध्यायों का मसौदा तैयार कर लिया है।[20] यह कोई 'महान साहित्य' तो नहीं है, पर यह पुस्तक क्रान्ति के दो रास्तों का तुलनात्मक विश्लेषण करती है। इनमें एक रास्ता मार्क्स के वर्ग संघर्ष पर आधारित है और दूसरा मानवमात्र में व्यक्तिगत स्तर पर बदलाव लाने का गांधी का रास्ता है। अपने लेखन के अनुभव के बारे में बताते हुए मधु ने लिखा, "मेज़ पर गुलाब के फूल रखे हों और पेड़ों पर चम्पा के फूल खिले हों तो कलम तेज़ और सधे हाथों से चलती है।" फिर उन्होंने बायरन के 'डॉन जुआन' से उद्धरण दिया, "नरक की आह में संगीत है / लहरों के झोंके में संगीत है / सभी चीज़ों में संगीत है, अगर मनुष्य सुन पाता / उसकी ज़मीन में ब्रह्मांड की अनुगूँज शामिल है।"

मधु ने बायरन की कविता के माध्यम से जेल की सीमा के भीतर भी एक सदा मौजूद रहने वाले इनसानी जज़्बे को पहचान लिया था। ऐसा जज़्बा जो काग़ज़ पर कलम की संगीतमय लय में फूलों के खिलने सा अभिव्यक्त होता है। अभी सब

कुछ खोया नहीं था। उन्होंने प्रमिला को निराशा से बाहर निकालने की कोशिश की, "तुम्हारे पिछले पत्र पर दुख की छाया थी। तुमने लिखा कि जब हम यहाँ से निकलेंगे, तब तक हमारा घर और बाहर हमारा रचा जीवन पूरी तरह नष्ट हो चुका होगा। और तुम्हें यह विश्वास नहीं कि अब तुम्हारे पास यह सब दोबारा बनाने की हिम्मत और दृढ़ता है। तुम्हारा ऐसा लिखना मुझे बेहद निराशा में डूबा लगा। हमने तो हमेशा अपनी ज़िन्दगी को साथ मिलकर अपने काँधों पर ढोया है। जब तक हमारी रीढ़ अपनी जगह सलामत है, कौन माई का लाल हमारे साथ मिलकर रचे जीवन को छू भी सकता है?"

कहना होगा कि उनकी रीढ़ की हड्डी एकदम सीधी और सलामत थी। जैसा उनकी चिट्ठियाँ पढ़ने से स्पष्ट होता है, आपातकाल में हो रहे लोकतंत्र के दमन को स्वीकार कर लेना उनकी सोच में कभी आया ही नहीं। 'शादियों' और 'ससुराल वालों' का चिट्ठियों में बार-बार आता उल्लेख यह स्पष्ट करता है कि वे इन्दिरा के शासन का प्रतिरोध खड़ा कर रहे साथियों के साथ एकजुट थे। 'कम्युनिस्ट पार्टी ऑफ़ इंडिया' (सीपीआई), जिसे प्रमिला 'चमचा पार्टी ऑफ़ इंडिया' कहती थीं, आपातकाल का समर्थन करने की वजह से उनके ख़ास निशाने पर रहती थी।[21] लेकिन प्रमिला समाजवादी आन्दोलन की असफलताओं से भी ख़ूब वाक़िफ़ थीं, "हम केकड़ों की तरह एक-दूसरे को ही नीचे गिराने की कोशिशों में लगे रहते हैं। हम आपस में झगड़ते रहे, और किसी को भी ऊपर तक पहुँचने का मौक़ा नहीं दिया। यही वजह है कि भले ही आज हर कोई लोकतांत्रिक समाजवाद का समर्थन करता प्रतीत होता है, लेकिन सच्चे समाजवादी का नितान्त अभाव है।"[22]

कारावास ने उन्हें भारतीय समाज में ज़मीनी स्तर पर आमूलचूल बदलाव लाने वाली वृहत्तर परियोजना की असफलता पर विचार करने का अवकाश उपलब्ध करवाया। प्रमिला समाज में बड़े पैमाने पर होनेवाले धार्मिक अनुष्ठानों को घुटनभरा और बदलाव में बाधा की तरह देखती थीं। उन्होंने सवाल उठाया कि "ये तमाम लोग जो एक तरफ़ आक्रामक होकर सम्पूर्ण क्रान्ति के नारे लगा रहे हैं और दूसरी तरफ़ क्रान्ति विरोधी विचारों को भी छोड़ने को तैयार नहीं, मुझे सन्देह है कि ये लोग किसी भी क़िस्म की सच्ची क्रान्ति होने देंगे।"[23] उनकी आलोचना का केन्द्र अचानक राजनीतिक नारेबाज़ी से धार्मिक समारोहों की ओर स्थानान्तरित होने पर ग़ौर करें तो प्रमिला के मन में बैठे उस सन्देह का पता मिलता है कि ये धार्मिक कार्यकर्ता क्या वास्तव में जेपी की सम्पूर्ण क्रान्ति के लिए प्रतिबद्ध हैं? क्या उनका इशारा आरएसएस/जनसंघ के कार्यकर्ताओं की ओर था, जो एकजुट विपक्ष का तो हिस्सा थे लेकिन हिन्दू राष्ट्रवाद के समर्थक भी थे? साफ़ तौर पर कुछ नहीं कहा जा सकता। लेकिन इतना तो साफ़ है कि उन्होंने सम्पूर्ण क्रान्ति आन्दोलन को एक धर्मनिरपेक्ष परियोजना के रूप में देखा जो तभी फल-फूल

सकती थी जब धर्म समाज पर हावी न हो। इसी समझ के आलोक में हम उनके इस कथन को समझ सकते हैं, "हमारे समाज को सही अर्थों में एक सांस्कृतिक क्रान्ति की ज़रूरत है।"[24]

क्रान्ति के प्रति दंडवते युगल की प्रतिबद्धता के पीछे स्वतंत्रता के मूल्य को लेकर उनका समझौताहीन आग्रह था। कविता यहाँ एक बार फिर उनकी साथी बनी अपने इस आग्रह को अभिव्यक्त करने और स्वतंत्रता के असल मायनों को गहराई में जाकर समझने में। प्रमिला ने मधु को दो मराठी कविताएँ भेजीं। इनमें पहली थी प्रसिद्ध कवि मंगेश पडगाँवकर द्वारा लिखित 'भिंटा' (दीवार), जो मराठी पत्रिका 'मराठवाड़ा' के 1976 के दीवाली विशेषांक में प्रकाशित हुई थी। प्रमिला ने यह कविता अपने हाथों से उन्हें चिट्ठी में लिखकर भेजी :

*मेरे चारों ओर एक दीवार है।*
*आपके चारों ओर भी*
*आप जहाँ भी देखें*
*चारों ओर दीवारें ही दीवारें*
*डर की दीवार*
*दीवारों के कान होते हैं*
*और इसलिए हर दीवार में*
*दूसरी दीवार का डर होता है*
*हर छोटी दीवार में*
*बड़ी दीवार का।*
*अदृश्य। दमघोंटू।*
*दीवार के आगे खड़े हो जाओ*
*अपनी जीभ काट लो और खड़े रहो*
*कानों में रुई भर लो और खड़े रहो*
*आँखें मूँद लो और खड़े रहो*
*बैठ जाओ, खड़े हो जाओ,*
*कानों को पकड़ो, खड़े रहो*

*कोई गुम गया*
*लेकिन किसी को याद नहीं कौन*
*तीन ने अपनी आँखें खो दीं*
*लेकिन किसी को याद नहीं कौन*
*अपनी आवाज़ बुलन्द करो और नारा लगाओ :*

*'सभी दीवारें सर्वजन के कल्याण के लिए'*
*एक जो शामिल नहीं हुआ*
*वह कहीं दिखाई नहीं दे रहा*
*लेकिन कोई नहीं बता सकता कौन!*

*दीवारें आदत बन जाएँगी*
*आदतों की दीवार*
*दीवार को अनुशासन की ज़रूरत है*
*अनुशासन को दीवारों की ज़रूरत है*
*एक दो तीन चार*
*दीवार बनाने वाले सच में होशियार हैं*
*बोलो 'दीवारों की जय हो।' ...*
*'जयहिन्द और दीवारों की जय हो'*

प्रमिला ने एक दूसरे प्रसिद्ध मराठी कवि कुसुमाग्रज की 'मुक्त' (मुक्त) नामक दूसरी कविता उन्हें भेजी—

*पिंजरा टूट गया है*
*और आज़ाद पंछी*
*अपने घायल पंखों के ख़ून से*
*हरी ज़मीन पर उड़ते हुए*
*लाल घुमावदार रेखाएँ खींचता है।*

*अपने घोंसले की ओर उड़ता*
*शायद,*
*या अपनी मृत्यु की ओर,*
*लेकिन...*
*जो आकाश उसे सहानुभूति से देखता है*
*वह चाहकर भी उसकी रक्त-रंजित ख़ुशी*
*उससे छीन नहीं सकता।*
*...पिंजरा तोड़ने का अभिमान।*[25]

मधु को दोनों कविताएँ बहुत पसन्द आईं, हालाँकि उन्होंने विशेष प्रशंसा के लिए पडगाँवकर की 'भिंटा' को चुना। उनका मानना था कि 'मुक्त' में कुसुमाग्रज की दूसरी कविताओं वाली उत्कंठा नज़र नहीं आती। शायद, उन्होंने अनुमान लगाया,

"क्योंकि यह कविता उन्होंने किसी भी पक्ष में उतरे बिना लिखी है।"[26] भले ही मधु कविताओं को उनकी राजनीति देखकर व्याख्यायित करने के दोषी थे, पर इन उदाहरणों से यह ख़ूब समझ में आता है कि ये कविताएँ इन दोनों को क्यों इतनी भा गईं। दोनों कविताएँ क़ैद और आज़ादी को अनुभव के स्तर पर व्याख्यायित कर रही थीं और इस क्रम में ख़ुद उनकी जेल में क़ैद ज़िन्दगियों का अर्थ विस्तार कर रही थीं। बेशक कविताओं में स्वतंत्रता के वृहत्तर सामाजिक अर्थों की मौजूदगी है, लेकिन उनका असल आकर्षण भौतिक है जिनमें कारावास और मुक्ति के कायिक संवेदी चित्र भरे हैं।

बिलकुल निजी, अस्तित्वगत स्तर पर देखें तो दो अलग-अलग जेलों में क़ैद किये जाने के कारण उपजा विरह झेलना दोनों के लिए कठिन था। मधु ने अपने पत्रों में इस दुख को साझा भी किया है, लेकिन इसका मतलब निराश होना नहीं था।[27] सम्भवत: इसकी एक वजह ये भी थी कि दुख की पीड़ा ख़ुशी की अनुभूति से अधिक तीव्रता से महसूस होती है। उन्होंने अपने पत्रों की इस हताश मनोदशा को समझाने के लिए शेली के 'टू ए स्काईलार्क' का उल्लेख किया, "हमारे सबसे मधुर गीत वे हैं जो सबसे ग़मज़दा ख़यालों से रचे हैं।" इसी क्रम में उन्होंने बैंगलोर (अब बेंगलुरु) जेल में बन्द उन साधारण क़ैदियों का ज़िक्र किया जो वहाँ आजीवन कारावास की सज़ा भुगत रहे हैं। उनके जीवन ने उन्हें करुणा से भर दिया, "जब आजीवन कारावास की सज़ा काट रहे क़ैदी परिसर में गुलाब के पौधों को पानी देते हैं, तो वे उन कलियों को सींचते हुए अपने आँसू भी उनमें मिलाते हैं। जब ये कलियाँ खिलती हैं तो वे इन मुस्कुराते, सुगंधित फूलों में अपने आँसुओं का प्रतिबिम्ब देखते हैं। कड़ाके की ठंड में जब ये फूल सूख, मुरझा जाते हैं तो उन मुरझाए फूलों को देख ये क़ैदी सोचते हैं कि वे कब अपनी सज़ा पूरी कर बाहर निकलेंगे? और जब निकलेंगे, क्या समाज उनके इस हमेशा के लिए कलंकित हुए जीवन को पहले वाली निगाह से देख पाएगा?" यूँ देखा जाए तो आजीवन कारावास की सज़ा पाए क़ैदी भी बिना किसी उम्मीद के नहीं थे। वे पौधों के पोषण में अपने आँसुओं को घोलकर अपनी रचनात्मक स्वतंत्रता पा रहे थे।

समझ आता है कि जेल में आजीवन कारावास की सज़ा पाए क़ैदियों में मधु अपने दुख के अक्स को देख रहे थे। आप सलाखों के पीछे जीवन के अकेलेपन को ठहाके की लहर में डुबा सकते हैं। "लेकिन जब लहरें तट से टकराती हैं, तो समन्दर किनारे के सारे आवरण उघड़ जाते हैं। और फिर तमाम परेशानियाँ एक-एक कर सिर उठाती हैं। हम इसी तरह दिन पर दिन गुज़ारते चले जा रहे हैं; इसी तरह रात दर रात।" लेकिन कोई अफ़सोस नहीं रहा। "हमें दिन भर आकाश को निहारते हुए उसमें अपनी कल्पनाओं की इमारतें खड़ी करने की आज़ादी है; और रात अँधेरे के कैनवस पर हम कल के सुनहरे सपनों के रंग भरते हैं।" उन क़ैदियों

की तरह जिन्होंने अपने आँसुओं का भी रचनात्मक इस्तेमाल करना सीख लिया था, मधु की कल्पना को क़ैद नहीं किया जा सका था। इसके अलावा कारावास की यंत्रणा को सह्य बनाने में पढ़ना और लिखना उनके सच्चे साथी थे। और साथ था जेल के बगीचे में खिले फूलों की ख़ुशबू का तथा रेडियो पर प्रसारित होते उनके प्रिय हिन्दुस्तानी शास्त्रीय संगीत का। "मुझे रेडियो पर सुनील बोस के गाये राग विहाग और राग जयजयवंती को सुनने का सौभाग्य मिला। मैं उस संगीत की ख़ुशबू, उसके नशे में खोया सा ही अभी उठा हूँ और तुम्हें चिट्ठी लिखने बैठ गया हूँ। गुलाब—जयजयवंती—प्रमिला, और मेरी ख़ूबसूरत तसवीर पूरी हो गई!"[28]

लेकिन गुलाबों की इस चर्चा से प्रमिला के मन में उठती विरह की पीड़ा शान्त नहीं हुई, "आपने 'जयजयवंती-गुलाब-प्रमिला' लिखा और तसवीर पूरी हो गई। लेकिन आपके गमले में खिले फूलों ने आपको ख़ुशबुओं का ऐसा तोहफ़ा दिया, जिससे आप काँटों को भूल गए और उन्हीं ख़ुशबुओं की स्मृति में डूबे नींद के आगोश में चले गए।"[29] उन दोनों का विरह एक शूल था इस शूल की चुभन को व्यक्त करने में प्रमिला कभी पीछे नहीं हटीं। उन्होंने अपनी चाहत का सदा खुलकर इज़हार किया। क़ैद ने प्रमिला का दम घोंट दिया था। "बाहर से चाहे हम कितना भी हँस लें, चहक लें, सच्चाई यही है कि मेरा आत्म यहाँ बिन पानी की मछली की तरह छटपटाता है।"[30]

वे दोनों जेल में अपना समय बिताने के लिए किताबें पढ़ते और रेडियो पर शास्त्रीय संगीत सुना करते। प्रमिला लिखती हैं कि संगीत ने उन्हें रोज़ की नीरस दिनचर्या से अवकाश दिया और उनमें फिर से ऊर्जा भरी, उन्हें तरोताज़ा किया। और उसके ऊपर लिखने के लिए पत्र थे, पत्रों का इन्तज़ार था। "क्या आपने ज़िन्दगी में पहले कभी मुझे इतने नियमित तरीक़े से चिट्ठियाँ लिखी हैं?" प्रमिला ने तो पूछा भी। "मुझे याद है कि शादी के बाद शुरुआती दिनों में जब आप लम्बी यात्राओं पर जाते थे तो महीनों तक मुझे चिट्ठी नहीं लिखते थे। मुझे कितना रोना आता था। आपके बारे में मुझे सिर्फ़ अख़बार की ख़बरों से ही जानने को मिलता। जब कोई आपके बारे में पूछता, मुझे कितनी शर्मिंदगी महसूस होती। मेरे पास उन्हें बताने के लिए कुछ नहीं होता। लेकिन अब देखो! आप बिला नागा हर सोमवार मुझे चिट्ठी लिखते हैं। हमें आपातकाल का शुक्रिया अदा करना चाहिए!"[31]

उन्होंने जो किताबें पढ़ीं उनके बारे में लिखा। मधु ने रवीन्द्रनाथ टैगोर की रचनाओं का संकलन 'बाउंडलेस स्काई' पढ़ा और प्रमिला से फ़ौरन से पेश्तर इसे पढ़ने की सिफ़ारिश की। बदले में प्रमिला ने उन्हें डेल कार्नेगी की 'लिंकन, द अननोन' पढ़ने की सिफ़ारिश की। ऐसी किताब जिसमें अमेरिकी राष्ट्रपति की पूरी ज़िन्दगी झेली गहरी निजी तकलीफ़ रचना का केन्द्र थी। उन्होंने इरविन स्टोन की 'दि प्रेसिडेंट्स लेडी' की भी प्रशंसा की और बताया कि किताब एंड्रयू जैक्सन की

पत्नी रैचेल के साथ हुए अन्याय का इतना मार्मिक चित्रण करती है कि किताब ख़त्म करते हुए वे रो पड़ीं।

इस तमाम चिट्ठी-पत्री में एक ऐसा रिश्ता धड़कता है जिसका ताना-बाना किताबों, विचार और रोज़मर्रा की ज़िन्दगी से जुड़ी सूचनाओं की साझेदारी से मिलकर बना है। ये चिट्ठियाँ सिर्फ़ सम्पर्क बनाए रखने या सूचनाओं के आदान-प्रदान का एक ज़रिया भर नहीं थीं, बल्कि वो ज़मीन थीं जहाँ उनका रिश्ता इस जबरन शारीरिक अलगाव और सेंसरशिप की शर्तों के बीच पनप रहा था, धड़क रहा था। हम इन चिट्ठियों में उनके भावनात्मक सम्बन्ध के भीतर मौजूद उस तनाव को पढ़ सकते हैं जो इस भौतिक विरह की असह्य परिस्थितियों में प्यार और स्नेह को व्यक्त करने की कठिनता से उपजता है। उन्होंने अपनी पसन्दीदा चीज़ों के बारे में अपने प्यार का इज़हार कर इस असंगत सी लगती चिट्ठी-पत्री को जीवन्त बना दिया। राजनीति, साहित्य, किताबें, विचार और संगीत इस ज़िन्दादिल सफ़र के सहयात्री बने। इसी तरह प्रकृति प्रेम उनका संगी बना और प्रकृति का मर्मस्पर्शी वर्णन इन चिट्ठियों का एक हिस्सा घेरता है। प्रमिला एक जगह लिखती हैं, "इन दिनों इधर घनघोर बारिश हो रही है। मुझे हमेशा से बारिश पसन्द रही है। वातावरण जैसे स्वच्छ हो जाता है। धरती (उसका जितना सा हिस्सा हमें नसीब है) जैसे अभी-अभी नहाकर निकली युवा स्त्री की तरह नज़र आती है। और जैसे ही आकाश खुलता है, मेरे सभी पसन्दीदा पंछी अपने पंख साफ़ कर चहचहाने लगते हैं।"[32] इस जीवन्त विवरण को पढ़कर लगता है जैसे प्रमिला वहीं उस ताज़ी धुली ज़मीन पर, चहचहाते पक्षियों के बीच खड़ी हैं।

प्रमिला इन चिट्ठियों में कथाएँ भी सुनाती हैं। ऐसी कथाएँ जिनसे यह नीरस पाठ एकदम ज़िन्दा हो उठे :

> कुछ ही दिन पहले की बात है, एक गौरैया को मैंने बड़ी दिलचस्प चीज़ें करते देखा। जिस मौसम में गौरैया के अधिकांश जोड़े अपने बच्चों का दुनिया में स्वागत करने की तैयारी में व्यस्त थे, इस गौरैया को अपने नर के साथ रोमांस करने से ही फ़ुर्सत नहीं थी। वह कुछ ख़ास तो थी। फिर एक दिन उसने ख़ुद को आईने में देखा। बस, आफ़त आ गई। वह अपने प्रतिबिम्ब को देखती और आईने में 'दूसरी गौरैया' को देख अचरज में डूब जाती। वह ऊपर से, बग़ल से, हर सम्भव तरीक़े से उसमें ख़ुद को देखने की कोशिश करती और आईने पर अपनी चोंच मारती। वह घंटों यह पता लगाने की कोशिश में बिता देती कि दर्पण के पीछे कौन है। हमने आईने को मेज़ पर रख दिया, लेकिन उसने फिर भी इसे नहीं छोड़ा। वह आईने में मौजूद 'दूसरी' गौरैया के प्रति इतनी ईर्ष्यालु हो गई थी कि जब भी नर

उस आईने के पास आता तो वह उसे दूर करने की हर सम्भव कोशिश करती। वो ऐसा करते ज़रा भी नहीं थकती थी। आख़िर जब हमने वो शीशा हटा दिया तो उसने दूसरी दीवार पर लगा एक और आईना खोज लिया। वह अपने पंख फैलाती और उस पर हमला करने की कोशिश करती। जब हमने उस आईने को कपड़े से ढक दिया, तब भी वह 'दूसरी' गौरैया से आतंकित उस शीशे के चारों ओर ही मँडराती रही। हमें उसके लिए थोड़ा बुरा लगा, लेकिन हम उसकी इन हरकतों पर हँसे बिना भी नहीं रह सके। मैंने उससे कहा, "यदि तुम अपना इतना समय इस दर्पण में दिखने वाली उस 'दूसरी स्त्री' के बारे में फ़िक्र करने में बिताओगी, तो तुम्हारा आदमी ज़रूर थककर ख़ुद के लिए दूसरी पत्नी ढूँढ़ लेगा।" वह रोज़ सुबह उठकर शीशे के पास आकर बैठ जाती थी। हमें नहीं पता कि आख़िर उसके नर साथी ने उसका ध्यान उस आईने में दिखते प्रतिबिम्ब से कैसे भटकाया। लेकिन एक दिन मैंने उन दोनों को काफ़ी प्रगाढ़ तल्लीनता में डूबे साथ बैठे देखा। इन दिनों वे अपना घोंसला बनाने की दिशा में काम करते दिख रहे हैं।

बहुत गहराई में न भी जाएँ तो भी प्रमिला का ऐसी कथाओं में रुचि लेना हमें कुछ बताता है। दर्पण में अपनी छवि पर चोंच मारती एक मादा गौरैया की कहानी सुनाते हुए प्रमिला का हर क़िस्म की प्रेम कहानी से गहरा लगाव उभरकर सामने आता है। सलाखों के पीछे क़ैद कर दिये जाने से उनका यह लगाव कम नहीं हुआ, बल्कि इसमें और प्रगाढ़ता आ गई। उन्होंने अपने प्रति भावनाएँ खुलकर अभिव्यक्त नहीं करने के लिए मधु को झिड़का भी। "हम तुम्हारी चिट्ठियों का सार्वजनिक वाचन करेंगे," उन्होंने लिखा, क्योंकि "वे तुमने अपनी पत्नी को नहीं बल्कि साथी क्रान्तिकारियों को लिखी हैं।" हाँ, "तुम्हारे पत्र ख़ूबसूरत भले हों पर शायद एक या दो वाक्यों को छोड़कर वे पूरी तरह उपयोगितावादी हैं। वहाँ शायद ही कुछ व्यक्तिपरक मिले। चिट्ठी तो दो दिलों को जोड़ती है। जब दो इनसान एक-दूसरे से अलग, मीलों के फ़ासले पर होते हैं तो उन्हें एक-दूसरे से संवाद के लिए चिट्ठियों का ही सहारा है। तुम्हें शायद अपनी चिट्ठियों पर मेरी ऐसी प्रतिक्रियाएँ नीरस लगें।"[33]

यह सच है कि मधु के पत्र भावनात्मक रूप से संयत होते थे। लेकिन कभी-कभी अपने लेखन में वे भी 'व्यक्तिपरक' होते। एक पत्र में उन्होंने टिप्पणी की कि उनके वैवाहिक जीवन के पिछले तेईस वर्ष कैसे आपाधापी में बीत गए। "मानो उसी का बदला लेने के लिए हमें जेल में, इस एकान्त में रहने के लिए मजबूर किया गया है। इस निस्तब्धता ने जैसे मौक़ा दिया है, पिछले तेईस वर्षों की यादों में

डुबकी लगाने का।" फिर वह अपनी भावनाओं को व्यक्त करने के लिए कविता की ओर मुड़ जाते हैं :

*जब नीचे आग सुलगती हो*
*यादें उसको भड़काती हैं*
*मेरा रोम-रोम तुम्हें याद कर खिल उठता है*
*और फ़ासला चुभने लगता है...*

उन्हें फ़िक्र होती है ये सोचकर कि वे फिर कब मिलेंगे। "लेकिन अगले ही पल मेरा दिल मुझसे कहता है कि हम ऐसी परिस्थितियों में एक-दूसरे से क़तई नहीं मिलना चाहेंगे, जो हमें निस्सहाय महसूस कराएँ और अपमानित करने वाली हों। और जब ये ख़याल मेरे मन में आते हैं, मुझे फिर से कुसुमाग्रज की लिखी ये पंक्तियाँ याद आती हैं :

*मैं कायरों जैसी दयनीय अन्तरंगता नहीं चाहता*
*इससे तो बेहतर मैं तुमसे अलग होना सह लूँगा!*

"जब भी हमें जेल से रिहा किया जाएगा, हम ताज़ादम मस्तिष्क के साथ बाहर निकलेंगे। हमारे साथ बिताए पिछले तेईस साल के सफ़र को क़ैद में बिताया यह समय आने वाले कई वर्षों तक यूँ ही साथ जारी रखने के लिए नई ऊर्जा देता रहेगा, प्रेरित करता रहेगा।"[34]

प्रमिला भी भविष्य के सपने देखतीं, लेकिन उन्हें अतीत की मधुर यादें भूली नहीं थीं। उन्होंने 22 अक्टूबर, उनकी शादी की सालगिरह का दिन मधु को याद दिलाते हुए उस दिन के बारे में लिखा जब मधु पहली बार उनके घर आए थे। उनकी माँ ने मधु को देखकर प्रमिला से पूछा था : "कितने सारे जवाँ लड़के हैं तुम्हारे आसपास। फिर इसे किस नुक्कड़ से उठा लाई हो?" प्रमिला ने आगे लिखा, उनकी माँ को कहाँ पता था कि प्रमिला ने हीरा चुना है। "इन बाईस वर्षों के बाद अगर कोई मुझसे पूछे, तो मैं बिलकुल वही साथी और वही ज़िन्दगी का सफ़र वापस चुन लूँगी। लेकिन मैं 'वटसावित्री' की पूजा नहीं करूँगी!"[35] मधु के प्रति प्रमिला का प्रेम परम्परा में डूबी पत्नी का प्रेम नहीं बल्कि एक ऐसी आत्मविश्वासी स्त्री का प्यार था, जो उनके राजनीतिक सफ़र की सहयात्री थी।

क़ैद ने उनके रिश्ते के बारे में प्रमिला की चेतना को और जागरूक किया और उन्हें यह स्वीकार करने में डर नहीं था कि वे मधु से मिलने के लिए तड़प रही थीं। प्रमिला ने बार-बार मधु से उनका यरवदा जेल तबादला किये जाने के लिए आवेदन करने या कम-से-कम सरकार से उन्हें मिलने की अनुमति देने के लिए अर्ज़ी देने को कहा। आख़िर जब मधु ने अनुमति के लिए आवेदन किया तो प्रमिला

की ख़ुशी का ठिकाना नहीं था : "मुझे तुम्हारा पत्र गुरुवार को मिला और तब से मैं बस ख़्वाबों में खोई हूँ। इस उम्र में इस तरह का व्यवहार हमें शोभा तो नहीं देता, लेकिन मैं (जेल में) हमारी मुलाक़ात की कल्पना में ही खोई रहती हूँ। भले अभी तुमने केन्द्र सरकार को इस बाबत केवल एक आवेदन ही भेजा है। लेकिन मैं इसके सच होने के सपने देख रही हूँ। इतना वक़्त बीता, पर मेरा मन कभी नहीं भटका। लेकिन अब इसे नियंत्रण में रखना मुश्किल हो रहा है। मेरे आस-पास इतनी सारी युवा लड़कियाँ हैं, इसलिए अब मुझे सावधान रहना होगा कि उन्हें मेरी मन:स्थिति का एहसास न हो।"[36] अफ़सोस की बात रही कि जब अप्रैल, 1976 में अदालत ने आदेश दिया कि मधु को प्रमिला से मिलने की अनुमति दी जाए, तो सरकार ने एक क्रूर शर्त जोड़ दी कि वह सुरक्षा एस्कॉर्ट की लागत मधु से वसूलेगी। अब ऐसी अपमानजनक शर्त को स्वीकार करने का तो सवाल ही नहीं उठता था : "चाहे मैं तुमसे मिलने के लिए कितनी भी बेक़रार क्यों न हूँ, तुम जानते हो कि मैं किसी भी तरह के व्यक्तिगत लाभ के लिए अपने सिद्धान्तों से समझौता नहीं कर सकती। और अगर तुम मेरी इस बात पर विश्वास करने से इनकार करोगे, तो सच मानो कि मैं ये सह नहीं पाऊँगी।"[37] लेकिन मधु ख़ुद उनसे सहमत थे। आख़िर मुलाक़ात नहीं हुई। प्रमिला का दिल टूट गया था। "एक तरफ़ तो ऐसा लगता है जैसे यह करना सही था। लेकिन दूसरी तरफ़ जब मैं तुम्हारे पत्र की उन पंक्तियों को याद करती हूँ तो दर्द से भर जाती हूँ : 'जब हम रिहा हो जाएँगे तो हम मिलेंगे—बशर्ते, अगर हम रिहा हो पाएँ!' तुमने कितना आसानी से लिख दिया, लेकिन मैं इसे इतनी आसानी से पचा नहीं पा रही हूँ।"[38]

सच में प्रमिला ने इसे आसानी से हज़म नहीं किया। जून, 1976 में लिखे एक पत्र में प्रमिला ने इस नोट से शुरुआत की कि उनके टेलीग्राम में उनका नाम मधु की जगह 'मधुर' (मीठा) दंडवते लिखा गया था। "मैंने कहा, हाँ, वह मीठे हैं।" इस कोमल टिप्पणी के बाद उन्होंने अलगाव का दर्द सहते हुए भी मज़बूत बने रहने का वादा किया। लेकिन चिट्ठी के अन्त में फिर एक प्रश्न था : "यह रात कब ख़त्म होगी?"[39] और एक महीने बाद : "आसमान के एक टुकड़े के सहारे आख़िर तुम कैसे गुज़र करोगे? जब मैं दिन में जेल के भीतर घूमती हूँ, विभिन्न पक्षियों और आसमान के बदलते रंगों को देखती हूँ तो मुझे ख़याल आता है कि तुम्हारे हिस्से इस आसमान का कौन-सा हिस्सा आया होगा। इस कभी न ख़त्म होने वाली रात का सवेरा आख़िर कब होगा?"[40] मधु भी रद्द हुई मुलाक़ात से निराश थे लेकिन उन्होंने इसे आपातकाल के दौर की राजनीतिक वास्तविकता के रूप में लिया। इस पर ध्यान नहीं देना ठीक समझा। इसके बजाय उनका ध्यान उनकी परिस्थिति के बड़े राजनीतिक अर्थों की ओर गया। 9 अगस्त के दिन, प्रमिला ने जब उन्हें 'आसमान के एक टुकड़े' के बारे में लिखा था उसके सप्ताह भर बाद,

मधु ने उन्हें उस दिन के महत्त्व के बारे में लिखा। यह याद करते हुए कि 9 अगस्त ही वह दिन था जब 'भारत छोड़ो आन्दोलन' का उद्घोष हुआ था, वह विभाजन और स्वतंत्रता पर लिखी फ़ैज़ अहमद 'फ़ैज़' की कविता 'सुबह-ए-आज़ादी' की प्रसिद्ध पंक्तियाँ उद्धृत करते हैं : "यह दाग़दार उजाला, यह शबगज़ीदा सहर / कि वो इन्तज़ार था जिसका, ये वो सहर तो नहीं।"[41]

दोनों को अपने बेटे उदय की चिन्ता थी, जिसे उनकी गिरफ़्तारी के ठीक पहले नेशनल इंस्टीट्यूट ऑफ़ डिज़ाइन, अहमदाबाद में दाख़िला मिला था। प्रमिला ख़ासकर अपने को दोषी महसूस करती थीं : "जब भी मैं उदय के बारे में सोचती हूँ तो मैं अपने दर्द को सँभाल नहीं पाती हूँ। वो हमारा इकलौता बेटा है और हम उसके लिए कुछ नहीं कर पा रहे। हमने उसे अपने मूल्यों के साथ बड़ा करने का प्रयास किया है। लेकिन इससे पहले कि वह पूरी तरह से तैयार हो पाता, इससे पहले कि उसके पंखों में जान आती, हमने उसे ख़ुद की देखभाल करने, अपनी ज़िन्दगी ख़ुद बनाने के लिए बेसहारा छोड़ दिया।" क्योंकि वे अमीर नहीं थे, उदय की शिक्षा के लिए ज़रूरी धन की उपलब्धता एक चिन्ता का विषय थी। परन्तु उनके क़ैद में होने का उस पर कैसा प्रभाव पड़ेगा, ये ज़्यादा बड़ी चिन्ता थी। जब उदय अपनी माँ से मिलने आया, तो उसने प्रमिला से कहा कि उसे नहीं लगता कि वे कभी बाहर निकल पाएँगे। उसकी निराशा उन्हें बहुत दुख देती थी। प्रमिला ने एक जगह लिखा, "उसके माता-पिता जीवित हैं, फिर भी वह एक अनाथ है।"[42] मधु ने लिखा कि उदय ने उनसे एक सवाल पूछा : "जो लोग अपना पूरा जीवन किसी उद्देश्य के लिए समर्पित करना चाहते हैं, वे वैवाहिक सम्बन्धों में पड़ते ही क्यों हैं? क्या उनकी पत्नी या बच्चे उनके उद्देश्य की राह में बाधक नहीं बनते? क्या हक़ है उन्हें आख़िर शादी करने और बच्चे पैदा करने का?"[43] एक स्तर पर यह सीधा सा प्रश्न था, लेकिन दूसरे स्तर पर इसमें एक गम्भीर बात छिपी थी और मधु ने स्वीकार किया कि यह एक सोचे-समझे उत्तर का हक़दार था।

हम नहीं जानते कि मधु ने उदय को क्या उत्तर दिया। लेकिन उसके सवाल ने क़ैद से जुड़ी असल चुनौती को सामने रख दिया। क़ैद ने उन्हें स्वतंत्रता के प्रति उनकी प्रतिबद्धता को एकदम निजी, अस्तित्वगत स्तर पर जाँचने को मजबूर किया। क़ैद ने उनसे परिवार के प्रति अपने प्यार और कर्तव्य के मुक़ाबले स्वतंत्रता के मूल्य को तौलने की शर्त रखी। प्रमिला और मधु को इसका पूरा श्रेय दिया जाना चाहिए कि वे इस परीक्षा में सर्वोत्तम अंकों से उत्तीर्ण हुए। वे सताए गए, लेकिन वे झुके नहीं। आप उनके पत्र पढ़कर उनकी सत्यनिष्ठा और ईमानदारी पर जान दिये बिना रह नहीं सकते। पत्रों में अलगाव के दर्द के साथ-साथ यह भी साफ़ पढ़ा जा सकता है कि कैसे उन्होंने इस चुनौती का सामना अपने बीच के भावनात्मक बन्धन को फिर से स्थापित करने के लिए स्वतंत्रता के प्रति अपनी प्रतिबद्धता को

दोहराते हुए किया। मधु ने इसे कुसुमाग्रज की कविता के माध्यम से व्यक्त किया : "मैं कायरों जैसी दयनीय अन्तरंगता नहीं चाहता।" वे एक-दूसरे से प्यार करते थे क्योंकि उन्हें आज़ादी से प्रेम था। उनके इस प्रेम ने आज़ादी के अर्थ को भी समृद्ध और विस्तारित किया।

## आज़ादी की रणनीतियाँ

लम्बे समय तक जेल में रहने के लिए प्रबीर ने ख़ुद को तैयार कर लिया था। वे अपनी पार्टी सीपीएम के नेतृत्व पर बहुत भरोसा करते थे, और नेतृत्व को भविष्य में आपातकाल का कोई अन्त दिखाई नहीं दे रहा था। सरकार को जो एकमात्र रियायत देने के लिए मजबूर होना पड़ा, वह यह था कि उन्हें 1 जनवरी, 1976 को इलाहाबाद के नैनी जेल ले जाया गया ताकि सलाखों के पीछे उनका मौखिक बयान दर्ज किया जा सके।

उस समय नैनी जेल में जनसंघ के वरिष्ठ नेता मुरली मनोहर जोशी भी बन्द थे। ठंड से भरी एक शाम प्रबीर उनके साथ जेल के मैदान में टहलने गए। साथ चलते हुए मुरली मनोहर जोशी ने प्रबीर से कहा कि उनकी रिहाई को किसी भी क़ीमत पर सुनिश्चित करवाना बुद्धिजीवियों का कर्तव्य है। यही वक़्त की माँग है। उन्होंने प्रबीर से यह सन्देश तिहाड़ जेल में बन्द प्रमुख आरएसएस / जनसंघ के नेता नानाजी देशमुख तक पहुँचाने को कहा। दिल्ली की जेल लौटने पर प्रबीर ने वैसा ही किया जैसा उनसे कहा गया था। सन्देश सुनने के बाद देशमुख ने थके हुए अन्दाज़ में जवाब दिया, "हाँ, पर वह महिला कुछ सुनने को तैयार हो, तब तो!"[44]

संगठन पर प्रतिबन्ध और गिरफ़्तारियों से आरएसएस नेतृत्व का चिन्तित होना स्वाभाविक था। पुणे के यरवदा केन्द्रीय कारागार में बन्द आरएसएस प्रमुख बालासाहेब देवरस ने आपातकाल के दौरान इन्दिरा गांधी को दो पत्र लिखे।[45] पहला पत्र 22 अगस्त, 1975 को लिखा गया जिसकी शुरुआत देवरस ने इन्दिरा के स्वतंत्रता दिवस के 'अवसर के अनुरूप' दिये 'सन्तुलित' भाषण की सराहना करते हुए की। आगे उन्होंने साम्प्रदायिकता और मुस्लिम विरोधी दंगों को भड़काने के आरोपों के ख़िलाफ़ आरएसएस का दृढ़ता से बचाव किया। उन्होंने लिखा कि आरएसएस का एकमात्र लक्ष्य हिन्दू समुदाय को मज़बूत और एकजुट करना था, जो प्रधानमंत्री के भाषण के अनुरूप था जिसमें प्रधानमंत्री ने प्रत्येक समुदाय को राष्ट्र के लिए अपना योगदान देने के लिए प्रोत्साहित किया था। पत्र के अन्त में देवरस ने इन्दिरा गांधी से उनके संगठन पर लगे अनुचित प्रतिबन्ध को हटाने के लिए कहा।

10 नवम्बर, 1975 को लिखे अपने दूसरे पत्र की शुरुआत बालासाहेब देवरस ने सुप्रीम कोर्ट में चुनाव से जुड़ी अपील जीतने पर इन्दिरा को बधाई देते हुए की।

जबकि यह जीत संसद द्वारा पारित विशेष रूप से उन्हें बचाने के लिए बदले गए चुनाव क़ानूनों से हासिल की गई जीत थी। इसके बावजूद देवरस द्वारा उन्हें दी गई बधाई में व्यंग्य का कोई पुट नहीं था। बजाय इसके, बधाई देने के फ़ौरन बाद वे पत्र में एक बार फिर आरएसएस के समर्थन में तर्क रखने लगे। यह साम्प्रदायिक या फासीवादी संगठन नहीं है। यहाँ तक कि देवरस ने इस बात से भी इनकार कर दिया कि आरएसएस ने गुजरात और बिहार में जेपी के आन्दोलन का समर्थन दिया था। पत्र में उन्होंने इन्दिरा से अनुरोध किया कि वे संघ को पूर्वग्रह रहित नज़रों से देखें और उस पर लगाए गए प्रतिबन्ध को रद्द कर दें। उन्होंने कहा कि जेल से बाहर निकलने के बाद आरएसएस कार्यकर्ता राष्ट्र के उत्थान के लिए तमाम आधिकारिक और ग़ैर-आधिकारिक कार्यक्रमों में भाग लेंगे। लेकिन जब उनके पत्रों को अनदेखा कर दिया गया और उनका कोई जवाब हासिल नहीं हुआ, तो देवरस ने आचार्य विनोबा भावे को पत्र लिखकर इन्दिरा से जुड़े प्रसंग में हस्तक्षेप की माँग की। सभी के द्वारा सम्मानित 'सर्वोदय' (सर्वजन सामाजिक उत्थान के लिए कार्यरत एक ग़ैर-राजनीतिक संगठन) नेता विनोबा भावे एक इस मध्यस्थता के लिए उपयुक्त व्यक्ति थे। एक बार फिर यह दलील देते हुए कि आरएसएस को ग़लत वजहों से बदनाम किया जा रहा है, देवरस ने संगठन पर प्रतिबन्ध हटवाने में विनोबा भावे से मदद का अनुरोध किया। विनोबा को लिखे पत्र में भी देवरस ने कहा कि एक बार यह सम्भव हो गया, तो आरएसएस के सदस्य 'प्रधानमंत्री के नेतृत्व में' देश की प्रगति और समृद्धि के कार्यक्रमों में खुलकर भाग लेंगे।

आलोचक देवरस द्वारा इन्दिरा को लिखे पत्रों को माफ़ीनामा घोषित करते हैं।[46] इन्हें 'माफ़ीनामा' कहना तो ख़ैर अतिशयोक्ति होगी, लेकिन इन पत्रों से यह साफ़ है कि देवरस झुकने को राज़ी थे। ठीक है कि उन्होंने आरएसएस का बचाव किया, लेकिन उनकी यह दलील कि आरएसएस ने जेपी के आन्दोलन में भागीदारी ही नहीं की थी,छल से भरी थी। यह तो समझ आता है कि वह अपने संगठन की रक्षा करना चाहते थे, लेकिन 'प्रधानमंत्री के नेतृत्व में' काम करने की पेशकश वास्तव में साहस का परिचायक तो नहीं थी। जनसंघ के राष्ट्रीय कोषाध्यक्ष राम कुमार बत्रा तो देवरस से भी आगे बढ़ गए। उन्होंने अगस्त, 1975 में पार्टी से इस्तीफ़ा दे दिया और एक बयान जारी कर आरएसएस जैसे 'साम्प्रदायिक संगठनों' पर प्रतिबन्ध का समर्थन करते हुए इन्दिरा के आर्थिक कार्यक्रमों के समर्थन में उतर आए।[47]

पर दूसरे आरएसएस / जनसंघ के नेता देवरस के दृष्टिकोण से सहमत नहीं थे। उदाहरण के लिए लालकृष्ण आडवाणी की जेल डायरी इन्दिरा और आपातकाल के प्रति उनके अडिग विरोध को बख़ूबी दर्ज करती है।[48] उनकी डायरी में प्रतिदिन इन्दिरा द्वारा आपातकाल के समर्थन में कही गई बातों की धज्जियाँ उड़ाती हुई टिप्पणियाँ मौजूद हैं। साथ ही उन्होंने भूमिगत वितरण के लिए कई पैम्फ़लेट भी लिखे, जिनमें

सविनय अवज्ञा का एक लोकतांत्रिक अधिकार के रूप में जोरदार बचाव होता था और आपातकाल की तुलना हिटलर की नाज़ी तानाशाही से की गई थी।

समाजवादी इन्दिरा के सबसे कट्टर शत्रु थे। जैसा कि हमने देखा, भिन्न जेलों में क़ैद मधु और प्रमिला के भीतर एक-दूसरे से मिलने की प्रबल इच्छा थी लेकिन इसे सम्भव बनाने के लिए वे अपनी विचारधारा से एक इंच भी हिलने को तैयार नहीं थे। मधु ने उन लोगों का तिरस्कारपूर्ण ढंग से उल्लेख किया, जो बातें तो क्रान्ति की करते थे लेकिन मौक़ा आने पर फ़ौरन सत्ता के सामने घुटने टेक देते थे। वसंत बापट की कविता इन्हीं 'गिरगिटों' के लिए थी[49] :

*क्योंकि तुममें साहस नहीं था, इसकी क़ीमत मत लगाओ*
*यह मत भूलो कि यह हमेशा से ज़िन्दगी और मौत का प्रश्न है*
*सच यह है कि हम शुरू से ही कायर रहे हैं*
*हमारी पीठ तब से झुकी हुई है, जब हम पैदा हुए!*
*हवाओं का रुख़ बदला तो हमने उस ओर पीठ कर ली*
*इस पापी पेट का ख़याल रखने के लिए यही करना चाहिए*
*फीके रंग में रँगी हुई बहुत सी टोपियाँ ज़मीन पर गिर जाती हैं*
*कम से कम सर गर्दन पर अपनी जगह टिके रहते हैं...*

भूमिगत प्रतिरोध में जुटे जॉर्ज फ़र्नांडीज़ ने इन्दिरा को ग़ुस्से से भरे खुले ख़त लिखे। जून, 1976 में उनकी गिरफ़्तारी और बाद में बड़ौदा डायनामाइट केस में मुक़दमा चलने के बावजूद उनका विद्रोही तेवर ज़रा नहीं कम हुआ। जेल की कोठरी हो या अदालत का कठघरा, वे इन्दिरा के विरोध में लगातार आग उगलते रहे। शहरी संभ्रान्त समाजवादी बुद्धिजीवी मधु लिमये ने इन्दिरा को ऐसे चुनौती भरे पत्र लिखे जिनमें साहित्यिक रस भरा होता था। ऐसे ही एक पत्र में उनके द्वारा साहसपूर्ण घोषणा की गई, "हम महात्मा गांधी की सन्तान हैं और सविनय अवज्ञा हमारा जन्मसिद्ध अधिकार है। और हम इसे नहीं छोड़ने वाले। जेल हमें ज़रा भी नहीं डरा सकती।" उन्होंने इन्दिरा को 'अनूठे अंग्रेज़ी नाटककार' विलियम शेक्सपियर के नाटक 'रिचर्ड द्वितीय' की पंक्तियों में निहित सच्चाई पर विचार करने की सलाह दी[50] :

*...खोखले मुकुट के भीतर*
*जो एक सम्राट के नश्वर कपाल के गिर्द ठहरा है*
*मृत्यु अपना दरबार लगाती है और होता है शब-ए-रोज़ तमाशा*
*उसकी शान-ओ-शौक़त पर दाँत निपोरती है और उसका राज्य निगल जाती है*
*उसे साँस भर लेने की मोहलत देते, या ज़रा जलवा दिखाने का*
*राजसत्ता बचानी है तो भय और आततायी होना होगा*

*उसे आत्महंता गर्व और व्यर्थ के दम्भ से भर देती है*
*जैसे कि यह नश्वर शरीर जो हमारे जीवन को धारण करता है*
*यह बना है अभेद्य धातु का*
*अन्त में एक ज़रा चोट से ढह जाती है इस नश्वर शरीर की इमारत*
*ऐसे होती है विदाई सम्राट की!*

बांग्लादेश के राष्ट्रपति शेख़ मुजीबुर रहमान की हत्या के तुरन्त बाद लिखे इस पत्र में इन्दिरा को इस घटना की याद दिलाते हुए मधु लिमये शेक्सपियर के नाटक से जो अंश साझा करते हैं, उसके अर्थ को लेकर कोई सन्देह नहीं रह जाता है। उनके एक दूसरे पत्र के अन्त में जेल में एक युवा कार्यकर्ता की मौत पर दुख व्यक्त करते हुए सैमुअल टेलर कॉलरिज के 'दि राइम ऑफ़ द एंशिएंट मेरिनर' से एक उद्धरण साझा किया गया है :

*कितने इनसान, कितने सुन्दर!*
*और वे सभी मारे गए, झूठ रहा*
*और हज़ारों घिनौनी चीज़ें*
*जीवित रहीं; और मैं भी।*[51]

समाजवादी अन्त तक झुके नहीं। उन्हें यह बहुत महँगा पड़ा, लेकिन वे इसकी क़ीमत चुकाने को तैयार थे। प्रबीर भी इसी मिट्टी के बने थे। वह सीपीएम के एक साधारण छात्र कार्यकर्ता थे, कोई नेता नहीं। उन्हें मालूम था कि उनकी गिरफ़्तारी संजय गांधी के प्रति डीआईजी भिंडर की अत्यधिक वफ़ादारी के चलते हुई थी। लेकिन उन्होंने क़ैदी जीवन के प्रति ख़ुद को समझा लिया था। नैनी जेल में जनसंघ के नेता जोशी के शब्द और जोशी के सन्देश को सुनने पर नानाजी देशमुख की प्रतिक्रिया ने उनके इस विश्वास की पुष्टि कर दी थी कि जेल से बाहर निकलने का अवसर बिना कोई क़ीमत चुकाए नहीं मिलने वाला था। कई संसद सदस्यों ने उनके मामले के बारे में गृह राज्यमंत्री एवं संजय के वफ़ादार ओम मेहता को पत्र लिखकर उनके अपहरण का विरोध किया और जाँच की माँग उठाई।[52] लेकिन दिल्ली प्रशासन ने उन सब माँगों को अनसुना कर दिया।

हालाँकि, प्रबीर की माँ ने हार नहीं मानी थी। उन्होंने इन्दिरा गांधी की कैबिनेट में मंत्री रहे डी. पी. चट्टोपाध्याय, जिन्हें वह अपने बंगाली समाज के परिचित दायरे के माध्यम से जानती थीं, से इस बाबत अपील की। चट्टोपाध्याय ने ओम मेहता को पत्र लिखा। इतने सिरों से हो रही पूछताछ ने गृह मंत्रालय के अधिकारियों को इस मामले पर ग़ौर करने के लिए मजबूर किया होगा। उन्होंने दिल्ली प्रशासन से पूछताछ की, जिसने यह झूठ दोहराया कि यह पहचान में गफ़लत का मामला नहीं

है। लेकिन गृह मंत्रालय में संयुक्त सचिव आर.एल. मिश्रा चीज़ों को ठीक करने के लिए प्रतिबद्ध थे। उन्होंने प्रबीर की रिहाई की सिफ़ारिश करते हुए एक सख़्त नोट लिखा। ओम मेहता और केन्द्रीय गृहमंत्री ब्रह्मानन्द रेड्डी ने 9 जुलाई, 1976 के दिन इस नोट को मंजूरी दी और दिल्ली प्रशासन को प्रबीर को रिहा करने का आदेश जारी किया। लेकिन दिल्ली प्रशासन ने इस नोट पर कोई कार्रवाई नहीं की। लेकिन ज़िद पर अड़े मिश्रा ने 9 सितम्बर के दिन ऐसा एक और नोट तैयार किया, जिसे रेड्डी और मेहता दोनों ने अनुमोदित करवाया और एक बार फिर प्रबीर की रिहाई की माँग की गई। इसमें दिल्ली की मुख्य सचिव शैलजा चन्द्रा द्वारा एक हस्तलिखित नोटेशन है, जिसमें चेतावनी दी गई है कि उप-राज्यपाल 'इस मामले में काफ़ी सख़्त राय' रखते हैं। अन्ततः दिल्ली प्रशासन ने निर्देश का पालन किया और 20 सितम्बर के दिन प्रबीर की रिहाई का आदेश जारी हुआ। इसके पाँच दिन बाद प्रबीर तड़के सुबह 6:30 पर जेएनयू पहुँचे। उन्हें सब कुछ सुन्दर लग रहा था, क्योंकि उन्होंने तो एक साल तक पेड़ भी नहीं देखे थे। उन्होंने अशोका के हॉस्टल के बाहर खड़े होकर उन्हें आवाज़ लगाई। अशोका बालकनी से बाहर आईं, प्रबीर को देखा और देखते ही नीचे की ओर भागीं।

अन्त में, प्रबीर के 'मीसा' में गिरफ़्तारी के वारंट पर हस्ताक्षर करने वाले मजिस्ट्रेट एडीएम घोष ने ही दिसम्बर, 1976 में तीस हज़ारी अदालत में अशोका के साथ प्रबीर की शादी को पंजीकृत किया। कोर्ट में विवाह सम्पन्न होने के पश्चात प्रबीर के माता-पिता ने घोष को अपने घर पर एक छोटे से उत्सव में रात्रिभोज के लिए आमंत्रित किया। उस वक़्त उन्हें यह बात नहीं पता थी कि एडीएम घोष ने शुरुआत में प्रबीर के 'मीसा' वारंट पर हस्ताक्षर करने से इनकार कर दिया था, पर प्रबीर के जेल प्रवास के दौरान मजिस्ट्रेट का व्यवहार बहुत विनम्र था और उन्होंने मदद भी की थी। इसके अलावा, घोष बंगाली थे और वे एक सांस्कृतिक रिश्ता भी साझा करते थे। घोष रात्रिभोज में एक उपहार लेकर पहुँचे। उपहार में वे अपने साथ फ्रांसीसी दार्शनिक और क्रान्तिकारी रेगिस डेब्रॉय की 'प्रिज़न राइटिंग्स'[53] की एक प्रति लाए थे। यह पुस्तक डेब्रॉय के 1967-70 के दौरान जेल में लिखे का संग्रह है, जब उन्हें चे ग्वेरा के गुरिल्ला संगठन का सदस्य होने के आरोप में बोलीविया की जेल में क़ैद कर दिया गया था। प्रबीर आज भी सीपीएम के सदस्य बने हुए हैं और हालिया दिनों में इलेक्ट्रॉनिक मीडिया में विकल्प खड़ा करने में जुटे हैं। अशोका भी पार्टी कार्यकर्ता बनी रहीं, लेकिन अक्टूबर, 1983 में ब्रेन हेमरेज से उनकी दुखद मृत्यु हो गई।

प्रबीर का दुःस्वप्न तो सितम्बर, 1976 में समाप्त हो गया लेकिन उन हज़ारों लोगों के लिए जो सलाखों के पीछे रहे, मुसीबतें वैसे ही बनी रहीं। जेपी 12 नवम्बर, 1975 के दिन चंडीगढ़ से रिहा हुए और जब बम्बई के जसलोक अस्पताल में

उनके गुर्दे ख़राब होने की बात का पता चला, उस समय वे तमाम ग़ैर-कम्युनिस्ट विपक्षी दलों को एकजुट कर एक वृहत्तर राजनीतिक निर्माण की ओर बढ़ चुके थे। जेपी ने मार्च, 1976 में तब तक रिहा कर दिये गए चरण सिंह, पीलू मोदी, अशोक मेहता और सुरेन्द्र मोहन जैसे विपक्षी नेताओं के साथ चर्चा शुरू कर दी।[54] चूँकि इन चर्चाओं में मौजूद लोग जेपी के आन्दोलन का हिस्सा रहे थे इसलिए इनके बीच एकजुटता समझ में आनेवाली बात थी। मई, 1976 में जेपी ने बम्बई में एक साक्षात्कार दिया जिसमें उन्होंने इस बात की पुष्टि की कि एक नई संयुक्त पार्टी का गठन "जल्द ही होने वाला है।"[55]

जब गठबन्धन की यह ख़बर जेल में बन्द लोगों तक पहुँची, तो सबकी प्रतिक्रिया सकारात्मक नहीं थी। प्रमिला ने मधु को पत्र लिखकर अपनी आपत्ति व्यक्त की और पूछा कि उन्होंने क्यों अपना मत बदल लिया है।[56] प्रमिला ने इस 'नई दिशा' पर सवाल उठाते हुए कहा कि सिर्फ़ चुनाव लड़ने के एकमात्र उद्देश्य के साथ पार्टी बनाना निरर्थक है। "अगर हम लोकतंत्र के लिए अनुकूल माहौल होने तक चुनाव की राजनीति का त्याग करने के लिए तैयार हैं, तभी हम पार्टी के भविष्य के लिए ईमानदार संघर्ष कर रहे हैं।" शायद मधु के उस भाषण के सन्दर्भ में जो मधु ने जेल में आरएसएस के बारे में अपने पहले के विचारों को बदलते हुए दिया था और कहा था कि यह संगठन गांधी के आदर्शों के सबसे क़रीब है, प्रमिला ने लिखा, "गांधीजी की हिन्दू धर्म के प्रति प्रतिबद्धता समावेशी थी, उनका हिन्दू धर्म धर्मनिरपेक्षता में पगा था। और ये लोग जो धार्मिक कट्टरता और नफ़रत का सौदा करते हैं...इन दोनों विचारों में आख़िर क्या समानता है? यदि नई पार्टी बनाते समय पुरानी पार्टियाँ अपनी कमियाँ दूर करने से इनकार कर दें, यदि वे आत्म-विश्लेषण करने से पीछे हट जाएँ, यदि वे चाटुकारिता को ख़त्म करने से इनकार कर दें, तो जो नई पार्टी बनेगी वह बस पहले की तमाम ख़ामियों को ढोती रहेगी। इसमें नई ऊर्जा का संचार कैसे हो सकता है, यह 'सम्पूर्ण क्रान्ति' की वाहक कैसे बन सकती है?"[57] वे इन्दिरा को संसदीय विकल्प के बतौर बदल देने भर के लिए जेल नहीं गई थीं। बल्कि जेल प्रवास ने 'सम्पूर्ण क्रान्ति' के प्रति प्रमिला की प्रतिबद्धता को और मज़बूत कर दिया था।

ऐसा सोचनेवाली वे अकेली नहीं थीं। वयोवृद्ध समाजवादी नेता एस.एम. जोशी को जेल में क़ैद पार्टी कार्यकर्ताओं द्वारा लिखे पत्र मिले, जिसमें उन्होंने 'दक्षिणपंथियों' और 'साम्प्रदायिकतावादियों' के साथ जुड़ने की योजना पर निराशा व्यक्त की थी।[58] सम्भवत: मधु दंडवते ने भी अपनी आपत्तियाँ व्यक्त की थीं। वरिष्ठ समाजवादी नेता एन.जी. गोरे ने इन आपत्तियों का जवाब दिया। उन्होंने मधु से कहा कि विपक्षी दलों के एकीकरण की यह योजना तो स्वाभाविक है। आख़िरकार आपातकाल लागू होने से पहले जेपी आन्दोलन जिस दिशा में जा रहा

था, यह उसकी सहज परिणति है। बेशक, उन्हें ऐसा कोई भ्रम नहीं था कि उनके साथी इसका तहे-दिल से स्वागत करेंगे। आख़िर वे समाजवादियों का इतिहास कैसे भूल सकते थे। "हम हमेशा विभाजित रहेंगे, झिझकते रहेंगे, अधिकतम बलिदान के लिए तैयार रहेंगे, लेकिन जब प्रक्रिया की परिणति सामने आएगी तो हम हमेशा अनुपस्थित और विभाजित रहेंगे।"[59] मधु ने यह सब सुनकर हथियार डाल दिये। उन्होंने प्रमिला को पत्र लिखकर अपना मत बदलने के बारे में बताया। सभी दलों के आग्रह पर ख़ुद जेपी ने आगे बढ़कर संयुक्त पार्टी बनाने के निर्णय की घोषणा की थी। यदि अब वे इस क़दम से पीछे हट जाते या आपत्ति जताते, तो जेपी की विश्वसनीयता को नुक़सान होता। "यदि कोई 'संसदीय विकल्प' नहीं बचा, तो सब कुछ बर्बाद हो जाएगा।"[60]

जेल में बिताया समय लोगों के लिए सार्वजनिक क्षेत्र और व्यक्तिगत रिश्ते दोनों स्तर पर स्वतंत्रता के असल मायनों पर विचार करने का एक मौक़ा बनकर आया था। लेकिन फिर व्यावहारिक राजनीति हावी हो गई, क्योंकि अफ़वाहें उड़ने लगीं कि इन्दिरा लोकसभा भंग कर सकती हैं और नये चुनावों की घोषणा कर सकती हैं। संयुक्त विपक्षी दल के गठन ने 'सम्पूर्ण क्रान्ति' को कहीं पीछे धकेल दिया था। जेल में बन्द राजनीतिक नेता; जिन्होंने स्वतंत्रता के अर्थों को तलाशने और विस्तारित करने के लिए विद्रोह से भरी कविता, साहित्य और दर्शन का सहारा लिया था, इसके दलीय राजनीति तक सीमित अर्थ से बँध गए। 'उस महिला को हराने' का विचार दृढ़ता से मन में धारण किये जेपी ने तमाम ग़ैर-कम्युनिस्ट विपक्षी दलों को एक साथ लाने का बीड़ा उठाया। ये आसान नहीं था। वैचारिक मतभेदों ने पार्टियों को विभाजित कर दिया था और आरएसएस/जनसंघ का हिन्दू राष्ट्रवादी अतीत बहुत लोगों के लिए असुविधा की वजह बना।

हर कोई इस बात से सहमत नहीं था कि जनसंघ जैसी कैडर-आधारित राजनीतिक पार्टी पर इस बात के लिए भरोसा किया जा सकता है कि वह अपने छात्र संगठन और ट्रेड यूनियन संगठनों को बरकरार रखते हुए भी अपनी पहचान ख़त्म कर एक नई पार्टी का हिस्सा बन पाएगी। प्रस्तावित संयुक्त संगठन में लाभ हासिल करने के लिए कैसे मनमाने समझौते किये जा सकते हैं, वह खुलकर सामने आ गया। नेताओं की व्यक्तिगत महत्त्वाकांक्षाओं ने बातचीत में रोड़े अटकाए। मतभेद उन लोगों के प्रति रुख़ पर भी था जो जेल से पहले ही मुक्त हो चुके थे और अब सामान्य स्थिति बहाल करने के लिए सरकार के साथ बिना शर्त बातचीत की पेशकश कर रहे थे। यहाँ जेपी ने आगे बढ़कर वैचारिक टकराव और व्यक्तिगत और पार्टी की महत्त्वाकांक्षाओं के बीच एकता वार्ता के पूरी तरह पटरी से उतर जाने को रोका। जेल में बिताए समय का साझा अनुभव भी यहाँ काम आया। इसने विभिन्न दलों के नेताओं को एकता की तलाश जारी रखने के लिए राज़ी करने में मदद की, भले ही

इसका अर्थ स्वतंत्रता और सामाजिक परिवर्तन के उन वृहत्तर विचारों को दरकिनार करना हो, जिन पर उनमें से कुछ ने जेल में ख़ूब विमर्श किया था।

18 जनवरी, 1977 के दिन इन्दिरा गांधी की इस घोषणा के साथ कि राष्ट्रीय चुनाव मार्च में होंगे, संयुक्त विपक्षी दल के निर्माण के निर्णय पर जैसे अन्तिम मुहर लग गई। 23 जनवरी की तारीख़ को भारतीय लोक दल, जनसंघ, स्वतंत्र पार्टी और सोशलिस्ट पार्टी ने घोषणा की कि वे सभी अपनी व्यक्तिगत पहचान को भंग कर रहे हैं और साथ मिलकर 'जनता पार्टी' की स्थापना करते हैं। उन्होंने माँग रखी कि गिरफ़्तार नेताओं और कार्यकर्ताओं को फ़ौरन रिहा किया जाए और प्रेस एवं राजनीतिक बैठकों पर से प्रतिबन्ध हटाया जाए। इन्दिरा ये मान गईं। असल में मधु दंडवते तो इससे पहले ही जेल से रिहा हो चुके थे और 1 जनवरी, 1977 के दिन दो हज़ार से अधिक समर्थकों की भीड़ ने उनका बम्बई के दादर स्टेशन पर स्वागत किया। अपने पिता का स्वागत करने के लिए वहाँ खिलखिलाता उदय भी मौजूद था। एकत्रित कार्यकर्ताओं ने उन्हें किसी 'विजयी पहलवान की तरह' अपने कन्धों पर उठा लिया।[61] तीन हफ़्ते बाद प्रमिला के जीवन की इस सबसे लम्बी रात का अन्त हुआ। 21 जनवरी के दिन उन्हें भी रिहा कर दिया गया। यह समाजवादी दम्पती अब एकजुट होकर फ़ौरन इन्दिरा के ख़िलाफ़ जनता पार्टी के चुनाव अभियान में कूद पड़े।

मार्च, 1977 के चुनावों में इन्दिरा की करारी हार ने चुनाव करवाने के उनके फ़ैसले के पीछे के उद्देश्यों पर अन्तहीन अटकलों को जन्म दिया। शायद उनके ख़ुद के दस्तावेज़ इसके कारणों का खुलासा करें, लेकिन उन्हें अभी सार्वजनिक नहीं किया गया है। लेकिन इन्दिरा के ख़ुद के इस बाबत विचारों को जाने बिना हमारे पास सिर्फ़ अफ़वाहें और अनुमान ही बचे हैं। एक व्यापक धारणा यह है कि ख़ुफ़िया ब्यूरो की रिपोर्ट से उन्हें यह हौसला मिला था कि वे आसानी से जीत जाएँगी।[62] उस समय अर्थव्यवस्था स्थिर थी। मुद्रास्फीति नियंत्रण में थी और कृषि उत्पादन अच्छी स्थिति में था। विपक्ष बिखरा हुआ था और आरएसएस सहयोग का इशारा कर चुका था। इसके प्रमुख बालासाहेब देवरस न केवल सहयोग की पेशकश कर चुके थे, बल्कि एक पूर्व ख़ुफ़िया अधिकारी के अनुसार उन्होंने मुसलमानों के ऊपर चलाए संजय के नसबन्दी अभियान के लिए अपना समर्थन भी व्यक्त किया था।[63]

एक और अटकल यह लगाई जाती है कि इन्दिरा अपने सुपुत्र संजय को सत्ता में लाने के लिए अनुकूल माहौल का फ़ायदा उठाना चाहती थीं। इसी को ध्यान में रखते हुए चुनाव में युवा कांग्रेस को संसदीय सीटों का एक बड़ा हिस्सा आवंटित किया गया था। हालाँकि जयकर इन अनुमानों पर सवाल उठाती हैं। उनके मुताबिक, ख़ुफ़िया रिपोर्ट ने चेताया था कि वह चुनाव हार सकती हैं। संजय भी चुनाव करवाने के पूरी तरह से ख़िलाफ़ थे। दूसरे लोगों ने उन्हें आपातकाल वापस लेने, विपक्षी

नेताओं को रिहा करने और मामला कुछ शान्त होने देने के बाद चुनाव करवाने की सलाह दी थी। लेकिन इन्दिरा ने इस सलाह को नज़रअन्दाज़ कर दिया।[64] सच्चाई जो भी हो, यह सरकारी संस्थानों के राजनीतिकरण का खुला प्रतीक है। ऐसा राजनीतिकरण कि न तो तब के टिप्पणीकारों ने और न ही अब के टिप्पणीकारों ने यह सवाल उठाया कि किसी राजनीतिक दल की चुनावी सम्भावनाओं के बारे में जानकारी एकत्र करने और प्रदान करने में ख़ुफ़िया विभाग को क्यों शामिल किया जा रहा है। हालाँकि इन्दिरा ने प्रधानमंत्री के रूप में ख़ुद को सुरक्षित रखने के लिए आपातकाल लगाया था, यह भी सम्भव है कि पहले इसका ख़ूब अनुभव कर चुकीं इन्दिरा के मन में फिर से चुनावी वैधता हासिल करने की लालसा बलवती हो रही हो।

औपनिवेशिक निरंकुशता के ख़िलाफ़ स्वतंत्रता आन्दोलन की सन्तान और नेहरू की बेटी के रूप में उनके जीवन चरित्र पर उनके आलोचकों द्वारा लगातार सवाल उठाया गया था, हो सकता है शायद उनके दिमाग़ में यह भी प्रश्न बनकर घूम रहा हो। उनके लिए लम्बे समय तक पश्चिमी सहयोगियों और नेहरू के प्रशंसकों से तीखी आलोचना सुनना आसान नहीं था। हालाँकि अपनी बातचीत में रक्षात्मक होने के बावजूद, वह हमेशा पश्चिमी प्रेस के लिए अधिक सुलभ थीं और अपनी छवि की परवाह करती थीं, जिसे लंदन, पेरिस और न्यूयॉर्क में नुक़सान हुआ था। उनकी लम्बे समय से मित्र रहीं अमेरिकी डोरोथी नॉर्मन की आपातकाल की निंदा उन्हें चुभ गई थी; दोनों ने अपना नियमित पत्राचार बन्द कर दिया था।

कारण जो भी हो, उनके द्वारा चुनाव की घोषणा आपातकाल लागू करने जितना ही अचानक और निर्णयकारी फ़ैसला था। दोनों ही निर्णय उस शक्ति की ओर इशारा करते थे जिसका प्रयोग उन्होंने सम्प्रभु के रूप में किया था। उनके कार्यों ने जर्मन क़ानूनी सिद्धान्तकार कार्ल शिमट के उस सिद्धान्त की पुष्टि की कि यह सम्प्रभु ही है जो यह तय करता है कि अपवाद की स्थिति क्या है, न्यायिक-राजनीतिक व्यवस्था को अराजकता से उबारने के लिए क्या आवश्यक है और सामान्य स्थिति कब बहाल की जा सकती है। इन्दिरा के निर्णयों ने सम्प्रभु सत्ता के रूप में उनकी शक्ति की वास्तविक प्रकृति का खुलासा किया।

## 9

# तूफ़ान गुज़रने के बाद

राही मासूम रज़ा के उपन्यास में वर्णित इलाहाबाद का काल्पनिक मोहल्ला 'कटरा मीर बुलाकी' 1977 के आम चुनाव के नतीजे सुनकर ख़ुशी से झूम उठा। निर्णायक नतीजों में इन्दिरा की कांग्रेस चुनाव हार गई थी और जनता पार्टी ने स्पष्ट विजय हासिल की थी। कटरा के निवासी उस चतुर स्थानीय नेता गौरीशंकर पांडे की जीत का जश्न मना रहे थे, जिसने सही समय पर मौक़ा देखकर अपनी निष्ठा कांग्रेस से जनता पार्टी की ओर मोड़ ली थी। पांडे ने कांग्रेस के उम्मीदवार आशाराम को परास्त किया था। आशाराम पुराने आदर्शवादी और एक समय सत्ताधारी पार्टी के प्रबल विरोधी रहे नेता थे, लेकिन जब उन्हें आपातकाल के दौरान जेल में डाला गया तो उनकी हिम्मत जवाब दे गई और उन्होंने कटरा के निवासियों के ख़िलाफ़ झूठी गवाही देकर अपनी आज़ादी हासिल की। इसी ईमान बदली ने उन्हें उस निर्वाचन क्षेत्र के लिए सत्तारूढ़ पार्टी का नामांकन दिलाया, जिसके दायरे में कटरा भी आता था। वही कटरा, जहाँ उनकी गहरी दोस्तियाँ रहीं, जहाँ से उन्हें इतना प्यार मिला। पांडे के अवसरवादी ढंग से विपक्ष में चले जाने से सीट ख़ाली थी और कांग्रेस पार्टी ने उन्हें खड़ा कर बहुत भोली आशा की, कि आशाराम की स्थानीय पहचान उन्हें जीत दिला देगी। कटरा का जश्न असल में आशाराम की हार का उतना नहीं था, जितना इन्दिरा को धूल चटाने का था।

जब गाजे-बाजे के साथ ट्रक में सवार मुस्कुराते हुए पांडे का विजय जुलूस उस गली में दाख़िल हुआ, जिसमें कभी देश और बिल्लो का परिवार रहा करता था, तो जुलूस की भीड़ में से कई लोग अचानक मौन हो गए। दूसरे ग़रीब परिवारों की तरह इस दम्पती को भी इन्दिरा के 'ग़रीबी हटाओ' के नारे पर गहरा विश्वास था। लेकिन आपातकाल ने उन्हें कहीं का नहीं छोड़ा। बिल्लो के सपनों का घर संजय के शहरी झुग्गी-झोंपड़ी उन्मूलन अभियान की बलि चढ़ गया। बेघर होकर पुनर्वास कॉलोनी में फेंक दिये जाने के बजाय उसने अपनी नन्ही सी बेटी को गोद

में लेकर सीधा बुलडोज़र के सामने खड़े होना चुना। देश ने अपने दोस्त से गद्दारी न करने की क़ीमत पुलिस हिरासत में असह्य शारीरिक और मानसिक यंत्रणाएँ सहकर चुकाई। उसे अपाहिज़ बना दिया गया। जुलूस में शामिल जो लोग इस जोड़े की त्रासद परिणति से परिचित थे, उनके लिए यह सड़क आपातकाल की परेशान करने वाली स्मृतियों में से एक बन गई थी।

हालाँकि जब जुलूस उसकी गली से निकला तो नाचती-गाती भीड़ को देखकर देश बहुत ख़ुश हुआ। बैसाखियों के सहारे चलता वो भी जुलूस में शामिल हो गया। देखते ही देखते वो किसी दरवेश की तरह झूम रहा था। पांडे ने फूलों की माला उसकी ओर उछाली, जो सीधा देश के गले में आकर गिरी। भीड़ के जोश दिलाने पर देश ने ताली बजाने के लिए हाथ उठाए और उसकी बैसाखियाँ छूट गईं। सन्तुलन खोकर देश सीधा पांडे के विजय जुलूस वाले ट्रक के आगे गिरता है, और पहिये के नीचे कुचलकर उसकी मौत हो जाती है।

राही मासूम रज़ा का आपातकाल पर लिखा उपन्यास कुछ यूँ समाप्त होता है।[1] आपातकाल ख़त्म हो चुका है। इन्दिरा को धूल चटा दी गई है। विपक्ष विजयी हुआ है, लेकिन यह एक छद्म जीत है। रज़ा की इस रूपक कथा में जनता पार्टी का विजेता सांसद पांडे कोई लोकतंत्र का रक्षक नहीं, एक अवसरवादी है। ऐसा दलबदलू व्यक्ति जो सिर्फ़ सत्ता की सीढ़ियाँ चढ़ने को ही अपना ध्येय मानता है। हारने वाला भी असल में आशाराम नहीं, बल्कि वो आशा है जो इस देश के बिल्लो और देश जैसे ग़रीब नागरिकों ने देखी थी। आपातकाल को ख़त्म करने का जश्न, उसके सताए किरदार देश (और असल देश) के लिए अल्पकालिक ही रहा। पहली बार 1978 में प्रकाशित हुए रज़ा के उपन्यास 'कटरा बी आर्ज़ू' में तत्कालीन परिस्थितियों की बहुत कमाल की समझ और दूरदृष्टि दिखाई देती है। 1977 के आम चुनाव केन्द्र में जनता पार्टी की जीत और पहली ग़ैर-कांग्रेसी सरकार के गठन के साथ सम्पन्न हुए थे। लेकिन रज़ा इस जीत के उन्माद से आगे देख पा रहे थे।

उनका सन्देह वाजिब था। जनता पार्टी परस्पर विरोधी विचारधाराओं और प्रतिद्वंद्वी महत्त्वाकांक्षाओं वाले दलों और व्यक्तियों का गठबन्धन था। उन्हें आपस में जोड़ने वाला एकमात्र उनका उद्देश्य था—इन्दिरा को सत्ता से हटाना। 1971 और 1972 के चुनावों में हार से आहत विपक्ष ने जेपी के आन्दोलन में एक मौक़ा देखा, अपनी अपमानजनक हार का बदला लेने का। अगर समाजवादियों को छोड़ दिया जाए, जो सम्पूर्ण क्रान्ति में विश्वास रखते थे, तो दूसरे तमाम विपक्षी दल जेपी के सामाजिक और राजनीतिक बदलाव के लिए उठाए क्रान्तिकारी आह्वान का समर्थन सिर्फ़ इसी क़ीमत पर कर रहे थे कि इस रास्ते किसी तरह इन्दिरा को सत्ता से बेदख़ल किया जा सके। जब लोकतांत्रिक रूप से निर्वाचित पर अलोकप्रिय बिहार सरकार को अपदस्थ करके लोकतंत्र का विस्तार करने की जेपी की कोशिश को सीमित

सफलता ही मिली, तो इसका कारण भी यही था कि अधिकांश विपक्ष का ध्यान जेपी की 'सम्पूर्ण क्रान्ति' को लागू कर स्थानीय स्तर पर लोकतांत्रिक निकायों की स्थापना में कम और इन्दिरा के विरुद्ध प्रतिरोध खड़ा करने में अधिक था। इन्दिरा शासन को संकट में डालने वाला इलाहाबाद न्यायालय का फ़ैसला आने से पहले ही जेपी आन्दोलन स्थानीय स्तर पर लोकतंत्र का विस्तार करने वाले किसी ठोस प्रयास के बजाय केन्द्र की कांग्रेस सरकार को राजनीतिक चुनौती देनेवाले अभियान में सिमटकर रह गया था।

आपातकाल ने सत्ता के लिए संघर्ष को संवैधानिक संकट में बदल दिया। धड़ाधड़ हुई गिरफ़्तारियाँ, प्रेस सेंसरशिप और संवैधानिक अधिकारों के निलम्बन ने लोकतंत्र के भविष्य को ख़तरे में डाल दिया। सलाखों के पीछे डाले गए विपक्षी नेता लोकतांत्रिक मूल्यों के लिए लड़ने वाले शूरवीर बन गए। समाजवादी नेता मधु दंडवते से लेकर हिन्दू राष्ट्रवादी लालकृष्ण आडवाणी तक जेल में बन्द नेताओं ने अपने पत्रों और डायरियों में लोकतंत्र के प्रति अपनी प्रतिबद्धता दृढ़ता से दोहराई। जो भाग्यशाली सलाखों से बच निकलने में कामयाब रहे थे, उन्होंने भी भूमिगत समाचार-पत्र प्रकाशित कर और सत्याग्रह आयोजित कर प्रतिरोध खड़ा किया। हालाँकि समाजवादियों ने 'सम्पूर्ण क्रान्ति' के तहत सामाजिक लोकतंत्र स्थापित करने को लेकर अपनी प्रतिबद्धता व्यक्त करना जारी रखा, जेल के भीतर और बाहर दोनों तरफ़ ध्यान अब लोकतंत्र की संवैधानिक प्रक्रियाओं को बचाने पर केन्द्रित हो रहा था। यहाँ तक कि ख़ुद जेपी ने भी अपना ध्यान 'सम्पूर्ण क्रान्ति' हासिल करने से हटाकर संवैधानिक अधिकारों की बहाली के काम पर लगा दिया। जैसा कि हम जानते ही हैं, चंडीगढ़ में कारागार से मुक्त होने पर जेपी ने सहानुभूति रखने वाले जेलर से वादा किया था कि वे 'उस महिला' को हरा देंगे।

इन्दिरा द्वारा राष्ट्रपति से लोकसभा भंग करने की सिफ़ारिश करने और मार्च में चुनाव कराने की घोषणा के बाद विपक्ष में एकता के प्रयास तेज़ी से परवान चढ़ने लगे। अपने रेडियो सम्बोधन में इन्दिरा ने चुनाव की घोषणा के साथ आपातकाल को सही ठहराने की भी कोशिश की। उन्होंने कहा कि हिंसा, अनुशासनहीनता और सरकार के ख़िलाफ़ खुलेआम विद्रोह के आह्वान ने उन्हें यह असाधारण क़दम उठाने के लिए मजबूर किया था। लेकिन अब जब अर्थव्यवस्था पटरी पर लौट आई है, अनुशासन बहाल हो गया है और सामाजिक प्रगति की राह में आने वाली बाधाओं को दूर करने के लिए संविधान में उचित संशोधन कर दिया गया है, तो अब समय आ गया है कि "संसद और सरकार को वापस लोगों के पास जाना चाहिए और उनकी मंज़ूरी हासिल करनी चाहिए।" इसलिए उन्होंने राष्ट्रपति से वर्तमान लोकसभा को भंग करने और नये सिरे से चुनाव करवाने की सिफ़ारिश कर दी है।[2] इस घोषणा के बाद जैसे ही सरकार ने विपक्षी नेताओं को जेल से रिहा करना शुरू

किया, उनके बीच लम्बे समय से चली आ रही टकराहटों से भरी एकता वार्ता में अचानक गरमाहट भरी तेज़ी आ गई। चरण सिंह के भारतीय लोक दल (बीएलडी), कांग्रेस (ओ), संयुक्त समाजवादी दल और जनसंघ ने आपस में हाथ मिलाया और मिलकर 23 जनवरी, 1977 को 'जनता पार्टी' के गठन की घोषणा की। कांग्रेस (ओ) के नेता रहे मोरारजी देसाई को जनता पार्टी का अध्यक्ष नियुक्त किया गया और लोक दल के नेता चौधरी चरण सिंह उपाध्यक्ष बने। चार महासचिव बनाए गए, जो जनता पार्टी में अपने दल का विलय करने वाले चारों दलों का प्रतिनिधित्व करते थे। जेपी औपचारिक रूप से इस नये दल का हिस्सा नहीं थे लेकिन उनका वरदहस्त जनता पार्टी पर पूरा था।

विपक्ष को पहली बड़ी कामयाबी तब मिली जब 2 फ़रवरी को केन्द्रीय कृषि एवं सिंचाई मंत्री बाबू जगजीवन राम, जो लम्बे समय तक कांग्रेस का दलित चेहरा रहे थे, ने इन्दिरा कैबिनेट से इस्तीफ़ा दे दिया। उन्होंने एक बयान जारी कर घोषणा की कि "जून, 1975 में आपातकाल की घोषणा के बाद घटित हुए घटनाक्रमों ने हमारे देश में सबसे अशुभ रुझान उत्पन्न किये हैं," जो न केवल कांग्रेस की नीतियों को बल्कि "लोकतंत्र के सबसे प्राथमिक मानदंडों" को भी उलट रहे हैं।[3] उन्होंने एक व्यक्ति और उसकी मंडली में सारी सत्ता के सिमट जाने के बारे में अपनी चिन्ताओं को व्यक्त किया और कहा कि यह कांग्रेस के इतिहास के बिलकुल विपरीत था। पर जब उनसे पूछा गया कि क्या उन्होंने सरकार में रहते हुए इन नीतियों का विरोध किया था, तो लोकतंत्र के इस नये रक्षक ने जवाब दिया, "मैं कैबिनेट की गोपनीयता पर से परदा नहीं हटा सकता।" अपने विरोधियों पर निशाना साधने का कोई मौक़ा न चूकने वाली इन्दिरा ने इस पर टिप्पणी करते हुए कहा—यह अजीब है कि जगजीवन राम 'इतने महीनों तक चुप रहने' और कैबिनेट के फ़ैसलों में बराबरी से भाग लेने के बाद अब अचानक 'निराधार आरोप' लगाकर उन्हीं फ़ैसलों की निंदा कर रहे हैं। लेकिन विरोध के माहौल में उनके व्यंग्य को नज़रअन्दाज़ कर दिया गया। जेपी और जनता पार्टी के नेताओं ने जगजीवन राम और अन्य कांग्रेस नेताओं के इस पाला बदलने का सहर्ष स्वागत किया। इन नेताओं ने अपने मूल संगठन से नाता तोड़ लिया और 'कांग्रेस फ़ॉर डेमोक्रेसी' (सीएफ़डी) नाम से एक नये दल का गठन किया। बाबू जगजीवन राम का यह दल आगामी चुनावों में जनता पार्टी का सहयोगी बन गया। उधर सीपीआई (एम) ने भी जगजीवन राम के इस क़दम की सराहना की और कांग्रेस के ख़िलाफ़ विपक्षी एकता बनाए रखने के लिए जनता पार्टी के ख़िलाफ़ चुनावी मुक़ाबले में नहीं उतरने का फैसला किया।

सार्वजनिक बैठक आयोजित करने पर लगे प्रतिबन्धों में ढील दी गई थी और प्रेस सेंसरशिप हटा दी गई थी। ऐसे माहौल में चुनाव प्रचार ज़ोर-शोर से आरम्भ हो गया। इन्दिरा ने सभी बाईस राज्यों का दौरा किया और दो सौ से अधिक चुनावी

रैलियाँ कीं। हालाँकि उनकी सभाओं में भीड़ इकट्ठा हो रही थी, लेकिन वे पहले की तुलना में छोटी थी और अक्सर बड़ी उत्साहहीन हुआ करती। इन्दिरा की अपनी बुआ, नेहरू की छोटी बहन विजयलक्ष्मी पंडित उनके ख़िलाफ़ प्रचार करने के लिए अपने राजनीतिक संन्यास से वापस लौट आईं। यूँ उनके साथ इन्दिरा के बचपन से ही सम्बन्ध उतार-चढ़ाव भरे रहे थे, लेकिन इन्दिरा के किसी सगे का ऐसे विपक्ष में शामिल होना और फिर इन्दिरा को लोकतंत्र का दुश्मन बताना बड़ा नुक़सानदायक रहा। इस बीच जनता पार्टी की चुनावी रैलियों में उल्लास से भरा विशाल जनसमूह उमड़ रहा था।

हवा का रुख़ इन्दिरा के ख़िलाफ़ था, लेकिन किसी को ये उम्मीद नहीं थी कि वह उन्हें बहा ले जाएगी। 20 मार्च की शाम जब नई दिल्ली में राष्ट्रीय अख़बार के दफ़्तरों के बाहर सूचनापट्टों पर नतीजे घोषित होना शुरू हुए, तो वहाँ एकत्रित जनता पगला उठी। जनता पार्टी और उसके सहयोगी दल ने कुल 545 लोकसभा सीटों में से 299 सीटें जीत ली थीं। कांग्रेस कुल 153 सीटों पर सिमट गई। सबसे बड़े अपमान का घूँट इन्दिरा के लिए अपने कट्टर प्रतिद्वंद्वी राजनारायण से हारना था। वही राजनारायण, जिन्होंने याचिका दाख़िल कर उन्हें इलाहाबाद उच्च न्यायालय में पराजित किया था। संजय भी अपना चुनाव हार गए थे। कांग्रेस का उत्तर भारत के बड़े हिस्से में लगभग सफ़ाया हो गया था। यही वो इलाक़ा था जहाँ आपातकाल और नसबन्दी कार्यक्रमों की सबसे तीखी मार महसूस की गई थी। कह सकते हैं कि नई दिल्ली स्थित सत्ता के केन्द्र से दूर और आपातकाल की यंत्रणाओं को कुछ कम तीव्रता से अनुभव करने वाले दक्षिण भारत ने कांग्रेस को पूरी तरह ख़त्म होने से बचा लिया था।

इन्दिरा की जीवनी लेखक और लम्बे समय उनकी मित्र रहीं पुपुल जयकर ने चुनाव के बाद प्रधानमंत्री आवास में उनसे मुलाक़ात की। जैसे ही उनकी गाड़ी ने मुख्य द्वार से भीतर प्रवेश किया, जयकर को पूरे परिसर में, "एक मनहूस सन्नाटा पसरा महसूस हुआ।" इन्दिरा हार से बिलकुल अकेली पड़ गई थीं और घर के बैठकख़ाने में अकेली बैठी थीं। जयकर को देखते ही वह उठीं और बोलीं, "पुपुल, मैं हार गई।"[4] इन्दिरा की चुनाव में हार के साथ ही अब सामान्य स्थिति में वापसी का प्रबन्धन जनता पार्टी के ज़िम्मे आ गया था।

## आपातकाल का लिखा मिटाना

लक्षण अच्छे नहीं थे। जनता पार्टी आपातकाल के ख़िलाफ़ लोक के आक्रोश की लहर पर सवार होकर सत्ता में आई, लेकिन इसके नेताओं और घटक गुटों की परस्पर विरोधी महत्त्वाकांक्षाओं ने लोकतंत्र के प्रति इसकी घोषित प्रतिबद्धता को

पृष्ठभूमि में ढकेल दिया। शुरुआती खींचतान प्रधानमंत्री पद के लिए हुई, मोरारजी देसाई, चरण सिंह और जगजीवन राम के बीच। जेपी के आशीर्वाद से मुक़ाबला देसाई के पक्ष में तय तो हो गया, लेकिन ज़्यादा वक़्त के लिए नहीं। चरण सिंह ने वरिष्ठता में क्रम से दूसरा उप प्रधानमंत्री और गृह मंत्री का पद बड़ी अनिच्छा से स्वीकार किया। बाबू जगजीवन राम को रक्षा मंत्रालय से समझौता करना पड़ा। महत्त्वाकांक्षाओं की इस टकराहट को अस्थायी रूप से विराम देने के बाद जनता सरकार ने अपनी प्रतिज्ञाओं को पूरा करना शुरू किया। इनमें पहली थी उन क़ानूनों और संवैधानिक संशोधनों को रद्द करना, जिन्हें इन्दिरा गांधी ने राज्य सत्ता को अपने हाथों में केन्द्रीकृत कर अपनी निजी ताक़त को मज़बूत करने के लिए लागू किया था। लोकतंत्र की पुन: बहाली के लिए यह आवश्यक क़दम था। दूसरी प्रतिज्ञा थी आपातकाल के अपराधियों एवं उनके कुकर्मों को लोगों के सामने लाना और उन्हें उनके कर्मों की सज़ा देना। इन दोनों प्रतिज्ञाओं के पीछे एक ऐसा उत्तरदायी शासन स्थापित करने का वादा था, जो लोकतांत्रिक तरीक़े से उठाई गई हर आवाज़ के प्रति जवाबदेह हो।

जनता सरकार ने आपातकाल के दौरान किये गए 'अधिकार के दुरुपयोग, ज़्यादतियों और कदाचार' के आरोपों की जाँच के लिए 28 मई, 1977 के दिन सुप्रीम कोर्ट के सेवानिवृत्त मुख्य न्यायाधीश न्यायमूर्ति जे.सी. शाह की अध्यक्षता में एक जाँच आयोग का गठन किया।[5] शाह आयोग के नाम से चर्चित इस जाँच आयोग ने एक वर्ष से कुछ अधिक अवधि तक कार्य किया और 11 मार्च, 1978 तथा 26 अप्रैल, 1978 के दिन दो अन्तरिम रिपोर्ट प्रस्तुत कीं। इसके बाद 5 अगस्त, 1978 के दिन आयोग द्वारा तीसरी और अन्तिम रिपोर्ट जारी की गई। 29 सितम्बर से आपातकाल के भुक्तभोगियों एवं प्रत्यक्षदर्शियों के मौखिक बयान आयोग के सामने होने शुरू हुए। नई दिल्ली के पटियाला हाउस में चल रही आयोग की कार्यवाही में जनता ख़ासी रुचि दिखा रही थी। अख़बार भी आयोग की रोज़मर्रा की कार्यवाही और पक्ष-विपक्ष की दलीलों पर विस्तृत रपटें प्रकाशित कर रहे थे। सुनवाई के दौरान दर्शक दीर्घा खचाखच भरी रहती थी, ख़ासकर पहले कुछ महीनों में जब आपातकाल के भुक्तभोगी गवाह अपने उत्पीड़न के कष्टप्रद अनुभवों को बयान कर रहे थे।

प्रबीर पुरकायस्थ का मामला मीसा के तहत हिरासत के दुरुपयोग के उन कई मामलों में से एक था जिसे आयोग ने अपनी जाँच के दायरे में शामिल किया। प्रबीर और कई अन्य छात्रों ने अपने बयान दर्ज करवाए। डीआईजी भिंडर से भी जवाबतलब किया गया। अपने चरित्र के अनुरूप उन्होंने ज़िम्मेदारी लेने से बचने की कोशिश की और यह मानने से साफ़ तौर पर इनकार कर दिया कि प्रबीर की गिरफ़्तारी पहचान में ग़फ़लत का मामला था, जबकि लिखित साक्ष्य और एडीएम प्रदीप्तो घोष सहित

अन्य अधिकारियों के बयान इसकी तस्दीक कर रहे थे। उन्होंने प्रबीर की गिरफ़्तारी का सारा दोष दिल्ली के उप-राज्यपाल कृष्ण चन्द के सर पर मढ़ दिया। भिंडर के मुताबिक, उप-राज्यपाल को ऐसा लगने लगा था कि सरकार विध्वंसक गतिविधियों के गढ़ जेएनयू पर बेकार पैसा बर्बाद कर रही है। भिंडर का यह भी कहना था कि उप-राज्यपाल विश्वविद्यालय में चल रही गतिविधियों की बारीक जानकारी रख रहे थे। यहाँ तक कि उन्हें यह भी पता था कि प्रबीर की अशोका लता जैन से शादी होने वाली है। भिंडर ने दावा किया कि वह उप-राज्यपाल की रोज़-रोज़ की पूछताछ से परेशान होकर ही जेएनयू गए और प्रबीर को गिरफ़्तार कर लिया। भिंडर से पूछा गया कि जब प्रबीर और उनके दोस्त दूसरे कुछ छात्र-छात्राओं को कक्षा में जाने से मना कर रहे थे तो उन्हें ऐसा करने से रोकने के बजाय उन्होंने प्रबीर को गिरफ़्तार क्यों कर लिया? इस पर भिंडर का जवाब था कि उन्हें डर था, कहीं उनके साथ मारपीट न हो जाए। इस पर डीआईजी विशालकाय शारीरिक काया की ओर इशारा करते हुए न्यायमूर्ति शाह ने टिप्पणी की, "आपको देखकर मुझे तो नहीं लगता कि ऐसा करना मुमकिन है।" सुननेवालों की भी हँसी छूट गई। लेकिन भिंडर अड़े रहे और ज़ोर देकर कहा कि ऐसा मुमकिन है। भिंडर अपनी बेगुनाही की क़समें खाते रहे और गिरफ़्तारी का आदेश जारी करने का सारा ठीकरा उप-राज्यपाल के सर फोड़ दिया। "अब तो कोई भी यहाँ आकर कह सकता है कि उसे तो कुछ पता ही नहीं था। तो क्या आप वहाँ बस इसलिए थे कि अपनी कार के बोनट पर झंडा लगाकर आलीशान घर में रहते रहें और वेतन उठाते रहें, और ज़िम्मेदारियों से हाथ खड़े कर दें? क्या वाहियात बात है।" भिंडर ने गरजते हुए कहा।[6]

इसी तरह उप-राज्यपाल कृष्ण चन्द के सचिव नवीन चावला भी अपनी ज़िम्मेदारी से भागने की कोशिश करते रहे। एडीएम घोष के इस बयान को ग़लत बताते हुए कि उन्होंने ही घोष को पर्याप्त आधार देखे बिना गिरफ़्तारी के आदेश जारी करने को कहा था, चावला ने नाटकीय ढंग से कहा, "मीलॉर्ड, आप गवाह हैं। आज मैं शपथ लेकर ये घोषणा करता हूँ कि श्रीमान प्रदीप्तो घोष सरासर झूठ बोल रहे हैं।" हालाँकि उन्होंने यह स्वीकार किया कि आपातकाल के दौरान "किसी भी नियम या व्यवस्था का पालन नहीं किया गया। सब कुछ विचित्र था।" और जैसे "एक पागलपन तारी था।" उन्होंने आगे जोड़ा, "हम सभी एक सिस्टम का हिस्सा थे। कम या ज़्यादा, किसी न किसी रूप में हम सभी ने इस व्यवस्था में भागीदारी की है।" चावला ने ये भी दावा किया कि झूठे आरोप लगाकर उन्हें निशाना बनाए जाने का कारण दरअसल संजय से उनकी दोस्ती है। "बहुत कानाफूसी हुई, बहुत सी बातें कही-सुनी गईं। आख़िर मैं भी एक इनसान हूँ...कोई कंप्यूटर नहीं।" उनका यह भावनात्मक उबाल इस स्वीकारोक्ति के साथ ख़त्म हुआ कि वे संकट के समय मदद के लिए मदर टेरेसा की शरण में जाते हैं। "यह ऐसी चीज़ नहीं है जिसके

बारे में मैं बात करना चाहूँगा। यह मेरे जीवन का बहुत ही व्यक्तिगत मसला है।" और ऐसे उनकी गवाही पूरी हुई।[7]

न्यायमूर्ति शाह और आयोग के अन्य वकीलों ने सत्ता की गोद में बैठे ताक़तवर लोगों की ऐसी ख़बर ली कि उनकी घिग्घी बँध गई।[8] देखनेवाले ये देख मुँह दबाकर हँसते रहे। उप-राज्यपाल कृष्ण चन्द ने तो जैसे समर्पण करते हुए ख़ुद को संजय की रीढ़विहीन कठपुतली साबित कर दिया। उन्होंने लगभग रिरियाते हुए कहा कि वे तो बस ऊपर से आए आदेशों का पालन कर रहे थे। 10 जुलाई, 1978 के दिन कृशन चंद अपने दक्षिणी दिल्ली स्थित आवास के नज़दीक एक साठ फुट गहरे जर्जर कुएँ में मृत पाए गए। पुलिस का कहना था कि उन्होंने पिछली रात कुएँ में कूदकर आत्महत्या कर ली थी। उनकी पत्नी के पास मिले उनके काग़ज़ातों में चन्द ने लिखा था कि वह शाह आयोग के सामने पेशी के बाद से गहरी निराशा में डूब गए थे और उन्हें डर था कि उन्हें सज़ा हो सकती है।

पूर्व वाणिज्य मंत्री डी.पी. चट्टोपाध्याय के सामने जब इस बाबत सबूत रखे गए कि कुछ वस्त्र उद्योग निरीक्षकों और सीमा शुल्क अधिकारियों को इसलिए गिरफ़्तार किया गया था क्योंकि उन्होंने मेनका गांधी की माँ के स्वामित्व वाली एक निर्यात कम्पनी की गतिविधियों में बाधा डाली थी तो वे इसके लिए आपातकाल के 'अतार्किक और विचित्र क़िस्म के माहौल' को ज़िम्मेदार ठहराने लगे।[9] इन्दिरा के सहयोगी और संजय के कहे को किये में बदलने वाले आर.के. धवन अड़े रहे। तब भी, जब भारी उद्योग मंत्री टी.ए. पाई ने बयान दर्ज करवाया कि इन्दिरा ने उनकी मौजूदगी में धवन को निर्देश दिया था कि वह सीबीआई को चार सरकारी अधिकारियों के ख़िलाफ़ जाँच शुरू करने के लिए कहें। उनका अपराध बस इतना सा था कि वे संजय के मारुति कार उद्योग के बारे में सूचना एकत्र करने के लिए गए थे, ताकि सरकार इस विषय पर एक संसदीय प्रश्न का उत्तर दे सके। इन अधिकारियों को परेशान किया गया और इनके मत्थे आपराधिक मामले मढ़ दिये गए। लेकिन धवन ने सीबीआई को मामला सौंपने वाली बात से साफ़ इनकार कर दिया।[10] जब कई दूसरे गवाहों के बयान से यह साबित हो गया कि उन्होंने ही गिरफ़्तारी के आदेश दिये थे तो धवन ने उन बयानों को झूठ बताया।[11]

11 जनवरी को जब इन्दिरा को आयोग के सामने पेश होना था तो वहाँ भारी भीड़ उमड़ी। इस नाटकीय प्रहसन के लिए मंच कुछ महीने पहले ही तैयार हो गया था। 3 अक्टूबर, 1977 की शाम 5 बजे के क़रीब दो एम्बेसेडर गाड़ियों में सवार सीबीआई अधिकारी '12, विलिंग्डन क्रिसेंट' स्थित इन्दिरा के नये आवास में दाख़िल हुए। संजय और मेनका लॉन में बैडमिंटन खेल रहे थे। अधिकारियों ने पूर्व प्रधानमंत्री से मिलने की इच्छा जताई। लेकिन इन्दिरा ने मिलने से पहले उन्हें एक घंटे से अधिक इन्तज़ार करवाया। आख़िर में जब इन्दिरा उनसे मिलने को तैयार हुईं

तो उन्होंने इन्दिरा को सूचित किया कि उनके पास भ्रष्टाचार के आरोप में इन्दिरा को गिरफ़्तार करने के आदेश हैं। इन्दिरा ने पहले आदेश देखने की इच्छा प्रकट की और फिर तैयार होने के लिए समय माँगा। इस सबमें दो घंटे और बीत गए। इसी बीच उनके समर्थक इकट्ठा हो गए और उनके वकील भी मौक़े पर आ पहुँचे। संजय के गुंडों ने आवास को बाहर से घेर लिया। आख़िरकार इन्दिरा रात के 8 बजे बाहर निकलीं और इस बात पर ज़ोर देने लगीं कि पुलिस उन्हें हथकड़ी पहनाकर घर से लेकर जाए। संजय के गुर्गे बाहर ज़ोरदार नारे लगा रहे थे। इसी अराजकता के माहौल में एक एम्बेसेडर में इन्दिरा को लेकर सीबीआई अधिकारी आवास से निकले तथा दूसरी गाड़ियों में पीछे-पीछे उनके दोनों बेटे और बहुएँ, उनके वकील और समर्थक निकले। जब यह कारवाँ एक रेलवे फाटक पर रुककर ट्रेन के गुज़रने का इन्तज़ार कर रहा था तो पुलिस की इजाज़त से इन्दिरा कार से बाहर निकलीं।

रेलगाड़ी गुज़रने के बाद रेलवे फाटक तो खुल गया, लेकिन इन्दिरा ने कार में दोबारा बैठने से इनकार कर दिया और अपने वकीलों की सलाह का हवाला देते हुए कहा कि क़ानून के मुताबिक़ पुलिस उन्हें दिल्ली की सीमा से बाहर हरियाणा में नहीं ले जा सकती। इन्दिरा ख़ुद को पीड़ित के रूप में पेश करने का कोई अवसर कभी नहीं गँवाती थीं। वे वहीं एक पुलिया के किनारे खड़ी हो गईं और हिलने से इनकार कर दिया। सीबीआई अधिकारियों को सुनाते हुए उन्होंने घोषणा की, "मैं यहाँ से हिलूँगी नहीं। आपसे जो बन पड़े, कर लें।" इस बीच पुलिसवालों के साथ नारेबाज़ी कर रहे समर्थकों ने पुलिया पर खड़ी इन्दिरा को घेर लिया, जिससे उन्हें गिरफ़्तार करना असम्भव हो गया। वहाँ जमा हुए प्रेस फ़ोटोग्राफ़रों ने भी इस मौक़े की नज़ाकत को समझते हुए धड़ाधड़ तसवीरें खींची। इन्दिरा ने पत्रकारों और वहाँ जमा हुई भीड़ को सम्बोधित करते हुए कहा, "जो ये लोग अभी कर रहे हैं, हमने तो इसका आधा भी नहीं किया था। और तब ये लोग चिल्लाने लगे थे कि हम संविधान की हत्या कर रहे हैं।" हतप्रभ सीबीआई और पुलिस अधिकारियों के पास इस क़ाफ़िले को वापस दिल्ली की ओर मोड़ने और इन्दिरा को रातभर के लिए राजधानी में ही क़ैद रखने के अलावा कोई विकल्प नहीं बचा। जनता सरकार को तब और शर्मिंदगी उठानी पड़ी, जब अगले ही दिन मजिस्ट्रेट ने यह कहते हुए कि उन पर लगाए आरोपों में दम नहीं, उन्हें बिना शर्त रिहा कर दिया।[12]

सरकार इन्दिरा के बिछाए जाल में फँस गई थी और उनका यह आरोप सच लगने लगा था कि सरकार जान-बूझकर उन्हें फँसाने की कोशिश कर रही है। इससे भी बुरी बात यह थी कि उन्होंने अपनी कुशल रणनीति और छवि प्रबन्धन के ज़रिये इस सरकार की अक्षमता को भी उजागर कर दिया था।

9 जनवरी, 1978 को जब इन्दिरा ने पटियाला हाउस में प्रवेश किया, हवा का रुख़ वापस उनके पक्ष में था। इससे पहले महीनों तक उन्होंने शाह आयोग

के अधिकार क्षेत्र पर सवाल उठाते हुए इसके आदेशों की अवहेलना की तथा इस आधार पर गवाही देने से इनकार करती रहीं कि इससे प्रधानमंत्री के रूप में उनकी गोपनीयता की शपथ का उल्लंघन होगा। प्रणब मुखर्जी (जो तब उनके कैबिनेट सहयोगी रहे थे और बाद में 2012 से 2017 के दरम्यान भारत के तेरहवें राष्ट्रपति रहे) ने भी इन्दिरा के दिखाए रास्ते पर चलते हुए गोपनीयता की शपथ का हवाला देकर गवाही देने से इनकार कर दिया। इन्दिरा का तर्क था कि आपातकाल कैबिनेट और संसद द्वारा अनुमोदित एक राजनीतिक कृत्य था और इसलिए उसकी वैधानिकता की जाँच आयोग के अधिकार क्षेत्र से परे थी। जब समन भेजकर उन्हें उपस्थित होने के लिए मजबूर किया गया तो भी उन्होंने आयोग की अवहेलना जारी रखी और ख़ुद कुछ भी प्रतिक्रिया देने के बजाय आयोग के वकीलों से दो-दो हाथ करने के लिए अपने वकीलों को आगे कर दिया। अगले दिन पेश होने के लिए बुलाए जाने पर भी उन्होंने अपनी चुप्पी नहीं तोड़ी। उधर उनके वकील फ्रैंक एंथनी ने आयोग के अधिकार क्षेत्र और आपातकाल की जाँच करने के उसके अधिकार पर सवाल उठाया। लेकिन न्यायमूर्ति शाह ने उनके वकील की दलीलों को ख़ारिज कर दिया और फिर से उन्हें अगले दिन पेश होने का आदेश दिया।

लेकिन जस्टिस शाह के सीधे आमंत्रण के बावजूद अगले दिन भी इन्दिरा गवाह की कुर्सी पर बैठने आयोग के समक्ष नहीं पहुँचीं। अगली सुबह एक अख़बार का शीर्षक था, 'गवाह की कुर्सी ख़ाली।'[13] नीचे ख़बर में प्रशंसा से भरे अल्फ़ाज़ों में लिखा गया था, "और जिस कुशल रणनीतिकार के रूप में उन्हें जाना जाता है, उन्होंने जो चाहा वो हासिल किया।" उन्होंने एक लिखित बयान पढ़ा जिसमें दावा किया गया था कि वह मैकार्थीवाद की शिकार थीं। उन्होंने यह भी कहा कि कैबिनेट सदस्यों द्वारा ली जाने वाली पद और गोपनीयता की शपथ उन्हें सरकार के फ़ैसलों पर चर्चा करने से रोकती है। उन्होंने आपातकाल को देश के हितों की रक्षा के लिए आवश्यक क़दम बताया, "लोकतंत्र चन्द शहरी आभिजात्य लोगों का विशेषाधिकार नहीं है। हमारे मुल्क के करोड़ों आमजन के लिए यह लोकतंत्र तभी अर्थपूर्ण बनेगा जब उनकी आवाज़ सुनी जानी जाएगी, उनकी ज़रूरतों की पूर्ति होगी।"[14] जैसे ही इन्दिरा का भाषण ख़त्म हुआ, दर्शकों में बैठे उनके और संजय के समर्थकों ने तालियाँ बजाईं। उन्हें चौथी और आख़िरी बार गवाही के लिए 19 जनवरी को बुलाया गया लेकिन उन्होंने पेश होने से इनकार कर दिया। आख़िरकार आयोग ने उनसे सवाल-जवाब किये बिना ही मार्च, 1978 में अपनी सुनवाई समाप्त कर दी।

इन्दिरा इस पूरी कार्यवाही का मख़ौल बनाने में सफल ज़रूर हो गई थीं, लेकिन आयोग ने इन्दिरा और संजय के गिरोह के धतकर्मों को उजागर करने के लिए एक सार्वजनिक मंच प्रदान किया। आपातकाल के शिकार व्यक्तियों और उसे लागू करवाने वालों के बयानों से मनमानी गिरफ़्तारियों, कदाचार, प्रेस सेंसरशिप,

आयकर छापों और आज्ञा का अनुपालन न करने वाले अधिकारियों के ख़िलाफ़ दंडात्मक कार्रवाइयों के कई सबूत रोशनी में आए। इन्हीं बयानों से यह भी खुलासा हुआ कि जिन बैंकों से संजय ने मारुति के लिए ऋण माँगा था, उनके निदेशकों की नियुक्ति में संजय का हस्तक्षेप रहा। नसबन्दी और शहरी झुग्गी-झोंपड़ी उन्मूलन जैसे कुख्यात अभियान ख़ास निशाने पर रहे। आयोग की रिपोर्ट और उसके द्वारा जुटाए गए हज़ारों पन्नों के बयान आपातकाल का इतिहास लिखने के लिए अमूल्य निधि हैं। वे इसे बख़ूबी दर्ज करते हैं कि कैसे शासन ने ग़ैरक़ानूनी को वैध बनाकर पेश किया, कैसे विधिक और राजनीतिक के बीच अन्तर पर पर्दा डाल दिया। लेकिन इस प्रक्रिया को सुचारु बनाने के लिए अधिकारी स्तर पर बाक़ायदा पूरी 'पेपर ट्रेल' तैयार की गई थी, और इस पेपर ट्रेल ने भविष्य के इतिहासकारों को पर्याप्त कच्चा माल उपलब्ध करवाया।

हालाँकि आयोग सिर्फ़ 'ज़्यादतियों' और 'कदाचारों' की जाँच कर रहा था और इसने आपातकाल के बाद खड़े किये इस भ्रम में योगदान दिया कि सब कुछ इन्दिरा और संजय का किया-धरा था। आपातकाल को इतिहास के व्यापक परिप्रेक्ष्य में रखकर देखने वाला सन्दर्भ दृष्टि से ओझल हो गया और इस स्थायी कल्पना को जन्म मिला कि आपातकाल भारत के उत्तर-उपनिवेशवादी लोकतंत्र में आई एक क्षणिक विकृति भर था। इसे ठीक करने के लिए इतना पर्याप्त था कि जनता सरकार इन्दिरा और उनके चाटुकारों को दंडित करे और इन इक्कीस महीनों में घटित विधि से परे रहीं तमाम कार्रवाइयों को पलट दे।

इधर शाह आयोग को उन दोषियों की पहचान करने का काम सौंपा गया, जिन पर मुक़दमा चलाया जाना है, उधर जनता सरकार ने आपातकाल के दौरान लाए गए क़ानूनों और विनियमों को रद्द करना शुरू किया। इन्दिरा ने चुनाव हारने पर आपातकाल तो पहले ही 21 मार्च, 1977 को वापस ले लिया था। इसके छह दिन बाद नवनिर्वाचित मोरारजी सरकार ने उस बाहरी आपातकाल को भी रद्द कर दिया जो पाकिस्तान के साथ 1971 के युद्ध के बाद से लागू था। सरकार ने प्रेस की स्वतंत्रता भी बहाल की और संसदीय कार्यवाही के प्रकाशन पर लगे प्रतिबन्धों को रद्द कर दिया। पर इन सबसे कहीं अधिक ज़रूरत उन संवैधानिक संशोधनों को निरस्त करने की थी, जिन्होंने कार्यपालिका की शक्ति को असामान्य रूप से बढ़ा दिया था। इनमें वह कुख्यात बयालीसवाँ संविधान संशोधन भी शामिल था। इस संशोधन ने राज्यों से सम्बन्ध में केन्द्र को अतिरिक्त ताक़त प्रदान कर संघवाद को कमज़ोर कर दिया, संसद द्वारा बनाए क़ानून की संवैधानिकता की न्यायिक जाँच पर रोक लगा दी और संविधान के नीति निदेशक सिद्धान्तों को आगे बढ़ाने के लिए बनाए गए क़ानूनों को मौलिक अधिकारों पर प्राथमिकता प्रदान कर दी।

बयालीसवें संशोधन ने संसद की सर्वोच्चता स्थापित करते हुए यह सुनिश्चित

कर दिया था कि मौलिक अधिकारों में इसके द्वारा किये संशोधनों को अदालत में भी चुनौती नहीं दी जा सकती। यह अतिवादी राज्य व्यवस्था को संस्थागत बनाकर वैध और सामान्य बनाने की कोशिश थी। पर इसे पलटने के लिए जनता सरकार को कांग्रेस के सहयोग की ज़रूरत पड़ती क्योंकि उन्हें लोकसभा में तो बहुमत प्राप्त था, लेकिन राज्यसभा या उच्च सदन में उनके पास पर्याप्त संख्याबल नहीं था। इस दौरान शाह आयोग की कार्यवाही की व्यापक प्रेस कवरेज के चलते जनता की नज़रों में आपातकाल सन्देह के घेरे में आ गया था। कांग्रेस अपनी खोई हुई लोकतांत्रिक साख को बहाल करने को व्याकुल थी। आख़िर जनता पार्टी और कांग्रेस के बीच लम्बी बातचीत और काफ़ी मशक़्क़त के बाद संसद के दोनों सदनों ने दिसम्बर, 1978 में तैंतालीसवें संविधान संशोधन को पारित कर दिया, जिससे बयालीसवें संशोधन के अधिकांश प्रावधान निरस्त हो गए। बयालीसवें संशोधन को निरस्त करने के लिए आए इस संशोधन के पक्ष में मतदान करने वालों में कई ऐसे कांग्रेसी सांसद भी थे जिन्होंने कभी इस क़ानून के पारित होने के पक्ष में मतदान किया था।

तैंतालीसवाँ संशोधन पारित होने से पहले ही चौवालीसवें संशोधन पर खींचातानी शुरू हो गई थी। बातचीत आपातकाल की अवधि में भी जीवन और स्वतंत्रता के अधिकार को बहाल रखने और मीसा तथा इस जैसे अन्य क़ानूनों, जिन्हें न्यायिक जाँच के दायरे से परे रखा गया था, को निरस्त करने से जुड़ी थी। एक बार फिर जनता पार्टी ने कांग्रेस तथा अन्य पार्टियों को बात कर राज़ी किया। दिसम्बर, 1978 में संसद द्वारा पारित इस संशोधन ने आपातकाल लगाने के आधारों में से एक आधार 'आन्तरिक अशान्ति' को 'सशस्त्र विद्रोह' से बदल दिया। इसमें यह भी निर्धारित कर दिया गया था कि राष्ट्रपति केवल कैबिनेट की लिखित सलाह पर आपातकाल की घोषणा कर सकते हैं, और इसे एक महीने के भीतर संसद द्वारा उपस्थित और मतदान में भाग लेने वाले सदस्यों के दो-तिहाई बहुमत से अनुमोदित करवाना होगा। आपातकाल की अवधि छह महीने से अधिक चलने की स्थिति में इसे संसद द्वारा अनुमोदित करवाया जाना ज़रूरी होगा। संशोधन में यह भी निर्दिष्ट किया गया था कि आपातकाल में भी जीवन और स्वतंत्रता का अधिकार निलम्बित नहीं किया जा सकता। हाँ, कांग्रेस और अन्य दलों के इस तर्क को सन्तुष्ट करने के लिए कि यह भूमि सुधार जैसे कल्याणकारी विधिनिर्माण के रास्ते में खड़ा है, 'सम्पत्ति के अधिकार' को मौलिक अधिकारों की सूची से हटा दिया गया था।

लेकिन सरकार बयालीसवें संशोधन के उस प्रावधान को रद्द करने हेतु कांग्रेस की सहमति लेने में विफल रही, जिसमें अनुच्छेद 368 के तहत संसद को मौलिक अधिकारों सहित तमाम क़ानूनों में न्यायिक जाँच से परे संशोधन करने का निर्बाध अधिकार दे दिया गया था। जब कोई चारा नहीं बचा, आख़िर जनता सरकार संसद की न्यायिक जाँच पर रोक के इस प्रावधान को हटाए बिना ही चौवालीसवें संशोधन

को लागू करने के लिए तैयार हो गई। दिसम्बर, 1978 में इसके लिए मतदान करने वालों में ख़ुद इन्दिरा भी थीं जो पिछले महीने कर्नाटक के चिकमंगलूर निर्वाचन क्षेत्र से उपचुनाव में निर्वाचित होकर लोकसभा में लौटी थीं। बाद में 1980 के 'मिनर्वा मिल्स' मामले में अपना फ़ैसला देते हुए सर्वोच्च न्यायालय ने इस अधूरे काम को पूरा किया।[15]

## जनता सरकार का बिखरना और शासन का संकट

व्यक्तित्वों के टकराव, भीषण गुटबाज़ी और व्यक्तिगत महत्त्वाकांक्षाओं में डूबी जनता सरकार केवल अट्‌ठाईस महीने चली। मोरारजी देसाई ने 15 जुलाई, 1979 को अपना इस्तीफ़ा सौंप दिया। मोरारजी सरकार में उप-प्रधानमंत्री रहे चरण सिंह ने 28 जुलाई को अलग हुए गुट के नेता के रूप में प्रधानमंत्री का पदभार सँभाला। संसदीय बहुमत के अभाव में उनका भरोसा इन्दिरा द्वारा किये कांग्रेस के समर्थन के वादे पर टिका था। कैसी विडम्बना थी, यही चरण सिंह थे जो मोरारजी काबीना के गृहमंत्री के रूप में इन्दिरा और संजय को उनके किये की सज़ा दिलवाने पर तुले हुए थे। अक्टूबर, 1977 की गिरफ़्तारी में हुई चूक और शाह आयोग के समक्ष इन्दिरा की नाटकीय हरकतों से आजिज़ आकर चरण सिंह ने उन पर मुक़दमा चलाने के लिए विशेष अदालतों की स्थापना की। संजय को तो आपातकाल के भुक्तभोगी लोगों के कष्ट की एक प्रत्यक्ष बानगी भी मिली जब मई, 1978 में उन्हें तिहाड़ जेल में बन्द कर दिया गया। इन्दिरा को भी सीबीआई पूछताछ का सामना करना पड़ा और दिसम्बर, 1978 में एक बार फिर से उन्हें गिरफ़्तार कर लिया गया। इस बार उन्होंने एक सप्ताह तिहाड़ में काटा। हालाँकि इस लम्बे खिंचते गए और अन्ततः निरर्थक साबित हुए अभियोजन ने उन्हें ख़ुद को पीड़ित के रूप में प्रस्तुत करने में ख़ूब मदद की।

खेल में माहिर इन्दिरा ने बड़े धीरज के साथ उस लम्हे का इन्तज़ार किया जब जनता पार्टी सरकार अपने ही आन्तरिक विरोधाभासों में उलझ आत्मविनाश के मार्ग पर चल पड़े और ख़रामा-ख़रामा पुख़्ता क़दम रखते हुए संजय के साथ अपनी वापसी की पटकथा रची। माँ-बेटे की इस जोड़ी ने चरण सिंह की महत्त्वाकांक्षाओं को चिंगारी दिखाकर मोरारजी सरकार को गिराने का कुचक्र रचा। उन्होंने कांग्रेस के समर्थन से चरण सिंह को प्रधानमंत्री पद दिलवाने का लालच दिया। चरण सिंह के हाथ खींचने पर मोरारजी सरकार ने इस्तीफ़ा दे दिया। इसके बाद 28 जुलाई के दिन चरण सिंह ने प्रधानमंत्री के रूप में शपथ ली। लेकिन इन्दिरा ने फ़ौरन समर्थन वापस लेकर उन्हें 19 अगस्त को ही इस्तीफ़ा देने के लिए मजबूर कर दिया। इस तरह चरण सिंह की प्रधानमंत्री बनने की महत्त्वाकांक्षा पूरी हुई, भले ही केवल तेईस

दिनों के लिए। राष्ट्रपति ने संसद के निचले सदन लोकसभा को भंग कर दिया और नये सिरे से चुनाव करवाने की घोषणा कर दी गई।

ऐसा नहीं कि जनता सरकार ने इन अट्ठाईस महीनों में कोई उपलब्धि हासिल नहीं की। इसने आपातकाल के कई अतिवादी संशोधनों और क़ानूनों को निरस्त करने का हौसला दिखाया। शाह आयोग की सुनवाइयों और रिपोर्ट के ज़रिये शासन द्वारा सत्ता का दुरुपयोग जनता के सामने उजागर हुआ। हालाँकि 30 अप्रैल, 1977 को कांग्रेस शासित नौ राज्य विधानसभाओं को बर्ख़ास्त करने और वहाँ नये चुनावों की घोषणा ने लोकतंत्र के प्रति जनता पार्टी की प्रतिबद्धता की सीमाओं को उजागर कर दिया। सरकार ने यह तर्क देते हुए कि संसदीय चुनावों में कांग्रेस के ख़िलाफ़ निर्णायक जनादेश राज्यों में नवीन चुनावों के निर्णय को उचित ठहराता है, फ़रवरी में राष्ट्रपति फ़ख़रुद्दीन अली अहमद की मृत्यु के बाद कार्यवाहक राष्ट्रपति का पदभार सँभालने वाले बी.डी. जत्ती से कैबिनेट द्वारा अनुशंसित इस आदेश पर हस्ताक्षर करने के लिए कहा। जत्ती ने सिफ़ारिश पर विचार करने के लिए समय माँगा, जिससे राष्ट्रपति और केन्द्र सरकार के मध्य संकट में डालने वाले संवैधानिक टकराव की स्थिति पैदा हो गई। आख़िर जत्ती टकराव से पीछे हट गए और आदेश पर हस्ताक्षर कर दिये।[16] संवैधानिक निगाह से देखें तो अनुच्छेद 356 के तहत राज्य विधानसभाओं का विघटन पूरी तरह से असंवैधानिक नहीं था। लेकिन यह उस संघवाद के सिद्धान्त का उल्लंघन ही था, जिसके लिए जनता पार्टी कांग्रेस को कठघरे में खड़ा कर रही थी। पर तात्कालिक चुनावी लाभ सदा संघवाद के सिद्धान्तों पर भारी पड़ते आए हैं। नवीन चुनावों में उत्तर भारत के हिन्दीभाषी राज्यों में कांग्रेस का लगभग सफ़ाया हो गया।

परस्पर विरोधी विचारधाराओं और आपस में टकराती महत्त्वाकांक्षाओं का दबाव जनता पार्टी के विभिन्न धड़ों को साथ जोड़े रखने वाले ग़ैर-कांग्रेसवाद के गोंद पर भारी पड़ा। 8 अक्टूबर, 1979 को जेपी की मृत्यु के बाद जनता सरकार में आरम्भ से मौजूद आन्तरिक कलह और साज़िशें सतह पर आ गईं। जनता पार्टी में मौजूद पूर्ववर्ती जनसंघ सदस्यों की राष्ट्रीय स्वयंसेवक संघ के प्रति निष्ठा का लम्बे समय से धधक रहा मुद्दा खुलकर सामने आ गया। समाजवादी हमेशा से हिन्दू राष्ट्रवादी जनसंघ से असहज रहे थे। लेकिन ग़ैर-कांग्रेसवाद के नाम पर सहयोग भी उनकी विरासत का हिस्सा तभी से रहा था, जब पचास के दशक के उत्तरार्ध में डॉ. राममनोहर लोहिया इसके मुख्य प्रस्तावक बने। जब 1957 के चुनावों में सिद्धान्तवादी तरीक़े से अकेले लड़कर कांग्रेस को उखाड़ फेंकने का प्रयास विफल हो गया, लोहिया ने कांग्रेस को हराने के लिए समाजवादियों को विपक्षी दलों के साथ चुनावी गठबन्धन की ओर धकेला। 1967 में कई राज्यों में बनी गठबन्धन सरकारें और आगे का जेपी आन्दोलन इसी रीति को भविष्य में मिली सफलता का सबूत थे।[17]

लेकिन 1977 में इन्दिरा को हराने का तात्कालिक लक्ष्य हासिल होने के बाद जनसंघ को लेकर वही पुरानी फ़िक्र वापस लौट आई। हिन्दू राष्ट्रवाद के साथ वैचारिक मतभेद में अब 'दोहरी सदस्यता' का प्रश्न भी जुड़ गया था। जनता पार्टी के जनसंघ से आए सदस्यों ने राष्ट्रीय स्वयंसेवक संघ की अपनी सदस्यता का त्याग करने से इनकार कर दिया और यह दावा किया कि उनका मातृ संगठन एक राजनीतिक संगठन नहीं, सांस्कृतिक संगठन है। ऐसे में राष्ट्रीय स्वयंसेवक संघ—जिसने न स्वयं को भंग किया था न जनता पार्टी में अपना विलय किया था, की सदस्यता दोहरी राजनीतिक सम्बद्धता नहीं मानी जा सकती। छात्र संगठन 'अखिल भारतीय विद्यार्थी परिषद' और ट्रेड यूनियन 'भारतीय मजदूर संघ' भी इसी तर्क पर राष्ट्रीय स्वयंसेवक संघ के प्रति निष्ठा के साथ स्वतंत्र जन संगठनों के रूप में कार्य करते रहे।

राष्ट्रीय स्वयंसेवक संघ भी जेपी आन्दोलन में अपनी भागीदारी की वजह से और आपातकाल के पीड़ितों की सूची में होने के चलते मज़बूत होकर उभरा था। इन्दिरा को जेल से लिखे आरएसएस प्रमुख के सुलह पत्रों और जेल से बाहर निकलने के लिए इसके गिरफ़्तार सदस्यों द्वारा कथित तौर पर लिखे गए माफ़ी पत्रों की रपटें छपने के बावजूद ज़मीन पर आरएसएस के स्वयंसेवकों के प्रतिरोध ने सार्वजनिक सराहना हासिल की और इसकी लोगों में पैठ बढ़ी। 1977 में हुए राज्यों के चुनाव ने इसकी ताक़त को सबके सामने ज़ाहिर कर दिया। इन चुनावों में जनसंघ से आए जनता पार्टी के नेता राजस्थान, मध्य प्रदेश, हिमाचल प्रदेश और दिल्ली में मुख्यमंत्री बने। पिछड़ी जातियों और किसानों का समर्थन पाकर चरण सिंह के भारतीय लोक दल से आए उम्मीदवार हरियाणा, उत्तर प्रदेश और उड़ीसा में मुख्यमंत्री बने, जबकि बिहार में यह पद एक पूर्व समाजवादी को मिला। लेकिन जैसे ही इन सरकारों का गठन हुआ, असली गुटबाज़ी और सत्ता के लिए खींचतान शुरू हो गई। असंतुष्ट रह गए समूह ऐसे नेताओं और गुटों की महत्त्वाकांक्षाओं को हवा देने लगे, जिन्हें मनमाफ़िक़ पद नहीं मिल पाया था। बिहार और उत्तर प्रदेश में इन लड़ाइयों ने अगड़ी और पिछड़ी जातियों के बीच झगड़े का रूप ले लिया। इस 'खुल्ला खेल फ़र्रुख़ाबादी' क़िस्म के सत्तासंघर्ष में समान विचारधारा और राष्ट्रीय स्वयंसेवक संघ की सदस्यता से बँधे पूर्ववर्ती जनसंघ के सदस्य सबसे संगठित समूह के तौर पर उभरे। उनकी एकजुट कार्रवाइयों ने उन्हें और अधिक प्रभावी बना दिया और इससे उनकी 'दोहरी सदस्यता' का मुद्दा फिर विवाद के घेरे में आ गया। विचारधारा, गुटबन्दी, जातिगत संघर्ष और खुली व्यक्तिगत महत्त्वाकांक्षाओं से मिलकर बना एक विद्रूपों से भरा प्रहसन जनता के समक्ष खेला जा रहा था।[18]

जनता पार्टी का यह आन्तरिक उठापटक का खेल उस समय खेला जा रहा था जब देश भीषण संकट में घिरा था। क़ीमतें बेतहाशा तेज़ी से बढ़ीं, अर्थव्यवस्था

का विकास रुक गया और कारख़ानों में हड़तालों की झड़ी लग गई। अपराध दर में बढ़ोतरी देखी गई, अशान्ति और मोर्चों की ख़बरों से एक बार फिर अख़बार रँगे दिखाई देने लगे। अगड़ी जातियों तथा पिछड़ी में समृद्ध किसान जातियों से आनेवाले हथियारबन्द लोगों ने दलित भूमिहीन मज़दूरों पर हिंसक हमला करना शुरू कर दिया। ऐसी कई हिंसक घटनाओं में से एक घटना 27 मई, 1977 को बिहार के एक गाँव 'बेलछी' में घटी।[19] एक अमीर कुर्मी ज़मींदार, जिसे गाँव का दबंग कहा जाता था, ने अपने लोगों को इकट्ठा किया और नौ दलितों सहित ग्यारह लोगों—जो सभी खेतिहर मज़दूर थे, पर हमला कर दिया। मज़दूरों को रस्सियों से बाँध दिया गया और बन्दूक़ की नोक पर मक्का के खेत में ले जाया गया। और फिर मिट्टी का तेल छिड़ककर वहाँ आग लगा दी गई। फिर दबंगों ने बन्धक मज़दूरों को गोली मार दी और उन्हें धधकती हुई आग की लपटों में फेंक दिया। इन हत्याओं की वजह—एक नये उग्र नेता के अधीन दलितों द्वारा अपने अधिकारों पर दावा करना। इलाक़े के कुर्मियों से यह बर्दाश्त नहीं हुआ। आधिकारिक तौर पर पिछड़ी जाति के रूप में वर्गीकृत, कुर्मी 1960 के दशक का उत्तरार्ध आते-आते गाँव में अग्रणी किसान जाति के रूप में उभरे थे। उन्होंने तथाकथित ऊँची जातियों के पुराने सामंती वर्चस्व पर पैर जमाते हुए अपनी बढ़त का दावा किया। पर दूसरी ओर उन्हें दलित खेतिहर मज़दूरों के मध्य बढ़ती राजनीतिक चेतना का सामना भी करना पड़ रहा था। दो पहचानों के विरोधाभास के बीच घटा क्रूर बेलछी नरसंहार दलितों को जाति और वर्ग की पहचान का सबक़ उनके ही ख़ून से लिखकर समझा रहा था।

चूँकि हत्याकांड बिहार के एक दूरदराज़ गाँव में हुआ था इसलिए यह ख़बर राष्ट्रीय अख़बारों तक पहुँचने में समय लगा। जब ख़बर पहुँची तो केन्द्र की जनता सरकार ने प्रतिक्रिया देने में देर की। उन्हें तब और शर्मिंदगी उठानी पड़ी जब इन्दिरा उस गाँव का दौरा करने वाली पहली नेता बनीं। राजनीति की बिसात पर हाथ आए इस सुनहरे मौक़े का पूरा लाभ उठाते हुए वे बाढ़ग्रस्त इलाक़े को एक हाथी पर बैठकर पार करती हुईं 14 अगस्त के दिन बेलछी जा पहुँचीं। मौक़े पर पहुँच हाथी ने घुटने टेक दिये और इन्दिरा नीचे झुककर पीड़ितों के सगे-सम्बन्धियों की व्यथा सुनने लगीं।[20] मौक़े पर मौजूद फ़ोटोग्राफ़रों ने उस लम्हे को फ़ौरन अपने कैमरे में क़ैद किया। इन्दिरा को अपनी वापसी का रास्ता मिल गया था। वे एक बार फिर ग़रीबों की उद्धारकर्ता बनकर उभरी थीं।

बेलछी जनसंहार दलितों पर हो रहे अत्याचार की अकेली घटना नहीं थी। आम जनमत में बढ़ती राजनीतिक चेतना के प्रतिउत्तर के रूप में उत्तर भारतीय ग्रामीण इलाक़ों में अगड़ी जातियों और पिछड़ों में समृद्ध किसान जातियों के सशस्त्र सेनाओं के रूप में संगठित होने का चलन बढ़ता जा रहा था।[21] 1977 के संसद और राज्यों के चुनावों में कांग्रेस की व्यापक अस्वीकृति ने इस राजनीतिक चेतना को अभिव्यक्त

किया। भारत की ग़रीब-गुरबा आबादी, जो कभी इन्दिरा के 'ग़रीबी हटाओ' के नारे की ओर आकर्षित हुई थी, ने 1977 में जबरन नसबन्दी जैसे अभियानों के लिए उन्हें दंडित करने में देर नहीं लगाई। लेकिन ग़रीबों के साथ-साथ अब अन्य सामाजिक समूह भी सक्रिय अभिनेताओं के रूप में राजनीति के रंगमंच पर पदार्पण कर चुके थे। इस बदलती वास्तविकता का एक प्रत्यक्ष आईना छठी लोकसभा में देखने को मिला। सदन में अगड़ी जाति से आनेवाले सदस्यों की हिस्सेदारी घट गई, जबकि दलित-पिछड़ी जाति के सदस्यों की हिस्सेदारी में बढ़ोतरी देखी गई। इनमें से अधिकांश जनता पार्टी से चुनकर आए थे।[22]

दूरगामी परिणामों वाला एक प्रभावशाली निर्णय 1978 में बिहार में जनता सरकार और कर्नाटक में कांग्रेस सरकार द्वारा लिया गया। यह निर्णय था 'पिछड़ी जातियों' के लिए राज्य की नौकरियों में आरक्षण (कोटा) का आरम्भ। इस निर्णय पर अगड़ी जातियों की प्रतिक्रिया तो होनी ही थी। अगड़ी जातियों द्वारा हिंसात्मक प्रतिक्रिया के ख़तरे को भाँपते हुए केन्द्र की जनता सरकार ने राष्ट्रीय स्तर पर पिछड़ी जातियों के लिए आरक्षण के मुद्दे पर विचार करने के लिए दिसम्बर, 1978 में बी.पी. मंडल की अध्यक्षता में पिछड़ा वर्ग आयोग के गठन की घोषणा की। इसके बाद उत्तर प्रदेश में जनता सरकार ने भी ऐसा ही क़दम उठाते हुए जनवरी, 1979 में पिछड़ी जातियों के लिए आरक्षण कोटा को मंजूरी दे दी। देखते ही देखते पूरे भारत में दंगे भड़क उठे। इस मुद्दे ने जनता पार्टी को भीतर से विभाजित कर दिया था। जनसंघ के नेता, जिनमें से अधिकांश अगड़ी जातियों से थे और हिन्दू एकता को सर्वोच्च मानते थे, समाजवादियों और चरण सिंह के ख़िलाफ़ खड़े हो गए। नेतृत्व स्तर पर वैचारिक टकराव और धरातल पर जातिगत और वर्गीय हिंसा की बढ़ती घटनाएँ समाज के बढ़ते राजनीतिकरण की गवाही दे रहे थे। इसने राज्य और समाज के आपसी सम्बन्धों को ऐसे संकट में डाल दिया, जिसे राजनीति वैज्ञानिक 'प्रशासनिकता का संकट' कहते हैं।[23]

यह समस्या नई नहीं थी। व्यापक अर्थ में यह वही पुरानी 'आधिपत्य के बिना प्रभुत्व' वाली समस्या थी। औपनिवेशिक राज्य की तरह ही स्वतंत्र भारत की राष्ट्र-राज्य संस्था भी वृहत्तर भारतीय जन को यह विश्वास दिलाने में सफल नहीं हो पाई थी कि राजनीति और समाज को देखने की उसकी आभिजात्य दृष्टि वृहत्तर आबादी के हितों का प्रतिनिधित्व करती है। भारत में निर्मित हुआ आधुनिक राज्य अपने औपनिवेशिक और संवैधानिक गणतंत्र दोनों संस्करणों में ख़ुद को एक शैक्षणिक इकाई के रूप में देखता था, जिसका काम था जनता को आधुनिक समाज और राजनीति के क़ायदों में प्रशिक्षित करना। पर इन दोनों संस्करणों में एक महत्त्वपूर्ण अन्तर यह था कि संवैधानिक गणतंत्र के निर्माता राष्ट्रवादी नेताओं ने वयस्क मताधिकार के साथ सबको लोकतांत्रिक प्रक्रिया का हिस्सा बनाया। लेकिन

चित्र 9.1 : बिहार में हाथी पर इन्दिरा की वापसी, 1977
साभार : *इंडिया टुडे समूह*

वे भी लोकप्रिय मत के प्रति आश्वस्त नहीं थे। इस कारण उन्होंने 'अराजकता के व्याकरण' को नियंत्रित करने के लिए मौलिक अधिकारों पर प्रतिबन्ध की व्यवस्था संविधान में जोड़ दी। मुखर विरोध के बावजूद आपातकालीन प्रावधान, निवारक नज़रबन्दी और औपनिवेशिक दमनकारी क़ानून संविधान का हिस्सा बनाए गए। और इसके पीछे जो तर्क प्रस्तुत किया गया वह यह था कि राज्य को नीति निर्देशक सिद्धान्तों में निहित सामाजिक बदलाव सुनिश्चित करने के लिए असाधारण शक्ति की ज़रूरत पड़ने वाली थी।

भारत का उत्तर-औपनिवेशिक इतिहास इसका गवाह है भारत का आभिजात्य वर्ग लोकतांत्रिक लामबन्दी के ज्वार को फिर भी नहीं रोक सका। 1960 के दशक के मध्य तक शासन का यह संकट सतह पर उभर आया था। तमिलनाडु में भड़के हिन्दी विरोधी आन्दोलन और बम्बई में शिवसैनिकों के हिंसक उत्पात राज्य को उसी 'अराजकता के व्याकरण' की परिस्थितियों में ढकेल रहे थे, जिस ओर आंबेडकर ने चेताया था। बंगाल के ग्रामीण इलाक़ों में फैले माओवादी विद्रोह, औद्योगिक और शहरी संकट के बीच कलकत्ता में प्रतिद्वंद्वी राजनीतिक समूहों में घमासान ने राज्य सत्ता की पकड़ ढीली कर दी थी। पिछड़ी जाति समूह तेज़ी से अगड़ी जातियों के नेतृत्व वाली कांग्रेस की संरक्षण प्रणाली से बाहर निकल स्वतंत्र राजनीतिक अभिनेताओं के रूप में अपनी आवाज़ उठाने लगे थे। कांग्रेस पार्टी की एकछत्र सत्ता को चुनौती दी गई और नतीजे में 1967 में कई राज्यों में उसकी चुनावी हार हुई। इन्दिरा ने इस संकट से निकलने के लिए 1969 में कांग्रेस का विभाजन कर, बैंकों का राष्ट्रीयकरण कर, प्रिवी पर्स को समाप्त कर और 'ग़रीबी हटाओ' जैसा नारा देकर अपना पक्ष मज़बूत किया। वह 'गूँगी गुड़िया' नहीं थीं और विपक्ष को 1971 और 1972 के चुनावों में हुई अपमानजनक हार से यह बख़ूबी समझ आ गया था। जब जेपी आन्दोलन ने इलाहाबाद न्यायालय के फ़ैसले पर सवार होकर उनकी शक्ति को चुनौती दी, तो इन्दिरा ने आपातकाल लगा दिया।

यह बात सही है कि ये सारे काम इन्दिरा की व्यक्तिगत सत्ता को सुरक्षित रखने की जुगत का हिस्सा थे। लेकिन इनका एक दूसरा उद्देश्य लगातार तीव्र हो रहे व्यापक असन्तोष से उपजी चुनौती का प्रबन्धन करना भी था। इस अर्थ में आपातकाल का दाँव "लोकतांत्रिक लामबन्दी और लोकतांत्रिक सत्ता के बीच गहरी होती खाई" के कारण संकट में आई भारतीय राज्य की उत्तर-औपनिवेशिक परियोजना को बचाने के अन्तिम प्रयास सरीखा था।[24] आपातकाल के दौर में शासनसत्ता ने राज्य की विकास योजनाओं और समाज की आकांक्षाओं के बीच बढ़ती खाई को पाटने के लिए बीस सूत्री कार्यक्रम और नसबन्दी अभियान से लेकर शहरी सफ़ाई अभियान जैसे कार्यक्रम शुरू किये। यूँ यह आपातकाल से पहले की नीतियों और पद्धतियों का ही विस्तार था। आपातकाल के दौर की सत्ता इन्हें ग़रीब की देह और उसकी

रिहाइश को नियंत्रित करने और नया आकार देने की कोशिश में कई पायदान ऊपर ले गई। कार्यपालिका के अधिकार क्षेत्र को अधिक केन्द्रीकृत और मज़बूत करने वाले बयालीसवें सविधान संशोधन से हासिल ताक़त पर सवार होकर एक शासकीय रणनीति के बतौर इन्दिरा ने इस अपवाद की स्थिति को वैधता का जामा पहनाने के लिए चुनावों का आह्वान किया। इस आह्वान के साथ यह अपेक्षा की गई थी कि आमजन को 'अनुशासन' का कठोर पाठ अच्छे से पढ़ाए जाने के बाद अब निवारक नज़रबन्दी और प्रेस सेंसरशिप जैसे उपायों की ज़रूरत नहीं रहेगी। यह दाँव इन्दिरा के व्यक्तिगत राजनीतिक करियर से कहीं बड़ा था। दूसरे शब्दों में कहें तो उनका राजनीतिक भाग्य शासन के लिए लोकप्रिय सहमति हासिल करने में राज्य संस्था की विफलता की तेज़ी से विकराल रूप लेती चुनौती को हल करने से सीधा जुड़ गया था।

भारत में राज्य और समाज के मध्य सम्बन्धों में उथल-पुथल का अपना विशिष्ट इतिहास रहा था, लेकिन यह उथल-पुथल भारत तक सीमित नहीं थी। पूरे विश्व में 1960 के दशक का उत्तरार्ध और 1970 के दशक का आरम्भ राजनीतिक और सामाजिक उथल-पुथल का दौर रहा। लातिन अमेरिका के कई हिस्सों में फैला गुरिल्ला आन्दोलन, संयुक्त राज्य अमेरिका में मुख्यधारा की सांस्कृतिक अभिव्यक्तियों को मिलती चुनौती और वियतनाम युद्ध विरोधी विद्रोह, मई, 1968 का फ्रांस विद्रोह, प्राग स्प्रिंग को कुचलने के लिए 1968 में चेकोस्लोवाकिया में सोवियत सैनिकों का प्रवेश और चीन में आकार लेती सांस्कृतिक क्रान्ति इसकी बानगी थी। इधर हमारे पड़ोस में ज़ुल्फ़िकार अली भुट्टो ने 1970 के दशक की शुरुआत में लोकलुभावन नारों के दम पर पाकिस्तान में असीमित सत्ता हासिल की। और जब ये लोकलुभावन नारे बढ़ते असन्तोष को दबाने में विफल रहे तो उन्होंने अधिनायकवाद का रुख़ किया। लेकिन 1977 में जनरल ज़िया-उल-हक़ द्वारा उन्हें अपदस्थ कर गिरफ़्तार कर लिया गया और दो साल बाद फाँसी दे दी गई। बांग्लादेश में मुजीबुर रहमान ने भी लोकलुभावनवाद से एकाधिकारवादी सत्ता के इसी पथ का अनुसरण किया और 1975 में सैन्य अधिकारियों द्वारा उनकी हत्या कर दी गई। कह सकते हैं कि भारत में इन्दिरा ने भी जब लोक में पैठे गहरे असन्तोष को कुचलने के लिए इसी क़िस्म की एकाधिकारवादी रणनीति अपनाई, संवैधानिक लोकतंत्र की गहरी जड़ों ने इन्दिरा को ऐसे दुर्भाग्य का सामना करने से बचाया। 1977 में चुनावों का आह्वान कर उन्होंने सत्ता का शान्तिपूर्ण हस्तान्तरण सुनिश्चित किया।

इन्दिरा की चुनावी हार के बाद लोकतांत्रिक संस्थाओं और लोकप्रिय राजनीति के बीच सम्बन्धों को फिर से व्यवस्थित करने की चुनौती जनता पार्टी के ज़िम्मे आ गई। कुछ ही समय बाद इसे ग़रीब और वंचित जातियों में विकसित हुई तीव्र राजनीतिक चेतना एवं उसके बरअक्स खड़ी हुई अगड़ी और अमीर किसान जातियों

की हिंसा से दो-चार होना पड़ा। राजनीतिक हिंसा के साथ दूसरी चुनौतियाँ भी थीं। एक ठहरी हुई अर्थव्यवस्था और जमाख़ोरी के कारण आवश्यक वस्तुओं की बढ़ती क़ीमतें समस्या को विकराल बना रही थीं। 'प्रशासनिकता के संकट' का सामना करते हुए जनता सरकार वादे के मुताबिक निवारक नज़रबन्दी को समाप्त करने की अपनी प्रतिज्ञा को पूरा करने में टालमटोल करने लगी। दिसम्बर, 1977 में मोरारजी देसाई सरकार ने निवारक नज़रबन्दी को आपराधिक प्रक्रिया संहिता में शामिल करने के लिए क़ानून पेश किया और यह तर्क देते हुए इस क़दम का बचाव किया कि राज्य को अपराधियों एवं आर्थिक अपराध पर अंकुश लगाने के लिए इस क़ानून की ज़रूरत पड़ सकती है। निवारक नज़रबन्दी को इस तरह पिछले दरवाज़े से एक स्थायी क़ानून बनाने के इस प्रयास से हंगामा मच गया और अन्ततः मार्च, 1978 में इसे वापस ले लिया गया। लेकिन सरकार के पत्ते खुल गए थे। अन्ततः संसद ने जुलाई, 1978 में ख़तरनाक 'मीसा' क़ानून को निरस्त कर दिया। लेकिन राष्ट्रपति ने कार्यवाहक चरण सिंह सरकार की सिफ़ारिश पर एक अध्यादेश जारी किया जिसमें "जमाख़ोरों, कालाबाज़ारी करने वालों और मुनाफ़ाख़ोरों" के लिए निवारक नज़रबन्दी का प्रावधान बनाए रखा गया।[25]

प्रशासन की इसी दरकती इमारत के आगे खड़े होकर जनता पार्टी के नेता भयंकर गुटबाज़ी में जूझ रहे थे। जैसे ही 'दोहरी सदस्यता' पर विवाद तीखा होने लगा, जनसंघ से आए नेता मोरारजी देसाई के पीछे खड़े हो गए जबकि पिछड़ी जातियों और किसानों का प्रतिनिधित्व करने वाले अधिकांश समाजवादी नेता चरण सिंह के समर्थन में रहे। यह राजनीतिक चेतना से युक्त आबादी के लिए वैकल्पिक अभिव्यक्तियों के बीच हो रहा टकराव था। हालाँकि हिन्दुत्व और पिछड़ी जातियों की राजनीति जैसे खेमों में बड़े पैमाने पर लामबन्दी अभी भविष्य के गर्भ में थी, लेकिन जनता पार्टी के विघटन के लिए आधार तैयार हो गया था।[26] इन्दिरा जैसे इसी पल का इन्तज़ार कर रही थीं।

## इन्दिरा की वापसी और अन्त

जनवरी, 1980 के आम चुनावों के प्रचार में इन्दिरा जी-जान से जुट गई थीं। उन्होंने एक सहायक और चन्द सुरक्षाकर्मियों के साथ देश भर में अनथक यात्राएँ कीं, "दो सूटकेस में आधा दर्जन मोटी खद्दर की साड़ियाँ, दो बड़े फ्लास्क—एक ठंडे दूध के लिए और दूसरा उबला हुआ पानी रखने के लिए, दो तकिये, मूँगफली, सूखे मेवे, कुछ सेब और उन्हें धूप से बचाने के लिए एक छाता।"[27]

जब उनके विरोधी आपातकाल का डर दिखाते उनका सरल सा जवाब होता, "ऐसी सरकार के लिए वोट करें जो काम करती हो।" उन्होंने सैकड़ों रैलियों को

सम्बोधित किया। इन रैलियों में भाषण का फ़ोकस हमेशा दलितों और महिलाओं पर हुआ करता। जिस ग़रीब ने 1977 में इन्दिरा को दंडित किया था, अब वो फिर से उसके साथ होने लगा था। चुनावों में उन्होंने टुकड़ों में बँटी जनता पार्टी को ध्वस्त कर दिया। उनकी पार्टी, जिसका नाम अब कांग्रेस (इन्दिरा) था, ने लगभग 43 प्रतिशत वोट हासिल किये और लोकसभा की 351 सीटें जीतीं। जनता पार्टी के दोनों गुटों ने मात्र 72 सीटें जीतीं। जिन लोगों ने कांग्रेस में उनके ख़िलाफ़ विद्रोह किया था और अलग पार्टी खड़ी की थी, उन्होंने मुँह की खाई। इन्दिरा ने जिन दो निर्वाचन क्षेत्रों से चुनाव लड़ा—उत्तर प्रदेश में उनकी पारम्परिक सीट रायबरेली और आन्ध्र प्रदेश में मेडक, दोनों में भारी बहुमत से जीत हासिल की। संजय भी अमेठी से अपना चुनाव जीत गए थे। जीतने वाले उम्मीदवारों में बड़ी संख्या में संजय के वफ़ादार युवा कांग्रेस के सदस्य थे। इनमें से कई 'हिस्ट्रीशीटर' थे, यानी जिनके ऊपर आपराधिक मामले लम्बित थे।[28]

14 जनवरी, 1980 को बासठ वर्षीय इन्दिरा गांधी के चौथी बार प्रधानमंत्री के रूप में शपथ लेने के साथ ही संजय के वफ़ादार वापस हरकत में आ गए। तुर्कमान गेट के आततायी जगमोहन, जिन्हें जनता सरकार ने डीडीए के उपाध्यक्ष पद से हटा दिया था, फ़रवरी में दिल्ली के उप-राज्यपाल बन अतिरिक्त ताक़तवर होकर लौट आए (1996 में जगमोहन भाजपा में शामिल हो गए और हिन्दुत्व के समर्थक बन गए)। संजय ने अपने वफ़ादार पुलिस अधिकारी भिंडर को भी पुरस्कृत किया। भिंडर ने जनता सरकार में बुरे दिन देखे थे। शाह आयोग ने उनकी प्रतिष्ठा को बड़ी ठेस पहुँचाई थी और उन पर संजय का गुर्गा होने का ठप्पा चस्पाँ हो गया था। 1976 में ख़ूँख़ार डकैत सुन्दर की पुलिस हिरासत में कथित 'मुठभेड़' में हुई हत्या में शामिल होने के आरोप में भिंडर पर मुक़दमा चल रहा था। इस दौरान उन्हें पुलिस सेवा से निलम्बित कर दिया गया था। दिलचस्प तथ्य यह था कि नसबन्दी कार्यक्रम से भड़ककर इसी डकैत ने संजय को जान से मारने की धमकी दी थी। अक्टूबर, 1979 में इस मुकदमे से बरी होने के बाद भिंडर ने चरण सिंह पर 'दुर्भावनापूर्ण अभियोजन' का आरोप लगाते हुए मामला दायर कर दिया और मुआवज़े में दस लाख रुपये की माँग रखी।[29] अपने से वरिष्ठ 150 अधिकारियों को पछाड़ते हुए पैंतालीस वर्षीय भिंडर को जनवरी, 1980 में सरकार द्वारा दिल्ली का पुलिस प्रमुख नियुक्त किया गया। इस तरक़्क़ी का बचाव करते हुए उन्होंने बेपरवाही से कहा, "मैंने अपने करियर में तरक़्क़ी पाने के लिए कभी ग़लत राह नहीं पकड़ी।"[30] उनकी पत्नी सुखबंस कौर भिंडर पंजाब से कांग्रेस उम्मीदवार के रूप में खड़ी हुईं और जीतीं। भविष्य में इस उपलब्धि को उन्होंने लगातार पाँच बार दोहराया और 1993 में वे केन्द्र सरकार में मंत्री बनीं।

सत्ता में वापसी के बाद इन्दिरा ने केन्द्र की गद्दी से उतारी गई जनता पार्टी

को 'जैसे को तैसा' अन्दाज़ में जवाब दिया। फ़रवरी में नौ राज्यों की सरकारों को बर्ख़ास्त कर दिया गया और नये सिरे से चुनावों की घोषणा हुई। मई, 1980 में हुए राज्यों के चुनाव में इन्दिरा कांग्रेस ने सभी जनता पार्टी शासित राज्यों की सत्ता पर क़ब्ज़ा कर लिया। अब उनकी जीत सम्पूर्ण थी। विजेताओं में युवा कांग्रेस के सदस्यों की बड़ी संख्या थी। संजय के लिए मंच तैयार था कि वे बाक़ायदा आधिकारिक तौर पर राजनीति में उतरें और अन्ततः अपनी माँ के उत्तराधिकारी के बतौर गद्दी सँभालें। लेकिन होनी को कुछ और ही मंजूर था। 23 जून, 1980 के दिन जिस 'पिट्स एस-2 ए' विमान को वह उड़ाने निकले थे वह उड़ान भरते ही दुर्घटनाग्रस्त हो गया। दुर्घटना में संजय तथा उनके सह-पायलट की मृत्यु हो गई।

संजय की मौत से इन्दिरा बिलकुल बिखर सी गई थीं। जैसा जयकर लिखती हैं, तैंतीस साल की कम उम्र में संजय का यूँ जाना इन्दिरा को तोड़ गया। संजय के साथ उनका एक ख़ास नाता था। बहुत ही गहरा और भावनाओं से भरा रिश्ता। इन्दिरा के लिए संजय का सहारा बहुत क़ीमती था। उनके बड़े बेटे राजीव के साथ उनका सम्बन्ध अधिक औपचारिक था। राजीव ईमानदारीपूर्वक राजनीति से दूरी बनाए रखते थे। अपनी इतालवी मूल की पत्नी सोनिया और अपने दोनों बच्चों के साथ पारिवारिक घर में ही रहते हुए राजीव एयरलाइन पायलट के बतौर काम किया करते। पर संजय की मृत्यु के बाद इन्दिरा 1981 में राजीव को राजनीति की दुनिया में ले आईं। उधर संजय रूपी युवा उभरते सितारे के आकस्मिक निधन ने युवा कांग्रेस में एक शून्य पैदा कर दिया था, जिसे उनकी पत्नी मेनका ने उनके उत्तराधिकारी के रूप में भरने की कोशिश की। लेकिन इन्दिरा इससे ख़ुश नहीं थीं। यह आपसी तनाव तब तक बना रहा जब तक मार्च, 1982 में मेनका अपने दो साल के बेटे वरुण गांधी के साथ घर छोड़कर चली नहीं गईं। उन्होंने 1984 के चुनावों में अपने जेठ राजीव के ख़िलाफ़ संजय की अमेठी सीट से चुनाव लड़ा लेकिन हार गईं। मेनका और उनके बेटे वरुण, दोनों बाद में भाजपा में शामिल हो गए और मेनका भाजपा की केन्द्र सरकार में मंत्री रहीं।

संजय चले गए लेकिन उनकी याद बाक़ी रही। 14 दिसम्बर, 1983 के दिन गुड़गाँव स्थित फैक्टरी से गेंदे के फूल की मालाओं से सजी एक छोटी सफ़ेद मोटरकार चलाता उसका गर्व से भरा मालिक निकला। यह थी 'मारुति 800' मोटरकार, जिसे सार्वजनिक क्षेत्र की कम्पनी 'मारुति उद्योग लिमिटेड' ने जापानी कम्पनी 'सुज़ुकी' के सहयोग से निर्मित किया था। इसके कुछ घंटे पहले आँखों में आँसू भरे इन्दिरा ने वहाँ इकट्ठा हुए सुज़ुकी कम्पनी के अधिकारियों को सम्बोधित करते हुए कहा, "शायद आप समन्दर के उस पार रहने वाले लोग तिरस्कार, झूठ, इल्ज़ामों से भरे उस अतीत से वाक़िफ़ नहीं होंगे, जिनका सामना हमें इस कार के चलते करना पड़ा।"[31] भावनाओं से ओतप्रोत इन्दिरा ने भरे गले से अपने दिवंगत

बेटे संजय के बारे में बात की कि कैसे मारुति को खड़ा करने और समूचे देश द्वारा देखे एक छोटी कार के सपने को पूरा करने के लिए उन्होंने गर्मी से तपते, धूल भरे वर्कशॉप में अपने घंटों गला दिये थे।

इन्दिरा के लिए एक नई सार्वजनिक क्षेत्र की कम्पनी के बैनर तले मारुति कार का उत्पादन संजय को दी गई श्रद्धांजलि था। उनका अपना प्रोजेक्ट विफल हो गया था और वह इसे देखने के लिए ज़िन्दा नहीं थे। लेकिन उन्होंने मरने के बाद भी वह हासिल कर लिया था जो जीते जी नहीं कर पाए थे—अपने दादा की उस औद्योगिक नीति में आमूलचूल बदलाव जो भारतीय मध्यवर्ग को मितव्ययिता का उपदेश देती थी, उन्हें राष्ट्रीय हित के लिए अपनी उपभोक्ता इच्छाओं का त्याग करने के लिए कहती थी और जो दुर्लभ संसाधनों का उपयोग बुनियादी विकास के लिए करने की बात करती थी। संजय यह जानकर ज़रूर ख़ुश होते कि भारतीय उपभोक्ता अब 800 सीसी इंजन वाली, चार दरवाज़े वाली, पाँच सवारी बिठाने की जगह रखनेवाली मारुति कार 50,000 रुपये में ख़रीद सकते हैं। अन्ततः याराना पूँजीवाद देश की औद्योगिक नीति में बदलाव का रास्ता बना। उत्पादन का पहला साल ख़त्म होने से पहले 852 मारुति कारें बिक चुकी थीं। अगले ही साल बिक्री बढ़कर 20,000 को पार कर गई। मारुति का उत्पादन लगातार बढ़ता गया और एक दशक बीतने तक इसकी सालाना बिक्री 1,28,000 तक पहुँच गई थी।[32] उस वक़्त तक कई अन्य निर्माता भी इस क्षेत्र में प्रवेश कर चुके थे और भारतीय ऑटोमोबाइल बाज़ार का स्वरूप पूरी तरह बदल गया था। 'मारुति 800' का उत्पादन 2014 में ज़रूर बन्द हो गया लेकिन इस कम्पनी की कारों की आज भी भारतीय मोटरकार बाज़ार में सबसे बड़ी हिस्सेदारी है। एम्बेसेडर ने अपनी केन्द्रीय जगह खो दी और 2014 में इसका उत्पादन बन्द होने के साथ ही यह हमेशा के लिए अतीत की स्मृतियों में क़ैद होकर रह गई।

'मारुति उद्योग लिमिटेड' की स्थापना से मुल्क की औद्योगिक नीति में जिस बदलाव का संकेत मिल रहा था, हो सकता है उसके पीछे संजय की स्मृति वजह रही हो। लेकिन इन्दिरा भी अब व्यापार हितैषी नीतियों की ओर बढ़ रही थीं। 1 मार्च, 1982 को लोकसभा के पटल पर दिये भाषण में उन्होंने घोषणा की कि सरकार ने औद्योगिक नीतियों को उदार बनाने का फ़ैसला किया है क्योंकि देश की तेज़ गति से तरक़्क़ी के लिए यह ज़रूरी है, "ऐसी नीतियाँ जिनकी एकमात्र विशेषता उत्पादन पर प्रतिबन्ध है, हमें समाजवादी नहीं बनाती हैं।"[33] इस व्यापक स्तर पर स्वीकृत दृष्टिकोण के बरअक्स कि भारत की आर्थिक तरक़्क़ी 1991 के आर्थिक उदारीकरण के बाद तेज़ हुई, अतुल कोहली का तर्क है कि दरअसल यह प्रक्रिया 1980 के दशक में ही आरम्भ हो गई थी जब इन्दिरा ने व्यापार हितैषी नीतियाँ अपनाईं। हालाँकि यह बाज़ार हितैषी ऐसा कार्यक्रम नहीं था जो नये खिलाड़ियों को

प्रोत्साहित कर खुली प्रतिस्पर्धा उपलब्ध करवाए। उनकी नीति थी कि औद्योगिक उत्पादन में वृद्धि और आर्थिक विकास को बढ़ावा देने के लिए मौजूदा व्यापारिक घरानों को प्रतिबन्धों में ढील दी जाए। निवेश और उत्पादकता में तेज़ी से वृद्धि हुई तथा सकल घरेलू उत्पाद जो 1965-79 की अवधि में 2.9 फ़ीसदी था, 1980-90 के बीच 5.8 फ़ीसदी हो गया। वह विकास के राज्य नियंत्रित मार्ग से हटकर राज्य और निजी पूँजी के बीच गठबन्धन वाले रास्ते की ओर बढ़ती गईं। विश्लेषक उनकी नीतियों में आए इस व्यवसाय हितैषी और श्रमिक-विरोधी बदलाव को कई बार इसलिए नज़रअन्दाज़ कर देते हैं क्योंकि उनका समाजवाद से लम्बे समय तक जुड़ाव रहा और उससे जुड़े जुमलों का वे बारम्बार इस्तेमाल करती रहीं।[34]

इन्दिरा ने विभिन्न कर रियायतों के ज़रिये, नीतिगत बाधाओं को दूर कर, ऋण नीतियों को सरल बना और सब्सिडी के माध्यम से व्यापारी समुदाय, मध्यवर्ग और अमीर किसानों का समर्थन हासिल करने की कोशिश की। उन्होंने ग़रीबी कम करने की कोशिश भी की, लेकिन सीमित सफलता के साथ।[35] आर्थिक नीतियों में आए इस बदलाव के पीछे कोशिश यही थी कि सत्ता के लिए जनता का समर्थन जुटाया जाए। लेकिन ज़मीन पर चीज़ें बिखर रही थीं। एक राजनीतिक दल के रूप में कांग्रेस पार्टी में आती संस्थागत और व्यवस्थागत गिरावट और राज्यों में इसका अगड़ी जाति संरक्षण पर आधारित सत्ता का ढाँचा, जिसे इन्दिरा ने आपातकाल में पॉपुलिज़्म और राज्य की सत्ता के केन्द्रीकरण के साथ बचाने की बहुत कोशिश की, आख़िरकार नष्ट हो रहा था। एक नेता के रूप में उनकी सत्ता निर्विवाद थी लेकिन उनका राजनीतिक दल वृहत्तर समाज के बदलते मिज़ाज और आकांक्षाओं से कटा हुआ था और उन्हें राजनीतिक समर्थन और स्वतंत्र सलाह प्रदान करने में नाकाफ़ी साबित हो रहा था।

इन्दिरा ने इस भवसागर से निकलने के लिए 'बाँटो और राज करो' की नीति का अनुसरण किया। उनकी सरकार ने जनता पार्टी द्वारा गठित मंडल आयोग की उस रिपोर्ट को ठंडे बस्ते में डाल दिया, जिसमें सरकारी रोज़गार और शैक्षणिक संस्थानों में प्रवेश के लिए पिछड़ी जातियों के आरक्षण को बढ़ाने की सिफ़ारिश की गई थी। चूँकि पिछड़ी जातियाँ जनता पार्टी के पीछे गोलबन्द थीं, मंडल आयोग की सिफ़ारिशें लागू करने से उनका इनकार अगड़ी जातियों के लिए एक संकेत था कि वह उनके साथ खड़ी हैं। अल्पसंख्यकों को सुरक्षा का वादा करते हुए भी उनके कार्यकलापों और हाव-भाव में एक हिन्दू धार्मिक स्वर दिखाई देने लगा था। जयकर ने संजय की मृत्यु के बाद इन्दिरा पर ज्योतिषियों के बढ़ते प्रभाव और उनके अन्धविश्वास की गिरफ़्त में जाने को दर्ज किया। वह ये देखकर आश्चर्य में पड़ गईं कि इन्दिरा राम की एक मुद्रित तसवीर की पूजा कर रही थीं और पीछे हिन्दू पुजारी मंत्रोच्चार कर रहे थे।[36] उस समय कई पर्यवेक्षकों ने भी उनके सार्वजनिक

रवैये में एक हिन्दूमय झुकाव आता देखा। उस दौर में उन्होंने कई तीर्थयात्राएँ कीं, हिन्दू राजनीतिक शब्दावली से निकले शब्दों का उपयोग करना शुरू किया और बहुसंख्यक धार्मिक समुदाय के पक्ष में स्थानीय बहसों में हस्तक्षेप करने लगीं।[37] इसके पीछे उद्देश्य राष्ट्रीय स्वयंसेवक संघ और उसके सहयोगी संगठन विश्व हिन्दू परिषद को मिल रहे समर्थन को अपनी ओर खींचना था। ये संगठन राष्ट्रीय राजनीति के स्तर पर एक इकहरा हिन्दू निर्वाचन क्षेत्र बनाने की संकल्पना पर काम कर रहे थे। इसी कोशिश में विश्व हिन्दू परिषद ने अयोध्या में स्थित बाबरी मस्जिद की जगह पर मन्दिर बनाने के लिए हिन्दुओं को यह दावा करते हुए एकजुट करना शुरू कर दिया था कि यह मस्जिद हिन्दू भगवान राम के जन्मस्थल पर बनाई गई है।

शासन के समक्ष खड़ी इन बहुविध चुनौतियों से पैंतरेबाज़ी के ज़रिये निपटना ज़्यादा दूर तक काम नहीं आया। एक पर एक समस्याएँ बढ़ती चली गईं। कांग्रेस पार्टी को आन्ध्र प्रदेश और कर्नाटक राज्य के चुनावों में क्षेत्रीय दलों से अपमानजनक हार का सामना करना पड़ा। उधर असम और पंजाब में स्थितियाँ बिगड़ने लगीं। 1983 के चुनावों में असम में बांग्लादेश से अवैध घुसपैठ का मुद्दा असन्तोष की वजह बना। देखते ही देखते 'विदेशियों' के ख़िलाफ़ अभियान ने मुस्लिम विरोधी रुख़ अख़्तियार कर लिया क्योंकि माना गया कि हिन्दू प्रवासियों की तो यही मातृभूमि है। आपातकाल के दौरान मज़बूती हासिल कर चुके और एक अखिल भारतीय हिन्दू निर्वाचक मंडल रचने की कोशिशों में लगे राष्ट्रीय स्वयंसेवक संघ ने इस मुस्लिम विरोधी बयानबाज़ी को और हवा दी।[38] बस, आग भड़क गई। विभिन्न समूह, उपसमूह एक-दूसरे के ख़िलाफ़ ऐसे खड़े हो गए जिसे पत्रकार अरुण शौरी ने 'सभी के ख़िलाफ़ सभी का हॉब्सियन युद्ध' के रूप में वर्णित किया।[39] इस संघर्ष के चलते 18 फ़रवरी की सुबह नेल्ली और उसके आसपास के गाँवों में जनसंहार हुआ। आधिकारिक अनुमान के अनुसार लगभग तीन हज़ार पुरुष, महिलाएँ और बच्चे इस हत्याकांड में मारे गए। कई निर्वाचन क्षेत्रों में चुनाव रद्द कर दिये गए और विपक्षी दलों ने मतदान का बहिष्कार किया। नतीजा, कांग्रेस को एक आसान लेकिन दाग़दार जीत मिली।

पंजाब में तो हालात और भी ख़तरनाक थे। राज्य में अपने विरोधी अकाली दल की चुनौती से निपटने के लिए सिख उग्रवादी संत भिंडरावाले को संरक्षण देने की इन्दिरा की रणनीति उस समय विफल हो गई जब भिंडरावाले उनके नियंत्रण से आज़ाद हो स्वतंत्र एजेंट की तरह काम करने लगे। उन्हें 1981 में एक अख़बार के सम्पादक की हत्या के आरोप में गिरफ़्तार किया गया था, लेकिन प्रधानमंत्री के आदेश पर उन्हें रिहा कर दिया गया और वे बन्दूकधारी टुकड़ी साथ लेकर खुलेआम घूमते रहे।[40] उन्होंने सिखों के लिए एक स्वतंत्र राज्य 'खालिस्तान' की माँग लेकर कांग्रेस के विरुद्ध आन्दोलन शुरू कर दिया। आपसी बातचीत विफल रही क्योंकि

गुटों में बँटी कांग्रेस और अकाली दल दोनों की मुख्य चिन्ता शान्ति और सद्भाव की कम, सत्ता पर अपने-अपने दावे की अधिक थी। एक ओर पंजाब जल रहा था, दूसरी ओर सत्ता के लिए खींचतान जारी थी। उस दौर के अख़बार गाँवों और क़स्बों में सिख आतंकवादियों द्वारा रोज़ की जाने वाली हिंसा, बसों में यात्रियों की हत्याएँ, बम विस्फोट और हत्याओं से पटे पड़े हैं। भिंडर, जिन्होंने संजय की मृत्यु के साथ अपना संरक्षक खो दिया था और दिल्ली से अपने मूल हरियाणा कैडर में तबादला करवा लिया था, पंजाब में फिर से प्रकट हुए। चरमपंथी हिंसा से निपटने के लिए उन्हें 1983 में महानिरीक्षक (स्पेशल ड्यूटी) के पद पर नियुक्त किया गया।[41] पुलिस और सिख उग्रवादियों के बीच जमकर मुठभेड़ें हुईं। इस बीच ब्रिटेन, संयुक्त राज्य अमेरिका और कनाडा में रहनेवाली सिख आबादी से भी लोग 'खालिस्तान' की माँग के समर्थन में कूद पड़े।

सिखों के सबसे पवित्र स्थल, अमृतसर के स्वर्ण मन्दिर में छिपे बैठे भिंडरावाले और उसके साथियों को बाहर निकालने के लिए अन्ततः इन्दिरा ने सेना भेजने का दुर्भाग्यपूर्ण निर्णय लिया। 'ऑपरेशन ब्लू स्टार' के नाम से चर्चित इस घटनाक्रम में सेना ने 5 जून, 1984 की रात हेलीकॉप्टर, टैंक, बख़्तरबन्द वाहनों, तोपों और आँसू गैस से लैस होकर स्वर्ण मन्दिर पर धावा बोल दिया। 7 जून की सुबह तक सेना ने परिसर पर पूरा नियंत्रण हासिल कर लिया था, लेकिन यह ऑपरेशन विनाशकारी साबित हुआ। भिंडरावाले तो उसके सैकड़ों अनुयायियों के साथ मुठभेड़ में मारा गया, लेकिन साथ ही मन्दिर में आए कई तीर्थयात्री भी इस कार्रवाई में मारे गए। सेना को भी भारी क्षति उठानी पड़ी। ख़ुद स्वर्ण मन्दिर को भारी नुक़सान पहुँचा और इसके अपमान से सिख समुदाय में घृणा और ग़ुस्सा गहरे बैठ गया।

इससे प्रभावित हुए सिखों में इन्दिरा के अंगरक्षक भी शामिल थे। 31 अक्टूबर, 1984 की सुबह इन्दिरा अभिनेता और पत्रकार पीटर उस्तीनोव के साथ एक टेलीविज़न साक्षात्कार के लिए अपने आवास से कार्यालय की ओर जा रही थीं। जैसे ही वह अपने आवास से कार्यालय के बीच स्थित बग़ीचे के गेट पर पहुँचीं, उनके एक सुरक्षा प्रहरी ने अपनी रिवॉल्वर निकाली और उनके पेट में गोली दाग़ दी। अगले ही क्षण दूसरे सिख प्रहरी ने अपनी स्टेन गन से पूरी मैगज़ीन उनके शरीर में दाग़ दी।

इस ख़बर ने देश को झकझोरकर रख दिया। उसी दिन राजीव गांधी ने प्रधानमंत्री पद की शपथ ली। अगली ही सुबह दिल्ली में सिखों के ख़िलाफ़ हिंसा भड़क उठी और देखते ही देखते देश के अन्य हिस्सों में फैल गई। ख़ासकर दिल्ली में सिखों के साथ भयानक जनसंहार हुआ। कांग्रेस नेताओं और कार्यकर्ताओं की अगुआई में हिंसक भीड़ सिख इलाक़ों में घुस जाती। उनके पास लोहे की छड़ें, चाकू और मिट्टी का तेल होता। सिखों को उनके घरों या दुकानों से बाहर खींच लिया जाता और उनकी गर्दन में मिट्टी का तेल छिड़का हुआ गाड़ी का टायर डालकर ज़िन्दा

जला दिया जाता। इस जनसंहार में तीन हज़ार से अधिक सिखों ने अपनी जान गँवाई। और जब ये सब हो रहा था तो पुलिस ने या तो प्रतिक्रिया देने में देर की या अपना मुँह फेर लिया।[42]

इस जनसंहार की कोख से जन्मी राजीव गांधी सरकार को दिसम्बर, 1984 के चुनावों में झोला भरकर सहानुभूति वोट मिला और उसने 542 लोकसभा सीटों में से 411 सीटें जीत लीं। एक स्वच्छ सरकार का वादा करते हुए राजीव ने अपने चारों ओर 'कंप्यूटरधारी युवाओं' का पूरा जत्था खड़ा किया और बाज़ार एवं प्रौद्योगिकी हितैषी प्रशासन देने का संकेत दिया। इन्दिरा की समाजवादी जुमलेबाज़ी का अन्त हो गया था। दूरगामी नतीजों वाले एक अन्य निर्णय में राजीव ने 1 फ़रवरी, 1986 के दिन अयोध्या में बाबरी मस्जिद का ताला खोलने का आदेश दिया। इसके छह साल बाद 6 दिसम्बर, 1992 को उस स्थान पर मन्दिर बनाने की अपनी माँग को लेकर आन्दोलनरत हिन्दू भीड़ ने बाबरी मस्जिद को ध्वस्त कर दिया। बाज़ार हितैषी उदारीकरण की नीति और हिन्दू राष्ट्रवादी भावनाओं को अपील करनेवाला हिन्दुत्व रणनीति थी राज्य और समाज के सम्बन्धों में पैदा हुई पुरानी समस्या को हल करने की, जिसे आपातकाल के दौर की और 1980 के बाद वापस आई इन्दिरा सरकार नियंत्रित रख पाने में विफल साबित हुईं।

दो दशक बाद भारतीय जनता पार्टी ने नरेन्द्र मोदी के शासन में इस अनसुलझी समस्या के समाधान के लिए बाज़ार केन्द्रित उदारवाद और हिन्दुत्व का सहारा लिया। कैसी विडम्बना है कि आपातकाल के शिकार रहे समूह ही राज्यतंत्र और क़ानून का इस्तेमाल करते हुए सत्ता के केन्द्रीकरण को अंजाम दे रहे हैं। और इसमें उनके हिन्दुत्ववादी ज़मीनी लड़ाके और गोदी में बैठ चुका तक़रीबन सारा ही इलेक्ट्रॉनिक मीडिया उनकी भरपूर मदद कर रहा है।

# अंजाम

हर साल 26 जून को भारत के अख़बार 1975 के उस दिन को याद करते हुए, जब इन्दिरा गांधी ने आपातकाल की घोषणा की थी, लेख प्रकाशित करते हैं। उनके लेखक उस रात की दस्तक और प्रेस सेंसरशिप की स्मृति को ज़िन्दा करते हैं। कहीं हम भूल न जाएँ, पाठकों को संवैधानिक अधिकारों का निलम्बन और न्यायपालिका पर लगाए प्रतिबन्ध याद दिलाए जाते हैं। मौजूदा सरकार के भाजपाई नेता ऐसे बयान जारी करके और ब्लॉग लिखकर, जिसमें उनके उत्पीड़न को रेखांकित किया जाता है, इस दिन को याद करते हैं। लोकतांत्रिक सिद्धान्तों की पावन कसमें खाई जाती हैं और इन्दिरा की हिटलरशाही एवं क़ानून के अन्त का जश्न मनाया जाता है।[1]

हालाँकि इस दिन को याद करते हुए आपातकाल को ऐसे याद किया जाता है जैसे भारतीय लोकतंत्र के गौरवपूर्ण इतिहास में वो कोई क्षणिक विकृति हो। जैसे किसी दुःस्वप्न की तरह, जिसकी शुरुआत 25 जून, 1975 की आधी रात से कुछ पहले हुई और 21 मार्च, 1977 को इसका अन्त हो गया। शाह कमीशन के खुलासे, पत्रकारों, चश्मदीदों, भुक्तभोगियों और पीड़ितों द्वारा लिखी गई किताबों, आपबीतियों और लेखों ने इस मज़बूत और स्थायी क़िस्म के मिथक की रचना में योगदान दिया कि आपातकाल अचानक आसमान से आ गिरा था और फिर बिना किसी तरह का निशान छोड़े ग़ायब भी हो गया। पीछे रह गए तो सिर्फ़ उसके रचे नायक और खलनायक। उन इक्कीस महीनों को अपने आप में एक इकाई मानकर देखा जाने लगा। हमें उस घटना को कभी नहीं भूलना चाहिए, जो हमारी ख़ुशक़िस्मती से बिना किसी पुनरागमन की आशंका छोड़े ख़त्म हो गई।

पर यह नज़रिया वर्तमान के बारे में एक लापरवाह क़िस्म के आत्मविश्वास से उपजता है, जो अतीत के साथ इसके रिश्ते की किसी भी तरह की आलोचनात्मक परख के रास्ते बन्द कर देता है। हमें बताया जाता है कि अतीत तो वो है जो बीत चुका है, ख़त्म हो चुका है, इतिहास हो चुका है। वर्तमान उसके बोझ से आज़ाद

है। हमें बताया जाता है कि भारतीय लोकतंत्र इन्दिरा के संक्षिप्त दुस्साहस के बिना किसी स्थायी क्षति के नायकीय मुद्रा में उबर आया और आपातकाल ने इसके कामकाज में किसी स्थायी अनसुलझी समस्या का पिटारा नहीं खोला। इस आख्यान में और 'वाटरगेट कांड' के बाद संयुक्त राज्य अमेरिका में सुनाई गई कहानी के बीच समानता आश्चर्यजनक है। वहाँ भी रिचर्ड निक्सन की राजनीतिक धोखाधड़ी के खुलासे के बाद उनका इस्तीफ़ा हुआ और फिर जो कहानी उभरी वह यह थी कि व्यवस्था ने अपना काम किया। स्वतंत्र प्रेस ने सत्ता के सामने खड़े होकर सच बोला, अमेरिका की संसद 'कांग्रेस' ने अपनी भूमिका निभाई और क़ानून और संविधान की जीत हुई। सब कुछ फिर से सामान्य हो गया। पहले जैसा। इस व्याख्या ने राजनीतिक व्यवस्था में मौजूद रोग की शिनाख़्त और उसकी धूर्तता की पहचान को होने से रोक दिया। साथ ही इस सम्भावना को भी ख़ारिज कर दिया कि निक्सन का भूत भगाने के बाद भी व्यवस्था के वे रोग बने रहे थे।

वाटरगेट के बाद की कहानी की तरह ही आपातकाल पर एक सीमित दृष्टिकोण भारतीय लोकतंत्र के ऐतिहासिक जीवन में इसे सही स्थान पर रखकर समझने से रोकता है। इसके पीछे लोकतंत्र की अधूरी समझ है, जो इसे केवल कुछ व्यवस्थाओं और प्रक्रियाओं के तौर पर देखती है। हमारे संविधान ने लोकतंत्र की आधारशिला के रूप में चुनाव, न्यायिक स्वतंत्रता, प्रेस की स्वतंत्रता और मौलिक अधिकारों की व्यवस्था की। लेकिन इन संवैधानिक सिद्धान्तों का अस्तित्व समाज के भीतर है; लोकतांत्रिक संस्थाओं और प्रक्रियाओं का असली कार्य तो सामाजिक और ऐतिहासिक सन्दर्भों पर निर्भर करता है।

आज के भारत में भी कई दूसरी जगहों की तरह प्रभाव और पैसा इस सन्दर्भ को परिभाषित करने लगे हैं। जिन लोगों के पास सामाजिक और आर्थिक विशेषाधिकार हैं और जो ताक़तवर राजनीतिक प्रभाव तक पहुँच रखते हैं, उनके लिए यहाँ खेल के नियम अलग हैं। नवउदारवादी अर्थव्यवस्था ने अबाध अनियंत्रित पूँजी की धारा बहाकर क़ानून और प्रशासन के तंत्र को अपने पक्ष में विकृत कर दिया है। हर स्तर पर फिक्सरों और दलालों की एक पूरी सेना सक्रिय है, जिसने लोकतंत्र के रोज़मर्रा के अनुभव को विकृत और भ्रष्ट कर इसे 'गिद्धों की दावत' में बदल दिया है।[2] भारतीय राजनीति में हमेशा ऐसे मध्यस्थ रहे हैं जो समाज और सरकार के बीच मध्यस्थता करते रहे हैं। परम्परागत रूप से वे राजनीतिक दलों के सदस्य होते थे। लेकिन संजय ने सत्ता तक पहुँच रखनेवाले लोगों का एक नया समूह तैयार किया जिसमें अधिकारी, यार-दोस्त, रुख़साना सुल्ताना जैसे ख़ुशामद करने वाले 'सोशल क्लाइंबर' और व्यापारिक हितों को साधनेवाले लोग शामिल थे। तब से ही इन फिक्सरों ने राजनीतिक दलों और बड़े औद्योगिक हितों के बीच मध्यस्थ के रूप में एक अपरिहार्य जगह बना ली है। लोकतंत्र के इस 'छिपे हुए धंधे' के बारे में खोजी

पत्रकारों द्वारा समय-समय पर उजागर किये जाते रहे घोटाले इस प्रणाली में सड़न को तो उजागर करते ही हैं, साथ ही ये भी दर्शा देते हैं कि इस देश में अमीर और शक्तिसम्पन्न के लिए नैतिकता कितनी सस्ती चीज़ है। लेकिन इक्कीसवीं सदी के इन्हीं घोटालों के पीछे दशकों से ओझल किया जाता रहा मुद्दा छिपा है कि भारतीय समाज का लोकतांत्रिक मूल्यों के साथ सम्बन्ध कितना नाज़ुक और डाँवाँडोल है।

इस मुद्दे को आंबेडकर से अधिक गहराई से कोई नहीं समझता था। उन्हें एक दलित नायक और एक संविधानवादी के रूप में सम्मानित किया जाता है, लेकिन कुछ उल्लेखनीय अपवादों को छोड़ दें तो कम ही लोग हैं जो उनके इस निष्कर्ष को याद रखते हैं कि भारतीय धरातल पर लोकतंत्र का अस्तित्व किसी ऊपर से रोपे गए पौधे की तरह है, जिसने अभी जड़ पकड़नी है। उनके लिए लोकतंत्र सिर्फ़ इसकी प्रक्रियाओं तक सीमित नहीं था, बल्कि एक ऐसा मूल्य था जो हर क़दम पर इनसानी बराबरी की बात करता था। संवैधानिक सिद्धान्त और संस्थान अपने-आप में लक्ष्य नहीं थे; वे तो उन मूल्यों को व्यवहार में सम्भव बनाने के लिए थे जो हमारे भीतर तक श्रेणियों में बँटे, जातिवाद से ग्रस्त भारतीय समाज में पहले से मौजूद नहीं थे। यदि लोकतंत्र का अर्थ स्वराज था, तो जातिप्रथा और सामाजिक असमानता उनके लिए अनजानी चीज़ें थीं। धर्मनिरपेक्षता और बहुलतावाद, अल्पसंख्यकों की ओर खुलापन और दूसरों की देखभाल समानता के लोकतांत्रिक मूल्य का हिस्सा थे।

यह मानते हुए कि भारतीय समाज में लोकतांत्रिक मूल्यों का अभाव है, आंबेडकर ने अपना भरोसा राजनीतिक दायरे पर जताया। राजनीति द्वारा समाज के पुनर्गठन का उनका यह विश्वास कुछ टॉकविले की तरह था, जिसने समता को समाज का मौलिक लक्षण माना था। इसी राह को पाने के लिए उन्होंने एक ऐसा संविधान लिखा जिसने राज्य सत्ता को असाधारण शक्तियों से सुसज्जित किया। उन्हें और उनके साथी संविधान निर्माताओं को उम्मीद थी कि राज्य सत्ता ऊपर से वह हासिल कर लेगी, जो समाज नीचे से नहीं कर सका। यह राष्ट्रवादी कुलीन वर्ग का सत्ता को पूर्ण लोकप्रिय मत के हवाले करने में सहमति की कमी का भी प्रतिबिम्ब था। असमानता के बारे में अपनी तमाम चिन्ताओं के बावजूद आंबेडकर लोकप्रिय राजनीति से उभरे 'अराजकता के व्याकरण' से भी चिन्तित थे। इसके अतिरिक्त दूसरे विश्वयुद्ध के बाद की उथल-पुथल और विभाजन की हिंसा ने संविधान के रचनाकारों को एक शक्तिशाली राज्य संस्था के निर्माण की ओर धकेला। ऐसी मज़बूत राज्य सत्ता की ओर जो राष्ट्रीय एकता को सुरक्षित रखे। इसीलिए उन्होंने आपातकालीन शक्तियों को लेकर हुई आलोचनाओं और स्वतंत्रता के अधिकार के निलम्बन के साथ जुड़े 'उचित प्रक्रिया' जैसी बाधाओं को हटाने जैसी आलोचनाओं को दरकिनार कर दिया। लेकिन ऊपर से सामाजिक क्रान्ति लाने वाला ये विकल्प नेताओं की लोकतांत्रिक प्रक्रियाओं के प्रति नैतिक प्रतिबद्धता पर बहुत ज़्यादा निर्भर

था। उम्मीद यह की गई थी कि कुलीन वर्ग किसी तरह समाज में मौजूद वर्ग और जाति के भेद पर काबू पाकर समानता लाएगा। लेकिन यहाँ घोर असफलता हाथ लगी।

सत्ता के प्रलोभन और मजबूरियों का वज़न लोकतंत्र के प्रति नैतिक प्रतिबद्धता पर बहुत भारी साबित हुआ। समाज की भीतरी खींचतान को सँभालने की कोशिश में उत्तर-औपनिवेशिक नेताओं की पहली पीढ़ी भी राजनीतिक साजिशों और दाँव-पेचों में घिर गई। नेहरू की मृत्यु के बाद सत्ता और समाज के बीच तेज़ी से बिगड़ते रिश्तों को सँभालने की कोशिश में राजनीतिक कुलीन वर्ग का समय इन्हीं तिकड़मों में बीतने लगा कि कैसे न कैसे करके सत्ता पर क़ब्ज़ा बनाए रखा जाए। यहाँ तक कि जेपी भी 'सम्पूर्ण क्रान्ति' के अपने सपने द्वारा वास्तविक लोकतांत्रिक परिवर्तन की इच्छा और इन्दिरा और कांग्रेस को उखाड़ फेंकने का लक्ष्य रखनेवाले एक विशुद्ध राजनीतिक आन्दोलन के बीच झूलते रहे। राजनीति केवल सत्ता के लिए बिछाई गई शतरंज की बिसात बनकर रह गई और इन्दिरा तो इस खेल की ग्रैंडमास्टर थीं। वे अपने विरोधियों को निरन्तर शह और मात के इस खेल में परास्त करती रहीं। रानी ने सारे मोहरों को मात कर बिसात ख़ाली कर दी थी।

इस चतुराई भरे खेल में आपातकाल लगाना उनकी व्यक्तिगत सत्ता के सामने आए संकट से पार पाने का उनका आखिरी दाँव था, वो उनका ब्रह्मास्त्र था। असाधारण क़ानून पहले से ही संविधान में मौजूद थे, लेकिन वो इन्दिरा थीं जिन्होंने गतिरोध से निपटने के लिए अपवाद की स्थिति की घोषणा की और फिर उसका इस्तेमाल करते हुए बड़े विरोधाभास के साथ मौजूदा वैधानिक व्यवस्था के वैध निलम्बन का रुख़ इख़्तियार किया। झुग्गी-झोंपड़ियों को हटाने का अभियान और नसबन्दी अभियान जैसे कुख्यात 'कुकर्म' और 'कदाचार' नये नहीं थे; वे तो पहले से चली आई सत्ता की आधुनिकीकरण परियोजना का हिस्सा रहे थे। लेकिन जिस प्रचंड शक्ति के साथ उन्हें लागू करने में सत्ता जुटी, उनके माध्यम से इन्दिरा, संजय और उनका गिरोह वह हासिल करने की कोशिश कर रहा था जो वे 'सामान्य' समयों में हासिल नहीं कर सकते थे। उन्होंने संवैधानिक ढाँचे के गर्भ में छिपाकर रखी गई शक्तियों को जागृत कर शासन के संकट को हल करने का प्रयास किया। इसी अर्थ में उन्होंने ख़ुद को कार्ल श्मिट की दी हुई परिभाषा में एक सम्प्रभु के रूप में ज़ाहिर कर दिया।

जनता सरकार ने आपातकाल के दौरान बनाए गए कई भयंकर क़ानूनों को निरस्त कर दिया। लेकिन निवाकर नज़रबन्दी पर इसका ठहरकर विचार करना और फिर चरण सिंह सरकार द्वारा इस विषय पर राष्ट्रपति के अध्यादेश की घोषणा से संकेत मिलता है कि आपातकाल इसे सामान्य बनाने में सफल रहा। सत्ता में लौटने पर इन्दिरा ने 1980 में 'राष्ट्रीय सुरक्षा अधिनियम' लाकर अध्यादेश को ऐसे नियमित क़ानून में बदल दिया जिसमें निवारक नज़रबन्दी का प्रावधान था। 'आर्म्ड फोर्सेस

स्पेशल पावर्स एक्ट' पहली बार 1958 में असम में लागू किया गया, फिर 1983 में इसे पंजाब में लागू किया गया और 1990 में कश्मीर इसकी ज़द में आ गया। यह अधिनियम सेना को 'अशान्त' क्षेत्रों के लिए युद्ध जैसी स्थिति मानकर कार्रवाई का अधिकार देता है। 'भारतीय दंड संहिता' की धारा 124ए के तहत औपनिवेशिक युग का राजद्रोह क़ानून आज भी लागू है और राजनीतिक उद्देश्यों के लिए इसका इस्तेमाल किया जा रहा है।

निवारक नज़रबन्दी का चिरस्थायी आकर्षण लोकतांत्रिक शासन में संस्थाओं और सड़क पर हक़ के दावों के बीच मौजूद द्वैध की निरन्तर गहरी होती चुनौती के कारण उपजता है। लोकतंत्र इन्दिरा के दौर में सत्ता का ऐसा खुल्ला खेल फ़र्रुख़ाबादी बन गया था, जिसमें वे अपनी चतुराई भरी चालों से तात्कालिक क़िस्म की चुनौतियों का बख़ूबी निपटारा कर सकती थीं। वैसे लोकतंत्र को ऐसी हालत तक पहुँचाने में ख़ुद उनका योगदान कम नहीं था। उन्होंने बड़े चुनावी बहुमत हासिल किये और 1977 के अपने राजनीतिक पटाक्षेप से 1980 में वे किसी फीनिक्स पक्षी की तरह धूल झाड़कर खड़ी हुईं और वही धूल चरण सिंह की आँखों में झोंकते हुए सत्ता में लौट आईं। लेकिन सामने मौजूद वृहत्तर चुनौतियों और युगीन ऐतिहासिक शक्तियों से निपटने के लिए सिर्फ़ राजनीतिक चतुराई पर्याप्त नहीं थी। पंजाब में यह साफ़ नज़र आ रहा था। पंजाब की राजनीति में अदूरदर्शी हस्तक्षेप की क़ीमत इन्दिरा को अपनी जान देकर चुकानी पड़ी। इससे पहले उन्होंने 1980 में संजय की दुर्घटना में मृत्यु की त्रासदी को झेला। लेकिन इन्दिरा की मौत ने उन्हें अपने दूसरे बेटे की निर्मम हत्या का दुख झेलने से बचा लिया। 21 मई, 1991 को श्रीलंकाई तमिल टाइगर्स (एलटीटीई) की एक महिला कैडर द्वारा आत्मघाती बम धमाके में राजीव के जीवन का दुःखद अन्त हुआ। अपनी माँ की तरह वे भी समाज में खदबदा रहे हिंसक मंथन का शिकार बन गए।

इसी क़िस्म की राजनीतिक हिंसा का डर है जो भारतीय राज्य सत्ता के असाधारण क़ानूनों के प्रति लगाव को समझाने में मदद करता है। यही कारण है कि अल्पकालिक चरण सिंह सरकार आपातकालीन दौर में बनाए क़ानूनों को पूरी तरह से समाप्त करने की जनता पार्टी की बयानबाज़ी के बावजूद निवारक नज़रबन्दी क़ानून को वापस ले आई। हालाँकि ये आपातकाल के उत्तर-जीवन का एकमात्र चिह्न नहीं माना जाना चाहिए। आपातकाल ने छाया क़ानूनों और सत्ता के डंडे के ज़ोर पर जिन सामाजिक और राजनीतिक संकटों को हल करने की असफल कोशिश की थी, उसने नई क़िस्म की चुनौतियों को जन्म दिया। लोकप्रिय लामबन्दियों द्वारा प्रस्तुत चुनौतियों का सामना करने के लिए आपातकाल की राख से पिछड़ी जातियों की राजनीति, हिन्दुत्व और बाज़ार केन्द्रित उदारीकरण उभर आए। 1990 के दशक की शुरुआत से ही ये सभी भारतीय राजनीतिक परिदृश्य पर हावी हो गए हैं और

इनमें से हर एक का लोकतंत्र के मानी पर दूर तक असर है।

जाति-आधारित विमर्श लोकतंत्र में समता से जुड़े चिन्तन को सम्बोधित करता है। इस सिलसिले में पिछड़ी जातियों के लिए आरक्षण की सिफ़ारिश करनेवाले मंडल कमीशन की रिपोर्ट का लागू होना भारतीय समाज और राजनीति में एक बड़ा बदलाव लाया। लेकिन जाति आधारित राजनीति ने समानता को एक सैद्धान्तिक मूल्य के रूप में स्थापित करने के बजाय इसे सत्ता में हिस्सेदारी हासिल करने के सीमित लक्ष्य में बाँध दिया है। यह जाति केन्द्रित क्षेत्रीय राजनीतिक दलों के लिए विशेष रूप से सच है, जो अक्सर ऐसे नेताओं, जिन्होंने आपातकाल के दौरान मशहूरी हासिल की थी, की मिल्कियत के बतौर कार्य कर रहे हैं।

हिन्दुत्व मूलतः अलोकतांत्रिक है। यह शासन के समक्ष मौजूद संकट का समाधान ऐसे हिन्दू राष्ट्र के निर्माण से करना चाहता है, जिसकी रचना आक्रोश से भरी ऐसी बहुसंख्यकवादी राजनीति के ज़रिये हो जिसमें अल्पसंख्यकों को दूसरे दर्जे का नागरिक बना दिया जाए। नवउदारवादी विचारधारा भी लोकतंत्र के प्रतिकूल ही है। यह बाज़ार को सभी पहलुओं के पीछे की मूल अभिव्यक्ति की तरह देखता है। एडम स्मिथ के शास्त्रीय उदारवाद का सम्बन्ध केवल व्यापार और उत्पादन से था। उसके विपरीत, नवउदारवाद जीवन के हर पक्ष को आर्थिक नज़रिये पर रखकर तौलता है। क़ानून के शासन के माध्यम से समता की गारंटी और लोकप्रिय सम्प्रभुता में भागीदारी के वादे की बजाय यह बाज़ार के नियम पर चलते हुए सारी दुनिया को विजेताओं और पराजितों में बाँट देता है।[3]

नवउदारवाद आज एक वैश्विक सच्चाई है, जिसे अलग-अलग जगहों पर अलग-अलग तरीक़ों से लागू किया गया है। भारत में ये नवउदारवादी तर्क 1991 में राज्य की नीति के रूप में उभरा और आज इसे 'विकास' रूपी जुमले से समझा जा सकता है। नरेन्द्र मोदी इसी विकास को अपना विजयी नारा बनाकर 2014 में सत्ता में आए। भ्रष्टाचार के आरोपों और घोटालों से घिरी और अल्पसंख्यकों के कथित 'तुष्टीकरण' के लिए कलंकित मानी गई कांग्रेस सरकार के ख़िलाफ़ भाजपा ने राज्य के मुख्यमंत्री रहे मोदी के नेतृत्व में 'गुजरात मॉडल' की तथाकथित विकास की उपलब्धियों का ढिंढोरा पीटा। इस नवउदारवादी परियोजना के लिए समानता को स्वशासन का मूल तर्क मानना महत्त्वपूर्ण नहीं है; मायने रखता है तो सिर्फ़ व्यवसायीकरण और बाज़ार के तर्क को सभी क्षेत्रों में लागू करना।

'गुजरात मॉडल' को हालाँकि राजनीतिक ज़मीन पर बहुसंख्यक एकता के तहत आगे बढ़ाया गया, हिन्दुओं को राजनीतिक व्यवस्था की आधारशिला की तौर पर संगठित करते हुए।[4] इसी रास्ते पर आगे बढ़ते हुए मोदी ने नवउदारवाद को आगे बढ़ाया, लेकिन जनमत की लामबन्दी से सत्ता और समाज के मध्य रिश्तों में पैदा हुए तनाव को सँभालने के लिए हिन्दुत्व का सहारा लिया। 2014 से ही भारत

में देखा जा रहा है कि हिन्दुत्ववादी विचारकों द्वारा असहमति को 'राष्ट्रविरोधी' कहकर निशाना बनाया जाता है। 1975 से भिन्न, लेकिन उसकी भयावह पुनरावृत्ति का अहसास दिलवाने वाले घटनाक्रम में जेएनयू के छात्रों पर राजद्रोह का आरोप लगाया गया। आलोचकों को यह कहकर ख़ारिज कर दिया जाता है कि वे 'जड़विहीन महानगरीयता' में डूबे कुलीन लोग हैं जो हिन्दुत्व के इस जनउभार को नहीं समझते। इसके पीछे मक़सद है आलोचना को अवैध घोषित कर देना और उन लोगों को भी अपनी ओर शामिल कर लेना जो अभी तक उनके पाले में नहीं आए हैं। यह अभी तक पूरी तरह से आपकी गिरफ़्त में नहीं आए लोगों पर जीत हासिल करने की अधिनायकवादी प्रोपेगैंडा की क्लासिक रणनीति है।[5] गौरक्षा के नाम पर बने हिंसक दस्ते मुसलमान इनसान को पीट-पीटकर मार डालते हैं, और मांस की बिक्री और मवेशियों के व्यापार पर प्रतिबन्ध लगाकर इन्हें बढ़ावा दिया जाता है। भीड़ को गाय की हत्या के कोई किसी वास्तविक सबूत की ज़रूरत नहीं; अधिनायकवादी प्रोपेगैंडा के चलते उसे पहले से मालूम है कि मुसलमान उनकी गायों के प्रति श्रद्धा को नीचा दिखाने के लिए एक गुप्त साजिश रच रहे हैं।[6] ज़मीनी स्तर पर इन्हें ऐसे लश्कर का समर्थन हासिल है, जैसा इन्दिरा के आपातकालीन शासन को कभी हासिल नहीं हुआ, और साथ में काफ़ी हद तक एक समर्पित कॉरपोरेट इलेक्ट्रॉनिक 'गोदी' मीडिया, जो 1975-77 में मौजूद नहीं था। इन सबको जोड़ लें तो आज सत्ता के पास अपरिमित ताक़त मौजूद है। इसके पास राज्य की ऐसी प्रशासनिक शक्तियाँ मौजूद हैं जिनमें ब्रिटिशकालीन राजद्रोह वाली क़ानूनी धारा 124ए, निवारक नज़रबन्दी क़ानून और 'आर्म्ड फोर्सेस स्पेशल पावर्स एक्ट' के तहत सशस्त्र बलों को मिली विशेष शक्तियाँ, जिसे किसी भी कथित 'अशान्त' क्षेत्र में इस्तेमाल किया जा सकता है, शामिल हैं।

लोकतंत्र के लिए इसके क्या मायने हैं? आक्रोश से भरी इस लोकप्रिय लामबन्दी के बढ़ते उभार और देश की सत्ता और संस्कृति के सर्वसत्तावाद की ओर बढ़ते झुकाव से उपजी ये चुनौती भारत तक सीमित नहीं है। ये घटनाक्रम दुनिया भर में आधुनिकता और लोकतंत्र को लेकर हमारे जीवनानुभव में आ रहे गहन बदलाव का संकेत देते हैं। भारत में इस चुनौती की पृष्ठभूमि में पिछली बार एक ताक़तवर सम्प्रभु द्वारा थोपी गई अपवाद की स्थिति की छाया नज़र आती है। ऐसी सम्प्रभु, जिसने जनता पर अपना नियंत्रण स्थापित करने के लिए संविधान से मिली असाधारण शक्तियों और राज्य के प्रशासनिक तंत्र का भरपूर इस्तेमाल किया था।

आज आपातकाल की कोई औपचारिक घोषणा नहीं है, प्रेस पर कोई प्रतिबन्ध नहीं है, न ही क़ानूनी दायरे में रहकर किया गया क़ानूनी व्यवस्था का निलम्बन है। लेकिन हिन्दू राष्ट्रवाद की इस आवेशित लहर ने नरेन्द्र मोदी को उसी क़िस्म की सत्ता प्रदान कर दी है, जिसे इन्दिरा केवल आपातकाल लागू कर हासिल कर पाई

थीं। जब इन्दिरा संवैधानिक लोकतंत्र को अपनी इच्छा के अनुसार झुका नहीं पाईं, उन्होंने इसे राज्य संस्था से ही मिले हथियारों से कुचलने का फ़ैसला किया। आज न्यायालय, प्रेस और राजनीतिक दल ऐसे किसी दमन का सामना नहीं कर रहे। पर फिर भी वे राज्य सत्ता और हिन्दू जनमत में उभरे लोकप्रिय आक्रोश के सामने लोकतंत्र की सही-सही पहरेदारी करने में या तो असमर्थ दिख रहे हैं या अनिच्छुक। इन्दिरा की तरह मोदी भी अपनी पार्टी के निर्विवाद नेता हैं। भारतीय जनता पार्टी, जो पारम्परिक रूप से मँजे हुए राजनेताओं की कई समान्तर पीढ़ियाँ एक साथ धारण करने का दावा किया करती थी, अब अपने सुप्रीम लीडर के आगे नतमस्तक है। भारतीय राजनीति में उनका दबदबा उतना ही विशाल है जैसा कभी इन्दिरा का हुआ करता था। उनकी तसवीरें, नारे और कार्यक्रम उसी तरह दसों दिशाओं में गुंजायमान हैं, जैसे कभी इन्दिरा के हुआ करते थे। वे प्रेस कॉन्फ्रेंस नहीं करते और जवाबी सवालों के लिए उपलब्ध नहीं हैं; वे अपने मासिक रेडियो कार्यक्रम 'मन की बात' के मार्फ़त लोगों से सीधा संवाद करना पसन्द करते हैं। ठीक डोनाल्ड ट्रम्प की तरह वे अक्सर ट्वीट करते हैं। अब इसमें विडम्बना भी क्या देखी जाए कि एक ओर मोदी और उनकी भाजपा के नेता आपातकाल के दौर में कार्यकारी शक्तियों के इन्दिरा के हाथों में सिमट जाने की अक्सर आलोचना करते हैं, जबकि ख़ुद उनका प्रयास एक ऐसे एकदलीय शासन की ओर भारतीय लोकतंत्र को ले जाने का है जहाँ अल्पसंख्यकों के प्रति असहिष्णुता भरी है और असहमत लोगों को 'राष्ट्रविरोधी' का तमगा देकर उनका तिरस्कार किया जाता है।

इसे ध्यान में रखते हुए कि आज भारतीय लोकतंत्र का नेतृत्व नरेन्द्र मोदी जैसे शक्तिशाली नेता के हाथ में है, वाजिब यही होगा कि किताब के अन्तिम शब्द डॉ. बी.आर. आंबेडकर के हों। 24 नवम्बर, 1949 को संविधान सभा के समापन सत्र में व्याख्यान देते हुए इस दलित संविधान निर्माता ने जॉन स्टुअर्ट मिल को उद्धृत कर नागरिकों को चेतावनी दी थी कि एक महान नेता के चरणों में अपनी स्वतंत्रता को सौंपकर वे अपनी स्वतंत्रता को नष्ट न करें। उन्होंने कहा था कि संवेदनशील भारतीय नागरिक भक्ति के चंगुल में आसानी से पड़ जाते हैं। धर्म में तो ये किसी क़िस्म के ख़तरे का कारण नहीं बनता, लेकिन राजनीति में यह "निश्चित ही पतन और अन्ततः तानाशाही की ओर अग्रसर मार्ग है।"[7]

# आभार

शोध और अध्ययन से जुड़ा कोई भी कार्य दूसरे विद्वानों के अध्ययन से हासिल हुई अन्तर्दृष्टि, संस्थानों के समर्थन और निजी व्यक्तिगत उदारताओं के बिना पूरा नहीं होता। यह बात इस अध्ययन पर भी पूरी तरह लागू होती है। विद्वत्ता की इस दुनिया का मुझ पर कितना ऋण है, ये पुस्तक की सन्दर्भ सूची से बख़ूबी पता चलता है।

प्रिंसटन विश्वविद्यालय के फ़ायरस्टोन पुस्तकालय ने पूरे संयुक्त राज्य अमेरिका और उसके बाहर से भी सामग्री जुटाने का काम अनथक ऊर्जा के साथ सम्पन्न किया। मैं ख़ुशक़िस्मत था कि मुझे मड पुस्तकालय के 'ऑफ़िस ऑफ़ पॉपुलेशन रिसर्च' के दस्तावेज़ों के इस्तेमाल का भी मौक़ा मिल पाया। भारत के राष्ट्रीय अभिलेखागार में संगृहीत शाह कमीशन के दस्तावेज़ और नई दिल्ली स्थित नेहरू स्मारक संग्रहालय एवं पुस्तकालय (अब प्रधानमंत्री संग्रहालय एवं पुस्तकालय) के निजी काग़ज़ात संग्रह इस किताब की सबसे ख़ार अभिलेखीय स्रोत रूपी रीढ़ बने। रॉकफ़ेलर आर्काइव सेंटर में मौजूद दस्तावेज़ और सुविधाएँ किसी भी अध्येता के लिए सपना सच होने जैसे हैं, और फ़ोर्ड फ़ाउंडेशन एवं जनसंख्या कार्यक्रम जैसे विषयों पर इसके दस्तावेज़ों का इस्तेमाल कर पाना मेरे लिए बेशक़ीमती रहा। जब हिन्दुस्तान मोटर्स के एक प्रतिनिधि ने मुझे इत्तला दी कि कम्पनी किसी क़िस्म के दस्तावेज़ सुरक्षित नहीं रखती है और उसके पास अपने इतिहास से जुड़ा कोई अभिलेख नहीं है, तो मैं उसकी कुछ हद तक भरपाई वारविक विश्वविद्यालय के मॉडर्न रिकॉर्ड सेंटर और ब्रिटिश मोटर इंडस्ट्री हेरिटेज ट्रस्ट में जमा किये गए दस्तावेज़ों की मदद से कर पाया।

प्रिंसटन विश्वविद्यालय और इसके इतिहास विभाग ने अध्ययन अवकाश देकर और अन्य संसाधनों की मदद से मेरे काम में बड़ी मदद की है। हालाँकि मुझे इस परियोजना के लिए 2016-17 में नेहरू-फुलब्राइट फ़ेलोशिप से सम्मानित किया

गया था, लेकिन मैं इसका लाभ उठा पाने में असफल रहा क्योंकि इस अध्ययनवृत्ति के लिए भारत सरकार से अनुमोदन की ज़रूरत थी। मैंने सभी ज़रूरी काग़ज़ात जमा करवा दिये थे, लेकिन न जाने किन अज्ञात वजहों से भारतीय अधिकारियों ने इसका कभी जवाब ही नहीं दिया। न तो उन्होंने मेरे आवेदन को मंजूरी दी और न ही अस्वीकार किया। मेरी बार-बार की गई पूछताछ का जवाब एक ठंडी चुप्पी के साथ दिया गया। तब प्रिंसटन विश्वविद्यालय का इतिहास विभाग ऐसी फ़ेलोशिप खोने से हुए नुक़सान की भरपाई के लिए आगे आया। इसके लिए मैं विभाग के तत्कालीन अध्यक्ष विलियम चेस्टर जॉर्डन का आभारी हूँ।

संस्थानों से इतर हटकर इनसानों की बात करूँ तो मेरे ऊपर सबसे बड़ा ऋण प्रबीर पुरकायस्थ का है। किताब लिखने के दौरान हम कई बार मिले और कई-कई घंटों चली इन मुलाक़ातों में उन्होंने आपातकाल के दौरान जेल में बिताए अपने दिनों के अनुभव मुझसे सहजभाव से खुलकर साझा किये। वे सदा मेरे ईमेल और फ़ोन कॉल का जवाब तत्परता से देते थे और उन्होंने धैर्यपूर्वक अपने जीवन के सभी पहलुओं के बारे में मेरे सवालों का जवाब दिया। इसमें उनका जेएनयू में बिताया और उससे पहले का जीवन शामिल था तो साथ ही अशोका लता जैन के साथ उनके रिश्ते की विस्तार से चर्चा भी थी। इन सबके बारे में बात करना उनके लिए आसान नहीं रहा होगा, लेकिन उन्होंने कभी भी ख़ुद को पीड़ित की तरह नहीं पेश किया। मैं उम्मीद करता हूँ कि यह किताब उनकी उस ग़ज़ब की दिलेरी और सत्यनिष्ठा के साथ न्याय कर पाएगी जो उस मुश्किल समय में उन्होंने दिखाई थी और जो तब से अब तक वैसे ही कायम रही है। देवी प्रसाद त्रिपाठी और सीताराम येचुरी भी अपने व्यस्त कार्यक्रम से समय निकालकर मुझसे मिलने आए। शक्ति काक, इन्द्राणी मज़ूमदार और सोहेल हाशमी ने भी प्रबीर और अशोका से जुड़ी अपनी यादें मुझसे सहजता के साथ साझा कीं। उनका आभार।

मैं प्रबीर की गिरफ़्तारी में उनकी जो आधिकारिक भूमिका रही, उसका विस्तार से ब्योरा देने के लिए प्रदीप्तो घोष का शुक्रिया अदा करना चाहता हूँ। और पी.एस. भिंडर ने सच में बड़ा दिल दिखाया जो मेरे साथ बात की, यह जानते हुए भी कि आपातकाल के दौरान उनकी भूमिका को लेकर मेरा रुख़ उनकी आलोचना की दिशा में जानेवाला था।

मैं नीति नायर का बेहद आभारी हूँ, जिन्होंने के.जी. सैय्यदैन के काग़ज़ात उदारतापूर्वक मुझसे साझा किये। 2013 में उन दस्तावेज़ों तक एकमात्र पहुँच उन्हें ही हासिल थी। उदय दंडवते ने अपने माता-पिता, मधु और प्रमिला दंडवते के बारे में आगे बढ़कर सहजता से बातें कीं और उनकी तसवीरें मुझसे साझा कीं। दंडवते दम्पती की आपसी चिट्ठियों का मराठी से अंग्रेज़ी में अनुवाद करने के लिए इरावती कार्णिक का मिलना बड़ा ख़ूबसूरत संयोग रहा; उन्होंने व्यस्त कार्यक्रम के

बावजूद यह काम किया और बहुत संवेदनशीलता और कल्पनाशीलता के साथ इन पत्रों का अनुवाद किया। कार्ल भोटे और गौतम सेन ने बिना ज़रा भी हिचक के अपना ऑटोमोबाइल्स की दुर्लभ तसवीरों का ख़ज़ाना मेरे लिए खोल दिया। स्टीफ़न तेज़लाफ़ ने भारत में ऑटोमोबाइल उद्योग के इतिहास से सम्बन्धित एक मुश्किल से मिलनेवाले दस्तावेज़ को साझा किया। रघु राय ने विनम्रता दिखाते हुए मुझे रुख़साना सुल्ताना की उस दुर्लभ तसवीर का इस्तेमाल करने की इजाज़त दी, जो उन्होंने 1976 में खींची थी। अनवर हुडा ने 1970 के दशक के जेएनयू की एक तसवीर साझा की। 'इंडिया टुडे' की कावेरी बामज़ई ने उनकी मैगज़ीन की तसवीरों की फ़ाइल मुझसे साझा कीं। छवियों की गुणवत्ता में सुधार के लिए मैंने इन्द्रा गिल पर भरोसा किया और सेरिंग डब्ल्यू शावा ने मेरे कहे अनुसार बहुत कुशलतापूर्वक पुरानी दिल्ली का नक़्शा बनाया। मैं इन सभी का बहुत आभारी हूँ।

जब मैंने इस किताब की योजना पर काम शुरू किया था तो विधिक और संवैधानिक इतिहास मेरे लिए एक नया क्षेत्र था, लेकिन मेरे पूर्व छात्र रहे रोहित डे ने मुझे इस विषय पर किताबों की सूची देकर परिचय बनाने में मदद की। अंजना प्रकाश ने क़ानूनी दृष्टिकोण प्रदान किया और कुछ प्रमुख संवैधानिक मुक़दमों पर दस्तावेज़ उपलब्ध करवाए। अतुल कोहली ने मुझे राजनीति विज्ञान विषय से जुड़े साहित्य पर दीक्षित किया। कई अध्यायों पर उनसे ज़रूरी रचनात्मक टिप्पणियाँ मुझे मिलीं, प्रताप भानु मेहता से भी। मेरे सहयोगी मिचल गोर्डिन ने सदाशयता दिखाते हुए पूरी पांडुलिपि पढ़ने की पेशकश की, और केवल कुछ ही दिनों में उन्होंने ऐसा कर भी दिखाया। सच, बस उनके लिए ही ऐसा करना सम्भव था। उन्होंने अध्याय-दर-अध्याय किताब की तर्कशीलता और भाषा पर विस्तृत टिप्पणियाँ कीं। निर्मल वर्मा के लेखन पर रॉबर्ट फ़िलिप्स के साथ विमर्श लेखक के आपातकाल से जुड़े उपन्यास की व्याख्या करने में बहुत सहायक रहा। सुनील खिलनानी विनम्रतापूर्वक किताब की पांडुलिपि पढ़ने के लिए सहमत हो गए, और यह मेरे लिए बहुत मायने रखता है कि किताब पर उनकी प्रतिक्रिया उत्साह से भरी थी। येल, कोलम्बिया और प्रिंसटन के सेमिनारों में, जहाँ मैंने इस पांडुलिपि के विभिन्न अध्याय प्रस्तुत किये, प्रतिभागियों की टिप्पणियाँ लाभप्रद रहीं। मैं प्रिंसटन यूनिवर्सिटी प्रेस के दो अज्ञात पाठकों द्वारा की गई उपयोगी आलोचनाओं और दिये गए सुझावों को भी यहाँ याद करना चाहूँगा।

प्रिंसटन यूनिवर्सिटी प्रेस में मेरी सम्पादक, अमांडा पीरी हमेशा मददगार रहीं। उन्होंने पांडुलिपि को उसके तर्कों और पठनीयता की जाँच के लिए बारीकी से पढ़ा। मैं प्रिंसटन यूनिवर्सिटी प्रेस की विशेषज्ञ और कुशल निर्माता टीम, विशेष रूप से जेन बेकर का आभारी हूँ, जिन्होंने पांडुलिपि को बुद्धिमानी के साथ और सतर्क निगाहों से कॉपीएडिट किया। पेंगुइन रैंडम हाउस इंडिया की मेरु गोखले और

उनकी टीम ने किताब के अन्तरमहाद्वीपीय सह-प्रकाशन के मंसूबों को उत्साह के साथ बख़ूबी सँभाला।

अरुणा हमेशा मेरे सभी कार्यों की सबसे नज़दीकी पाठक रही हैं। चूँकि वो आपातकाल का ही समय था जब हम साथ आए थे, उनके साथ पांडुलिपि पर चर्चा करना बहुत गहरी निजी अनुभूति छोड़ गया। जितनी बार मैंने इसे लिखा और मिटाया है, उससे कहीं अधिक बार उन्होंने इसे पढ़ा है। उन्होंने इसके तर्कों को अधिक धारदार और गद्य को अधिक पठनीय बनाने में मदद की। उसके जैसे पाठक का मेरे नज़दीक, मेरी एक पुकार पर उपलब्ध होना इस किताब के लिए ज़रूरी भी था और वास्तविक आनन्द का सबब भी। यदि इस किताब में कुछ गुण है तो वह उन्हीं के कारण है। और जो भी त्रुटियाँ रह गई हैं वे सब मेरी हैं।

# अनुवादकीय

मैंने पेशेवर रूप से कभी इतिहास नहीं पढ़ा। साहित्य और सिनेमा का छात्र रहा। राजनीति विज्ञान मेरा नहीं, मेरे पिता का विषय रहा है। हाँ, मेरी भाषा की तरह इस विषय के प्रति एक दुर्निवार आकर्षण भी मुझे उनसे विरासत में मिला है। पर बीसवीं शताब्दी के आधुनिक भारत के इतिहास और राजनीति में बीस का दशक और सत्तर का दशक मुझे सदा सबसे रोमांचक दौर लगते रहे। ये ऐसे दौर थे जब भारतभूमि पर युगान्तकारी बदलावों के बीज पड़ रहे थे। अनगिन सम्भावनाओं की तरंगों से लैस छात्र-नौजवानों ने सत्ता और राजनीति की मुख्यधारा को मोड़ने के लिए मुट्ठी बाँधी थी। तो ज्ञान प्रकाश की इस किताब के प्रति पहले आकर्षण की वजह तो उस हंगामाखेज़ दशक के प्रति आकर्षण बना।

फ़ैसले की दूसरी वजह बना भारत की राजनीति का वर्तमान। नब्बे के दशक में खेलकर लड़कपन तक पहुँची मेरी पीढ़ी सदा गठबन्धन राजनीति के बीच पली-बढ़ी है। तीन दशक तक यही हमारा राजनीतिक वर्तमान रहा। मेरी पैदाइश के बाद लगातार 29 साल तक किसी आम चुनाव में किसी एक राजनीतिक दल ने कभी पूर्ण बहुमत हासिल नहीं किया था। गठबन्धन राजनीति का, वंचित अस्मिताओं का, हक़ों की आवाज़ों का, बहुरंगी पहचानों का ज़ोर ऐसा था कि किसी एक दल को वापस लोकसभा में पूर्ण बहुमत हासिल करने के लिए तीन दशक तक इन्तज़ार करना पड़ा। उसके बाद आया 2019 का 'प्रचंड बहुमत'। हमारी पीढ़ी के लिए यह एक सर्वथा नवीन क़िस्म का राजनीतिक वर्तमान था, जिसमें राज्य संस्था का मज़बूती के साथ पुनरागमन हो रहा था। उसकी दख़ल सत्ता के गलियारों से लेकर हमारे रोज़मर्रा के जीवन के हर पहलू पर मज़बूत हो रही थी। ऐसा लगा जैसे सम्पूर्ण राष्ट्र को किसी एक पूर्वनिश्चित दिशा की ओर धकेला जा रहा है। उसकी आँच, कुछ रुककर मुझ तक भी पहुँची। ऐसे में जब अनुवाद का यह प्रस्ताव आया तो ज्ञान प्रकाश की किताब के अनुवाद के बहाने मुझे मौक़ा मिला इतिहास के उस

बिन्दु को लौटकर, कुछ रुककर देखने का जहाँ इस एकाधिकारवादी राज्य संस्था की सबसे अतिवादी व्याख्या गढ़ी गई और उसे जनता पर थोप दिया गया।

जब मैंने इस किताब के अनुवाद का बीड़ा उठाया, हम कोविड महामारी के मध्य में थे। अचानक राज्य संस्था की हम नागरिकों के जीवन में निर्णयकारी भूमिका पृष्ठभूमि से निकलकर मंच के सबसे केन्द्रीय स्थान पर आ गई थी। आपातकाल के दौर में सबसे क्रूरतम चेहरे के साथ प्रकट हुई सर्वव्यापी राज्य संस्था की एक दूसरे परिप्रेक्ष्य में जैसे यहाँ अनुगूँज सुनाई दी। हम सबके लिए वे बड़े मुश्किल दिन थे। ख़ासकर तब, जब उम्मीद का सिरा दीखना बन्द हो जाता था। ऐसे में इस किताब के अनुवाद ने मुझे एक संगी दिया। कम्प्यूटर की छोटी सी स्क्रीन पर सिमटी मेरी आत्मीय कक्षाओं के अलावा दूसरा यह अभ्यास ही रहा, जो उन दिनों में मेरी चालकशक्ति रहा। हालाँकि बाधाएँ भी ख़ूब आईं। पर आज एक समान्तर रेखा खींचूँ तो इस किताब की आपातकाल के बारे में एक स्थापना, कि उसे व्यवस्था में किसी अचानक आए जुनूनी 'अपवाद' भर की तरह देखना और ऐसे ही मृत-अतीत मानकर भुला देना हमारी सोच को सीमित बनाना है, हमारे आपके देखे कोविड के दौर के बारे में भी समीचीन है। हम कोविड महामारी से भले बाहर आ गए हों, मेरा मानना रहा है कि उस दौर में राज्य सत्ता के स्वभाव में जिस क़िस्म का बदलाव आया और राज्य-संस्था और समाज के मध्य रिश्तों की प्रकृति जिस तरह बदली, उसके कई प्रभाव बड़े स्थायी क़िस्म के हैं और दूर तक जानेवाले हैं। आज जब यह किताब प्रकाशित हो रही है तो इसकी एक सीख यह भी है कि हमें अपने इस हालिया अतीत को 'अपवाद' मानकर स्मृतिलोप के खाते में डालने से सायास बचना होगा।

अब ज़रा बात ज्ञान प्रकाश के लेखन और अनुवाद की भाषा पर।

तमाम मूल दस्तावेज़ों, प्रामाणिक तफ़सीलों, चश्मदीदों के बयानों से लेकर लोक में मौजूद क़िस्सों, बातों, अफ़वाहों तक, ज्ञान प्रकाश के इतिहास का स्रोत जन के मानस के भीतर से आता है। किसी भी बीते समय को पढ़ने के लिए पारम्परिक दस्तावेज़ी सबूतों की बड़ी बारीकी से खोज का इतिहासकार वाला अकादमिक रियाज़ तो उनके यहाँ है ही, साथ ही ज्ञान प्रकाश उस सत्ता और उस लोक के हृदय को अनावृत करने के लिए साहित्य और सिनेमा से लेकर विज्ञापन और तकनीकी की दुनिया तक जाते हैं। पर ज्ञान प्रकाश की इतिहास लेखन शैली की एक और ख़ास ख़ूबी है, जिसका मैं तब ही प्रशंसक हो गया था जब मैंने कॉलेज के दिनों में अपने पसन्दीदा विषय 'शहरी जीवनानुभव' को केन्द्र में रखकर लिखी गई उनकी बहुप्रशंसित किताब 'मुम्बई फ़ेबल्स' पढ़ी थी।

ज्ञान प्रकाश इतिहास के बारे में लिखते हुए भी ग़ज़ब की तात्कालिकता के साथ लिखते हैं। लिख भले वे पचास साल पहले घटित कथित मृत घोषित हो

चुके इतिहास के बारे में रहे हों, लेकिन उसमें ही कितनी बार वे आपको उस मृत इतिहास के मध्य, किसी ज़िन्दा धड़कते नाज़ुक दोराहे के ठीक बीचोबीच ले जाकर खड़ा कर देते हैं। इसमें किसी थ्रिलर सिनेमाई पटकथा जैसा हैरतअंगेज़ रोमांच है। लगता है जैसे यहाँ मौजूद इतिहास अभी पूरा घटा नहीं है, हमारी आँखों के सामने ठीक यहीं वर्तमान की तरह निर्मित हो रहा है। इस रचे जा रहे वर्तमान की आशंका और आकांक्षा, दोनों से लबरेज़ सिहरन से आप बच नहीं सकते। बहुत पहले मैंने दस्तावेज़ी फ़िल्मकार लॉरा पॉइट्रस की 'सिटिज़नफ़ोर' देखते हुए सम्भावनाओं से भरी इस त्वरा को महसूस किया था। बाद में ख़ुशबू रांका और विनय शुक्ला निर्देशित वृत्तचित्र 'एन इनसिग्निफ़िकेंट मैन' और विनय की ही 'व्हाइल वी वॉच्ड' देखते हुए भी वही रोमांच महसूस हुआ। यह उच्च कोटि के समकालीन दस्तावेज़ी सिनेमा की त्वरा है, जिसका समकक्ष अनुभव यहाँ एक नॉन-फ़िक्शन लेखक के लोकप्रिय इतिहासलेखन में मिल रहा है। एक और बात है यहाँ नोट करने की कि इतिहास को देखने का यह तात्कालिकता से भरा तेवर कई बार हमसे अवश्यम्भाविता की निर्णयकारी कसौटी छीन लेता है। ऐसे में हम किंचित पूर्वग्रह रहित होकर इस इतिहास की बहुआयामिता को कुछ बेहतर परख पाते हैं।

लेकिन इसी में अनुवादक की असल चुनौती छिपी है। जैसा आप पढ़ते हुए महसूस करेंगे, ज्ञान की यह कहन की शैली कुछ विशेष अध्यायों में ख़ास उभरकर आती है। भाषा की निरन्तरता बनाए रखते हुए भी एक अनुवादक के तौर पर यहाँ मैंने कोशिश की है कि ऐसे 'एक्शन' से भरे अध्यायों में घटनाक्रम की उस त्वरा को बनाए रख पाऊँ। इतिहास के भीतर मौजूद उसकी बेचैनी, उसकी वर्तमानता को निभा पाऊँ। पता नहीं इस चुनौती में कितना खरा उतर पाया। लेकिन इस चुनौती का सामना करने में मज़ा बहुत आया, सीखा बहुत।

यूँ तो हर भाषा की अपनी एक ज़मीन होती है, हर अनुवाद की भी। और जैसा मैंने ऊपर कहा, अनुवाद की भाषा में निरन्तरता का गुण उसे सहज बनाता है। यहाँ भी वो सहजता बनी रहे इसकी कोशिश है। लेकिन भाषा में इकसारता लाने की अतिरिक्त कोशिश जानबूझकर नहीं की गई है। भले यह अनुवाद है, मैं चाहता था कि इसे पढ़नेवाले हिन्दी समाज के नागरिक को हिन्दी की वृहत शब्द सम्पदा का भास मिलता रहे। ठीक इसी तरह अनुवाद की प्रक्रिया में पहला लक्ष्य था विचार को उसकी जटिलता से अलगाए बिना, ईमानदारी से पूरा पकड़ने की कोशिश।

दूसरी कोशिश थी हिन्दी की अपनी प्रकृति के अनुसार इस कहन को ग्राह्य बनाना। हमने कई जगह वाक्यों को तोड़ा, शब्दों को उनके तेवर के अनुरूप बदला। कुछ जगह कहन के नये तरीक़े भी खोजे। मैं अनुवादित किताब होने का बोध पूरी तरह मिटाना नहीं चाहता था, लेकिन भाषा का तेवर हिन्दी की मौलिक ग़ैर-कथात्मक पुस्तक वाला हो यह लक्ष्य रहा। इसलिए मेरे विचार से इसे सामाजिक

विज्ञान के किसी शब्द दर शब्द तकनीकी अनुवाद की तरह न पढ़कर, कुछ हद तक वैचारिक अनुवाद और कुछ हद तक एक कथात्मक अनुवाद की तरह पढ़ा जाए तो बेहतर होगा।

धन्यवादों की छोटी सी शृंखला में सबसे पहला शुक्रिया किताब के रॉकस्टार लेखक ज्ञान प्रकाश का। उन्होंने मुश्किल वक़्तों में धैर्य बनाए रखा। अनुवादक के हर प्रश्न और जिज्ञासा के समाधान के लिए सदा उपस्थित रहे। सीएसडीएस से रविकान्त इस अनुवाद के मार्गदर्शक रहे। काँधे के पीछे से देखते रहे। जाँचते रहे। रविकान्त इस शहर में मेरे 'फ्रेंड, फ़िलॉसफ़र, गाइड' सब कुछ हैं। वे न होते तो यह अनुवाद शायद पूरा न हो पाता। राजकमल प्रकाशन और सम्पादक, मित्र सत्यानन्द निरुपम आरम्भ से ही इस अनुवाद के साथ जुड़े रहे। तक़ाज़ा करते रहे, सहारा देते रहे। उनका स्नेह और साथ क़ीमती रहा। साथ ही राजकमल की पूरी टीम, ख़ास सम्पादकीय टीम से शिप्रा जी, धर्मेंद्र जी और अनुपम का अन्तिम तूफ़ानी दौर में सहयोग के लिए विशेष धन्यवाद रहेगा।

बाक़ी ग़लतियों की ज़िम्मेदारी मेरी। लेखक के लिए हर ग़लती एक सबक़ है। सीखने का रियाज़ प्रतिदिन जारी है।

**—मिहिर पंड्या**

नई दिल्ली
जुलाई, 2024

# सन्दर्भ सूची


आगाज़

1. उदाहरण के लिए देखें, 2013 में एक चुनावी रैली में मोदी ने हिन्दू प्रतीकों की पृष्ठभूमि में खड़े होकर भीड़ को सम्बोधित किया और वही सालों से चला आया हिन्दू राष्ट्रवादी स्वर बुलन्द किया। पार्टी के एक अन्य नेता जो उनके बाद बोलने आए और भीड़ को सम्बोधित किया, उनके शब्द थे, 'मैं यह नहीं कहता कि हर मुसलमान आतंकवादी है। लेकिन मैं पूछता हूँ कि हर आतंकवादी मुसलमान क्यों होता है।' *इंडियन एक्सप्रेस,* 21 दिसम्बर, 2013, http://archive.indianexpress.com/news/hindutva-is-backdrop-for-modi-in-up/1210180/, 21 मार्च, 2018 को देखा गया। साथ ही देखें, क्रिस्तोफ़ जैफ़रलॉट, 'दि मोदी-सेंट्रिक बीजेपी 2014 इलेक्शन कैम्पेन : न्यू टेक्नीक्स एंड ओल्ड टैक्टिक्स,' *कंटेम्परेरी साउथ एशिया* 23:2 (2015) : पृ. 151-66; और सुहास पल्शिकर, 'दि बीजेपी एंड हिन्दू नेशनलिज़्म : सेंट्रिस्ट पॉलिटिक्स एंड मेजॉरिटेरियन इम्पल्सेस,' *साउथ एशिया : जर्नल ऑफ़ साउथ एशियन स्टडीज़* 38:4 (2015), पृ. 719-35। ये लेख तर्क देते हैं और इस बात का पर्याप्त सबूत प्रदान करते हैं कि नरेन्द्र मोदी ने 2014 में एक ऐसा बहुआयामी चुनावी अभियान संचालित किया था जिसमें 'विकास' के नारे का इस्तेमाल तो था, लेकिन साथ ही मुस्लिम विरोधी हिन्दू राष्ट्रवादी नारों और प्रतीकों को भी ज़िन्दा किया गया था।
2. वेंडी ब्राउन, 'अनडूइंग द डेमोस : नियोलिबरलिज़्म्स स्टेल्थ रेवोल्यूशन' (न्यूयॉर्क : ज़ोन बुक्स, 2015)। साथ ही देखें उनकी 'वूंडेड अटैचमेंट्स,' *पॉलिटिकल थ्योरी* 21:3 (1993), पृ. 390-410
3. गौरक्षा दस्तों पर की गई रिपोर्टिंग के लिए देखें, ईशान मार्वल, 'इन द नेम ऑफ़ द मदर : हाउ द स्टेट नर्चर्स गौ रक्षक्स,' *दि कारावान,* 1 सितम्बर, 2016, http://www.caravanmagazine.in/reportage/in-the-name-of-the-mother, 20 अप्रैल, 2018 को देखा गया; पवन दहात, 'गौ रक्षक्स' आर गुड : आरएसएस चीफ़,' *दि हिन्दू,* 12 अक्टूबर, 2016, http://www.thehindu.com/todays-paper/tp-national/'Gau-rakshaks'-are-good-RSS-chief/article15465279.ece, 20 अप्रैल, 2018 को देखा

गया। इन सवालों पर विश्लेषण और साक्ष्य के लिए देखें, क्रिस्तोफ़ ज़ैफ़रलॉट, 'इंडियाज़ डेमोक्रेसी एट 70: टुवाड्‌र्स ए हिन्दू स्टेट?' *जर्नल ऑफ़ डेमोक्रेसी* 28:3 (2017), पृ. 52-63। 'जड़विहीन महानगरीयता' के सन्दर्भ के लिए देखें स्वपन दासगुप्ता, 'दि लिबरल्स फ़्लॉन्टिंग 'नॉट इन माई नेम' गॉट इट रॉन्ग,' https://blogs.timesofindia.indiatimes.com/right-and-wrong/the-liberals-flaunting-not-in-my-name-placards-got-it-wrong/, 20 अप्रैल, 2018 को देखा गया।

4. देखें उमा वासुदेव, *टू फ़ेसेस ऑफ़ इन्दिरा गांधी* (दिल्ली : विकास पब्लिशिंग हाउस, 1977); डोम मोरेस, 'इन्दिरा गांधी' (बॉस्टन : लिटिल, ब्राउन, 1980); कैथरीन फ्रैंक, *इन्दिरा : दि लाइफ़ ऑफ़ इन्दिरा नेहरू गांधी* (लंदन : हार्पर कॉलिन्स, 2001); नयनतारा सहगल, *इन्दिरा गांधी : ट्रिस्ट विद पावर* (दिल्ली : पेंगुइन बुक्स, 2012); एवं इंदर मल्होत्रा, *इन्दिरा गांधी : ए पर्सनल एंड पॉलिटिकल बायोग्राफ़ी* (दिल्ली : हे हाउस इंडिया, 2014)
5. इनमें शामिल हैं जॉन दयाल और अजय बोस, *फ़ॉर रीज़न्स ऑफ़ स्टेट : डेलही अंडर इमरजेंसी* (दिल्ली : ईएसएस ईएसएस प्रकाशन, 1977) और कुलदीप नैयर, *दि जजमेंट : दि इनसाइड स्टोरी ऑफ़ द इमरजेंसी इन इंडिया* (दिल्ली : विकास पब्लिशिंग हाउस, 1977), दोनों किताबें आपातकाल के तत्काल बाद लिखी गईं। एक हालिया ब्योरे के लिए देखें कूमी कपूर, *दि इमरजेंसी : ए पर्सनल हिस्ट्री* (दिल्ली : पेंगुइन बुक्स, 2015)
6. भारत सरकार (जीओआई), *शाह कमीशन ऑफ़ इनक्वायरी, अन्तरिम रिपोर्ट* (दिल्ली : गृह मंत्रालय, 1978), 1 : पृ. 4
7. कार्ल श्मिट, *पॉलिटिकल थियोलॉजी*, अनुवाद : जॉर्ज श्वाब (शिकागो : यूनिवर्सिटी ऑफ़ शिकागो प्रेस, 2005), पृ. 5
8. जॉर्जियो एगम्बेन अपवाद की स्थिति को एक ऐसी व्यवस्था के रूप में परिभाषित करते हैं जो 'सार्वजनिक क़ानून और राजनीतिक तथ्य के बीच किसी 'नो मैन्स लैंड' की तरह स्थित है' देखें उनकी *स्टेट ऑफ़ एक्सेप्शन*, अनुवाद : केविन एटेल (शिकागो : यूनिवर्सिटी ऑफ़ शिकागो प्रेस, 2005), पृ. 1
9. 'पॉपुलिज़्म' या लोकलुभावनवाद पर महत्त्वपूर्ण अध्ययनों में देखें मागरेट कैनोवन, 'ट्रस्ट द पीपल! पॉपुलिज़्म एंड द टू फ़ेसेस ऑफ़ डेमोक्रेसी,' *पॉलिटिकल स्टडीज़* 47 (1999) : पृ. 2-16; फ्रांसिस्को पन्निज़ा (सम्पादित), *पॉपुलिज़्म एंड द मिरर ऑफ़ डेमोक्रेसी*, (लंदन : वर्सो, 2005); अर्नेस्टो लक्लाउ, 'ऑन पॉपुलिस्ट रीज़न' (लंदन : वर्सो, 2005); कार्लोस डे ला टोरे (सम्पादित), *दि प्रॉमिस एंड पेरिल्स ऑफ़ पॉपुलिज़्म : ग्लोबल पर्सपेक्टिव्स*, (लेक्सिंगटन : यूनिवर्सिटी ऑफ केंटकी प्रेस, 2015); रोजर्स ब्रुबेकर, 'व्हाय पॉपुलिज़्म?' *थ्योरी एंड सोसायटी* 46:5 (2017) : पृ. 357-85; जान वर्नर-मुलर, 'व्हाट इज़ पॉपुलिज़्म?' (फ़िलाडेल्फ़िया : यूनिवर्सिटी ऑफ़ पेंसिल्वेनिया प्रेस, 2017); फ़ेलिप कैरेरा डि सिल्वा और मोनिका ब्रिटो विएरा, 'पॉपुलिज़्म एज़ ए लॉजिक ऑफ़ पॉलिटिकल एक्शन,' *यूरोपियन जर्नल ऑफ़ सोशल थ्योरी* 20:10 (2018) : पृ. 1-16। पंकज मिश्रा की *एज ऑफ़ एंगर : ए हिस्ट्री ऑफ़ द प्रेजेंट*, (नई दिल्ली : जगरनॉट बुक्स, 2017) 'प्रतिष्ठानों' के ख़िलाफ़ ग़ुस्से के इस वैश्विक इज़हार की बौद्धिक जड़ें आधुनिकता के अनुभव को लेकर आभिजात्य वोल्टेयर और लोकलुभावन रूसो के बीच जो विभाजन था, उसमें जाकर तलाशती है।

## 1. पहचान में ग़फ़लत

1. 'भारतीय कम्युनिस्ट पार्टी' (सीपीआई) में 1964 में हुए विभाजन के बाद गठित, 'भारतीय कम्युनिस्ट पार्टी' (मार्क्सवादी) ख्रुश्चेव द्वारा स्टालिन की निन्दा का समर्थन नहीं करती थी, चीन-सोवियत द्वंद्व में बीजिंग की ओर खड़ी थी और कांग्रेस पार्टी की उग्र विरोधी थी। जबकि सीपीआई और उससे सम्बद्ध छात्र संगठन 'ऑल इंडिया स्टूडेंट्स फ़ेडरेशन' (एआईएसएफ़) ने ख्रुश्चेव के समय और उसके बाद सोवियत संघ की स्थिति का अनुसरण किया और वे कांग्रेस में एक प्रगतिशील सम्भावना देख रहे थे।
2. *शाह जाँच आयोग,* 1:57। घटना को दोबारा रचने और पुष्टि के लिए साक्षात्कारों के अलावा, मैंने *शाह जाँच आयोग* की प्रकाशित रिपोर्ट और नीचे उद्धृत बयानों पर भी भरोसा किया है, जो भारत के 'राष्ट्रीय अभिलेखागार' (एनएआई) में रखे गए हैं। प्रबीर पुरकायस्थ के साथ साक्षात्कार और उनके साथ लगातार ई-मेल और टेलीफ़ोन पर बातचीत ख़ास मददगार रही। घटना के दो चश्मदीद गवाहों के साक्षात्कार भी बहुत उपयोगी रहे, जिन्होंने 'शाह आयोग' के समक्ष गवाही भी दी थी : शक्ति काक के साथ 6 मार्च, 2013 और इन्द्राणी मज़ूमदार के साथ 13 मार्च, 2013। अपने व्यस्त कार्यक्रम में से समय निकालकर उस दिन की घटनाओं के बारे में मुझसे बात करने के लिए मैं सीताराम येचुरी का भी आभारी हूँ। लेखक द्वारा साक्षात्कार, 11 अप्रैल, 2013
3. प्रबीर के जीवन अंशों का विवरण 20 दिसम्बर, 2011, 10 जुलाई, 2012 और 23 दिसम्बर, 2015 को उनके साथ हुए साक्षात्कारों और ई-मेल पर हुई बातचीत पर आधारित है।
4. देवी प्रसाद त्रिपाठी के बारे में विवरण पुष्पेश पंत की किताब *पोर्ट्रेट ऑफ़ ए स्टूडेंट एक्टिविस्ट* (नई दिल्ली : स्मृति बुक्स, 2011) और 14 अप्रैल, 2013 के दिन मुम्बई में लेखक द्वारा उनके साथ साक्षात्कार से लिये गए हैं।
5. बाद में वे सीपीआई (एम) से अलग होकर कांग्रेस में शामिल हो गए। बाद में कांग्रेस से अलग हुए उस धड़े का हिस्सा रहे, जिसने 'राष्ट्रवादी कांग्रेस पार्टी' (एनसीपी) का निर्माण किया। त्रिपाठी एनसीपी के महासचिव और प्रवक्ता रहे, साथ ही राज्यसभा के सदस्य (2012-18) भी रहे। 2 जनवरी, 2020 को नई दिल्ली में उनका निधन हो गया। (अनु.)
6. प्रबीर पुरकायस्थ, लेखक द्वारा साक्षात्कार, नई दिल्ली, 23 दिसम्बर, 2015
7. छापे की कार्रवाई और जेल में बिताए अपने दिनों का एक दिलचस्प ब्योरा तब के एसएफ़आई के सचिव रहे सोहेल हाशमी द्वारा लिखा गया है, जिन्हें उस छापे में गिरफ़्तार किया गया था। देखें, सोहेल हाशमी, 'माई डेज़ इन तिहाड़ जेल,' https://kafila.online/2012/04/06/the-class-of-75-memories-of-prison/, 15 जुलाई, 2016 को देखा गया।
8. यह सूचना नामी शिक्षाविद् रहे डॉ. के.जी. सैय्यदैन (1904-71) के काग़ज़ात से ली गई है। डॉ. सैय्यदैन नेहरू के नाम पर बननेवाले शैक्षणिक संस्थान के लिए आए प्रस्तावों पर विचार करने के लिए गठित विशेषज्ञों की समिति के सदस्य थे। उनके काग़ज़ात अभी तक सार्वजनिक नहीं किये गए हैं, पर उनकी संरक्षक नीति नायर ने उदारतापूर्वक उन्हें मेरे साथ साझा किया। राकेश बटब्याल की पुस्तक *जेएनयू : द मेकिंग ऑफ़ ए यूनिवर्सिटी* (दिल्ली : हार्पर कॉलिन्स इंडिया, 2014) 'जवाहरलाल नेहरू मेमोरियल फ़ंड' की इन गतिविधियों से अनभिज्ञ प्रतीत होती है और विश्वविद्यालय के गठन का पूरा श्रेय एम.सी. चागला को देती है।

9. होमी जे. भाभा और जे.आर.डी. टाटा के साथ-साथ रोमेश थापर, के.टी. चांडी और बी.एफ़. एच.बी. तैयब जी के विवरण, के.जी. सैय्यदैन के काग़ज़ात से, दिल्ली।
10. डॉ. डगलस एन्समिंज़र, 'भारत में उच्च शिक्षा के एक नये राष्ट्रीय संस्थान के लिए विवरणिका,' 29 अगस्त, 1965, के. जी. सैय्यदैन के काग़ज़ात से।
11. 'नेहरू मेमोरियल इंस्टीट्यूट ऑफ़ एडवांस्ड स्टडीज़ की स्थापना पर विशेषज्ञों की समिति की रिपोर्ट,' 20 नवम्बर, 1964, के.जी. सैय्यदैन के काग़ज़ात से।
12. भारत में एन्समिंज़र और फ़ोर्ड फ़ाउंडेशन पर अधिक समझदारी बनाने के लिए देखें, निकोल सैकले, 'फ़ाउंडेशन इन द फ़ील्ड : दि फोर्ड फ़ाउंडेशन न्यू डेलही ऑफ़िस एंड द कंस्ट्रक्शन ऑफ़ डेवलपमेंट नॉलेज, 1951-1970', *अमेरिकन फ़ाउंडेशन्स एंड द कोप्रॉडक्शन ऑफ़ वर्ल्ड ऑर्डर इन द ट्वेंटीथ सेंचुरी,* सम्पादक : उलरिच हर्बर्ट एवं जॉन लिओनहार्ड (गोटिंगेन : वैंडेनहॉक और रूपरेक्ट, 2012), पृ. 232-60
13. 'डगलस एन्समिंज़र ओरल हिस्ट्री; रिपेशनशिप्स विथ नेहरू,' एफए 744, बॉक्स 1, फ़ोल्डर ए8, फ़ोर्ड फ़ाउंडेशन दस्तावेज़, रॉकफ़ेलर आर्काइव सेंटर (आरएसी)
14. सैकले द्वारा उद्धृत, 'फ़ाउंडेशन इन द फ़ील्ड,' पृ. 251
15. छागला द्वारा जेएनयू बिल पेश किये जाने के बाद से जेएनयू के इतिहास के लिए देखें, बटब्याल, *जेएनयू : दि मेकिंग ऑफ़ ए यूनिवर्सिटी*
16. जवाहरलाल नेहरू विश्वविद्यालय, *ए स्टडी इन कैम्पस डिज़ाइन्स : नेशनल कॉम्पिटीशन फ़ॉर द मास्टरप्लान ऑफ़ जवाहरलाल नेहरू यूनिवर्सिटी कैम्पस, न्यू डेलही* (नई दिल्ली : विज्ञापन और दृश्य प्रचार निदेशालय, सूचना और प्रसारण मंत्रालय, भारत सरकार, 1974), 4-5
17. *जेएनयू : दि इयर्स,* सम्पादक : कंजीव लोचन (बॉम्बे : पॉपुलर प्रकाशन, 1996), 9
18. जेएनयू राष्ट्रीय राजनीति के लिए नर्सरी साबित हुआ है। बाद के कई नेता, जिनमें सीपीआई(एम) के पूर्व महासचिव प्रकाश करात और वर्तमान महासचिव सीताराम येचुरी शामिल हैं, के साथ कई अन्य नेताओं का राजनीति में पहला प्रशिक्षण स्थल जेएनयू की छात्र राजनीति रही।
19. पंत द्वारा *पोर्ट्रेट ऑफ़ ए स्टूडेंट एक्टिविस्ट* में पृ. 65 पर उद्धृत। टकराव की पुष्टि भारत सरकार, गृह मंत्रालय (एमएचए), शाह जाँच आयोग (एससीआई), VI/11034/56 (297)/80-IS (डीवीआई), भाग 297, 'एम.पी. सिंह की रिपोर्ट,' साथ में डीआईजी, सीबीआई/आईयू/ नई दिल्ली द्वारा उप सचिव, गृह, भारत सरकार को पत्र, दिनांक 20 जून, 1979, राष्ट्रीय अभिलेखागार
20. वही
21. निम्नलिखित विवरण पी.एस. भिंडर द्वारा प्रदान किये गए, लेखक द्वारा साक्षात्कार, नई दिल्ली, 3 अगस्त, 2017। हालाँकि उन्होंने दावा किया कि उन्हें जेएनयू में हुई घटनाओं की कोई स्मृति नहीं है। उन्होंने स्वीकार किया कि हो सकता है उन्होंने गिरफ़्तारियाँ की हों, लेकिन उनकी स्मृति में वे नहीं हैं।
22. 'श्री पी. घोष, तत्कालीन एडीएम(दक्षिण) के वक्तव्य से प्रासंगिक उद्धरण', 'आपातकाल के दौरान दिल्ली में गिरफ़्तारियाँ और हिरासत—श्री प्रबीर पुरकायस्थ की हिरासत,' एससीआई, VI/11034/56/80(35)/IS (डीवीआई), राष्ट्रीय अभिलेखागार। घोष ने गवाही दी थी कि राजिंदर मोहन ने उन्हें यह जानकारी दी।
23. 'राजिंदर मोहन का बयान', 'आपातकाल के दौरान दिल्ली में गिरफ़्तारियाँ और हिरासत—

श्री प्रबीर पुरकायस्थ की हिरासत', एससीआई, VI/11034/56/80(35)/IS (डीवीआई), राष्ट्रीय अभिलेखागार

24. उप-राज्यपाल कृष्ण चन्द का बयान देखें, 'आपातकाल के दौरान दिल्ली में गिरफ़्तारियाँ और हिरासत—श्री प्रबीर पुरकायस्थ की हिरासत' एससीआई, VI/11034/56/80(35) /IS (डीवीआई), राष्ट्रीय अभिलेखागार
25. 'श्री पी. घोष, तत्कालीन एडीएम(दक्षिण) के बयान से प्रासंगिक उद्धरण', 'आपातकाल के दौरान दिल्ली में गिरफ़्तारियाँ और हिरासत—श्री प्रबीर पुरकायस्थ की हिरासत' एससीआई, VI/11034/56/80(35) /IS (डीवीआई), राष्ट्रीय अभिलेखागार। प्रदीप्तो घोष ने लेखक के साथ साक्षात्कार में अपनी गवाही के विवरण की पुष्टि की, नई दिल्ली, 13 जून, 2013

## 2. नाज़ुक सन्तुलन

1. 'विश्व शान्ति के लिए एक संयुक्त एशिया', *सेलेक्टेड वर्क्स ऑफ़ जवाहरलाल नेहरू* से, दूसरा भाग, खंड 2, सम्पादक : एस. गोपाल (नई दिल्ली : जवाहरलाल नेहरू मेमोरियल फ़ंड, 1984), पृ. 503
2. यास्मीन खान, *इंडिया एट वॉर : दि सबकॉन्टिवेंट एंड द सेकेंड वर्ल्ड वॉर* (न्यूयॉर्क : ऑक्सफ़ोर्ड यूनिवर्सिटी प्रेस, 2015); श्रीनाथ राघवन, *इंडियाज़ वॉर : वर्ल्ड वॉर टू एंड द मेकिंग ऑफ़ मॉडर्न साउथ एशिया* (न्यूयॉर्क : बेसिक बुक्स, 2016); इन्दीवर कामटेकर, *दि एंड ऑफ़ द कोलोनियल स्टेट इन इंडिया, 1942-47* (पीएचडी शोध प्रबन्ध, चर्चिल कॉलेज, कैम्ब्रिज विश्वविद्यालय, 1988)
3. जवाहरलाल नेहरू, *दि डिस्कवरी ऑफ़ इंडिया* (न्यूयॉर्क, 1946; पुनर्मुद्रण, दिल्ली : ऑक्सफ़ोर्ड यूनिवर्सिटी प्रेस, 1989), पृ. 50
4. वही, पृ. 562-63
5. वही, पृ. 563
6. वही, पृ. 564
7. क्रिस्तोफ़र बेली एवं टिम हार्पर, *फ़ॉरगॉटन वॉर्स : फ्रीडम एंड रेवोल्यूशन इन साउथ-ईस्ट एशिया* (कैम्ब्रिज, एमए : बेल्कनैप प्रेस ऑफ़ हार्वर्ड यूनिवर्सिटी प्रेस, 2007), पृ. 7
8. क्रिस्तोफ़र बेली एवं टिम हार्पर द्वारा उद्धृत, *फ़ॉरगॉटन आर्मीज़ : ब्रिटेन्'स एशियन एम्पायर एंड द वॉर विथ जापान* (लन्दन : पेंगुइन बुक्स, 2004), पृ. 162-63। बर्मा युद्ध और उसके परिणाम के सम्पूर्ण विवरण के लिए देखें, पृ. 167-207
9. पॉल ग्रीनो, *प्रॉस्पेरिटी एंड मिज़री इन मॉडर्न बंगाल : दि फ़ेमिन ऑफ़ 1943-44* (न्यूयॉर्क : ऑक्सफ़ोर्ड यूनिवर्सिटी प्रेस, 1983)। चर्चिल और स्थानीय प्रशासन की भूमिका के लिए देखें मधुश्री मुखर्जी, *चर्चिल्'स सीक्रेट वॉर दि ब्रिटिश एम्पायर एंड द रेवेजिंग ऑफ़ इंडिया ड्यूरिंग वर्ल्ड वॉर टू* (न्यूयॉर्क : बेसिक बुक्स, 2010)। एक हालिया विवरण, जो तर्क देता है कि बंगाल का अकाल केवल प्रशासनिक लापरवाही का परिणाम नहीं, बल्कि बड़ी राजनीतिक और आर्थिक ताक़तों द्वारा निर्मित था, देखें, जनम मुखर्जी, *हंगरी बंगाल : वॉर, फ़ेमिन, रायट्स एंड द एंड ऑफ़ एम्पायर* (लन्दन : सी. हर्स्ट एंड कम्पनी, 2015)
10. भारत छोड़ो आन्दोलन और उसके दमन के विस्तृत विवरण के लिए देखें, एफ़.जी. हचिन्स,

*इंडिया 'स रेवोल्यूशन : गांधी एंड द क्विट इंडिया मूवमेंट* (कैम्ब्रिज, एमए : हार्वर्ड यूनिवर्सिटी प्रेस, 1974)

11. *दि ट्रांसफ़र ऑफ़ पावर 1942-47,* 12 खंड, सम्पादक : निकोलस मानसेर्घ (लन्दन : एचएमएसओ, 1970-83) (इसके बाद से टीओपी), खंड 5, अंक 317
12. *वेस्ट ऑस्ट्रेलियन,* 23 जून, 1945
13. *वैवेल : दि वायसराय् 'स जर्नल,* सम्पादक : पेंडरेल मून (लन्दन : ऑक्सफ़ोर्ड यूनिवर्सिटी प्रेस, 1973), 152
14. नेहरू, *डिस्कवरी ऑफ़ इंडिया,* पृ. 479
15. वही, पृ. 568
16. बेली एवं हार्पर, *फ़ॉरगॉटन वॉर्स,* पृ. 517
17. उदाहरण के लिए मद्रास प्रेसीडेंसी में पुलिस बलों की संख्या 1939 में 30,000 से उछलकर 1945 में 42,000 से अधिक हो गई। डेविड अर्नोल्ड, *पुलिस पावर एंड कोलोनियल रूल : मद्रास, 1859-1947* (दिल्ली : ऑक्सफोर्ड यूनिवर्सिटी प्रेस, 1986), पृ. 101
18. राघवन, *इंडिया 'स वॉर,* पृ. 61, 72-76; इसके साथ देखें, खान, *इंडिया एट वॉर,* पृ. 18-33, 142-57 और 284
19. राघवन, *इंडिया 'ज़ वॉर,* 320-55, यह किताब युद्धकालीन अर्थव्यवस्था का सटीक ब्योरा देती है।
20. सैन्यीकरण और अर्थव्यवस्था पर युद्ध के प्रभाव के लिए देखें कामटेकर, *दि एंड ऑफ़ कोलोनियल स्टेट,* 56-64. युद्धकालीन अर्थव्यवस्था के प्रभावों में वर्गीय भेद के लिए उनका *ए डिफरेंट वॉर डांस : स्टेट एंड क्लास इन इंडिया, 1939-1945,* भी देखें। *पास्ट एंड प्रेजेंट* 176 (2002), पृ. 187-221
21. इन परियोजनाओं में लेडो रोड का निर्माण भी शामिल था, जिसे चीन के लिए वैकल्पिक आपूर्ति मार्ग होना था। लेडो, असम से शुरू होकर यह मार्ग 465 मील लम्बा होना था, जो उत्तरी बर्मा के रास्ते भारत को चीन से जोड़ता और ऊँचे हिमालयी दर्रों से होकर निकलता। इस परियोजना के रोमांचक ब्योरे के लिए देखें, खान, *इंडिया एट वॉर,* पृ. 259-68
22. फिलिप्स टैलबॉट, *एन अमेरिकन विटनेस टू इंडिया 'स पार्टीशन* (दिल्ली : सेज़ प्रकाशन, 2007), पृ. 178
23. कामटेकर, *दि एंड ऑफ़ द कोलोनियल स्टेट,* पृ. 9
24. युद्ध के बाद उभरे जन विद्रोह के विस्तृत विवरण के लिए, जिसमें साम्यवादियों की भूमिका भी शामिल है, देखें, इशिता बनर्जी दुबे, *ए हिस्ट्री ऑफ़ मॉडर्न इंडिया* (कैम्ब्रिज : कैम्ब्रिज यूनिवर्सिटी प्रेस, 2015), पृ. 403-8
25. *टीओपी,* खंड 6, अंक 545; युद्धोपरान्त राज्य के संकट पर देखें, कामटेकर, *दि एंड ऑफ़ द कोलोनियल स्टेट,* पृ. 83-112
26. आयशा जलाल, *दि सोल स्पोक्समैन : जिन्ना, द मुस्लिम लीग एंड द डिमांड फ़ॉर पाकिस्तान* (कैम्ब्रिज : कैम्ब्रिज यूनिवर्सिटी प्रेस, 1985), पृ. 174–207
27. डी.वी. तहमानकर, *सरदार पटेल* (लन्दन : एलन और अनविन, 1970), पृ. 191। दूसरे लोगों के साथ मौलाना आज़ाद भी नेहरू के इस 'आश्चर्यजनक बयान' से हैरान थे और उन्होंने त्रि-स्तरीय संघ की नाज़ुक सन्तुलन से बँधी संरचना को हिलाने का दोषी इसे ही ठहराया।

देखें, मौलाना अबुल कलाम आज़ाद, *इंडिया विन्स फ्रीडम* (दिल्ली, 1959; पुनर्मुद्रण, दिल्ली : ओरिएंट लॉन्गमैन, 1989), पृ. 164-65

28. मार्क मज़ोवर, *नो एनचांटेड पैलेस : ऐंड ऑफ़ एम्पायर एंड द आइडियोलॉजिकल ओरिजिन्स ऑफ़ द यूनाइटेड नेशंस* (प्रिंसटन : प्रिंसटन यूनिवर्सिटी प्रेस, 2009)
29. हैन्ना ऐरेंट, *दि ओरिजिन्स ऑफ़ टोटेलिटेरियनिज़्म* (1951; पुनर्मुद्रण, न्यूयॉर्क : हार्वेस्ट बुक्स, 1973), पृ. 275
30. वही, पृ. 292
31. वही, पृ. 275
32. गिल रुबिन, 'फ्रॉम फ़ेडरेलिज़्म टू बाइनेशनलिज़्म : हैन्ना ऐरेंट'स शिफ़्टिंग ज़ियोनिज़्म', *कंटेम्परेरी यूरोपियन हिस्ट्री* 24 (2015), पृ. 393-214
33. देखें, फ्रेडरिक कूपर, *सिटिजनशिप बिटवीन एम्पायर एंड नेशन : रीमेकिंग फ्रांस एंड फ्रेंच अफ्रीका, 1945-1960* (प्रिंसटन : प्रिंसटन यूनिवर्सिटी प्रेस, 2014), और देखें, गैरी वाइल्डर, *फ्रीडम टाइम : नेग्रिट्यूड, डीकोलोनाइज़ेशन, एंड द फ़्यूचर ऑफ़ द वर्ल्ड* (डरहम : ड्यूक यूनिवर्सिटी प्रेस, 2015)
34. मनु भगवान, 'प्रिंसली स्टेट्स एंड द मेकिंग ऑफ़ मॉडर्न इंडिया : इंटरनेशनलिज़्म', *कॉन्स्टिट्यूशनलिज़्म, एंड द पोस्टकोलोनियल मोमेंट, इंडियन इकोनॉमिक एंड सोशल हिस्ट्री रिव्यू* 46:3 (2009), पृ. 427-56
35. सैमुअल मोयन, 'फ़ैंटेसीस ऑफ़ फ़ेडरलिज़्म', *डिसेंट* 62:1 (2015), पृ. 145-51। फ्रेडरिक कूपर और गैरी वाइल्डर की किताबों की अपनी समीक्षा में मोयन ने काफ़ी मज़बूत तर्क प्रस्तुत किया है कि फ़ेडरेशन बिना किसी व्यावहारिक प्रासंगिकता का एक यूटोपियन विकल्प था।
36. इतिहासकारों, पत्रकारों और उपन्यासकारों ने जनसंहार, बलात्कार, लूटपाट और उजड़े हुए जीवन की भयानक कहानियाँ बड़े विस्तार से दर्ज की हैं। यह लेखन बहुत विस्तृत है। इनमें से कुछ हैं : सुरंजन दास, *कम्यूनल रायट्स इन बंगाल, 1905-1947* (दिल्ली : ऑक्सफ़ोर्ड यूनिवर्सिटी प्रेस, 1991); पैट्रिक फ्रेंच, *लिबर्टी ऑर डेथ : इंडिया'ज़ जर्नी टू इंडिपेंडेंस एंड डिवीज़न* (लन्दन : हार्पर कॉलिन्स, 1997); ज्ञानेंद्र पांडे, *रिमेम्बरिंग पार्टिशन : वायलेंस, नेशनलिज़्म, एंड हिस्ट्री इन इंडिया* (कैम्ब्रिज : कैम्ब्रिज यूनिवर्सिटी प्रेस, 2002); यास्मीन खान, *दि ग्रेट पार्टिशन : द मेकिंग ऑफ़ इंडिया एंड पाकिस्तान* (न्यू हेबन : येल यूनिवर्सिटी प्रेस, 2007); ज़ोया चटर्जी, *दि स्पॉइल्स ऑफ़ पार्टीशन : बंगाल एंड इंडिया, 1947-1967* (कैम्ब्रिज : कैम्ब्रिज यूनिवर्सिटी प्रेस, 2007); वज़ीरा ज़मींदार, *दि लॉन्ग पार्टिशन एंड द मेकिंग ऑफ़ मॉडर्न साउथ एशिया : रिफ़्यूजीज़, बाउंड्रीज़, हिस्ट्रीज़* (न्यूयॉर्क : कोलम्बिया यूनिवर्सिटी प्रेस, 2007); नीति नायर, *चेंजिंग होमलैंड्स : हिन्दू पॉलिटिक्स एंड द पार्टीशन ऑफ़ इंडिया* (कैम्ब्रिज, एमए : हार्वर्ड यूनिवर्सिटी प्रेस, 2011); हेमन्ती रॉय, *पार्टीशंड लाइव्स : माइग्रेंट्स, रिफ़्यूजीज़, सिटिज़ंस, 1947-1965* (दिल्ली : ऑक्सफ़ोर्ड यूनिवर्सिटी प्रेस, 2013); और निसित हज़ारी, *मिडनाइट्स फ़्यूरीज़ : द डेडली लेगेसी ऑफ़ इंडिया'ज़ पार्टीशन* (बोस्टन : ह्यूटन मिफ्लिन, 2015)। रोटेम गेवा हैपरिन का अप्रकाशित शोध प्रबन्ध, 'दि सिटी एज़ ए स्पेस ऑफ़ सस्पिशन : पार्टीशन, बिलॉन्गिंग इन दिल्ली, 1940-1955' (प्रिंसटन, 2014), दिल्ली में साम्प्रदायिक दंगों, विस्थापन और शरणार्थियों तथा विस्थापितों की छोड़ी हुई सम्पत्ति

पर संघर्ष का विस्तृत विवरण प्रस्तुत करता है।

37. टैलबॉट, *एन अमेरिकन विटनेस टू इंडिया'ज़ पार्टीशन,* पृ. 310
38. ग्रेनविल ऑस्टिन, *दि इंडियन कॉन्स्टिट्यूशन : कॉर्नरस्टोन ऑफ़ ए नेशन* (ऑक्सफ़ोर्ड, 1966; पुनर्मुद्रण, दिल्ली : ऑक्सफ़ोर्ड यूनिवर्सिटी प्रेस, 1999), पृ. 31
39. रामचन्द्र गुहा ने भारतीय संविधान के निर्माण पर अपनी चर्चा ऑस्टिन के इस निष्कर्ष को उद्धृत करते हुए ही पूरी की कि यह 1787 में फ़िलाडेल्फ़िया में हुए संविधान सम्मेलन के बाद घटा सबसे बड़ा राजनीतिक उद्यम था। *इंडिया आफ़्टर गांधी : द हिस्ट्री ऑफ़ द वर्ल्ड'स लार्जेस्ट डेमोक्रेसी* (न्यूयॉर्क : हार्पर कॉलिन्स, 2007), पृ. 134
40. *टीओपी,* खंड 10, अंक 375
41. भारत सरकार, *कॉन्स्टिट्यूएंट असेंबली डिबेट्स* (इसके बाद से *सीएडी*), खंड 1, 17 दिसम्बर, 1946
42. आदित्य निगम इसे एक ऐसी घटना कहते हैं जिसने एक नये राज्य का उद्घाटन करने के लिए कई अभिनेताओं, आवाज़ों और ताक़तों को एक साथ लाया। द *पॉलिटिक्स एंड एथिक्स ऑफ़ द इंडियन कॉन्स्टिट्यूशन,* संस्करण में उनका *ए टेक्स्ट विदाउट एन ऑथर : लोकेटिंग द कॉन्स्टिट्यूएंट असेंबली एज़ इवेंट* देखें। राजीव भार्गव (दिल्ली : ऑक्सफ़ोर्ड यूनिवर्सिटी प्रेस, 2008), 119-39
43. ऑस्टिन द्वारा उद्धृत, *दि इंडियन कॉन्स्टिट्यूशन : कॉर्नरस्टोन ऑफ़ ए नेशन,* पृ. 236-37
44. शेखर बंद्योपाध्याय, *डीकोलोनाइज़ेशन इन साउथ एशिया : मीनिंग्स ऑफ़ फ्रीडम इन पोस्ट-इंडिपेंडेंस वेस्ट बंगाल, 1947-52* (न्यूयॉर्क : रटलेज़, 2009), पृ. 32, 38
45. वी.पी. मेनन, *दि ट्रांसफ़र ऑफ़ पावर इन इंडिया* (प्रिंसटन : प्रिंसटन यूनिवर्सिटी प्रेस, 1957), पृ. 419
46. ऑस्टिन, *दि इंडियन कॉन्स्टिट्यूशन,* पृ. 55
47. यह ब्योरे आधारित हैं : एलिस्टर लैम्ब, *कश्मीर : ए डिस्प्यूटेड लेगेसी, 1846-1990* (हर्टिंगफ़ोर्डबरी, हर्टफ़ोर्डशायर : रॉक्सफोर्ड बुक्स, 1991); श्रीनाथ राघवन, *वॉर एंड पीस इन मॉडर्न इंडिया* (न्यूयॉर्क : पालग्रेव मैकमिलन, 2010); क्रिस्तोफ़र स्नेडेन, *कश्मीर : द अनटोल्ड स्टोरी* (दिल्ली : हार्पर कॉलिन्स, 2013); और ए.जी. नूरानी, *दि कश्मीर डिस्प्यूट, 1947-2012* (दिल्ली : ऑक्सफ़ोर्ड यूनिवर्सिटी प्रेस, 2014)
48. हालाँकि एकपक्षीय, लेकिन सबसे विस्तृत विवरण के लिए देखें, वी.पी. मेनन, *दि स्टोरी ऑफ़ द इंटीग्रेशन ऑफ़ द इंडियन स्टेट्स* (न्यूयॉर्क : मैकमिलन, 1956)। इसके साथ देखें, इयान कोपलैंड, *दि प्रिंसेस ऑफ़ इंडिया इन द एंडगेम्स ऑफ़ एम्पायर* (कैम्ब्रिज : कैम्ब्रिज यूनिवर्सिटी प्रेस, 1999), और गुहा, *इंडिया आफ़्टर गांधी,* पृ. 51-73
49. यास्मीन खान, 'परफ़ॉर्मिंग पीस : गांधी'ज असैसिनेशन एज़ ए क्रिटिकल मोमेंट इन द कंसॉलिडेशन ऑफ़ द नेहरूवियन स्टेट', *मॉडर्न एशियन स्टडीज* 45:1 (2011), पृ. 57-80
50. उदय एस. मेहता, 'इंडियन कॉन्स्टिट्यूशनलिज़्म : क्राइसिस, यूनिटी, एंड हिस्ट्री', *दि ऑक्सफ़ोर्ड हैंडबुक ऑफ़ द इंडियन कॉन्स्टिट्यूशन,* सम्पादक : सुजीत चौधरी, माधव खोसला और प्रताप भानु मेहता (ऑक्सफ़ोर्ड : ऑक्सफ़ोर्ड यूनिवर्सिटी प्रेस, 2016), पृ. 38-54
51. ऑस्टिन, *दि इंडियन कॉन्स्टिट्यूशन,* पृ. 240
52. *सीएडी,* खंड 7, दिसम्बर 4, 1948

53. पार्थ चटर्जी, *नेशनलिस्ट थॉट इन द कोलोनियल वर्ल्ड : ए डेरिवेटिव डिस्कोर्स?* (लन्दन : ज़ेड बुक्स, 1986)
54. रणजीत गुहा, *डॉमिनेंस विदाउट हेजेमनी : हिस्ट्री एंड पावर इन कोलोनियल इंडिया* (कैम्ब्रिज, एमए : हार्वर्ड यूनिवर्सिटी प्रेस, 1998)
55. *सीएडी,* खंड 7, 4 दिसम्बर, 1948
56. 'औपनिवेशिक निरन्तरता के तर्क' पर इस चर्चा को देखें, अरुद्र बुर्रा, 'आर्ग्यूमेंट्स फ्रॉम कोलोनियल कॉन्टिन्यूटी : द कॉन्स्टिट्यूशन (फ़र्स्ट अमेंडमेंट) एक्ट ऑफ़ 1951', http :// ssrn.com/abstract=2052659, देखा गया : 15 जून, 2016
57. ऑस्टिन, *दि इंडियन कॉन्स्टिट्यूशन,* पृ. 69-70, साथ में देखें, भारत के संविधान के निर्माण में मौलिक अधिकारों के प्रति कांग्रेस की दीर्घकालिक प्रतिबद्धता के बारे में के.एम. मुंशी का सन्दर्भ, *दि फ्रेमिंग ऑफ़ इंडिया'स कॉन्स्टिट्यूशन : सेलेक्ट डॉक्यूमेंट्स,* 4 खंड, सम्पादक : बी. शिवा राव (नई दिल्ली : भारतीय लोक प्रशासन संस्थान, 1967), 2:70-71
58. भारतीयों ने नागरिकता प्राप्त की 'जब उन्होंने स्वतंत्रता प्राप्त की : औपनिवेशिक शासन से मुक्त होने का मतलब एक राजशाही की प्रजा होने की दमनकारी स्थिति को छोड़कर एक सम्प्रभु राज्य के नागरिक की मुक्तिदायक स्थिति हासिल करना भी था।' नीरजा गोपाल जयाल, *सिटिज़नशिप एंड इट्स डिसकंटेंट्स : एन इंडियन हिस्ट्री* (कैम्ब्रिज, एमए : हार्वर्ड यूनिवर्सिटी प्रेस, 2013), पृ. 12
59. *सीएडी,* खंड 3, 29 अप्रैल, 1947, परिशिष्ट का संलग्नक
60. ऑस्टिन द्वारा उद्धृत, *दि इंडियन कॉन्स्टिट्यूशन,* पृ. 90-91
61. *दि फ्रेमिंग ऑफ़ इंडिया'स कॉन्स्टिट्यूशन,* सम्पादक : राव, 2:179
62. वही, 2 :234-35
63. *सीएडी,* खंड 3, 29 अप्रैल, 1947
64. वही
65. *दि फ्रेमिंग ऑफ़ इंडिया'स कॉन्स्टिट्यूशन,* सम्पादक : राव, 3:522
66. *सीएडी,* खंड 7, 1 दिसम्बर, 1948
67. वही
68. *दि फ्रेमिंग ऑफ़ इंडिया'स कॉन्स्टिट्यूशन,* सम्पादक : राव, 3:523
69. *सीएडी,* खंड 7, 6 दिसम्बर, 1948
70. *सीएडी,* खंड 7, 13 दिसम्बर, 1948
71. अपवाद के क़ानूनों के औपनिवेशिक इतिहास के एक शानदार विश्लेषण के लिए देखें : नासिर हुसैन, *दि ज्यूरिस्प्रूडेंस ऑफ़ इमरजेंसी : कोलोनियलिज़्म एंड द रूल ऑफ़ लॉ* (एन आर्बर : यूनिवर्सिटी ऑफ़ मिशिगन प्रेस, 2003) संविधान द्वारा राज्य के निर्माण में साम्राज्यवादी विरासत की भूमिका समझने के लिए देखें, मीठी मुखर्जी, *इंडिया इन द शैडोज़ ऑफ़ एम्पायर : ए लीगल एंड पॉलिटिकल हिस्ट्री, 1774-1950* (दिल्ली : ऑक्सफ़ोर्ड यूनिवर्सिटी प्रेस, 2010)
72. *सीएडी,* खंड 7, 9 दिसम्बर, 1948
73. *सीएडी,* खंड 9, 2 अगस्त, 1949
74. *सीएडी,* खंड 9, 4 अगस्त, 1949 साथ ही देखें, ऑस्टिन, *दि इंडियन कॉन्स्टिट्यूशन,* पृ. 94-95

75. *सीएडी,* खंड 9, 4 अगस्त, 1949
76. विस्तृत विवरण के लिए देखें : डी.एच. बेली, *प्रिवेंटिव डिटेंशन इन इंडिया* (कलकत्ता : फ़िरमा के. एल. मुखोपाध्याय, 1962)
77. इसे बहुत ठोस तर्कों के साथ रखा गया है : शालिनी शर्मा, ''ये आज़ादी झूठी है' : द शेपिंग ऑफ़ द अपोज़ीशन इन द फ़र्स्ट ईयर ऑफ़ कांग्रेस राज,' *मॉडर्न एशियन स्टडीज़* 48:5 (2014) : पृ. 1358-88, आगे के तर्क भी इसी से निकले हैं।
78. उपरोक्त में उद्धृत, पृ. 1368
79. बंद्योपाध्याय, *डीकोलोनाइज़ेशन इन साउथ एशिया,* पृ. 104-28
80. भारत की संसद, आधिकारिक रिपोर्ट, *पार्लियामेंट्री डिबेट्स,* 25 फ़रवरी, 1950, पृ. 876
81. टैलबॉट, *एन अमेरिकन विटनेस टू इंडिया'स पार्टीशन* (दिल्ली : सेज़ प्रकाशन, 2007), पृ. 311-12
82. *पार्लियामेंट्री डिबेट्स,* 25 फ़रवरी, 1950, पृ. 901
83. वही, पृ. 909-10
84. इसे प्रसिद्ध 'ए.के. गोपालन बनाम मद्रास राज्य' मामले में सर्वोच्च न्यायालय के समक्ष चुनौती दी गई थी। कम्युनिस्ट नेता गोपालन ने बन्दी प्रत्यक्षीकरण याचिका में तर्क दिया था कि 'प्रिवेंटिव डिटेंशन एक्ट' के तहत उनकी हिरासत उनके मौलिक अधिकारों का उल्लंघन है। अदालत ने दो असहमतियों के साथ फ़ैसला सुनाया कि यह अधिनियम मौलिक अधिकार प्रदान करनेवाले अनुच्छेदों का उल्लंघन नहीं करता है। भारत का सर्वोच्च न्यायालय, 'ए.के. गोपालन बनाम मद्रास राज्य, भारत संघ', 19 मई, 1950 http ://judis.nic.in/supremecourt/imgs1.aspx?filename=1251, 21 जून, 2016 को देखा गया
85. इस्मत चुग़ताई, 'कम्यूनल वॉयलेंस एंड लिटरेचर (फ़सादात और अदब)', *माई फ्रेंड, माई एनिमी : एसेज़, रिमिनिसेंस, पोर्ट्रेट्स,* अनुवाद : ताहिरा नक़वी (नई दिल्ली : काली फ़ॉर वीमेन, 2001), पृ. 3-5
86. सआदत हसन मंटो, 'मुरली की धुन', *दस्तावेज़* से (नई दिल्ली : राजकमल प्रकाशन, 1993), खंड 5, पृ. 213
87. *सीएडी,* खंड 11, 25 नवम्बर, 1949
88. उनकी *एनिहिलेशन ऑफ़ कास्ट* देखें, एस. आनन्द द्वारा सम्पादित और टिप्पणी के साथ (न्यूयॉर्क : वर्सो, 2014)
89. कल्याणी रामनाथ, ' 'वी द पीपल' : सीमलेस वेब्स एंड सोशल रिवोल्यूशन इन इंडिया'स कॉन्स्टिट्यूएंट असेंबली डिबेट्स,' *साउथ एशिया रिसर्च* 32 :1 (2012) : पृ. 57-70
90. आधुनिक भारतीय विचारकों के लिए 'राजनीतिक' 'सार्वजनिक तर्क और वाद-विवाद का घर था, जबकि 'सामाजिक' परम्परा और पूर्वग्रह का घर था।' देखें, जयाल, *सिटिज़नशिप एंड इट्स डिसकंटेंट्स,* पृ. 122
91. उदय सिंह मेहता, 'इंडियन कॉन्स्टिट्यूशनलिज़्म : द आर्टिकुलेशन ऑफ़ ए पॉलिटिकल विज़न', *फ्रॉम द पोस्टकोलोनियल टू कोलोनियल : इंडिया एंड पाकिस्तान इन ट्रांजिशन,* सम्पादक : दीपेश चक्रवर्ती, रोचना मज़ूमदार और एंड्रयू सार्तोरी (दिल्ली : ऑक्सफ़ोर्ड यूनिवर्सिटी प्रेस, 2007), पृ. 13-30
92. राजनीतिक सिद्धान्तकार प्रताप भानु मेहता संवैधानिक नैतिकता की अवधारणा में उदार लोकतंत्र

की औपचारिक प्रक्रियाओं के प्रति आंबेडकर की गहरी प्रतिबद्धता को पढ़ते हैं। देखें, प्रताप भानु मेहता, 'व्हाट इज़ कॉन्स्टिट्यूशनल मोरॉलिटी', *सेमिनार* 615 (2010) : पृ. 1-11

93. वही, पृ. 11
94. *सीएडी*, खंड 7, 4 दिसम्बर, 1948
95. सन्दीप्तो दासगुप्ता, ' 'ए लैंग्वेज विच इज़ फ़ॉरेन टू अस' : कॉन्टिन्यूटीस एंड एंग्स्टिटीस इन द मेकिंग ऑफ़ द इंडियन कॉन्स्टिट्यूशन,' *कम्पेरेटिव स्टडीज़ ऑफ़ साउथ एशिया, अफ्रीका एंड द मिडिल ईस्ट* 34 :2 (2014) : पृ. 228-42
96. वही, पृ. 231

## 3. सड़कों पर उन्माद

1. यह सूचना *टाइम्स ऑफ़ इंडिया* (इसके बाद से 'टीओआई') की रिपोर्टों पर आधारित है, 'टू स्टूडेंट्स डाई इन पुलिस फ़ायरिंग', 13 अगस्त, 1955; 'सिक्स डाई, 18 हर्ट इन पटना पुलिस फ़ायरिंग; मॉब वॉयलेंस', 14 अगस्त, 1955; और 'टू किल्ड एंड 5 वुंडेड : पुलिस फ़ायरिंग, डिमॉन्सट्रेशन नियर गया', 16 अगस्त, 1955
2. 'दि नेशनल सीन : ए डिस्क्विटिंग टेंडेंसी', 'टीओआई', 17 अगस्त, 1955
3. जवाहरलाल नेहरू, 'स्टूडेंट्स एंड इनडिसिप्लिन', *सेलेक्टेड वर्क्स ऑफ़ जवाहरलाल नेहरू,* सम्पादक : एच.वाई. शारदा प्रसाद एवं ए.के. दामोदरन (दिल्ली : जवाहरलाल नेहरू मेमोरियल फ़ंड, 2001), 29, पृ. 68-83
4. दीपेश चक्रवर्ती, ' 'इन द नेम ऑफ़ पॉलिटिक्स' : डेमोक्रेसी एंड द पावर ऑफ़ द मल्टीट्यूड इन इंडिया,' *फ्रॉम द कोलोनियल टू द पोस्टकोलोनियल : इंडिया एंड पाकिस्तान इन ट्रांजिशन,* सम्पादक : दीपेश चक्रवर्ती, रोचना मज़ूमदार और एंड्रयू सार्तोरी (दिल्ली : ऑक्सफ़ोर्ड यूनिवर्सिटी प्रेस, 2007), पृ. 31-54
5. जवाहरलाल नेहरू, 'स्टूडेंट्स एंड इनडिसिप्लिन',
6. इसे ही रणजीत गुहा 'आधिपत्य के बिना प्रभुत्व' कहते हैं। देखें, *डॉमिनेंस विदाउट हेजेमनी*
7. इसके साक्ष्य और विश्लेषण के लिए देखें : क्रिस्तोफ़ ज़ैफ़रलॉट, *दि हिन्दू नेशनलिस्ट मूवमेंट एंड इंडियन पॉलिटिक्स, 1925 टू द 1990स* (दिल्ली : वाइकिंग, 1996), पृ. 165-66
8. *टीओआई*, 8 नवम्बर, 1966
9. रोहित डे, *दि रिपब्लिक ऑफ़ रिट्स : लिटिज़ियस सिटीज़न्स, कॉन्स्टिट्यूशनल लॉ एंड एवरीडे लाइफ़ इन इंडिया* (पीएचडी शोध प्रबन्ध, प्रिंसटन यूनिवर्सिटी, 2012), अध्याय 3
10. देखें, ज़ैफ़रलॉट, *दि हिन्दू नेशनलिस्ट मूवमेंट,* पृ. 204-13
11. आगे प्रस्तुत ब्योरा ज्ञान प्रकाश, *मुम्बई फेबल्स* (प्रिंसटन : प्रिंसटन यूनिवर्सिटी प्रेस, 2010) में प्रस्तुत साक्ष्य और विश्लेषण पर आधारित है। पृ. 228-50
12. जाँच कर रहे पुलिस अधिकारियों के सामने हत्या की बात क़बूल करनेवाले सभी सन्दिग्ध 'शिवसेना' के सदस्य थे। रमाकान्त कुलकर्णी, *फ़ुटप्रिंट्स ऑन द सैंड्स ऑफ़ क्राइम* (दिल्ली : मैकमिलन, 2004), पृ. 70-71
13. जस्टिस डी.पी. मैडन की रिपोर्ट में ठाकरे की भूमिका का उल्लेख किया गया था, *रिपोर्ट ऑफ़ द कमीशन ऑफ़ इनक्वायरी इनटू द कम्यूनल डिस्टरबेंसेस एट भिवंडी, जलगाँव एंड*

*महाड इन मे 1970, सबरंग, डैमिंग वर्डिक्ट* में उद्धृत (मुम्बई : सबरंग कम्युनिकेशंस एंड पब्लिशिंग, 1998), पृ. 252-323

14. तुलना के लिए देखें : जूलिया एकार्ट, *दि करिश्मा ऑफ़ डायरेक्ट एक्शन : पावर, पॉलिटिक्स एंड द शिवसेना* (नई दिल्ली : ऑक्सफोर्ड यूनिवर्सिटी प्रेस, 2003) साथ ही देखें, थॉमस ब्लॉम हेंसन, *वेजेस ऑफ़ वॉयलेंस : नेमिंग एंड आइडेंटिटी इन पोस्टकोलोनियल बॉम्बे* (प्रिंसटन : प्रिंसटन यूनिवर्सिटी प्रेस, 2001)
15. विभाजन के बाद वामपंथ के उभार पर देखें, प्रफुल्ल के. चक्रवर्ती, *दि मार्जिनल मैन : द रिफ्यूजीज़ एंड द लेफ़्ट पॉलिटिकल सिंड्रोम इन वेस्ट बंगाल* (कलकत्ता : लुमिएर बुक्स, 1990); एवं चटर्जी, *स्पॉयल्स ऑफ़ पार्टीशन,* पृ. 275-309
16. के.एन. वैद, *घेराव'स एंड लेबर अनरेस्ट इन वेस्ट बंगाल* (नई दिल्ली : श्रीराम सेंटर फ़ॉर इंडस्ट्रियल रिलेशंस, 1972), पृ. 34
17. उपरोक्त में उद्धृत, पृ. 58
18. नक्सलबाड़ी आन्दोलन के ब्योरों के लिए मैंने भरोसा किया है मार्कस फ्रैंडा, *रेडिकल पॉलिटिक्स इन वेस्ट बंगाल* (कैम्ब्रिज, एमए : एमआईटी प्रेस, 1971), पृ. 149-81 और सुमन्त बनर्जी, *इंडिया'ज़ सिमरिंग रेवोल्यूशन : द नक्सलबाड़ी अपराइज़िंग* (लन्दन : ज़ेड बुक्स, 1984), पृ. 82-97
19. बनर्जी द्वारा उद्धृत, *इंडिया'ज़ सिमरिंग रिवोल्यूशन,* पृ. 90
20. तरुण हिंसा पर, उपरोक्त देखें, पृ. 172-214
21. सुनील गांगुली, 'दि फ़्यूजिटिव एंड द फॉलोअर्स', *नून इन कलकत्ता : शॉर्ट स्टोरीज़ फ्रॉम बंगाल,* सम्पादक : कृष्ण दत्ता एवं एंड्रयू रॉबिनसन (नई दिल्ली : पेंगुइन बुक्स, 1992), पृ. 190-97
22. बिप्लव दासगुप्ता, *दि नक्सलाइट मूवमेंट* (बॉम्बे : एलाइड पब्लिशर्स, 1974), पृ. 79-83
23. बनर्जी, *इंडिया'ज़ सिमरिंग रेवोल्यूशन,* पृ. 193
24. सुप्रिया चौधरी, 'इन द सिटी', इन *अपू एंड आफ़्टर : रिविज़िटिंग रे'ज़ सिनेमा,* सम्पादक : मोइनाक बिस्वास (कलकत्ता : सीगल बुक्स, 2006), पृ. 258
25. उपरोक्त, पृ. 260, सेन द्वारा की गई ख़ुद अपनी फ़िल्मों की व्याख्या के लिए देखें, मृणाल सेन, *मोंटाज : लाइफ़, पॉलिटिक्स, सिनेमा* (कलकत्ता : सीगल बुक्स, 2002)
26. उनकी जीवनी के लिए देखें, अजीत भट्टाचार्य, *जयप्रकाश नारायण : ए पॉलिटिकल बायोग्राफ़ी* (नई दिल्ली : विकास पब्लिशिंग हाउस, 1975) उनके अमेरिका में बिताए वर्षों के लिए देखें, प्रणव जानी, 'बिहार, कैलिफ़ोर्निया एंड दि यूएस मिडवेस्ट : द अर्ली रेडिकलाइज़ेशन ऑफ़ जयप्रकाश नारायण', *पोस्टकोलोनियल स्टडीज़* 16:2 (2013), पृ. 155-68
27. खुशवन्त सिंह द्वारा उद्धृत, 'टोटल रेवोल्यूशन', *इलस्ट्रेटेड वीकली ऑफ़ इंडिया* 96 (6 अप्रैल, 1975), पृ. 7
28. वही, पृ. 8
29. 'दि आइडियोलॉजिकल प्रॉब्लम्स ऑफ़ सोशलिज़्म', देखें, *जयप्रकाश नारायण : एसेंशियल राइटिंग्स (1929-1979),* सम्पादक : बिमल प्रसाद (नई दिल्ली : कोणार्क पब्लिशर्स), पृ. 132-49
30. सिंह द्वारा उद्धृत, *टोटल रेवोल्यूशन,* पृ. 11

31. 'फ्रॉम सोशलिज़्म टू सर्वोदया', देखें, *जयप्रकाश नारायण : एसेंशियल राइटिंग्स,* सम्पादक : बिमल प्रसाद, पृ. 187
32. 'रेवोल्यूशन ऑन द एजेंडा', देखें, *जयप्रकाश नारायण : एसेंशियल राइटिंग्स,* सम्पादक : बिमल प्रसाद, पृ. 334
33. इसके लिए देखें, डेविड सेलबोर्न, 'ए पॉलिटिकल मोरालिटी री-एग्ज़ामिंड', *इन थ्योरी एंड इन प्रैक्टिस : एसेज़ ऑन द पॉलिटिक्स ऑफ़ जयप्रकाश नारायण,* सम्पादक : डेविड सेलबोर्न (दिल्ली : ऑक्सफ़ोर्ड यूनिवर्सिटी प्रेस, 1985), पृ. 181-210
34. जब तक अन्यथा बताया न गया हो, यहाँ प्रस्तुत गुजरात और बिहार आन्दोलनों का लेखा-जोखा घनश्याम शाह, *प्रोटेस्ट मूवमेंट्स इन टू इंडियन स्टेट्स : ए स्टडी ऑफ़ द गुजरात एंड बिहार मूवमेंट* (दिल्ली : अजन्ता प्रकाशन, 1977) पर आधारित है।
35. *टीओआई,* 14 फ़रवरी, 1974
36. 'फ़र्स्ट थिंग्स फ़र्स्ट', *एवरीमैन्स वीकली* 1 :4 (28 जुलाई-3 अगस्त, 1973), *जयप्रकाश नारायण, सेलेक्टेड वर्क्स,* सम्पादक : बिमल प्रसाद (दिल्ली : मनोहर, 2009), 10 : पृ. 137-42
37. मैंने लालू प्रसाद यादव और नीतीश कुमार की जीवनियों के लिए संकर्षण ठाकुर के बहुत बारीकी के साथ संकलित मौखिक साक्षात्कारों पर भरोसा किया है। देखें *सबाल्टर्न साहेब : बिहार एंड द मेकिंग ऑफ़ लालू यादव* (दिल्ली : पिकाडोर, 2006), पृ. 44-65 और *सिंगल मैन : द लाइफ़ एंड टाइम्स ऑफ़ नीतीश कुमार ऑफ़ बिहार* (दिल्ली : हार्पर कॉलिन्स इंडिया, 2014), पृ. 55-96
38. *टीओआई,* 17 मार्च, 1974
39. *टीओआई,* 19 मार्च, 1974
40. 'हैप्पनिंग्स इन पटना, 18 मार्च 1974', देखें, *जयप्रकाश नारायण : सेलेक्टेड वर्क्स,* सम्पादक : प्रसाद, 10 : पृ. 251-54
41. 'वॉयलेंस ब्रूइंग इन द हार्ट्स ऑफ़ द पीपल, पटना, 30 मार्च, 1974', देखें, *जयप्रकाश नारायण : सेलेक्टेड वर्क्स,* सम्पादक : प्रसाद, 10, पृ. 256-58
42. इन्दिरा गांधी का पत्र जेपी को, 22 मई और 29 जून, 1974, जेपी पेपर्स, तीसरी क़िस्त, नेहरू मेमोरियल म्यूज़ियम एंड लाइब्रेरी (एनएमएमएल)
43. जेपी का पत्र इन्दिरा गांधी को, 20 जून, 1974, जेपी पेपर्स, तीसरी क़िस्त, एनएमएमएल
44. 'टुवाड्‌र्स टोटल रेवोल्यूशन, पटना, 5 जून, 1974', देखें, *जयप्रकाश नारायण : सेलेक्टेड वर्क्स,* सम्पादक : प्रसाद, 10, पृ. 289
45. भट्टाचार्य, *जयप्रकाश नारायण,* पृ. 175
46. 'मास अपसर्ज इन गुजरात एंड बिहार कैन चेंज द फ़ेस ऑफ़ गवर्नमेंट एंड बैनिश अदर इविल्स, वेल्लोर, 20 मई, 1974', देखें, *जयप्रकाश नारायण : सेलेक्टेड वर्क्स,* सम्पादक : प्रसाद, 10, पृ. 279
47. 'टुवाड्‌र्स टोटल रेवोल्यूशन, पटना, 5 जून, 1974', देखें, *जयप्रकाश नारायण : सेलेक्टेड वर्क्स,* सम्पादक : प्रसाद, 10, पृ. 286-94
48. *टीओआई,* 5 नवम्बर, 1974
49. 'दि रम्बल ऑफ़ द चैरियट ऑफ़ टाइम विल सून बी हर्ड इन डेलही, 18 नवम्बर, 1974', देखें, *जयप्रकाश नारायण : सेलेक्टेड वर्क्स,* सम्पादक : प्रसाद, 10, पृ. 387-92

50. *एवरीमैन्स वीकली,* 24 सितम्बर, 1974, पृ. 2
51. *टीओआई,* 6 मार्च, 1975
52. एम.एस. गोलवलकर, *वी, आर, अवर नेशनहुड डिफ़ाइंड* (नागपुर : भारत प्रकाशन, 1939), पृ. 35, आरएसएस और जनसंघ के इतिहास के लिए देखें, डब्ल्यू. एंडरसन और एस.डी. दामले, *ब्रदरहुड इन सैफ्रन : दि राष्ट्रीय स्वयंसेवक संघ एंड हिन्दू रीवाइवलिज़्म* (नई दिल्ली : विस्तार प्रकाशन, 1987), और जाफ़रलॉट, *हिन्दू नेशनलिस्ट मूवमेंट एंड इंडियन पॉलिटिक्स*
53. *टीओआई,* 7 मार्च, 1975
54. देखें ग्रेगरी ओस्टरगार्ड, 'दि एंबिगुएस स्ट्रैटेजी ऑफ़ जेपी'स लास्ट फ़ेज़', *इन थ्योरी एंड इन प्रैक्टिस,* पृ. 155-80, साथ ही जेपी की रणनीति के आलोचकीय अध्ययन के लिए देखें बिपन चन्द्रा, *इन द नेम ऑफ़ डेमोक्रेसी : जेपी मूवमेंट एंड द इमरजेंसी* (दिल्ली : पेंगुइन बुक्स, 2003)
55. अरविन्द नारायण दास, 'रिवोल्ट इन स्लो मोशन', *इकोनॉमिक एंड पॉलिटिकल वीकली* (इसके बाद से *ईपीडब्ल्यू*) 50 (14 दिसम्बर, 1974), पृ. 205
56. इसके आगे लिखा ब्योरा पी.एन. धर, *इन्दिरा गांधी,* द *'इमरजेंसी', एंड इंडियन डेमोक्रेसी* (दिल्ली : ऑक्सफ़ोर्ड यूनिवर्सिटी प्रेस, 2000), पृ. 94-115 से लिया गया है।
57. वही, पृ. 228
58. उपर्युक्त में उद्धृत, पृ. 230
59. वही, पृ. 229

4. अतल गहराइयों में

1. *सीएडी,* खंड 11, 25 नवम्बर, 1949
2. 'न्यू सिनेमा' पर अन्तरराष्ट्रीय चर्चा के लिए देखें, आशीष राजाध्यक्ष, *इंडियन सिनेमा इन द टाइम ऑफ़ सेल्युलाइड* (नई दिल्ली : तूलिका बुक्स, 2009) पृ. 219-30, भारतीय 'थर्ड सिनेमा' के प्रश्न पर देखें, 'डिबेटिंग द थर्ड सिनेमा', *क्वेश्चंस ऑफ़ थर्ड सिनेमा,* सम्पादक : जिम पाइंस एवं पॉल विलमैन (लन्दन : बीएफ़आई पब्लिशिंग, 1989), पृ. 170-78
3. इस 'न्यू वेव' पर देखें, अरुणा वासुदेव, *दि न्यू इंडियन सिनेमा* (दिल्ली : मैकमिलन इंडिया, 1986)
4. बेनेगल और उनकी फ़िल्मों के सम्पूर्ण अध्ययन के लिए देखें, संगीता दत्ता, *श्याम बेनेगल* (लन्दन : बीएफ़आई, 2002)
5. देखें, एम. माधव प्रसाद, *आइडियोलॉजी ऑफ़ हिन्दी फ़िल्म : ए हिस्टोरिकल कंस्ट्रक्शन* (दिल्ली : ऑक्सफ़ोर्ड यूनिवर्सिटी प्रेस, 1998), पृ. 52-87, साथ ही देखें रवि वासुदेवन, *दि मेलोड्रैमैटिक पब्लिक : फ़िल्म फ़ॉर्म एंड स्पेक्टेटरशिप इन इंडियन सिनेमा* (रानीखेत : परमानेंट ब्लैक, 2010), पृ. 46-56
6. प्रसाद, *आइडियोलॉजी ऑफ़ हिन्दी फ़िल्म,* पृ. 161, 196, आशीष राजाध्यक्ष का तर्क है कि बेनेगल की फ़िल्में 'राज्य नियंत्रण के सौन्दर्यशास्त्र' के अनुरूप हैं। देखें उनकी *इंडियन सिनेमा इन द टाइम ऑफ़ सेल्युलाइड,* पृ. 231
7. अनुराधा डिंगवाने नीधम, 'स्टेटिस्ट रियलिज़्म एंड इट्स डिसकंटेंट्स : अदर ऑप्टिक्स फ़ॉर

श्याम बेनेगल'स *अंकुर* (*दि सीडलिंग*, 1973)', *साउथ एशियन रिव्यू* 32:1 (2011), पृ. 185-212

8. राजनीति वैज्ञानिकों और अन्य विद्वानों ने इस प्रक्रिया का बहुत अच्छे से दस्तावेज़ीकरण किया है। देखें फ्रांसिन आर. फ्रेंकल, *इंडिया'ज़ पॉलिटिकल इकोनॉमी, 1947-1977: दि ग्रैजुअल रेवोल्यूशन* (प्रिंसटन : प्रिंसटन यूनिवर्सिटी प्रेस, 1978); प्रणब बर्धन, *दि पॉलिटिकल इकोनॉमी ऑफ़ डेवलपमेंट इन इंडिया* (ऑक्सफ़ोर्ड : ब्लैकवेल, 1984); अतुल कोहली, *दि स्टेट एंड पॉवर्टी इन इंडिया : द पॉलिटिक्स ऑफ़ रिफ़ॉर्म* (कैम्ब्रिज : कैम्ब्रिज यूनिवर्सिटी प्रेस, 1987); और *डॉमिनेंस एंड स्टेट पॉवर इन मॉडर्न इंडिया : डिक्लाइन ऑफ़ ए सोशल ऑर्डर* सम्पादक : फ्रांसिन आर. फ्रेंकल एवं एम.एस.ए. राव, 2 खंड, (दिल्ली : ऑक्सफ़ोर्ड यूनिवर्सिटी प्रेस, 1989)
9. डेविड सेलबोर्न, *एन आई टू इंडिया : द अनमास्किंग ऑफ़ ए टायरनी* (हार्मोंड्सवर्थ : पेंगुइन बुक्स, 1977), पृ. 6-7
10. वर्नोन हेविट, *पॉलिटिकल मोबिलाइजेशन एंड डेमोक्रेसी इन इंडिया : स्टेट्स ऑफ़ इमरजेंसी* (न्यूयॉर्क : रटलेज, 2008), पृ. 73
11. बिहार की विफलता का अच्छी तरह से दस्तावेज़ीकरण हुआ है और इस विषय पर काफ़ी कुछ लिखा गया है। मैंने निम्नलिखित का सहारा लिया है : एफ़. टॉमसन जानुज़ी, *'एग्रेरियन क्राइसिस इन इंडिया : द केस ऑफ़ बिहार'* (ऑस्टिन : यूनिवर्सिटी ऑफ़ टेक्सस प्रेस, 1974); प्रधान एच. प्रसाद, 'कास्ट एंड क्लास इन बिहार', *ईपीडब्ल्यू* 14:7/8 (1979) : पृ. 481-84; अरविन्द एन. दास, *एग्रेरियन अनरेस्ट एंड सोशियोनॉमिक चेंज इन बिहार, 1900-1989* (दिल्ली : मनोहर, 1983); हैरी डब्ल्यू. ब्लेयर, 'स्ट्रक्चरल चेंज, द एग्रीकल्चर सेक्टर, एंड पॉलिटिक्स इन बिहार', *स्टेट पॉलिटिक्स इन कंटेम्पररी इंडिया : क्राइसिस ऑर कॉन्टिन्यूटी?* सम्पादक : जॉन आर. वुड (बोल्डर, सीओ : वेस्टव्यू प्रेस, 1984), पृ. 53-79; फ्रांसिन आर. फ्रेंकल, 'कास्ट, लैंड एंड डॉमिनेंस इन बिहार', *डॉमिनेंस एंड स्टेट पावर इन मॉडर्न इंडिया : डिक्लाइन ऑफ़ ए सोशल ऑर्डर*, सम्पादक : फ्रेंकल एवं राव, पृ. 46-132; अतुल कोहली, *डेमोक्रेसी एंड डिसकंटेंट : इंडिया'ज़ ग्रोइंग क्राइसिस ऑफ़ गवर्नेबिलिटी* (कैम्ब्रिज : कैम्ब्रिज यूनिवर्सिटी प्रेस, 1990), पृ. 205-37; और आर.के. बारिक, *लैंड एंड कास्ट पॉलिटिक्स इन बिहार* (दिल्ली : शिप्रा, 2006)
12. फ्रेंकल, *कास्ट, लैंड एंड डॉमिनेंस इन बिहार*, पृ. 89
13. प्रताप भानु मेहता, *दि बर्डन ऑफ़ डेमोक्रेसी* (दिल्ली : पेंगुइन बुक्स, 2003)
14. वही, पृ. 85-89
15. नीरजा गोपाल जयाल का यह भी तर्क है कि भारतीय संविधान द्वारा कल्पित आदर्श नागरिक समुदाय के साथ जिस सांस्कृतिक आधार का होना ज़रूरी था, वो मौजूद नहीं था। देखें उनकी *सिटिज़नशिप एंड इट्स डिसकंटेंट्स*
16. मेहता, *दि बर्डन ऑफ़ डेमोक्रेसी*, पृ. 46
17. सुदीप्तो कविराज, 'इन्दिरा गांधी एंड इंडियन पॉलिटिक्स', *ईपीडब्ल्यू* 21 (सितम्बर 20-27, 1986), पुनर्मुद्रित : सुदीप्तो कविराज, *दि ट्रैजेक्टरीज़ ऑफ़ द इंडियन स्टेट : पॉलिटिक्स एंड आइडियाज़* (रानीखेत : परमानेंट ब्लैक, 2010), पृ. 171
18. वही, पृ. 172

19. मार्क ट्वेन, *ऑटोबायोग्राफ़ी ऑफ़ मार्क ट्वेन*, सम्पादक : हैरियट ई. स्मिथ एवं रॉबर्ट हर्स्ट (बर्कले : यूनिवर्सिटी ऑफ़ कैलिफोर्निया प्रेस, 2012), पृ. 44
20. उनकी लगभग तमाम जीवनियों से यही चित्र उभरता है। मैंने निम्नलिखित का सहारा लिया है : उमा वासुदेव, *इन्दिरा गांधी : रेवोल्यूशन इन रिस्ट्रेंट* (दिल्ली : विकास पब्लिशिंग हाउस, 1974); ज़रीर मसानी, *इन्दिरा गांधी : ए बायोग्राफ़ी* (लन्दन : हमिश हैमिल्टन, 1975); मैरी सी. कैरस, *इन्दिरा गांधी इन द क्रूसिबल ऑफ़ लीडरशिप : ए पॉलिटिकल बायोग्राफ़ी* (बॉस्टन : बीकन प्रेस, 1979); डोम मोरेस, *इन्दिरा गांधी* (बॉस्टन : लिटिल, ब्राउन, 1980); पुपुल जयकर, *इन्दिरा गांधी : एन इंटिमेट बायोग्राफी* (न्यूयॉर्क : पेंथियन, 1988); और फ्रैंक, *इन्दिरा*
21. फ्रैंक, *इन्दिरा*, पृ. 169-77, उनकी शादी को लेकर चल रही खींचतान का पूरा विवरण यहाँ मौजूद है। साथ ही देखें, जयकर, *इन्दिरा गांधी*, पृ. 82-83
22. फ्रैंक, *इन्दिरा*, पृ. 236
23. *टू अलोन, टू टुगेदर : लेटर्स बिटवीन इन्दिरा गांधी एंड जवाहरलाल नेहरू, 1940-1964*, सम्पादक : सोनिया गांधी (लन्दन : होडर, 1992), पृ. 619, 623
24. पुपुल जयकर के साथ इन्दिरा गांधी की बातचीत, जयकर द्वारा उद्धृत, *इन्दिरा गांधी*, पृ. 112
25. कम्युनिस्ट सरकार द्वारा किये गए भूमि सुधार के प्रयासों और इसके ख़िलाफ़ शुरू किये गए 'मुक्ति संघर्ष' के लिए देखें, रोनाल्ड जे. हेरिंग, *लैंड टू द टिलर : द पॉलिटिकल इकोनॉमी ऑफ़ एग्रेरियन रिफ़ॉर्म इन साउथ एशिया* (न्यू हेवन : येल यूनिवर्सिटी प्रेस, 1983), और टी.जे. नॉसिटर, *कम्युनिज़्म इन केरला : ए स्टडी इन पॉलिटिकल एडाप्टेशन* (बर्कले : यूनिवर्सिटी ऑफ़ कैलिफोर्निया प्रेस, 1983)
26. केरल संकट और इन्दिरा गांधी की भूमिका के लिए देखें, रॉबिन जैफ़री, 'जवाहरलाल नेहरू एंड द स्मोकिंग गन : हू पुल्ड द ट्रिगर ऑन केरला'स कम्युनिस्ट गवर्नमेंट इन 1959?', *जर्नल ऑफ़ कॉमनवेल्थ एंड कम्पेरेटिव पॉलिटिक्स* 29 : 1 (1991), पृ. 72-85
27. डोरोथी नॉर्मन, *इन्दिरा गांधी : लेटर्स टू एन अमेरिकन फ्रैंड, 1950-1984* (न्यूयॉर्क : हरकोर्ट ब्रेस जोवानोविच, 1985), पृ. 57
28. रजनी कोठारी (पॉलिटिक्स इन इंडिया [बॉस्टन : लिटिल, ब्राउन, 1970]) सबसे पहले थे जिन्होंने इस 'कांग्रेस सिस्टम' की पहचान की। तब से, कई अन्य राजनीति वैज्ञानिकों ने इस विश्लेषण में अपना हिस्सा जोड़ा है और इसे समृद्ध किया है। इस विषय पर अध्ययन के संक्षिप्त लेखे-जोखे के लिए देखें : हेविट, *'पॉलिटिकल मोबिलाइजेशन एंड डेमोक्रेसी इन इंडिया'*, पृ. 1-39, साथ ही देखें, कविराज, 'इन्दिरा गांधी एंड इंडियन पॉलिटिक्स', और 'दि पैसिव रेवोल्यूशन इन इंडिया : ए क्रिटिक' उनकी *ट्रैजेक्टरीज़ ऑफ़ द इंडियन स्टेट* में, पृ. 106-10
29. पार्थ चटर्जी, *दि पॉलिटिक्स ऑफ़ द गवर्न्ड : रिफ्लेक्शंस ऑन पॉपुलर पॉलिटिक्स इन मोस्ट ऑफ़ द वर्ल्ड* (न्यूयॉर्क : कोलम्बिया यूनिवर्सिटी प्रेस), पृ. 27-51
30. *टू अलोन, टू टुगेदर*, पृ. 627-28
31. नॉर्मन, *इन्दिरा गांधी : लेटर्स टू एन अमेरिकन फ्रैंड, 1950-1984* (न्यूयॉर्क : हरकोर्ट ब्रेस जोवानोविच, 1985), पृ. 103
32. फ्रैंक, *इन्दिरा*, पृ. 282

33. रिश्ते में दरार आने से पहले, इस अवधि के दौरान इन्दिरा के साथ कामराज के रिश्ते का वर्णन देखें, वी. के. नरसिम्हन, *कामराज : ए स्टडी* (बॉम्बे : मनाक्तलास, 1967), पृ. 133-39
34. फ्रैंकल, *इंडिया 'ज़ पॉलिटिकल इकोनॉमी,* पृ. 391
35. फ्रैंक, *इन्दिरा,* पृ. 306
36. 1967 के चुनावों से उभरे राजनीतिक संकट पर देखें, फ्रैंकल, *इंडिया 'ज़ पॉलिटिकल इकोनॉमी,* पृ. 353-70
37. उनकी भतीजी और आलोचक नयनतारा सहगल अपनी पुस्तक *इन्दिरा गांधी* में भी यही आरोप लगाती हैं।
38. कांग्रेस विभाजन पर निम्नलिखित विवरण लिये गए हैं : फ्रैंकल, *इंडिया 'ज़ पॉलिटिकल इकोनॉमी,* पृ. 388-433
39. इस विभाजन के सिलसिलेवार ब्योरे के लिए देखें, कुलदीप नैयर, *इंडिया : द क्रिटिकल इयर्स* (दिल्ली : विकास प्रकाशन, 1971), पृ. 1-63
40. *टीओआई,* 25 मई, 1971। अन्य अख़बारों ने भी यह समाचार छापा था।
41. मैंने *पी. जगनमोहन रेड्डी कमीशन रिपोर्ट* (नई दिल्ली : भारत सरकार, गृह मंत्रालय, 1978) में दिये गए बयानों के आधार पर यह ब्योरा लिखा है।
42. *रेड्डी कमीशन रिपोर्ट,* पृ. 15-26, यह रिपोर्ट अफ़वाहों से लेकर लिखित बयानों तक का सावधानीपूर्वक अध्ययन करती है।
43. के.एल. गौबा, *दि मिस्ट्री ऑफ़ नागरवाला केस* (दिल्ली : हिन्द पॉकेट बुक्स, 1977)
44. *रेड्डी कमीशन रिपोर्ट,* पृ. 176
45. सब्जेक्ट फ़ाइल नम्बर 143, 198, 248, तीसरी क़िस्त, पी.एन. हक्सर पेपर्स, एनएमएमएल
46. सब्जेक्ट फ़ाइल नम्बर 216, 220, 225, 248, तीसरी क़िस्त, पी.एन. हक्सर पेपर्स, एनएमएमएल
47. सब्जेक्ट फ़ाइल नम्बर 158, तीसरी क़िस्त, पी.एन. हक्सर पेपर्स, एनएमएमएल
48. सब्जेक्ट फ़ाइल नम्बर 230, तीसरी क़िस्त, पी.एन. हक्सर पेपर्स, एनएमएमएल
49. डब्ल्यू.एच. मॉरिस-जोन्स, 'क्रीपिंग बट अनईज़ी अथॉरिटेरिअनिज़्म : इंडिया, 1975-76', *गवर्नमेंट एंड अपोज़िशन* 12 (1977), पृ. 20-41; जेम्स मैनर, 'इन्दिरा एंड आफ़्टर', *राउंड टेबल* 68 (1978) : पृ. 318-32, और 'पार्टी डीके एंड पॉलिटिकल क्राइसिस', *वाशिंगटन क्वार्टरली* 11 (समर 1980), पृ. 25-40
50. जेम्स मैनर, 'व्हेयर कांग्रेस सर्वाइव्ड : फाइव स्टेट्स इन द इंडियन जनरल इलेक्शन ऑफ़ 1977', *एशियन सर्वे* 18:8 (1978), पृ. 785-803
51. भारत सरकार, गृह मंत्रालय, अन्तर-राज्य परिषद सचिवालय, सरकारिया कमीशन रिपोर्ट, 1983, 6.1.08, http : //interstatecouncil.nic.in/Sarkaria/CHAPTERVI.pdf, देखा गया 28 अगस्त, 2016
52. स्टेनली एच. कोचानेक, 'मिसेस गांधी 'ज़ पिरामिड : द न्यू कांग्रेस', *इन्दिरा गांधी 'ज़ इंडिया,* सम्पादक : हेनरी हार्ट (बोल्डर, सीओ : वेस्टव्यू प्रेस, 1976), पृ. 93-124
53. नयनतारा सहगल, *इन्दिरा गांधी : हर रोड टू पावर* (न्यूयॉर्क : फ्रेडरिक अनगर, 1982), पृ. 66
54. आगे का ब्योरा लिया गया है : ग्रेनविल ऑस्टिन, *वर्किंग ए डेमोक्रेटिक कॉन्स्टिट्यूशन :*

*ए हिस्ट्री ऑफ़ द इंडियन एक्सपीरियंस* (दिल्ली : ऑक्सफ़ोर्ड यूनिवर्सिटी प्रेस, 1999), पृ. 69-98

55. उपरोक्त में उद्धृत, पृ. 88
56. वही, पृ. 98
57. निम्नलिखित के लिए देखें, उपरोक्त, पृ. 196-233
58. याचिका में यह भी कहा गया था कि सत्रहवाँ संशोधन, जिसने पंजाब अधिनियम को नौवीं अनुसूची में रखा था और इस प्रकार न्यायिक समीक्षा के दायरे से बाहर कर दिया था, को अधिकार क्षेत्र से बाहर घोषित किया जाए।
59. इस मामले के विवरण और न्यायाधीशों पर डाले गए दबाव के बारे में जानने के लिए देखें : ऑस्टिन, *वर्किंग ए डेमोक्रेटिक कॉन्स्टिट्यूशन*, पृ. 258-77
60. एस. मोहन कुमारमंगलम, *ज्यूडिशियल अपॉइंटमेंट्स : एन एनालेसिस ऑफ़ द रीसेंट कंट्रोवर्सी ओवर द एपॉइंटमेंट ऑफ़ द चीफ़ जस्टिस ऑफ़ इंडिया* (दिल्ली : ऑक्सफ़ोर्ड और आईबीएच पब्लिशिंग हाउस, 1973)
61. फ्रैंकल, *इंडिया'ज़ पॉलिटिकल इकोनॉमी*, पृ. 507-08; आर्थिक विफलताओं के विस्तार से विवरण के लिए पृ. 491-547 देखें।
62. वही, पृ. 480-81
63. कोहली, *डेमोक्रेसी एंड डिसकंटेंट*
64. जयप्रकाश नारायण, *सेलेक्टेड वर्क्स*, सम्पादक : प्रसाद, 10, पृ. 387-92
65. रामधारी सिंह दिनकर, 'जनतंत्र का जन्म', *धूप और धुआँ* (पटना : श्री अजन्ता प्रेस लिमिटेड, 1951), पृ. 68-71
66. *दि पायनियर*, 6 जून, 1975; *दि हिन्दू*, 11 जून, 1975। धर द्वारा उद्धृत, *इन्दिरा गांधी*, पृ. 252-53
67. फ्रैंक द्वारा उद्धृत, *इन्दिरा*, पृ. 368
68. कुलदीप नैयर, *दि जजमेंट : द इनसाइड स्टोरी ऑफ़ द इमरजेंसी इन इंडिया* (दिल्ली : विकास पब्लिशिंग हाउस, 1977) अदालत में मामला कैसे चला और निर्णय पर कैसी प्रतिक्रियाएँ आईं, इसका विस्तृत विवरण प्रस्तुत करती है।
69. प्रशान्त भूषण द्वारा उद्धृत, *दि केस दैट शूक इंडिया* (दिल्ली : विकास पब्लिशिंग हाउस, 1978), पृ. 108
70. *टीओआई*, 14 जनवरी, 1975
71. जयप्रकाश नारायण, *सेलेक्टेड वर्क्स*, सम्पादक : प्रसाद, 10, पृ. 462
72. धर, *इन्दिरा गांधी*, पृ. 301
73. जयकर, *इन्दिरा गांधी*, पृ. 371
74. बी.एन. टंडन, *पीएमओ डायरी-1 : प्रेल्यूड टू इमरजेंसी* (दिल्ली : कोणार्क पब्लिशर्स, 2003), पृ. 384, टंडन 1969-76 के मध्य प्रधानमंत्री कार्यालय में कार्यरत थे।
75. फ्रैंक, *इन्दिरा*, पृ. 375
76. वही, पृ. 373
77. ऑस्टिन, *वर्किंग ए डेमोक्रेटिक कॉन्स्टिट्यूशन*, पृ. 318
78. *हिन्दुस्तान टाइम्स*, 25 जून, 1975

79. जयप्रकाश नारायण, *सेलेक्टेड वर्क्स,* सम्पादक : प्रसाद, 10, पृ. 464-66
80. कविराज, *इन्दिरा गांधी एंड इंडियन पॉलिटिक्स,* पृ. 192
81. गुहा, *इंडिया आफ़्टर गांधी,* पृ. 494-95

## 5. क़ानून के राज का क़ानूनी स्थगन

1. एससीआई, VI/11034/80/56(112)/IS (DVI), एनएआई
2. *टीओआई,* 26 जून, 1977
3. ज़रूरत के वक़्त वाले सिद्धान्त की चर्चा के लिए देखें : अगम्बेन, *'स्टेट ऑफ़ एक्सेप्शन',* पृ. 29-31
4. कूमी कपूर ने इस नोट को उजागर किया है और इसे अपनी *दि इमरजेंसी,* पृ. 5-6 में पुन: प्रस्तुत किया है। इसके साथ उनका दावा है कि 'आन्तरिक आपातकाल और बड़े पैमाने पर गिरफ़्तारियों का विचार उस वर्ष जनवरी में ही आकार ग्रहण कर चुका था।'
5. यह ब्योरा आधारित है *शाह जाँच आयोग,* 1, पृ. 21-24
6. फ़ली एस. नरीमन, *बिफोर मेमोरी फ़ेड्स : एन ऑटोबायोग्राफी* (नई दिल्ली : हेय हाउस पब्लिशर्स, 2010)
7. देखें, अध्याय 2
8. अगम्बेन, *स्टेट ऑफ़ एक्सेप्शन,* पृ. 12-22
9. *टीओआई,* 27 जून, 1975
10. *टीओआई,* 28 जून, 1975
11. एससीआई, VI/11034/80/56(112)/IS (DVI), एनएआई
12. प्रस्तुत ब्योरा आधारित है : *शाह जाँच आयोग,* 1 : पृ. 21-24, 2 : पृ. 32-36 और एससीआई, VI/1034/56/80(34), VI/1034/56(38)/80/IS (DVI), एनएआई
13. सबसे ताज़ा कपूर द्वारा, *दि इमरजेंसी*
14. जे.के. कोहली का वक्तव्य, एससीआई, VI/11034/80/56(112)/IS (DVI), एनएआई
15. 'अरेस्ट्स एंड डिटेंशन इन डेलही ड्यूरिंग इमरजेंसी', रजनी कान्त, सचिव (क़ानून और न्यायिक) की गवाही, एससीआई, VI/11034/80/56(104)/IS (DVI), एनएआई
16. एससीआई, VI/1034/56(38)/80/IS (DVI), एनएआई
17. 'आर.के. ओहरी का वक्तव्य', एससीआई, VI/1034/56/80(34), एनएआई
18. प्रकाश सिंह के बयान के साथ भिंडर का नोट संलग्न है, एससीआई, VI/1034/56/80(34), एनएआई
19. 'नोट ऑन प्रबीर पुरकायस्थ, सन ऑफ़ ए.के. पुरकायस्थ, रेसिडेंस 19, गंगा हॉस्टल, जेएनयू, नई दिल्ली (एसएफ़आई)', एससीआई, VI/11034/56/80(35)/IS (डीवीआई), एनएआई
20. एससीआई, VI/11034/56 (297) 80/IS (DVI), भाग 297 और VI/11034/56/80 (35)/IS (DVI), एनएआई
21. प्रबीर के मित्र, एसएफ़आई के कॉमरेड सी.पी. चन्द्रशेखर ने पुष्टि की कि उन्होंने याचिका पर एन. एम. घटाटे के साथ तालमेल किया था। साक्षात्कार, नई दिल्ली, 19 मार्च, 2013
22. एससीआई, VI/11034/56 (297) 80/IS (DVI), भाग 297, एनएआई

23. पंत, *पोर्ट्रेट ऑफ़ ए स्टूडेंट एक्टिविस्ट,* पृ. 84
24. *शाह जाँच आयोग,* 3, पृ. 40; साथ ही देखें, ऑस्टिन, *वर्किंग ए डेमोक्रेटिक कॉन्स्टिट्यूशन,* पृ. 310
25. देखें, अध्याय 2
26. एससीआई, VI/11034/80/56 (174)/IS (DVI), एनएआई
27. *शाह जाँच आयोग,* 3, पृ. 43
28. यह प्रिमिला लुईस की गिरफ़्तारी, कृषि श्रमिकों को संगठित करने के उनके अनुभव और जेल में बिताए उनके समय के मार्मिक विवरण पर आधारित है। देखें : *'रीज़न वाउंडेड : एन एक्सपीरियंस ऑफ़ इंडिया'ज़ इमरजेंसी'* (दिल्ली : विकास पब्लिशिंग हाउस, 1978)
29. कपूर, *दि इमरजेंसी,* पृ. 288-92; *शाह जाँच आयोग,* 3, पृ. 1-12
30. 'सत्य समाचार', लोक संघर्ष समिति द्वारा 30 सितम्बर, 1976 को जारी समाचार बुलेटिन, देखें, 'पेपर्स रिलेटिंग टू इमरजेंसी पीरियड', सब्जेक्ट फ़ाइल, क्रमांक 15, जोशी पेपर्स, एनएमएमएल
31. पुलिसिंग और पुलिस सुधारों के विवरण के लिए देखें, अजय के. मेहरा, 'पुलिस रिफ़ॉर्म्स इन इंडिया : इंपेरेटिव्स, डिस्कोर्स एंड रियलिटी', *पुलिस, स्टेट एंड सोसाइटी : पर्सपेक्टिव्स फ़्रॉम इंडिया एंड फ़्रांस,* सम्पादक : अजय मेहरा एवं रेने लेवी (दिल्ली : पियर्सन, 2011), पृ. 263-86
31. पार्ट सी, 'पॉलिटिकल सिचुएशन इन इंडिया', ए.जे. बीमिश, ब्रिटिश उच्चायोग, नई दिल्ली का दिनांक 16 जुलाई, 1975 का पत्र, एफ़सीओ 37/1590, फ़ाइल एफ़एसई ½, केव : भारत, पाकिस्तान और अफ़ग़ानिस्तान के लिए विदेश कार्यालय फ़ाइलें, राष्ट्रीय अभिलेखागार
33. *वाशिंगटन पोस्ट,* 1 जुलाई, 1975
34. ये विवरण ब्रिटिश उच्चायोग के गोपनीय ज्ञापन और टेलीग्राम में दर्ज हैं। देखें, पार्ट सी, 'पॉलिटिकल सिचुएशन इन इंडिया'
35. देखें, *सेमिनार,* 196 : 'जजमेंट्स', और *सेमिनार,* 203 : 'व्हेअर वी गो फ़्रॉम हेयर?'
36. इस अंश में दी गई जानकारी सोली सोराबजी, *दि इमरजेंसी, सेंसरशिप एंड द प्रेस इन इंडिया, 1975-77* (नई दिल्ली : सेंट्रल न्यूज एजेंसी, 1977) के परिशिष्ट 1 और 2 से ली गई है। *स्टेट्समैन* के बारे में यह कथा *न्यूयॉर्क टाइम्स* के 18 अगस्त, 1976 अंक में थी।
37. देखें, सुमति रामास्वामी, 'मैपिंग आफ़्टर हुसैन', *बेयरफुट अक्रॉस द नेशन : मकबूल फ़िदा हुसैन एंड द आइडिया ऑफ़ इंडिया,* सम्पादक : सुमति रामास्वामी (न्यूयॉर्क : रटलेज, 2010), पृ. 75-99, जो हुसैन के नोट (93) की एक प्रतिकृति पेश करती हैं।
38. यह तीनों चित्र *इलस्ट्रेटेड वीकली ऑफ़ इंडिया* में 27 जुलाई, 1975 को प्रकाशित हुए थे।
39. एससीआई, SCI/TNP/(INQ)/38/78, एनएआई
40. एससीआई, VI/11034/56/80(78)/IS (DVI), एनएआई
41. सैम राजप्पा, 'केरला'स कॉन्संट्रेशन कैम्पस', *सेमिनार* 214 (जून, 1977), पृ. 35
42. उच्च न्यायालय का फ़ैसला पुन: प्रकाशित किया गया है : टी.वी. एचारा वारियर, *मेमोरीज़ ऑफ़ ए फ़ादर,* मलयालम से अनुवादित (हांगकांग : एशियाई मानवाधिकार आयोग, 2004), परिशिष्ट
43. वही, पृ. 74

44. अरविन्द राजगोपाल, 'दि इमरजेंसी एज़ प्रीहिस्ट्री ऑफ़ द न्यू इंडियन मिडिल क्लास', *मॉडर्न एशियन स्टडीज़* 45 : 3 (2011) : पृ. 1003-49, आपातकाल के दौर के प्रोपेगैंडा का पूरा विवरण यह मानकर प्रस्तुत करती है कि यह एक बलपूर्वक विकासवादी राज्य द्वारा अपने पक्ष में सहमति हासिल करने की ऐतिहासिक कोशिश था।
45. अड़तीसवें और उनतालीसवें संशोधन पर चर्चा के लिए देखें, ऑस्टिन, *वर्किंग ए डेमोक्रेटिक कॉन्स्टिट्यूशन*, पृ. 319-25
46. यह प्रश्न क़ानूनी विद्वान उपेन्द्र बख़्शी पूछते हैं। उनका कहना है कि हालाँकि न्यायमूर्ति खन्ना ने स्पष्ट रूप से फ़ैसला सुनाया कि चुनावी विवादों को हल करने के लिए क़ानूनी उपचारों को हटाकर खंड 4 'स्वतंत्र और निष्पक्ष चुनाव' के सिद्धान्त पर हमला करता है, जो संविधान की 'बुनियादी संरचना' का हिस्सा है, लेकिन वह इससे आगे नहीं बढ़े। बख़्शी का तर्क है कि न्यायमूर्ति खन्ना की एक शक्तिशाली असहमति ने शासन के इस दावे को फ़ीका कर देती कि प्रधानमंत्री ने सर्वसम्मति से यह अपील जीत ली थी। लेकिन उन्होंने उसकी सम्पूर्णता में संशोधन को अमान्य नहीं किया। न ही अन्य दो न्यायाधीशों ने ऐसा किया, जिन्होंने 'बुनियादी संरचना' के आधार पर खंड 4 को रद्द कर दिया था। बख़्शी का अनुमान है कि आपातकाल के इस प्रारम्भिक दौर में न्यायालय सम्भवत: उस स्थिति से पीछे हटकर, जहाँ उस पर राजनीति करने का आरोप लग सकता था और इससे भी बड़ा हमला हो सकता था, एक संस्था के रूप में ख़ुद को बचाने की कोशिश कर रहा था। देखें, उपेन्द्र बख़्शी, *इंडियन सुप्रीम कोर्ट एंड पॉलिटिक्स* (लखनऊ : ईस्टर्न बुक कम्पनी, 1980), पृ. 56-70
47. बैंगलोर के ब्योरे के लिए देखें : एम. रामा जोइस का विवरण देखें, जिन्होंने बन्दियों के लिए वकील के रूप में काम किया था और ख़ुद उन्हें भी गिरफ़्तार किया गया : *हिस्टॉरिक लीगल बैटल* (बैंगलोर : एम.आर. विमला, 1977)
48. *टीओआई*, 11 दिसम्बर, 1975
49. *टीओआई*, 12 नवम्बर, 1975
50. समीक्षा और न्यायपालिका पर बढ़ते दबाव के लिए देखें, बख़्शी, *इंडियन सुप्रीम कोर्ट एंड पॉलिटिक्स* (लखनऊ : ईस्टर्न बुक कम्पनी, 1980), पृ. 43-44, और ऑस्टिन, *वर्किंग ए डेमोक्रेटिक कॉन्स्टिट्यूशन*, पृ. 328-33
51. *टीओआई*, 19 फ़रवरी, 1976
52. ऑल इंडिया रिपोर्टर (इसके बाद एआईआर) 1976, सुप्रीम कोर्ट (एससी) 1207, 1976, एससीआर 172 : *अतिरिक्त ज़िला मजिस्ट्रेट, जबलपुर वर्सेस शिवकान्त शुक्ला*
53. देखें, अध्याय 2
54. एआईआर 1976, एससी 1207, एससीआर 172, पैरा 220
55. एआईआर 1976, एससी 1207, एससीआर 172, पैरा 171 जस्टिस खन्ना की असहमति को प्रतिबिम्बित करनेवाली, पर उससे आगे भी जानेवाली राय के लिए देखें, एच.एम. सीरवई, *दि इमरजेंसी, फ़्यूचर सेफ़गाड्‌र्स एंड द हैबियस कॉर्पस केस : ए क्रिटिसिज़्म* (बॉम्बे : एन.एम. त्रिपाठी, 1978), ख़ास तौर से 10, पृ. 19-20, 36
56. बख़्शी, *इंडियन सुप्रीम कोर्ट एंड पॉलिटिक्स*, पृ. 39-40, 115
57. ऑस्टिन, *वर्किंग ए डेमोक्रेटिक कॉन्स्टिट्यूशन*, पृ. 344-47
58. वही, पृ. 348-90

59. सरदार स्वर्ण सिंह, *कॉन्स्टिट्यूशन अमेंडमेंट* (नई दिल्ली : अखिल भारतीय कांग्रेस कमेटी, 1976)
60. संशोधन के पारित होने के महत्त्वपूर्ण विवरण के लिए देखें, मंगल चन्द्र जैन काग़ज़ी, *दि जून इमरजेंसी एंड कॉन्स्टिट्यूशनल अमेंडमेंट्स* (नई दिल्ली : मेट्रोपॉलिटन बुक कम्पनी, 1977), पृ. 135-49
61. पदबन्ध 'सीमलेस वेब' लिया गया है : ऑस्टिन, *वर्किंग ए डेमोक्रेटिक कॉन्स्टिट्यूशन*, पृ. 6
62. निर्मल वर्मा, *रात का रिपोर्टर* (1989; पुनर्मुद्रण, दिल्ली : भारतीय ज्ञानपीठ, 2009), पृ. 9-10 यहाँ शुरुआती दृश्य को मैंने अपने शब्दों में लिखा है। उपन्यास के अंग्रेज़ी अनुवाद के लिए देखें, *डार्क डिस्पैचेज़*, अनुवाद : आलोक भल्ला (दिल्ली : हार्पर कॉलिन्स, 1993)
63. वर्मा, *रात का रिपोर्टर*, पृ. 94, मैं रॉबर्ट एल. फिलिप्स का आभारी हूँ, उनके पर्चे 'टेम्पोरल एंड अफ़ेक्टिव लैंडस्केप्स ऑफ़ एन 'इंडियन' सेल्फ़ इन द वर्क्स ऑफ़ निर्मल वर्मा' में उपन्यास को गहराई से पढ़ने के लिए। (यह पर्चा 4 दिसम्बर, 2015 को तीसरे वार्षिक हिन्दी-उर्दू सम्मेलन, प्रिंसटन यूनिवर्सिटी में प्रस्तुत किया गया।)
64. राज थापर द्वारा उद्धृत, *ऑल दीज़ इयर्स* (दिल्ली : सेमिनार पब्लिकेशंस, 1991), पृ. 313
65. राज थापर की *ऑल दीज़ इयर्स* एक ऐसे ही ज़िद्दी प्रेमी की पोल खोलनेवाला संस्मरण है, जो दिखाता है कि अभिजात वर्ग अपने ही विशेषाधिकार के प्रति कितना अन्धा था।
66. वर्मा, *रात का रिपोर्टर*, पृ. 45
67. *वाशिंगटन पोस्ट*, 5 जुलाई, 1975
68. *न्यूयॉर्क टाइम्स*, 5 मार्च, 1976
69. 'डॉक्यूमेंटेशन ऑफ़ द इमरजेंसी पीरियड इन इंडिया, 1975-77,' सेंटर फ़ॉर रिसर्च लाइब्रेरीज़, शिकागो
70. इन भूमिगत बुलेटिनों और पैम्फ़लेटों के टेक्स्ट के लिए देखें, धीरेंद्र शर्मा, *दि जनता (पीपुल्स) स्ट्रगल : द फ़ाइनेस्ट ऑवर ऑफ़ इंडियन पीपल* (नई दिल्ली : फ़िलॉसफ़ी एंड सोशल एक्शन, 1977)
71. https://wikileaks.org/plusd/cables/1975NEWDE15543_b.html, 27 सितम्बर, 2016 के दिन देखा गया।
72. *न्यूयॉर्क टाइम्स*, 5 अक्टूबर, 1976। सी.जी.के. रेड्डी ने जॉर्ज फ़र्नांडीज़ के भूमिगत प्रतिरोध का विस्तार से वर्णन किया है। देखें, *बड़ौदा डायनामाइट कॉन्सपिरेसी : द राइट टू रिबेल* (नई दिल्ली : ओरिएंट ब्लैकस्वान, 2014)

## 6. संजय का रथ

1. विनोद मेहता, *दि संजय स्टोरी* (1978; पुनर्मुद्रण, दिल्ली : हार्पर कॉलिन्स, 2012)
2. देखें : धरम यश देव, *वीआईपी कार थीफ़? द स्टोरी ऑफ़ द स्टोलन एंड स्मैश्ड फ़ियट कार* (दिल्ली : स्व-प्रकाशित, 1977) और देखें : 'करंट', 19 दिसम्बर और 26 दिसम्बर, 1964
3. इन्दिरा गांधी पी.एन. हक्सर को, 21 फ़रवरी, 1966, इन्दिरा गांधी के साथ पत्राचार, क्रमांक 151-71, प्रथम-द्वितीय किस्त, पी.एन. हक्सर पेपर्स, एनएमएमएल

4. भारत सरकार, *रिपोर्ट ऑफ़ द कमीशन ऑफ़ इनक्वायरी ऑन मारुति अफ़ेयर्स* (नई दिल्ली : कंट्रोलर ऑफ़ पब्लिकेशंस, 1979), परिशिष्ट, 1:57
5. मेनका गांधी, *संजय गांधी* (बॉम्बे : वकील्स, फ़ेफ़र एंड सिमंस लिमिटेड, 1980)। ये किताब फ़ोटो आलेख जैसी है, जिसमें कोई पृष्ठ संख्या नहीं है। उद्धृत टेक्स्ट फ़ोटो 1 के साथ दिखाई देता है।
6. नेहरू के शासन में नियोजित अर्थव्यवस्था के विचार और उसके लागू होने पर हाल ही में आया एक आकर्षक अध्ययन देखें, निखिल मेनन, *प्लांड डेमोक्रेसी : डेवलपमेंट, सिटिज़नशिप एंड द प्रैक्टिसेज़ ऑफ़ प्लानिंग, सी. 1947-1966* (पीएचडी शोध प्रबन्ध, प्रिंसटन यूनिवर्सिटी, 2017)
7. रघुबीर सिंह, *ए वे इनटू इंडिया* (न्यूयॉर्क : फ़िडन, 2002), पृ. 4
8. 'डीएनए', 25 मई, 2014; 'फ़ाइनेंशियल एक्सप्रेस', 27 मई, 2014 : साथ ही देखें : 'स्टेट्समैन', 25 मई, 2014; 'टीओआई', 26 मई, 2014; 'डेली टेलीग्राफ़', 26 मई, 2014; और 'वॉल स्ट्रीट जर्नल' (ऑनलाइन), 26 मई, 2014
9. एन. दास, *ऑटोमोबाइल इंडस्ट्री इन इंडिया : ए स्टडी* (कलकत्ता : डिपार्टमेंट ऑफ़ इकोनॉमिक एंड मार्केट रिसर्च, हिन्दुस्तान मोटर्स लिमिटेड, 1966), पृ. 11, आगे का विवरण इस अध्ययन से लिया गया है, साथ ही देखें : संजय कथूरिया, *कमर्शियल व्हीकल इंडस्ट्री इन इंडिया : ए केस हिस्ट्री, 1928-1987*, 'ईपीडब्ल्यू' 22:42/43 (17-24 अक्टूबर, 1987), पृ. 1809-13, 1814-23
10. 'कॉपी ऑफ़ एग्रीमेंट बिटवीन मॉरिस मोटर्स एंड हिन्दुस्तान मोटर्स लिमिटेड रिगार्डिंग मैन्युफ़ैक्चर ऑफ़ 10 एचपी कार'स फॉर इंडिया', बर्मा एंड सीलोन, डेटेड 1944, विथ रिलेटेड लेटर्स एट्सेट्रा,' 93/69/5/75-MMO-8, ब्रिटिश मोटर इंडस्ट्री हेरिटेज ट्रस्ट आर्काइव्स, कोवेंट्री
11. 'हिन्दुस्तान मोटर्स' का शुरुआती इतिहास जानने के लिए देखें, पी. चेन्सल राव, *बी.एम. बिड़ला : हिज़ डीड्स एंड ड्रीम्स* (नई दिल्ली : अर्नोल्ड हेनीमैन, 1983), पृ. 25-26
12. वालचन्द हीराचन्द और प्रीमियर ऑटोमोबाइल्स पर देखें, गीता पीरामल, *बिज़नेस लेजेंड्स* (दिल्ली : पेंगुइन बुक्स, 1998), पृ. 250-62
13. सड़कों का विस्तार भी उतना ही कम था—प्रति 1,000 वर्ग मील क्षेत्र में 205 मील; जबकि यूनाइटेड किंगडम में यह 1,949 मील और संयुक्त राज्य अमेरिका में 996 मील था। इन आँकड़ों के साथ देखें कि भारत की प्रति व्यक्ति आय 255 रुपये थी, जो उस समय यूनाइटेड किंगडम के 2,762 रुपये और संयुक्त राज्य अमेरिका के 6,919 रुपये से बहुत कम थी। डब्ल्यू. आर. वोरविग, *ऑटोमोबाइल मैन्युफ़ैक्चर इन इंडिया* (दिल्ली : भारत सरकार, वाणिज्य और उद्योग मंत्रालय, 1953), पृ. 16-17
14. 1950 में, भारत में केवल 2,221 वाहनों का निर्माण किया गया था जबकि आयातित वाहनों की संख्या 8,349 थी। एसोसिएशन ऑफ इंडियन ऑटोमोबाइल मैन्युफ़ैक्चरर्स, *ऑटोमैन इंडिया 1988* (बॉम्बे : एसोसिएशन ऑफ इंडियन ऑटोमोबाइल मैन्युफ़ैक्चरर्स, 1988), पृ. 19; वोरविग, *ऑटोमोबाइल मैन्युफ़ैक्चर इन इंडिया*, संलग्नक एफ़
15. राव, *बी.एम. बिड़ला*, पृ. 26
16. ऐनी ओ. क्रुगर, *दि बेनिफ़िट्स एंड कॉस्ट्स ऑफ़ इंपोर्ट सब्सिट्यूशन इन इंडिया : ए माइक्रोनॉमिक स्टडी* (मिनिपोलिस : यूनिवर्सिटी ऑफ़ मिनेसोटा प्रेस, 1975), पृ. 10-11

17. भारत सरकार, वाणिज्य एवं उद्योग मंत्रालय, *रिपोर्ट ऑफ़ द टैरिफ़ कमीशन ऑन द ऑटोमोबाइल इंडस्ट्री* (बॉम्बे : प्रकाशन प्रबन्धक 1953), पृ. 10-11। साथ ही देखें, कथूरिया, *कमर्शियल व्हीकल इंडस्ट्री इन इंडिया*, पृ. 1809-13, 1815-23
18. भारत सरकार, *रिपोर्ट ऑफ़ द टैरिफ़ कमीशन ऑन द ऑटोमोबाइल इंडस्ट्री* (1953), पृ. 72-92
19. भारत सरकार, वाणिज्य और उद्योग मंत्रालय, *रिपोर्ट ऑफ़ द टैरिफ़ कमीशन ऑन द ऑटोमोबाइल इंडस्ट्री* (1956), पृ. 47-49
20. क्रुगर, *दि बेनिफ़िट्स एंड कॉस्ट्स ऑफ़ इंपोर्ट सब्सिट्यूशन इन इंडिया : ए माइक्रोनॉमिक स्टडी*, पृ. 13-15, 39-40
21. वही, पृ. 44-45; दास, *ऑटोमोबाइल इंडस्ट्री इन इंडिया*, 43; एनसीएईआर, *टैक्सेशन एंड प्राइज़ स्ट्रक्चर ऑफ़ ऑटोमोबाइल इंडस्ट्री* (नई दिल्ली : एनसीएईआर, 1967), पृ. 22
22. दास, *ऑटोमोबाइल इंडस्ट्री इन इंडिया*, पृ. 40
23. 1954-55 में बी.एम. बिड़ला और नफ़िल्ड संगठन के बीच आपसी चिट्ठियों में स्पेयर पार्ट्स के लिए लगाई गईं क़ीमतों को लेकर जो बात हुई उससे साफ़ पता चलता है कि अप्रचलित मॉडलों के लिए पार्ट्स की लागत ज़्यादा थी। देखें, *कॉपी ऑफ़ एग्रीमेंट बिटवीन मॉरिस मोटर्स एंड हिन्दुस्तान मोटर्स लिमिटेड रिगार्डिंग मैन्युफ़ैक्चर ऑफ़ 10 एचपी कार'स फॉर इंडिया*, बर्मा एंड सीलोन, डेटेड 1944, विथ रिलेटेड लेटर्स एट्सेट्रा,' 93/69/5/75-MMO-8
24. एक अनुमान के मुताबिक 1967 में जहाँ एक एम्बेसडर की क़ीमत 12,817 रुपये थी, वहीं एक तुलनात्मक रूप से उसके बराबर की विदेशी कार की क़ीमत 8,160 रुपये थी। फ़िएट और स्टैंडर्ड के लिए भी स्थितियाँ कुछ ऐसी ही थीं। देखें, क्रुगर, *दि बेनिफ़िट्स एंड कॉस्ट्स ऑफ़ इंपोर्ट सब्सिट्यूशन इन इंडिया : ए माइक्रोनॉमिक स्टडी*, पृ. 51, साथ ही देखें, एनसीएईआर, *टैक्सेशन एंड प्राइज़ स्ट्रक्चर ऑफ़ ऑटोमोबाइल इंडस्ट्री*, पृ. 19-20, 28-29, 122
25. क्रुगर, *दि बेनिफ़िट्स एंड कॉस्ट्स ऑफ़ इंपोर्ट सब्सिट्यूशन इन इंडिया : ए माइक्रोनॉमिक स्टडी*, पृ. 45
26. स्वचालन और श्रम बल की समस्याओं पर देखें, दास, *ऑटोमोबाइल इंडस्ट्री इन इंडिया*, पृ. 27-30
27. भारत सरकार, *रिपोर्ट ऑफ़ द मोटर कार क्वालिटी इनक्वायरी कमेटी* (नई दिल्ली : औद्योगिक विकास और कम्पनी मामलों का मंत्रालय, 1967), पृ. 9
28. वही, पृ. 6, ख़राब गुणवत्ता की शिकायतें और वजहें निम्न पृष्ठों पर हैं 14-22, 74-75
29. *क्लोज़र कॉलेबरेशन बिटवीन मेन एंड एसिलरी यूनिट्स*, 'ऑटो-स्पार्क' 15:1 (1963), पृ. 67
30. भारत सरकार, टैरिफ़ आयोग, *रिपोर्ट ऑन द कंटीनुएंस ऑफ़ प्रोटेक्शन टू द ऑटोमोबाइल इंडस्ट्री* (बॉम्बे : भारत सरकार प्रेस, 1968), पृ. 175-212। इसकी आलोचना के लिए देखें, अर्थगनानी, *रैटल ऑल द वे : टैरिफ़ कमीशन इवेड्स पॉलिसी*, 'ईपीडब्ल्यू' 3:51/52 (1968), पृ. 1959-67
31. क्रुगर, *दि बेनिफ़िट्स एंड कॉस्ट्स ऑफ़ इंपोर्ट सब्सिट्यूशन इन इंडिया : ए माइक्रोनॉमिक स्टडी*, पृ. 23

32. वही, पृ. 23-25, 108-10; *सिक्स ब्लाइंड मैन ऑफ़ हिन्दुस्तान II : ए स्टडी इन द मैनेजमेंट ऑफ़ द इकोनॉमी*, 'ईपीडब्ल्यू' 7:9 (1972), पृ. 517-21
33. हिन्दुस्तान मोटर्स, *ऑटोमोबाइल फ़ैक्ट्स एंड फ़िगर्स* (कलकत्ता : डिपार्टमेंट ऑफ़ इकोनॉमिक एंड मार्केट रिसर्च, हिन्दुस्तान मोटर्स, 1967), पृ. 12
34. ऑटोमोबाइल उद्योग की वैश्विक संस्कृति के व्यापक विश्लेषण के लिए देखें, *ऑटोपिया : कार्स एंड कल्चर*, संपादक : पीटर वोलेन और जो केर (शिकागो : यूनिवर्सिटी ऑफ़ शिकागो प्रेस, 2004)
35. वही, 4 अक्टूबर, 1969, 'टीओआई' ने भी उसी दिन 'सेंट्रल ऑफ़िशियल्स गो फ़ॉर ए स्पिन इन संजय-बिल्ट कार' शीर्षक के तहत एक सकारात्मक ख़बर भी प्रकाशित की थी।
36. 'स्टेट्समैन', 5 अक्टूबर, 1969
37. वोरविग, *ऑटोमोबाइल मैन्युफ़ैक्चर इन इंडिया*, पृ. 25
38. भारत सरकार, *रिपोर्ट ऑफ़ द टैरिफ़ कमीशन ऑन द ऑटोमोबाइल इंडस्ट्री* (1956), पृ. 55-56
39. भारत सरकार, *रिपोर्ट ऑफ़ द एड-हॉक कमेटी ऑन ऑटोमोबाइल इंडस्ट्री* (नई दिल्ली : भारत सरकार प्रेस, 1960), पृ. 53
40. वही, पृ. 62-65
41. गौतम सेन, *ए मिलियन कार्स फ़ॉर ए बिलियन पीपल* (मुंबई : प्लैटिनम प्रेस, 2015), पृ. 75-77
42. 'टीओआई', 31 मार्च, 1960
43. 'टीओआई', 8 अप्रैल, 1960
44. भारत सरकार, *रिपोर्ट ऑफ़ द कमीशन ऑफ़ इनक्वायरी ऑन मारुति अफ़ेयर्स*, पृ. 1-2
45. जोगिंदर पी. मल्होत्रा, *डेलही डिस्पैच*, 'ऑटो-स्पार्क' 14:3 (1962), पृ. 80-81
46. 'द पीपल्स कार रैकेट', 'ऑटो-स्पार्क' 14:6 (1962), पृ. 20। साथ ही देखें, *स्मॉल कार—ए डैम्प स्क्विब*, 'ऑटो-स्पार्क' 14:9 (1962), पृ. 80-82
47. सरकार ने संजय की परियोजना को कैसे मंजूरी दी, इस बारे में मेरा विवरण जब तक अन्यथा न कहा जाए, आधारित है : भारत सरकार, 'रिपोर्ट ऑफ़ द कमीशन ऑफ़ इनक्वायरी ऑन मारुति अफ़ेयर्स', पृ. 1-25
48. 'स्टेट्समैन', 13 नवम्बर और 21 नवम्बर, 1968
49. 'टीओआई', 18 नवम्बर, 1970; साथ ही 3, 10 और 11 नवम्बर, 1970
50. वास्तव में भारत ने अपना पहला परमाणु बम परीक्षण विस्फ़ोट 18 मई, 1974 के दिन किया। अब इसे विडम्बना भी कैसे कहें कि इस परीक्षण का कोड-नाम 'स्माइलिंग बुद्धा' रखा गया था।
51. 'हिन्दुस्तान टाइम्स', 24 सितम्बर, 1970
52. 'टीओआई', 24 अक्टूबर, 1970
53. आगे प्रस्तुत विवरण, जब तक अन्यथा न कहा जाए, आधारित है : *रिपोर्ट ऑफ़ द कमीशन ऑफ़ इनक्वायरी ऑन मारुति अफ़ेयर्स*, पृ. 26-75
54. इसमें शामिल थे : मद्रास स्थित ऑटोमोबाइल उद्योगपति एम. ए. चिदम्बरम; भारत स्टील ट्यूब्स के मालिक रौनक सिंह; मोहन मेकिन ब्रेवरीज के कर्नल वी. आर. मोहन (1973

में उनकी मृत्यु के बाद मेजर कपिल मोहन ने उनकी जगह ली); और रेनबो रिफ्रेक्ट्रीज की विद्या भूषण

55. 2.5 करोड़ रुपये की अधिकृत पूँजी के साथ शुरू हुए मारुति उद्योग के पास सितम्बर, 1974 तक कुल चुकता पूँजी 1.8 करोड़ थी। बोर्ड के सदस्यों सहित बावन शेयरधारक कम्पनी में प्रमुख निवेशक थे। देखें : मेहता, *दि संजय स्टोरी*, पृ. 77
56. मारुति जाँच आयोग, VI/11021/9/80/IS (DVI), पार्ट 214, एनएआई; *रिपोर्ट ऑफ़ द कमीशन ऑफ़ इनक्वायरी ऑन मारुति अफ़ेयर्स*, पृ. 70
57. 'टीओआई', 13 नवम्बर, 1974
58. *रिपोर्ट ऑफ़ द कमीशन ऑफ़ इनक्वायरी ऑन मारुति अफ़ेयर्स*, पृ. 128
59. मेहता, *दि संजय स्टोरी*, पृ. 79-80
60. 'टीओआई', 1 अप्रैल, 1972
61. सेन, *ए मिलियन कार्स फ़ॉर ए बिलियन पीपल*, पृ. 82-84
62. 'वाशिंगटन पोस्ट', 23 नवम्बर, 1972
63. यह विवरण आधारित है : भारत सरकार, *स्टेटमेंट एंड एफ़िडेविट फ्रॉम डब्ल्यूएचएफ़ मुलर*, गृह मंत्रालय : मारुति जाँच आयोग, 3/63/78-सीआईएम
64. *रिपोर्ट ऑफ़ द कमीशन ऑफ़ इनक्वायरी ऑन मारुति अफ़ेयर्स*, पृ. 11-25 इस परीक्षण की कथा का पूरा विवरण प्रदान करती है। साथ ही, मारुति के परीक्षण में आने वाली समस्याओं के लिए वीआरडीई के निदेशक ब्रिगेडियर आर.एस. चावला का हलफ़नामा भी देखें। भारत सरकार, गृह मंत्रालय : मारुति जाँच आयोग, 3/65/78-सीआईएम
65. 'दि संडे टाइम्स', 24 अप्रैल, 1977
66. सेन, *ए मिलियन कार्स फ़ॉर ए बिलियन पीपल*, पृ. 86-90
67. मारुति जाँच आयोग, 3/136/78-सीआईएम और 3/63/78-सीआईएम, एनएआई
68. *रिपोर्ट ऑफ़ द कमीशन ऑफ़ इनक्वायरी ऑन मारुति अफ़ेयर्स*, पृ. 70
69. मेहता, 'दि संजय स्टोरी', पृ. 87
70. *रिपोर्ट ऑफ़ द कमीशन ऑफ़ इनक्वायरी ऑन मारुति अफ़ेयर्स*, पृ. 91
71. मेहता, *दि संजय स्टोरी*, पृ. 85-86
72. मारुति जाँच आयोग, VI/11021/10/80/IS (DVI), पार्ट 472, *ओरिजिनल स्टेटमेंट बाए सागर सूरी*, एनएआई। इसकी तुलना में, 1980 के दशक के मध्य में ज़ोर बाग़ में एक दो मंजिला घर 51,00,000 रुपये में उपलब्ध था (मकान मालिक से ईमेल से बात के आधार पर, 12 अगस्त, 2017)
73. *दि स्टेट ऑफ़ इमरजेंसी इन इंडिया* और आर. जे. ओ'नील, 10 अगस्त, 1976, सी. एच. सीवार्ड, 11 अगस्त, 1976 एवं पी. जे. ई. माले, 12 अगस्त, 1976 की चिट्ठियाँ, सभी देखी गईं : भारत, पाकिस्तान और अफ़ग़ानिस्तान के लिए विदेश कार्यालय की फ़ाइलों में, एफ़सीओ 37/1719, फ़ाइल संख्या : एफ़एसई 0/14/1, राष्ट्रीय अभिलेखागार, कीव
74. 'संजय गांधी'स मारुति', *इलस्ट्रेटेड वीकली ऑफ़ इंडिया* 96:21 (25 मई, 1975), पृ. 4-9
75. बर्नहार्ड रीगर, *दि पीपल्स कार : ए ग्लोबल हिस्ट्री ऑफ़ द वोक्सवैगन बीटल* (कैम्ब्रिज, एमए : हार्वर्ड यूनिवर्सिटी प्रेस), 2013

## 7. बुलडोज़र तले इनसानियत

1. आगे का ब्योरा आधारित है : 'तुर्कमान गेट फ़ायरिंग', एससीआई, VI/1034/80/56 (181), एनएआई; फ़ैक्ट फ़ाइंडिंग कमेटी, फ़ैक्ट फ़ाइंडिंग कमेटी, *रिपोर्ट ऑफ़ द फ़ैक्ट फ़ाइंडिंग कमेटी : स्लम क्लीयरेंस, डेमोलेशंस एंड फ़ायरिंग इन तुर्कमान गेट ड्यूरिंग द इमरजेंसी* (नई दिल्ली : भारत सरकार, गृह मंत्रालय, 1977), पृ. 141-210; और देखें दयाल एवं बोस, 'फ़ॉर रीज़न्स ऑफ़ स्टेट', पृ. 35-65
2. स्टीफ़न पी. ब्लेक, *शाहजहाँनाबाद : दि सॉवरेन सिटी इन मुग़ल इंडिया, 1639-1739* (कैम्ब्रिज : कैम्ब्रिज यूनिवर्सिटी प्रेस, 1991)
3. नारायणी गुप्ता, *डेलही बिटवीन टू एंपायर्स, 1803-1931 : सोसायटी, गवर्नमेंट एंड अर्बन ग्रोथ* (दिल्ली : ऑक्सफ़ोर्ड यूनिवर्सिटी प्रेस, 1981), पृ. 51
4. उन्होंने बाद में दावा किया कि आईजी (पुलिस महानिरीक्षक) ने उन्हें घटनास्थल पर पहुँचने का आदेश दिया था। वे तो बवासीर के ऑपरेशन के चलते अभी भी 'पट्टियों में' थे और ड्यूटी पर जाने की स्थिति में बिलकुल नहीं थे। पर आईजी ने उन्हें वहाँ भेजने वाला आदेश देने की बात मानने से इनकार कर दिया और यह गवाही दी कि भिंडर पहले से ही घटनास्थल पर मौजूद थे। दूसरे प्रत्यक्षदर्शियों ने भी आईजी के बयान की पुष्टि की : आईजी और डीआईजी भिंडर के बयान, एससीआई, VI/1034/80/56 (144), एनएआई
5. आई.जे. वर्मा का बयान, एससीआई, VI/1034/80/56(181), एनएआई
6. 'तुर्कमान गेट फ़ायरिंग', एससीआई, VI/1034/80/56(181), एनएआई; दयाल एवं बोस, 'फ़ॉर रीज़न्स ऑफ़ स्टेट', पृ. 19, यहाँ पुलिस की गोलियों से कम-से-कम बारह लोगों की मौत की जानकारी मौजूद है।
7. ऐसे कई उदाहरणों में से एक के लिए देखें, सेलबोर्न, *एन आई टू इंडिया*
8. मैथ्यू कोनेली, *फेटल मिसकॉन्सेप्शन : द स्ट्रगल टू कंट्रोल वर्ल्ड पॉपुलेशन* (कैम्ब्रिज, एमए : बेलकनैप प्रेस ऑफ़ हार्वर्ड यूनिवर्सिटी प्रेस, 2008) साथ ही देखें उनका 'पॉपुलेशन कंट्रोल इन इंडिया : प्रोलॉग टू द इमरजेंसी पीरियड', 'पॉपुलेशन एंड डेवलपमेंट रिव्यू' 32:4 (2006), पृ. 629-67
9. कोनेली, *फेटल मिसकॉन्सेप्शन : द स्ट्रगल टू कंट्रोल वर्ल्ड पॉपुलेशन*, पृ. 16
10. सारा होजेस, *गवर्नमेंटैलिटी, पॉपुलेशन एंड रेप्रोडक्टिव फ़ैमिली इन मॉडर्न इंडिया*, 'ईपीडब्ल्यू' 39:11 (13-19 मार्च, 2004) : पृ. 1160
11. कोनेली द्वारा उद्धृत, *फेटल मिसकॉन्सेप्शन : द स्ट्रगल टू कंट्रोल वर्ल्ड पॉपुलेशन*, पृ. 141
12. होजेस, *गवर्नमेंटेलिटी, पॉपुलेशन एंड रीप्रोडक्टिव फ़ैमिली इन मॉडर्न इंडिया*, पृ. 1161; रेबेका जेन विलियम्स, 'स्टॉर्मिंग द सिटाडेल्स ऑफ़ पॉवर्टी : फ़ैमिली प्लानिंग अंडर द इमरजेंसी इन इंडिया, 1975-77', 'मॉडर्न एशियन स्टडीज' 73:2 (2014) : पृ. 471-92
13. जनसंख्या आन्दोलन के विस्तृत विवरण के लिए देखें, ऑस्कर हरकावी, *कर्बिंग पॉपुलेशन ग्रोथ : एन इनसाइडर्स पर्सपेक्टिव ऑन द पॉपुलेशन मूवमेंट* (न्यूयॉर्क : प्लेनम प्रेस, 1995), पृ. 9-71
14. सैकले, *फ़ाउंडेशन इन द फ़ील्ड*, पृ. 234-35
15. एफ़एफ़आर : *फ़ोर्ड फ़ाउंडेशन इन इंडिया, 1951-1968*, सूचीबद्ध रिपोर्ट संख्या 002586,

पृ. 3, आरएसी

16. एफ़एफ़आर : *डगलस एन्समिंज़र ओरल हिस्ट्री,* एफ़ए744, बॉक्स 1, फ़ोल्डर ए3, आरएसी
17. *बॉमगार्टनर/नोटस्टीन मिशन टू इंडिया, 1955-1971,* फ्रैंक डब्ल्यू नोटस्टीन पेपर्स, बॉक्स 22, फ़ोल्डर 4, पब्लिक पॉलिसी पेपर्स, डिपार्टमेंट ऑफ़ रेयर बुक्स एंड स्पेशल कलेक्शंस, प्रिंसटन यूनिवर्सिटी लाइब्रेरी
18. एफ़एफ़आर : *पॉपुलेशन प्रोग्राम मैनेजमेंट : द फ़ोर्ड फ़ाउंडेशन इन इंडिया,* सूचीबद्ध रिपोर्ट संख्या 003673, पृ. 35, आरएसी
19. वही, पृ. 11-20
20. वही, पृ. 46, 70-71
21. पॉपुलेशन काउंसिल रिकॉर्ड्स : फ़ॉरेन कॉरेस्पॉडेंस फ़ाइल्स, एसजेएस-डायरी नोट्स, एफ़ए432, बॉक्स 84, फ़ोल्डर 799, आरएसी; फ़ोर्ड की भारतीय जनसंख्या नियंत्रण कार्यक्रम में उपस्थिति के लिए देखें, हरकावी, *कर्बिंग पॉपुलेशन ग्रोथ,* पृ. 129-61
22. एफ़एफ़आर : *पॉपुलेशन प्रोग्राम मैनेजमेंट : द फ़ोर्ड फ़ाउंडेशन इन इंडिया,* सूचीबद्ध रिपोर्ट संख्या 003673, पृ. 171-92, आरएसी
23. एफ़एफ़आर : *ऑफ़िस फ़ाइल्स ऑफ़ टिम राइस,* एफ़ए 678, बॉक्स 3, फ़ोल्डर फ़ैमिली प्लानिंग प्रोग्राम (जनरल), आरएसी
24. कर्नल रैना की संक्षिप्त, उल्लेखनीय जीवनी के लिए देखें, मोये फ्रीमैन की फ्रैंक नोटेस्टीन को लिखी टिप्पणी के साथ का संलग्नक, एफ़ए 432, बॉक्स 84, फ़ोल्डर 797, पॉपुलेशन काउंसिल रिकॉर्ड्स : फ़ॉरेन कॉरेस्पॉडेंस फ़ाइल्स, आरएसी; और शोध को लेकर उनके पर्याप्त परवाह न करने के सम्बन्ध में टिप्पणी के लिए देखें, डॉ. किर्क डब्ल्यू. पार्कर मॉल्डिन को, एफ़ए 432, बॉक्स 84, फ़ोल्डर 796, *पॉपुलेशन काउंसिल रिकॉर्ड्स : फ़ॉरेन कॉरेस्पॉडेंस फ़ाइल्स,* आरएसी
25. कोनेली, *पॉपुलेशन कंट्रोल इन इंडिया,* पृ. 645, साथ ही देखें, मारिका विकज़ियानी, *कोअर्शन इन ए सॉफ़्ट स्टेट : दि फ़ैमिली प्लानिंग प्रोग्राम ऑफ़ इंडिया : पार्ट I : दि मिथ ऑफ़ वॉलंटेरिज़्म,* 'पैसिफ़िक अफ़ेयर्स' 55:3 (ऑटम 1982) : पृ. 373-402
26. जॉन डी. रॉकफ़ेलर III की फ्रैंक नोटेस्टीन लिखी टिप्पणी संलग्नक के साथ, एफ़ए 432, बॉक्स 84, फ़ोल्डर 797, पॉपुलेशन काउंसिल रिकॉर्ड्स : फ़ॉरेन कॉरेस्पॉडेंस फ़ाइल्स, आरएसी
27. कोनेली, *पॉपुलेशन कंट्रोल इन इंडिया,* पृ. 653
28. पॉल आर. एर्लिच, *दि पॉपुलेशन बम* (न्यूयॉर्क : बेलेंटाइन बुक्स, 1968), पृ. 15
29. कोनेली द्वारा उद्धृत, *फ़ेटल मिसकॉन्सेप्शन,* पृ. 218; प्रस्तुत ब्योरा, पृ. 218-30 से लिया गया है।
30. विकज़ियानी, *कोअर्शन इन ए सॉफ़्ट स्टेट, I'* पृ. 386-87
31. डगलस एन्समिंज़र का पत्र और संलग्न रिपोर्ट, *कम्यूनिटी इंसेंटिव्स एंड द एडॉप्शन ऑफ़ फ़ैमिली प्लानिंग,* एफ़एफ़आर : सूचीबद्ध रिपोर्ट संख्या 004973, आरएसी
32. *इंडिया'ज़ फ़ैमिली प्लानिंग इन द सेवेंटीज़,* 6.9-6.10, एफ़एफ़आर : सूचीबद्ध रिपोर्ट संख्या 001599, आरएसी
33. डेविडसन आर. ग्वाटकिन, *पॉलिटिकल विल एंड फ़ैमिली प्लानिंग : दि इंप्लिकेशंस ऑफ़ इंडिया'ज़ इमरजेंसी एक्सपीरियंस,* 'पॉपुलेशन एंड डेवलपमेंट रिव्यू' 5:1 (1979) : पृ. 29-

59, ये आँकड़े पृ. 33 पर हैं।
34. विकज़ियानी, *कोअर्शन इन ए सॉफ़्ट स्टेट, I* एवं *कोअर्शन इन ए सॉफ़्ट स्टेट : दि फ़ैमिली प्लानिंग प्रोग्राम ऑफ़ इंडिया : पार्ट 2 : दि सोर्सेस ऑफ़ कोअर्शन,* 'पैसिफ़िक अफ़ेयर्स' 55:4 (शीत, 1982-83), पृ. 557-92
35. जनसंख्या के इस प्रबन्धन को मिशेल फ़ूको ने 'गवर्नमेंटैलिटी; कहा है और जेम्स स्कॉट इसे 'सीइंग लाइक ए स्टेट' कहकर परिभाषित करते हैं। देखें : मिशेल फ़ूको, *दि फ़ूको इफ़ेक्ट : स्टडीज़ इन गवर्नमेंटैलिटी,* सम्पादक : ग्राहम बर्चेल, कॉलिन गॉर्डन एवं पीटर मिलर (शिकागो : यूनिवर्सिटी ऑफ़ शिकागो प्रेस, 1991); और जेम्स स्कॉट, 'सीइंग लाइक ए स्टेट : हाउ सर्टेन स्कीम्स टू इम्प्रूव द ह्यूमन कंडीशन हैव फेल्ड' (न्यू हेवन : येल यूनिवर्सिटी प्रेस, 1999)
36. विलियम्स, *स्टॉर्मिंग द सिटाडेल्स ऑफ़ पॉवर्टी,* पृ. 482
37. ब्रिटिश शासन के दौर में हुए बदलावों के विस्तृत ब्योरे के लिए देखें : गुप्ता, 'डेलही बिटवीन टू एम्पायर्स', पृ. 1-69, साथ में देखें : ज्योति होसाग्रहार, *इंडिजिनस मॉडर्निटीज़ : नेगोशिएटिंग आर्किटेक्चर एंड अर्बनिज़्म* (न्यूयॉर्क : रटलेज, 2005), पृ. 15-46
38. गुप्ता द्वारा उद्धृत, *डेलही बिटवीन टू एम्पायर्स,* पृ. 30
39. स्टीफ़न लेग, 'स्पेसेस ऑफ़ कोलोनियलिज़्म : डेलही'स अर्बन गवर्नमेंटैलिटीज़' (ऑक्सफ़ोर्ड : ब्लैकवेल, 2007), पृ. 209। स्वच्छता से जुड़ी चिन्ताओं और परियोजनाओं पर देखें : होसाग्रहार, *इंडिजिनस मॉडर्निटीज़ : नेगोशिएटिंग आर्किटेक्चर एंड अर्बनिज़्म,* पृ. 83-114
40. दिल्ली में औपनिवेशिक जैव-राजनीतिक शहरीकरण के विस्तृत विवरण के लिए देखें, स्टीफ़न लेग, *स्पेसेज़ ऑफ़ कॉलोनियलिज़्म,* पृ. 149-209
41. रवि सुन्दरम, *पाइरेट मॉडर्निटी : डेलही'स मीडिया अर्बनिज़्म* (न्यूयॉर्क : रटलेज, 2010), पृ. 28-66, यह योजना प्रक्रिया का दिलचस्प विवरण पेश करती है।
42. सुन्दरम द्वारा उद्धृत, *पाइरेट मॉडर्निटी,* पृ. 45-46
43. *मास्टरप्लान फ़ॉर डेलही,* एफ़एफ़आर, सूचीबद्ध रिपोर्ट संख्या 000523, आरएसी
44. सुन्दरम, *पाइरेट मॉडर्निटी,* पृ. 50
45. अयोना दत्ता, *दि इल्लीगल सिटी : स्पेस, लॉ, एंड जेंडर इन ए डेलही स्क्वैटर सेटलमेंट* (न्यूयॉर्क : रटलेज, 2012), पृ. 33
46. उपरोक्त में उद्धृत, पृ. 34
47. वही, पृ. 35-37
48. सुन्दरम द्वारा उद्धृत, *पाइरेट मॉडर्निटी,* पृ. 63
49. जगमोहन के करियर के बारे में जानकारी आधारित है श्री जगमोहन के वक्तव्य पर आधारित है, एससीआई, VI/1034/80/56(144), एनएआई
50. जगमोहन, *रीबिल्डिंग शाहजहाँनाबाद, दि वाल्ड सिटी ऑफ़ डेलही* (दिल्ली : विकास पब्लिशिंग हाउस, 1975), पृ. 7
51. वही, पृ. 33-36
52. वही, पृ. 136-37
53. ग्वाटकिन, *पॉलिटिकल विल एंड फ़ैमिली प्लानिंग,* पृ. 49
54. भारत सरकार, *शाह कमीशन ऑफ़ इनक्वायरी, अन्तरिम रिपोर्ट II* (नई दिल्ली : गृह मंत्रालय, 1978), पृ. 78

55. *जगमोहन का वक्तव्य*, एससीआई, VI /1034/80/56(181), एनएआई
56. संजय गांधी के साथ एक साक्षात्कार जिसका शीर्षक था 'दि मैन हू गेट्स थिंग्स डन', 'इलस्ट्रेटेड वीकली ऑफ़ इंडिया' की कवर स्टोरी था, 98:33 (15 अगस्त, 1976)
57. 'टीओआई', 22 फ़रवरी, 1976
58. कोनेली, *फ़ेटल मिसकॉन्सेप्शन*, पृ. 319
59. पैट्रिक क्लिबेंस, *दि डेस्टिनी ऑफ़ दिस सिटी इज़ टू बी द स्पिरिचुअल वर्कशॉप ऑफ़ द नेशन : क्लियरिंग सिटीज़ एंड मेकिंग सिटिज़न्स ड्यूरिंग द इंडियन इमरजेंसी, 1975-1977, कंटेम्परेरी साउथ एशिया* 22:1 (2014) : पृ. 51-66
60. इन बयानों और योजनाओं के लिए देखें : 'टीओआई', 2 अगस्त, 10 अक्टूबर, 10 नवम्बर और 20 दिसम्बर, 1975
61. *शाह कमीशन ऑफ़ इनक्वायरी* द्वारा उद्धृत, 3 : पृ. 153-54
62. वही, पृ. 161
63. 'टीओआई', 20 मार्च, 1976
64. विभिन्न राज्यों में दिये गए प्रोत्साहनों और हतोत्साहनों के पूरे विवरण के लिए देखें, *शाह कमीशन ऑफ़ इनक्वायरी*, 3 : पृ. 170–206
65. वही, पृ. 154-56
66. वही, 3 : पृ. 163-207; साथ ही देखें : ग्वाटकिन, *पॉलिटिकल विल एंड फ़ैमिली प्लानिंग*, पृ. 40
67. डेविडसन आर. ग्वाटकिन की ओर से इंटर-ऑफ़िस मेमोरेंडम (अतिरिक्त बल मूल में), 10 मई, 1976, एफ़एफ़आर, सूचीबद्ध रिपोर्ट संख्या 004248, आरएसी
68. जेम्मा स्कॉट, *इमर्जिंग फ्रॉम इमरजेंसी : वीमन इन इन्दिरा गांधी'ज इंडिया, 1975-1977* (पीएच.डी. शोध प्रबन्ध, यूनिवर्सिटी ऑफ़ कील, 2018), पृ. 143। स्कॉट यहाँ नसबन्दी अभियान और उसकी प्रतिक्रियाओं की जेंडर के आधार पर विभाजित प्रकृति का विश्लेषण करती हैं (पृ. 138-84)। 'नपुंसकता' पर देखें : ली आई. स्लेसिंगर, *इमरजेंसी इन इंडियन विलेज*, 'एशियन सर्वे' 17:7 (1977), पृ. 642
69. *शाह कमीशन ऑफ़ इनक्वायरी*, 3 : पृ. 195
70. उपरोक्त विवरण *शाह कमीशन ऑफ़ इनक्वायरी* से लिया गया है, 3 : पृ. 28-33, 178
71. वही, पृ. 209
72. 'टीओआई', 2, 5, 11 और 23 मार्च, 1976; साथ ही देखें : क्लिबेंस, *दि डेस्टिनी ऑफ़ दिस सिटी इज़ टू बी द स्पिरिचुअल वर्कशॉप ऑफ़ द नेशन*, पृ. 55-56
73. ग्वाटकिन, *पॉलिटिकल विल एंड फ़ैमिली प्लानिंग*, पृ. 42
74. *रिपोर्ट ऑफ़ द फ़ैक्ट फ़ाइंडिंग कमेटी*, पृ. 43
75. वही, पृ. 52
76. इंदर मोहन और सिराज परीचा के संजय के साथ हुए टकराव के ब्योरे के लिए देखें : *रिपोर्ट ऑफ़ द फ़ैक्ट फ़ाइंडिंग कमेटी*, पृ. 62-68; साथ ही देखें वक्तव्य, आर.के. ओहरी, एससीआई, VI/1034/80/56(181), एनएआई। ओहरी साल 1975-77 के दौरान पुलिस अधीक्षक थे।
77. *रिपोर्ट ऑफ़ द फ़ैक्ट फ़ाइंडिंग कमेटी*, पृ. 63
78. उपरोक्त में उद्धृत, पृ. 70

79. वही, संलग्नक XVI
80. वही, पृ. 123-30
81. आगे का ब्योरा, *रिपोर्ट ऑफ़ द फ़ैक्ट फ़ाइंडिंग कमेटी*, पृ. 74-76, 133-38, 222-42 तथा इसके साथ एच.एच.एम. यूनिस, राजेश शर्मा, और सुभद्रा जोशी के बयानों से लिया गया है, देखें : एससीआई, VI/1034/80/56(181), एनएआई
82. दयाल एवं बोस, *फ़ोर रीज़न्स ऑफ़ स्टेट*, पृ. 45
83. सेलबोर्न, *एन आई टू इंडिया*, पृ. 280
84. यह प्रेस विज्ञप्ति देखें : दयाल एवं बोस, *फ़ोर रीज़न्स ऑफ़ स्टेट*, परिशिष्ट III, पृ. 215-16
85. आर.के. ओहरी और सुशील कुमार के बयान, एससीआई, 31024/44/78-कूर्ड-एससीआई, एनएआई
86. एससीआई, VI/11034/80/56(145), एनएआई
87. सेलबोर्न द्वारा उद्धृत, *एन आई टू इंडिया*, पृ. 281-82
88. जगमोहन, *आइलैंड ऑफ़ ट्रुथ* (दिल्ली : विकास पब्लिशिंग हाउस, 1978), पृ. 188-90
89. राही मासूम रज़ा, *कटरा बी आर्ज़ू* (दिल्ली : राजकमल प्रकाशन, 1978)
90. एम्मा टारलो, *अनसेटलिंग मेमोरीज़ : नैरेटिव्स ऑफ़ द इमरजेंसी इन डेलही* (बर्कले : यूनिवर्सिटी ऑफ़ कैलिफ़ोर्निया प्रेस, 2003)
91. वही, पृ. 93
92. जॉर्जियो अगम्बेन, *होमो सेसर : सॉवरेन पावर एंड बेयर लाइफ़* (स्टैनफ़ोर्ड : स्टैनफ़ोर्ड यूनिवर्सिटी प्रेस, 1998)

8. सलाख़ों के पीछे आज़ादी

1. भगत सिंह और उस दौर के हिन्दी उपन्यासकारों के बारे में एक दिलचस्प अध्ययन के लिए देखें : निखिल गोविंद, *बिटवीन लव एंड फ्रीडम : दि रिवोल्यूशनरी इन द हिन्दी नॉवेल* (दिल्ली : रटलेज, 2014)
2. जयप्रकाश नारायण, *प्रिज़न डायरी* (सिएटल : यूनिवर्सिटी ऑफ़ वाशिंगटन प्रेस, 1977), पृ. 1
3. एम. जी. देवसहायम, *जेपी मूवमेंट : इमरजेंसी एंड इंडिया 'ज़ सेकेंड फ्रीडम* (दिल्ली : वितस्ता, 2012), पृ. 39
4. वही, पृ. 40
5. नारायण, *प्रिज़न डायरी*, पृ. 10
6. देवसहायम, *जेपी मूवमेंट*, पृ. 44, 54
7. नारायण, *प्रिज़न डायरी*, परिशिष्ट I, पृ. 101-9
8. वही, पृ. 3-4, 5-6
9. वही, पृ. 31-34
10. देवसहायम, *जेपी मूवमेंट*, पृ. 187
11. वही, पृ. 153
12. *जयप्रकाश नारायण रिप्लाइज़*, 'इलस्ट्रेटेड वीकली ऑफ़ इंडिया', 27 अप्रैल, 1975,

पृ. 5, खुशवन्त सिंह द्वारा की गई आलोचना पढ़ने के लिए देखें उनका 'टोटल रेवोल्यूशन', 'इलस्ट्रेटेड वीकली ऑफ़ इंडिया', 6 अप्रैल, 1975, पृ. 6-15

13. राज्यवार आँकड़े देखे जा सकते हैं *शाह कमीशन : थर्ड एंड फ़ाइनल रिपोर्ट*, पृ. 46-134
14. देवसहायम, *जेपी मूवमेंट*, पृ. 101, साथ ही देखें : डी. आर. गोयल, *राष्ट्रीय स्वयंसेवक संघ* (दिल्ली : राधाकृष्ण प्रकाशन, 1979), पृ. 122-24, जिसमें उन गिरफ़्तार कार्यकर्ताओं की गवाही का हवाला है, जिन्होंने अपने साथी आरएसएस/जनसंघ क़ैदियों द्वारा दिये जा रहे त्यागपत्रों की सूचना दी थी। साथ ही 'टीओआई' में 15 जुलाई, 1975 की वह ख़बर भी देखें जिसमें पंजाब में 72 आरएसएस कार्यकर्ताओं की 'आपत्तिजनक' गतिविधियों में भाग न लेने का लिखित बयान देने के बाद रिहाई की सूचना है।
15. देवसहायम, *जेपी मूवमेंट*, पृ. 202
16. वही, पृ. 222, 224
17. मधु दंडवते का पत्र प्रमिला दंडवते को, 6 दिसम्बर, 1976। यह पत्र 'डॉक्यूमेंटेशन ऑफ़ द इमरजेंसी पीरियड इन इंडिया' नामक संग्रह का हिस्सा है और शिकागो के 'सेंटर फ़ॉर रिसर्च लाइब्रेरीज़' में मौजूद है। इस संग्रह में ऐसे सैकड़ों पत्र और अन्य दस्तावेज़ शामिल हैं। दंडवते दम्पती के बीच का पत्र व्यवहार माइक्रोफ़िल्म रोल नम्बर 2 और 3 में संगृहीत है। आगे प्रस्तुत सभी उद्धरण इसी संग्रह से हैं, इसलिए उनमें केवल पत्राचार की तारीख़ का उल्लेख करूँगा। मैं मराठी से अंग्रेज़ी में पत्रों और कविताओं के अनुवाद के लिए इरावती कार्णिक का हृदय से आभारी हूँ।
18. मधु दंडवते का पत्र प्रमिला दंडवते को, 1 मार्च, 1976
19. प्रमिला दंडवते का पत्र मधु दंडवते को, 20 जुलाई, 1975
20. मधु दंडवते का पत्र प्रमिला दंडवते को, 3 अक्टूबर, 1975, यहाँ उल्लेखित किताब *मार्क्स एंड गांधी* शीर्षक से प्रकाशित हुई (बॉम्बे : पॉपुलर प्रकाशन, 1977)
21. प्रमिला दंडवते का पत्र मधु दंडवते को, 29 जुलाई, 1976
22. वही, 27 दिसम्बर, 1975
23. वही, 17 जनवरी, 1976
24. वही, 24 जनवरी, 1976
25. वही, 30 नवम्बर, 1976
26. वही, 13 दिसम्बर, 1976
27. वही, 24 नवम्बर, 1975
28. वही, 27 सितम्बर, 1975
29. वही, 5 अक्टूबर, 1975
30. वही, 22 दिसम्बर, 1975
31. वही, 8 जून, 1976
32. वही, 8 जून, 1976
33. वही, 18 फ़रवरी, 1976
34. वही, 18 अक्टूबर, 1976
35. वही, 17 अक्टूबर, 1975
36. वही, 17 जनवरी, 1976

37. वही, 1 मई, 1976
38. वही, मई 17, 1976
39. वही, 9 जून, 1976
40. वही, 29 जुलाई, 1976
41. वही, 9 अगस्त, 1976
42. वही, 20 जुलाई, 1975
43. वही, 27 सितम्बर, 1976
44. प्रबीर पुरकायस्थ, लेखक से व्यक्तिगत बातचीत में, 25 अप्रैल, 2017
45. इन पत्रों का पाठ देखें : गोयल, *राष्ट्रीय स्वयंसेवक संघ*, पृ. 217-27
46. सुब्रमण्यम स्वामी, *अनलर्न्ट लेसन्स ऑफ़ द इमरजेंसी*, 'दि हिन्दू', 13 जून, 2000
47. 'टीओआई', 10 अगस्त, 1975
48. एल.के. आडवाणी, *ए प्रिज़नर्स स्क्रैप-बुक* (नई दिल्ली : ओशन बुक्स, 2003)
49. मधु दंडवते का पत्र प्रमिला दंडवते को, 12 अप्रैल, 1976
50. मधु लिमये का पत्र इन्दिरा गांधी को, 3 सितम्बर, 1975, *डॉक्यूमेंटेशन ऑफ़ द इमरजेंसी इन इंडिया*, माइक्रोफ़िल्म रोल नम्बर 2
51. मधु लिमये का पत्र इन्दिरा गांधी को जिसमें तारीख़ का उल्लेख नहीं है, *डॉक्यूमेंटेशन ऑफ़ द इमरजेंसी इन इंडिया*, माइक्रोफ़िल्म रोल नम्बर 7 से। रोल नम्बर 1 में जॉर्ज फ़र्नांडीज़ के लिखे पत्र संकलित हैं।
52. यहाँ प्रस्तुत विवरण लिया गया है भारत सरकार, गृह मंत्रालय : VI/11034/56 (297)/80/IS (DVI), पार्ट 297, NAI
53. प्रदीप्तो घोष, लेखक द्वारा साक्षात्कार, नई दिल्ली, 13 जून, 2013
54. एकता के इन प्रयासों का एक क़दम दर क़दम विवरण मिलता है मधु लिमये, *जनता पार्टी एक्सपेरिमेंट*, खंड 1 (नई दिल्ली : बी.आर. पब्लिशिंग कॉरपोरेशन, 1994), अध्याय 7-12
55. जयप्रकाश नारायण, *सेलेक्टेड वर्क्स*, सम्पादक : प्रसाद, 10 : पृ. 585
56. प्रमिला दंडवते का पत्र मधु दंडवते को, 4 मार्च, 1976
57. वही, 21 जून, 1976
58. नरेन्द्र का नैनी जेल से पत्र एस. एम. जोशी को, 6 जून, 1976, *डॉक्यूमेंटेशन ऑफ़ द इमरजेंसी इन इंडिया*, माइक्रोफ़िल्म रोल नम्बर 7
59. एन.जी. गोराई का पत्र मधु दंडवते को, 19 अप्रैल 1976, *डॉक्यूमेंटेशन ऑफ़ द इमरजेंसी इन इंडिया*, माइक्रोफ़िल्म रोल नम्बर 7
60. मधु दंडवते का पत्र प्रमिला दंडवते को, 5 जुलाई, 1976
61. वही, 10 जनवरी, 1977
62. ऑस्टिन, *वर्किंग ए डेमोक्रेटिक कॉन्स्टिट्यूशन*, पृ. 394; फ्रैंक, 'इन्दिरा', पृ. 410; कपूर, *दि इमरजेंसी; हैविट, 'पॉलिटिकल मोबिलाइज़ेशन*, पृ. 146-47
63. टी. वी. राजेश्वर, *इंडिया : दि क्रुशियल इयर्स* (दिल्ली : हार्पर कॉलिन्स, 2015), पृ. 91
64. जयकर, *इन्दिरा गांधी*, पृ. 239-40

## 9. तूफ़ान गुज़रने के बाद

1. रज़ा, *कटरा बी आर्ज़ू*, पृ. 223-24
2. लिमये द्वारा उद्धृत, *जनता पार्टी एक्सपेरिमेंट*, 1, पृ. 211
3. 'टीओआई', 3 फ़रवरी, 1977
4. जयकर, *इन्दिरा गांधी*, पृ. 246
5. यह सरकारी अधिसूचना *शाह कमीशन ऑफ़ इनक्वायरी* में पुन: प्रस्तुत की गई है, 1:1
6. *अरेस्ट्स एंड डिटेंशन इन डेलही ड्यूरिंग इमरजेंसी—डिटेंशन ऑफ़ श्री प्रबीर पुरकायस्थ*, डीआईजी भिंडर की गवाही, 18 फ़रवरी, 1978, एससीआई, VI/11034/56/80(35)/IS (DVI), एनएआई
7. *अरेस्ट्स एंड डिटेंशन इन डेलही ड्यूरिंग इमरजेंसी : इश्यू ऑफ़ डिटेंशन ऑर्डर्स अंडर मीसा*, नवीन चावला की गवाही, 14 फ़रवरी और 29 मार्च, 1978, एससीआई, VI/1034/56(38)/80/IS (DVI), एनएआई
8. शाह कमीशन की कार्यवाही के विवरण के लिए देखें, जॉन दयाल एवं अजय बोस, *दि शाह कमीशन बिगिन्स* (दिल्ली : ओरिएंट लॉन्गमैन, 1978)
9. 'टीओआई', 13 जनवरी, 1978
10. वही,
11. 'टीओआई', 14 जनवरी, 1978
12. 'टीओआई', 4 और 5 अक्टूबर, 1977, सीबीआई अधिकारी एन. के. सिंह अपनी किताब में गिरफ़्तारी का ब्योरा देते हैं। देखें *दि प्लेन टुथ : मेमॉयर्स ऑफ़ ए सीबीआई ऑफ़िसर* (दिल्ली, कोणार्क पब्लिशर्स, 1996)
13. 'टीओआई', 12 जनवरी, 1978
14. वही, 12 और 13 जनवरी, 1978
15. तैंतालीसवें और चौवालीसवें संविधान संशोधन का विवरण लिया गया है : ऑस्टिन, *वर्किंग ए डेमोक्रेटिक कॉन्स्टिट्यूशन*, पृ. 409-30
16. 'टीओआई', 1 मई, 1977
17. समाजवादी राजनीति में ग़ैर-कांग्रेसवाद के विस्तृत इतिहास के लिए देखें, मधु लिमये, *बर्थ ऑफ़ नॉन-कांग्रेसिज़्म* (दिल्ली : बी.आर. पब्लिशिंग कॉरपोरेशन, 1988); लोहिया की भूमिका के लिए देखें, पृ. 79-188
18. इन साज़िशों के कुछ पूर्वगृह लिये लेकिन क़दम-दर-क़दम विस्तृत विवरण के लिए देखें, लिमये, *जनता पार्टी एक्सपेरिमेंट*, खंड 1 और 2
19. शशि भूषण, *दि बेलछी किलिंग्स*, 'ईपीडब्ल्यू' 12:25 (1977), पृ. 974, साथ ही देखें, अरुण सिन्हा, *बेलछी रिविज़िटेड*, 'ईपीडब्ल्यू' 12:32 (1977), पृ. 1244
20. 'टीओआई', 15 अगस्त, 1977
21. इस दौर में *इकोनॉमिक एंड पॉलिटिकल वीकली* में अरुण सिन्हा की उत्कृष्ट रिपोर्ताजों में बिहार के ग्रामीण इलाक़ों में बढ़ते वर्ग संघर्ष के पर्याप्त सबूत मिलते हैं। उदाहरण के लिए देखें, 'लैंडलॉर्ड्स ऑन रैम्पेज इन चम्पारण', 'ईपीडब्ल्यू' 12:39 (1977) : पृ. 1671; *क्लास वॉर इन भोजपुर : I और II*, 13:1 (1978) : पृ. 10-11 और 13:20 (1978), पृ. 837-38;

*दि बिश्रामपुर कार्नेज,* 13:13 (1978) : पृ. 568-69; एवं *एडवांसिंग क्लास इंटरेस्ट्स इन द नेम ऑफ़ कास्ट,* 13:16 (1978) : पृ. 675-76
22. क्रिस्तोफ़ जैफ़रलॉट, *इंडिया'ज़ सायलेंट रेवोल्यूशन* (लंदन : हर्स्ट एंड कम्पनी, 2003), पृ. 311
23. कोहली, *डेमोक्रेसी एंड डिसकंटेंट*
24. थॉमस ब्लॉम हेन्सन, *दि सैफ़्रन वेव : डेमोक्रेसी एंड हिन्दू नेशनलिज़्म इन मॉडर्न इंडिया* (प्रिंसटन : प्रिंसटन यूनिवर्सिटी प्रेस, 1999), पृ. 17
25. 'टीओआई', 6 अक्टूबर, 1979
26. तुलना के लिए देखें, हैविट, *पॉलिटिकल मोबिलाइज़ेशन'*
27. 'इंडिया टुडे', 16-30 दिसम्बर, 1979, जयकर द्वारा उद्धृत, *इन्दिरा गांधी,* पृ. 303
28. डिएगो मैओरोनो, *ऑटम ऑफ़ द मैट्रिआर्क : इन्दिरा गांधी'ज़ फ़ाइनल टर्म इन ऑफ़िस* (दिल्ली : हार्पर कॉलिन्स, 2015), पृ. 58
29. 'टीओआई', 5 अक्टूबर, 1979, 9 दिसम्बर, 1980
30. 'इंडिया टुडे', 15 जनवरी, 1982, (1 जुलाई, 2017 को देखा गया) देखें : http://indiatoday.intoday.in/story/delhi-policecommissioner-pritam-singh-bhinder-removed-from-post/1/391284.html
31. सेन द्वारा उद्धृत, *ए मिलियन कार्स फ़ॉर ए बिलियन पीपल,* पृ. 1
32. वही,
33. 'टीओआई', 2 मार्च, 1982
34. अतुल कोहली, *पॉलिटिक्स ऑफ़ इकोनॉमिक ग्रोथ इन इंडिया, 1980-2005, भाग I : दि 1980'ज़,* 'ईपीडब्ल्यू' 41:13 (2006) : पृ. 1251-59
35. मैओरोनो, *ऑटम ऑफ़ द मैट्रिआर्क : इन्दिरा गांधी'ज़ फ़ाइनल टर्म इन ऑफ़िस,* पृ. 86-108
36. जयकर, *इन्दिरा गांधी,* पृ. 330
37. मैओरोनो, *ऑटम ऑफ़ द मैट्रिआर्क,* पृ. 130-33
38. 'दि टेलीग्राफ़', 13 अगस्त, 1983। असम संघर्ष के विस्तृत ब्योरे के लिए देखें, संजीव बरुआ, *इम्मिग्रेशन, एथनिक कॉन्फ़्लिक्ट, एंड पॉलिटिकल टर्मोइल : असम, 1979-1985,* 'एशियन सर्वे' 26:11 (1985), पृ. 1184-1206, साथ में देखें, *इंडिया अगेंस्ट इटसेल्फ़ : असम एंड द पॉलिटिक्स ऑफ़ नेशनैलिटी* (फिलाडेल्फिया : यूनिवर्सिटी ऑफ़ पेंसिल्वेनिया प्रेस, 1999); और संजय हजारिका, *राइट्स ऑफ़ पैसेज : बॉर्डर क्रॉसिंग्स, इमेजिंड होमलैंड्स, इंडिया'ज़ ईस्ट एंड बांग्लादेश* (दिल्ली : पेंगुइन बुक्स, 2000)
39. बरुआ द्वारा उद्धृत, *इम्मिग्रेशन,* पृ. 1199
40. जयकर, *इन्दिरा गांधी,* पृ. 354
41. 'टीओआई', 22 जून, 1983
42. इस कालखंड पर विस्तृत जानकारी के लिए देखें, मनोज मित्ता एवं एच.एस. फूल्का, *व्हेन ए ट्री शूक डेलही : दि 1984 कार्नेज एंड इट्स आफ़्टरमाथ* (नई दिल्ली : लोटस रोली बुक्स, 2008)

अंजाम

1. उदाहरण के लिए देखें, भारत के वित्त और कॉर्पोरेट मामलों के मंत्री अरुण जेटली द्वारा फ़ेसबुक पर लिखा गया तीन किश्तों वाला यह ब्लॉग : https://www.facebook.com/notes/arun-jaitley/the-emergency-revisited-part-i-3-part-series-the-circumstances-leading-to-the-im/807831436072073/; https://www.firstpost.com/politics/the-emergency-revisited-part-ii-arun-jaitley-writes-on-the-tyranny-of-emergency-in-his-facebook-blog-4589731.html; and https://www.facebook.com/notes/arun-jaitley/the-emergency-revisited-part-3-3-part-series-how-it-ended/809641589224391/
2. जोसी जोसफ़, *ए फ़ीस्ट ऑफ़ वल्चर्स : दि हिडन बिजनेस ऑफ़ डेमोक्रेसी इन इंडिया* (दिल्ली : हार्पर कॉलिन्स, 2016)
3. ब्राउन, *अनडूइंग द डेमोस*, पृष्ठ 41
4. क्रिस्तोफ़ जैफ़रलॉट, *व्हाट 'गुजरात मॉडल'? —ग्रोथ विदाउट डवलपमेंट एंड विथ सोशियो-पॉलिटिकल पोलराइज़ेशन*, 'साउथ एशिया' 38:4 (2015), पृ. 820-38
5. हैन्ना ऐरेंट ने दशकों पहले ही इस ओर इशारा कर दिया था। देखें उनकी *दि ओरिजिन्स ऑफ़ टोटेलिटेरियनिज़्म*, पृ. 342-43
6. वही, पृ. 351, ऐरेंट के भीड़ और अधिनायकवादी प्रॉपगेंडा के बारे में अन्तर्दृष्टिपूर्ण विमर्श के लिए देखें
7. *सीएडी*, खंड 11, 25 नवम्बर, 1949

# अनुक्रमणिका